제3판

한국행정의이해

이종수, 김경은, 김영재, 김지원, 장석준, 탁현우

도서출판 대영문화사

제3판 머리말

2018년 개정판이 출판된 지 6년이 흘렀다. 현실 사회에서는 코로나−19로 인해 많은 것이 바뀌었으나, 개별 학문 이론에 초점을 둘 경우 크게 바뀐 것은 없다. 그러나 정책실무 면에서는 적지 않은 것이 변경되었다. 이에 공저자들은 제3판을 출판키로 하였다.

제3판에서는 우선 [제1장 행정의 의의] 편을 대폭 수정하였다. 제1절에 현대 민주주의의 원칙으로서의 권력분립의 원칙과 행정 논의의 범위를 신설 · 삽입하였다. 그리고 이해를 돕기 위해 제10장과 제14장을 통합 · 재정리하였다.

그 밖에 정권 교체에 따라 달라진 정책 내용을 삭제하거나 축약하였다.

제3판에 대해 선 · 후배 학자와 독자들께서 따뜻한 관심을 보내주실 것과 날카로운 조언을 해주실 것을 기대한다. 아울러, 기꺼이 제3판을 허락해 주신 대영문화사 임춘환 사장님과 임직원들께 깊이 감사드린다.

2025년 2월
공저자 일동

개정판 머리말

한국 행정의 이해를 도모하고자 출간된 초판이 벌써 5년이 지났다. 그 사이 행정을 둘러싼 정치 · 경제적 환경과 이에 대응하는 행정도 빠르게 변해왔다. 이에 한국 행정의 다양하고 예측 불가능할 정도의 복잡한 국면에 대한 입체적인 이해를 위해 지적 호기심과 열정을 가진 여러 신진학자와 함께 이번 개정판을 준비했다. 제1~2편은 행정학의 기초 개념을 다루고, 제3~5편은 한국 행정의 실제를 강조하는, 5편 15장 편제로 재구성하였다. 한국의 행정현상에 관한 사례를 대폭 보완하여 행정이론과 현실의 간극을 좁히는 데 초점을 두었다.

제1편에서는 책의 구성을 수정하여, 기존 제2장에 제시되었던 행정과 공공성, 공공 문제를 제1장으로 옮겨 행정의 기초 개념을 알기 쉽게 서술하였다. 그리고 제2장과 제3장에서는 초판에서 중점적으로 서술하였던 시장과 정부의 관점을 시민과 정부로 확대하였으며, 경제정책과 더불어 중요한 정부의 역할인 복지정책을 개괄적으로 소개하고 제4장에 공공서비스를 배치했다.

제3편에서는 국가인권위원회와 국민권익위원회의 기능을 소개하고 부정청탁 금지법 등 최근 쟁점 사례를 추가했으며, 한국의 공직 윤리 쟁점을 소개했다.

제4편에서는 제9장에 정부 형태와 한국 공공 부문의 실제에 대한 내용을 새로이 추가하여 행정 및 행정학의 관심 영역의 확장을 모색하였다. 제10장에서는 서두에 한국적 맥락에서 본 정부관 변천 내용을 추가하고 지난해 새로이 출범한 문재인 행정부에 이르기까지 최근 행정부 정책제체의 특징 등 관련 내용과 정책

사례를 추가 · 보완하였다.

제5편에서는 조직, 인사, 예산, 정책 분야별로 주요 이론과 한국 행정사례를 추가하여 균형 있게 서술했다. 제11장에서는 조직 행태와 조직 문화 이론을 대폭 보완하고 한국의 조직 문화 및 행정현장에서 발견되는 사례를 추가하였다. 제12장에서는 한국 인사행정의 실제를 보다 체계적으로 이해할 수 있도록 제도 및 전략적 인적자원관리, 공무원 행동규범에 이르기까지 설명을 대폭 보완하고 사례 중심 설명을 통해 독자의 이해를 도모했다. 제13장에서는 예산의 기초 개념과 주요 예산제도를 소개하고 예비타당성조사, 성인지 예산, 주민참여예산 등의 한국의 실제적인 내용과 사례를 보강했다. 제14장에서는 정책 과정에 따른 주요 정책 이론을 설명하고, 정책의 기획, 집행, 평가, 환류의 각 과정에 해당하는 우리나라의 정책사례를 발굴하여 제시하였다. 제15장에서는 향후 한국 행정 개혁의 방향으로 굿 거버넌스(good governance)를 제시하였다.

신진학자와의 열띤 토론과 상호 학습의 결과물인 개정판에 대해 선 · 후배 학자께서는 따뜻한 관심과 날카로운 조언을 기대한다. 아울러, 기꺼이 개정판을 허락해 주신 대영문화사 임춘환 사장님께 깊이 감사드린다.

2018년 1월

공저자

초판 머리말

한국에 관리 중심의 미국 행정학이 도입된 지 60여 년이 지났다. 그동안 한국의 행정학계는 10년을 주기로 행정학 연구를 반성하는 계기를 마련해 왔다. 한국 행정학계가 성찰한 점은 행정학 연구가 한국 사회의 발전에 기여할 수 있는 유용한 지식 체계 마련에 기여했는가 하는 점이다.

학문적 이론이 특정 사회의 발전에 기여할 수 있기 위해서는 문화정합성을 지녀야 한다. 그러나 한국의 행정학계는 지난 60여 년 간 서구의 새 이론이 우리의 문화 풍토에 적합한지를 심도 있게 검토하지 않은 채, 소개·도입에 급급해 온 것이 사실이다. 심지어 일부 학자들은 우리 문화와의 융합성 여부는 차치하고, 서구 사회에서조차 검증되지 않은 추상적 개념 상태의 이론의 도입을 주창하기도 하는 것이 우리의 현실이다. 『한국 행정의 이해』를 펴내게 된 이유 가운데 하나다.

이 책에서는 행정학의 기초 개념과 일반 이론을 간략하게 소개한 뒤, 이들 이론이 한국의 사회·문화적 풍토에서 적실성을 지닐 수 있는지를 살펴보고자 한다. 또한 장(章)·절(節)의 끝 부분에 한국의 행정 현실을 생생하게 나타내 줄 수 있는 <생각해 보기>란을 신설하고, 가능하면 '쟁점'을 중심으로 기술함으로써, 한국의 행정현상을 이해하는 데 도움을 주고자 한다. 미흡한 점에 대한 여러 선·후배 학자들의 질정(叱正)을 기대한다. 아울러, 이 책의 출간을 기꺼이 허락해 주신 대영문화사 임춘환 사장님께 깊이 감사드린다.

2013년 정초
칼바위능선 자락에서 宇林 識

차 례

차 례

차례

차례

차 례

01
PART

행정학의 개념적 기초

CHAPTER 01

행정의 의의

제1절 현대 민주주의의 원칙과 행정 논의의 범위

오늘날의 민주정치에서는 국가의 권력을 입법권(legislative power), 사법권(judicial power), 행정권(executive power)의 셋으로 나누어 서로 견제하게 함으로써, 국민의 권리와 자유를 보장하고 한 기관에 의한 권력 남용을 방지하고자 한다. 이러한 국가조직의 원리를 권력분립(separation of powers), 또는 삼권분립(trias politica, tripartite system)이라 부른다.

영국의 정치철학자 존 로크(John Locke, 1632~1704)와 프랑스의 몽테스키외(Charles-Louis de Secondat, Baron de La Brède et de Montesquieu, 1689~1755)의 사상에 뿌리를 둔 이 원리는, 현실 정치에서는 1777년 미국 대륙회의에서 결정되어 1781년부터 효력이 발생한 연합규약(Articles of Confederation and Perpetual Union)에 기반한 미합중국 헌법(Constitution of the United States)에 의해 명시적으로 규정되었다.

각국에서는 국가권력이 서로 부딪치는 것을 방지하기 위해, 국회에서 제정한 특정법률이 헌법에 위반되는지의 여부를 헌법재판소가 따지는 위헌법률심판(違憲法律審判) 제도, 국회에서 통과된 법률안에 대해 행정부가 재의를 요구할 수 있게 하는 거부권(veto) 규정 및 탄핵 소추권(impeachment)과 같은 장치를 마련하고 있으나, 한국의 20대 대통령 체제(2022년 대통령 선거에 의해 출범)와 22대 국회(2024년 출범)에서 보듯이, 현실 정치에서는 의회를 지배하고 있는 정당이 행정부까지 장악하려 하거나 행정권의 거대화로 인한 입법권의 축소로 행정적 독재가 자행되는 등 권력분립은 심각한 위기에 처해 있다.

미국의 케네디 행정부에서 보았듯이, 새로 출범한 행정부는 취임 초기의 번거로운 입법 절차를 우회해 대통령령을 통한 새 정책을 추진하는 경우가 많다. 예를 들어 케네디(J. F. Kennedy) 대통령의 성공적인 프로그램들 중 하나로 평가받는 평화 봉사단(Peace Corps) 정책은 1961년 3월 행정명령에 의해 착수되었으나 추후 의회의 입법에 의해 뒷받침되었었다.

행정 관련 논의는 이러한 권력분립의 원칙에 입각해 전개된다.

part 01 part 02 part 03 part 04 part 05

제2절 공공성과 공공 문제

1 '공공'의 개념

공공 문제(public problems)를 다루는 행정 분야에서는 공공(public)[1]과 공공성(publicness)의 개념이 핵심을 이룬다. 그러나 철학, 정치학, 행정학, 사회학 등 다양한 학문 분야에서 발전되어 온 공공 및 공공성의 개념에 대한 합의된 정의를 찾아보기는 쉽지 않다.

『메리암-웹스터 사전(*Merriam Webster Dictionary*)』 등에서 규정한 형용사 '공공(public)'은, "국가의 모든 영역 또는 모든 사람과 관련된", "정부와 관련된", "공동체 또는 국가의 서비스와 관련된" 것을 의미하거나, "개인의 '사적' 일과 반대되는 '공동체'의 일 또는 이익과 관련된" 것을 뜻한다.

공공의 개념은 어원적으로 볼 때, 이기적 관심 또는 사적 이익(self-interest)을 넘어 타인의 이익까지 고려하는 '성숙(maturity)'의 개념에 더해, '공동(common)'과 '배려(care with)'의 의미가 부가되어 있다. 국가사회라는 공동체를 함께 이루고 유지하기 위해서는 사적 이익을 넘어 타인의 이익까지 배려하는 구성원들의 관계가 중요한 의미를 지닌다.

프레데릭슨(Frederickson, 1989: 2-3)은 '공공(public)'의 의미가 어원적으로 두 출처에 뿌리를 두고 있다고 주장한다. 그 하나는 그리스어 'pubes'로, 성숙(maturity)을 뜻한다. 그리스어에서 성숙은 신체적, 정서적 또는 지적 성숙을 의미하며, 그 속에는 이기적 관심 또는 사적 이익(self-interest)으로부터 자기 자신을 넘어 타인의 이익을 이해하는 것도 포함된다. 그것은 개인의 행위가 타인에게 미치는 결과를 이해하는 '능력'을 의미한다. '공공'은 어른의 상태로 성장하는 것을 의미하는 동시에, 개인과 타인과의 관계를 이해하며, 그 관계를 보는 능력을 의미한다.

'공공' 개념의 또 하나의 근원은 그리스어 'koinon'으로, 그에서 영어의 '공동(com-

1) public은 형용사로 '공공의'라는 뜻을 지니나, 명사로는 '공동체'의 의미를 지니기도 하며, '대중(mass)'과 대비하여 '공민' 또는 '공중(公衆)'으로 번역되기도 한다. 이때 공민은 국가 혹은 지방공공단체의 정치에 참여할 자격을 갖는 국민을 의미한다.

mon)'이라는 어휘가 파생되었다. 그리스어 'koinon'은 또 다른 그리스어 'komm-ois'에서 파생되었으며, 그것은 '배려(care with)'의 의미를 지닌다. '공동'과 '배려'는 둘 다 '관계(relationship)'의 중요성을 나타낸 것이다.

'성숙'이라는 개념에 '공동'과 '배려'라는 의미가 부가되면, '공공'이라는 개념은 타인과 함께 일한다는 것을 의미할 뿐만 아니라, 타인을 돌본다(looking out for others)는 의미까지 덧붙여져 훨씬 강한 뜻을 지니게 된다.

학자들은 그러나 '공공'의 개념을 국가나 정부와 동의어로 가정하고 있지는 않다. 오히려 공공의 개념을 정치공동체(political community), 즉 그리스어의 'polis'와 관련된 것으로 이해하고 있다.

매튜스(Mathews, 1988: 52)에 의하면, '공공'은 다음의 특징을 지닌다. ① 공동체와 국가의 방향을 정한다. ② 정부 활동에 필요한 공동 기반을 마련함으로써 정부에 정당성을 부여한다. ③ 주요 이슈의 조치에 필요한 정치적 의지(political will)를 형성한다. ④ 사적 개인을 공민 또는 시민으로 전환시킨다.

이와 같은 관점에서 볼 때 '공공'이라고 하는 것은, 사회적 · 정치적 이슈와 공동체의 실질적 상호 의존성을 이해하려고 하는, 그리고 정부정책의 윤리적 함의에 대해 비판적 관점을 유지하는 시민공동체(community of citizens)라고 할 수 있다. 정치공동체가 형성 · 유지되기 위해서는 '사적 개인'이 공공성을 지닌 '공민(public)'으로서의 정체성을 지녀야 한다. 듀이(J. Dewey)는 현대 사회에서의 가장 심각한 정치적 위기는 '공민의 상실(the eclipse of the public)'임을 지적했다(Dewey, 1927; 김세균 외, 2005: 21).

'공공성'의 의미는 공공성 개념의 구성 요소와 속성 개념을 통해 이해할 수 있다. 공공성의 구성 요소에 대해 학자들은 다양한 의견을 제시한다. 백완기(2007: 1-22)는 공공성의 개념과 내용이 너무 광대하고 복잡해서 한마디로 정의하기 어렵다고 하면서, 그 구성 요소가 무엇인가를 추적하여 공공성의 개념과 내용을 탐색할 수밖에 없다고 주장하였다. 그는 공공성 개념의 구성 요소로 ① 정부에 관계되는 것들(governmental), ② 정치성(political), ③ 공개성(open), ④ 공익성(public interest), ⑤ 공유성(publicly shared), ⑥ 공정성(fairness), ⑦ 인권(human rights)의 일곱 가지를 들고 있다.

2 '공공성' 개념의 접근 관점

'공공성'의 개념에 접근하는 기본적 관점은 공동체중심주의와 개인중심주의의 두 가지로 나누어 볼 수 있다. 첫 번째 관점은 형이상학적 전체주의(metaphysical holism)의 입장에서 정부를 하나의 유기체적 실체(unitary being)로 보는 관점이며, 두 번째 관점은 방법론적 개체주의(methodological individualism)의 입장에서 정부를 정치적 과정에 참여하는 개인들의 집합체로 파악하는 관점이다.

아리스토텔레스와 마르크스(Karl Marx)의 전통을 따르는 공동체중심주의자들은 형이상학적 전체주의의 입장에서 공공성의 개념을 파악한다. 즉, 공동체론자들은 사회구성원 개개인의 개별성보다는 개인을 둘러싸고 있는 사회적 · 역사적 환경을 더 중시하고 그 결과 개인을 공동체의 문화와 역사의 산물로 파악한다.

이에 반해 개인들의 사적 이익이 모여 공적 이익, 즉 공공성이 형성되는 것으로 본 로크(J. Locke)는 공공성의 개념을 개인의 자연적 권리를 보호하는 것이라 주장한다. 즉, 로크의 주장에서 공공성의 중심적인 속성 개념은 개인의 개별성이다. 스미스(A. Smith)는 그의 저서 『국부론(*An Inquiry into the Nature and Causes of the Wealth of Nations*)』(1776)에서 자본주의 체제에서는 개인의 사적 이익의 추구가 공동체의 선, 즉 공익을 증대하는 방법(in a capitalist system an individual acting on his own good tends also to promote the good of his community)이라고 주장한다. 근대 유럽에서 형성된 이러한 개인중심의 공공성 개념은 자유주의(liberalism)의 이념으로 정착되어 오늘날까지 이어지고 있다.

그러나 모든 개인은 결국 공동체의 구성원으로 존재하고 개인의 자유도 상호의존적인 공동체의 틀을 벗어나서 주장될 수는 없으며, 공동체 또한 구성원들의 일정한 기여와 헌신 없이는 유지될 수 없다는 점에서, 이 두 관점은 정도의 차이는 있을지언정 상호배타적인 것으로 이해되어서는 아니 될 것이다.

'공공'에 대한 이 두 관점은 결국 '전체주의적 국가관-복지국가론-적극정부론-개입주의적 국가관' 대 '개인주의적 국가관-시장중심주의 국가론-정부기능제한론-자유방임주의적 국가관'과 각각 연결된다.

3 공공 문제

행정은 공공 문제(public problems)를 다룬다. 공공 문제는 사적 문제와는 달리 사회구성원 다수의 이해관계가 관련된 사회적 관심사로, 사적으로는 충족될 수 없는 인간 욕구들을 의미한다(Jones, 1977: 15). 일반적으로 사회적 문제(social problem) 또는 공공 문제는 사회구성원 다수의 이익과 관련된다는 점에서 공공성을 지닌다.

인간의 욕구는 사회구성원의 사적 관계를 통해 충족될 수도 있으나, 일부 욕구는 공적 관계를 통해서만 충족될 수 있다. 국방 · 외교 및 치안 질서의 유지와 같은 주권적 기능은 주로 정부의 공적 활동에 의해 충족되는 대표적인 공공 문제다. 물론 국방 기능과 치안 기능 가운데 일부는 사적 보안 회사들에 의해 제공될 수 있으나, 그러한 사적 서비스는 어디까지나 정부의 공적 기능을 보완하는 데 한정된다.

공공 문제는 사회구성원들의 집합적 노력에 의해 해결이 시도된다. 일반적으로 공공 문제는 국가 개입(state intervention), 즉 공공정책을 통해 해결이 시도된다. 다시 말하면, 공공 문제는 정부의 직접적인 재정 지출에 의해 해결이 시도되거나 또는 정부의 조세와 보조금 등을 통해 가격 신호를 수정함으로써 간접적으로 민간 행위자들의 행동에 영향을 미쳐 해결하고자 한다. 아파트 가격 앙등과 같은 사회적 문제를 해결하기 위해 정부는 임대주택 건설을 늘리고, 보유세와 양도세를 강화하며 이자율을 높이고 주택자금 융자를 억제하는 등의 정책을 펴게 된다.

그러나 공공 문제의 개념 규정과 그 해결을 위한 국가의 역할은 시대에 따라 다르다. 20세기의 복지국가에서는 19세기의 자유방임주의 국가에서 사적 문제로 도외시했던 빈곤의 문제를 공공의 영역으로 끌어들여 공공부조를 통해 해결하고자 했다. 즉, 복지국가 시대에는 공공 문제의 범위가 넓게 규정되었을 뿐만 아니라, 해결이 국가에 의해 주도적으로 이루어졌다. 그러나 20세기 말의 세계화 추세 속에서 신자유주의 이념을 추구하는 대부분의 국가들은 공적 기능의 축소를 지향하여, 공공 문제를 해결하는 과정에서 국가 역할의 비중은 감소하고 있고 그 대신 시장과 시민사회의 역할 증대가 강조되고 있다. 민관 협력에 의한 공공서비스의 생산 및 전달을 강조하는 뉴거버넌스로서의 행정이 대표적인 예에 속한다. 극단적인 시장주의자들은 1930년대의 대공황도 차라리 미국 정부가 뉴딜정책을 통해 시장에 개입하지 않았다면 훨씬 빨리 수습되었을 것이라고 주장하기도 한다.

제3절 행정의 개념과 기능

1 행정의 개념

행정은 "공익을 증진시키고 공공 문제를 해결하기 위해 공공정책을 형성하고 집행하는 공공 부문의 활동"을 말한다. 다시 말해 공공(public)의 영역에서 공공의 이익(공익 또는 공공성)을 위해 공공의 문제 해결(공공 문제)을 위한 수단인 정책들을 형성하고 집행하는 일련의 활동(행정 과정)이라고 말할 수 있다. 이하에서는 행정을 정의하는 주요 개념인 공공성, 공공 문제, 행정 과정 등에 대해 서술하고자 한다. 이어서 행정의 기능적 측면에서 정부가 하는 일을 간단히 살펴보고, 우리나라 정부 기능의 변천을 알아본다.

행정의 정의 속에는 공공의 개념과 공공성, 공공 문제, 행정 과정 등 다음과 같은 속성 개념이 들어 있다.

첫째, 행정은 공익을 증진시키고 공공 문제를 해결하기 위한 활동이다. 국가안보와 치안 질서를 유지하고, 시장의 공정거래 질서를 유지시키며, 환경오염을 감시하고, 도로·항만의 건설과 같은 사회간접자본을 확충하며, 각종 복지정책을 펴는 정부의 여러 활동은 공익을 보호·증진하고 공공 문제를 해결하는 데 근본 목적이 있다. 이와 같은 의미에서 공직자의 공적 책무(public obligation)는 기본적으로 공익을 수호·증진하기 위한 것이라 할 것이다. 사익을 추구하는 민간 부문과는 달리, 공공 문제를 다루는 행정에서는 공공성(publicness)이 핵심 개념을 이룬다. 공공성의 속성에는 이기적 관심 또는 사적 이익(self-interest)으로부터 자기 자신을 넘어 타인의 이익을 이해하는 '성숙(maturity)'의 개념에 더하여 '공동(common)'과 '배려(care with)'의 의미가 부가되어 있다. 국가사회라는 공동체를 함께 이루고 유지하기 위해서는 사적 이익을 넘어 타인의 이익까지 배려하는 구성원들의 관계가 중요하다(이종수, 2010a: 61-64).

둘째, 행정은 공공정책을 형성하고 집행하는 활동이다. 행정학의 발달 과정을 보면, 19세기 말 정치·행정이원론(politics-administration dichotomy)에서는 '정책의 집행' 기능에 초점을 두어 행정의 개념이 '관리(管理, administration) 활동'으로 정의되었으나(行政管理說), 1930년대 이후에는 정책의 집행뿐만 아니라 형성 기능까지 포괄하는 것으로 개념화되고 있다. 행정의 정책형성 기능 속에는 각 부처의 구체적인 정책 입안 활동뿐만 아니라, 의회에서 제정될 법률안의 초안을 작성하고 각종 시행령과 규칙, 규정을 만드는 활동도 포함된다. 1930년대 이후 대두된 정치기능설(政治機能說)에서는 정치·행정일원론의 입장에서, 행정을 정책집행뿐만 아니라 정책형성 기능까지를 함께 수행하는 통치 과정의 일부로 보고 있다.

셋째, 행정은 공공 부문에서 이루어지는 활동이다. 국가사회는 공공 부문과 민간 부문으로 크게 나눌 수 있는바, 행정은 공공 부문에서 공공재와 공공서비스를 생산하여 소비자로서의 국민에게 제공하는 일을 주로 수행한다. 이러한 공공 부문에는 정부 부처 등 정부 부문과 정부산하기관·공기업 등 준정부 부문이 포함된다. 행정의 개념을 좁게 정의할 경우 정부 부문의 활동에만 국한할 수도 있을 것이나, 민관공동생산(co-production) 등의 형태로 민간 부문도 공공서비스 생산에 참여한다는 관점에서, 최근에는 공공 부문과 민간 부문의 영역을 엄격하게 구분하지 않는 뉴거버넌스의 개념이 강조되기도 한다.

행정의 개념은 흔히 조직 일반에서 이루어지는 관리 활동(management)에 초점을 맞추어 정의되는가 하면, 정부관료제를 중심으로 이루어지는 활동에 초점을 두어 정의되기도 한다. 조직 일반에서 이루어지는 관리 활동에 초점을 둘 경우, 행정은 "고도의 합리성을 수반한 협동적 인간 노력의 한 형태"로 정의될 수 있다. 이때 행정은 공공기관은 물론 기업체, 학교, 종교 단체 등 여러 형태의 다양한 조직에서 찾아볼 수 있다. 인사행정, 재무행정, 학교행정, 군대행정, 교도행정 등의 용례에서 찾아볼 수 있는 행정의 개념이 관리 활동으로서의 행정을 의미한다.

행정의 개념이 "정부관료제를 중심으로 이루어지는 활동"으로 정의될 때도 그 구체적 의미는 논자에 따라 다양하게 규정된다. 이 경우에도 행정이 "국가 목적을 실현하기 위한 사람과 물자의 관리"(White, 1926)로 규정되기도 하며, 정책결정과 집행에 초점을 두어 "행정은 공공정책의 집행을 위해 공동 노력을 조정하는 것"(Pfiffner & Presthus, 1955: 5)으로 정의되는가 하면, 박동서(1997)는 행정을 "정치권력을 배경으로 공공정책 형성 및 구체화를 이룩하는 행정조직의 집단행동"으로 규정한다.

최근의 행정 개념은 공공 문제의 해결과 이를 위한 정부 외의 공·사 조직들의 연결망을 강조하는 경향이 있다. 이러한 행정 개념은 "거버넌스(governance)로서의 행정" 개념을 의미한다. 거버넌스 개념에서는 정부의 일과 민간의 일이 엄격하게 구분되는 것으로 보지 않고, 공공(public)이라는 개념을 통해 양자 모두를 포함하려고 한다(정용덕,

2002).

행정(administration)이라는 말은 관리(management)라는 용어와 의미가 유사하여 일반적으로 혼용되기도 하나, 관리자(manager)가 행정관(administrator)과 다른 역할을 수행한다는 차원에서 양자를 구분하기도 한다. 라틴어 minor와 ministrare에 뿌리를 둔 administration은 '봉사하다(to serve)'와 '통치하다(to govern)'를 의미한다. 이에 반해 라틴어 manus(hand)에 어원을 둔 management는 '손으로 통제하다(to control by hand)'라는 뜻을 지닌다. 휴즈(Hughes, 2003: 6)와 같은 신공공관리론의 주창자들은 행정(administration)보다는 관리(management)라는 용어가 훨씬 더 포괄적이라고 주장하면서, 공공행정(public administration)이라는 용어가 공공관리(public management)로 바뀐 것은 단순한 용어의 변화가 아니라 이론적·기능적으로 큰 변화가 이루어진 것을 의미한다고 주장한다. 그는 행정은 본질적으로 단순한 '지침의 수행(following instructions)'과 관련이 있는 데 반해, 관리는 '결과의 성취'와 '결과 성취에서의 관리자의 개인적 책임'과 연관되어 있다고 강조한다. 휴즈는 나아가 공공행정은 공중(public)에 봉사하고 의회 등 다른 곳에서 만들어진 정책을 집행하는 활동으로, 지침을 단순히 따르고, 절차를 중시하며, 정책을 집행하고 사무관리를 하는 일 등에 주된 관심을 갖는다고 주장한다. 그에 반해 관리(management)는 조직목표 성취에 최고의 능률성 확보와, 결과에 대한 전적인 책임(genuine responsibility for results)과 연관되어 있다고 주장한다(이종수, 2010a: 31-32).

한편, 호지킨슨(Hodgkinson, 1978: 4-5)과 같은 학자들은 행정(administration)과 관리(management)의 의미를 전혀 다르게 정의해 사용하고 있다. 그는 행정은 조직의 상위계층에서 수행하는 일로 가치(value), 정책의 형성(policy), 전략(strategy)과 관련되어 있는 데 반해, 관리는 조직의 하위계층에서 수행하는 일로 사실(fact), 정책의 집행(execution), 전술(tactics)과 관련된 개념이라고 주장한다. 여기서 우리는 휴즈(O. W. Hughes)가 초기의 행정관리론자와 같이 행정을 단순한 '지침의 수행(following instructions)'으로 정의하고 있는 데 반해, 호지킨슨은 행정을 정책형성과 관련된 포괄적 의미로 폭넓게 해석하고 있음을 확인할 수 있다.

국내 학계에서는 'administration'이라는 용어를 그냥 '행정'으로 번역하여 사용하기도 하나, 공행정(public administration)과 사행정(private administration) 혹은 경영(business administration)으로 굳이 구분하여 사용하는 학자들도 있다. 구미 학계에서는 19세기 후반의 과학적 관리(scientific management) 운동에서부터 오늘날의 신공공관리론(NPM:

New Public Management)에 이르기까지 공공 영역에서조차 'management'라는 용어가 'administration'보다 더 선호되는 경향이 있다. 그러나 일부 학자들은 행정이 '관리로 후퇴(retreat into management)'하게 되면 '공적 책임'의 축소가 일어날 수 있다는 점에 대해 우려를 표명한다.

2 행정의 기능

행정의 기능은 대외적 관점과 대내적 관점으로 나누어 논의할 수 있다. 여기서 대외적 관점이란 대외적 환경과의 관계를 말하며, 대내적 관점이란 대내적 관리 기능에 초점을 둔 논의를 의미한다. 대외적 관점에서 본 행정의 기능은 국방 및 외교 기능, 법과 질서 유지 기능, 경제적 기능, 사회적 기능, 교육 · 문화적 기능으로 나누어 볼 수 있으며, 이러한 기능이 일반적으로 말하는 '정부의 기능'이라고 볼 수 있다.

한편, 대내적 관점에서 본 행정의 기능은 관리주의(managerialism)로 축소 · 환원된 행정의 기능을 말한다. 19세기 말 미국에서 현대 행정학이 정치학과의 경계를 획정하면서, 행정학의 기본 틀을 이러한 대내적 '관리(management)'에 한정했다. 관리주의로 환원된 행정은 인사, 조직, 예산 등 사업 수행의 각 영역에서 어떻게 하면 최고의 능률성을 확보할 수 있는지에 주된 관심을 기울인다.

그러나 행정조직 내부의 관리만을 주된 연구대상으로 삼아온 전통 행정학의 이러한 관점은 1930년대 이후 행정학의 대상 영역을 지나치게 축소시켜 버렸다는 반발에 직면했다. 특히, 행정 기능이 정책의 집행뿐만 아니라 정책결정 기능까지 포괄하는 것으로 인식하는 정치 · 행정일원론의 대두 이후, 그러한 도전적 관점은 더욱 확산되었다. 그러나 행정의 초점이 대외적 기능을 강조하는 방향으로 끝없이 확장될 경우, 정치 영역과의 충돌이라는 관점에서, 행정학의 '정체성'이 문제될 수 있다는 반론을 제기하는 학자도 없지 않다. 이러한 논의의 과정에서, 오늘날 행정의 기능은 '대내적 관리'와 '대외적 기능'을 다 같이 강조하는 방향으로 받아들여지고 있다.

정부의 주요 기능을 구체적으로 살펴보면 다음과 같다. 정부의 기능 가운데 가장 중요한 것은 국방 및 외교 기능이다. 국가의 제1차적 기능은 국민의 생명과 재산을 외적으로부터 보호하기 위해 국가안보를 유지하는 데 있다. 행정은 또한 대내적으로 법과 질서 유지라는 중요한 기능을 수행한다. 일체의 국가 기능은 모두 법과 질서가 유지된다는 조건하에서 이루어질 수 있다는 점에서 법과 질서 유지 기능은 그만큼 중요하다고 하겠다. 민주국가에서 법과 질서 유지는 국가의 강제력에 의존하기보다 주권자인 국민의 동의와 자발적 순응에 의지해야 한다는 차원에서, 법과 질서 유지를 위해서는 국가권력의 '정당성'이 중요시된다. '국방 및 외교 기능'은 '법과 질서 유지 기능'과 함께 주권적 기능에 해당한다.

정부는 또한 경제적 · 사회적 기능을 수행한다. 정부는 국민들이 자유로운 경제 활동을 할 수 있도록 보장하고, 보다 나은 삶을 영위할 수 있도록 사회간접자본을 투자하고 과학기술 · 정보산업의 진흥을 위한 여러 경제정책을 수행함과 아울러 공정한 경쟁을 촉진하기 위한 정책을 수행한다. 정부는 아울러 사회적 약자와 소외된 자를 보살피는 사회적 기능을 수행한다. 정부는 이들을 위해 각종 사회보장제도를 실시하고, 노동자들의 최저 임금과 작업 안전을 확보하는 기능을 수행하며, 아울러 국민들의 보건 향상을 위해 노력하는 한편, 환경을 보호하는 기능을 수행한다. 정부는 또한 국민들의 교육 및 체육 활동을 촉진하고 예술 및 문화 활동을 보장하기 위한 활동을 수행한다.

정부의 기능은 또한 활동 과정의 성질에 의해 규제 기능, 조장 및 지원 기능, 중재 및 조정 기능으로 나누어 볼 수 있다. 규제 기능은 공익을 수호 · 증진하기 위해 정부가 개인 및 집단의 사회적 · 경제적 행위를 제한하거나 금지하는 기능을 말한다. 환경오염과 관련된 규제, 독과점 규제, 공공요금 규제, 기업 활동 규제 등이 여기에 속한다. 규제 기능은 정부의 가장 기본적인 기능 가운데 하나이다. 가장 넓은 의미의 규제 기능은 정부의 모든 활동을 그 속에 포함할 수 있다. 정부 규제를 "정부가 편익이나 제재를 부과하는 모든 활동" 또는 "사기업의 경영이나 일반 국민들의 생활에 무엇인가 영향을 미치는 정부의 활동"이라고 정의하는 경우(Dubnick, 1979)가 여기에 해당된다. 그러나 정부 규제를 좁은 의미로 정의할 경우에는 정부 활동 가운데 특정 유형의 것만을 정부 규제로 규정한다. 예를 들어, 베른슈타인(E. Bernstein)은 비록 경제적 규제에 한정된 것이지만 정부 규제를 ① 시장체제의 효과성을 증진시키기 위한 '경쟁촉진 프로그램', ② 경쟁 원리가 성립하지 않는 '공익사업 프로그램', ③ 금융기관과 일반 국민들 사이의 기본적인 신용관계를 유지시키기 위한 '화폐금융 프로그램', ④ 경제집단 간의 이해관계의 균형을 유지시키기 위한 '균형 프로그램' 등으로 규정하고 있다(Bernstein, 1961: 329-346; 정용덕, 2002: 1005).

정부의 규제 활동은 경제적 규제(economic regulation)와 사회적 규제(social regulation)

로 나누어 볼 수 있다. 경제적 규제는 독점의 금지와 경쟁의 유지, 공정한 거래 질서의 확보, 시장의 안정성 확보, 형평성에 대한 배려, 포획 행위(capture)[2]와 지대추구 행위(rent seeking)[3]의 방지 등을 위해 정부가 경제 활동 주체들의 구체적 행위를 금지하는 기능을 말한다. 시장에 대한 정부 개입의 범위는 20세기 들어 크게 확대되어 왔다.

사회적 규제는 사회구성원의 삶의 질(quality of life) 향상을 위해 정부가 개인 및 기업의 사회적 행동을 규제하는 것을 말한다. 즉, 환경오염, 근로자의 보건 및 안전에 대한 위협, 소비자 권익의 침해 등 사회적 영향을 야기하는 기업의 사회적 행동(social conduct)에 대한 규제를 특히 사회적 규제라 한다. 20세기 들어 특히 정부의 사회적 규제 기능이 확대되면서 큰 정부, 적극적 정부가 보편화되었다. 이와 같은 정부 규제 기능의 확대에 대해 시장주의자들은 규제 기관과 규제 관료들이 공익보다는 사적 이익의 추구를 위해 규제를 과다하게 하는 경향이 있다고 주장하면서, 정부 규제를 극소화하여 시장 기능에 맡길 것을 주창한다.

정부의 지원 및 조장 기능은 특정 분야의 사업이나 활동을 정부가 적극적으로 지원하고 조장하는 기능을 말한다. 예를 들어, 수출 기업에 대해 재정·금융 지원을 제공하고, 오염물질 정화장치를 가동하는 업체에 대해 재정·금융 지원은 물론 기술 지원을 제공하는 정부의 활동이 여기에 속한다. 정부의 이러한 지원 및 조장 기능은 개발연대 동안 우리나라의 경제개발을 추진하는 과정에서 중요한 역할을 수행했다.

정부의 중재 및 조정 기능은 사회 내의 이해당사자 간에 분쟁이 발생했을 때, 정부가 그 이해관계를 조정하고 양측의 합의를 이끌어내어 중재하는 기능을 말한다. 예를 들어, 노사분규가 발생했을 때 정부가 쟁의를 중재하거나, 의약분업 과정에서 의사 집단과 약사 집단의 이해갈등을 조정하고, 환경 분쟁에서 당사자들의 이해갈등을 조정하는 경우가 여기에 해당된다. 이러한 중재 및 조정 기능은 민주화가 진행되는 과정에서 각종 이익집단의 이익 표출이 심해질 때 특히 요구되는 기능이다.

---

2) 포획 행위는 국민 일반을 특정 산업 또는 이익집단의 부당 행위로부터 보호하기 위해 설치된 정부기관이 오히려 이들의 포로가 되어 특정 산업 또는 이익집단의 이익을 옹호하는 도구로 기능하는 현상을 말한다.

3) 특정 경제 주체가 면허 취득 등을 통해 독과점적 지위를 얻게 되면 아무런 노력 없이 많은 이익, 즉 지대와 같은 초과 소득을 얻을 수 있다. 각 경제 주체들이 이와 같은 지대를 얻기 위해 정부를 상대로 경쟁을 벌이는 행위를 지대추구 행위라 한다.

제4절 행정의 과정

행정이 구체적으로 이루어지는 과정은 논자에 따라 다양하게 제시되고 있다. 행정과정은 가장 간단한 방법으로, 정책의 형성과 집행으로 단순화할 수 있을 것이다. 이를 대내적 관리에 초점을 맞추어 설명하면, 귤릭(L. Gulick)이 제시한 최고관리층의 관리기능으로서의 POSDCoRB를 행정 과정으로 이해할 수도 있을 것이다. 귤릭은 '행정관리에 관한 대통령위원회(일명 브라운로위원회)'에서 제출한 보고서에서 조직의 최고관리층이 담당해야 할 총괄관리 기능으로 기획(planning), 조직화(organizing), 인사(staffing), 지휘(directing), 조정(co-ordinating), 보고(reporting), 예산(budgeting)의 7대 기능을 제시하고, 이들 기능을 나타내는 단어의 첫 글자를 따서 POSDCoRB라는 약어를 만들었다.

그러나 가장 일반적으로 받아들여지고 있는 행정 과정은 허시와 블란차드(Hersey & Blanchard, 1972: 5)가 제시한 관리의 4대 과정이다. 이들은 관리의 과정을 기획(planning), 조직화(organizing), 동작화(motivating), 통제(controlling)의 4단계로 나누었다([그림 1-1] 참조).

앞서 살펴본바, 귤릭이 제시한 최고관리층의 관리 기능으로서의 POSDCoRB와 허시와 블란차드가 제시한 관리의 4대 과정은 행정이 이루어지는 과정을 의미하나, 이는 다른 관점에서 보면 공무원들이 일상적으로 수행하는 행정업무 그 자체를 나타낸 것이라고 할 것이다.

[그림 1-1] 허시와 블란차드가 제시한 관리의 4대 과정

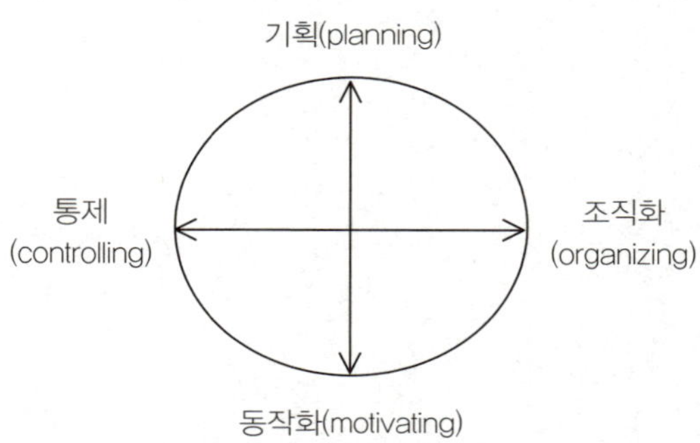

정책의 형성과 집행에 관여하는 대외적 환경을 모두 고려하여 행정의 과정을 살펴보면 행정부를 중심으로 한 정부와 입법부, 그리고 사법부와의 관계, 국민의 의견이 반영되는 민주적 절차, 공공과 민간의 다양한 이해관계자 등을 고려한 복잡한 거버넌스의 과정으로 이해될 수 있다. 이를 시스템이론의 개념을 도입하여 설명하면 [그림 1-2]와 같다. 국민의 요구와 기대가 행정체제에 투입되는 과정은 입법과 예산을 담당하는 국회의 역할과 함께, 다양한 이해관계자와의 상호관계를 기반으로 한다. 대내적 관리의 관점이 주를 이루게 되는 행정체제 내의 행정 과정을 거쳐, 정책이 결정되고 집행된다. 이후 행정의 산출물에 대한 평가와 환류가 이루어진다. 평가 및 환류를 위해 행정부 내의 감사원, 국회의 예·결산 심의와 국정감사, 사법부 등 다양한 행정기관은 물론 언론과 시민단체들이 참여하기도 한다.

[그림 1-2] 시스템적 관점에서 본 행정의 과정

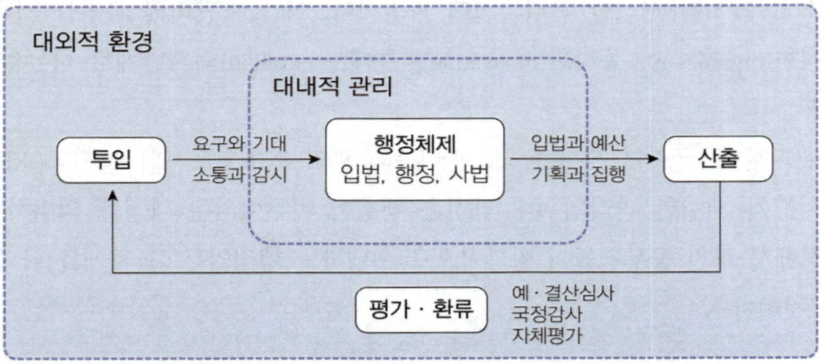

생각해 보기

저출산 · 고령사회 기본계획: 공공 문제 해결을 위한 정책형성과 집행

정부는 그동안의 저출산 대응 노력에도 불구하고 2016년 출생아 수가 40만 6천 명으로 역대 최저치를 기록하고, 2017년부터는 생산가능인구가 감소하고 노인인구가 14%를 넘어서는 고령화가 급속히 진행되는 등 인구 변화로 인한 국가의 위험요인에 대한 대처를 위해, 2006년부터 저출산 · 고령사회 기본계획을 수립해 왔으며, 2020년 제4차 기본계획(2021~2025)이 발표되었다.

저출산과 고령화로 인해 발생할 수 있는 문제를 해결하기 위해, 정부는 저출산 대책으로 일자리 · 주거 등 만혼 · 비혼 대책을 강화하고 복지사각지대의 해소와 출산장려문화 개선 등을 정책 방향으로 설정하였다. 또한 고령화에 대응하기 위해 국민연금과 주택연금 확대 등 노후소득보장 강화와 여성 및 중고령자, 외국인력 활용을 통한 생산인구 확충과 실버산업 등 구조적 대응책을 함께 마련하고 있다.

이러한 기본계획의 수립과 집행의 과정에는 공공문제가 무엇인지 진단하는 과정과 진단된 문제를 해결하는 최적의 방법은 무엇인가에 대한 고민이 들어 있다. 또한 집행의 과정에서 어떻게 효율적으로 집행할 수 있을 것인지를 검토하고 모니터링하는 과정이 동반된다. 또한 이들 과정은 국회와 감사원, 학계, 언론, 일반 국민 등에 의한 공식적 · 비공식적 평가와 환류의 과정을 거쳐 개선되는 과정을 거치기도 한다.

Q. 저출산 · 고령사회가 공공 문제로 다루어져야 할 필요가 있을지 논의해 보자.
Q. 저출산 · 고령사회 기본계획의 수립 과정을 조사하여, 관련 정책의 형성과정을 알아보자.
Q. 저출산 · 고령사회 대책에 대한 다양한 기관의 정책평가와 환류된 사례를 조사해 보자.

CHAPTER 02

정부와 시장, 그리고 시민

제1절 정부

1 사회와 국가

정부의 개념을 명료하게 인식하기 위해서는 관련 개념으로서의 '사회(society)'와 '국가(state)[1]'의 개념을 살펴볼 필요가 있다. 국가와 정부의 개념이 범위 면에서 비교적 분명한 경계를 지니는 데 비해, '사회'의 개념은 논자에 따라 각기 다르게 규정되어 사용됨으로써 적지 않은 혼란이 초래되고 있다. 사회는 일반적으로 '인간들이 모여 상호관계를 맺으면서 살아가는 공동체'로 규정할 수 있다.

사회의 개념은 포괄 범위를 기준으로 세 가지 범주로 나누어 정의할 수 있다. 가장 넓은 의미의 '사회'는 '국가'를 포괄하는 큰 개념이다. 즉, '국가'를 '사회' 안에서 생성되고 존재하는 특수한 공동체로 규정할 때, 사회는 국가보다 큰 개념이라고 할 수 있다. 그러나 중간 및 좁은 의미로 규정될 때 사회는 국가체제의 하위체제로서의 '시민사회(civil society)'를 가리키는, 국가보다 좁은 개념이다. 즉, 국가체제를 공공 부문(public sector)과 민간 부문(private sector)으로 나눌 때 '사회'는 중간적 의미에서 '민간 부문'을 지칭하는 개념으로 규정될 수 있다. 그리고 민간 부문을 다시 '경제적 시민사회'와 '비경제적 시민사회'로 나눌 때 '가장 좁은 의미의 사회'는 '비경제적 시민사회'를 가리키는 개념으로 이해될 수 있다.

일반적인 용례에서 국가는 '넓은 의미의 사회' 속에 존재하는 특수한 공동체로 규정된다. 그리고 '시장(market)'은 넓게는 공공 부문과 대비되는 민간 부문 전체를 상징하는 개념으로 사용되나, 좁은 의미에서의 시장은 민간 부문 가운데서 특히 '경제적 시민사회'를 지칭하는 개념으로 사용된다.

사회와 국가의 관계에 대해 립슨(Lipson, 1965)은 국가라는 실체는 외부 환경으로서의 '사회' 내에 존재한다고 규정하면서, 사회를 모든 인간관계와 집단들을 포괄하는 가장 넓은 개념으로 보고 있다. 또한 국가를 '정치적으로 조직화된 사회'로 보는 파슨스(Parsons, 1966)는 정치체로서의 국가를 '사회의 제1차적 하위체제(a primary functional

---

1) 'state'라는 개념은 군주의 신분적 지위를 가리키는 'status'에 어원을 두고 있으며, 근대 국가의 형태가 나타난 르네상스 시기의 이탈리아에서 처음 사용되기 시작했다.

subsystem of a society)'로 규정한다. 한편, 힌츠(Hintze, 1968)도 사회는 국가에 의해 형성된 것이 아니며 또한 국가는 사회체계가 발전한 결과도 아니라고 주장한다. 이들에게 있어 국가는 사회구성원들 간의 정치적 권력관계가 집중되는 사회 속의 하나의 특수한 제도적 장치라고 할 수 있다.

사회구성원 개개인의 생활에 가장 강력한 영향을 미치는 제도적 사회는 공공 부문으로서의 국가이다. 국가는 사회 속의 가장 강력한 권력 기구로서, 그것이 발하는 명령에 의해 모든 개인의 생활이나 사회 활동이 통제된다. 따라서 모든 인간의 생활은 국가의 영향으로부터 이탈할 수 없으며, 개인의 소중한 인권과 자유, 그리고 자아의 인격 실현도 국가 없이는 성취될 수 없다. 그러나 오늘날의 선진 민주국가에서는 국민 개개인의 자유가 폭넓게 인정되며, 국가의 통제력은 한정된다는 생각이 일반화되어 있다(김명, 1995: 42).

국가의 궁극적 목표는 국가공동체 속의 모든 구성원의 생존과 발전을 위해 노력하는 데 있다. 공공 부문으로서의 국가는 이러한 목표의 수행을 위해, 국가 속의 모든 개인 및 사회 집단에 대해 보호 · 규제하는 활동을 수행한다. 좀 더 구체적으로 살펴보면 국가는 국민의 생존과 발전을 위해 외적의 침범을 방지하고 치안 질서를 유지하며 국리민복을 위한 다양한 경제 · 사회적 기능을 수행한다. 대내적으로 볼 때 국가는 공공의 안녕을 해치는 범죄 행위를 단속하고 공정한 거래 질서를 해치는 불공정 경제 행위를 규제하며, 국민의 건강을 위협하는 공해를 단속하는 등 사회구성원들의 여러 행위를 통제하고 규제한다. 안게르만(Angermann, 1976: 112)은 국가의 기능과 관련하여 국가를 '관료제적으로 훈련되고, 내부의 질서와 외부로부터의 안보를 책임지며 최고의 권위가 부여된 신시대의 조직국가'로 정의한다.

그런데 국가 기능의 범위와 관련하여, 개인과 국가 가운데 어디에 초점을 두느냐에 따라 견해가 크게 대립된다. 개인주의적 국가관은 국가를 개인의 자유와 권리의 보호를 위한 법적 조직체에 불과한 것으로 인식한다. 본래 자유주의(liberalism)는 권력화된 종교 질서와 권위적 국가로부터 개인의 해방을 추구했기 때문이다. 이에 반해 국가주의(statism)는 국가를 해당 사회 전체를 지배하는 최고의 조직으로 간주하여, 그 속의 모든 개인은 국가의 지배를 적극적으로 수용하고 국가에 봉사해야 한다는 사상이다.

역사의 진행 방향이라는 큰 흐름에서 볼 때, 근세 이후의 국가관은 국가주의 또는 전체주의적 국가관에서 점차 개인주의적 국가관으로 이행, 국가 기능의 제한을 지향해 왔다고 할 수 있다. 그러나 미시적 관점에서 볼 때, 정치사상은 두 국가관 사이에서 시계추처럼 진동(振動)해 왔다고 할 것이다. 즉, 근세 이전의 절대주의 국가관에서 18~19세기의 자유주의 국가관으로, 다시 20세기의 복지국가관으로, 그리고 1980년대 이후의 신자유주의 국가관으로 바뀌어 온 것이다. 그러나 두 국가관은 시간이 흐름에 따라 양극단 점에서 중간점을 향해 진폭이 점차 작아지면서 수렴되고 있다(이종수, 2010a).

2 정부의 개념

정부(government)란 국가의 통치 구조를 말한다(Laski, 1957). 국가의 개념을 "정치적 지배의 제도화된 장치"나 "물리적 강제력(physical coercion)을 합법적으로 독점하는 강권적 권력체"로 규정할 경우, '정부'는 정치적 지배 또는 물리적 강제력의 합법적 독점체로서의 '국가 기구' 또는 '국가 장치'로 이해될 수 있다.[2] 즉, 정부는 국가를 관리 · 운영해 가는 총체적 기구를 말한다. 국가의 불가결한 구성 요소로는 일반적으로 영토, 국민, 주권(국가권력)의 세 가지가 제시되나, 오늘날 국제법상으로는 통치기관으로서의 정부[3]가 추가된다.

정부를 의미하는 'government'의 개념은 제도에 초점을 둘 경우 '정부'로 번역되지만, 기능에 초점을 둘 경우 '통치'로 번역된다.[4] 제도로서의 정부는 통치와 관련된 '공직의 총체(collection of offices)'를 의미한다. government의 어간을 이루는 govern은 그리스어 kubernan과 라틴어 gubernare에 그 어원을 두고 있다. kubernan(to steer, guide, govern)이 '방향을 잡다', '안내하다'는 의미를 지닌다는 관점에서, 정부는 국가공동체의 방향을 제시하고 이끄는 역할을 수행하는 제도 또는 통치 기능을 의미한다고 하겠다. 오스본과 게블러(Osborne & Gaebler, 1992)가 정부의 역할을 규정하면서 전통적인 관료제 정부의 역할을 '노젓기(rowing)'로 규정한 반면에, '기업가적 정부'의 역할을 '방향 잡

2) 립슨(Lipson, 1965)에 의하면 정부는 국가의 이름으로 권위 역할을 수행하는 권위 당국자를 의미한다.

3) 국가를 대표하는 정부가 없는 상태가 장기간 지속될 경우 국가가 와해된 것으로 보아야 한다는 의미에서, 현대 국가학에서는 국가의 구성 요소에 정부를 포함시키고 있다(김명, 1995: 73).

4) 거버넌스의 개념을 소개하면서 흔히 인용되는 'from government to governance'라는 경구는 '통치에서 공치(共治)로'라고 번역될 수 있다. governance의 개념은 그냥 거버넌스로 음역해서 사용되기도 하나, 정부에 의한 일방적 '통치'와는 대비되는 '민 · 관의 파트너십'을 강조한다는 측면에서 공치(共治)로 번역해서 사용되기도 하며, 일본 학계의 번역을 따라 협치(協治)라는 용어를 사용하는 학자들도 있다(이종수, 2009 참조).

기(steering)'로 규정했듯이, 그리스 시대의 초기 정치학에서도 정부의 일과 '방향 잡기'가 유사성을 지니는 것으로 인식해 왔다(Deutsch, 1980: 7-8).

일반적으로 정부는 광의와 협의의 두 가지 형태로 나눌 수 있다. 광의의 정부(government)는 입법부, 사법부, 행정부를 모두 포함한 총체적인 국가 통치기구를 의미한다. 반면에, 협의의 정부(the executive)는 입법부 및 사법부와 대비되는 '행정부'만을 지칭하는 의미로 사용된다. 미국 등 대통령제를 채택하고 있는 국가에서 정부의 개념은 입법부·행정부·사법부를 모두 포괄하는 광의의 의미로 사용되나, 의회제를 채택하고 있는 영국 등에서는 정부의 개념이 구체적 내각을 지칭하는 가장 좁은 의미로 사용된다. 일반적으로 대부분의 국가에서는 정부의 개념을 주로 집행부(행정부)와 그 부속 행정기관을 가리키는 의미로 사용하고 있다(Duchacek, 1973; 구영록 외, 2001: 131).

국가와 정부의 관계에 대한 인식은 논자의 관점에 따라 조금씩 다르다. 정부는 국가의 대리기관이라는 입장에서 국가와 동일시되기도 하나, 일반적으로 국가는 하위체제로서의 정부를 포괄하는 것으로 이해된다. 앨퍼드와 프리들랜드(Alford & Friedland, 1985: 1)는 "국가는 정부보다 더 근본적 개념이다. 왜냐하면 특정 시점에 집권하고 있는 특정 체제뿐만 아니라 체제의 권위, 합법성의 기초, 그리고 대중 지지와 관련되기 때문이다"라고 주장한다. 또한 스테판(Stepan, 1978)도 국가는 정부 이상의 것으로 고려되어야 한다고 주장한다. 즉, 국가는 정치체(polity)에서 시민사회와 공권력 간의 관계를 구조화할 뿐만 아니라 시민사회 내에서 여러 중요한 관계들을 구조화하려고 기도하는 지속적인 행정적, 법적, 관료적 및 억압적 체계라는 것이다.

이 책에서는 '국가의 제도적 기구'로서의 정부의 개념과 국가의 개념을 맥락에 따라 혼용해 사용하고자 한다.

제2절 시장

1 정부와 시장을 바라보는 관점

넓은 의미의 '시장(market)'은 공공 부문과 대비되는 민간 부문 전체를 지칭하는 개념으로 사용되나, 좁은 의미에서의 시장은 민간 부문 가운데 특히 '경제적 시민사회'를 지칭하는 개념으로 사용된다.

시장은 상품과 서비스가 자발적 참여자들에 의해 교환되는 '과정'을 지칭하는 추상적 개념이다. 즉, 시장은 상품과 서비스가 교환되는 구체적 장소를 지칭하기보다는 상품의 교환 '과정'을 나타낸 것이며, 시장은 그 속에서 사적 이익(self-interest)을 추구하는 인간들의 활동이 가격에 의해 조정되는 곳이다(Mitchell & Simmons, 1994: 4).

시장은 무엇인가를 교환할 의사를 가진 사람들이 만날 때 생겨나게 된다. 따라서 시장은 많은 자발적 교환의 총합으로 이루어진다. 시장에서는 가격 신호를 매개로 하여 경쟁적 배분이 이루어지고 경쟁 메커니즘을 통해 더 우수한 산출물에 대해서만 보상을 하기에 독점에 의존하는 공공 부문보다는 훨씬 효율적인 것으로 인식된다.

각 경제 주체들이 가격을 매개로 하여 자유롭게 거래하는 경쟁적 시장에서는 원칙적으로 정부의 간섭이 불필요할 것이다. 그러나 시장 참여자들의 이기적 행동이 서로 부딪치는 시장에서 공정한 거래가 이루어지도록 하기 위해서는 정부가 규칙 제정과 심판의 역할을 담당할 필요가 있다. 시장에 의한 자유경쟁을 주창한 스미스(A. Smith) 자신도 결코 국가의 존재를 무시하지는 않았다. 그는 단지 국가의 역할을 공공재 공급에 국한해야 한다고 주장하였다. 시장의 작동을 가능하게 하는 법 질서의 유지는 전형적인 공공재 가운데 하나에 해당된다.

정부와 시장의 관계를 보는 전통적 관점은 공공 부문(public sector)과 민간 부문(private sector)을 엄격하게 분리·대립시켜, 통치 부문으로서의 공공 부문이 민간 부문을 규제·통제하는 것으로 인식해 왔다. '행정(public administration)' 또는 '정부(government)'로 이해하는 전통적 관점과 제1섹터(first sector)와 제2섹터(second sector)로 구분하는 관점에도 이러한 인식이 배어 있다.

그러나 사회를 다양한 부분 집단들이 상호작용하는 장(場)으로 보는 다원주의(pluralism) 사회관은 정부를 다른 사회집단에 대해 절대적으로 우월적 지위를 갖는 특수부문으로 보지 않는다. 행정을 이해하는 전통적 관점은 오늘날 공·사 부문의 다양한 행위 주체들이 교호작용을 하는 네트워크로 이해하는 거버넌스(governance)적 관점으로 바뀌고 있다. '정부에서 거버넌스로(from government to governance)'라는 경구가 이를 잘 나타내고 있다.

2 정부와 시장 관계의 역사적 전개 과정

자본주의 경제체제에서 정부는 일반적으로 자원을 배분하고 조정 및 통제하는 제도적 장치로 기능한다. 자원 배분 또는 사회문제 해결을 위한 정부의 역할을 어떻게 설정하느냐에 따라 행정의 실제와 역할은 달라진다.

정부와 시장 관계의 역사적 변천 과정은 다음과 같이 살펴볼 수 있다. 서구 사회에서 4세기부터 14세기까지 1천 년간 지속된 중세 봉건사회는 봉건적 농업경제사회였다. 중세 암흑사회를 근세 사회로 전환시키는 데 결정적으로 기여한 역사적 사건은 11세기 말부터 13세기 말까지 약 200년 동안 지속된 십자군전쟁이다. 십자군 원정은 전쟁이 장기화되면서 동방과의 교통·무역을 발달시키고 자유도시를 탄생시키는 한편, 농업경제 구조를 상공업 중심의 근세적 산업경제 구조로 바꾸는 역사적 변화를 초래하게 된 것이다. 즉, 십자군 원정과 대규모의 성지순례로 인한 인구의 대이동은 경제적 측면에서 이탈리아 반도 지역을 중심으로 상업과 가내 수공업의 발달을 초래하면서 신흥 상업도시를 출현시키는 한편, 정치적인 측면에서는 봉건국가 체제가 허물어지고 절대군주국가가 출현하는 변화를 초래하게 되었다.

14세기 십자군전쟁이 끝난 뒤 근세 사회가 시작되면서 출현한 절대군주국가는 새로운 경제력으로 부상한 신흥 상공 계급과 중앙집권적 군주의 결탁에 의해 이루어진 것이다. 즉, 경제적으로 몰락한 봉건 제후들로부터 국가 재정을 조달받을 수 없게 된 군주들은 신흥 상업자본에 의존하게 되었으며, 상공인들은 그들의 상권을 확장하기 위해 중앙집권적 국가권력과 제휴하지 않을 수 없게 된 것이다. 절대군주국가는 본질적으로 국가 자체가 군주의 사유재산으로 간주되는 가산국가(patrimonial state)였으나, 군주와 상업자본이 결탁했다는 관점에서 자본주의적 발전의 역사적 바탕을 마련한 것으로 볼 수 있다.

그 이후 절대군주의 보호 아래 성장한 신흥 상공 계급이 절대군주를 이제는 그들 자신의 경제적 성장의 장애 요인으로 간주, 새로운 사회집단으로 등장한 '도시민'과 결탁하여 시민혁명을 추진하게 된 것이다. 영국의 명예혁명(1688), 미국의 독립혁명(1776), 프랑스 대혁명(1789)으로 대표되는 17~18세기의 시민혁명은, 그 주도 세력이 신흥 상공 계급이었다는 관점에서 본질적으로 부르주아 혁명(bourgeois revolution)이라고 규정할 수 있다. 시민혁명의 주도 세력은 경제생활에서 국가권력의 간섭을 배제하고 자유를 확대하기 위해 자유방임주의적(laissez faire) 입장을 취하게 됨으로써, 정치적으로는 민주주의 정치체제를, 그리고 경제적으로는 자본주의 경제체제 발전의 바탕을 마련하게 된다.

시민혁명 이전의 전근대 사회에서는 정치권력의 행사 집단이 경제권력까지 직접적으로 행사했기 때문에 경제와 정치는 직접적으로 융합되어 있었으나, 근대 사회에서는 경제 과정이 강제적 권력의 사용을 배제하는 시장 메커니즘에 의해 매개됨으로써 정치와 경제가 형태적으로 분리되었다. 따라서 근대 사회에서의 경제 영역은 자유롭고 평등한 사적 개인들이 자신의 경제적 이익을 추구하기 위해 계약관계를 맺으면서 경제활동을 하는 '비정치적 영역' 또는 '민간 부문(private sector)'으로 표상된다(구영록 외, 2001: 93 참조). 이에 비해 정부는 '국가권력'을 토대로 하여 질서 유지 · 자원 배분 등의 공동목표를 추구하는 '정치적 영역' 또는 '공공 부문(public sector)'에 속한다.

근대 국가의 기반이 되는 자본주의적 시장경제 체제는 정치와 경제의 분리에 기초하여 '정부와 시장의 분업'이 이루어지고 있는 사회이다. 스미스(A. Smith)와 같은 초기 자유주의자들은 경제 영역은 '보이지 않는 손(invisible hand)'으로서의 시장에 맡겨 두고 정부는 국방과 치안 질서 유지 등 시장경제의 외적 조건만을 확보해 주는 기능에 그쳐야 한다고 주장했다.

그러나 20세기 들어 복지 수요의 증대와 자원의 비효율적 배분 등 시장실패(market failure)[5] 상황이 전개되면서 시장경제적 조절 메커니즘만으로는 국가경제의 원활한 작동이 불가능한 것으로 드러나자, 시장실패를 보정하기 위한 수단으로 '보이는 손(visible hand)'으로서의 정부 개입 확대의 필요성이 제기되었다. 정부 개입 확대의 불가피한 필요는 초기 자본주의가 경제적 및 사회적 평등에 대한 욕구를 충족시켜 주지 못하고 오히려 불평등을 심화시킨 새로운 사회적 위기를 초래했기 때문이다. 즉, 산업사회의 발전은 많은 노동자를 도시로 집결시켰고 그것은 곧 빈곤의 집중적 노출로 나타났다. 이러한 사회적 위기에 봉착하여 재산권의 신성함과 계약의 자유만을 주장하는 경제적 자유주의는 정치적으로 수용되기 어려웠으며, 따라서 '빈곤으로부터의 자유'가 기본적 자유의 하나로 제시되는 진보주의적 시각이 대두되기에 이른 것이다.

---

5) 시장실패는 불완전한 경쟁 등으로 인해 시장에 의한 자원 배분의 효율성이 확보되지 못한 상태를 말한다. 시장실패의 요인으로는 불완전한 경쟁, 정보의 불충분성, 공공재의 존재, 외부효과, 자연적 독점 등이 지적된다.

고전적 자유주의의 수정은 바로 자본주의의 수정과 긴밀한 연계관계가 있다. 현대 자본주의는 이미 자유시장의 원리, 사유재산권의 신성성, 계약의 절대성을 교조적으로 주장하지 않은 지 오래이며 공공의 이익을 확보하기 위해 국가에 의한 시장 규제의 필요성이 받아들여지고 있다. 나아가 자본주의 시장경제의 지속적 성장을 위해, 그리고 자본주의 체제가 수반하는 경제적 · 사회적 불평등을 해소하기 위해 국가의 적극적 역할이 중요하다는 주장이 받아들여지게 된 것이다. 이렇듯 자유의 신장에 국가가 긍정적으로 공헌한다고 보는 현대적 시각은 개인의 자유에 대한 위협의 원천으로 국가를 부정적으로 보던 고전적 입장과는 상당히 거리가 있다(구영록 외, 2001: 378-379 참조). 이와 같이 수정된 자유주의가 오늘날 국가 개입의 정당성을 주장하는 진보주의 사상의 밑바탕에 놓여 있다.

한편, 1980년대에 등장한 신자유주의는 다시 정부를 퇴위시키고 시장을 등극시키기 위한 다양한 논리를 전개했다. 20세기 말의 신자유주의자들은 심지어 시장의 실패까지 시장에 맡겨 해결해야 한다고 주장하면서(Wolf, 1988), 민간화와 민영화, 그리고 규제완화를 통한 정부 기능의 축소 등 감축관리(cutback management)를 처방하였다. '작은 정부, 큰 시장'을 지향하는 이러한 신자유주의 이념은 세계화 사조와 맞물려 자유주의적 국제 경제 질서(LIEO: liberal international economic order) 확산 운동으로 전개되었다.

그러나 1990년대 들어 사회민주주의와 신자유주의의 변증법적 통합을 주창하는 '제3의 길'이 모색되면서 정부의 기능이 다시 새로운 조명을 받게 되었다. 특히, 2008년 미국 월가(Wall Street)의 금융시스템이 붕괴되어 전 세계적 경기 후퇴를 초래하게 되자 자유자본주의의 본산인 미국과 영국에서조차 '정부의 귀환(the return of the state)'이 공공연하게 주창되기에 이르렀다.6)

시장과 관련하여 국가가 수행해야 할 기능의 범위를 어떻게 설정할 것인가 하는 문제는 미래 행정의 모색에서 중요성을 지닌다. 신자유주의자들은 정부의 기본 기능을

---

6) 〈인디펜던트(*The Independent*)〉는 2008년 9월 17일자 기사에서 "월가의 붕괴는 자유시장 자본주의의 고삐를 죌 필요가 있다는 넓게 확산된 인식을 더욱 확고하게 만들었다. 1932년(대공황 시기)에 있어서와 마찬가지로 2008년의 진자(振子)는 정부 규제와 간섭 쪽으로 후퇴하고 있다(The debacle on Wall Street has cemented a widespread view that free-market capitalism needs reining in. As in 1932, the pendulum in 2008 is shifting back towards greater regulation and intervention)"고 보도하였다. 또한 〈파이낸셜타임스(*Financial Times*)〉는 동년 8월 21일 '정부의 귀환: 정부는 어떻게 경제생활의 심장으로 돌아오게 되었나(The return of the state: How government is back at the heart of economic life)'라는 제목의 칼럼을 게재했다.

시장 질서의 공정한 유지에 한정, 즉 시장경제의 단순한 보완물이나 교정물에 한정해야 한다고 주장한다.

이에 반해 진보주의자들은 정부가 시장을 적절히 규제할 경우 시장 그 자체만으로는 달성하기 힘든 자원의 최적 할당이나 완전고용 상태와 같은 최적 상태를 달성할 수 있을 것으로 가정하면서, 공공 부문이 시장의 잔여 영역으로만 볼 수 없는 좀 더 적극적인 기능을 수행해야 한다고 주장한다. 케인스(J. M. Keynes)와 같이 시장에 대한 국가개입을 옹호하는 학자들은 이와 같이 정부를 시장 메커니즘을 적극적으로 규제하거나 촉진시키는 도구로 본다. 경제 안정화 및 경기 조절을 위한 정부의 재정정책과 통화정책, 시장의 공정한 경쟁 질서를 유지하기 위한 공정거래정책, 그리고 개발도상국에서 경제성장을 촉진하기 위해 동원하는 여러 재정금융정책을 이러한 도구로 볼 수 있다.

그 밖에도 20세기의 복지경제학자들은 시장의 결과를 사회정의의 구현과 같은 규범적 목표에 적응시키기 위해 정부가 적극 개입해야 한다고 주장한다. 즉, 이들은 분배문제로 인해 국가의 정통성이 훼손되고 민주주의가 위협받지 않도록 하기 위해 정부가 '분배 정의'를 구현하는 적극적인 역할을 수행해야 한다고 하는 '적극국가론'을 개진하고 있다. 시장실패를 치유하기 위한 정부 조치(government action)를 제안하는 복지경제학자들은 정치학 분야에서 동지(allies)를 찾는다. 정치학자들의 일반적 관점(prevailing view)은 민주적 통치 방식이 경제학자들의 기준에서 볼 때 비효율적일지 모르나, 본질적으로 선하며(essentially benign) 공정(fundamentally fair)하다는 것이다. 즉, 정치학자들은 민주적 방식이 전반적인 정의(justice) 및 형평성(equity)이라는 결과로 귀착된다고 판단한다.

생각해 보기

공정한 시장경제와 재벌 개혁

정부 주도 재벌 중심의 박정희 개발체제는 1960년대 이후 우리나라의 경제발전이라는 성과를 거뒀다. 그러나 이 같은 경제발전은 재벌의 경제력 집중이라는 결과를 낳았다. 민주적으로 통제되지 않는 경제 권력이 될 정도로 재벌은 국가경제에서 차지하는 비중이 커진 것이다.

경제력이 집중된 재벌들은 정치계, 관계, 사법계, 언론계, 학계 등에 과도한 영향력을 행사하기에 이른다. 사회적 의사결정이 공익보다 총수일가의 사익에 부합하도록 만들기도 한다. 따라서 재벌문제의 본질은 경제력 집중이고, 재벌 개혁의 핵심도 경제력 집중의 해소라고 할 수 있다.

재벌의 경제력 집중에 의해 발생하는 적폐는 황제경영과 총수일가의 사익편취를 위한 내부거래, 그리고 재벌 세습이라는 기업이나 기업집단 내부의 문제를 넘어선다. 재벌의 과도한 수직계열화와 일감 몰아주기는 도전 기업이 혁신할 기회조차 빼앗고, 혁신 경쟁의 소멸은 결국 재벌 기업의 혁신유인도 감소시키고 있다. 또한 기술 탈취로 재벌 대기업의 하도급 기업은 가격경쟁과 단가 후려치기에 내몰리고 결국 혁신할 유인도 여력도 잃게 된다. 기술 탈취와 단가 후려치기는 대기업과 중소기업의 임금 격차의 근본 원인이 되고, 노동 양극화와 사회 양극화를 심화시킨다. 나아가 재벌 세습이 가능한 상황에서 재벌은 도전 기업의 싹을 자르고 진입장벽을 쌓는다. 보다 본질적으로 경제력 집중은 다원주의에 기초한 시장경제와 정치적 민주주의를 형해화하고 있다.

출처: 국민일보. 2017.6.28. 시사풍향계－박상인

Q. 재벌 개혁과 경제민주화 논의에 대해 조사해 보고, 정부 경제정책의 바람직한 방향에 대해 논의해 보자.

제3절 시민

1 국민주권주의와 행정의 민주적 정당성

「대한민국헌법」 제1조 제2항은 대한민국의 주권이 국민에게 있고, 모든 권력은 국민으로부터 나온다고 선언하고 있다. 국민주권에 대한 「헌법」상 규정은 상대적으로 단순하게 느껴지지만, 이를 해석하고 실현하는 과정은 쉽지 않다. 「헌법」을 '국가를 영위하기 위해 반드시 해결해야 할 공적 과제를 처리하는 체제'라고 정의한다면, 국민주권은 이러한 체제를 구성하는 기본요소이다(김명재, 2006). 하지만, 국민주권의 원리는 단순히 주권이 국민에 있다는 이른바 주권재민 원칙의 수준에서 이해되거나, 최대한의 정치참여가 당연히 최선의 국민주권 실현으로 이어질 것이라는 낙관적 기대는 경계해야 한다. 보다 구체적으로 국민주권의 원리는 가치 중립적 입장에서 주권자로서의 국민은 적극적으로 정치에 참여해야 한다는 실천지향적인 측면을 강조하고 있다(전재철, 2006).

조선의 왕과 대신들은 국가의 안위와 정책의 정당성을 논할 때 그 대상으로서 인민이란 용어를 사용했다. 조세와 공역 의무를 담당하는 평민(平民), 강상 윤리에 충실하고 농업에 힘쓰는 생민(生民), 지방에 거주하는 민인(民人), 힘들고 구차한 일들을 수행해야 하는 하민(下民), 사족과 평민을 아우르는 대소(大小)민인 등이 인민의 대체 용어로 사용되기도 했는데, 모두 인민이라는 상위 개념에서 파생된 하위 개념들이고 '통치의 객체'라는 공통의 함의를 갖는다. 통치 객체로서의 인민이 문해인민(文解人民), 즉 글을 읽고 쓸 줄 아는 변동 주체로서의 인민으로 변화하며, 주체 의식과 함께 존재론적 자각을 하는 자각인민으로 발전하고 근대적 개인을 거쳐 시민이 탄생한다(송호근, 2013). 시민은 사회를 구성하는 주권적·주체적 개인으로, 이해 갈등과 계급적 대립으로 파열하기 쉬운 사회 질서를 공적 담론과 공적 기구를 통해 유지·존속시켜 나가는 근대적 개인이다. 일반적으로 서양에서는 개인-시민-국민의 발전 경로를 거치는데, 근대 국가가 국민국가로 전환하는 과정에서 국가가 시민을 한 나라의 구성원으로 호명하는 것이 국민이다. 국민을 시민과 비교하는 과정에서, 국민은 예컨대 대한민국에서 태어난 사람으로, 민주주의의 주체가 아닌 구성 요소로 이해되기도 한다. 이러한 관점에서 시민은 국민으로서 어떤 권리를 가지고 있고, 어떤 의무를 이행해야 하는지 알며, 그 의무를 적극적으로 수행하고 권리를 행사하는 사람으로 차이를 둔다(유시민, 2017).

정부는 일을 하는 과정에서, 즉 행정의 과정에서 민주적 정당성(민주성)을 확보하기 위해 노력한다. 민주적 정당성은 대외적으로는 국민주권주의에 기초한 민본행정과 위민행정, 그리고 책임행정을 통해 민주성을 확보하고, 대내적으로는 행정의 분권화와 행정관료의 자아실현을 통한 행정의 인간화를 구현하는 것을 의미한다(권기헌, 2011: 47). 이를 보다 구체적으로 살펴보면 정부가 하는 일에 대해 국민과의 관계에서 대응성(responsiveness)을 확보하는 과정으로 이해된다. 반면, 정부 내부에서는 행정조직 내부의 민주화를 의미하는데, 정부조직에서 일을 하는 사람을 기계적·합리적·경제적인 존재로 대하는 게 아니라, 감정적·사회적 관점을 중시하여 대하는 것을 말한다. 여기서는 대외적 관점인 국민과의 관계에서의 대응성의 관점을 주로 살펴보기로 한다. 이러한 대응성의 확보를 위해 대의민주주의에 기반한 선거를 통해 행정부의 수반인 대통령과 입법부를 구성하는 국회의원을 선출한다. 이들은 국민으로부터 부여받은(잠시 빌린) 주권을 활용하여 일을 하게 되며, 이 과정에서 민주적 정당성을 확보한다. 행정 과정의 단계마다 민주적 정당성을 확보하기 위한 과정을 거치는데 예산법률주의와 조세법률주의, 법령에 근거한 행정 등은 민의의 전당인 국회를 통과한 법과 예산에 의해 행정을 수행하도록 하고, 이에 근거한 조세를 통해 국민에게 부담을 지울 수 있도록 하고 있다.

2 민주주의의 변천: 대의민주주의에서 직접민주주의로

최근 촛불집회로 대변되는 광장민주주의가 기존의 대의제민주주의의 단점을 보완하는 직접민주주의적 요소로 작동하고 있다. 대의민주주의란 간접민주제라고도 하며, 구성원들에 의한 선거 등의 절차로 대표를 선출해 간접적으로 정치에 참여하는 민주주의 제도이다. 대의민주제(representative democracy)라고도 한다. 이를 실현하는 구체적인 방식으로 대통령, 국회의원, 지방자치단체장과 지방의회 의원, 교육감 등을 선거를 통해 선출하고 있다. 하지만 최근 행정의 민주적 정당성 확보의 범위가 전통적인 대의민주주의에 기반한 방식에서 여론조사나 집회, 온라인상의 의사표현 등을 포함한 직접민주주의적 대응 방식으로 확대되고 있는 추세이다.

보다 구체적으로 살펴보면, 먼저 국정운영의 쟁점이 되는 이슈에 대해 같은 의견을 공유하는 사람들이 모여 집회의 형태로 여론을 형성하기도 한다. 최근의 대통령 탄핵 과정에서 광화문과 서울역 등지에서 나타난 촛불집회와 태극기집회 등은 같은 가치를 공유한 다양한 집단이 자신들의 의사를 직접적으로 표현하고 세력의 과시를 통해 여론 형성을 주도하는 형태를 가진다.

또한 거의 모든 정부기관들이 페이스북이나 트위터 등으로 대표되는 소셜 미디어를 기관 홍보에 활용하거나, 국민의 목소리를 듣는 창구로 활용하고 있다. 기존의 전자게시판을 통한 국민청원이나 정책제언 등도 활발하게 이루어지고 있다. 이른바 전자정부의 발전 과정에서 나타나는 쌍방향 소통의 결과, 공공기관은 법 및 절차적 타당성과 다양한 감시제도를 통해 확보하던 전통적 민주적 정당성과 별도로, 실시간으로 형성되는 여론의 추이와 국민의 모니터링을 통한 확대된 민주성에 대응하기를 요구받고 있다.

다음으로 국정만족도, 국정지지도, 특정 국정운영 쟁점에 대한 찬반조사의 형태로 조사되고 있는 다양한 여론조사 결과는 대통령을 포함한 행정부의 각 부처 및 공공기관의 운영을 제한하거나 동력을 부여하는 힘으로 작용하기도 한다.

국민주권의 이념을 실현하는 통치 형태로서 직접민주주의와 대의민주주의 중 어느 쪽이 더 바람직한가를 논의하는 것은 진부한 것일 수 있다. 다만, 직접민주주의적 요소의 확대가 대의민주주의적 통치 질서에 기반한 대통령이나 국회 등 기존의 행정 과정을 전적으로 대체하기는 어렵다는 점에서 이들이 가진 문제점에 대해 이해하는 노력은 필요하다(박경철, 2004).

국민주권을 개개인의 인격적 존엄과 평등, 자유를 실현하는 동시에 공동체의 지배권을 확립하려는 통치 질서를 조직하고 이를 정당화하는 원리로 이해한다면 대의민주주의가 직접민주주의보다 국민주권을 더 잘 실현하는 통치 원리로 볼 수도 있다. 왜냐하면, 대의민주주의에서는 국민 개개인의 생각과 주장, 이해관계의 다양성을 전제로 하여 이들의 경합을 기본권의 형태로 보장하는 동시에, 국가 수준의 의사결정과 집행은 통치 역량을 가진 사람들을 선출하여 합리적이고 효율적인 국가 운영을 가능하게 하기 때문이다. 또한 선출된 권력자(엘리트)들 간의 상호 견제와 경쟁이 상시 이루어지고, 그 결과를 국민의 선거를 통해 경쟁하는 정치세력 중 하나에게 국가의사를 결정할 권한을 한시적으로 부여한다. 이와 같은 과정에서 대의민주주의는 국민의 기본권 보장, 통치권의 민주적 정당성, 통치권 행사의 절차적 정당성을 담보할 수 있는 통치 형태 원리로 볼 수 있다.

반면에, 정치적 문제에 대하여 주권자인 국민이 직접 결정을 내리는 것만을 민주주의의 실현이라고 이해하는 직접민주주의에서는 주권을 정치공동체의 절대권력으로 이해하는 전제에서 국민에 의해서 직접 내려진 정치적 결정을 주권자의 결정이라고 하여 절대시한다. 때문에 직접민주주의는 궁극적으로 전체주의 내지 다수의 독재를 초래하기 쉽다고 할 것이다. 그 결과 직접민주주의 이론은 국민주권의 통치적 실현에 있어서 민주적 정당성을 중시한 나머지 법적 정당성과 기본권 보장을 실현하기 곤란한 통치형태 원리라는 반론도 존재한다. 국민주권이라는 하나의 이념적 뿌리에서 민주주의와 전체주의가 모두 나올 수 있다는 사실에 비추어볼 때 우리는 국민주권과 민주주의를 이해하고 제도화하는 데 있어서 항상 경각심을 가져야 한다. 따라서 대의민주주의와 직접민주주의 중 어느 쪽이 바람직한지를 논하는 것보다는 현재의 헌법체계하에서 사회문제를 해결하는 보충적인 방식으로서 직접민주주의적 요소의 활용 방안을 고민할 필요가 있다.

생각해 보기

국민소환제 논의

국민소환제도란 국민들의 청원에 의하여 임기 중에 있는 선출직 공직자에 대하여 그 직에서 퇴직시키고 임기를 종료시키기 위해 투표에 부치는 행위로서 국민투표, 국민발안과 더불어 대의제하에서 부분적으로 수용될 수 있는 직접민주주의적 요소를 가진 대표적인 제도이다. 국민소환제도는 모든 권력이 국민에게 있다는 「헌법」 제1조의 국민주권 규정을 실질화한다는 의미를 지니며 현대의 대의제도가 본래의 기능을 잃고 대표자가 국민의 의사를 제대로 반영하지 못하고 있다는 비판을 근거로 두고 있다. 그러나 대부분의 국가들이 채택하고 있는 국민투표나 국민발안과 달리 국민소환제도를 채택하고 있는 나라는 드물다. 지방단위에서 이루어지는 지방의회 의원이나 지방자치단체장에 대한 주민소환을 채택하는 국가는 상당수 있으나 중앙정부 차원에서 국회의원이나 대통령에 대한 국민소환제도를 채택하고 있는 국가는 드물다. 우리나라에서도 지방자치단체에서는 이미 주민소환제도가 실시되어 정착되어 가고 있는 반면, 중앙정부 차원의 국민소환제도는 아직 도입되지 아니하고 있다.

국민소환제도는 국민의 정치적 의사를 무시하는 정치행태를 막을 수 있고 정치인들이 정치적 발언과 행동을 좀 더 신중하게 하도록 유도하는 데 큰 기능을 할 수 있으며 국민소환제도를 통하여 국민주권이 실질화되는 효과를 기대할 수 있다. 반면 대의제, 특히 자유위임의 원칙과 정면으로 충돌하게 될 뿐만 아니라 자칫 우회적인 신임투표(plebiscite)로 악용될 소지도 있다. 또한 국민소환제도를 도입할 경우 나타날 수 있는 오남용의 문제와 그로 인한 정치적 혼란도 결코 가볍게 볼 수 없다는 문제점을 지닌다.

출처: 온라인행정학전자사전. '국민소환제도'

Q. 국회의원과 지방자치단체장 등에 대한 국민소환제도의 장 · 단점을 행정의 민주적 정당성 관점과 사회의 지속가능성 관점 등을 고려하여 논의해 보자.

CHAPTER 03

정부의 역할: 경제성장과 복지

제1절 경제정책

1 시장경제의 조건

시장은 자발적 교환의 총합으로 이루어진다. 시장에서는 가격 신호를 매개로 하여 경쟁적 배분이 이루어지며, 경쟁 메커니즘을 통해 더 우수한 산출물에 대해서만 보상을 하기에 독점에 의존하는 공공 부문보다는 훨씬 효율적인 것으로 인식된다. 그러나 시장 참여자들의 이기적 행동이 서로 부딪치는 시장에서 공정한 거래가 이루어지도록 하기 위해서는 정부가 규칙 제정과 심판의 역할을 담당할 필요가 있다.

시장경제가 원활히 작동하려면 몇 가지의 전제 조건이 필요하다. 시장경제가 발전하는 데 필요한 전제 조건은 ① 사유재산제도, ② 계약제도, ③ 독점 금지 및 경쟁체제의 유지, ④ 안정된 법적 구조로 나누어 볼 수 있다(공병호, 1997: 103-109 참조).

1) 사유재산제도

자본주의적 시장 질서의 가장 기본적 요소 가운데 하나는 사유재산권(right of ownership)이다. 오늘날 대부분의 자본주의 국가는 사유재산권을 「헌법」에 명시하고 있다. 우리나라의 「헌법」 제23조는 모든 국민의 재산권은 보장된다고 규정하고 있다. 그러나 재산권의 행사는 공공복리에 적합하도록 해야 한다고 단서 조항에서 밝히고 있다.

2) 계약제도

시장경제의 존립을 가능하게 하는 두 번째 요소는 계약제도이다. 시장에서 수많은 교환 행위가 이루어지는 배경에는 늘 명시적이든 묵시적이든 계약 행위가 놓이게 된다.

시장경제의 발전은 자발적인 교환이 얼마나 원활하게 이루어지느냐에 달려 있다. 자발적인 교환은 사유재산권이나 계약을 보호하는 제도나 법, 그리고 관습만으로 충분하게 이루어질 가능성이 있다. 그러나 거래 당사자들 사이에 사기나 기만 행위가 발생하고 이로 인해 부당하게 피해를 입는 사람들이 시장에서 발생하는 경우가 있다. 이러한 사기나 기만 행위를 방지하여 시장경제를 발전시키기 위해서는 안정된 법 질서의 유지가 필요한바, 정부가 그러한 기능을 수행할 것으로 기대된다.

3) 독점 금지 및 경쟁체제의 유지

시장경제가 발전하기 위해서는 시장체제의 가장 큰 장점인 경쟁이 유지되도록 해야 한다. 경쟁은 기술적 진보를 가져오고 생산 구조의 변화와 조직상의 개혁을 가져온다. 이에 반해 독점은 시장 기구의 기능을 저해하고 효율적인 자원의 배분을 훼손하는 가장 기본적인 시장실패의 예이다. 수요자와 공급자의 수가 적을 때 독점력이 형성되며, 독점자는 나머지 경쟁자를 시장에서 축출함으로써 경쟁체제를 무너뜨리게 된다. 우리나라의 경우, 경쟁 촉진 기능은 공정거래위원회가 담당한다.

4) 안정된 법적 구조

안정된 법적 구조는 시장경제를 유지하는 데 필수불가결한 요소이다. 시장은 시장에 참여하는 각 행위자들의 권리가 잘 정의된, 안정된 법적 구조(stable legal structure) 속에서만 원활하게 작동될 수 있다. 시장을 원활하게 작동시키는 권리 속에는 계약의 자유(freedom to contract)와 사유재산권(right to property), 그리고 계약의 이행을 강제할 수 있는 권리(the right to have contracts enforced) 등이 포함된다. 역설적이게도 시장의 효율적 작동은 강력한 정부 기능의 여하에 달려 있다(Daly & Cobb, 1989). 시장을 작동시키기 위한 정부의 이러한 최소한의 활동 없이는 시장이 제대로 기능할 수 없게 된다. 철두철미한 자유주의 경제학자인 프리드먼(M. Friedman)도, 정부는 시장경제를 유지하기 위해 법과 질서를 유지하고 재산권을 규정하며, 계약의 이행을 강제하고, 경쟁을 촉진하며, 화폐제도의 기틀을 마련하는 역할을 수행한다고 하였다(Friedman, 1962: 52).

2 정부 경제정책의 변천

정부의 경제적 기능과 관련해서는 13세기 유럽의 중상주의(mercantilism)[1]와 18세기 프랑스의 중농주의(physiocracy)[2]까지 거슬러 올라가야 할 것이다. 13세기 이래 국부 창

1) 13세기부터 자본주의 생성기까지 유럽의 절대주의 국가들이 취한 경제정책으로, 국가의 보호 · 간섭에 의한 무역 증진을 통해 국가를 부강하게 하려는 정책 지향을 말한다.

2) 18세기 프랑스의 고전경제학자들에 의해 주창된 경제사상으로, 농업만이 오직 생산적이고 다른 경제 분야의 활동들은 단순히 재산을 전환시키는 데 불과한 비생산적 활동이라는 관점에서 농업을 중시해야 한다고 주장하는 경제사상을 말한다. 중상주의의 대립 개념인 중농주의는 기본적으로 자유방임주의를 지향한다.

출의 최선책으로 인식되었던 중상주의 사상은 17세기 중엽부터 새로운 경제관으로 바뀌기 시작했다. 새로운 경제관은 국가에 의한 관리무역과 생산에 대한 국가의 제약이 국부 증진에 해가 되기에 번영을 누리고자 한다면 어떠한 국가도 생산과 무역에 대한 정부의 여러 가지 제약을 풀어야 한다는 것이었다. 새로운 경제관의 대표적인 논객으로는 페티(W. Petty, 1622~1687), 노스(D. North, 1641~1691), 차일드(Sir J. Child, 1630~1716) 등을 들 수 있다. 이러한 새로운 경제관은 곧 자유방임주의 사상으로 이어졌다.

노스는 사람들이 어떤 일을 할 때는 그 배후에 이기심이 놓여 있다고 말하면서, 시장에서 그들이 자유롭게 경쟁하도록 허용하기만 하면 사회 전체의 복지가 증대될 것이라고 주장하였다. 그는 자본가나 상인이 사회 전체의 이익을 위한다는 명분을 내세워 각종 규제정책을 옹호[3]하는 것에 대해 강한 반감을 보이면서, 나아가 공익 또는 국민 전체의 이익을 위한다는 명분으로 실시되는 각종 정책에 대해서도 불신을 드러냈다(공병호, 1997: 41-43 참조).

대표적인 자유방임주의 사상가인 스미스(A. Smith)의 주장은 시장의 법칙을 체계화하면서, 사익을 추구하는 인간의 이기심에서 출발한다. 경제 행위의 주체들이 이기심에 의거하여 행동할 때 국부를 증진시키는 가장 좋은 사회제도는 경쟁적 시장체제임을 스미스 이후 전통적 경제학자들은 믿어 왔다. 스미스는 개개인이 열심히 자신의 이익을 추구하면 그 과정에서 '신의 섭리(design of the deity)'라 할 수 있는 '보이지 않는 손(invisible hand)'에 의해 사회 전체의 이익이 증진된다는 논리를 폈다. 스미스는 우리가 맛있는 저녁 식사를 할 수 있는 것은 정육점 주인, 양조장 주인, 빵집 주인의 자비에 의한 것이 아니라 그들이 추구하는 그들 자신의 이익 때문이라고 말하면서, 사실 그들은 공공의 이익을 증진시키려고 의도한 것이 아니며 오직 자신들의 이익만을 의도한 것이지만, 그렇다고 그들이 사회에 기여한 바가 줄어드는 것은 아니라고 하였다. 자유방임주의 사상을 대변, 국가의 기능을 공공재 공급으로 규정한 스미스는 정부의 역할을 국방, 법 질서 유지, 공공사업, 주권 유지를 위한 재정권 행사에 국한시켜야 한다고 주장했다.

---

3) 우리나라에서 근년 들어 규제 완화 정책의 일환으로 중고 자동차 판매업을 자유화하자, 기존의 판매업자들이 신규 판매업자의 진입을 저지하기 위해 정부에 대해 다시 규제해 줄 것을 요구한 바 있다. 이와 같이 이미 기득권을 누리고 있는 산업이나 기업들은 지속적인 지대추구(rent-seeking)를 위해, "정부는 산업을 보호·육성할 의무가 있다"는 논리를 내세우면서 협회·조합 등을 구성하여 관료들에게 정부 규제의 지속을 위한 로비를 하는 경우가 허다하다.

이러한 자유방임주의 사상은 영국·미국과 같이 정부의 개입 없이 자율적인 민간 활동에 의해 경제가 성장해 온 국가의 시장경제체제의 사상적 바탕을 이룬다. 이와 같이 시장경제체제를 채택하고 있는 국가의 경우 경제에 대한 행정의 영향은 소극적이고 사후적인 것에 그치고 행정이 적극적으로 경제발전을 주도하지 않았다. 이러한 나라들의 정부는 국방과 치안 질서 유지, 직업이나 노동, 이동의 자유 보장, 화폐 신용 체제의 정비, 교육제도의 확립 등 순조로운 경제발전을 위한 여러 여건을 마련해 주는 데에 주력했다(유훈, 1993: 108).

그러나 20세기 들어 독점과 부(富)의 편중 등 시장체제의 여러 문제점이 대두되면서, 정부가 이러한 문제점을 교정하는 기능을 담당하게 되었다. 특히, 1930년대에 와서 케인스(J. M. Keynes) 이론의 영향으로, 스미스 이래의 자유방임적 자본주의 이론에서 벗어나 정부의 적극적인 재정정책을 통한 경기 조절 기능이 강조됨에 따라, 경제에 대한 행정의 영향은 과거보다 많이 증대되었다.

유럽 국가에서 유행하던 복지국가론은 1930년대까지만 하더라도 미국에서는 그다지 큰 영향을 발휘하지 못했다. 그러나 대공황으로 말미암아 기업 도산, 실업 문제 등이 본격적인 사회문제로 등장함에 따라 기존의 경제체제에 대한 신뢰감이 상실되고 정부에 더 큰 역할을 부여하게 되었으며, 이 같은 변화는 결국 뉴딜정책으로 표면화되었다. 뉴딜정책을 계기로 등장한 케인스 경제학은 정부의 역할에 대한 기존의 관념을 변화시켰으며, 실업을 해결하기 위해 혹은 인플레이션을 방지하기 위해 정부가 적극적으로 경제에 대해 개입해야 한다고 주장하게 된다. 케인스 경제학이 풍미하면서 20세기 중반 이후 각국 정부는 케인스 경제학에 입각한 재정·금융정책을 적절히 사용하여 인플레이션 등의 경제문제 해결을 추구하게 된 것이다.

그러나 1980년대 이후에는 다시 국가의 기능을 감축하고 시장 메커니즘에 좀 더 의존할 것을 처방하는 신자유주의가 대두되었다.

3 정부의 경제적 역할

이상의 논의에 기초하여 정부의 경제적 역할을 ① 시장 질서의 유지·발전을 위한 경제적 하부구조의 마련, ② 공공재의 공급, ③ 경제안정화 및 경제발전, ④ 사회적 불평등의 해소, ⑤ 경쟁체제의 유지를 통한 효율성의 확보, ⑥ 외부효과의 조정, ⑦ 거래

비용의 감축, ⑧ 경제집단 간의 갈등 조정 등으로 나누어 볼 수 있다(Mitchell & Simmons, 1994; 공병호, 1997: 460-510; 이영선, 1997; 김동건, 1988; 이종수 외, 2005: 97-98).

1) 시장 질서의 유지 · 발전을 위한 경제적 하부구조의 마련

시장을 원활하게 작동시키기 위해서는 경제적 하부구조(economic infrastructure)를 마련해 주어야 한다. 경제적 하부구조란 경제체제가 원활하게 운영되기 위해 필요한 기본적인 제도와 규칙들을 의미한다. 여기에는 사적소유권제도의 확립, 자유로운 계약 및 계약의 이행을 강제할 수 있는 계약 관련 제도의 정비, 독점 금지 및 경쟁체제의 유지, 통화 공급, 표준계량제도의 확립, 그리고 일반적인 법과 질서 유지 등이 포함된다.

이 가운데 특히 사유재산권의 보장 범위와 관련해서는 각 국가의 특성에 따라 차이가 있다. 자본주의 국가와 사회주의 국가 간의 근본적 차이는 차치하더라도, 자본주의 체제를 채택하고 있는 국가 간에도 영국 · 미국 등의 자유주의 국가와 유럽 대륙 등의 사회민주 체제를 지향하는 국가 간에 적지 않은 차이가 있다. 우리나라는 앞서 살펴보았듯이, 기본적으로 사유재산권을 보장하고 있으나 「헌법」 제23조에서 재산권의 행사는 '공공복리에 적합'하도록 해야 한다고 규정하고 있으며, 개별법에서 토지 공개념을 도입하는 등 사유재산권과 관련하여 부분적으로 '사회성'의 개념을 도입하고 있다.

2) 공공재의 공급

시장에 대한 정부 개입에 대해 강한 비판적 입장을 가진 사람들도 정부의 공공재 공급 기능은 인정한다. 일반적 재화와 달리 공공재는 비배제성과 비경합성의 두 특성을 지니기에 시장 메커니즘을 통해 사회적으로 필요한 양만큼 충분히 공급되지 않는다. 따라서 공공재는 조세라는 강제적 수단으로 정부에 의해 생산 · 공급될 필요가 있다. 정부는 국방, 도로 · 교량의 건설, 홍수 통제 시설, 하수 처리 시설, 교통체계의 확립 등 공공재를 공급해 주어야 한다.

그러나 정부의 기능과 규모가 끊임없이 팽창하는 경향이 있듯이, 공공재는 정부에 의해 과다 생산되는 경향이 있다. 공공재의 적정 규모를 둘러싸고 정부기능제한론자와 적극정부론자의 주장이 서로 부딪친다. 적극정부론자는 시민의 점증하는 사회적 욕구를 충족시키기 위해 정부가 공공재의 생산 및 소비에 폭넓게 개입할 것을 처방하는 데 반해, 정부기능제한론자는 공공재 생산에서의 정부의 역할을 최소화할 것을 주장한다.

20세기 말의 신자유주의자는 특히 '준공공재' 영역을 민영화를 통해 '시장'으로 몰아낼 것을 강력하게 처방한다.

3) 경제안정화 및 경제발전

오늘날 각국 정부는 재정정책, 금융정책, 임금·물가 통제 등을 통해 경제 안정을 도모하는 한편, 각종 산업 지원 정책과 무역 규제 등을 통해 자국 경제의 발전을 위해 노력한다. 물론 사회주의 국가에서는 정부가 국가사회의 모든 경제를 통제하는 통제경제체제를 채택하고 있다. 그러나 세계화가 추진되면서 개별 국민국가의 산업 지원과 무역 규제 등 성장 촉진 정책은 국가 간 불공정 행위로 세계무역기구(WTO)에 의해 규제되고 있다.

다음에서는 정부 경제정책의 경제안정화 기능에 대해 살펴보자. 자본주의 경제에서 되풀이되는 경기순환(business cycles)의 존재는 정부의 개입이 요구되는 시장실패의 증거로 간주된다. 케인스학파는 통화론자 및 신고전학파(new classical) 경제학자와는 달리, 경기 조절을 위해 정부가 적자 지출, 세율 및 통화 공급의 조절과 같은 재정·금융정책을 동원할 것을 제안한다. 이들은 경제가 호황일 때에는 재정 지출을 축소하고 세율을 인상시키는 등 긴축적 재정정책의 실시와 더불어 통화 공급량을 감소시키는 긴축적 통화정책을 병행할 것을 처방한다. 그 반면 경기가 침체되어 있을 때에는 재정 지출과 통화 공급의 확대로 경기를 부양해야 하며 조세율도 수요의 진작을 위해 인하해야 한다고 주장한다. 이러한 케인스학파의 재정정책관은 시장경제가 본질적으로 불안정성을 내포하고 있다고 보는 데서 기인한다. 따라서 정부는 경제를 안정화시키기 위해 시장에 간섭해야 하며, 또한 이러한 간섭을 통해 국가의 목표를 이룰 수 있다고 보는 것이다.

1930년대의 대공황과 뉴딜정책의 경험은 시장경제는 그 자체가 스스로 해결할 수 없는 공황이라는 구조적인 모순점을 안고 있다는 점, 구조적 공황은 정부의 재정·금융정책에 의한 개입이 없이는 해결하기 어렵다는 점, 그리고 시장경제는 적극적인 정부 개입에 의해 관리될 수 있다는 점을 확인해 주었다. 그러나 1970년대 들어 심화된 극심한 인플레이션과 스태그플레이션을 케인스 경제학이 극복하지 못하자 케인스 경제학은 심각한 도전에 직면하게 된다. 이때 등장한 것이 바로 통화주의(monetarism)와 공급 측면의 경제학(supply-side economics),[4] 그리고 합리적 기대가설(rational expectations hypothesis)[5] 등이다. 이들은 작은 정부를 주장하는 고전학파 경제학의 사고를 계승한 학자들이라 할 수 있다(조순·정운찬, 1990: 514).

민간 부문이 상대적으로 안정적이라고 믿는 통화주의자들에게는 정부 혹은 국가가 야기하는 민간 부문에서의 불안정성이 특별한 우려의 대상이 된다. 즉, 만일 정부가 정책을 계속적으로 변동시키지만 않는다면 시장경제 내에서 발생하는 어떠한 경기 변동도 단기적인 것이 되며 그다지 심각한 것이 되지 않을 것이라는 것이 그들의 생각이다. 즉, 그들 가운데는 자유재량권을 쥔 연방준비은행이 자의적인 통화량 조절을 시도하게 되고, 이것은 곧바로 화폐가격의 불안을 유도해서 시장이 자체적으로 해결 가능한 경기 변동의 진폭을 증가시키게 된다는 주장을 펴는 학자들이 있다.

특히, 프리드먼은 제1차 세계대전 중, 그리고 그 직후의 물가 상승폭 가운데 적어도 3분의 1은 연방준비제도의 설립에 그 원인을 귀착시킬 수 있으며, 만약 그 이전의 은행제도가 그대로 유지되었더라면 발생하지 않았을 것이라고 주장했다. 그는 나아가 1920~1921년, 1929~1933년 및 1937~1938년의 경기 후퇴의 심각도는 연방준비 당국의 작위와 무작위적 행동에 그 직접적인 책임이 있는바, 그 이전의 화폐·은행제도하에서는 발생하지 않았을 것이라고 주장했다. 프리드먼은 또한 어느 국가와 시대를 막론하고 통화량의 급격한 감소가 극심한 불황을 동반하지 않은 사례를 본 일이 없으며, 마찬가지로 극심한 불황이 통화량의 급격한 감소를 동반하지 않은 예도 본 일이 없다고 주장했다. 그는 나아가 미국의 대공황은 결코 자본주의 경제체제에 내재하는 불안정성의 징후가 아니라 몇몇 사람이 한 나라의 금융제도에 대해서 막대한 권력을 휘두를 때 그것이 얼마나 큰 해독을 끼칠 수 있는가를 알려 주는 유언장이라고까지 주장했다(Friedman, 1962; 공병호, 1997: 440-441).

이러한 인식을 기준으로 하여 볼 때, 경기 변동의 가장 중요한 원인은 정부의 경제

4) '공급 측면의 경제학'은 경제 안정을 위해서는 기업 투자의 장려를 통한 생산 능력의 증강이 중요하다고 강조하면서, 이를 위한 소득세율(income tax rate)의 과감한 인하를 주장한다. 특히, 기업 이윤과 이자소득에 대한 세율을 감소시킴으로써 투자 의욕을 촉진하도록 권유하고 있다. '공급 측면의 경제학'은 정부의 역할을 강조한다는 측면에서 고전학파와 다르며, 수요보다는 공급 측면을 강조하는 데서 케인스학파와 다르다(김동건, 1988: 378).

5) '합리적 기대가설'이란 경제 주체들이 정부의 경제정책뿐만 아니라 각종 경제 현황에 대한 모든 정보를 충분히 고려한 후에 예측과 기대에 근거하여 합리적으로 행동하기에 설령 정부정책이 단기적으로 효과를 발생시킨다 하더라도 장기적으로는 그 효과가 없어지게 된다는 가설을 말한다. 예를 들어, 정부가 고용 증대를 위한 재정·금융정책을 추진할 경우, 노동자들은 인플레이션이 초래될 것으로 예측하여 곧바로 임금 인상을 요구하게 됨으로써 결과적으로 고용 증대가 이루어지지 않는다는 것이다.

정책의 변화라고 할 수 있을 것이다(이영선, 1997: 19-20).

4) 사회적 불평등의 해소

시장의 기본 속성은 경쟁이다. 경쟁 과정에서는 탈락자가 발생하게 마련이다. 그러나 시장 기구 스스로가 경쟁 탈락자에 대해 구제해 주기를 기대하기는 힘들다. 정부는 시장경제의 패자와 약자를 돕기 위한 다양한 보완 조치, 즉 복지정책을 마련하고 있다. 오늘날의 재정정책은 소득분배의 공평화를 주요 목표의 하나로 삼고 있다. 하이에크(F. A. von Hayek)와 프리드먼 같은 자유주의자들도 시장의 패자와 약자에 대해 정부가 최소한의 소득수준을 보장하는 것에 찬성하고 있다.

소득불평등에 대한 정부의 주된 개입 수단은 조세와 재정 지출이다. 소득재분배를 위한 가장 유력한 조세 수단으로는 소득세·재산세의 누진제도, 생활필수품에 대한 소비세 면세제도 등을 들 수 있다. 그리고 재정 지출을 통한 재분배제도로는 저소득층에 대한 주택·교육·보건 등의 공공재 공급과 각종 정부보조금, 공적부조, 사회보험 등에 대한 사회 지출을 들 수 있다. 또한 최저임금제와 일부 선진국에서 도입되고 있는 부(負)의 소득세(negative income tax)[6]제도도 재분배정책으로 활용된다. 그 밖에 공정한 소득분배를 위한 정책수단으로 시장에서의 독점 이윤의 배제, 노조의 교섭력에 의한 노동분배율의 인상, 근로자 재산 형성, 기회의 균등화, 권력의 평등화 등이 있다(김동건, 1988: 202-203).

그런데 소득의 재분배를 위한 수단은 경제적 효율성을 크게 손상시키지 않는 범위 내에서 강구되어야 한다. 시장 기구에만 의존하는 소득분배는 필연적으로 불평등을 초래하며, 분배의 공정화를 지나치게 추구하면 경제적 효율성이 저하되기 때문이다. 소득의 공평 배분을 위한 과세는 근로 의욕에 대한 저해 효과를 갖고 있기 때문에 형평성(equity)과 효율성(efficiency) 간에는 상충관계(tradeoff)가 있다. 형평성의 관점에서 시행되는 재분배정책은 많은 경우에 파레토 효율성(Pareto efficiency)의 상실[7]을 초래한다.

---

6) 소득이 과세최저한도 이하인 저소득층에 대해 그 부족분의 일정률만큼 정부가 조세의 환부(還付)와 같은 방법으로 지급해 주는 소득보전제도를 말한다.

7) 파레토 효율성의 개념은 자원의 최적배분 상태를 나타내는 파레토 최적(Pareto optimality)의 개념에 근거한 효율성의 개념이다. 파레토 최적이란 다른 사람의 후생을 감소시키지 않고서는 어느 한 사람의 후생을 증가시키는 것이 불가능하도록 자원이 최적 상태로 배분되어 있는 상태를 말한다.

5) 경쟁체제의 유지를 통한 효율성의 확보

시장 기구의 가장 중요한 장점은 가격 메커니즘에 의해 자원을 효율적으로 배분한다는 것이다. 그런데 이러한 시장 기구의 장점을 훼손시키는 시장실패의 가장 우려스러운 형태 가운데 하나는 독점(monopoly)이다. 효율성이라는 판단 기준으로 무장한 관리나 신고전학파 경제학자들은 독과점이 야기하는 자원 배분상의 비효율성을 완화해야 한다는 논리에서 정부 개입의 근거를 찾는다. 반독점 정책의 주창자들은 또한 독점기업이 제품 가격의 인상을 통해 소비자 복지를 감소시키고 인플레이션을 유발하는 등의 부작용을 초래하며, 나아가 경쟁(competition)의 결여로 인해 산업 전반에 비능률을 초래하고 궁극적으로 사회적 부의 손실을 초래하게 된다고 주장한다. 그 밖에도 독점가격이 분배의 정의상 바람직하지 않다든가 독점기업이 노동자를 소외시키고 자신의 이익을 위해 정치적 힘을 발휘한다는 등의 경제 외적 논리에 의해 독점기업이 비판받기도 한다.

독점기업이 독점적 지위와 독점 이윤을 유지하기 위해 시도하는 여러 가지 정치경제적 행위는 모두 사회적 손실과 낭비로 간주될 수 있다. 예컨대, 독점기업이 초래하는 X비효율성(X-inefficiency),[8] 초과 생산 시설의 유지에서 오는 낭비, 외국과의 경쟁을 차단함으로써 야기되는 낭비, 여러 가지 보호와 규제 장치를 얻기 위해 공무원이나 정치인, 혹은 정당에 공여하는 자금의 낭비 등이 이에 속한다고 하겠다. 이러한 사회적 손실을 방지하기 위해 정부의 독점규제가 필요하다.

정부의 반독점정책과 독점규제정책은 진입 장벽의 제거와 같이 경쟁의 제약 요인을 감소시키는 방향으로 이루어진다. 반독점정책에 의해 결과되는 잠재적 경쟁은 자원 배분의 효율성과 X효율성(X-efficiency)[9]을 제고하고 기술과 조직의 변화를 촉진함으로써 사회적 부와 후생을 전반적으로 제고하게 될 것이다(이영선, 1997: 173-181 참조).

8) X비효율성은 경쟁 등의 결여로 효율성을 추구하기 위한 노력이나 유인이 감소됨으로써 기업 활동이 나태해지거나 방만해짐으로써 발생하는 비효율성을 말한다. 다른 말로 하면, X비효율성은 생산이 생산가능곡선상에서 이루어지지 않고 있는 상태, 즉 기술적으로 최대한 효율적인 생산이 이루어지고 있지 않은 상태를 의미한다.

9) X효율성은 X비효율성에 대칭되는 용어로, 시장경쟁에 노출된 기업들이 생존과 발전을 위해 관리혁신 등을 추진함으로써 초래되는 효율성이라 할 수 있다.

6) 외부효과의 조정

시장실패의 주요 원인 가운데 하나는 외부성(externalities) 또는 외부효과의 존재다. 개인이나 기업이 그들의 경제 활동을 통해 외부경제 혹은 외부불경제를 창출할 경우에 시장 기구를 통한 자원의 배분은 비효율적이 된다. 이러한 외부효과를 방지하기 위해 정부 개입의 필요성이 제기된다. 앞에서 살펴보았듯이, 정부는 조세나 장려금 및 직접 규제 등을 통해 외부경제성을 교정한다. 즉, 외부경제로 인해 과소 생산되는 민간재에 대해서는 보조금 지급 등의 개입을 통해 재화의 공급을 유도하게 되며, 외부불경제로 인해 사회에 피해를 초래할 정도로 과잉 생산되는 민간재에 대해서는 조세나 직접적 규제를 통해 재화의 공급이 감소되도록 유도하게 된다. 정부는 외부효과의 발생을 억제·조정하는 이러한 활동을 통해 자원 배분의 효율성을 제고할 수 있다.

그러나 외부경제성이 있을 때 피구(A. C. Pigou)적 조세와 보조금이 파레토 최적을 가져온다는 전통적 복지경제학의 정부 간섭의 정당화 이론은 시카고의 자유주의자 코스(Coase, 1960)에 의해 도전받게 된다. 코스는 외부경제성의 존재가 반드시 조세나 보조금과 같은 정부의 간섭을 필요로 하는 것은 아닌바, 외부경제성을 해결하기 위해 정부의 간섭이 필요하다는 피구의 주장은 잘못된 것이라고 주장한다. 외부경제성에 의해 영향을 받는 당사자들 사이의 교섭에 의해 파레토 최적 해결책을 얻을 수 있다는 것이 그의 주장이다. 이때 당사자 사이의 교섭을 위해 정부의 도움이 필요할 수는 있다는 것이다.

결론적으로 말하면 피구 등 복지경제학자들은 자원 배분상의 파레토 최적을 이루기 위한 정부의 외부경제성 억제 조치는 필요하다고 주장하는 반면, 일단의 자유주의 경제학자들은 정부의 개입이 없는 대안적 해결책이 강구될 수 있다고 하면서 시장에 대한 정부의 개입은 축소되어야 한다고 주장한다.

7) 거래비용의 감축

정부의 경제적 기능 가운데 하나는 거래비용의 감축이다. 각종 거래 행위에 수반되는 정보비용, 의사결정비용, 통제비용 등의 거래비용은 시장의 바른 작동(well-functioning)을 가로막는 큰 장애 가운데 하나이다. 시장경제는 거래 당사자들이 충분한 정보와 지식을 갖고 교환에 임한다면, 거래 당사자 모두가 이익을 얻을 수 있다는 전제에 기반하고 있다. 제품의 규격을 통일하고 계약 이행을 강제하는 등의 정부 활동에 의해 거래비용이 낮아지면 개개인에게는 실질적인 이익이 돌아가고 국가 전체적으로는 국부가 증대될 것이다.

정부를 포함한 대부분의 제도(institutions)는 인간의 상호작용을 규정하는 인간들에 의해 고안된 제약들이다. 이 제도들이 경제적 · 사회적 · 정치적 교환을 위한 틀을 제공함으로써 불확실성을 감소시킨다. 이러한 불확실성의 감소는 결국 거래비용의 감축으로 이어진다. 노스(North, 1990: 6; 공병호, 1997: 96)는 "한 사회에서 제도의 중요한 기능은 인간 사이의 상호관계에 대해 안정된 구조를 마련함으로써 불확실성을 줄이는 것"이라고 하면서 제도의 모호성 감소 기능을 지적하고 있다. 이와 같이 정부는 각종 경제제도와 규칙을 통해 거래에 따르는 불확실성을 줄임으로써 거래비용을 감축하는 역할을 수행한다.

그러나 다른 한편 시장주의자들은 시장에 대한 정부의 개입이 기존의 시장 참여자들에 의해 경쟁과 진입을 제한하는 수단으로 활용될 우려가 있을 뿐만 아니라, 정부 기능의 과도한 확대가 개인의 자유를 침해할 우려가 있다는 차원에서 시장에 대한 정부의 개입에 반대한다.

8) 경제집단 간의 갈등 조정

정부는 경제집단 간의 갈등을 조정하는 역할을 수행한다. 인간 사회에서는 끊임없는 갈등이 야기된다. 더욱이 이기적인 동기에 의해 움직이는 시장 참여자들 간에는 이해관계를 둘러싼 갈등이 있을 수밖에 없다. 이러한 이해관계를 조정하기 위해 규칙을 제정하고 관리한다는 측면에서 정부의 역할이 필요하다. 경제 규모가 커지고 복잡해질수록, 그리고 경제민주화가 심화될수록 경제집단 간의 갈등은 더욱 커지게 된다. 정부는 이와 같이 심각해지는 여러 경제집단 간의 갈등을 조정하고 해결해 주어야 한다. 예를 들어 노사 간의 갈등, 채권자와 채무자 간의 갈등, 생산자와 소비자 간의 갈등 등을 정부가 조정해 주거나 규제해야 한다.

시장경제의 원활한 작동을 위해 정부는 일정한 범위 내에서 시장 참여자의 행동을 규제하고 심판 · 조정하는 역할을 수행해야 한다. 시장경제를 옹호하는 자유주의자는 정부 자체의 필요성을 받아들이고 있다는 차원에서, 정부의 존재 자체를 인정하지 않는 무정부주의자와는 엄연히 구분된다. 그러나 시장주의자들은 시장에 대한 개입 영역을 끊임없이 확장하고자 하는 개입주의정책에 대해서는 다양한 경제적 · 정치적 논거를 들어 반대하고 있다.

4 정부의 시장 개입에 대한 논거: 시장의 실패

시장에 대한 정부의 개입은 20세기의 뉴딜정책 이후 자본주의 시장경제 체제에서 하나의 보편적 현상으로 받아들여지고 있다. 오늘날의 일상 생활 속에서 정부의 통제 활동은 지대 통제(rent control), 환경오염 규제(pollution regulation), 안전 규제(safety rules), 수입 제한(import restrictions)은 물론 심지어 경제적 연비 기준 설정(fuel economy standards)에 이르기까지 시민의 일상 속에 깊숙이 침투하고 있다. 이러한 정부의 여러 통제 장치는 시장의 불완전성(imperfections in market)을 극복한다는 명분으로 도입되고 있다.

근대 경제학 교과서들은 시장의 불완전성, 즉 공공재의 과소 공급, 개별 경제 주체가 초래하는 사회적 비용(social costs), 즉 외부성(externality)의 문제, 자본주의 경제체제에서 주기적으로 도래하는 경기순환(business cycles), 소비자 비보호(unprotected consumers), 부와 소득의 불공정한 분포(unfairly distributed wealth and income) 등의 문제점들을 정부 개입의 논거로 제시하고 있다. 그러나 시장주의 경제학자들은 이와 같은 정치적 관점을 배척, 시장실패가 심각하게 오해되고 있다고 주장하면서, 정부 통제의 확대가 시장실패 분야에서 성공을 거두고 있다는 주장에 대해 동의하지 않는다. 시장주의자들은 정부보다는 시장을 더 신뢰하고 있는 것이다. 미첼과 시몬스(Mitchell & Simmons, 1994: 3-4)는 나아가 오늘날 미국의 주요 문제는 시장실패에 기인하는 것이 아니라, 시장에 대한 정부의 정치적 개입에 기인한다고 주장한다.

다음에서는 시장에 대한 정부 개입의 논거를 고찰해 보자(김동건, 1988; Mitchell & Simmons, 1994).

1) 공공재의 과소 공급

공공재(public goods)는 민간재(private goods)와 구별되는 말로서, 일반적으로 공공기관을 통하여 공급되는 재화와 서비스를 의미한다. 공공재는 비경합적 소비(non-rival consumption)와 비배제성(non-exclusion)이라는 두 가지 성질을 지니는바, 이러한 특성이 공공재의 과소 공급과 '시장실패'를 초래하는 한 요인으로 지적된다.

공공재는 한 개인이 소비에 참여함으로써 얻는 편익이 다른 모든 개인이 얻는 편익을 감소시키지 않는 비경합성을 지닌다. 민간재의 경우에는 주어져 있는 공급량에서 한 사람의 소비가 증가되면 그것이 다른 사람의 소비량에 영향을 끼치게 마련이다. 그러나 국방과 같은 공공재는 한 개인이 이를 얼마나 소비했든 다른 사람의 소비와는 아무런 관련이 없는 비경합적 특성을 지니고 있다. 물론 도범 방지를 위해 순찰차 또는 도보순찰대가 특정 지역을 순찰하게 되면 나머지 지역에 대한 순찰 활동이 소홀해진다는 측면에서는 치안서비스가 모든 구성원에게 항상 균등하게 소비된다고 할 수는 없을 것이나, 동일한 지역에 살고 있는 모든 사람에게 공동의 소비를 제공해 주는 것으로 볼 수 있다.

비배제성이란 공공재가 일단 한번 공급되고 나면 누구도 그 편익에서 배제되지 않는 속성을 말한다. 즉, 비배제성은 특정 집단의 사람들을 공공재의 소비에서 얻는 혜택으로부터 제외할 수 없는 특성을 말한다. 시장에서 생산되고 소비되는 모든 민간재는 각각의 시장 가격을 가지고 있으며, 소비자가 시장에서 그 가격을 지불하지 않으면 소비자 자신은 소비 혜택에서 배제된다. 시장에서는 이러한 배제 원칙(exclusion principle)에 따라 자원의 배분이 결정되는 것이다.

공동체 생활에 필수적인 공공재는 비배제성과 비경합성의 두 특성으로 인해, 사적 교환 관계를 토대로 하는 시장을 통해 충분히 공급되지 않는 특성을 지닌다. 즉, 공공재는 비배제성과 비경합성이라는 두 특성을 지니기에, 사회구성원들은 공공재 형성에는 기여하지 않으면서 공공재를 향유하려는 무임승차자(free rider)의 속성을 지니게 된다. 소비자들이 재화에 대해 값을 지불하건 않건 간에 소비 혜택에서 배제되지 않는다면 그들은 결코 자발적으로 그 재화의 가격을 지불하려고 하지 않을 것이다. 따라서 공공재는 사회적으로 필요한 양만큼의 공급이 불가능해지는, 즉 시장의 실패가 발생하게 된다. 사회 전체적으로 볼 때는 개인들이 공공재를 공급해야 하나, 개인 차원에서는 공공재 공급에 기여하지 않는 것이 합리적인 선택이 되어 공공재가 과소 공급됨으로써 사회적 문제가 야기되는 상황을 우리는 사회적 장벽(社會的 障壁, social fences)이라고 한다.

이와 같이 공공재가 시장 메커니즘을 통해 사회적 적정량만큼 공급되지 않는 문제를 해결하기 위해 정부가 직접 공공재의 생산 및 소비 과정에 개입하게 된다. 즉, 정부는 공공재의 생산 기능을 직접 담당하기 위해, 조세라는 강제수단을 통해 공공재의 생산 비용을 징수하게 되는 것이다.

그러나 정부의 기능과 규모가 끊임없이 팽창하는 경향이 있듯이, 공공재는 정부에 의해 과다 생산되는 경향이 있다.

2) 외부성

시장실패의 주요 원인 가운데 하나는 외부성(externalities) 또는 외부효과의 존재이다. 파급효과(spillover effect) 또는 이웃효과(neighborhood effect)로도 불리는 외부성은 한 경제 주체의 생산·소비 또는 분배 행위가 시장 교환 과정에 참여하지 않고 있는 다른 소비자 또는 생산자에게 유리 또는 불리한 영향을 미치는 것을 말한다. 외부성을 발생시키는 사람과 외부성의 영향을 받는 사람은 소비자일 수도 생산자일 수도 있다. 외부성이 다른 사람에게 이득을 가져다 줄 때는 이를 외부경제(外部經濟, external economies)라 하며, 반대로 손해를 끼칠 때는 이를 외부불경제(外部不經濟, external diseconomies)라 한다. 개인이나 기업이 그들의 경제 활동을 통해 외부경제 혹은 외부불경제를 창출할 경우에 시장 기구를 통한 자원의 배분은 비효율적이 된다. 따라서 이러한 상황을 방지하기 위해 정부 개입의 필요성이 제기된다.

모든 공공재는 유리하든 불리하든 외부효과를 발생시킨다. 예를 들어, 한 사람의 예방접종은 여러 사람들에게 동시적인 혜택을 가져다주는 대표적인 외부경제이다. 그리고 경찰·소방과 같은 공공재도 외부경제를 창조한다. 그러나 대기가 오염되면 많은 사람이 공동으로 해를 입게 되는데, 이러한 관점에서 볼 경우 대기오염은 비경합적이고 비배제적인 외부비용(external costs)을 발생시키는 대표적 외부불경제에 속한다. 이와 같이 공공재와 외부효과는 비경합성과 비배제적 특성을 다 같이 지닌다는 측면에서 같은 개념으로 파악될 수 있다. 그러나 굳이 공공재와 외부효과를 구별하자면, 공공재에서 발생된 각종 효과는 특정 목표를 위해 어느 정도 의도된 효과라 할 수 있으며, 이 효과들이 구성원에게 균일하게 전달되는 반면에, 외부성에 의한 효과는 의도된 것이기보다는 우발적으로 발생되는 경우가 더 많으며 사람들에게 파급되는 정도도 공공재에 비해 한쪽으로 치우치는 경향이 있다(김동건, 1988: 96-97).

외부성은 모든 경제 활동에서 발생한다. 외부경제 또는 외부불경제를 창출시키는 공공재는 시장 기구 속에서 사회가 원하는 양만큼의 공급이 이루어지지 않는다. 그리고 외부경제를 발생시키는 민간재는 시장 기구를 통할 경우 사회가 원하는 양보다 훨씬 적게 공급된다. 왜냐하면, 생산자가 차지해야 할 편익이 무상으로 다른 사람들에게 이전되기 때문이다. 반대로 외부불경제가 있는 재화는 정부의 통제 없이 시장 기구에 맡길 경우 과다 생산이 이루어지게 된다. 왜냐하면, 특정 민간재의 생산에서 부수적으로 발생하는 매연, 악취, 소음 등으로 인한 외부비용은 생산자들에게 내부화되지 않고 사회적 비용으로 이전되기 때문이다. 정부는 외부경제로 인해 과소 생산되는 민간재에 대해서는 보조금 지급 등의 개입을 통해 재화의 공급을 유도하게 된다. 한편, 외부불경제로 인해 사회에 피해를 초래할 정도로 과잉 생산되는 민간재에 대해서는 조세나 직접적 규제를 통해 재화의 공급이 감소되도록 유도하게 된다.

정부는 외부효과로 인한 시장실패를 치유하기 위해 시장에 개입하게 된다. 예를 들어, 자동차 운행으로 매연가스가 발생하는 경우, 자동차 운전자는 오염물질 정화에 드는 외부비용을 초래했음에도 불구하고, 해당자는 이러한 외부비용을 자발적으로 부담하려고 하지 않는다. 정부는 이와 같은 외부효과를 제거함으로써 공익을 확보하기 위해 엔진 정비를 소홀히 한 차주에게 범칙금을 부과하거나 오염물질 배출업소에 대해 별도의 환경세를 부과하는 등의 활동을 한다. 정부의 이러한 활동은 외부불경제로 유발된 사회적 비용(social costs)[10]이 사적 비용(private costs)에 흡수되도록 내부화(internalization)하는 것이다.

파급비용(spillover costs)을 감소시키기 위한 정부의 정책 수단은 네 개의 범주로 나누어 볼 수 있다. 환경세 부과 등과 같은 수단은 외부효과 발생자, 즉 원인 제공자에게 영향을 미치기 위한 설득, 정부의 직접적 통제, 그리고 시장유인(market incentives)에 의존하는 규제이다. 마지막 하나의 수단은 하수처리 시설과 같은 대규모 건설 프로젝트에서 보듯이, 정부의 직접적 지출에 의한 문제 해결이다(Mitchell & Simmons, 1994: 8).

3) 불완전 경쟁

시장실패의 가장 우려스러운 형태 가운데 하나는 불완전 경쟁(imperfect competition), 그 가운데서도 독점(monopoly)으로 이어지는 불완전 경쟁이다. 독점은 하나의 기업이 공급을 독점하는 시장 상황을 말한다. 독점에는 독점이윤이 따른다. 독점기업은 그 지위를 이용하여 생산량을 제한하거나 가격을 인상하여 독점이윤을 발생시킨다. 독점이윤은 소비자로부터 생산자인 독점기업에 이전되는 소비자 잉여 감소분 중의 일부이다.

10) 사회적 비용은 사적비용(private costs)과 외부비용(external costs)을 합친 개념이다. 그런데 시장 기구는 재화의 개인적 비용만을 계산하므로 그 재화의 생산비용은 사회적인 관점에서의 진정한 비용보다 낮게 책정되어 공급 과잉을 초래하게 된다(김동건, 1988: 100).

독점은 규모의 경제(economies of scale)에 의해 평균생산비를 감소시킨 대기업이 다른 경쟁 기업들을 시장에서 도태시킬 때 일반적으로 나타난다. 그러나 전력 · 상수도 · 철도 산업 등의 경우에는 산업의 기술적 특성에 의해 자연독점(natural monopoly)이 이루어지기도 한다.

독점의 문제점에 대한 인식은 경제학자와 정치인, 그리고 일반 국민에 따라 다르다. 경제학자들은 독점이 완전경쟁하에서보다 높은 가격 상승을 초래한다는 점에 대해 관심을 갖는다. 그에 반해 정치인과 일반 국민은 독점기업이 사회적 약자(little guy), 즉 중소기업과 평균적인 노동자들에 미칠 영향을 우려한다. 독점의 가장 큰 문제점은 자원 배분의 왜곡(misallocation of resources)을 초래한다는 점이다. 독점은 또한 중소기업의 도산을 초래하며, 제품 가격의 인상을 통해 소비자 복지에 악영향을 미치고 인플레이션을 유발하는 등의 부작용을 초래한다. 독점은 나아가 새로운 아이디어 창출을 자극하는 경쟁(competition)을 결여시켜 산업 전반에 비능률을 야기하고 궁극적으로 사회적 부의 손실을 초래하게 된다.

이러한 문제점 때문에 독점의 부정적 효과를 상쇄하기 위한 정부의 활동이 요구된다. 사기업의 독점에 대한 전통적인 정치적 대응은 독점금지법(antitrust laws)의 제정이다. 이와 같이 민간 독점에 대해 정부는 반독점 및 기업 결합의 규제, 불공정 거래 규제 등의 수단을 동원한다. 그러나 오늘날 독점금지법은 경제적 효과보다는 정치적 효용성 때문에 정책도구로 활용되는 경향이 있다(Mitchell & Simmons, 1994: 13). 사기업과는 달리 공익사업이라고 불리는 자연독점 산업의 경우에는 공기업화하거나 정부가 가격과 이윤을 직접 규제하게 된다.

4) 불완전 정보

시장경쟁 모형은 전형적으로 완전한 정보(perfect information)를 가정한다. 즉, 소비자들은 상품의 질, 경쟁제품의 질과 가격 등 그들이 알 필요가 있는 모든 것을 완벽하게 알고 있는 것으로 가정된다. 그러나 소비자들은 일반적으로 불완전한 정보(imperfect information)로 제품을 구매하기를 선호한다는 측면에서 그러한 가정은 비현실적이다. 왜냐하면, 완벽한 정보를 획득하기 위해 지불해야 할 비용이 그러한 정보를 활용해 얻게 되는 편익을 상회하는 경우가 많기 때문이다.

완전경쟁시장에서는 값싸고 좋은 상품을 생산하는 기업은 보상을 받고 나쁜 상품을 생산하는 기업은 제재를 받게 된다. 그런데 실제로는 정보가 불완전하기 때문에 소비자는 자신이 구매하려는 상품의 질을 사전에 제대로 알기 어렵다. 그뿐만 아니라 공급자는 자신의 상품에 대한 정확한 정보를 소비자에게 제공할 유인을 갖고 있지 않다. 그리고 상품의 생산자 역시 불완전한 정보가 초래하는 문제를 극복하기 어렵다.

이와 같은 시장 정보의 불완전성은 자원 배분의 왜곡을 초래하게 된다. 소비자와 생산자 모두 정확한 정보가 없어 제품의 공급 및 구매와 관련하여 올바른 의사결정을 하기 어렵기 때문이다.

이러한 정보 부족의 문제점을 해결하기 위해 정부는 공급자로 하여금 상품에 대한 정확한 정보를 제공하도록 강제하기도 하고, 생산 기술에 대한 정보를 스스로 만들어 제공하는 등의 활동을 통해 시장에 개입하게 된다.

5) 분배의 불평등

자본주의 사회에서의 소득 분포는 대부분 시장 세력의 작동에 의존한다. 시장은 소비자가 구매하기를 원하는 상품의 생산에 얼마나 기여했는가에 따라 생산자에게 보상을 제공한다. 따라서 생산성이 낮은 생산자는, 그 원인이 노력의 부족에 기인하든 기술력의 부족에 기인하든 간에 낮은 소득을 얻게 된다.

그러나 부와 소득의 분배를 시장에만 의존하는 데 대해서는 시장실패와 시장 자체의 불공평성(injustice)을 논거로 하여 반대하는 입장들이 개진되고 있다. 오쿤(Okun, 1975)은 저서 『형평과 효율(*Equality and Efficiency*)』에서 경쟁적 시장(competitive market)이 산출의 기여도에 따라 제공하는 보상의 공정성을 설명한 뒤, 현실 속의 시장이 완전히 경쟁적이지 않기 때문에 분배가 불공평하게 이루어진다는 점을 지적한다. 즉, 그는 생산성에 기초한 보상의 제공은 공정하지만 부적절한 정보, 차별, 기회의 불평등, 독점 등으로 인해 시장이 완전히 경쟁적이지 않기 때문에, 완전한 시장에서 기대할 수 있는 공정한 분배가 이루어지지 않는다고 주장한다. 그는 따라서 시장을 좀 더 경쟁적으로 만들고, 적절한 정보를 제공하며, 차별을 금지시킬 방안을 강구해야 한다고 강조한다.

오쿤의 두 번째 주장은 생산성에 따른 시장의 보상 자체가 불공평할 수 있다는 의미를 담고 있다(Mitchell & Simmons, 1994: 16-17). 사람들의 천부적 능력은 생득적인 것이기에 우수한 유전인자를 지니고 태어난 사람은 그렇지 못한 사람보다 부당하고 불공평한 이점을 누리게 된다는 것이다.

재분배론자들은 시장실패 때문이든, 또는 생산성에 따른 시장의 분배 자체가 불공평하든 간에 시장은 부와 소득을 공평하게 분배하지 못한다고 주장한다. 이러한 소득불평등은 시장에 대한 정부 개입 정당화의 한 논거가 된다. 소득불평등에 대한 정부의 주된 개입 수단은 조세이다. 조세 수단은 소득세, 부가가치세(판매세), 재산세, 법인세는 물론 사회보장세에 이르기까지 다양하다.

20세기 복지국가에서 부와 소득의 재분배 문제는 정부의 주요 활동 가운데 하나가 되었다. 그러나 정부의 시장 개입이 언제나 정당화될 수는 없는바, 정부는 정부실패(government failure)를 초래할 우려가 있기 때문이다. 뷰캐넌 등(Buchanan et al., 1980)은 정부가 독점적 지위를 이용한 시장 개입과 지대추구 행위(rent-seeking behavior)를 통해 사회적 비용을 초래하게 됨으로써 정부실패가 야기된다고 주장한다.

6) 경제안정의 확보

자본주의 경제는 되풀이되는 경기순환(business cycles)을 겪는다. 경기순환은 일반적인 기업 활동이 실업률, 인플레이션, 소득 등의 측면에서 일정한 기간 동안 되풀이하여 파동을 겪는 현상을 말한다. 이러한 경기순환의 존재는 정부의 개입이 요구되는 시장실패의 증거로 간주되곤 한다.

경기순환에 대한 정부 개입의 필요성은 케인스가 1936년 『고용 · 이자 · 통화에 관한 일반이론(*General Theory of Employment, Interest, and Money*)』을 출판하기 전까지 주목받지 못했다. 케인스는 시장은 자기교정(self-correction)을 할 수 없기 때문에 경기순환은 정부의 개입 없이는 교정될 수 없다고 주장한다. 그는 경기불황을 탈출하기 위해서는 정부가 소비, 투자, 자본 확장(capital expansion)을 자극할 방안을 강구해야 한다고 하였다. 케인스는 완전고용과 가격 안정을 달성하기 위해 정부가 적자 지출, 세율 및 통화 공급의 조절과 같은 재정정책을 동원할 것을 제안했다. 이러한 케인스 정책은 『일반이론』의 출판 이후 폭넓게 받아들여지고 있다.

경기순환에 대한 케인스의 처방은 유연한 재정정책의 채택이다. 완전고용과 경제성장을 달성하고, 물가수준의 예측성을 제고하는 등 경기조절을 위한 일차적 수단은 정부 예산이다. 경기 하강기에는 정부가 세율을 낮추고 정부 지출을 늘림으로써 수요를 증대시킬 필요가 있다. 케인스주의는 경기를 자극하고 완전고용을 이루기 위해 정부는 균형예산이 아니라 적자예산을 운영해야 한다고 주장한다. 그러나 일단 완전고용이 달성되고 나면, 세금을 늘리고 화폐 공급을 줄여야 하며 정부는 적자예산이 아니라 흑자 예산을 운영해야 한다는 것이다.

경기 조절을 위한 이와 같은 방식의 정부 개입은 정부 예산에 대한 혁명적 사고의 전환을 가져왔다. 정부 예산이 경기파동을 완화시키는 수단으로 활용될 수 있다는 관점이 정치적 지지를 얻게 된 것은 균형예산(balanced-budget)의 규범이 배척된 이후의 일이다. 케인스식 조작(Keynesian manipulations)이 정부 역할에 대한 다른 관점들을 어느 정도 대체했는지는 미국의 닉슨(R. M. Nixon) 대통령이 임금 및 물가의 통제를 선언하면서 "이제 우리 모두는 케인스주의자다"라고 언명한 데서 짐작할 수 있다.

그러나 인플레이션과 경기 하강의 원인에 대한 케인스식 분석 자체도 논쟁의 여지가 있는 가설이지만, 설사 그러한 분석이 맞다 하더라도 정부가 케인스 경제학을 작동시키는 데 필요한 정책들을 집행할 수 없다는 문제점은 남는다. 게다가 케인스식 정책은 그것이 치유하고자 하는 일부 문제점을 더욱 악화시킬 수 있다는 점을 지적하지 않을 수 없다(Mitchell & Simmons, 1994: 14-16).

7) 거래비용

시장의 바른 작동(well-functioning)을 가로막는 큰 장애 가운데 하나는 거래비용(transaction costs)의 존재이다. 거래비용은 각종 거래 행위에 수반되는 모든 비용을 의미하며, "정보비용, 의사결정비용, 통제비용과 같은 경제적 거래를 준비하고 감시하는 데서 발생하는 비용"으로 정의될 수 있다(Badelt, 1990: 58). 윌리엄슨(Williamson, 1985)은 거래비용을 사전적(ex ante) 거래비용과 사후적(ex post) 거래비용의 두 가지로 나누어, 사전적 거래비용을 거래조건에 대한 합의사항을 작성하고, 협상하며, 이행을 보장하는 비용으로 규정하고, 분쟁 관련 비용과 계약 이행을 위한 보증비용 등을 사후적 거래비용으로 구분했다. 거래 협상 및 계약 이행 여부의 감시 등에 소요되는 거래비용은 모든 거래에서 발생한다.

거래비용 그 가운데 특히 정보비용과 통제비용의 존재는 정부 규제의 필요성을 정당화하는 데 사용된다. 예를 들어, 만약 모든 가솔린 구매자가 가솔린을 살 때마다 가솔린의 용량과 옥탄가를 재기 위한 측정 도구와 용기(容器)를 일일이 들고 다녀야 한다면, 그 구매자는 시간과 돈을 낭비하게 될 뿐만 아니라 가솔린 증기에 노출되는 위험을 감수해야 할 것이다. 또한 목재 구매자는 목재의 치수를 일일이 재기 위해 목재 야적장에 줄자를 가지고 다녀야 할 것이다. 그러나 만약 정부가 도량형을 규제한다면, 사람들은 가솔린의 옥탄가가 정확한지, 그리고 탱크에 주입된 가솔린 양이 얼마인지에 대한 걱정 없이 가솔린을 구매할 수 있다. 또한 정부가 검사를 제대로 한다면, 소비자들은 목재가 광고대로 인공 건조된 것인지 또는 규정대로 압력처리된 것인지를 스스로 검증하는 번거로움을 거치지 않고 구매할 수 있다. 정부의 시장에 대한 개입은 이와 같이 소비자의 정보 획득 비용 및 점검비용을 획기적으로 줄여줄 수 있다는 논거에서 정당화된다. 그리고 이러한 정부 규제 정당화의 논리는 시장이 그와 같은 수준의 정보를 제공해 주지 않을 것이라는 가정을 전제한다.

그러나 시장주의자들은 거래비용 감소를 논거로 한 규제 정당화의 논리는 재검토되어야 한다고 주장한다. 만약 판매자가 제품에 대해 갖고 있는 우월한 정보를 이용해 소비자를 속이려 한다면, 판매자에 대한 규제는 당연할 것이다. 그리고 대부분의 정부 규제 수요는 판매자에 기인하는 것도 사실이다. 그러나 시장주의자들은 정부 규제가 기존의 시장 참여자들에 의해 경쟁, 선택 및 기회를 제한하고 신규 참여자의 시장 진입을 가로막는 수단으로 활용되는 문제점이 있다는 점을 지적한다. 시장주의자들은 나아가 정부 규제의 비용이 편익을 상회하는 경우도 적지 않다는 점을 지적하면서, 민간기업들이 제품에 대한 정보를 제공하고 거래비용을 감소시키기 위한 새로운 방안을 강구하는 데 아주 창의적이라는 관점에서 정부 규제의 실효성에 대해 의문을 제기하고 있다 (Mitchell & Simmons, 1994: part 1 & part 3).

이상과 같은 시장 분석 결과에 기초하여 복지경제학자들은 시장의 공격적이고 비능률적인 상황을 조정하기 위한 정부정책을 건의한다. 그들은 그 해결책을 조세, 가격 통제, 보조금과 관세, 독점금지법, 사유재산에 대한 통제 강화 등 정부 개입에서 자주 찾는다.

20세기 들어 각국 정부는 시장실패에 대해 예산 규모의 증대, 규제 기관의 확대, 그리고 관료제의 확장으로 대응해 왔다. 이와 같은 공공 부문의 확대는 정부적극주의(government activism)에 대한 신념, 즉 정부가 적절한 규제, 신중한 재정정책, 그리고 재분배정책을 통해 시장실패를 교정할 수 있다는 신념에 기반한다. 그리하여 정부의 역할은 이제 단순히 국방 및 법 질서 유지와 같은 최소한의 공공서비스를 제공하는 데 그치지 않고, 사적 시장에 의해 적절하게 다루어지지 않는 사회적 병폐(social ills)를 치유하는 데 정부의 강제력이 활용될 것으로 기대되고 있다.

그러나 시장주의자들은 공공재가 정부에 의해 쉽게 공급되는 것도 아니고, 정부에 의해 무임승차자 문제가 해결되는 것도 아니며, 민간기업의 공공재 생산능력이 경제학자들이 생각하는 것보다 훨씬 뛰어날 뿐더러 정부 규제의 비용이 편익을 상회하는 경우가 많기 때문에 시장에 대한 정부 개입을 축소하는 것이 바람직하다는 주장을 편다. 심지어 이들은 시장에 대한 정부의 개입 확대는 정치인과 관료, 그리고 이익집단의 사적 이득을 위해 이루어지는 경우가 많다는 점을 지적한다.

5 경제정책의 쟁점: 자유시장주의 대 정부개입주의

행정의 기능은 시장 및 시민과의 관계에서 정부 및 행정의 기능을 어떻게 규정하느냐에 따라 달라질 수 있다. 정부를 보는 기본 관점은 크게 두 가지로 나눌 수 있다. 첫 번째 관점은 형이상학적 전체주의(metaphysical holism)의 입장에서 정부를 하나의 유기체적 실체(unitary being)로 보는 관점이며, 두 번째 관점은 방법론적 개체주의(methodological individualism)의 입장에서 정부를 정치적 과정에 참여하는 주민들의 집합체로 파악하는 관점이다.

정부를 유기체적 실체로 파악하는 관점은 정부를 개인 선호의 집합체로 보기보다는 정부 스스로의 선호를 가지고 그 선호를 구현하기 위해 노력하는 하나의 실체로 간주한다. 이때 정부의 선호는 사회적 효용(social utility)을 극대화하는 것이라고 할 수 있다. 이에 반해 후자는 사회적 효용과 개인적 효용(individual utility)은 전혀 별개의 개념이 아니라는 입장으로 구성원 개개인의 효용을 중시한다. 전자는 공익을, 사익을 초월한 실체적·규범적·도덕적 개념으로 파악하는 공익의 실체설과 연결되며, 후자는 사익을 초월한 별도의 공익이란 존재할 수 없으며, 공익은 사익의 총합이거나 사익 간의 타협의 산물이라는 공익의 과정설과 연결된다. 개인의 효용을 중시하는 개인주의적 관점은 또한 정부 기능의 축소를 주장하는 '작은 정부론', 정부기능제한론, 자유시장주의자들의 주장과 맞닿아 있으며, 전체주의적 접근방법은 '큰 정부'의 주창자, 적극정부론자, 개입주의자(interventionist), 복지국가론자들의 주장과 논리적으로 연결된다.

근대 시민혁명기에는 국가권력의 확대가 개인의 자유를 제한한다는 논거에서 정부 기능을 강력하게 제한해야 한다는 고전적 자유주의 사상이 지배적이었다. 이러한 관점은 정부의 기능이 구성원의 생명, 신체 및 재산의 안전을 도모하기 위한 국방 및 치안 질서 확보라는 최소한의 임무에 그쳐야 한다는 야경국가관(夜警國家觀)과 연결된다. 이러한 자유주의적 국가관의 전통을 따르는 근대 국가에서는 국가의 초월적 · 절대적 권위가 부정되고, 개인의 기본적 권리 및 자유의 보장이 국가권력 행사의 목적이라는 인식이 보편화되고 있다.

로크(J. Locke), 루소(J. J. Rousseau) 등으로 대표되는 계몽주의 사상가들은 국가성립의 근원을 개인 간의 상호 계약에서 찾고, 개인을 국가 존립의 전제조건으로 본다. 로크는 1689년 출간한 『시민정부론(*Two Treatises on Civil Government*)』에서, 정부를 탄생시킨 계약의 본질적 성격은 개인의 생명과 자유, 그리고 재산을 보존하는 데 있기 때문에 정부의 자의적 권력 행사가 억제되어야 한다고 주장했다. 이와 같은 자유주의적 사회계약론은 1688년 영국의 명예혁명(Glorious Revolution), 1776년 미국의 독립혁명, 1789의 프랑스 대혁명을 계기로 널리 확산되었다.

미국의 독립선언문을 기초한 제퍼슨(T. Jefferson)도 '최소의 정부가 최선의 정부(That government is best which governs least)'라는 주장을 통해 정부 권력을 제한할 것을 주창했다. 이러한 정부기능제한론은 시민사회 영역에서의 자유 신장을 의미하는바, 좀 더 구체적으로는 밀(J. S. Mill)이 『자유론(*On Liberty*)』에서 지적한 것과 같이 언론, 출판, 집회 및 결사의 자유의 확보를 의미한다고 할 수 있을 것이다(구영록 외, 2001: 136). 그러나 일반적으로 오늘날의 정부기능제한론은 민간경제 및 시민사회 영역에 대한 정부의 간섭 범위와 관련되어 논의된다.

오늘날 자유민주주의의 지적 토대를 형성한 고전적 '자유주의'는 본질적으로 개인의 자유를 위협할 소지가 있는 정부의 권한 강화에 반대하는 반국가주의(antistatism) 교의를 지지한다. 자유주의 사상은 특히 정부가 민간 부문의 경제 활동에 대해 파괴적 간섭(destructive interference)을 하는 것을 체질적으로 반대한다. 벤담(J. Bentham)은 정부에 대해 "입을 다물라(Be quite!)"고 간결하게 충고한다. 이들은 가장 최선의 정부라 할지라도 기껏해야 그것은 필요악(necessary evil)에 불과할 뿐이라고 생각한다.

20세기 초반 시장실패의 경험을 딛고 강조된 적극정부론은 사회공동체의 정치 · 경제적 목적 달성을 위해, 그리고 시장실패를 교정하기 위해 정부 기능이 적극적으로 작용되어야 한다고 주장한다. 다시 말하면 시장 질서를 공정하게 유지하기 위해, 자본주의적 경쟁에서 낙오한 사회적 약자를 공동체의 일원으로 편입시킴으로써 사회적 안정을 확보하기 위해, 그리고 시장에서 과소 공급되는 공공서비스의 적정 수준을 확보하기 위해 정부가 민간영역에 적극적으로 관여할 것을 주창한다. 이러한 관점은 20세기의 적극국가(positive state), 행정국가(administrative state), 케인스주의 복지국가(Keynesian welfare state) 및 혼합자본주의(mixed capitalism) 체제론과 연결된다.

한편, 20세기 말 적극정부론의 반명제(antithesis)로 제기된 신자유주의(新自由主義, neo-liberalism)[11] 이념은 고전적 자유주의를 재강조한 것이다.

정부의 기능을 다른 관점에서 본다면, 공공정책을 통해 사회적 가치를 권위 있게 배분하는 것(authoritative allocation of social values)이라고 할 수 있다. 인류의 역사는 공동체 사회를 영위해 온 이래 권력·부·명예와 같은 사회적 가치의 분배를 둘러싼 갈등의 역사라고 할 수 있을 것이다. 동서고금의 무수한 사상가들은 사회적 가치 배분의 합리적 원칙을 찾기 위해 고심해 왔으며, 역사적으로 발전해 온 여러 정치·경제·사회적 제도는 이러한 사회적 가치 배분의 원칙을 제도화한 것으로 이해할 수 있다. 사회적 가치는 이러한 여러 사회적 제도와 정부정책을 통해 배분된다.

자유방임주의자와 같은 정부기능제한론자는 정부정책의 이러한 가치 배분 기능을 줄여 시장 기구에 맡기자고 주장하는 데 반해, 복지경제학자 등 적극정부의 주창자들은 공동체의 건전한 유지·발전을 위해 정부의 가치 배분 기능을 확대할 것을 주장한다.

11) 신자유주의는 국가권력의 개입 증대라는 현대 복지국가의 경향에 대하여, 경제적 자유방임주의 원리의 현대적 부활을 지향하는 사상적 경향을 말한다. 개개인의 지식과 창의를 최고도로 발휘케 하는 시장 기구의 경제적 효율과 사회적 의의를 강조한 하이에크(F. A. v. Hayek)의 사상과, 경제적 효율이라는 견지에서 경쟁제도를 가능한 한 넓게 확충해서 개인의 자유를 옹호하려고 한 시카고학파의 경제사상이 이러한 범주에 든다.

'신자유주의'는 오늘날 '신보수주의(新保守主義, new conservatism)'와 동일한 의미로 사용된다. 신보수주의는 당초에는 19세기 시민혁명을 통해 재확립된, 유럽의 자유주의적 질서와 타협한 새로운 보수주의를 지칭하였으나, 오늘날에는 20세기 후반 등장한 신자유주의와 같은 의미로 사용된다. 시민혁명을 통한 자유주의의 보편적 승리는 보수주의의 전환을 불가피하게 하였는바, 19세기 말의 보수주의자들은 기성 질서의 보존을 위해서도 온건한 개혁을 받아들이지 않을 수 없었으며, 20세기 들어서는 더한 수정이 불가피하게 되었다. 오늘날에는 1970년대 후반 이후 미국과 영국 등에 등장한 지배적인 정치 조류, 즉 신자유주의와 동일한 의미로 사용된다(이종수, 2009c).

제2절 복지정책

1 복지국가 이론: 복지제도와 정부의 역할

1) 복지제도 논의의 필요성

복지정책을 집행하는 국가의 정당성을 확보하기 위해서는 국가의 역할과 기능에 대한 합의가 우선 필요하다(최광 외, 2013). 국가의 역할에 대해 머스그레이브(Musgrave, 1959)는 정부의 역할을 예산정책의 목표라는 관점에서 자원 배분 기능, 소득분배 기능, 경제안정화 기능 등으로 분류하고 있으며, 뷰캐넌(Buchanan, 1975)은 국가를 보호적 국가(protective state)와 생산적 국가(productive state)로 나눈다. 보호적 국가는 국민들이 자유롭게 자신들의 능력을 최대한 발휘할 수 있게 하는 법과 질서의 유지를 포함한다. 정부가 시민들 간의 사회경제적 문제를 해결할 수 있는 합법적인 힘을 독점적으로 갖고 있다는 점이 보호적 관점의 중심 개념이다. 생산적 국가는 시장실패의 교정 기능을 의미한다. 국가의 복지 기능은 이와 같은 시장의 외재적 결함에 따른 소득분배의 문제를 개선하는 과정에서 발생한다고 할 수 있다.

자본주의 시장경제체제에서는 시장의 효율성과 공공성 관련 목표를 달성하는 데 실패하는 경우가 발생하며, 이러한 시장실패(market failure)에 대해 정부의 시장개입을 통한 교정이 정당화된다고 한다. 외부성이나 공공재, 정보의 비대칭 등이 존재하는 경우 국가는 빈곤과 소득분배의 불평등을 해소하기 위해 시장에 개입한다. 하지만, 복지정책에서 재원의 마련은 중요한 문제이며 보통 조세 납부를 통해 복지의 공급이 이루어지게 되는데 이 과정에서 본인이 낸 세금으로 복지혜택을 받게 되는 경우와 같이 비효율성이 발생하기도 한다. 또한 복지의 제공으로 개인들의 행위나 유인(incentive)이 왜곡(distortion)되기도 하고, 다양한 이해관계자들의 참여로 복지제도의 본질이 왜곡(perverse effect or institutional failure)된다는 관점도 존재한다. 일반적으로 복지국가(welfare state)란 국가가 직접 나서서 개인이나 가계에 대해 교육, 의료, 소득보조 등과 같은 공공서비스를 제공하는 것을 의미하는데(최광 외, 2013), 소득분배의 공평성과 소득재분배를 이유로 정당화된다. 다시 말하면, 자원의 균등한 분배를 달성하고 소득 및 빈부의 격차를 줄이는 데 근본적인 목적이 있다. 다른 관점에서 국가에 의한 공적보험의 제공과 사람들의 생애 기간 내에서의 재분배를 목적으로 한다. 이와 같은 관점에서 의료와 교육, 연금정책 등이 복지국가의 주요 정책으로 추진되어 왔다. 최광 외(2013)에 따르면, 현대 복지국가에 대한 다음과 같은 비판이 존재한다. 우선, 복지혜택이 중산층에게 집중되는 이른바 '중산층 복지(middle class welfare)' 현상이 심화되고 있다. 다른 문제는 국민이 받는 복지혜택은 결국 본인이 낸 조세의 일부라는 점이다. 이로 인한 복지의 비생산성 문제는 주로 중산층에서 발생하며, 그들에게 과도한 조세부담을 초래하며 빈곤층에 대한 지원이 감소되는 결과가 발생한다. 이를 조세복지 중첩 혹은 '자기조세-자기복지'의 문제라고 한다. 복지정책 관련 논쟁의 핵심은 복지정책의 목적과 이를 달성하기 위한 정책수단의 선택이다. 최근 제기된 선별적 복지냐 보편적 복지냐, 그리고 유상이냐 무상이냐 하는 문제는 복지의 개념, 목적, 수단을 두고 사회구성원 간에 전개되는 논란으로 이 논란의 바탕에는 서로 다른 이념과 사상이 자리 잡고 있다. 이러한 복지 논쟁을 제대로 이해하려면 바탕이 되는 이념 논쟁을 먼저 살펴보아야 한다.

2) 한국 복지제도의 변천

한국 복지국가의 성격에 대한 논의는 활발하게 진행되고 있다. 특히, IMF 경제위기를 계기로 생산적 복지가 국정지표가 된 이후 한국 복지국가의 상당한 발전이 이루어졌다. 역사적인 측면에서 한국 복지국가의 발전을 해방 이후부터 현재까지 살펴볼 필요가 있다. 이를 해방 직후와 1950년대의 구호행정기, 1960~1970년대의 제도 형성기, 1987년 체제 이후 공고기, 그리고 IMF 경제위기 이후 제도 발전기의 네 단계로 나누어 설명한다(이장원 · 문진영, 2008).

구호행정기는 해방 이후 1950년대까지의 기간을 말하며 당시 한국전쟁의 문제를 치유하는 과정에서 사회복지의 필요성이 있었지만, 재정적 · 행정적 능력이 부족했던 한국 정부는 체제 정통성에 직접 관련성이 있는 군경원호사업에 집중하고, 대부분의 사회복지서비스는 외부 기관에 의존하는 특징을 가지고 있었다. 1960~1970년대는 복지제도의 형성기라고 할 수 있다. 1961년 집권한 박정희 정권은 풍부한 저임금의 노동력을 바탕으로 수출 지향의 산업화 전략을 채택하여 압축성장을 이루었다. 이 과정에서 사회복지제도는 경제개발을 위한 도구적인 존재로 활용되었다. 당시의 지속적인 고도 경제성장 자체가 사회복지의 기능을 수행했다고 평가하기도 한다(김영범, 2002). 이 시기는 이른바 파이 이론(pie thoery)으로 불리는 '선성장 후분배'의 발전주의 이데올로기가 한국 사회를 관철하였고, 이후 복지국가의 원형이 된다. 사회복지서비스는 여전히 구호행정기와 같은 외국에서 유래한 민간기관에 의해 수행되고 있었다.

1987년 민주화 이후를 제도 공고기로 분류한다. 이 시기에는 이전의 권위주의적 산업화 과정에서 배제되었던 노동 질서를 개혁하는 과정에서 사회복지제도의 확대가 구체적인 수단이 되었다. 노태우 정부는 보상적이고 복지지향적인 성격을 가진 것으로 평가되며, 사회복지 부문에 있어서 많은 제도적 성과를 보였다. 전 국민의 의료보험제도가 달성되었고, 10인 이상의 사업장에 국민연금이 시행되었으며, 고용보험이 시행되는 등 복지국가의 형태를 갖추게 된다. 또한 고용평등법, 모자보호법, 모자복지법, 장애인고용촉진에 관한 법률 등도 제정되기에 이른다. 하지만, 사회복지의 관점에서는 여전히 국가 역할이 도구적 성격에 머물러 있었다.

이 시기에는 경제적 자유화를 핵심적인 가치로 하는 세계화의 물결이 지배적이었는데, 이러한 과정에서 국가 규제의 철폐, 엄격한 재정 운영, 금융시장의 개방 등을 통한 세계시장으로의 편입을 골자로 하는 시장자유주의적 정책구도가 전 세계적으로 확산되었다. 하지만, 사회복지제도는 여전히 1960~1970년대의 발전주의적 관점에서 벗어나지 못하였다. 이 시기의 문민정부는 '삶의 질의 세계화'라는 정치적 수사를 앞세워 국민연금의 농어촌 지역 확대화, 고용보험제도의 시행과 같은 사회복지제도의 발전을 가져왔으나, 근본적인 변화는 이끌어내지 못했다.

1997년 국가부도 위기라는 경제위기를 겪는 과정에서 국제통화기금의 구제금융으로 국가부도 사태는 모면하였으나, 이들이 구제의 조건으로 제시한 재정과 금융의 긴축재정과 부실금융기관의 정리, 기업경영의 구조개혁, 시장개방 등을 충실히 이행할 수밖에 없는 현실에서 경제는 기업도산의 확대와 실업급증이라는 불황 심화 상태에 직면하였다.

이러한 경제위기 이후에도 민주적 시장경제라는 기본 구도에서 사유재산 절대주의와 자본의 자유화는 적극적으로 추구해야 할 경제 운영의 지표가 되었다. 민주적 시장경제는 독일의 사회적 시장경제를 모방한 것으로, 경제는 철저하게 시장 원리를 중심으로 운영하고, 시장경제의 부작용인 불평등, 실업 등과 같은 사회적 문제를 조세정책과 사회보장제도로 해결하는 자유주의 질서를 의미한다. 따라서 사회보장제도를 통해 국민의 기초적 생활의 보장과 재분배정책을 제대로 실시하지 않는 상태에서 경제만 시장경제의 활성화를 추구하면 안 된다. 이와 같은 관점에서 국민의 정부가 생산적 복지체제의 구축을 하나의 국정지표로 천명한 것은 시장경제의 폐해를 개선하기 위한 시도라는 긍정적인 평가가 가능하다. 물론 이러한 생산적 복지체제의 구축이 사회복지제도의 개혁을 지도하는 운영 원리로 작동하였는지는 반론이 존재하지만 국민의 정부 이후 이루어진 사회복지제도 개혁의 속도와 내용은 이전 시기와는 전혀 다르게 나타났다.

각 사회복지제도별로 개혁된 내용을 보다 구체적으로 살펴보면 개인의 책임보다는 국가의 책임이 강화되었으며, 선별주의적 원리에서 적어도 외형상으로는 보편주의적 원리로 발전하였다. 이러한 사회복지제도의 개혁이 가지는 의미는 한국형 사회복지제도의 가능성이다. 참여정부는 집권 초기 사회적 일자리의 필요성을 강조하고 이어서 저소득층의 주거지원대책, 빈곤대물림 방지를 위한 빈곤아동대책, 근로빈곤층의 문제를 해결하기 위하여 일을 통한 빈곤탈출의 방안으로 EITC(Earned Income Tax Credit) 제도의 도입을 검토하는 등 빈민을 중심으로 한 확대된 공공부조와 복지서비스 대책을 수립하고 실천하였다.

이러한 정책 기조는 결국 국민의 정부 당시에 수립되었던 생산적 복지의 기조 위에서 발전하였다고 평가할 수 있다. 특히, 참여정부 시기에는 사회복지 전달체계의 구축에도 주목할 만한 성과들이 있었는데, 2005년 2월 사회복지서비스 전달체계 개편 방안을 발표하고 그 해 9월에는 '희망한국 21'을 발표함으로써 한국 복지국가 발전의 청사진을 제시하였다. 이를 기점으로 주민행정체계 개편 방안이 보건복지부가 아닌 행정자치부를 중심으로 추진되었다.

이와 함께 사회적 일자리와 각종 주민생활서비스를 연계시킨 접근과 사회복지서비스에 자원연계 개념을 도입하려는 노력 등이 추진되었다. 이와 함께 사회복지 전달체계의 중요한 성과는 사회보험제도의 적용 및 징수의 일원화라고 할 수 있다. 또한 저소득층 소득감면제도라고 하는 EITC의 도입도 참여정부의 생산적 복지의 성격을 잘 보여준다. 이 제도는 일정소득 수준 이하의 근로자를 대상으로 장려금의 형태로 현금급여를 제공하여 일을 통한 빈곤탈출을 도모하는 제도이다. 현실적으로 이 제도의 대상은 차상위계층이 되는데 이들에게 근로를 장려함으로써 빈곤층으로 전락하는 것을 사전에 예방하는 목적을 가진다.

결론적으로 생산적 복지기는 그 이전 시기와 뚜렷이 구분될 수 있는 특징이 있다. 우선, 국민의 정부 시기에는 사회복지제도가 공식적으로 법령 개정을 통해서 급격한 양적 발전을 가져왔으며, 참여정부 시기에는 사회복지 인프라의 구축을 통해서 질적 발전의 토대를 마련하였다. 그리고 사회복지제도의 발전을 경제발전과 연동시키려는 생산주의적 성격이 보다 선명하게 드러났다.

국민의 정부 시기에는 국정지표로 '생산적 복지'를 천명하고 이를 제도적 차원에서 발전시켰으며, 참여정부에서는 '일자리 창출'을 통한 빈곤탈출을 모색하였다. 하지만, 이 시기에도 사회복지의 실질적인 질적 전환을 가져오기에는 사회의 전반적인 환경이 우호적이지 않았다.

3) 한국 복지국가의 성격

복지국가를 연구하는 학자들의 공통된 관심사는 유사한 형태의 사회적 위험에 대한 국가별 대응방식이 다른가 하는 점이다(Esping-Anderson, 1999). 즉, 사회적 문제를 이해하고 대응하는 방식이 국가마다 다르게 나타나는 원인과 이를 해석하는 방법에 관한 질문이다.

이와 같은 질문에 대하여, 윌렌스키와 르복스(Wilensky & Lebeaux, 1966)는 구조기능주의에 이론적 기초를 두어 복지국가를 잔여적(residual) 복지체제와 제도적(institutional) 복지체제로 유형화하였으며, 티트무스(Titmuss, 1974)는 복지의 기본가치 정향인 보편주의와 선별주의에 기초하여 복지국가의 유형을 잔여적(residual) 모델, 산업적 업적성취(industrial achievement) 모델, 그리고 제도적 재분배(institutional redistributive) 모델로 유형화하였다. 또한 시장에 대한 국가 개입의 관점에서 퍼니스와 틸튼(Furniss & Tilton, 1977)은 복지국가를 적극국가(positive state), 사회보장국가(social security state), 그리고 사회복지국가(state welfare state)로 분류하였다.

한편, 이데올로기 분석에 기초한 조지와 와일딩(George & Wilding, 1985)의 복지국가의 이념적 유형화 이후 복지국가에 대한 이념적 분석은 많은 연구자에 의해서 현재까지도 활발하게 이루어지고 있다. 에스핑-앤더슨(Esping-Andersen, 1990)은 세 가지 복지자본주의에서 1960년대부터 지금까지 이어져 온 복지국가 분류를 종합하였다. 그는 탈상품화(decommodification)와 계층화(stratification)의 두 가지 차원에서 복지국가를 자유주의, 보수주의, 그리고 사회민주주의라는 세 가지 복지국가 레짐으로 유형화하였다. 레짐(regime)이란 한 사회에서 생산된 복지가 국가, 시장, 그리고 가구에 할당되는 방식을 의미하며, 근대 국가의 세 체제인 국가, 시장, 그리고 가족의 역학관계에 따라 한 사회의 탈상품화 수준이 결정되고 계층화 전략이 수립되며 이를 실증적으로 분석해 보면 몇 개의 국가군으로 나뉘게 된다고 하며 이를 복지국가 레짐이라고 규정하였다.

복지국가 레짐 이론은 현재의 복지국가를 자유주의 유형, 보수주의 유형, 그리고 사회민주주주의 유형으로 나눌 수 있는데, 각 유형의 복지국가 레짐은 같은 집단끼리는 동질성을, 그리고 다른 집단과는 이질성을 보이는 정책의 우선순위와 핵심적인 가치정향을 가지고 있다(문진영, 2005). 즉, 복지 레짐이란 국가, 시장, 그리고 가족의 역학관계 속에서 한 사회에서 복지가 생산되고 공급되는 양식을 말한다. 이러한 복지국가 레짐 이론은 단순한 국가 간 비교연구의 수준을 넘어서 복지국가를 이해하고 문제점을 파악하고, 그리고 대안을 모색하는 데 있어서 중요한 도구가 된다. 즉, 복지의 생산과 분배의 과정이 정치적으로 결정되고, 계급갈등과 계급연합은 복지정책을 결정하는 데 심대한 영향을 주고 있으며, 복지국가의 기관과 형태는 그 사회의 불평등, 계층화, 그리고 계급구조를 결정하게 된다는 것을 인식하게 해준다.

2 복지개혁 논의: 근로연계복지의 확대와 쟁점

1) 근로연계복지의 개념

(1) workfare

근로연계복지는 영어로 workfare라고 하며, 이는 work for welfare를 줄인 것으로 초기에는 일을 바탕으로 한 사회부조 프로그램을 가리키는 말이었다. 이후 다양한 이데올로기적인 설명이 덧붙여지면서 개념의 혼란이 심한 사회정책 용어 가운데 하나로 여겨지고 있다. 게다가 이와 유사한 active welfare, activation, welfare to work, insertion 같은 용어들이 때로는 workfare와 같은 의미로, 때로는 별개의 용어로 쓰이기도 한다.

이들 용어의 의미를 보다 자세히 살펴보면 우선 workfare는 좁은 의미에서 복지급여와 근로의무를 연계하는 방식의 사회부조 프로그램을 가리킨다. 이때 근로의무에는 훈련이나 교육 또는 지역사회를 위한 봉사 활동도 포함된다. 넓은 의미에서는 노동중심적인 복지정책 전반을 아우르는 개념으로 사용되기도 한다. workfare는 나라에 따라서도 그 의미와 인식이 달라지는데, 미국의 경우 이 말에 대해 일부 시민단체나 노조에서 반대하는 움직임이 있기는 하지만, 사회의 절대다수는 workfare가 미국적 가치에 부합하는 것으로 믿는 경향이 강하다. 하지만, 이 개념은 유럽에서는 부정적인 용어로 받아들여진다. workfare가 징벌적 요소를 바탕에 깔고 있다는 비판적 인식 때문이다. 실제로 유럽에서는 workfare 대신에 activation이라는 용어를 주로 사용한다.

(2) welfare to work

글자 그대로 해석하면 '복지에서 일자리로'라는 의미가 된다. 복지급여에 의존해 사는 사람들을 노동시장으로 보내는 정책을 말한다. workfare가 미국의 공식 사회정책 용어로 쓰이지 않는 것과 대조적으로 welfare to work는 공식 용어로 널리 사용되고 있다. 왜냐하면, welfare to work가 보다 더 적극적이고 목표 지향이 분명한 용어이기 때문이다.

에반스(Evans, 2001)는 welfare to work에서 welfare는 대상 프로그램(target program)을 가리킨다고 하며 정책 당국이 바꾸고자 하는 프로그램 혹은 제도이고, work는 변화의 내용을 의미한다고 하였다. 즉, 기존의 AFDC(Aid to Families with Dependent Children)라는 편모에게 현금급여를 지급하는 welfare 프로그램을 개혁하여 수급자들을 일하게(work) 만들 수 있는 방향으로 변화시키고자 하는 목표를 가지고 있다는 것이다. 이는 workfare보다 강한 징벌적 요소를 가지고 있으며, 명백히 탈복지를 요구하고 있다. 영국의 노동당은 1997년 선거에서 승리한 뒤 welfare to work 정책을 활용하였는데, 이른바 뉴딜(New Deal)이라고 불리는 정책이 그것이다. 미국에서는 일(work)을 순수한 유급노동으로 한정하는 경향이 강하고 영국에서는 교육과 훈련도 work의 범주에 포함시키는 정도이지만, 최근에는 이러한 차이점이 거의 사라지고 있다.

(3) activation

이는 활동적이지 않던 것을 활동적인 것으로 만든다는 뜻이다. 사회정책에서는 노동시장 밖에 머물며 복지급여에 의지하던 수급자를 노동시장 안으로 끌어들이는 정책이나 프로그램을 의미하는 용어로 쓰인다. 이는 일을 하는 사람을 적극적이고 능동적인 사람으로, 그렇지 않고 복지수급에 머물러 있는 사람을 소극적이고 수동적인 사람으로 간주하는 것이다.

Activation도 이데올로기적 담론에 따라 관점이 조금씩 달라지는데, 겔도프(Geldof, 1999)는 이를 네 가지 상이한 관점으로 정리하였다. 우선, activation을 복지의존의 사슬을 끊어주는 작업으로 보았으며 이는 미국 복지개혁의 관점과 일치한다. 두 번째는 저변 계급에 대한 걱정과 관련이 있으며, 이들의 복지의존에 대해 문제라기보다 해결해야 할 숙제라는 관점에서 접근하여 이들 계급과 주류 사회 사이의 간극을 줄이는 정책으로 보았다. 하지만, 실제로는 인종적 관점의 분석이라는 비판을 받고 있다. 세 번째는 기본 사회권의 실현으로 본다. 근로의 권리와 사회보장에 대한 권리, 적절한 주거권 등을 포함하는 기본 사회권을 의미하는 것으로 activation을 사회적 배제의 해결책으로 보고 있다. 주로 유럽의 activation 프로젝트의 관점에 해당한다. 마지막은 미시적이고 절차적인 차원의 해석이다. 이는 activation을 계약이라는 공식 절차를 중심으로 접근하며 사회복지 수급자는 복지의 대상으로만 여겨 왔으나 이 관점에서는 수급자를 사회복지의 생산과 공급 과정에서 동등한 존재로 여기게 되며 수급자의 참여를 강조하는 관점으로 이해할 수 있다.

이처럼 근로연계복지의 개념은 다양한 용어들로 표현되고 있지만, 결국 강조되는 바는 탈복지이다. 근로연계복지의 목적을 파악하기 위해서는 이를 최초로 도입한 미국에서의 동기를 살펴볼 필요가 있다. 미국에서 AFDC 수급자의 복지의존문화(welfare dependency culture)를 근절해야 한다는 주장이 설득력을 얻으면서 1980년대와 1990년대의 복지개혁은 복지의존의 문화를 근절하는 데 초점을 맞추었다. 미국의 복지개혁은 복지의존의 근절과 같은 의미를 가지게 되며(King, 1995), 1996년 복지개혁이 TANF(Temporary Assistance for Needy Families) 수급자의 수급 기간을 평생 5년으로 제한한 것은 이러한 맥락에서이다. 유럽에서도 복지의존의 문제에 대한 해결을 주장하는 의견이 존재했으나, 미국 사회는 복지의존 자체를 혐오하고 그것을 개인의 노동윤리의 문제로 간주한 반면, 유럽의 지배적인 시각은 복지의존 자체보다는 그것으로 인한 사회적 배제 현상을 더 큰 문제로 보고 있다. 뿐만 아니라 복지의존의 원인을 개인보다는 사회에서 찾으려는 경향이 강하다. 이러한 관점에서 유럽의 근로연계복지는 사회적 배제 문제의 해결에 초점이 맞추어져 있다.

2) 근로연계복지의 내용

근로연계복지의 내용은 점점 그 범위가 넓어지고 있는데, 초기에는 장기 수급자에 대한 압박용으로 시작되었으나 최근에는 사회정책의 주요 목표를 달성하기 위한 수단으로 폭넓게 쓰이고 있다. 근로연계복지의 내용을 살펴보면 우선 근로를 의무사항으로 부과하고 있다. 따라서 근로연계복지는 복지급여의 수급 조건으로 근로의무를 강제로 부과하는 제도라고 정의되기도 한다(Shragge, 1997). 슈라지는 이러한 근로의 강제성을 근로연계복지의 가장 중요한 요소라고 주장하기도 한다. 이러한 입장에서는 근로연계복지의 특징을 노동능력이 있는 수급자를 대상으로, 복지급여를 받는 조건으로 일을 강제하며, 일의 조건은 정규 노동시장의 유사 노동과 견주어 열등한 것으로 설명한다. 하지만, 이와 같은 해석은 미국식 workfare의 개념에 가까우며 북유럽에서 시행하는 근로연계복지는 이와는 다르다. 북유럽에서는 근로의 강제 부과에 큰 비중을 두지 않기 때문이다.

근로연계복지에서 근로의 강제성과 함께 중요한 것은 근로의 개념과 수급자에 대한 인식이다. 미국과 같이 근로연계복지를 좁게 이해하는 나라에서는 근로의 개념도 좁고 엄격하며, 실제 일자리에서 이루어지는 유급 노동을 흔히 이야기한다. 반면, 유럽은 근로의 개념을 비교적 넓게 정의하는 activation의 관점에 서 있다. 즉, 유급 노동 이외에 주류 사회의 일원으로 봉사, 자선 등을 포함한 유의미한 활동을 하는 것을 의미한다. 실제로 근로의무를 부과하는 방식에 있어서는 미국의 TANF와 같이 복지급여를 중단하거나 삭감하는 방식이 있으며 영국의 뉴딜(New Deal)도 강도 면에서는 약하지만 유사한 방식을 취한다.

다음으로, 근로에 대한 유인 강화를 주요 내용으로 하고 있다. 근로유인을 높이기 위한 제반 조치는 유급 노동에 대한 보상이 충분히 주어지는 제도를 어떻게 설계하는가에 대한 문제가 된다. 복지개혁론자들이 주로 지적하는 것은 복지급여의 수준과 저임금 노동자의 소득수준 사이에 충분한 차이가 없기 때문에 복지 수급자가 일자리를 얻으려 하지 않고 계속해서 수급 상태에 머무르려 하는 경향이 있다는 것이다. 이것은 흔히 실업 함정(unemployment trap) 또는 빈곤 함정(poverty trap)이라는 개념으로 설명되는 탈근로유인(work disincentive)를 의미한다.

근로유인을 높이기 위해서 근로연계복지에서는 복지급여의 수준을 삭감하거나 혹은 유급 노동의 보상을 강화하는 방식을 사용한다. 복지급여의 수준을 삭감하는 방식의 한계로 인해 복지국가의 현안으로 유급 노동의 충분한 보상체계를 구축하는 방안이 떠오르고 있으며, 이는 근로소득의 보전을 위해 세제를 활용하는 제도로 발전하였다. 미국의 EITC(Earned Income Tax Credit)와 영국의 WTC(Working Tax Credit), 캐나다의 SSP (Self-sufficiency Program) 등이 있다.

이러한 제도는 저임금 노동자들의 근로소득에 세제 혜택을 추가하여 세후 소득이 사회부조급여와 견주어 더 매력적인 수준이 되도록 정책적인 조절을 가한다. 이를 통해 탈복지를 유도하는 한편 잠재적 수급자의 근로 활동을 유지시키고자 하는 것이다. 이 밖에 조기퇴직을 장려하던 정책에서 노동시장에 최대한 오래 머물게 하는 조치들이 도입되고 있다. 또한 장애급여 수급자를 줄이고 이들을 노동시장으로 진입시키는 노력, 다양한 복지제도를 능동적으로 바꾸어 유급 노동의 매력을 높이려는 시도도 있다. 이와 같은 노력들의 공통점은 재정적 유인을 통해 수급자들이 스스로 복지급여가 아니라 유급 노동을 선택하도록 만드는 데 있다.

근로연계복지의 도입은 복지급여를 당연한 권리에서 조건부 권리로 성격을 바꾸어 놓았다. 근로연계복지에서는 근로의무의 이행이라는 조건이 충족되어야만 복지급여가 주어진다. 복지개혁 이전 미국의 AFDC 급여에 대해 어린이를 부양하는 부모라면 수급권을 가진다. 하지만, 복지개혁 이후 이러한 권리는 더 이상 당연한 것으로 여겨지지 않는다. 국가와 개인 간 계약의 성격이 되어 버린 것이다. 하지만, 이 계약의 성격에서 수급자는 독립된 개체라기보다는 국가가 제공하는 급여에 의존해야 하는 존재이기 때문에 평등한 두 주체 간의 계약이라고 할 수 없다.

일반적으로 과거의 복지급여는 보편적이고 특정 범주 안에 있는 사람은 개별적 특성이나 조건에 상관없이 급여가 주어졌으나 점차 과거 복지프로그램과 달리 개별화된 접근을 강조하는 경향이 나타났다. 이는 획일적인 접근방법에서 벗어나 수급자가 처한 상황과 그에 따른 개별적 욕구를 고려하여 효과성을 높일 수 있다는 점에서 긍정적일 수 있으나, 이 과정에서 수급자가 사례관리자의 전횡에 노출될 가능성도 없지 않다 (Peck, 2001).

근로연계복지의 확대는 적극적 노동시장 정책(ALMP: Active Labor Market Policy)의 도입을 촉진하는 계기가 되었다. 미국을 제외한 대부분의 나라에서 근로연계복지는 적극적 노동시장 정책을 핵심 내용으로 삼고 있다. 하지만, 각국의 적극적 노동시장 정책은 차이가 있으며, 근로연계복지와의 관계에 대해서도 다양한 의견이 존재한다. 둘 다 복지 수급자를 노동시장으로 보내는 데 초점을 두고 있다는 관점에서 보면, 적극적 노동시장 정책을 근로연계복지와 같은 개념으로 이해할 수도 있다(Barbier, 2000; Handler, 2002). 하지만, 대부분은 근로연계복지의 하위개념으로 본다.

적극적 노동시장 정책은 보통 일자리 창출, 취업 가능성 제고, 고용지원서비스를 주요 내용으로 한다. 구체적으로 직접 일자리 창출은 공공근로(public works) 또는 사회복지 등의 서비스 일자리를 뜻하는 공공서비스 고용(public service employment), 공공고용

서비스, 실직자 대상 직업훈련, 창업 지원, 그리고 고용보조금을 포함한다. 최근의 적극적 노동시장 정책은 노동의 수요보다는 공급 측면을 강조하고 있으며, 정부 주도의 일자리 창출이나 고용 지원금 제공 같은 프로그램은 상대적으로 줄어들고, 고용서비스나 취업 가능성 제고 등의 정책이 강화되고 있으며 수급자나 실직자의 취업 가능성을 높이는 문제는 근로연계복지의 주요 목표로 설정되고 있다. 이러한 움직임에 대해 노동시장 유연화 정책과 맞물려 신자유주의 사회정책의 일부로 전락되었다는 비판이 제기되기도 한다(Barbier, 2000).

3) 근로연계복지의 유형

근로연계복지는 크게 미시적인 접근방법과 거시적인 접근방법에 따라 유형을 나눌 수 있는데, 우선 미시적인 접근에서는 제재 전략과 유인 전략 또는 취업우선전략과 인적자원개발 전략으로 나눌 수 있다. 전자는 노동유인을 높이기 위해 수급자를 압박하는 데 중점을 두는 프로그램과 재정유인을 통해 수급자의 자발적인 노동시장 진입을 촉진하는 프로그램으로 정리할 수 있다. 후자는 복지 수급자를 최단 기간에 노동시장으로 진입 혹은 재진입시키는 데 목적이 있는 취업우선 전략과 수급자의 장기적 취업능력을 길러주는 데 집중하는 인적자원개발 전략을 포함한다.

취업우선 전략은 '일자리는 어떤 것이든 다 좋다'라는 말로 대변되는데 오랫동안 복지수급에 의존해 온 사람은 무슨 일이든 일단 시작하는 것이 좋으며, 이러한 경험을 통해 노동현장에서 자신의 근로습관과 기능을 배우고 이러한 경험을 통해 더 나은 일자리를 얻을 수 있다는 것이다(Brown, 1997). 반대로, 인적자원개발 전략은 복지에 의존하는 사람들을 자립시키기 위한 최선의 방법으로 이들의 취업 가능성을 높여주어 복지의존 상태로 돌아올 가능성을 근본적으로 제거하고자 노력한다. 즉, '좋은 일자리를 얻어야 자립할 수 있다'는 관점이다(Hamilton et al., 1997). 이를 위해 조기취업보다는 일반교육, 직업 교육, 구직 상담과 같은 다양한 지원서비스를 제공하며, 동시에 노동시장 진입을 방해하는 육아, 보건의료, 교통수단 등의 문제를 함께 해결하고자 한다. 하지만, 이와 같은 인적자원개발 전략은 시간과 비용이 많이 든다는 단점이 있다.

거시적인 관점에서 바비어(Barbier, 2000)는 근로연계복지를 자유주의적 측면과 보편주의적 측면으로 나누어 분석하였다. 자유주의적 유형은 노동시장과의 개별적 관계를 축으로 수급자나 실직자의 구직 활동 촉진을 겨냥한 제한된 사회정책과 노동시장정책을 특징으로 한다. 반대로, 보편주의적 유형은 모든 시민에 대한 폭넓은 사회적 서비스의 제공과 수급자에 대해 상대적으로 높은 생활수준을 보장하는 것을 전제로 한다.

이에 대해 니카이즈(Nicaise, 2002)는 근로연계복지(workfare) 모델과 사회적 포섭(social inclusion) 모델로 나눈다. 여기서의 근로연계복지는 좁은 의미의 근로연계복지인 미국식 workfare를 의미하며, 사회적 포섭 모델은 단순히 재정적인 차원의 사회적 안정망만으로 사회적인 배제를 해결할 수 없다는 전제에서 출발한다. 즉, 고용을 통해 빈곤에 의한 사회적 배제의 문제를 해결할 수 있다고 하면서 복지의존이라는 표면적인 문제를 제기하기보다는 사회 통합 권리의 보장이라는 측면에서 접근해야 한다고 주장한다.

4) 근로연계복지에 대한 관점

근로연계복지에 대한 관점은 극단적 찬성부터 극단적 반대까지 그 스펙트럼이 매우 다양하다. 근로연계복지에 대한 극단적인 관점을 가질수록 이를 좁게 해석하는 경우가 많다. 즉, 가장 좁은 의미의 개념인 미국식 근로연계복지를 근로연계복지로 인식하는 바탕에서 출발한다. 근로연계복지에 대한 찬성론은 영 · 미의 보수파와 신자유주의자들을 중심으로 이루어지고 있다. 근로연계복지가 일할 의사를 가진 사람에게만 복지급여를 지급함으로써 노동 윤리의 회복에 도움을 주는 동시에 근로유인을 높이는 데도 기여한다. 이것은 복지급여를 받을 만한 사람(the deserving poor)에게만 선별적으로 지급하는 것이 타당하며 유급 노동이 최선의 복지라는 인식을 가지고 있다.

이들은 근로연계복지가 개인의 권리와 사회의 책임 사이의 균형을 위해 반드시 필요하다고 강조하며, 일을 하고 세금을 내는 것이 사회구성원으로서 책임을 다하는 진정한 시민권의 구현이라고 주장한다. 신자유주의자들과 다른 관점이긴 하지만 일부 사민주의 정치가와 유럽의 정책 입안자들은 근로연계복지를 지지하기도 하는데 이를 사회적 배제 문제를 해결하고 복지국가의 지속 가능성을 제고하는 데 도움을 준다고 생각하기 때문이다. 이렇게 복지수혜자들에게 일을 통해 새로운 기회를 제공하는 것도 좋겠다라고 하는 약한 수준의 지지자들도 존재한다.

근로연계복지에 대한 반대 역시 이데올로기적 관점과 기대효과에 대한 비판적 전망의 관점에서 제기된다. 우선, 근로연계복지가 가지고 있는 노동의 강제성의 원리에 대한 반대가 가장 강력하다. 복지 수급자에게 근로의무를 강제하는 것은 희생자(victim)를 비난하고 이들을 처벌하는 것과 같은 일이다. 이러한 관점은 수급자들의 현재 상황(빈곤, 실업)이 개인의 잘못 때문이라고 판단하는 시각에 대해 비판한다. 이들은 오히려 수급자들의 현재 상황이 사회적 구조의 문제라는 인식에 동의하고 있기 때문이다.

복지의존을 해결하기 위해 근로연계복지가 필요하다는 주장에 대해서도 반대가 있는데, 복지의존이 심각했다고 하는 미국의 경우 AFDC의 5년 이상 장기 수급자는 전체 수급자의 15%에도 미치지 못했다고 한다(Handler, 2005). 일의 개념에 대해서도 반대론자들의 의견이 존재하는데, 좁은 의미의 근로연계복지에서 일의 의미를 유급 노동에 국한하고 있는 것에도 의문을 제기한다(Young, 2000). 이것은 사실 일자리라고 하는 것의 의미를 되새겨보게 하는데, 유급 노동이라고 하는 것들 중에서 실제로 사람의 복지를 증진시키고 사회에 공헌하는 것은 그리 많지 않을 수 있다는 점이다. 유급 노동의 무조건적인 미화를 비판하면서, 유급 노동이 아니더라도 사회적으로 소중하고 의미 있는 일들이 존재하며 이들에 대해서는 사회적 차원에서 보상이 주어져야 한다고 주장한다. 이런 이유로 유급 노동에만 복지수혜자들을 종사시키려고 하는 정책은 옳지 않다고 보는 것이다. 실제 근로연계복지의 집행에서 발생하는 예산과 인력의 문제도 이에 대한 회의를 가져온다. 근로의무의 부과와 같은 근로연계복지의 기본 원리를 지키기 위해서는 막대한 예산과 인력, 행정력 등이 소요될 것이다.

하지만, 이미 충분한 보상을 가져다주는 일은 그대로 두어도 수급자를 포함한 모든 사람들이 하고자 할 것이고, 충분한 보상이 주어지지 않는 일에 대하여 수급자들의 노동을 강요하는 것은 비도덕적일 수 있으며, 참여자들의 반대에 부딪히게 될 수도 있다. 어느 경우이든 자원의 낭비가 발생할 수 있다는 측면에서 반대하는 목소리가 존재하기도 한다. 마지막으로, 노동시장에 대한 전망도 근로연계복지에 대한 지지를 약하게 하는 요인이 된다. 고용 상황이 좋지 않은 경우 복지개혁으로 인해 근로의무를 강제받게 된 저임금의 노동력을 시장에서 수용하기란 힘들 것이다. 이러한 관점에서 근로연계복지는 한계를 가지며, 저임금으로 노동시장에 진입했다 하더라도 빈곤에서 벗어나기에는 턱없이 적은 임금으로 인하여 근로빈민(working poor)으로 전락할 개연성이 크다. 그러므로 근로의무의 강제가 아니라, 인적자원개발을 위한 교육과 훈련・투자이고, 이를 통해 인적자원을 확충하는 것이 실업문제와 복지의존문제를 해결하는 극복방법이라고 근로연계복지의 반대론자들은 주장한다.

생각해 보기

경제성장과 복지의 선순환을 위한 논의

소득주도 성장은 노동소득을 늘리고 분배의 형평성을 제고함으로써 경제의 성장 활력을 높이는 정책방향이다. 저소득층으로 소득이 이전되면서 경제 전반적인 소비성향이 높아지고 이에 따른 생산 확대가 고용 증가와 소비 증가로 이어지는 선순환이 발생한다는 것이다. 수요 증가로 생산능력이 늘어나고 노동비용 상승으로 효율적인 생산성 투자가 확대되면서 단기뿐 아니라 장기적으로도 성장효과가 나타날 것이라고 본다.

국가 성장정책의 주요 방향으로서 명시적으로 소득주도 성장을 제시한 경우는 찾기 어렵다. 다만, 내수 확대를 통한 성장 전략을 채택한 국가들 중 브라질, 일본, 중국 등은 노동소득 확대를 중요한 정책과제로 택했다. 브라질은 룰라 대통령 집권 시기 중 분배개선과 성장제고를 동시에 달성해 소득주도 성장의 성공사례로 불리기도 했으나 원자재 가격 상승 및 가계부채 증가 등의 영향이 컸다는 반론이 제기된다. 중국은 소비주도 성장으로의 전환을 위해 최저임금의 빠른 인상 등 임금배증 계획을 시행한 바 있다. 수출 위축에도 불구하고 연착륙에 성공했지만 소비보다는 투자에 의한 성장이 이어지면서 기업부채 확대 등 부작용도 커지는 모습이다. 일본은 실질임금 상승이 디플레이션 탈출의 관건으로 보고 적극적인 임금인상 정책을 펴고 있으나 아직 만족할 만한 성과를 거두지 못하고 있다. 아직 소득주도 성장의 확실한 성공사례를 찾기 어렵다.

우리나라에는 소득주도 성장을 제약하는 몇 가지 요인이 있다. 우선, 전반적인 기업수익성은 개선되고 있지만 한계기업과 자영업이 많아 임금 상승이 고용 축소로 이어질 수 있다. 낮은 국가부채 비중으로 정부의 단기적인 재정확대 여력이 높지만 고령화로 인해 중기 재정건전성 악화 우려가 크다. 또한 가계부채와 고령화에 따른 구조적 소비위축 가능성 역시 소득주도 성장을 어렵게 하는 요인이다.

그럼에도 불구하고 소득주도 성장을 시도해 볼 만한 이유는 수출주도 성장의 한계이다. 수출에만 의존하는 성장방식이 더 이상 작동하지 못하는 상황에서 내수를 성장동력으로 삼아야 할 필요성이 높으며 노동소득 증대는 소비를 진작시키는 역할을 하게 될 것이다. 더욱이 고령화 등 구조적 소비부진 요인이 우리 경제의 내수침체 악순환으로 이어지는 것을 막기 위해서도 노동소득 증대 노력이 필요하다.

출처: 이근태 · 심순형(2017). 한국의 소득주도 성장 여건과 정책효과 제고 방안. LG경제연구소.

Q. 정부의 역할을 경제정책과 복지정책으로 크게 나누었을 때, 이들의 우선순위를 어떻게 정해야 할지, 현재 우리나라의 상황을 빗대어 논의해 보자.

CHAPTER 04

공공서비스

제1절 공공서비스의 개념 · 유형 및 공급 방식의 변화

행정은 공공 부문에서 공공재와 공공서비스를 생산하여 소비자로서의 국민에게 제공하는 일을 수행한다. 공공재(public goods)와 공공서비스(public service)는 공공기관을 통해 공급되는 유 · 무형적인 재화와 서비스를 말한다. 대표적인 공공서비스로는 국방 · 치안 · 소방과 같은 순수공공서비스와 유형적인 공공재로서의 도로 · 교량 · 항만 · 상하수도 시설과 같은 공공시설을 들 수 있다. 여기서는 공공재와 공공서비스를 엄격하게 구분하지 않고 필요에 따라 공공재 또는 공공서비스를 혼용해 사용하고자 한다.

도로 · 교량 · 운하 · 항만과 같이 규모가 큰 사회간접자본은 사회적으로 꼭 필요한 공공재임에도 불구하고 자본이 많이 드는 데 비해, 수익성이 적어 개인 또는 개별 기업이 건설하기 힘들다. 즉, 공공토목사업은 외부경제(external economy) 효과가 크지만 외부효과1)의 특징 때문에 시장의 가격 메커니즘을 통해서는 충분하게 공급되지 못한다. 즉, 공공서비스의 공급 분야는 민간의 시장기구가 적절하게 대응하지 못하는 시장실패(market failure)의 대표적인 분야이다.

공공재는 시장에서 거래되는 민간재와 달리 정당한 대가를 지불하지 않아도 소비에서 배제되지 않는 비배제성(non-exclusion)과 다른 사람이 공공재를 소비해도 자신의 소비에 영향을 미치지 않는 비경합적 소비(non-rival consumption)의 두 특성을 지닌다. 이러한 공공재의 특성으로 인해 공공재정으로 공급된 공공재는 누구나 자유롭게 소비할 수 있기 때문에 자발적으로 대가를 지불하지 않고 소비하려고 하는 '무임승차(free-riding)' 문제를 발생시킨다. 일상 생활에서 필수적으로 공급되어야 하지만 수요와 공급의 원리에 따라 시장가격이 형성되지 않는 공공재의 경제적 특성 때문에 공공재는 시장을 통해 사회적으로 필요한 만큼의 공급이 불가능해지는 시장의 실패가 발생하게 된다. 따라서 공공재는 조세의 강제적 징수에 의해 마련된 일반 재원을 통해 보편적 서비스로 공급된다. 그러나 시장의 효율성을 결여한 공공 부문의 독점적 공공서비스 공급은 정부실패라는 또 다른 문제를 발생시킨다.

---

1) 생산 또는 소비 활동에 직접 참여하지 않은 경제 주체가 다른 경제 주체의 생산 또는 소비 활동에 의해 유리 혹은 불리한 영향을 받게 되는 효과를 외부효과(external effects)라 한다. 이때 유리한 영향을 받는 것을 외부경제(external economy), 불리한 영향을 받는 것을 외부불경제(external diseconomy)라 한다.

공공서비스에 대한 접근 시각은 사회경제적 환경 변화에 따라 급격하게 전환되고 있다. 특히, 서구에서는 1970~1980년대의 긴축 및 적자 재정 등으로 보편적인 서비스 공급을 지향했던 전통적인 입장들이 수익자부담원칙 등으로 바뀌었다. 이에 따라 집합적으로만 존재했던 공공서비스가 점차 민간재의 성격을 가지게 되면서 시장상품화되는 현상도 나타났다. 이에 따라 일부 하위 계층이 종래와 같은 보편적 공공서비스 공급에서 배제되는 사회적 양극화 현상이 나타나 새로운 사회적 쟁점으로 부각되었다. 2000년대 이후에는 사회 진보화의 영향을 받아 다시 보편적 서비스가 강조되는 방향으로 전환되고 있다.

〈표 4-1〉은 공공서비스 공급에 대한 접근 방식의 변화를 요약한 것이다.

〈표 4-1〉 공공서비스 공급에 대한 접근 방식의 변화

	복지국가의 공공서비스	신공공관리주의에서의 공공서비스
행정 활동에 대한 관심	민주・효율적 관리	최종 산출물의 사회경제적 성과
공공서비스 배분의 준거	형평적 배분 (복지 시혜적 성격)	효율적 배분 (재정효율화 성격)
민간 부문에 대한 공공서비스의 기능	조정・관리・통제	경쟁력 지원
공공서비스의 형태	국가 최적 수준의 표준화된 공공서비스	시민사회의 다양한 선호 부응과 차별적으로 상품화된 서비스
성과관리의 초점	시설・기관 중심의 공급자 관점 (투입과 과정 감독)	수요자 중심의 맞춤형 서비스 공급 (산출과 결과에 대한 품질 책임)

자료: 이종수 외(2005: 645).

1 공공서비스의 특성

공공기관에서 생산・공급하는 공공서비스는 시장에서 생산・소비되는 민간재(private goods)와 여러 면에서 다른 특성을 지닌다. 공공재의 대표적인 특성으로는 비배제성(non-exclusion)과 비경합적 소비(non-rival consumption)의 두 특성을 들 수 있다.

비배제성은 재화의 소비에서 얻는 혜택으로부터 특정 집단의 사람들을 배제할 수 없는 것을 말한다. 민간재는 소비자가 시장에서 그 가격을 지불하지 않으면 소비 혜택에서 배제되는 배제의 원칙(exclusion principle)이 적용된다. 그러나 공공재는 시장에서 거래되는 민간재와 달리 정당한 대가를 지불하지 않아도 소비에서 배제되지 않는 비배제

성의 특성을 지닌다. 비경합적 소비는 한 사람이 소비에 참여함으로써 얻게 되는 이익이 다른 사람의 편익을 감소시키지 않는 공공재의 특성을 말한다. 그러나 공급량이 제한되어 있는 경우에는 공공재라 할지라도, 민간재와 같이 어느 정도의 경합성을 지닌다고 할 수 있다. 즉, 환경오염 방지 노력에 의해 정화된 공기라 하더라도 지나치게 많은 사람이 이를 소비할 경우에는 그 효과가 감소될 수 있다는 의미에서 공공재도 어느 정도 경합성을 지닌다고 할 수 있다.

이러한 두 특성을 동시에 지니는 공공재를 순수공공재라 한다. 그러나 비록 순수공공재라 하더라도 현실 속의 공공재는 어느 정도의 배제성과 경합성을 지닐 수 있다고 할 것이다. 공공재의 이러한 두 특성이 바로 자원 배분의 효율성을 확보하지 못하게 되는 '시장실패'의 요인이 되기도 한다.

공공재의 이러한 비경합성과 비배제성은 결국 '무임승차' 문제로 연결된다. 소비자들이 값의 지불 여부에 관계없이 소비에서 배제되지 않는다면, 타인의 재정 부담에 의해 확보된 공공재를 무상으로 사용하기 위해 자발적으로 재화의 가격을 지불하지 않으려 할 것이기 때문이다. 이러한 무임승차, 즉 생산비용 부담 회피 때문에 공공재는 사회적으로 필요한 양만큼 시장에서 충분히 공급되지 않는 과소 공급의 문제가 야기된다. 공공재의 과소 공급 문제는 결국 공공 부문의 공급에 의한 해결책을 강구할 수밖에 없다.

무임승차는 또한 공공재의 과소 공급 문제뿐만 아니라 과다 소비의 문제점도 야기하게 된다. 예를 들어, 노인복지 차원에서 제공되는 의료보호제도가 사회 일각에서 '의료쇼핑'과 같은 공공의료서비스의 과잉 소비를 초래함으로써 건강보험 재정을 악화시키는 원인이 되기도 한다. 이러한 문제점을 해결하기 위해 건강보험제도 자체를, 극빈층에 무료로 제공하는 의료보호제도와 일반 시민에게 어느 정도의 대가 지불을 요구하는 준공공재적 의료보험제도로 이원화하는 방안이 강구되기도 한다.

공공재는 무임승차 문제 이외에 가격 메커니즘의 부재, 즉 적절한 가격(appropriate price)을 설정할 수 없다는 특성을 지니며, 따라서 적정 생산량을 결정할 수 없다는 문제점을 지닌다. 무임승차 문제로 인한 공공재의 과소 공급 문제는 결국 강제적 조세(forced taxation)제도를 활용하여 공공 부문에서 공공재를 생산하는 방식으로 해결할 수밖에 없다. 물론 정부는 납세자가 당해 공공재를 이용하든 이용하지 않든 간에 강제적으로 과세할 수는 있으나, 이 경우에도 공공재의 적정 생산량과 적정 가격에 관한 지침을 얻을 수 없다는 문제점은 그대로 남는다.

2 공공서비스의 유형

공공서비스의 유형은 기준에 따라 다양하게 분류할 수 있다. 공공재는 우선 배제성의 정도를 기준으로 하여 순수공공재(pure public goods)와 준공공재(quasi-public goods)로 분류할 수 있다. 순수공공재는 국방·외교 및 깨끗한 공기와 같이 비배제성의 특성이 강한 공공재를 말하며, 준공공재는 배제의 원칙을 어느 정도 적용할 수 있어 시장경제에서도 생산·공급이 가능한 공공재를 말한다. 물론 순수공공재는 비배제성이라는 특성 이외에 경합성이라는 측면에서 균등 소비를 제공해 주는 특성도 동시에 지닌다. 순수공공재는 일반적으로 정부 또는 공공 부문이 예산을 통해 전적으로 생산·공급한다. 이에 반해 민간 부문에서도 생산·공급될 수 있는 준공공재의 경우에는 시장실패가 있을 때 정부가 개입을 통해 시장 기능을 보완하게 된다.

그러나 준공공재와 관련된 정부의 역할 범위를 둘러싸고 시장주의자들과 개입주의자들의 관점이 서로 부딪친다. 시장주의자들은 정부의 개입이 시장 기능의 결함을 보완하기 위한 최소한의 수준에 그쳐야 한다고 주장하는 데 반해, 케인스(J. M. Keynes)와 같이 경제에 대한 국가개입을 옹호하는 개입주의자들은 '공공성'의 확보를 위한 정부의 적극적 역할을 강조한다.

20세기의 적극국가에서는 준공공재의 역할이 크게 증대되었다. 예를 들어, 오늘날 우리나라의 한국토지주택공사와 SH 서울주택도시공사는 '공공성'을 명분으로 하여 일반 건설업체와 마찬가지로 아파트 사업을 수행한다. 물론 이러한 공기업은 적정량의 아파트 공급과 적정수준의 아파트 가격 유지에 기여함으로써 시장을 보완하는 기능을 수행한다. 그리고 빈민층의 주거복지를 위해 '공공임대주택'을 건설하는 공공적 기능을 수행한다. 그러나 시장주의자들은 민간기업에 비해 효율성이 떨어지는 공공기관의 끊임없는 영역 확장을 경계하면서, 정부의 기능은 시장의 단순한 보완이나 교정 정도에 한정해야 한다고 주장한다.

사바스(Savas, 1982)는 공공재가 갖는 두 특성, 즉 비배제성과 비경합성의 유무를 기준으로 하여 재화의 유형을 〈표 4-2〉와 같이 민간재, 요금재, 공유재, 집합재의 네 가지로 구분했다(김동건, 1988; 이종수 외, 2005).

〈표 4-2〉 재화의 유형

		경합성 유무	
		경합성	비경합성
배제 여부	배제 가능	(1) 민간재 (private goods) *순수민간재	(2) 요금재 (toll goods) *준공공재
	배제 불가능	(3) 공유재 (common-pool goods) *준공공재	(4) 집합재 (collective goods) *순수공공재

3 공공서비스 공급 방식의 유형

정부는 전통적으로 일반 재원으로서의 조세에 바탕하여 공공서비스를 직접 생산·공급해 왔다. 그러나 1980년대 들어 신자유주의 이념에 따라 재정 운용의 '효율성'이 강조되면서 공공서비스가 준공공재의 영역으로, 그리고 준공공재는 다시 시장의 영역으로 밀려나는 현상이 나타났다.

공공서비스 공급 방식은 일반행정 방식, 책임경영 방식, 민간위탁 방식, 민영화 방식 등으로 나눠 볼 수 있다.

일반행정 방식은 공공 부문이 직접 공공서비스를 생산·공급하는 방식을 말한다. 정부가 중심이 되어 제공하는 각종 사회경제적 개발 기능을 여기에 포함시킬 수 있다. 일반행정 방식은 공익성을 우선시하여 민간의 참여가 배제되는 영역이다.

책임경영 방식은 공공 부문에서 서비스를 생산하되, 정부 산하에 공기업과 같은 독립조직을 설치하여 책임경영 방식으로 공공서비스의 생산과 공급을 담당하도록 하는 방식을 말한다. 책임운영기관은 인사·예산 등 운영에 있어 대폭적인 자율성을 갖는 집행적 성격의 행정기관을 말하며 정책 기능으로부터 분리된 집행 및 서비스 기능을 전담한다. 책임운영기관은 민영화나 민간위탁과는 다른 개념이며, 공기업과도 다르다. 책임운영기관은 행정기관이며, 소속 직원의 신분도 공무원이라는 점에서 보통의 행정기관과 같다. 다만, 기관운영에 있어서 상당한 자율성을 갖는다는 점에 차이가 있을 뿐이다.

민간위탁 방식은 서비스 공급의 책임은 정부에 귀속되나 생산 기능은 민간에서 수행하는 방식을 말한다. 우리나라는 1997년 외환위기를 극복하는 과정에서 정부개혁의 수단으로 공공 부문에 민간위탁 방식을 전면적으로 도입했으며, 지방정부는 「지방자치법」 및 「행정권한의 위임 및 위탁에 관한 규정」과 이에 근거한 민간위탁 조례에 근거하여 다양한 분야에 민간위탁 방식을 활용하고 있다(장석준, 2017).

그리고 민영화 방식은 민간 부문에서 해당 서비스를 생산·공급할 역량이 있고 서비스 공급이 시장탄력성을 가지고 있을 경우, 서비스의 생산을 민간 부문으로 이전하는 것을 말한다.

4 공공서비스 공급의 혁신

공공서비스 공급의 혁신은 여러 가지로 나눠 살펴볼 수 있다. 여기서는 일반행정체제의 혁신방법, 책임경영체제의 강화, 공동생산 방식의 도입 등으로 나눠 살펴보고자 한다.

일반행정체제의 혁신방법으로는 고객만족경영(CSM: Customer Satisfaction Management) 기법의 활용, 총체적 품질관리(TQM: Total Quality Management) 등 품질경영제도의 도입, 전자정부와 원스톱 민원행정 처리 방식의 도입 등을 예로 들 수 있다.

또한 책임경영체제의 강화 방안으로는 '집행' 기능이 주를 이루는 행정기관을 책임운영기관으로 지정하는 방식이 활용될 수 있을 것이며, 시민헌장(Citizen's Charter)제도를 도입하고, 의무경쟁입찰(CCT: Compulsory Competitive Tendering)제도를 도입하는 방안도 강구될 수 있을 것이다. 시민헌장제도는 공공기관이 시민들에게 제공하고자 하는 서비스 기준을 헌장(憲章) 형식으로 명시적으로 제시함으로써, 행정서비스의 질을 향상시키고 국민의 편익을 높이기 위한 제도를 말한다. 의무경쟁입찰제도는 영국 지방정부에서 도입한 제도로, 공공서비스의 경쟁화를 통해 서비스의 질적 수준 향상과 생산성 향상을 유도하는 제도이다.

그리고 공동생산(co-production)은 공공 부문과 민간 부문이 협력하여 공공서비스를 생산·공급하는 방식을 말한다. 공동생산을 통해 공공서비스를 생산하면 민간 부문의 인력과 재원을 활용할 수 있어 정부의 인력과 재정 규모 팽창을 억제할 수 있다. 또한 민간 부문의 전문성과 다양한 생산기법을 활용하여 양질의 서비스를 제공할 수 있는 장점을 지닌다. 예를 들어, 서울시 청소년수련원을 운영함에 있어, 서울시가 수련원 건물과 시설을 제공하고 예산을 지원하면서, 운영 관리를 시민단체, 교육단체, 종교단체 등 민간 부문에 맡기는 방식이 여기에 해당된다.

제2절 공공서비스 생산의 적정 규모에 관한 논란

공공서비스의 적정 규모에 관한 논의는 정부 기능의 범위와 관련된 논란으로 연결된다. 공공재는 사회적 필요만큼 시장에 의해 공급되지 않기에 결국 공공 부문에 의해 공급될 수밖에 없다.

공공재의 적정 규모를 둘러싸고 시장주의자들과 진보주의자들의 주장이 부딪친다. 진보주의자들은 시민들의 점증하는 사회적 욕구(social needs)를 충족시키기 위해 정부가 공공재의 생산 및 소비에 폭넓게 개입할 것을 처방하는 데 반해, 시장주의자들은 공공재 생산에서의 정부의 역할을 인정하면서도 그 범위를 최소화할 것을 주장한다. 20세기 말의 신자유주의자들은 특히 '준공공재' 영역을 민영화를 통해 '시장'으로 몰아낼 것을 강력하게 처방하였다. 공공재의 적정 규모는 결국 시장화가 가능한 준공공재의 생산을 공공 부문이 어느 정도의 규모로 담당해야 할 것인가 하는 문제로 귀결된다.

공공서비스의 규모는 다양한 요인에 의해 확대되어 왔다. 공공서비스의 규모가 오늘날과 같이 커진 것은 20세기에 접어들어서부터이다. 특히, 제2차 세계대전 이후 30년간 대부분의 자본주의 경제체제에서 정부의 역할은 극적으로 확대되었다. '복지국가(welfare state)'가 성숙됨에 따라 정부는 사회적 서비스를 확대시키고 실업자와 노약자, 그리고 빈곤층에 대한 이전 소득을 확대시켰다. 더욱이 서유럽의 일부 정부는 석유, 자동차, 교통 산업 부문에서까지 공기업을 운영함으로써 공공재의 주요 생산자가 되기도 했다. 정부의 추출 역할(extractive role) 증대와 관련하여, "한 손에 세금고지서를 든 국가가 민간경제에 침투하여 민간경제에 대한 통제권을 확대하게 되었다"는 슘페터(Schumpeter, 1918: 19)의 한 세기 이전의 말은 오늘날에 적절한 것으로 보인다.

관료제의 팽창은 국민소득에 대한 공공 지출의 비율로 흔히 측정된다. 프리드먼과 프리드먼(Friedman & Friedman, 1985)은 미국 연방정부의 규모가 어떻게 변모해 왔는가를 자료를 이용해 설명하고 있다. 프리드먼(M. R. Friedman)에 의하면 미국에서 20세기 초반기만 하더라도 국민소득에서 정부의 총지출이 차지하는 비중은 10% 미만에 불과했다. 예를 들어, 미국의 경우 1902년의 연방정부와 주정부의 예산이 국민소득에서 차지하는 비중은 정확히 9.3%(연방정부 3.2%, 주정부 6.1%)이었다. 그런데 정부 지출의 비중은 1980년에 이르러 41.1%로 증가한다. 이는 한 나라가 만들어내는 부가가치 가운데 거의 40% 정도가 정부 개입하에 이루어지고 있다는 사실을 의미한다. 특히, 1930년대 이래로 정부 지출의 크기는 빠른 속도로 증가하고 있다.

공공재 및 정부의 규모가 커진 원인은 사회경제적 구조 변화와 정치·경제사상의 변화, 그리고 관료제의 제국건설(empire building) 속성에서 찾아볼 수 있다.[2)]

1 공공서비스 규모 확대 원인으로서의 사회경제적 구조 변화

공공서비스의 규모와 정부 비대화의 원인은 거시적으로 볼 때, 결국 사회경제적 구조 변화에서 그 원인을 찾을 수 있다. 사회경제적 구조 변화는 정부 외적인 정부 성장 요인이라고 할 수 있으며, 다른 관점에서는 시민들의 공공재 수요 증대로 인해 정부가 성장하게 된 것이라고 할 수 있다. 특히, 산업혁명을 통해 농업사회가 산업사회로 바뀌고 사회경제적 구조가 급속도로 성장·발전하게 되면서 정부 역할이 다기화됨에 따라 공공 부문이 지속적으로 확대되어 온 것이다.

노스(North, 1984; 소병희, 1993: 142-144)는 정부 부문 성장의 원인을 특히 산업혁명 이후의 정치·경제·사회적 구조 변화에서 찾고 있다. 산업혁명 이후의 도시인구 증가는 도시행정의 수요를 확대시키는 등 정부 부문의 성장에 영향을 미쳤다. 또한 산업혁명으로 시장이 확장되고 경쟁이 격화됨에 따라 생산자들이 외부 경쟁자를 퇴치하는 데 정부의 규제가 가장 효과적이라고 믿게 되면서 정부제도와 기능이 늘어나게 되었다. 그리고 전통적으로 가족 단위가 수행해 오던 여러 가지 사회·경제·교육적 역할을 전문화된 시장과 정부가 대체하게 됨으로써 정부의 기능이 확대된 것으로 볼 수 있을 것이다. 예를 들어, 경제적 단위로서의 가족이 담당해 오던 복지 기능의 일부가 정부의 사회보장제도로 대체됨으로써 정부의 규모와 기능이 확대된 것이다. 노스(D. C. North)는 또한 사회구조의 전문화로 탄생하게 된 다양한 이익집단이 다른 집단으로부터 부의 재분배를 요구하게 되면서 정부의 역할이 더 커지게 되었다는 점도 지적한다.

2) 카메론(Cameron, 1978: 1245-1251)은 공공경제 팽창의 원인을 경제적 설명, 재정적 설명, 정치적 설명, 제도적 설명, 국제적 설명의 다섯 가지로 나누어 논하였다.

2 공공서비스 규모 확대 원인으로서의 정치 · 경제사상의 변화

공공재의 규모가 특히 20세기 들어 크게 확대된 것은 정치 · 경제사상의 변화 때문이다. 경제사상적으로 볼 때, 스미스 이래 지속되어 온 자유방임주의 사상은 1930년대의 세계 대공황(Great Depression)을 계기로 크게 바뀌게 되었다. 즉, 대공황 극복의 방법으로 케인스의 이론을 수용하여 정부가 공공사업을 확장하고, 유효 수요의 창출을 위한 정부의 개입이 당연시되면서 정부의 역할이 커지기 시작한 것이다.

또한 제2차 세계대전을 치르면서 정부 부문의 성장은 가속화되었고 전후의 복구사업, 사회복지의 증진 등이 사회경제정책으로 정착되어 가면서 공공 부문이 국민경제에서 차지하는 비중은 더욱 커지게 되었다. 선진국에서는 부의 재분배 및 복지를 위한 정부의 개입이 보편적으로 수용되었으며, 이른바 후발산업국가(late industrializer)에서는 경제성장을 위한 정부의 적극적 개입이 일반화된 것이다.

공공서비스의 확대는 궁극적으로 사회구성원의 정치적 동의에 의해 가능하다는 점에서 정치사상의 변화를 공공재 확대의 한 원인으로 지적할 수 있다. 예를 들어, 이전에 민간재로 취급되던 주택과 같은 특정 재화가 '주거복지'를 명분으로 준공공재의 지위를 획득하게 되는 것은 정치체제가 공공성을 인정했기 때문으로 볼 수 있다. 그와 반대로 1980년대 이후의 신공공관리론에서는 이전에 준공공재로 인정하여 공공 부문이 제공했던 일부 공공재를 민간재로 환원하기 위해 민영화할 것을 처방한다. 우리나라 정부가 과거 체신부에서 관장해 오던 전화사업을 한국통신으로 이관하고 철도청을 공사화하며 은행을 민영화한 것은 이들 재화를 사적 재화화한 것으로 볼 수 있다.

3 공공재 규모 확대 원인으로서의 관료제 정치

오늘날 대부분의 국가들이 직면하고 있는 고민은 정부의 크기가 필요 이상으로 비대해지고 있다는 사실이다. 공공재의 규모는 제국건설(empire building)을 지향하는 관료제 속성에 의해 끊임없이 확대되는 경향이 있다. 정부 규모의 팽창에 관한 바그너 법칙(Wagner's Law)[3]이 정부 외적 성장요인을 지적한 것이라면, 파킨슨의 법칙(Parkinson's

3) 바그너 법칙은 "공공서비스에 대한 시민의 요구와 납세의사(willingness to pay taxes)는 소득탄력적(income-elastic)이며, 따라서 그것은 경제적 풍요(economic affluence)가 증대함에 따라 증가하게 마련"이라는 것을 의미한다. 이 법칙에 따른다면, 한 나라가 경제적으로 풍요해지면 풍요해질수록 공공경제

Law)과 니스카넨(W. Niskanen)의 예산극대화 모형은 정부 규모의 증대에 관한 정부 내적 성장요인을 지적한 것이라고 할 수 있다.

파킨슨의 법칙은 "공무원의 숫자는 해야 할 업무의 경중이나 그 유무에 관계없이 일정 비율로 증가한다"는 법칙을 말한다. 파킨슨(Parkinson, 1957)은 공무원의 수가 증가하는 이유로 '부하배증의 법칙'과 '업무배증의 법칙' 두 가지를 들고 있다. '부하배증의 법칙'은 공무원은 업무가 늘어날 때 동료를 보충받아 업무를 반분하여 해결하기보다는 새로운 부하를 보충받기를 원하는 현상을 지적한 것이다. 그리고 '업무배증의 법칙'은 공무원은 비록 본질적 업무가 크게 증가하지 않는다 하더라도 지시, 보고, 승인, 감독 등의 파생적 업무를 증가시킴으로써 결국 업무가 늘어나게 되는 현상을 지적한 것이다.

한편, 관료 행위에 대한 수리 모형을 최초로 개발한 니스카넨은 관료들이 공공재의 생산을 극대화하기보다는 그들이 쓸 수 있는 예산을 극대화한다고 가정한다(Niskanen, 1971). 그는 관료의 예산 극대화 행태를 예산산출 함수 및 정치적 수요곡선과 총비용 함수, 그리고 목적 함수를 도입한 수리적 모형을 사용하여 설명한다. 니스카넨은 모형을 통해 관료들은 정치인들이 승인하려는 정부예산보다 두 배를 요구하게 된다고 분석한다.

니스카넨 모형의 초점은 정치인과 관료의 목적 함수가 다르다는 데 있다. 정치인들이 생각하는 공공재의 적정공급량은 총편익과 총비용의 차이가 극대화되는 수준이나, 관료들의 효용은 공공재의 편익보다는 비용 자체에 좌우되기에 공공재의 비용이 편익보다 크지 않은 한도 내에서 공공재의 공급을 늘리려고 한다는 것이다. 즉, 관료들은 승진·역득(役得)·명성 등의 자기이익을 극대화하기 위해 예산을 극대화한다는 뜻이다. 결국 공공재의 공급량은 정치인과 관료의 세력 균형에 의해 결정되는데, 정치인들은 실질적 비용 함수에 대해 잘 알지 못하기 때문에 관료들이 목적하는 바가 더 많이 달성된다고 니스카넨은 지적한다(이영선, 1997: 255-267).

또한 브래넌과 뷰캐넌(Brennan & Buchanan, 1980)의 이른바 리바이어던 가설(Leviathan hypothesis)도 공공 부문의 팽창요인을 관료제 정치에서 찾는 이론으로 볼 수 있다. 정부를 규모와 조세의 극대화를 추구하는 새로운 괴물(new Leviathan)로 보는 그들은 공공 지출에 대한 통제 권한이 집권화될 경우, 정치인·관료·특수이익 로비스트들의 선호가 재정 정책에 반영됨으로써 정부의 재정 지출이 늘어나고 정부 규모가 팽창하게 된다고 주장

는 팽창하게 마련이라고 할 수 있다(Wagner, 1883; Cameron, 1978: 1245; 이종수, 2009c 참조).

하면서, 분권화를 대안으로 처방한다. 브래넌(H. G. Brennan)과 뷰캐넌(J. Buchanan)이 제시한 '리바이어던 가설'은, 공공경제 팽창의 원인을 재정적 집권화 여부에서 찾는 카메론(D. R. Cameron)의 이른바 '제도적 설명(institutional explanation)'에 속한다고도 할 수 있다.

그 밖에 에임즈(Ames, 1965)도 관료는 그들의 산출량을 극대화하려는 성향이 있다고 보았으며, 갤브레이스(Galbraith, 1967)도 정부의 공공서비스 등 관료의 산출물의 증대는 전문 기술구조(technostructure)의 확대이자 관료계급의 확대를 의미하게 되므로 관료는 그들의 산출물을 극대화하는 것으로 보았다. 또한 로머와 로젠탈(Romer & Rosental, 1979)은 예산극대화를 추구하는 관료가 어떤 식으로 자신들이 원하는 바를 주민투표를 교묘히 이용해서까지도 관철시킬 수 있는가 하는 것을 보여주었다. 관료들은 일반적으로 주민에 비해 정보 수집과 분석에서 비교우위를 점하고 있기에, 주민들은 관료가 제시하는 주민 자신들의 최적수준보다 훨씬 높은 수준의 공공재를 수용할 수밖에 없게 된다는 것이다(소병희, 1993: 150-155).

관료들의 필요 이상의 예산극대화 성향을 견제하기 위해서는 국회와 언론, 그리고 시민단체와 민간전문가들의 역할이 무엇보다 중요하다.

공공 부문 팽창요인을 설명하는 그 밖의 이론으로는 피콕(A. R. Peacock)과 와이즈먼(J. Wiseman)의 '전위효과 가설', 윌다브스키(A. B. Wildavsky)의 '역(逆)바그너 법칙', '보몰효과' 등을 들 수 있다.

영국의 재정 팽창과정을 연구한 피콕과 와이즈먼(Peacock & Wiseman, 1967)은 바그너 법칙에서 암시된 '역사적 결정론(historical determinism)'을 거부하면서, 대규모 조세부담을 초래하는 전쟁·공황과 같은 위기의 중요성을 강조하는 전위효과(轉位效果, displacement effect) 가설을 제시했다. 즉, 그들은 전쟁과 같은 비상시에 증액된 조세는 위기가 끝난 후에도 판막효과(瓣膜效果, ratchet effect)로 인해 쉽게 줄어들지 않고 새로운 사업 계획을 추진하는 데 이용됨으로써 정부 재정이 팽창하게 된다는 전위효과 가설을 제시했다(이종수, 2009c 참조).

공공 부문 팽창에 관한 제3의 이론으로는 윌다브스키(Wildavsky, 1975: 232-235)의 이른바 '역바그너 법칙(counter-Wagner Law)'을 들 수 있다. 그는 공공경제의 팽창은 경제성장과 정(正)의 상관관계를 맺기보다는 오히려 역(逆)으로 움직인다(varies inversely)고 주장한다. 다시 말하면, 공공경제는 경제가 급격하게 성장하는 나라에서보다 저성장으로 충분한 세수(稅收)를 확보할 수 없는 저성장 국가에서 더 늘어나게 된다는, 경제성장과 공공 부문 팽창의 부(負)의 상관관계를 윌다브스키는 주장한 것이다.

위에서 언급한 '바그너 법칙', 피콕과 와이즈먼의 '전위효과', 윌다브스키의 '역바그너 법칙'은 카메론이 분류한 바에 따르면, 공공경제 팽창의 원인을 경제적으로 설명하는 이론들(economic explanation)이다.

정부 팽창요인에 관한 다른 이론으로는 보몰의 병리(Baumol's disease)를 들 수 있다. 1960년대에 보몰(W. J. Baumol)과 보웬(W. G. Bowen)에 의해 주장된 것으로 보몰효과(Baumol Effect)로도 불리는 보몰의 비용병리(Baumol's cost disease)는 원래 조직구성원의 보수가 노동생산성의 향상보다 더 많이 인상되는 현상을 가리키는 개념이다. 보몰은 제조업 부문의 생산성은 자동화(automation) 등의 혁신에 의해 급격하게 증대하고 있으나 인간의 직접적 노동에 의존하는 서비스 분야의 생산성 향상은 불균형적으로 더디다고 하면서, 제조업 부문의 자동화 및 인력 감축으로 얻게 되는 이윤은 늘어나는바, 따라서 감축되지 않고 살아남은 인력의 보수는 늘어나게 된다는 것이다. 이러한 논리를 연장할 경우, 공공 부문의 업무는 특히 노동집약적 성격을 띠기에 생산성 증가에 비해 보수가 더 빨리 늘어나게 되고 비용 절감이 힘들며 따라서 정부 지출 규모는 점차 커질 수밖에 없다고 할 수 있다(Bosworth & Triplett, 2003; 이종수, 2009c 참조).

한편, 공공재는 민간재에 비해 과소 공급되는 경향성이 있다고 하면서 그 원인을 설명하는 이론들도 있다. 이러한 이론으로는 갤브레이스(J. K. Galbraith)의 의존효과(dependence effect), 머스그레이브(R. Musgrave)의 조세 저항(taxpayer resistance), 다운스(A. Downs)의 합리적 무지(rational ignorance), 듀젠베리(J. S. Duesenberry)의 전시효과(demonstration effect) 등을 들 수 있다. 이들은 그러나 어디까지나 상대적 관점에서 공공재에 대한 요구나 소비가 민간재만큼 급격하게 늘어나지 않는다는 점을 강조하고 있을 뿐이다.

갤브레이스는 그의 풍요사회에 대한 분석에서 기업체의 광고 및 판매 증진 활동은 소비자의 욕구를 인공적으로 창출함으로써 편익이 증진되지 않더라도 더 많은 소비를 이끌어내게 된다고 주장한다(Galbraith, 1958). 그는 그러나 민간재와는 달리 공공재의 경우에는 적절한 광고가 이루어지지 않아 공적 욕구를 자극시키지 못함으로써 공공재가 과소 공급된다고 강조한다.

그리고 머스그레이브와 머스그레이브(Musgrave & Musgrave, 1989)는 납세자들이 사적재의 경우에는 자신이 부담한 만큼 편익을 누린다고 생각하나 공공재의 경우에는 자신의 부담에 비해 적은 편익을 누린다고 생각함으로써 조세 저항이 일어나고 이러한 조세 저항으로 세수가 감소됨으로써 공공재가 과소 공급된다고 주장한다.

다운스(Downs, 1957)의 '합리적 무지의 가설(rational ignorance hypothesis)'은 "유권자의 숫자가 늘어나면 정치정보 수집을 위한 개인의 투자는 영(0)에 가깝게 줄어든다"는 가설이다. 즉, 유권자의 숫자가 늘어나게 되면 한 개인의 투표 결과는 무시해도 좋을 만큼 영향이 적기에, 특정 개인이 '합리적으로 무지하다(rationally ignorant)' 하더라도 투표 결과는 정보를 많이 지닌 유권자와 일치하게 된다는 것이다. 공공선택론자들은 이러한 논리를 연장하여, 집단 규모가 클 경우 합리적 행위자는 민간재와 달리 선택적 유인(selective incentives)이 없는 공공재 형성에 적극 기여할 유인을 갖지 않을 것으로 가정한다.

다른 사람의 소비행동을 모방하려는 사회심리학적 소비성향을 가리키는 듀젠베리(Duesenberry, 1949)의 이른바 전시효과도 공공재에 적용하는 데는 한계가 따른다. 즉, 민간재의 경우에는 특정 개인이 다른 사람의 소비양식에 자극되어 여유가 생기면 소비를 늘리는 경향이 쉽게 나타나나, 공공재의 경우에는 민간재만큼 반응이 민감하지 않기 때문에 공공재가 과소 공급될 수 있다는 것이다.

어떻든 21세기를 맞아 자유주의가 퇴조하고 보편적 복지를 추구하는 진보주의 사상이 확산되면서, 세계 여러 나라에서 공공재와 공공서비스의 규모는 더 늘어나는 경향을 나타내고 있다.

02

PART

행정환경, 행정학의 접근방법과 주요 이론

05

CHAPTER

행정환경

제1절 정치와 행정

1 정치와 행정의 관계에 대한 이론적 논의

프랑스 대혁명 이후 서구에서는 행정에 대한 정치적 통제의 원칙이 확립되었다. 즉, 왕권으로 상징되는 행정의 영역을 국민의 대표로 구성되는 정치 영역이 통제함으로써 민주주의라는 정치적 가치를 구현하고자 한 것이다. 이러한 원칙은 19세기 말 미국 행정학의 건학자들에 의해 더욱 정교하게 개념화되었다. 이들은 정치 영역에서 국민의 의사를 수렴하여 정책을 결정하고 행정은 정책을 단순히 집행하는 것으로 인식했는데, 이것이 정치 · 행정 분립 모형(politics-administration dichotomy model)에서 가정하는 정치 · 행정의 관계다. 그러나 1930년대에 들어와 가우스(J. M. Gaus), 화이트(L. D. White), 디목(M. E. Dimock), 애플비(P. H. Appleby) 등은 현실에서 행정은 정책결정 기능도 수행한다는 논거에 따라 정치와 행정은 하나라는 정치 · 행정일원론을 제시했다. 한편 1960년대의 발전행정론자들은 기존의 정치우위론과 대비되는 행정우위론의 입장에서 새 일원론을 제안한 바 있다.

정치와 행정은 각각의 접점에서 양자가 자기의 영역을 확장하기 위한 갈등을 지속하는 가운데 그 관계가 논의되었다. 행정관들은 자율 영역의 확장을 도모하는가 하면, 정치가들은 '관료제에 대한 전쟁(warfare)'을 선포하고 직업공무원에 대한 정치적 통제를 추구해 왔다. 민주주의 체제에서는 대응성 확보를 위해 국민으로부터 직접 권력을 부여받은 정치권력이 관료제를 통제하는 장치가 마련되었다. 그러나 전통적인 베버-윌슨식 관점은 행정의 능률성 확보를 위해 관료제의 자율성과 정치적 중립, 그리고 신분보장을 강조한다.

사실상 정치 · 행정 관계에 관한 논의의 초점은 정부의 대응성과 능률성을 어떻게 균형화할 것인가에 있다. 행정이 능률성만을 지나치게 추구할 경우 대응성이 희생될 우려가 있지만, 다른 한편에서 행정에 대한 정치적 통제의 강화는 행정의 안정성과 능률성을 저하시킬 수 있다. 이러한 맥락에서 오늘날 대의정부(representative government) 체제하에서 유권자로부터 직접 권력을 부여받지 않았으나 행정권력을 행사하는 임명직 관료들에게 어느 정도의 자율성을 부여하고 어떻게 책임성과 대응성을 확보하도록 하느냐 하는 문제는 중요한 딜레마 중 하나로 부각된다.

2 정치와 행정의 관계를 바라보는 다양한 차원

정치 · 행정 관계 이론 모형으로는 정치 · 행정이원론으로 알려진 '정치 · 행정 분립 모형'과 정치 · 행정일원론에 해당하는 스바라(Svara, 1999: 676-680)의 '정치 · 행정 상보 모형(politics-administration complementarity model)'을 들 수 있다. 상보 모형은 정치와 행정 역할의 구분 필요성을 인정하는 가운데 행정관과 선출직 공무원 사이의 상호 의존성, 상호 영향, 광범한 상호작용을 강조한다. 여기에서는 아버바크 등(Aberbach et al., 1981)이 제시한 '관료 · 정치인 이미지 유형'과 스바라(Svara, 2006)의 '정치 · 행정 관계 모형'을 통해 정치 · 행정의 관계를 살펴보고자 한다.

1) 관료 · 정치인 이미지 유형

아버바크 등은 서구 민주국가에서의 관료와 정치인의 관계 유형을 네 가지 이미지로 범주화했다(Aberbach et al., 1981: 1-17). 첫 번째 이미지는 '정책/행정(policy/administration) 모형'으로 정치인은 정책을 결정하고 관료는 그 정책을 단순히 집행하는 분립 모형(dichotomy model)에 해당한다. 두 번째 이미지인 '사실/이익(facts/interests) 모형'에서 정치인은 이익을 표출하고, 관료는 중립적 전문가로서 사실에 관한 지식을 제공한다. 한편 세 번째 이미지인 '에너지/균형(energy/equilibrium) 모형'에서는 정치인과 관료 모두 정책형성과 정치에 관여하지만, 정치가는 변혁의 의지로 에너지를 가하고, 공무원은 정책의 안정성과 균형을 유지하는 역할을 수행함을 가정한다. 마지막으로 '순수 혼성(pure hybrid) 모형'의 경우, 관료의 정치화와 정치의 관료제화가 이루어져 정치인과 관료의 역할이 상호 접근하여 수렴된다.

'정책/행정 모형'은 정치와 행정을 엄격히 분리하는 유럽과 미국에서 발전해 왔다. '사실/이익 모형'에서는 정치인과 관료가 함께 정책형성에 참여함을 가정하지만 각각의 역할은 분명하게 구분되는바, 관료는 중립적 전문가로서 사실과 지식을 다루고 정치인은 이해관계와 가치에 관여한다. '에너지/균형 모형'에서도 관료와 정치인 모두 정책형성과 정치에 관여한다. 다만 정치인은 조직화되지 않은 개인들의 산발적 이익을 표출하는 데 반해 관료들은 조직화된 고객집단의 집약된 이익을 중개한다는 점에서 양자가 뚜렷이 구분된다. '순수 혼성 모형'에서는 정치인과 관료의 역할이 더욱 중첩되는데, 오늘날의 정치체제에서 정치인과 관료는 정책형성 과정에서 더욱 긴밀하게 협동하고 상호 침투하는 혼합형 관계를 형성한다. 결국 앞의 세 가지 모형은 점진적으로 '순수 혼성 모형'을 향해 전진해 왔다고 할 수 있다. 한편 〈표 5-1〉과 같이 각각의 이미지 유형에 따라 관료의 특징이 다르게 나타난다.

〈표 5-1〉 관료와 정치가의 관계 이미지 유형과 관료의 특징

구 분	정책/행정 모형	사실/이익 모형	에너지/균형 모형	순수 혼성 모형
정책결정 참여	×	○	○	○
정치에 대한 고려	×	×	○	○
고려하는 이익	협소한 이익	협소한 이익	협소한 이익	광범위한 이익
관료의 특징	행정가	중립자	균형자	정치가

자료: Aberbach, Putnam & Rockman(1981: 4–20).

2) 정치 · 행정 관계 모형

스바라(Svara, 2006)는 '선출직 공무원의 행정관료에 대한 통제 수준'과 '선출직 공무원과 행정관료의 역할 분화 정도 및 거리'에 따라 정치 · 행정의 관계를 역할 분리(separate roles), 자율적 관료(autonomous administrator), 대응적 관료(responsive administrator), 중첩 역할(overlapping roles)의 네 가지로 범주화한 '정치 · 행정 관계 모형'을 제시한다.[1)]

〈표 5-2〉 스바라의 정치 · 행정 관계 유형

<table>
<tr><th rowspan="6">관료에 대한 선출직 공무원의 통제 정도</th><th colspan="3">선출직 공무원과 관료 간의 거리 및 분화 정도</th></tr>
<tr><td></td><td>매우 높음</td><td>매우 낮음</td></tr>
<tr><td rowspan="2">매우 높음</td><td>소외된 관료</td><td>조작된 관료</td></tr>
<tr><td>역할 분리 모형</td><td>대응적 관료 모형</td></tr>
<tr><td rowspan="2">매우 낮음</td><td>자율적 관료 모형</td><td>중첩 역할 모형</td></tr>
<tr><td>관료지배</td><td>정치화된 관료</td></tr>
</table>

자료: Svara(2006: 956).

1) 이에 앞서 스바라(Svara, 2001)는 선출직 관료와 행정가는 각자 고유한 관점 · 가치 · 차이에 근간하여 역할을 수행하지만, 그들의 역할은 필연적으로 중첩되며, 양자 간의 관계는 상호 영향과 상호 의존성에 따라 형성되는 상보성(complementarity)의 원리에 기반한다고 주장하였다(Svara, 2001: 179).

이들 네 가지 모형의 특징은 다음과 같다(Svara, 2006; 이종수, 2009a에서 재인용). '역할 분리 모형'은 관료의 정치인에 대한 분명한 복속과 역할 및 규범의 분리를 특징으로 한다. '자율적 관료 모형'은 행정관의 영향력이 정치인보다 더 크거나 동일한 경우에 해당한다. 이 모형에서 관료는 정책적 역할에 관여하나 정치인은 행정적 역할로부터 분리되어 있다. '대응적 관료 모형'은 관료의 정치인에 대한 복속과 행정규범에 대한 정치적 규범의 지배를 특징으로 한다. 이 모형에서는 정책결정 과정에서 정치의 행정에 대한 침투가 이루어지고 행정관이 정치적 규범을 채택한다. '중첩 역할 모형'은 선출직 공무원과 행정관 사이의 상호 영향력 행사와 역할 공유를 특징으로 한다. 각각의 관계 모형에서 관료는 〈표 5-2〉의 '소외된 관료(isolated administrators)', '관료지배(bureaucratic regime)', '조작된 관료(manipulated administrators)', '정치화된 관료(politicized administrators)'의 유형으로 나타난다.

3 한국의 정치와 행정의 관계 특징

우리나라의 정치・행정 맥락은 관료적 권위주의(bureaucratic authoritarianism) 시기에서 민주화 시대로 넘어오면서 큰 변화가 나타났다. 관료적 권위주의 시기의 정치・행정의 관계는 '자율적 관료 모형'에 가까웠으나 민주화 이후에는 '대응적 관료 모형'으로 전환되었다. 즉, 민주화 이후에 그 역할이 강화된 정치 영역이 관료집단의 대응성을 강하게 요구함으로써 관료제의 특성이 '대응적 관료 모형'으로 바뀌게 된 것이다. '대응적 관료 모형'은 행정의 정치에 대한 반응성을 반영하므로 관료의 정치가에 대한 순응 행태도 대응적 관료의 모습에 해당한다. 민주화 이후 정부의 고위관료들이 장관에게 어떻게 대응하는지 분석한 연구에 따르면 고위관료는 민주적 정당성을 부여받은 정치적 피임명자에게 조응하여야 하는 것으로 자신의 역할 범위를 설정하기 때문에 장관에게 순응적인 태도를 보인다(김경은, 2015). 사실상 1987년 이후 민주적 정치 공간이 확대됨에 따라 권위주의적 정권하에서 억압되었던 의회와 정당이 행정부 및 정부관료제에 대해 비판적 입장을 취하는가 하면, 이익집단을 비롯한 각종 사회집단도 과거의 피동적 행태에서 벗어나 독자적 이익을 표출하고, 일반 국민 또한 집단적 행동을 통해 자신들의 요구를 관철시키려는 경향을 드러냈다(안청시, 1990). 1987년 10월 29일 공포된 제6공화국 헌법에서 입법부의 국정감사권이 부활되고, 대통령의 국회해산권과 비상조치권이 삭제되는 등 권위주의 체제를 해체하고 민주화를 촉진하기 위한 여러 내용이 포함되었다.

그러나 관료제에 대한 정치적 통제는 전문지식의 한계와 관료제의 비밀주의적 속성 등으로 인해 그 효과가 미흡하다. 관료제에 대한 정치적 통제가 제대로 이루어지기 위해서 무엇보다 행정부가 의회에 대해 책임을 지는 대외적 책임 구조를 개선해야 한다. 이를 위해서 행정부에 대한 국회의 인사권, 재정권 그리고 조사권을 한층 더 강화할 필요가 있다. 또한 「공공기관의 정보공개에 관한 법률」 개정을 통해 행정부의 의사결정과 집행 과정이 명확하게 드러나는 투명한 개방형 정부를 만들도록 하여야 한다.

한편 한국의 관료제가 '대응적 관료 모형'으로 바뀌어 감에 따라 정책적 중립의 필요도 더욱 커지게 되었다. 공무원의 정책적 중립성은 정부사업 추진에 있어 능률성 확보를 위해 필수불가결한 요건이기 때문이다. 한국의 관료제가 미국의 관리예산처(OMB)와 같이 전문성과 비당파성의 요새(要塞)가 되기 위해서는 관료들의 정책적 중립성과 전문성이 동시에 충족될 수 있는 메커니즘이 갖추어져야 한다.

생각해 보기

영혼 없는 공무원 누가 만드나

❖ **읽기 1**

국가공동체가 순탄한 진행을 못할 때, 그 탓을 공무원에게 돌려 그들을 질타하는 것은 동서고금을 막론하고 하나의 유행이 아닌가 싶다. 공무원이 그만큼 만만한 것이다. 일찍이 루쉰(魯迅)은 '눌함(喊)'이라는 글에서 "오늘날 세상에서는 관료를 공격하는 것이 유행의 첨단이 되었습니다. …… 하지만 관료는 태어날 때부터의 특별한 종족이 아니라 평민이 변화한 것뿐입니다"라고 하였다.

부끄러운 고백이지만 나 역시 한때 민주화 투쟁 기간에는 공무원을 부당한 권력, 거대한 악에 기생 · 봉사하는 집단이라 생각하였다. 그러나 비록 잠깐이었지만 정부에 들어가 일하면서 시각을 달리하게 되었다. 이 나라는 쿠데타로 집권한 정치군인의 무리와 그 잘난 역대의 지도자들이 있어 지탱 · 유지되어 온 것이 아니라 공무원이 있어 이만큼이라도 나라꼴을 갖추게 된 것임을 알았다.

실제로 나는 1천 500여 명에 달하는 전교조 해직교사를 복직시킬 때나 2002년 월드컵을 유치할 때 공무원들의 우수한 능력과 성실성, 그리고 그들의 책임감에 놀랐다. 역사를 보면 관료들의 무능과 부정 · 부패 때문에 나라가 망하기도 하지만, 그들의 존재 때문에 나라의 명맥이 유지되기도 한다.

이명박 정권의 대통령직 인수 과정에서 이른바 '공무원의 영혼'이 사람들의 입에 오르내린 적이 있었다. 노무현 정권의 국정홍보처가 참여정부의 이데올로그 역할을 한 행태에 대한 비판이 일자 그에 대한 반론 비슷하게 '영혼 없는 공무원'이란 말이 나왔던 것으로 기억된다. 선출된 권력을 뒷받침해야 하는 공무원으로서는 자기의 영혼을 가지고 일할 수 없다는 자조가 그 말에 담겨 있었다. 100년 전 막스 베버(Max Weber)가 관료제의 맹목성과 위험성을 간파하였던 통찰력이 한국에서 새삼스럽게 논란의 대상이 되었던 것이다.

최근 또다시 '공무원의 영혼'이 문제되고 있다. 이명박 행정부에서 종합부동산세 완화 작업을 주도하고 있는 기획재정부 세제실장이 지난 참여정부 시절, 종부세 강화의 정당성을 주장하는 글을 국정 브리핑에 올린 사람이라는 것이다. 그는 입장을 바꾼 배경에 대해 "정권이 바뀌었으면 바뀐 방향에 따라 서포트해주고 지원해주는 것이 공무원의 책무"라고 강변했다고 한다. 바로 그 부처의 장관조차 "헌법과 국가공무원법에 규정된 공무원의 정치적 중립과 신분보장의 정신은 국민에 의해 선출된 권력의 정책에 충실히 따르는 것"이라고 말했다고 한다. 두 사람의 말은 공무원에게는 영혼이 없는 것이 너무도 당연하다는 것으로 들린다.

과연 그런가. 나는 영혼이 있는 공무원을 보고 싶다. 영혼이 있는 공무원이 이 땅에도 있다는 것을 내 두 눈으로 확인하고 싶다. 공무원에게 영혼을 불어넣고, 불어넣지 않고는 권력이 할 탓이다. 공무원을 영혼 없는 사람으로 만들지 않기 위해서는 먼저 시키는 쪽이 정당해야 한다. 그것이 시대정신과 공동선에 합치되고 국가 백년대계와 국리민복에 합당한지 심사숙고하고, 신중하게 정책을 결정해야 한다.

누가 영혼 없는 공무원을 만들어내는가. 권력의 무분별과 졸속, 아집과 편견이 영혼 없는 공무원을 만들어내는 것이다. 국민적 합의를 먼저 구한다면 영혼 없는 공무원은 생기지 않을 것이다. 노무현 행정부에서 이명박 행정부로 넘어오면서 수많은 영혼 없는 공무원이 생기고 있으며, 정권이 좌우로 이동할 때마다 영혼 없는 공무원은 더욱 양산될 것이다.

그러나 무엇보다 공무원 스스로 영혼을 가지고 살려는 노력이 선행되어야 한다. 영혼은 저절로 주어지거나 아무나 가질 수 있는 것이 아니다. 다산(茶山)은 『목민심서』의 봉공(奉公) 편에서 이렇게 말하고 있다. "윗사람의 명령이 공법에 어긋나고 민생에 해를 끼치는 일이라면 마땅히 의연하게 굽히지 말고 확연하게 자신을 지켜야 한다"(唯上司所令 違於公法 害於民生 當毅然不屈 確然自守).

출처: 언론인 김정남. 전 청와대 교육문화수석비서관. 『다산포럼』(2008.10.14.)

❖ 읽기 2

'영혼 없는 공무원'은 공무원에 대한 부정적 은유이다. 공무원에 대한 부정적 인식은 부정부패, 무사안일, 보신주의, 복지부동, 철밥통 등의 용어로 표출되다가 지난 이명박 행정부 때 '영혼 없는 공무원'이라는 표현이 등장하였다. '영혼 없는 공무원'은 세 가지 의미를 함축

한다. 우선, 통치 권력과의 관계에서 행정이 전혀 재량권을 행사하지 못하는 상황을 가리킨다. 또한 공무원에게 영혼이 없다는 것은 공무원으로서의 자아를 갖추지 못한 상황을 뜻한다. 공무원으로서의 자아가 없다는 것은 공직 정체성이 없다는 것이므로 결국 전문직업주의가 결여되고 공직자 집단 내의 행위규범과 집단윤리가 뿌리내리지 않았음을 반영한다.

출처: 윤견수 · 김순희(2013). '공직의 정체성에 대한 연구'. 『한국행정학보』, 47(1)

Q. '영혼 있는 공무원'을 기대할 수 있는 제도적 개선책에 대해 생각해 보자.

제2절 시장(경제)과 행정

행정이 경제에 미치는 영향은 국가의 발전 형태에 따라 다르다. 영국이나 미국과 같이 정부의 개입 없이 자율적인 민간 활동에 의해 경제가 성장한 경우, 경제에 대한 행정의 역할은 소극적이고 사후적인 것에 그치며 행정이 적극적으로 경제발전을 주도하지 않았다. 그에 비해 발전도상국의 경우, 행정이 적극적으로 경제발전을 선도하고, 행정의 기능과 규모도 비교적 크다. 일반적으로 발전도상국은 공업화의 준비 부족, 사회간접자본을 확충하여야 할 필요성, 높은 인구 증가율, 단기간에 선진국을 따라 잡으려는 심리적 요인, 정부의 적극적인 역할을 통해 성공적으로 경제발전을 이룩하였기 때문에 정부가 경제발전을 적극적으로 주도하는 경향이 나타난다(유훈, 1993: 104-108). 다시 말하면 발전도상국의 행정은 선진국에 비해 훨씬 강력한 기능을 수행하며, 경제에 대한 행정의 영향이 매우 클 뿐만 아니라 경우에 따라 정치를 압도하기도 한다. 1960년대 이후 본격적으로 추진된 우리나라의 경제개발도 정부의 강력한 주도하에 이루어졌다.

그러나 1980년대 이후 경제 규모가 커지고 사회의 복잡성과 전문성이 증대하면서 과거와 같이 행정이 명령통제 방식으로 국민 경제에 깊숙이 개입하는 것이 어려워지고 오히려 행정 개입에 따른 비효율성과 부작용이 지적되었다. 이러한 경제적 여건의 변화에 따라 1980년대 이후에는 작은 정부와 민간 주도 경제로의 전환이 시도되었고,

1980년대 말 이후부터는 각종 정부 규제가 완화되거나 폐지되었다. 또한 정부가 민간 경제 부문에 개입하는 경우에도 직접적인 명령통제 방식에 의존하는 것이 아니라 여러 가지 유인제도를 통해 민간 부문을 유도하는 간접적인 방식이 점차 확대되었다.

한편 대내·외적 경제 여건의 변화에 따라 한국 정부는 2000년대 초까지 신자유주의 이념에 입각한 국가경쟁력 제고를 주요 국정 목표로 내세워 금융기관을 민영화하고 기업 규제를 완화하는 등 시장중심적·기업친화적 경제정책을 표방하였다. 그러나 지난 수십 년간 지속된 개발연대기에서의 관성으로 인해 정부 주도의 경제체제가 민간 주도의 경제체제로 쉽게 전환되지 않고, 민간경제에 대한 정부의 간섭은 여전하다는 문제점이 지적된다.

이러한 가운데 국가경쟁력 제고와 복지 확대라는 모순된 경제정책을 동시에 추구한 김대중 행정부와 노무현 행정부에서는 시장에 대한 정부의 간섭을 상대적으로 강화하였다. 그러나 이와 같은 시장에 대한 정부 간섭은 이전의 정부 주도 경제체제에서의 정부 간섭 강화와는 그 성격이 근본적으로 다르다. 다시 말하면 진보 정권하에서의 정부 개입 강화는 사회경제적 불평등의 심화와 같은 시장의 결함과 병폐를 보정하기 위한 '보이는 손(visible hand)'으로서의 정부 개입이라는 관점에서 바라보아야 한다.

한편 '작은 정부, 큰 시장'을 국정 목표로 내세운 이명박 행정부는 다시 시장을 중시하는 경제정책으로 회귀하였다. 또한 박근혜 행정부에서는 경제부흥, 국민행복, 문화융성, 평화통일 기반 구축을 4대 국정 기조로 제시하였는데, 이 중 경제부흥을 위해 국민의 창의성을 바탕으로 산업 간 융합을 통해 새로운 시장과 일자리를 만드는 창조경제 구현을 국정 목표로 내세운 바 있다.

제3절 시민사회와 행정

1 시민사회의 의의와 대두 과정

시민사회는 시대적·사상적 배경에 따라 다양하게 개념화된다. 역사적으로 시민사회(civil society, bürgerliche Gesellschaft)는 17~18세기에 걸쳐 형성되었으며, 봉건사회와 절대주의 국가에 대립되는 경제적 · 정치적 · 문화적 자주 세력군인 통일된 시민계층(Bürgertum)의 등장으로 나타났다(Kraiker, 1990: 331; 배동인, 1992: 36).[2] 산업혁명기인 18~19세기를 거치면서 시민사회에 대한 기본 가정이 근본적인 전환을 맞게 되었다. 스코틀랜드의 계몽주의 사상가들은 아리스토텔레스, 플라톤, 홉스와 대조적으로 자발적인 결사체를 통해 실현된 개인의 권리와 자유를 국가의 부당한 침입으로부터 방어하기 위한 방어책으로 시민사회를 바라보았다.

물론 계몽주의 사상가들 사이에서도 국가와 사회의 구분과 관련하여 미묘한 차이를 보인다. 홉스의 『리바이어던』, 로크의 『시민정부론』에서 시민사회는 국가(common-wealth)와 동의어로 간주된다(김상준, 2003: 11-12). 그러나 밀(J. S. Mill)과 스미스(A. Smith)가 관찰했던 시민사회는 국가의 해악으로부터 자유로운 개인과 경제의 자유영역이었다(주성수, 2006: 142). 계약론자인 로크는 시민사회를 시민정부와 거의 유사한 용어로 다루면서 원시사회나 자연 상태와 구분하였다. 물론 계약론자들이 사용하는 시민사회의 개념은 절대왕정이라는 국가제도로부터 자유를 쟁취하려는 측면이 없지 않으나 전체적 흐름으로 볼 때 절대왕정이라는 국가 개념에 대비되는 것이라기보다는 자연 상태와 대비하려는 차원에서 제기된 개념이었다.

18~19세기 유럽에서 풍미되었던 '시민사회' 개념의 공통적인 특징은 다음과 같다. 즉, 시민사회는 ① 국가로부터의 독립적인 영역, ② 개인의 권리, 특히 재산권을 부여하는 사회, 그리고 ③ 국가로부터 독립적이고 상호 경쟁하는 무수한 자치적 경제단체 혹은 기업을 망라한다(Shils, 1997: 324-325; 주성수, 2006: 142-143).

정치권력이 사회 각 부문에 대해 절대적 영향력을 행사했던 전근대적 사회에서는 국가 활동 영역과 사회 영역이 명백하게 구분되지 않았다. 그러나 근대 사회에 들어서면서 사회구성원들의 자발적인 의사에 따라 조직되는 영역이 두드러짐에 따라 정부의 공적 영역(public sector)과 민간 활동이 이루어지는 사적 영역(private sector)이 뚜렷하게 구분되었다.

킨(Keane, 1989)과 헬드(Held, 1984)는 국가 이외의 전 사회 영역을 시민사회(civil society)라는 개념으로 포괄하고, 코헨과 아라토(Cohen & Arato, 1992)는 국가와 경제를 매개하

2) 시민(bürger, citoyen, bourgeois)은 본래 고대 도시국가인 폴리스(polis)에서 출생 신분에 따라 부여된 정치적 결정권의 담지자(擔持者)를 뜻한다. 고대 그리스의 민주정치는 노예를 제외한 자유민(전체 인구의 1/10~1/20에 불과함)만이 정치에 참여할 수 있는 제한적 직접민주정치였다.

는 사회 영역만을 시민사회로 간주하였지만, 일반적으로 시민사회를 "시민들이 국가의 통제를 받지 않고 스스로 다양한 조직을 창출하여 상호작용하는 사회 생활 영역"으로 규정할 수 있다. 오늘날 시민사회는 국가나 정부와는 독립적으로 존재하는 사회구성원 간의 연결망(network)으로서 그 의미가 확장되었다.

2 시민사회 등장의 행정학적 함의[3]

1) 참여행정의 활성화

시민사회의 활성화로 직접민주주의제도의 확산을 유발해 직접민주주의적 절차가 확대되었고, 자발적 결사체들의 정치적 역할이 커졌다. 주민투표, 주민소환, 주민감사청구, 주민제안, 민원 모니터, 주민 옴부즈만 등 각종 주민참여(citizen participation)제도는 참여민주주의(participatory democracy)가 확산되었음을 반영하는 구체적인 증거이다.

참여행정 활동의 핵심은 시민이 자신의 생활에 직접적인 영향을 미치는 사안에 대한 의사결정에 직접 관여하는 것으로, 시민들은 공청회, 각종 자문위원회 등을 통해 참여하며 이슈 네트워크(issue network)나 정책 공동체(policy community)와 같은 담론적 정책결정의 일원이 되기도 한다.

2) 민주행정과 분권화 촉진

시민사회의 등장은 행정 영역에서 국민의 기본권과 시민권 존중, 민주성 제고를 촉진시켰다. 민주성은 국민의 요구에 부응하는 행정이 이루어져야 한다는 의미의 대외적 민주성과 조직 내부의 참여적 관리를 뜻하는 대내적 민주성과 절차적 민주성, 내용적(substantive) 민주성으로 구분된다. 이러한 민주성은 '대응성(responsiveness)'과 '고객중심주의'의 민주행정 이념을 통해 구현된다.

한편 시민사회의 등장으로 분권화에 대한 요구도 증대되었다. 분권화는 공공 부문과 민간 부문, 그리고 중앙정부와 지방정부 간에 일어난다. 즉, 지금까지 국가 또는 중앙정부에서 독점해 온 정치적 의사결정권과 공공서비스 생산 기능을 시민사회와 지방정부가 나누어 갖는 것을 의미한다. 한편 행정조직 내부의 의사결정과 관리에 있어 하급관리자들의 참여가 늘어나는 것도 분권화의 양상에 해당된다.

---

3) 자세한 내용은 이종수(2010: 제16장)를 참조할 것.

3) 책임성 · 투명성 요구 증대

시민사회가 활성화되면서 행정의 책임성과 투명성에 대한 요구가 증대되었다. 20세기 행정개혁의 주요 초점 가운데 하나는 '국민에 의해 직접 선출되지 않은 행정관료의 책임성을 어떻게 확보할 것인가'였다. 시민사회가 활성화되면서 대의민주주의 체제의 느슨하고 비효율적인 행정 통제를 보완 · 대체하기 위해 주민소환, 주민감사청구와 같은 참여민주주의제도가 확산되고 있다.

또한 정책 과정에서 시민의 발언권이 강화됨에 따라 행정의 투명성에 관한 요구도 증대되었다. 투명성은 관료에 의해 독점되었던 정책 정보에 대한 시민의 접근성을 확대하는 것으로, 오늘날 세계 각국은 행정정보공개법, 투명성확보법(sun-shine law)을 제정하는 등 행정의 투명성을 제고하기 위한 노력을 경주하고 있다.

4) 시민단체의 국가권력 감시 강화

시민단체는 다양한 정책 정보를 생산하여 정책의제를 형성하고 정책을 비판 · 감시하는 등 비공식적 참여자로 정책 과정에 참여함으로써 국가권력으로부터 시민의 자유와 권리를 보호하는 역할을 한다.

3 정부와 NGO

1) NGO 개념

UN 공보국(UNDPI, 2002; 주성수, 2006: 68)에 따르면 비정부기구(NGO: Non Governmental Organization)[4]는 자발적으로 조직된 비영리단체로서 공동의 이해를 가진 사람들에 의해 운영된다. 비정부기구(NGO)는 즉 법인격의 유무에 상관없이 공공의 이익을 추구하기 위해 민간이 자발적으로 만들어 자주적으로 운영하면서 영리를 추구하지 않는 민간조직이다(이종수 외, 2005: 105). NGO는 다양한 서비스를 생산 · 제공하고 인도주의적 기능을 수행하며, 시민의 관심을 정부에 전달하고 정책 모니터링을 수행하며 사회에서 정치참여를 촉진하는 역할을 한다.

---

4) NGO는 제1차 세계대전 당시 영국에서 설립된 아동구제기금과 1915년 로마 가톨릭에서 설립한 'Caritas'라는 네트워크가 조성되면서 등장하였고, 1945년 국제연합 창설 이후 공식 용어로 사용되기 시작했다.

2) NGO의 등장 배경

사회의 다원화에 따른 공공서비스 수요 증대, 그리고 민영화와 민간위탁 등 민간조직을 통한 정부의 역할 수행은 NGO의 역할 증대를 유발하였다. 정부의 시장 개입이 최적의 자원 배분을 유발하지 못하고 정부가 각종 사회문제를 해결하지 못하며 다양화된 시민의 욕구를 충족시키지 못하는 정부실패(government failure)가 발생하자 이러한 정부의 한계를 보완하기 위한 메커니즘으로서 NGO가 등장하였다. 즉, NGO는 공공 영역으로서의 정부조직이 지니는 한계와 사적 영역의 지나친 경쟁 원리와 이윤 추구 속성을 극복하는 제3의 영역으로서 대두된 것이다.

불완전한 경쟁으로 인해 시장에 의한 자원 배분의 효율성이 확보되지 못하고 공공재의 과소 공급과 소득 분포의 불평등이 초래되는 시장실패는 독점기업과 같은 시장의 강자를 감시 · 견제하고 사회적 약자를 보호하는 NGO의 사회적 역할에 대한 기대를 고조시켰다. 한편 서구 복지국가, 특히 미국과 같은 복지다원주의(welfare pluralism) 사회에서 NGO는 정부와 협력하여 복지서비스를 제공하는 중요한 역할을 수행한다. 최근에는 다양한 선호가 표출되어 경쟁하는 다원주의 사회에서 정부와 시장을 통해 충족되지 않는 욕구가 NGO를 통해 해소할 것으로 기대된다. 더 나아가 시민사회가 성숙함에 따라 국민의 기본권 보호에 대한 인식수준이 제고되어 국가권력에 의한 국민의 자유와 권리의 침해 방지, 관료의 부패 방지, 인권 침해에 대한 감시 등 국가권력에 대한 감시와 비판 활동이 NGO를 통해 전개되고 있다.

3) NGO의 특징

NGO의 특징은 논자에 따라 다양하게 제시된다. 로만(Lohmann, 1992)은 NGO의 특징으로 공공선을 위한 목적, 조직화된 참여, 자원의 공유, 상호 호혜적 관계를 들고, 비정부성 혹은 독립성, 공식성, 비영리성, 자율성을 꼽기도 한다. 여러 견해를 종합하였을 때 NGO는 ① 비정부성, ② 비영리성, ③ 공익성, ④ 공식성, ⑤ 자치성 · 자원성(自願性), ⑥ 비종교성 · 비정치성을 특징으로 한다(주성수, 2006: 91－97).

(1) 비정부성

NGO는 정부의 간섭을 받지 않는다는 의미에서 독립적 혹은 사적 특성을 지닌다. 또한 시민사회 영역의 주요한 행위자로서 공공 영역(국가 또는 정부)과 사적 영역(기업 및 시민사회) 사이에 존재하면서 상대적인 자발성과 자율성을 가지는 중간 매체로서의 특징을 가진다. NGO는 정부로부터 자율적이면서 동시에 정부와 긴장관계를 형성해 상호 견제함으로써 사회구성원의 이익과 존엄을 유지한다.

(2) 비영리성

루더포드(Rutherford, 1997)에 의하면 NGO는 국가로부터 독립적으로 설립되어 사회적 목표를 달성하기 위해 활동하는 비영리조직이다. NGO는 영리를 목적으로 하거나 이윤을 추구하지 않는 비영리성을 원칙으로 하기 때문에 구성원들의 회비를 기초로 하여 운영되고, 결과적으로 정부로부터 독립된 영역을 확보할 수 있다.[5)]

(3) 공익성

NGO는 회원들의 사적 이익을 추구하는 이익집단이 아니라 공동선과 일반 시민 전체를 위한 공익을 추구하는 단체이다. 이러한 맥락에서 베리(Berry, 1999: 190)는 시민단체(citizen group)를 목표가 달성되어도 회원이나 활동가에게 선별적으로 물질적인 혜택을 주지 않고 집합적인 재화를 추구하는 단체로 정의하였다.

(4) 공식성

NGO는 정기적으로 회의를 하고 일정한 사업계획과 정관 혹은 회칙을 갖춘 조직이라는 점에서 공식성을 지닌다(Salamon & Anheier, 1996). 이러한 맥락에서 NGO를 공통의 목표를 갖고 기본적인 조직 구조를 갖추며 설립과 존속에 필요한 대부분의 자원을 정부에 의존하지 않는 집단으로 정의한다(Archer, 1998: 1504).

(5) 자치성 · 자원성

NGO는 시민의 자발적 · 자원적(voluntary) 참여를 통해 구성되기 때문에 자치성(self-governing)을 특징으로 한다. 샐러먼과 앤아이어(Salamon & Anheier, 1996)에 따르면 '자치성'은 조직을 관리하고 정책을 결정하는 등의 모든 절차가 내부 정관 혹은 규율에 따라 진행되며 외부의 간섭이나 압력을 받지 않는 것을 의미한다. 한편 '자원성'은 자원봉사자가 조직의 주요 사업, 활동, 조직행정에서 중심 역할을 하는 조직으로서 조직운영

---

5) 일부 학자들은 NGO의 '비영리성'에 이의를 제기하기도 한다. 예를 들어 국제상공회의소(ICC)와 다수의 기업주협회, 산업체 연맹은 비정부 · 비영리적 기관이지만 상업적 이해를 추구하는 기업을 위해 로비 활동을 한다(Murphy & Bendell, 1999: 5).

자금의 상당 부분이 자선, 기부, 기업 및 정부의 지원에 의존한다.

(6) 비종교성 · 비정치성

NGO는 주요 사업이 종교적 서비스와 종교 교육을 위한 목적이 아니어야 한다는 '비종교성(nonreligious)', 조직의 목적이 특정 정치인 혹은 정당을 지원하거나 선거 관련 정치 활동을 하지 않는다는 '비정치성(nonpolitical)'을 특징으로 한다(Salamon & Anheier, 1996: 15).

4) NGO의 의의

오늘날 NGO[6]는 세계 각국에서 빠른 속도로 성장하여 국가사회 및 국제사회의 여러 부문에 큰 영향을 미치고 있다. 특히 20세기 말에 이르러 시민 참여의 확대와 사회의 다원화, 그리고 공공서비스의 수요 증가 등 행정환경의 변화에 따라 환경 보호, 인권, 소비자 권익 보호, 경제정의 구현, 사회복지, 주거, 교육, 의료, 아동, 평화, 경제 원조 등 여러 분야에서 그 역할이 크게 증대되었다.[7] 특히 시장-정부-시민사회 간 관계 변화를 강조하는 뉴거버넌스(new governance) 시대를 맞아 정부의 파트너로서 공공서비스를 생산하고 국가권력을 견제하는 등 정부와 상호작용을 하고, 이 과정에서 정부권력에 정당성을 부여한다.

한편에서는 NGO가 대의민주정치의 결함을 보완하고 정부에 의해 보호받지 못하는 소외된 이익을 대변한다고 본다. 예컨대 NGO는 세계의 양심이며(Willetts, 1996), 민주주의와 정의의 원천이기 때문에(van Tuijl, 1999) 주권 국가와 대등한 세력으로 성장하고 있다는 것이다(Matthews, 1997). 그러나 다른 편에서는 국가 주권에 도전하고 민주적 정책과정에 혼란을 초래하는 무책임한 집단이라고 비판한다. 구체적으로 살펴보면 NGO는 대의정치체제의 기능, 행정의 전문성과 능률성을 저해하고, 사회운동 방식으로 정책과정에 관여함으로써 정책의 합리성을 제약하며 정책의 책임성을 확보할 수 없다는 한계를 지닌다.

---

6) NGO란 용어가 가장 널리 알려졌으나 그 밖에 NPO(Non-Profit Organization), VO(Voluntary Organization), CSO(Civil Society Organization) 등의 용어가 미국, 유럽 등지에서 사용된다.

7) 샐러먼(Salamon, 1995)은 이를 '세계적 결사체 혁명(global associational revolution)의 시대'라고 부른다. 그는 미국의 다원적 복지사회에서 비영리단체(nonprofit organization)가 국가를 대신하거나 국가와 협력하여 각종 공공서비스를 제공하는 제3자 정부(third-party government) 이론을 소개하였는데, 이때 제3자 정부는 정부의 고유 기능으로 간주되었던 각종 사회 및 복지 서비스 생산에 있어 정부가 자원을 공급하고 정책을 결정하며, 제3섹터 기관이 공공재 생산 및 서비스를 조직화하는 형태를 가리킨다.

그러나 NGO는 정부와 시장, 시민단체가 상호 협력하는 새로운 국정운영 체제에서 정부실패와 시장실패를 교정하는 중요한 역할을 수행함으로써 대의정치체제의 결함을 보정할 수 있는 대안적 국정 모형의 중요한 한 축으로 인식되고 있다. 또한 과거 정부가 독점하고 있던 공공서비스의 생산 및 배분의 일정 부분을 정부와 공동으로 수행하고 정부와 시장을 감시하며 사회적 약자집단을 위해 그들의 이익을 정치체제에 투입시키는 기능을 한다.

5) NGO 등장의 행정학적 함의

(1) NGO와 정부의 관계 유형

정부와 NGO 간 관계 유형은 유형화 기준과 연구 목적에 따라 다양하게 제시될 수 있다. 예를 들어 정부와 NGO 간의 관계를 제도적 다원주의 수용성 여부, 관계의 공식화 정도, 권력의 대칭성 여부에 따라 세분하는가 하면(Coston, 1998), 양자 간의 관계를 영화적(零和的) 대체적(supplementary) 관계, 보완적(complementary) 협력관계, 대립적(adversarial) 갈등관계로 나누거나(Young, 1999) 단순히 갈등(conflict)과 협력(partnership) 관계로 파악하기도 한다(Salamon, 1995).

영(Young, 1999)은 정부와 NPO(Non Profit Organization)의 관계를 ① 보완적(complementary), ② 대체적(supplementary), ③ 대립적(adversarial) 관계의 세 가지 범주로 유형화하였다. 보완적 관계는 정부와 비영리단체가 상호 긴밀하게 협조하는 관계로, 이 경우 정부가 비영리단체의 공공재·집합재 생산을 지원한다. 따라서 비영리단체의 활동수준은 그 활동 영역에 대한 국가의 재정 지출과 정(+)의 관계를 이룬다. 한편 대체적 관계는 국가가 제공하지 못한 공공재나 집합재의 공급 역할을 비영리단체가 맡게 된다는 와이스브로드(Weisbrod, 1998)의 모델과 유사하다. 이 경우, 비영리단체에 배정되는 국가보조금은 사적 영역에서의 재정 충당과는 부(−)의 관계를 이룬다. 마지막으로 대립적 관계 모델은 정부와 비영리단체가 각각 상대방으로 하여금 좀 더 투명하고 생산적이도록 상호 감시하는 관계를 말한다.

한편 코스턴(Coston, 1998; 주성수, 2006: 153-160)은 정부의 제도적 다원주의(institutional pluralism)의 수용, 관계의 공식화, 권력관계의 대칭성이라는 세 가지 기준에 따라 정부와 NGO의 관계를 ① 억압(repression), ② 대항(rivalry), ③ 경쟁(competition), ④ 계약(contracting), ⑤ 제3자 정부(third party government), ⑥ 협력(cooperation), ⑦ 보완(complementary), ⑧ 공조(collaboration) 관계의 여덟 가지 유형으로 나누었다.

이 중 억압형은 정부로부터 일방적으로 억압당해 합법화되지 않은 활동을 하고 법률이 규정하는 각종 지원을 정부가 일방적으로 거부하는 관계이다. 대항형은 정부에 대한 비판으로 쌍방적인 관계가 이루어지면서 정부가 상황에 따라 법률이 규정하는 제3섹터에 지원서비스를 제공하는 관계를 말한다. 대항형에서는 정부의 각종 규제정책에 따라 제3섹터 기관들의 등록, 보고 등이 법에 따라 규제되고, 활동에 제약도 따른다. 경쟁형은 정부와 제3섹터가 정치적 · 경제적으로 경쟁하는 관계를 말한다. 정치적으로 제3섹터가 정부정책을 비판하고 정치권력을 견제하면서 국민의 신뢰와 지지를 두고 서로 경쟁하는 관계에 놓이고, 경제적으로는 개발 지원금과 같은 해외 지원금을 둘러싸고 정부와 제3섹터 간에 경합이 이루어진다. 이와 같이 억압형 · 대항형 · 경쟁형은 제도적 다원주의에 대한 정부의 거부가 특징적이다.

한편 계약형은 공공서비스의 생산 · 전달이 계약에 의해 제3섹터 기관들에 위임되는 관계이다. 이 경우, 제3섹터는 정부가 책임을 맡고 있는 복지수혜자들에게 사회서비스를 전달하는 역할을 한다. 제3자 정부형은 계약형과 마찬가지로 정부-제3섹터가 공공서비스 생산에서 역할 분담을 하는 관계로, 정부가 정책을 결정하며 자원을 공급하고, 제3섹터는 공공재와 서비스 생산을 조직화한다. 다만 계약형과는 다르게 공공기금의 사용과 정책결정 및 법집행 측면에서 정부가 제3섹터 기관들과 상당한 수준의 자율권을 공유한다. 협력형은 정부와 NGO가 상호 협력하는 관계를 말하며, 이때 협력은 정보 공유(information sharing), 자원 공유(resource sharing), 공동 행동(joint action) 등으로 이루어진다. 보완형은 상호 이익과 상호 이용 차원에서 정부와 NGO가 공존을 추구하는 관계이다. 그리고 공조형은 정부-제3섹터 간의 관계가 공식적인 규율에 의해 설정된 가장 명백한 파트너십 관계로서 정보 공유, 자원 공유, 공동 행동 등 모든 측면에서 양자의 관계가 공식적으로 설정된다.

(2) 정책 과정에서 NGO의 역할

시민사회가 성숙함에 따라 NGO는 전통적인 통치 양상을 크게 바꿔놓았다. NGO는 정책 과정에서 다음과 같은 역할을 한다.

첫째, NGO는 정책의제설정 단계에서 정책창도자로서의 역할을 수행한다. 한국에서 NGO는 사회적 이슈를 제기하고 정책문제를 정의하는 정책의제설정 단계에서 가장 빈번하게 참여하는 것으로 밝혀진 바 있다(박상필, 2002: 159).

둘째, NGO는 정책결정 단계에서 다양한 정책정보를 생산하고, 정치 과정에 투입하는 역할을 한다. 이 단계에서 NGO는 대의정치 과정에서 소외된, 조직화되지 않은 이익(unorganized interest)을 대변한다. 또한 정책 아이디어와 관련된 자료를 제공하고 정책대안의 분석과 선택 과정에도 참여하며, 공청회와 청문회, 그리고 각종 정부위원회에 관여하고, 입법청원과 같은 수단을 통해 개혁 법안을 제출하기도 한다. 때문에 NGO는 경쟁적인 정책대안을 제시함으로써 정책내용의 합리화에 기여하지만, 경우에 따라 사회적 갈등을 증폭시키고 정책을 표류시키며 결과적으로 의사결정 비용(decision cost)의 증대를 초래한다. 그러나 정책집행 단계에서 비용을 절감하고 정책의 합리성을 제고하는 순기능을 지닌다.

셋째, 정책집행 단계에서 특정 정책의 집행을 촉진하거나 저지한다. NGO의 정책집행에 대한 반대 활동은 사회 전체적으로 볼 때 적지 않은 비용을 초래하지만 사회구성원의 동의를 충분히 구할 경우, 집행비용을 줄일 수 있다. 또한 정부와 파트너십을 구축하여 공공서비스를 직접 생산 · 제공하는 역할도 한다.

넷째, NGO는 정책평가 단계에서 중립적 · 합리적 평가자로 기능한다. 그러나 한국의 NGO는 정책평가 단계에서 참여가 가장 적은 것으로 알려져 있다.

다섯째, NGO는 정책 과정의 총체적 감시 기능을 한다. NGO는 정부와 시장에 대한 감시와 통제 기능을 수행하며, 특히 정책 과정 전반에 걸쳐 권력의 오남용, 예산 낭비, 부패, 조직 비대화 등을 감시하고, 행정의 책임성과 투명성의 제고를 요구하는 등 권력의 감시자 역할을 한다.

여섯째, NGO는 정책 과정에서 사회집단 간의 갈등을 중재하는 기능을 한다.

4 한국의 시민사회와 행정

오늘날에는 각국 정부가 시민사회와의 밀접한 협력을 통해 공공 문제를 해결하는, 이른바 거버넌스적 경향이 강해지고 있다. 정부와 시민사회와의 관계를 어떻게 규정하든 시민단체의 역할이 증대되고 있는 것이 오늘날의 현실이다.

한국에서의 시민사회와 행정의 관계는 1987년 민주화 이전과 이후로 나누어 볼 수 있다. 민주화 이전의 권위주의 체제에서 시민들의 행정 참여는 극히 제한적이었으며,

시민단체는 관변단체로서의 성격을 지니거나 봉사 기능을 수행하는 데 한정되어(김태룡, 2012: 82) 행정과 시민단체 간의 관계는 억압관계로 상정되었다. 그러나 민주화가 진행되면서 1989년 경제정의실천시민연합이 결성되었고, 1990년대에 들어와 환경운동연합, 참여연대 등 여러 시민단체가 뒤이어 출범하면서 한국 사회에서 시민 참여가 급격히 활성화되기 시작했다.

시민단체의 정책창도로 김영삼 행정부에서 금융실명제가 도입되고 의약분업이 실시되었는가 하면, 김대중 행정부에서는 국가적 반부패 시스템으로서 부패방지위원회(현 국민권익위원회)가 출범하였다. 또한 노무현 행정부가 들어서면서 주민투표제, 주민소환제가 법제화됨에 따라 시민들의 직접 참여 통로가 확대되었다. 그러나 이명박 행정부 출범 이후 정부행정이 계서제에 의존하는 전통적 행정체제로 회귀하는 모습이 나타남에 따라 시민사회의 참여 여지가 줄어들었다.

한편 박근혜 행정부에서는 시민사회 활성화와 관련된 사안에 대해 명시적으로 밝히지 않았다. 오히려 문화예술계 전문가들에 대한 블랙리스트 작성 논란, 최순실 게이트로 인한 촛불집회와 같은 시민운동이 대통령 탄핵을 이끌어 정권이 막을 내리는 등 시민의 정치 통제가 이 정부의 시민사회 모습을 반영한다. 이와 같이 한국의 시민사회가 정치적 대의에 지나치게 집중함에 따라 오히려 시민 영역의 구체적 이익이 공적 담론으로 부상될 여지가 좁아지는 결과가 초래되었다.

06
CHAPTER

행정학의 접근방법과 주요 이론

제1절 접근방법과 방법론

1 접근방법의 개념

접근방법(approach)은 무엇을(what), 어떻게(how) 연구할 것인가에 관한 견해와 관점으로, 연구 활동을 안내해 주는 일종의 전략이나 지향(orientation)을 의미한다. 행정학의 접근방법은 여러 갈래로 나뉜다. 행정 현상을 '무엇', 즉 핵심 개념을 기준으로 나눌 수 있으며, 어떤 시각에서 볼 것인가 하는 '방법'을 기준으로 유형화할 수도 있다.

기존 문헌에서는 접근방법과 이론을 뒤섞어 사용함으로써 혼란이 초래되었다. 특정 현상을 설명하는 데 중심 역할을 하는 핵심 개념을 '빈 개념(empty conception)'으로 둘 경우, 접근방법이라고 할 수 있으며, 핵심 개념을 경험적 준거(empirical referents)를 갖는 구체적 개념으로 바꿀 경우, 이론(theory)이 된다. 예를 들어 체제적 접근에서 '투입(input)', '체제(system)'라는 '빈 개념'을 사용할 경우, 그것은 체제적 접근방법(systems approach)이 되며, '투입'의 내용을 정치적 '요구(demand)'와 '지지(support)'라는 구체적 개념으로 바꾸고 '체제'라는 '빈 개념'을 '정치체제' 또는 '행정체제'로 바꿀 경우, 정치체제론 또는 행정체제론이라는 이론이 된다.

2 양적 접근과 질적 접근

학문 연구의 접근방법을 방법론이라고 하며, 이때 연구방법을 크게 양적 접근과 질적 접근으로 나눌 수 있다(남궁근, 2004; 심준섭, 2006). 실증주의적, 계량적, 객관적 또는 경험주의적 패러다임을 계승하는 양적 접근은 주로 통계분석기법에 의존한다. 이에 반해 주관적 접근, 해석학적 접근, 자연주의적 접근 등으로 불리는 질적 연구는 심층면접, 포커스집단면접, 구전역사면접(스토리텔링), 참여관찰(문화기술지), 내용분석 등의 연구방법을 채택하고, 응답자의 언어와 관점에 기반하여 주제와 프레임을 발견하며 자료를 해석하는 데 초점을 둔다.

한편 분석에 활용된 정보의 속성과 분석방법에 따라 접근방법을 유형화할 수 있다. 〈표 6-1〉에서와 같이 질적 정보를 양적 정보로 전환하여 통계분석을 통해 결론을 도출

〈표 6-1〉 양적 연구와 질적 연구의 비교

구 분	양적 연구(Quantitative Research)	질적 연구(Qualitative Research)
패러다임 토대	• 실증주의 • 경험주의	• 자연주의(naturalist) • 해석주의(interpretivism) • 구성주의(constructivist)
존재론	• (연구자와 분리된) 객관적 현실	• 참여자가 매일 당면하는 경험으로부터 인식되는 현실
인식론	• 연구자의 분리(detached)	• 연구자와 참여자 간 상호작용
인과관계 설명	• 법칙정립적(nomothetic) 접근	• 개별기술적(idiographic) 접근
조사 설계	• 연구 시작 전 범주가 정해짐	• 생성적(emergent) · 즉흥적(improvisational): 연구 과정을 통해 범주가 확인됨
분석 과정	• 연역적	• 귀납적
표본 추출 목적	• 일반화(generalizability): 표본의 대표성 추구	• 설명력(explanatory): 변이와 풍부성(richness) 추구

자료: 심준섭(2008: 6); 임도빈(2009: 160).

하는 가설검증형 연구의 경우는 양적 연구이다. 그러나 분석 단계에서 검증이 아닌 해석의 과정을 거치면 '양적인 질적 연구'가 된다. 한편 질적 정보를 토대로 연구자의 해석을 가하여 이론을 도출하거나 해석 그 자체를 결과로 다룰 경우, '질적인 질적 연구'라고 명명한다(임도빈, 2009: 161-173).

오늘날 많은 학자들의 관심의 대상이 되고 있는 질적 연구는 특정 현상을 외부로부터 설명하려는 계량적 접근방법과는 달리 내부로부터 이해하려는 기술적(descriptive) 접근방법에 기반한다. 즉, 빈도(frequency)와 같은 수치적 방법에 의하지 않은 방식으로 현상을 해석하고, 재코딩하며 설명하는 다양한 방법론이라고 그 의미를 넓게 개념화하기도 한다(Van Maanen J., 1979; 임도빈, 2009: 155). 질적 연구에서 연구자는 문자(texts)와 언어(words)에 관심을 두며, 문장과 언어에 담겨 있는 일정한 주제(theme or thematic category)를 발견하고 분석한다. 따라서 질적 연구 방법은 다양한 이론적 패러다임을 갖고 있지만, 공통적으로 사회적 실체의 본성에 관한 해석적 접근(interpretative approach)을 강조한다. 즉, 사회적 실체를 이해하기 위해 사상(事象, events)을 검증하거나 통제하는 대신 각 개인이 사회적 실체의 본성에 어떠한 의미를 부여하는지에 관심을 둔다. 그런데 질적 연구 방법은 사회학, 인류학 분야에서 발전하였고, 특히 여성학과 인종문제 및 문화연구 분야에서 급진전한 반면, 행정학에서는 많이 다루어지지 않았다.

양적 연구를 통해 획득된 자료는 경성적(hard)이고 일반화가 가능하며 대표성 있는 것(representative)으로 간주되는 반면, 질적 연구를 통해 얻은 자료는 연성적(soft)이고 표상적(representational)인 것 혹은 구성된 것(constructed)으로 간주된다(박석희 · 이종원, 2009). 일부 학자는 비계량적 연구의 대부분을 질적 연구에 포함시키기도 하나 비계량적 연구 가운데 현장연구(field research)와 관련된 방법론만을 질적 연구에 포함하는 경우도 있다. 그러나 비계량적 연구 가운데 어떤 것을 질적 연구에 포함시킬 것인가에 대해 학자들 간에 통일된 견해는 없다(Norman & Lincoln, 2000).

월코트(Wolcott, 1992)는 연구 대상에 대한 연구자의 개입 정도에 따라 질적 연구 전략을 크게 기록자료(archives), 비참여관찰, 참여관찰, 면담으로 구분하며, 바비(Babbie, 2003)는 현장 연구의 유형을 자연주의, 현상학-민속방법론, 근거이론, 사례연구, 제도문화기술지, 참여행동 연구로 나눈다.

크레스웰(Creswell, 1998)은 질적 분석이 토대를 두고 있는 학문 영역을 인문학, 심리학/철학, 사회학, 문화인류학, 사회과학 등으로 분류하고, 그 유형을 전기(biography), 현상학(phenomenology), 근거이론(grounded theory), 문화기술지(ethnography), 사례연구(case study)로 나누어 설명한다. 이 중 전기에서는 개인의 생애를 다룬다. 현상학은 어떤 현상에 대한 경험의 본질을 파악하려는 것으로, 경험자가 부여하는 의미를 강조한다. 근거이론은 자료 수집을 하면서 가설과 범주를 지속적으로 비교하고 수정해 가는 가운데 이론을 도출하는, 귀납과 연역의 순환 과정을 강조하는 방법이다. 문화기술지는 참여 관찰을 통해 집단을 장기간 관찰하거나 그 집단의 참여자들과 관계를 맺는 가운데 그들에 대한 서술과 해석에 관심을 둔다. 한편 사례연구에서는 단일 사례 혹은 소수 사례를 서술하는 가운데 상황을 이해하고 법칙을 발견한다.

제2절 접근방법의 다양한 유형

접근방법은 학문 연구에 유용한 가설을 설정하는 데 아이디어를 제공하는 발견적(heuristic) 기능을 갖는다. 또한 좋은 이론은 여러 접근방법의 결합을 추구하고, 상호 양립 불가능한 가치의 조화를 통해 만들어진다(Sutton & Staw, 1995). 여기에서는 역사적 접근방법, 법률적·제도론적 접근방법, 생태론적 접근방법, 행태론적·탈행태론적 접근방법, 체제적 접근방법, 현상학적 접근방법을 제시하였는데, 단일한 접근방법만을 채택해 연구에 적용하기보다는 연구 질문과 연구 주제에 부합하는 접근방법론을 선택해 적용하는 것이 중요하다.

1 역사적 접근방법

행정은 역사 속에서 발전되어 왔으며 역사와 더불어 발전해 온 수많은 예술, 기술, 양식 및 절차 등과 밀접한 관련이 있다(Waldo, 1980). 역사적 접근방법(historical approach)은 어떤 사건·기관·제도·정책 등의 기원과 발전 과정을 설명하는 방법이다. 이 접근방법은 과거와 현재의 사건이 무수한 방식으로 서로 연결되어 있다는 것을 기본 전제로 하며, 각종 정치·행정제도의 특성과 그 제도가 형성되어 온 환경적 요인을 개괄적으로 파악할 수 있게끔 한다. 다시 말하면 어떠한 시기든 인간의 존재는 과거와 연결되어 있으며, 과거에는 현재의 인간 생활을 풍요롭게 할 수 있는 많은 요소가 담겨 있다는 것이다.

오늘날 인간 정신의 역사성과 지식의 상대성을 강조하는 입장에 서 있는 학자들은 과학적 연구방법보다는 오히려 역사적 접근방법을 통해 행정 현상이나 사회 현상을 더욱 정확하게 인식할 수 있다고 본다. 인간의 경험은 의식에 의해 선택되고 구성되며, 이러한 의식은 시대와 문화에 따라 변화하기 때문이다. 인간 행태에 초점을 두는 미시적 연구가 아닌 사회제도나 사회개혁과 관련한 정책연구에서는 역사적 접근방법이 유용한 시사점을 제공해 준다(이종수 외, 2012).

2 법률적·제도론적 접근방법과 신제도론적 접근방법

1) 법률적·제도론적 접근방법

법률적·제도론적 접근방법(legalistic-institutional approach)은 사회 현상 연구의 핵심을 행정 과정의 합법성과 법률에 기반을 둔 제도에 두며, 행정 현상을 법률적·제도적 특성에 기대어 설명한다. 원래 법률적 접근방법과 제도론적 접근방법은 초기 정치학 분야에서 각각 다르게 발전해 왔으나 각종 제도는 법률에 기반을 두고 있으므로 오늘날 두 가지 접근방법을 통틀어 법률적 · 제도론적 접근방법이라고 한다. 특히 제도론적 접근방법은 정치제도에 대한 과학적 설명보다는 자세한 기술(description)에 관심을 갖는다. 행정학 연구에서 각종 기관이나 직제에 대한 자세한 기술은 제도론적 접근방법에 따른 것이다.

미국의 정치학자나 행정학자들은 정치와 행정에 관한 연구를 헌법, 법률, 각종 법령과 연계시키는 것을 당연하게 받아들였다. 물론 법률적 접근방법을 채택하는 경우에도 법률체계에만 한정하여 연구하는 것은 아니며, 각종 정치 · 행정제도에 관한 헌법적 혹은 법률적 측면의 연구도 한다. 이러한 접근방법에서는 방법론상의 문제에는 별로 관심이 없으며, 법률에 따른 행정의 규범적 측면에 초점을 둔다.

법률적 · 제도론적 접근방법을 통한 연구는 입법부 · 행정부 · 사법부 사이의 관계는 물론 각 부처 간의 관계, 중앙정부와 지방정부 사이의 권한과 사무의 배분 등에 대한 「헌법」과 「정부조직법」 등 관련 법규를 중심으로 이루어지고 있다. 뿐만 아니라 정부의 각종 인사제도나 예산제도 등의 관련 법규에 대한 연구도 법률적 · 제도론적 접근방법에 기반을 둔다.

그러나 이 접근방법은 공식적 제도나 법률에 기반을 두고 있기 때문에 제도 이면의 행정의 동태적 측면을 파악하기 어렵다는 비판을 받는다. 특히 많은 나라에 전후 미국으로부터 각종 행정제도가 도입되었으나 오히려 제도와 실제 간의 불일치와 괴리 현상이 초래된 결과는 법률적 · 제도론적 접근방법의 한계를 단적으로 보여준다(이종수 외, 2012).

2) 신제도론적 접근방법

신제도론적 접근방법(新制度論的 接近方法, neo-institutional approach)에서는 사회적 활동의 결과에 영향을 미치는 제도적 장치를 규명하는 데 초점을 둔다. 신제도론은 경제적 생산 활동의 결과(outcomes)가 경제 활동과 사회를 지배하는 제도(institution)인 규칙(rules)에 달려 있다고 주장하는 신제도론적 경제학(neo-institutional economics)[1]에 기

1) 경제학 부문에서 크게 발전된 신제도론에서는 이론 연구와 경험적 연구를 결합하여 경제성장을 촉진하거나 저해하는 제도의 역할을 분석하는 데 관심을 두었다. 신제도론적 경제학은 제도 이론을 경제학에 접목하여 경제 활동의 성과 원인을 사회적 · 법률적 규범과 규칙, 즉 제도(institutions)에서 찾고자 하며 거래비용이론(transaction costs), 정치경제학(political economy), 계서제와 조직(hierarchy and organization)에 관한 이론 및 공공선택론(theory of public choice) 등에 지적 토대를 두고 있다.

반을 두고 있다. 한편 신제도론적 접근방법은 정치학에 배경을 두고 있는 역사적 제도론, 경제학에 이론적 배경을 둔 신제도경제학과 합리적 선택 제도주의, 사회학에 기반한 사회학적 제도론이 있으며, 최근에는 이 세 분파 간에 이론적 융합이 시도된 바 있다(하연섭, 2003).

제도가 구체적으로 무엇을 의미하고, 제도와 조직은 어떻게 다르며 정책과는 어떠한 차이가 있는지에 대해 학자들마다 각기 다른 관점을 지닌다. 대부분의 학자들은 제도를 '게임의 규칙(rules of the game)'으로 규정한 노스(D. C. North)의 방법론적 원칙과 기준을 따른다. 노스는 제도를 "인간의 정치적 · 경제적 · 사회적 상호작용을 구조화하는, 인간이 고안한 제약(humanly devised constraints that structure political, economic and social interactions)"으로 정의한다(North, 1991: 97). 그는 제약을 헌법 · 법률 · 사유재산권과 같은 공식적 제약과 제재 · 금기 · 관습 · 전통 · 행동규범과 같은 비공식적 제약으로 구분하면서 이러한 제약이 특히 경제 부문의 유인 구조를 규정짓는다고 주장한다.

제도에 대한 연구는 행태주의가 대두되기 전부터 정치학과 행정학 분야의 전통적인 접근방법 중의 하나였으며, 경제학을 위시한 사회과학의 여러 분야에서도 수행되었다.

엘리너 오스트롬(E. Ostrom)은 「제도 분석의 방법(A Method of Institutional Analysis)」이라는 논문을 통해 제도적 분석의 틀을 소개하였다. 여기서 그는 기존의 제도 연구에 대해 다음과 같이 비판하였다.

첫째, 대부분의 연구는 제도를 시장 혹은 계층제(hierarchy)로 분류하는 이분법적 체계에 바탕을 두고 있다. 이러한 시각은 다수의 제도를 연구 대상에서 제외시키는 결과를 초래하여 연구 결과의 응용 가능성을 저해한다.

둘째, 시장에 관한 연구는 경제학적 접근에 의해, 계층제는 사회학적 접근에 의해 이루어지는데, 이렇게 양분된 접근은 제도에 관한 비교 연구를 어렵게 만든다. 따라서 제도 연구에서 경제학과 사회학의 만남을 시도하고, 다양한 제도를 연구 대상으로 포괄할 수 있는 방법의 모색이 요구된다(Ostrom, 1986). 이를 위해서 다양한 인식론적 관점을 탄력적으로 수용해야 하며, 동시에 경제학 · 정치학 · 법학 · 사회학 · 문화인류학 등 다양한 학문 분야가 제도문제에 관심을 갖는, 소위 다학문적 접근방법(multi-disciplinary approach)을 고려하여야 한다.

사회과학 분야에서 제도는 크게 ① 어떤 사회의 구체적인 조직, ② 어떤 사회 내에서 설정된 인간관계, ③ 개인들 상호 간의 구체적인 관계에 질서를 부여하기 위해 사용하는 규칙을 의미한다. 구제도론에서는 제도가 주로 기관을 의미하고 주요 기관의 권한이나 기능을 파악해 서술하는 데 초점을 두는 데 반해, 신제도론에서는 제도를 "개인의 행태를 제약하기 위해서 고안된 일단의 규칙, 순응 절차, 그리고 도덕적 · 윤리적 행태 규범"으로 규정한다. 또한 신제도론자들은 생산 활동에 참여하는 인간을 주어진 상황하에서 자신의 후생이나 이익을 극대화시키는 합리적인 행위자라고 가정한다. 그리고 정부 활동의 결과는 그 활동에 참여하는 사람들의 상호작용에 따라 달라지는데, 이러한 상호작용의 유형은 행위자의 선호, 정보처리 능력, 개인의 선택 기준 등 행위자의 특성과 행위 상황(action situation)에 의해 결정된다. 정부 활동이나 사부문의 활동에서 활동 결과에 영향을 미치는 행위자의 특성에 관한 연구는 많이 수행되었지만, 행위 상황에 대한 체계적인 분석은 여전히 미흡하다. 따라서 행위 상황의 요소를 식별하고 각각의 요소가 어떤 요인에 의해 영향을 받고 동시에 영향을 미치는지에 대한 규명이 이루어져야 한다.

신제도론자들은 이와 같은 상황의 주요 요소로 ① 어떤 상황에 참여하는 행위자인 참여자(participants), ② 어떤 과정에서 참여자로 하여금 허용된 활동을 할 수 있도록 하는 직책(positions), ③ 특수한 직책에 있는 참여자들이 각기 다른 단계에서 취할 수 있는 활동(actions), ④ 참여자들이 활동을 통해서 잠재적으로 영향을 미칠 수 있는 결과(potential outcomes), ⑤ 참여자로 하여금 의사결정의 기회에서 중간이나 최종적인 결과와 연계시키는 전환 기능(transformation functions), ⑥ 참여자가 이용 가능한 정보(information), ⑦ 활동과 결과에 편익과 비용을 할당하는 손익(payoff)을 제안한다(Ostrom, Gardner & Walker, 1994: 41-42). 이러한 행위 상황은 그 활동이 이루어지는 지역사회의 특성이나 물리적 조건에 의해서 결정되지만, 무엇보다 행위 규칙이 큰 영향을 미친다.

신제도론자들은 행정이 인간의 복지를 증진시키는 데 필요한 조직상의 조건이나 상황에 관한 지식에 기반을 두고 있다고 주장한 반면, 행정학자들과 실무자들은 이러한 조건과 상황이 무엇인지를 지적할 수 있어야 하며, 각기 다른 조직 상황으로부터 초래된 결과를 구체적으로 명시할 수 있어야 한다고 본다. 신제도론적 접근방법을 통한 행정학 연구는 다양하게 이루어지고 있지만, 특히 공유자원을 이용하는 개인들이 직면하는 유인(誘因) 문제를 다루는 데 적합하다. 공유자원이란 잠재적 수혜자로 하여금 그 자원을 이용하지 못하도록 배제하기 어렵고, 한 개인의 이용이 다른 사람이 이용할 수 있는 자원의 양을 감소시키는 자원으로서(Ostrom, Garder & Walker, 1994) 이러한 자원을 어떻게 관리 운영하면 최적의 결과가 도출되는지를 연구하는 데 신제도론적 접근방법이 유용하게 활용될 수 있다.

3 생태론적 접근방법

생태론적 접근방법(ecological approach)은 행정 현상을 자연적 · 사회적 · 문화적 환경과 관련시켜 이해하는 방법이다. 조직을 환경의 영향을 받는 피동적 존재로 규정하여 환경적 요인이 그에 가장 적합한 조직 특성을 선택한다고 보는 조직군생태이론(population-ecology or natural-selection theory)은 전형적인 생태론적 접근방법 중 하나이다. 따라서 생태론적 접근방법은 행정체제의 개방성을 강조하고 행위자 개인보다는 집합적 행위나 제도를 분석 단위로 삼는 거시적 분석의 성격을 띤다.

정치학, 문화인류학 등에서 발전된 생태론적 접근방법을 행정학에 도입한 고우스(J. M. Gaus)는 국민, 장소, 과학기술, 욕구와 사조, 재난, 개성을 행정에 영향을 미치는 환경 요인으로 꼽았다. 행정 연구에서 환경의 중요성을 강조한 리그스(F. Riggs)는 '농업사회(agraria)와 산업사회(industria)'라는 비교행정 연구 모형을 제시하면서 행정의 환경 변수로서 경제적 기초, 사회구조, 이념 요인, 통신 및 정치체제 등을 선정하였고, 이들 환경 요소가 농업사회와 산업사회의 행정에 각각 어떻게 영향을 미치는가를 설명하였다.

생태론자들에 따르면 사회 · 문화적 환경이 다르기 때문에 서구 행정제도는 후진국에서 제대로 작동되지 않는다. 즉, 생태론적 접근방법은 서구와는 환경이 다른 후진국의 행정 현상을 설명하는 데 크게 기여했으며 행정의 보편적 이론보다는 중범위 이론의 구축에 자극을 주어 행정학의 과학화를 촉진시켰다. 그러나 행정을 환경 요소에 의해 영향을 받는 것으로만 가정하여 행정의 적극적이고 주체적인 역할을 좌시했다는 지적을 받는다. 뿐만 아니라 행정 현상을 환경과 관련시켜 진단하고 설명하지만, 행정이 추구해야 할 목표나 방향을 전혀 제시하지 못한다는 비판도 받는다.

4 행태론적 접근방법과 탈행태론적 접근방법

1) 행태론적 접근방법

1930년대 초 유럽의 과학자들이 미국으로 유입되어 정치 · 사회 현상에 대한 새로운 분석방법을 제시하는 가운데 사회과학 분야에서 행태주의 연구 경향이 나타나기 시작하였다. 행태론적 접근방법(behavioral approach)은 법률이나 제도 또는 환경보다는 행정인의 행태에 초점을 맞추고, 정치・행정제도상의 행정 행위나 행정 활동을 주된 관심사로 다룬다.

행태주의 운동은 사이먼(H. Simon)이 1945년 『행정행태론(*Administrative Behavior*)』을 발표한 이후에 행정학 분야에서도 크게 발전되었다. 그는 행정 현상에 대한 경험적 연구와 방법론적 엄격성을 통해 행정학의 과학화를 기할 수 있다고 보았다. 특히 행정 현상을 의사결정 과정으로 파악하고 행정가의 행위도 모두 의사결정과 연결되어 있다고 보기 때문에 의사결정에 관한 과학적 연구를 행정학 연구의 핵심으로 상정하였다.

행태론적 접근방법의 특징은 다음과 같다.

첫째, 사회 현상도 자연과학과 마찬가지로 엄밀한 과학적 연구의 대상이다.

둘째, 사회 현상을 관찰 가능한 객관적 대상으로 보며 사회 현상 연구의 인식론적 근거로 논리실증주의를 내세운다.

셋째, 행태주의는 명백한 자극과 반응으로 볼 수 있는 행위나 행동만을 연구 대상으로 삼는 심리학적 행동주의(psychological behaviorism)와는 달리 태도, 의견, 개성 등도 행태에 포함시킨다.

넷째, 행태의 규칙성, 상관성, 인과성을 경험적으로 입증하고 설명할 수 있다.

다섯째, 가치와 사실을 명백히 구분하고 가치 중립성을 지킨다.

여섯째, 개념을 조작적으로 정의하여 객관적인 측정방법에 따라 분석하고, 계량방법으로 자료를 분석한다.

일곱째, 집단의 고유한 특성을 인정하지 않는 방법론적 개체주의 입장을 취한다.

여덟째, 사회과학은 인간 행태에 공통된 관심을 갖고 있기 때문에 통합될 수 있다.

2) 탈행태론적 접근방법

행태론적 접근방법은 1960년대 중반 미국의 소장 정치학자들로부터 비판을 받기 시작했다. 특히 1960년대 중반부터 존슨(L. B. Johnson) 행정부가 '위대한 사회의 건설'이라는 기치를 내걸고 흑인을 비롯한 하층민의 삶의 질 향상을 위해 사회복지정책을 대대적으로 추진하면서 정책 전환의 이론적 뒷받침을 제대로 하지 못한 정치학에 대한 비판이 고조되었다. 이러한 상황 속에서 1960년대 말 이스턴(D. Easton)은 정치학의 새로운 혁명으로서 탈행태주의(post-behavioralism)가 시작되었음을 선언하였다. 그는 과학적 방법을 적용할 수 있는 것만을 연구하기보다는 사회의 급박한 문제를 연구 대상으로 삼아서 그 사회의 개선에 기여할 수 있는 적실성 있는 연구가 이루어져야 한다고 주장했다. 또한 연구 결과가 정책을 통해서 구현되도록 하는 것, 즉 인류의 가치를 보전하고 사회를 개혁하는 데 기여하는 것이 정치・행정학자들의 임무라고 주장하면서 '적실성의 신조(credo of relevance)'와 '실천(action)'의 측면에서 탈행태주의의 필요성을 강조했다.

행태론적 접근에 대한 탈행태론의 비판은 다음과 같다(이종수 외, 2012).

첫째, 행태주의는 인간의 외면적인 행태를 관찰하고 설명하지만 그 행태 이면의 진정한 의미를 파악하지 못한다.

둘째, 객관적으로 존재하는 사실의 세계만을 다루므로 경험적 보수주의에 빠진다.

셋째, 사회과학 분야에서 사실과 가치를 분리하고 가치 판단을 배제하는 것은 적절하지 않다.

넷째, 본질이나 실체 파악은 연구방법보다 중요하므로 사회문제의 핵심을 파악하는 것이 도구적인 연구방법보다 중시되어야 한다.

다섯째, 지식인은 사회문제를 해결하는 데 자신의 지식을 적극적으로 활용해야 한다.

여섯째, 행태주의 연구는 사소한 문제에만 관심을 집중하고 급박한 사회문제는 소홀히 한다.

탈행태주의 접근방법은 가치 중립적인 과학적 연구보다는 가치 평가적인 정책연구를 지향하는 가운데 정책학의 발전에 견인차 역할을 했다. 행정학 분야에서는 가치 판단의 문제, 바람직한 사회를 위한 정책목표에 관한 문제, 새로운 행정 이념으로서 사회적 형평성 문제에 많은 관심을 갖는 신행정론자들에 의해서 탈행태주의 접근방법이 도입되었다. 1960년대에 미국에서 전개된 민권운동(civil rights movement)과 빈곤퇴치사업(antipoverty program)은 행정이 개인에게 미치는 영향에 대한 관심을 환기시켰고, 이러한 사회적 배경하에서 신행정학이 등장하였다. 1968년 9월 시라큐스 대학의 미노브룩(Minnowbrook) 회관에서 왈도(D. Waldo)의 주관하에 개최된 회의에서 적실성(relevance), 참여(participation), 변화(change), 가치(values), 사회적 형평성(social equity) 등에 기초한 행정학의 독자적 주체성이 강조되는 가운데 신행정론이 탄생한 것이다.[2)]

2) 마리니(Marini, 1971)는 신행정학이 지향하는 방향으로 현실적합성이 있는 행정학, 탈행태주의, 급격한

신행정학 운동에서는 행정학의 실천적 성격과 적실성을 회복하기 위해 정책지향적인 행정학을 요구했으며 전문직업주의, 가치 중립적인 관리론에 대한 집착을 비판하면서 민주적 가치 규범에 입각하여 분권화, 고객에 의한 통제(client control), 가치에 대한 합의 등을 강조했다. 또한 행정은 정치적 · 경제적 · 사회적으로 불리한 입장에 있는 집단을 위해 양질의 서비스를 제공함으로써 사회적 형평성을 실현해야 한다고 주장하면서 행정인의 적극적인 역할을 강조했다.[3] 신행정론은 가치 중립적이기보다는 규범적이며, 기술적이기보다는 처방적이고 제도지향적이기보다는 고객지향적인 행정을 강조한다. 즉, 신행정론에서는 행정의 정책결정 기능을 강조하면서도 관료주의화를 견제하기 위해 이념으로서의 형평성과 시민의 참여를 주장한 것이다. 신행정론의 지적 전통은 1980년대를 전후하여 등장한 비판행정학으로 이어졌다.

5 체제적 접근방법

체제적 접근방법(system approach)은 자연 현상이나 사회 현상 등 모든 체제가 상호작용하는 여러 구성 요소로 이루어져 있다고 보는 관점이다. 체제(system)는 환경과 구별되는 경계(boundary)를 가지고, 하나의 체제 속에 있는 여러 하위체제(subsystem)가 상호 의존관계(interdependence) 속에서 상호작용(interaction)함을 가정한다. 또한 환경(environment)으로부터 어떤 요소가 투입(input)되어 전환(conversion)되고 다시 환경으로 산출(output)을 내놓으며, 환류를 통해 그 산출물이 다시 체제로 투입됨으로써 지속적인 순환이 이루어진다.

한편 체제는 유기체로서 자기 고유의 속성을 유지하려는 성향을 가지며, 자기 유지에 혼란을 주는 요소가 들어오면 균형화 작용을 통해 본래의 자기 상태로 돌아가려고 하는데, 이러한 속성을 항상성(homeostasis)이라고 한다. 반면 체제의 변화나 성장은 기존의 균형 상태에서 일어나지 않고 구성 요소 중 어느 하나에 변화가 생기거나 새로운 이질적 요소가 투입될 때 나타난다.

어떠한 체제이든 생존을 위해 기본적인 기능을 수행하는데, 파슨스(Parsons, 1996)는

변화에 대한 적응력, 새로운 조직모형, 고객 중심주의를 제시하였는데, 이를 통해 신행정학은 인간주의적 행정학을 지향함을 알 수 있다.

3) 신행정학 운동의 대표적 학자인 프레데릭슨(Frederickson, 1980)은 사회적 형평을 행정 봉사의 공평성, 정책의 책임성, 변화지향성, 시민의 욕구에 대한 대응성 등으로 규정하였다.

체제의 목적을 달성하기 위해 각기 다른 하위체제가 ① 환경의 변화에 적응해야 하는 적응(adaption) 기능, ② 유·무형의 가치를 창출하는 목표 달성(goal attainment) 기능, ③ 체제의 목표 달성을 위해 하위체제의 활동을 조정하는 통합(integration) 기능, ④ 체제가 갖고 있는 가치체계를 보존하고 제도화된 체제를 유지하는 유형 유지(pattern maintenance) 기능을 수행한다고 보았다.

정치 현상을 이해하는 데 체제적 접근방법을 적용한 이스턴(D. Easton)에 따르면 정치·행정 체제는 환경으로부터 요구(demand)와 지지(support)가 투입되고 블랙박스(black box) 속에서 전환 과정을 거쳐 정책을 산출하며 이것이 다시 환류되어 새로운 투입이 일어난다. 이스턴은 정치체제의 환경을 사회 내적 환경과 사회 외적 환경으로 구분하였는데, 이 중 사회 내적 환경은 생태체제, 생물체제, 인격체제, 사회체제로 나뉘며 각 체제가 연관되어 복잡한 상호 침투(complex interpenetration occurs)가 일어난다(Easton, 1965a: 109).

이스턴이 상정하는 정치체제의 구성 요소는 매우 복잡하다. 그는 정치체제의 구성 요소로 당국자(authorities)(Easton, 1965a: 110), 정치적 상호작용에 관여하고 있는 시민 또는 신민(subject), 혈족 또는 외국인, 통치자 또는 피치자를 들었다(Easton, 1965a: 57, 110). 또한 환경의 요구가 투입되어 산출로 변환되는 지점에 도달하기 전에 여과장치에 의해 걸러지는데, 현대 사회에서는 여론지도자, 이익집단, 의원, 대중매체, 정치지도자 및 정당 등이 여과장치 기능을 한다(Easton, 1965b).

체제적 접근방법은 여러 국면을 총체적으로 비춰주므로 현상의 전체(wholeness)를 잘 조망할 수 있게 해준다. 그러나 체제적 접근방법은 다음과 같은 비판을 받는다.

첫째, 이 접근방법은 정태성과 현상유지적 성격을 띠고 있어 목적성을 띤 변화나 정치·사회의 변화 또는 발전을 잘 설명하지 못한다.

둘째, 행정과 환경과의 상호작용을 강조하지만, 발전도상국이나 후진국에서 나타나는 행정의 환경에 대한 독립 변수로서의 성격을 충분히 설명하지 못한다. 따라서 급격한 변동의 소용돌이에 있는 발전도상국의 행정보다는 안정적인 선진국의 행정 현상을 연구하는 데 적합하다.

셋째, 거시적 접근방법이므로 체제의 전체적인 국면은 잘 다루나 체제의 구체적인 운영이나 행태적 측면은 잘 다루지 못한다.

넷째, 정치·행정 현상에서 특수한 인물의 성격, 개성, 리더십 등이 큰 비중을 차지

[그림 6-1] 정치체제의 동태적 반응 모형

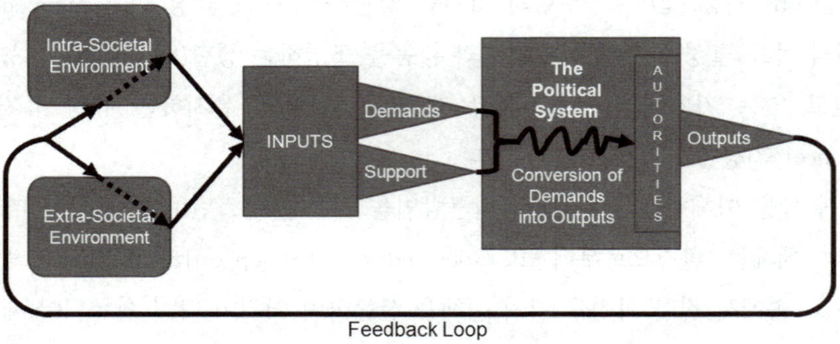

자료: Easton(1965a: 110).

하는 경우 이를 과소 평가하기 쉬우며, 행정 현상에서 중요한 권력, 의사전달, 정책결정 등의 문제나 행정의 가치문제를 고려하지 못한다.

6 현상학적 접근방법

현상학적 접근방법(phenomenological approach)은 실증주의와 행태주의가 내세우는 과학적 연구방법에 반기를 들면서 현상에 대한 이해(understanding)를 강조한다. 현상학적 접근방법에서는 사회 현상 또는 사회적 실재(social reality)가 자연 현상처럼 사람과 동떨어진 객체로 존재하는 것이 아니라 그 속에 참여하는 사람들의 의식·생각·언어·개념 등으로 구성되므로 사회과학 연구에서 사람들의 외면적 행태만 관찰할 게 아니라 내면적 의식을 이해하여야 한다고 주장한다.

현상학(phenomenology)은 현상의 본질을 직관적으로 인식하고 서술함으로써 불변적·근원적·절대적 지식을 얻으려고 하는 철학의 한 유파이다. 사회과학자의 관찰 영역인 사회적 실재는 그 속에서 살고, 생각하고, 의사소통하고, 행위하는 사람들에게 특정한 의미를 지닌다. 따라서 현상학적 접근방법의 대상에 경험적 관찰뿐만 아니라 일상 생활의 상식적인 생각 속에서 인간 행위를 이해하고, 그 이면에 깔린 동기나 목표로 설명되는 경험의 형식까지도 포함시킨다면 인간 행위를 보다 더 풍부하게 이해할 수 있다. 이러한 맥락에서 현상학은 19세기 중반에 이르러 '마음에 관한 순수한 서술적 연구'라고 불리기도 하였다(오석홍, 2004: 85-86).

현상학적 접근방법은 인간의 주관적 관념, 의식 및 동기 등의 의미를 적절하게 다룸으로써 행정학 연구의 적실성을 높일 수 있다. 또한 지나치게 주관적이고 모호하다는 비판을 받지만 과학적 연구가 지향하는 가치 중립적인 연구에서 더 나아가 가치 비판적이고 가치 평가적인 연구를 수행함으로써 정책연구의 확장에 기여할 수 있다. 결론적으로 현상학적 접근은 사회 현상에 대한 인식 과정에서 인식 주체의 능동적 역할을 강조함으로써 인식 객체에 초점을 두고 객관성을 강조하는 (자연)과학적 방법의 한계를 극복할 수 있는 대안적 방법이다.

제3절 최근 행정학의 주요 이론

1 공공선택론

공공선택론(public choice theory)에서는 정부를 공공재(public goods and services)의 생산자, 시민을 공공재의 소비자라고 규정하고, 시민의 편익을 극대화하기 위해서 소비자로서의 시민이 공공서비스를 '선택'할 수 있도록 해야 한다고 본다. 또한 공공서비스를 제공할 때 시민 개개인의 선호와 선택을 존중하고, 경쟁을 통해 서비스를 생산·공급할 경우 행정의 대응성이 높아진다고 보며, 공공 부문의 시장경제화를 주장한다.

공공선택론은 1986년에 노벨경제학상을 수상한 뷰캐넌(J. Buchanan)을 비롯한 경제학자들과 수학자들에 의해 창시되었고, 오스트롬 부부(Vincent Ostrom & Elinor Ostrom)가 이 접근방법을 행정학에 도입하여 발전시켰다.

공공선택론에서는 정치 현상이나 행정 현상을 경제학의 이론을 통해 설명하며, 특히 경제학적 분석 도구를 투표 규칙, 투표자 행태, 정당정치, 관료 행태, 이익집단 등의 연구에 적용한다. 따라서 뮬러(Mueller, 1989: 1)는 공공선택론을 '비시장적 의사결정의 경제학적 연구' 혹은 '정치학에 경제학을 응용하는 연구'라고 정의하였다.

공공선택론적 접근방법은 다음과 같은 특징을 지닌다.

첫째, 방법론적 개체주의(methodological individualism)에 의거하여 개인을 분석의 기본 단위로 상정하며, 이때 '경제적 · 합리적 존재로서 사익을 추구하는 개인'을 가정한다.

둘째, 개인은 공공재를 최소의 비용으로 향유하려고 하기 때문에 공동으로 사용하는 재화와 용역의 공급과 개선에는 자발적 의욕을 보이지 않음을 가정한다.

셋째, 공공재의 효율적인 공급과 생산은 제도적 장치의 마련을 통해서 가능하다. 여기서 제도적 장치는 재화와 용역의 생산과 소비에 참여하는 사람들의 행태, 즉 의사결정에 영향을 미친다.

전통적인 행정이론에서는 모든 정치체제에 하나의 권력 중추가 존재하며 그것에 의해서 정부가 통제되고, 권력이 분산될수록 점점 더 무책임해진다고 본 반면, 빈센트 오스트롬(V. Ostrom)은 정치경제학적인 시각에서 관료 행정과 대비되는 민주적 행정이론을 주창하였다. 관료들도 다른 인간과 마찬가지로 부패할 수 있으므로 권력이 분산되지 않거나 권력 상호 간에 제약과 통제가 가해지지 않는다면 권력을 남용하려는 사람들에 의해 정치권력이 독점된다. 또한 공공재와 공공서비스의 공급은 다양한 의사결정자의 결정에 달려 있으며, 이것을 효율적으로 공급하기 위해서는 이에 적합한 조직 장치가 필요하다. 따라서 특정 관할권 내에서 복수의 거부권을 지닌 다양한 결정체 사이의 권한분산이나 다수의 중첩적인 관할권 개발은 급격한 변동 상황 속에서 인류의 복지를 증진시킬 수 있는 안정적인 정치 질서 유지를 위한 필수 조건이 된다.

결국 공공선택론적 접근방법은 의사결정자로서의 개인, 공공재와 공공서비스의 성격, 그리고 의사결정 구조에 초점을 두고 있다. 오스트롬은 공공재를 공급하는 정부조직체에서 다조직적 장치가 유용함을 강조하며, 이러한 제도적 장치는 각 기관 사이의 다양성을 고려한 합의와 기관 간의 갈등을 해결할 수 있는 메커니즘을 내포하고 있다고 본다. 이 장치에서는 권한의 분산과 관할권의 중첩에 주목하는데, 이와 같이 중첩되는 체계가 관련 집단의 이익에 더 잘 부응할 수 있다고 본다(Ostrom, 1974: 73-95).

이렇듯 공공선택론은 시민들의 다양한 요구와 선호에 민감하게 부응하는 제도적 장치의 마련을 중시하므로 민주 행정 구현의 차원에서 높이 평가될 수 있다. 그러나 다음과 같은 비판도 제기된다. 우선, 공공선택론은 현실 세계가 전적으로 효용 극대화를 추구하는 개인들로 구성되었다고 보고, 그 세계에서는 인간의 가치나 개인의 자유를 간과하고 단지 경제적 선택만이 고려된 것으로 보기 때문에 현실적이지 않다(Golembiewski, 1977). 둘째, 자유시장의 논리를 공공 부문에 도입하려는 시도는 시장실패라는 한계를 수반한다. 셋째, 경쟁시장의 논리는 그 자체가 현상 유지와 균형이론에 집착하는 것이며, 공공선택론에 기초를 둔 처방의 현실적합성 또한 높지 않다.

2 신공공관리론과 탈신공공관리론[4)]

1) 신공공관리론

(1) 신공공관리론의 개념과 이론적 배경

1980년대 이후 영미 국가에서 대두된 신공공관리론(new public management)은 시장주의와 신관리주의를 결합하여 전통적인 관료제의 한계를 극복하고, 작은 정부를 구현하기 위해 개발된 정부 운영 및 개혁에 관한 이론이다(이종수 외, 2005). 신공공관리는 정부조직을 기업적인 방식으로 운영하고자 하는 관리 방침으로서(Jansen, 2008: 189) 최근에는 대규모 관료제의 분절화, 상이한 공공기관 간, 그리고 공공기관과 사기업 간의 경쟁, 경제적 유인(Dunleavy et al., 2006 참조; 이종수, 2009b), 민간 부문의 관리 방식을 역할 모델로 삼는 관리주의적 사고와 신자유주의적 · 시장지향적 경제 철학이 결합된 공공 부문의 새로운 관리 철학이다(Hammerschmid & Meyer, 2005: 711).

신공공관리론의 한 축을 구성하는 시장주의는 신자유주의 이념에 기초하여 가격 메커니즘과 경쟁 원리를 활용한 공공서비스 제공, 그리고 고객지향적인 공공서비스 제공을 중시한다(정정길, 2000: 435-439). 따라서 신공공관리론에서는 수익자 부담 원칙의 강화, 민간위탁 · 민영화의 확대, 정부 부문 내 경쟁 원리 도입, 규제 완화 등을 행정개혁의 방향으로 제시하며, 이를 통해 작은 정부를 구현하고자 한다. 또한 국민을 납세자나 일방적인 서비스 수혜자가 아닌 정부의 고객으로 인식하며, 고객주의에 의거하여 고객이 가치를 부여하는 결과의 산출, 서비스의 질 관리, 고객에 대한 서비스 선택권 부여 등을 강조한다.

신공공관리론을 구성하는 또 다른 축인 신관리주의(new managerialism)에서는 기업의 경영 원리와 관리기법을 행정에 도입하여 정부의 성과 향상과 관리의 효율성 제고를 강조한다. 따라서 신공공관리론은 민간 부문의 경영기법을 도입함으로써 효과적이고 대응적인 정부를 구현할 수 있다고 주장한다. 즉, 정부는 기업과 같이 운영되어야 하며, 관료는 공공기업가(public entrepreneurs)가 되어야 한다는 것이다. 이와 관련하여 기

4) 자세한 내용은 이종수(2010: 제9장)를 참고할 것.

업가 정신, 성과지향적 관리, 권한이양(empowerment), 품질관리기법, 유인(incentive) 메커니즘, 마케팅기법, 고객 만족 경영 등을 행정에 도입하는 방안이 논의된다.

한편 신공공관리론은 구공공관리론을 전제로 한다(Saint-Martin, 1998). 구공공관리론은 사회문제 해결에 필요한 인간의 합리성에 대한 확신에 근거하여 중앙집권화된 관료제에 의한 합리적 계획을 강조했으며, 결과적으로 관료제의 팽창이 초래되었다(Saint-Martin, 1998). 이렇게 구공공관리론이 민간기업에서 사용되는 의사결정기법의 도입을 통한 정부관료제의 의사결정 능력 향상에 관심을 두었던 반면, 신공공관리론은 어떻게 하면 민간기업의 관리기법을 정부관료제에 도입하여 정부의 성과를 향상시킬 수 있는가에 주된 관심을 둔다.

또한 신공공관리론에서는 정부관료제의 운영체제가 경쟁의 원리에 기반한 시장체제를 모방하여 계층제적 통제를 대체함으로써 정부관료제의 효율성을 높이는 데 주안점을 둔다. 즉, 시장이 정부를 대신해서 모든 사회문제를 해결해야 하는 것이 아니라 관료들이 자유롭게 정부관료제를 관리하여 사회문제를 해결하도록 하여야 함을 강조한다(이명석, 2002).

신공공관리론은 뉴거버넌스론과 동의어로 인식되기도 한다.[5] 로즈(Rhodes, 1997)는 (뉴)거버넌스를 정부의 의미 변화 또는 공적인 업무의 수행방법의 변화를 지칭하는 용어로 이해하면서(이명석, 2002; 이종수, 2009b), 신공공관리론을 뉴거버넌스의 하위 개념으로 보았다. 한편 피터스(Peters, 1996)는 전통적 관료제 모형의 대안 모형으로 시장 모형(market model), 참여정부 모형(participatory state model), 유연정부 모형(flexible government model), 저통제정부 모형(deregulated government model) 등의 뉴거버넌스 모형을 제시하는데, 이들 모두 신공공관리론의 아이디어와 매우 밀접한 논리적 연관성을 갖는다.

그러나 신공공관리론과 뉴거버넌스론은 근본적으로 상이하다. 뉴거버넌스론이 정부와 사회 간의 새로운 상호작용의 형태를 의미하는 반면(Rhodes, 1997), 신공공관리론은 정부관료제를 조직·관리하는 새로운 방법을 의미한다. 즉, 신공공관리는 정치적 개념인 뉴거버넌스론과는 달리 신자유주의적 이념을 바탕으로 한 행정관리시스템의 전환인 것이다.[6]

---

5) 신자유주의, 신공공관리론, 뉴거버넌스가 모두 같은 개념으로 취급되기도 한다. 또한 뉴거버넌스는 공공거버넌스(public governance)라고 불리기도 한다(Kickert, 1997).

6) 신공공관리론은 비정치적인 관리기법을 강조한다는 측면에서 정치·행정이원론(Frederickson, 1996), 정책·관리이원론(Carroll, 1995) 또는 정책 결정·서비스전달이원론(Kaboolian, 1998)으로 분류될 수 있

(2) 신공공관리론의 특징과 원칙

폴릿(Pollitt, 1995: 133)은 신공공관리의 다양한 구성 요소와 기법을 장바구니에 비유하면서 그 특성을 ① 시장 원칙, ② 공공서비스의 분권화 및 분할, ③ 민간 부문의 관리기법, ④ 정치와 행정의 명확한 분리와 관리상의 높은 자율성을 행정에 부여, ⑤ 산출 및 성과를 핵심 요소로 보는 결과의 강조(Hood, 1991; Pollitt, 1995; Reichard, 1996; Schedler & Proeller, 2002; Hammerschmid & Meyer, 2005: 711)로 범주화하였다.

한편 휴즈(Hughes, 1998)는 신공공관리론의 특성으로 ① 투입 위주가 아닌 산출물 위주의 행정(산출물 평가지표 체계 및 적용, 피드백의 강조), ② 조직, 인사, 고용조건의 유연한 관리(성과급주의, 계약직 · 임시직 · 공직의 외부 개방, 공직 내 · 외부 공개 경쟁 등), ③ 조직 및 개인의 명확한 목표 설정과 성과 지표를 통한 성과 측정(부서별 성과공시제도, 공무원 개개인의 성과 계약 체결, 목표의 계량화 등), ④ 고위공무원의 정치적 중립 대신 정치적 목표 달성에의 헌신, ⑤ 정부의 기능은 '노를 젓는 것(rowing)'이 아니라 '방향을 잡아 주는 것(steering)'을 제시하였다.

또한 아로조(Araújo, 2001: 917-918)는 ① 결과의 달성과 관리자의 책임성 강조, ② 조직, 인사 및 고용 조건의 신축성, ③ 개인 및 조직 목표의 명확한 정의와 성과 지표의 개발, ④ 고위관료의 비당파성이나 중립성보다는 정부에의 정치적 헌신, ⑤ 계약과 같은 시장(메커니즘)의 활용, ⑥ 민간화를 통한 정부 기능의 감축을 제시하였다.

그리고 전종섭(Jun, 2009: 162)은 신공공관리의 주요 아이디어를 ① 구조적 권한이양과 분권화, ② 단일 기관 속에서의 수직적 조정과 자율성, ③ 관리주의와 관리기법, ④ 계약주의, 민간화, 기업가 정신, ⑤ 시장구동기법(market-driven techniques), 경쟁, 소비자로서의 시민, ⑥ 반(反) 베버 이론, ⑦ 규제 완화 및 시장 거래, ⑧ 성과관리 및 산출로 제시하였다.

그 밖에 신공공관리 원칙으로 전문관리자에 의해 운영되는 공공기관, 공공 부문 조직의 개별적인 독립조직으로의 전환, 공공기관 상호 간 또는 민간 부문과의 경쟁 확대, 민간기업 스타일의 사업 집행과 경영 관행 강조, 재원 사용에 있어서 규율과 검약 강조 등이 제안되기도 하였다(Hood, 1991: 4-5). 또한 신공공관리의 원칙으로 기관책임자에 대한 관리상의 자유와 재량권 부여, 특정 기관의 독점 배제, 계약제나 공개입찰 절차를

다. 그러나 뉴거버넌스론에서는 정치 과정에 대해 관심을 기울이며 이러한 이분법적 접근을 반대한다.

통한 경쟁 방식 도입, 탄력적인 보수와 채용, 내부 규칙의 제정 허용, 직접 경비의 절감, 근무 규율 확립, 기업의 규제준수 비용 축소 등이 강조되기도 한다(Hood, 1991: 4-5; 윤은기, 2003).

(3) 신공공관리의 행정개혁 전략

신공공관리의 주요 정책수단은 인력 감축, 민영화, 재정 지출 억제, 책임집행기관, 규제 완화 등이다. 신공공관리의 인사개혁 수단에는 권한 위임, 고위직 근무평정 및 성과급제도, 임용 권한의 위임과 고위직 임용계약제 등이 포함되고, 재정개혁 수단에는 운영예산제, 연도말 이월, 다년도 예산, 발생주의 회계 등이, 그리고 서비스와 성과관리를 위한 개혁 수단에는 서비스기준제도, 성과 협약, 전략 계획 등이 포함된다(김번웅, 1997; 총무처, 1997).

신공공관리론은 고객지향적 행정과 기업가형 정부 형태를 지향한다. 고객지향적 행정은 과거의 행정 중심적이고 공급 중심적인 관행으로부터 민간 중심적이고 수요 중심적인 것으로의 전환을 의미한다(이종범, 1995). 또한 기업가형 정부는 경쟁주의, 성과주의, 업적주의와 같은 기업 운영 방식을 정부조직에 적용함으로써 저비용으로 개선된 공공행정 서비스를 마련하는 정부를 말한다.

신공공관리론 행정개혁 전략은 경쟁의 원리가 적용되는 유인체제를 마련하고, 그 체제하에서 관료를 관료제적 규제로부터 해방시켜 공공기업가(public entrepreneur)로서 자유롭게 활동할 수 있게끔 하는 데 있다. 구체적으로 ① 규정과 규제의 완화, 분권화 및 관료의 재량권 확대를 통한 관리의 탈규제화(deregulation), ② 성과 기준의 명시적 설정 · 성과 측정에 의한 투입 통제 · 관료제적 절차의 대체, ③ 계약제 · 외부 계약 등을 통한 경쟁 원리 도입, ④ 대규모 관료제의 준자율적 단위로의 분리, ⑤ 민간기업의 관리 방식 도입, ⑥ 비금전적 유인 체제의 금전적 유인 체제로의 전환, ⑦ 비용 절감, 효율성 및 인원 감축으로 요약된다(Hood, 1991; Kamensky, 1996; 이명석, 2002).

(4) 신공공관리론에 대한 비판

신공공관리론의 필요에도 불구하고 다음과 같은 비판이 제기된다(신희영, 2002; 이명석, 2002; 임도빈, 2002; 조성한, 2000).

첫째, 공공 부문은 기업 경영과는 근본적으로 다르기 때문에 민간 부문의 관리기법을 공공 부문에 적용하는 데는 한계가 있다(Kickert, 1997). 행정의 정치적 · 사회적 · 법적 환경은 민간기업과는 근본적으로 다르다. 특히 좋은 행정의 구현에 핵심적인 역할을 하는 사회와 정부 간의 관계, 정치와 행정 간의 관계가 민간 부문에는 존재하지 않는다. 정부관료제는 시장 노출성의 정도, 공식적·법적 제약, 정치적 영향력, 강제성, 영향의 범위, 대중의 기대, 그리고 목표의 다양성 등의 측면에서 민간기업과는 근본적으로 다르다(Kickert, 1997).

둘째, 민주적 책임성과 기업가적 자율성·재량권 간의 갈등으로 정부관료제의 효율성이 향상되지 않는다(Bellone & Goerl, 1992). 공공 부문의 성과 측정이 곤란한 경우, 행정의 효율성 향상의 도구로 기업가적 재량권을 선호하는 신공공관리론적 처방은 심각한 공공책임성 문제를 야기할 수 있다. 또한 신공공관리 방식을 채택한 대표적인 국가인 영국, 호주, 뉴질랜드, 캐나다, 미국 등에서 신공공관리론적 개혁의 효과가 드러나기보다는 재정 지출이 지속적으로 늘어나고 있으며, 물가 상승과 함께 실업자의 증가에 의한 스태그플레이션 등의 후유증을 앓고 있다.

셋째, 신공공관리론은 행정의 다른 중요한 가치와 상충관계에 놓일 가능성이 있다. 만일 신공공관리론의 주장대로 효율과 검약의 가치만 추구할 경우 공익, 형평성 등 다른 중요한 가치가 희생되고 결과적으로 행정 성과가 악화될 수 있다. 조성한(2000)은 신공공관리론이 추구하는 효율성은 복지국가를 부정하여 소득불평등, 실업, 빈곤, 범죄 등의 사회적 문제를 심화시킨다고 본다. 또한 공공재 성격이 강한 재화를 생산하는 공기업이 민영화되었을 때 이들 재화가 높은 가격 인상률을 보여 저소득층이나 빈곤층에게 불리한 역분배 효과가 발생할 수 있다.

넷째, 신공공관리론의 고객 중심 논리가 국민으로 하여금 관료가 행정서비스를 향상시켜줄 것을 기대하는 수동적인 존재로 자기 인식을 하도록 만든다(Schachter, 1995: 531). 행정 영역에서 소비자의 만족(consumer satisfaction)과 소비자 주권(consumer sovereignty)은 엄밀히 구분되어야 한다(Kelly, 1998). 국민은 행정서비스를 자신의 선호대로 변경시킬 수 있는 기회를 제공받아야 한다.

다섯째, 신공공관리론은 서구 사회를 기반으로 발달되었기 때문에 한국 사회에 잘 부합하지 않는다. 집단주의적 삶의 양식이 지배하는 한국 사회에서 신자유주의 정책이 조성하는 문화적 긴장과 갈등(박종민·김서용, 2001: 416), 신공공관리론의 이념적 토대인 신자유주의적 개혁의 한계는 빈번하게 지적된다(이연호, 1999). 린(Lynn, 1998)에 의하면 신공공관리론에 기반한 서구 국가들의 행정개혁은 외견적으로 유사함에도 불구하고 근본적인 차이를 갖는다. 이것은 신공공관리론 개혁 전략의 무비판적 수용이 매우 위험한 일종의 도박일 수 있다는 사실을 의미한다. 이러한 맥락에서 신공공관리론은 아직까지 과학적 이론의 수준에 이르지 못한, 단순히 성공 사례를 모방하는 방법론(best practice methodology)에 불과하다고 지적되기도 한다(Barzelay, 1992).

여섯째, 신공공관리론은 관리주의적 논리로 중요한 정치적 문제를 교묘히 회피하는 과오를 범하고 있다. 정부가 제대로 관리되지 못함으로써 정부가 사회문제의 해결자가 아닌 사회문제로 전락하고 말았다는 관점에서 신공공관리론의 관리주의적 논리는 행정의 내부적 관리의 효율성 증진에 도움을 줄 수 있다. 그러나 행정을 정치로부터 분리하여 기업처럼 다루는 것은 공공 문제를 다루는 데 필요한 정치적 선택을 의도적으로 무시하고, '좋은 관리'를 모든 공공 문제를 해결할 수 있는 보편적인 해결책으로 강조하는 오류를 초래한다. 이러한 논리에 의하면 신공공관리론은 정치·행정이원론의 현대적 모습이라 할 수 있는데(Carroll, 1995), 사실상 행정은 정치적일 수밖에 없다.

일곱째, 신공공관리론은 엄밀하게 검증된 이론이라기보다는 단순히 몇몇 개혁 아이디어의 모음이다. 대응적이고 고객지향적이며 효율적인 정부는 신공공관리론뿐만 아니라 전통적인 행정학의 목표이다. 신공공관리론은 행정개혁의 새로운 방향을 제시하지만, 구체적이고 이론에 근거하며 경험적으로 검증된 행정개혁 전략을 제안하지는 못한다. 따라서 신공공관리론이 과연 행정학 패러다임의 전환을 가져왔는가에 대해 확신할 수 없다.

〈표 6-2〉 신공공관리의 특징과 신공공관리에 대한 비판

구 분		특 징	비 판
정부 기능	① 정부–시장 관계의 기본 철학	• 시장지향주의 – 규제 완화	• 정부의 위축 및 공동화(空洞化) • 규제 완화 개혁의 역설[7]
	② 추구하는 주요 행정가치	• 능률성·경제성 강조	• 민주성·형평성 등 전통적 행정가치 경시
	③ 정부 규모와 기능	• 정부 규모와 기능의 감축 – 민간화·민영화·민간위탁	• 정치적 통제의 훼손 • 민영화 효과의 한계[8]
	④ 공공서비스 제공의 초점	• 고객 관점의 강조	
	⑤ 공공서비스 제공의 방식	• 시장 메커니즘의 활용 – 민간 부문을 공공서비스의 공동생산자 및 경쟁자로 규정 – 내부 시장화·계약·외주화	• 시장 메커니즘 적용의 한계 – 공공 부문과 민간 부문의 본질적 차이 경시 – 비사업 분야에까지 민간기업 원칙 적용

조직 구조	⑥ 기본 모형	• 탈관료제 모형	
	⑦ 조직구조의 특징	• 비항구적 · 유기적 구조 – 임시조직 · 네트워크 활용 – 비계층적 구조 – 구조적 권한이양과 분권화	• 정부관료제의 불안정성 증대 • 장기적 효율성 저하
	⑧ 조직개편의 방향	• 소규모의 준자율적 조직으로 분절화 예) 책임운영기관	• 정부기관의 분절화, 통합 등 지속적 조직개편으로 인한 불안정성 증대9) • 기관 간 협력의 소홀
관리 기법	⑨ 조직관리의 기본 철학	• 경쟁과 자율성 강조하는 민간 부문 관리기법 도입 – 경쟁의 원리 도입 – 규정과 규제의 완화 – 관리자의 자율성 · 책임성 강조	• 공공 부문과 민간 부문의 본질적 차이로 인한 민간 관리기법 적용에의 근본적 한계 • 관리주의적 논리로 정치적 문제 회피 • 과도한 관리적 자율성의 문제
	⑩ 통제 메커니즘	• 결과 · 산출 중심의 통제 – 성과계약제 등 성과관리제	• 공공 부문 산출물의 측정 곤란
	⑪ 인사관리의 특성	• 경쟁적 인사 관리 – 능력 · 성과 기반 인사관리 – 경제적 인센티브 중시 – 개방형 인사제도	• 공공책임성 저하 • 장기적 능률성의 훼손 • 효율성 제고 효과의 한계10)

자료: 이종수(2009c).

〈표 6-2〉에서는 정부 기능, 조직구조, 관리기법을 기준으로 신공공관리론의 특징과 비판 내용을 정리하였다(이종수, 2009b).

2) 탈신공공관리론

(1) 탈신공공관리의 의의

1980년대 이래 세계 각국은 기업식 관리기법 도입, 성과관리, 민영화, 규제 완화, 준자율적 단일 목표 기관(single-purpose organization)의 창설 등 공공 부문의 능률성 제고를 위한 급진적 개혁을 추진하였다. 이러한 신공공관리적 개혁은 공공 부문의 효율성을 제고하는 데 적지 않게 기여했지만, 다른 한편에서는 신공공관리적 개혁 조치에 대해

7) '규제 완화 개혁의 역설'은 규제 완화 이후 제고된 자율성을 지닌 새로운 규제 기관들이 등장하는 현상을 가리킨다(Christensen, Lie & Lægreid, 2008: 16).

8) 리랜드와 올가(Leland & Olga, 2009: 860)는 민영화된 운송체제가 정부가 운영하는 운송체제보다 더 효율적이지도, 더 효과적이지도 않다는 경험적 연구 결과를 밝히고 있다.

9) 랩슬리(Lapsley, 2008: 84)는 대부분의 정부조직 개편이 실효성이 적으며 관련 조직의 구조가 지속적으로 개편되는 현상을 지적하였다.

10) 페리 등(Perry, Engbers & Jun, 2009: 43)은 신공공관리 수단으로서의 성과급제도(performance-related pay)가 공공 부문에서 성과 향상을 가져온다는 경험적 증거를 확인하는 데 실패하였다고 주장한 바 있다.

비판이 제기되기도 하였다. 이러한 비판적 관점에 따라 신공공관리 개혁의 부작용 및 한계를 보완하기 위한 반작용적(reactive) 또는 사전적(proactive) 조치를 탈신공공관리(post-NPM)라고 한다(이종수, 2009b).

탈신공공관리의 목표는 신공공관리의 역기능적 국면을 교정하고 통치 역량을 강화하며, 정치·행정 체제의 통제와 조정을 개선하기 위해 재집권화와 재규제를 가하는 것이다. 크리스텐센(T. Christensen)과 래그레이드(P. Lægreid)는 신공공관리의 주된 수단인 규제개혁과 행정기관 개혁을 추진한 국가에서 재규제화, 재집권화, 구조 통합 등 신공공관리 개혁과 거꾸로 된 움직임, 즉 탈신공공관리 현상이 나타나는 점에 주목했다. 규제 완화가 실제로 재규제(reregulation)를 초래하고, 통합된 중앙부처 모형(integrated ministerial model)을 여러 단일 목적 기관으로 분절화시킨 개혁이 중심기관(centre)의 필요성을 다시 제기시킨 것이다.

(2) 탈신공공관리의 주요 아이디어

신공공관리론자는 물론 탈신공공관리론자들도 정치경제학, 제도주의 및 관리이론에서 아이디어를 도출하였다. 1960년대 이래 조직이론가들은 연결침 모형, 교차 기능 조직, 다차원 조직, 매트릭스 조직, 수평 조직, 적응적 조직, 네트워크 조직 등과 같은 다양한 구조 설계 전략에 관하여 논의해 왔다. 크리스텐센과 래그레이드(Christensen & Lægreid, 2006: 365-366; Christensen & Lægreid, 2007: 5, 33-35, 47)는 집권화와 분권화, 통제와 자율성, 집중과 분산, 공식적 네트워크와 비공식적 네트워크 간의 적절한 균형이 이루어져야 함을 주장하였고, 총체적 정부(whole-of-government) 또는 결합정부(joined-up government) 운동의 구조적 설계를 제안하였다. 또한 공공관리 혁신을 추진해 온 나라에서는 중앙 통제, 조정, 그리고 탈정치화가 강조되었다.

결국 탈신공공관리의 주요 아이디어는 신공공관리 개혁의 수정과 보완 조치, 즉 전통적 관료제 모형과 신공공관리의 변증법적 통합에서 찾을 수 있다. 탈신공공관리의 주요 아이디어는 ① 구조적 통합을 통한 분절화의 축소(Reducing fragmentation through structural integration), ② 재집권화와 재규제(Asserting recentralization and re-regulation), ③ 총체적 정부 또는 결합된 정부의 주도(Whole-of-government or joined-up government initiatives), ④ 역할 모호성 제거 및 명확한 역할관계 제시(Eliminating role ambiguity and creating clear role relationships), ⑤ 민간-공공 부문의 파트너십(Private-public partnerships), ⑥ 집권화, 역량 및 조정의 증대(Increased centralization, capacity building, and coordination), ⑦ 중앙의 정치적 · 행정적 역량 강화(Strengthening central political and administrative capacity), ⑧ 환경적 · 역사적 · 문화적 요소 고려(Paying attention to environmental, historical, and cultural elements)로 정리된다(Jun, 2009: 163).

〈표 6-3〉 전통적 행정 · 신공공관리 · 탈신공공관리 비교

비교 국면		전통적 행정	신공공관리	탈신공공관리
개혁의 기본 철학	정부의 기능	• 전통적 정부 기능 강조	• 시장 메커니즘 활용과 정부 기능의 감축 • 규제 완화	• 정부 기능 및 정치적 통제의 회복 • 재규제화
	강조하는 행정가치	• 전통적 행정가치	• 능률성 강조	• 전통적 가치와의 균형화
	공공서비스 제공 방식	• 정부가 직접 생산 · 공급 • 공급자 중심	• 민간화 · 민영화 · 민간 위탁 • 소비자 중심	• 민간화 · 민영화의 신중한 접근 • 소비자 중심
조직 구조 설계	구조적 설계	• 베버식 관료제 조직구조	• 단일 목적의 자율적 조직으로의 분절화	• 구조적 통합을 통한 분절화 축소
	의사결정 구조	• 집권과 분권	• 분권화 강조	• 재집권화
인적자원 관리	인적자원 관리기법	• 자질 · 행동 · 성과의 균형적 평가	• 산출과 성과 강조	• 산출과 성과 강조
업무 과정	업무 방식의 특징	• 규정과 규제에 의한 관리	• 민간 부문의 관리기법 도입 • 관리적 자율성 부여	• 자율성과 책임성의 균형 강조
	통제 메커니즘	• 계서제적 통제 • 투입과 절차의 통제	• 결과 · 산출 중심의 통제	• 결과 · 산출 중심의 통제

3) 신공공관리와 탈신공공관리의 전망

신공공관리의 향후 진로와 관련하여 크리스텐센과 래그레이드(Christensen & Lægreid, 2008: 26-27)는 ① 시장, 관리, 그리고 능률성을 향한 선형적 발전 과정(linear process), ② 일정 기간 경과 뒤 신공공관리의 규범과 가치에 대한 반동이 야기되면서 베버식 관료제의 재발견과 구(舊)서비스(old civil service)로의 회귀(Pollitt & Bouckaert, 2004; Olsen, 2006), ③ 개혁 아이디어와 행정관행, 그리고 이론의 공진화(共進化, co-evolution)(March & Olsen, 1989; Christensen & Lægreid, 2001)라는 세 가지 시나리오를 제안한 바 있다.

그러나 신공공관리의 세계를 향한 선형적 발전(linear development) 사례는 많지 않으며 반대의 움직임(counter-movement)도 적지 않았다. 탈신공공관리의 일반적 추세는 신공공관리의 대체가 아니라 '조정'으로, 신공공관리 개혁이 부분적으로 수정되고 보완되며 강화되는 모습으로 구체화된다.

3 신공공서비스론[11)]

1) 신공공서비스론의 의의

신공공서비스(new public service)는 기업가 정신보다 시민권(citizenship)을, 시민에 대한 통제보다는 방향잡기(steering)를 통한 공공서비스 제공을 강조한다. 신공공서비스론 하에서 정부는 기술적 · 경제적 합리성(technical and economic rationality)을 강조하고, 시장 메커니즘에 의지하는 방향잡기에 그치는 것이 아니라 정치적 합리성까지 고려하는 전략적 합리성(strategic rationality)에 기반하여 시민과 지역사회의 이익을 중재하고 공유가치를 창출하는 서비스 제공에 초점을 둔다.

신공공서비스론에서는 행정의 역할이 공공서비스를 제공하는 데 있음을 강조한다. 즉, 관료의 기본 역할은 사회의 방향을 설정하고(steering) 통제하는 것이 아니라 시민이 그들의 공유된 이익을 표출하여 충족시킬 수 있도록 도와주는 데 있다(Denhardt & Denhardt, 2000: 549). 그러므로 관료가 대응적이어야 할 상대는 고객(customers)이 아니라 시민(citizen)이며 행정가의 책임은 효율적인 행정업무 수행이 아니라 모든 사람에게 더 나은 생활을 보장하는 것이다(Denhardt & Denhardt, 2003: 4; 이종수 외, 2008: 163). 신공공서비스론은 민주사회의 기반 위에서 전통적 행정과 신공공관리론이 내세우는 중요한 기법과 가치가 동시에 작동될 수 있는 틀을 마련해 준다는 차원에서 의미를 지닌다.

2) 신공공서비스론의 대두 배경

신공공관리론은 1980년대 이후 공공 부문 관리에 큰 변혁을 초래했다. 관료들이 시민들에게 서비스를 제공하는 '노젓기'에서 '방향잡기'로 역할이 전환됨에 따라 관료들은 보트의 목표와 방향을 선택하고 그곳에 도달하는 경로를 입안함으로써 더 많은 권한을 행사하고, 그 와중에 보트의 주인이 누구인가를 망각하게 되었다. 관료는 공공조직을

11) 자세한 내용은 이종수(2010: 제10장)를 참고할 것.

관리하고 정책을 집행할 때 시민에게 권한을 부여하고 그들에게 봉사하는 데 초점을 두어야 하며, 노젓기 또는 방향잡기보다는 무결성과 대응성을 지니는 공공제도의 확립을 강조하여야 한다(Denhardt & Denhardt, 2000: 549-550).

신공공관리를 두고 시장모형이 장려하는 분권화와 공공 부문에서의 조정의 필요성 사이에 놓인 긴장이 지적되었고(Peters & Savoie, 1996), 민영화가 민주적 가치와 공익에 대해 가지는 함의를 따져보아야 한다는 견해가 제기되었으며(McCabe & Vinzant, 1999), 공정성, 정의, 대표성, 참여와 같은 민주적·헌법적 가치가 손상되는 문제점이 지적되기도 하였다. 이러한 신공공관리론에 대한 비판에 기초하여 시민을 중심에 두는 신공공서비스론이 대두하였다.

3) 신공공서비스론의 지적 토대

신공공서비스론은 ① 민주적 시민이론(theories of democratic citizenship), ② 공동체 및 시민사회 모형(models of community and civil society), ③ 조직인본주의와 담론이론(organizational humanism and discourse theory)을 기반으로 한다.

신공공서비스론의 첫 번째 지적 토대는 민주적 시민이론이다. 정부는 선거와 같은 민주주의 절차와 개인의 권리 보장을 통해 시민들이 자신의 사익에 일치하는 선택을 할 수 있게끔 한다. 그러나 시민은 공동체 전체에 대한 관심과 소속감 및 도덕적 결속감을 느끼는 광범하고 장기적인 관점에 따라 사익을 초월하는 더 큰 공익을 지향한다(Schubert, 1957; Sandel, 1996: 5-6).

신공공서비스론의 두 번째 지적 토대는 공동체 및 시민사회 모형이다. 정부, 특히 지방정부는 공동체를 창출하고 지원하는 데 관심을 가진다. 이러한 노력 가운데 하나는 건강하고 적극적인 중재제도(mediating institutions)를 창설하는 것이다. 퍼트남(Putnam, 1995)이 주장하듯이, 미국의 민주주의 전통은 적극적 관심을 갖는 시민(engaged citizens)과 매사에 적극적인 집단, 결사체, 그리고 정부조직에 의존한다. 이러한 소규모 집단이 시민사회(civil society)를 형성하기 때문에 시민은 그 속에서 민주주의와 공동체 형성에 필수적인 담론과 숙의를 통해 상호 관여하며, 이때 정부는 시민과 공동체의 연결을 창출하고 지원하는 중요한 역할을 한다(King & Stivers, 1998a).

신공공서비스론의 세 번째 지적 토대는 조직인본주의와 담론이론이다. 해석학(Harmon, 1981), 비판이론(Denhardt, 1981), 포스트모더니즘(Farmer, 1995; Fox & Miller, 1995;

McSwite, 1997; Miller & Fox, 1997)과 같은 접근은 권위, 통제와 같은 이슈에 덜 지배되고, 조직 내 구성원과 조직 외부의 고객 및 시민의 필요와 관심사에 더욱 세심한 주의를 기울이는 공공조직을 추구해 왔다. 그동안 관료제와 사회에 대한 해석학적 · 비판적 분석이 중심을 이루어 왔으나 최근에는 담론이론과 같은 포스트모던 관점에까지 이러한 추세가 확대되었다. 이에 관료제를 재활성화하고 행정의 정통성을 복원하기 위해서는 시민과 관료들을 포함하는 모든 당사자 간의 진지하고 개방된 담론이 이루어져야 한다는 담론이론과 함께 조직인본주의적 관점이 강조된다.

4) 신공공서비스론의 특징

신공공서비스론에서는 다음과 같은 일곱 가지의 기본 원칙을 제시한다(Denhardt & Denhardt, 2000: 553-556).

첫째, '방향잡기'보다 '봉사'하라(Serve, rather than steer). 관료의 역할은 새로운 방향을 잡아 사회를 통제하는 데 있는 것이 아니라 시민들로 하여금 공유된 가치를 표명하고 그것이 충족되도록 도와주는 데 있다.

둘째, 공익은 부산물이 아니라 목표이다(The public interest is the aim, not the by-product). 따라서 관료는 공익이라는 공유된 이익과 공유된 책임을 창출하는 데 기여해야 한다.

셋째, 전략적으로 생각하고 민주적으로 행동하라(Think strategically, act democratically). 공공의 욕구를 충족시키기 위한 정책은 집합적 노력과 협력 과정을 통해 효과적이고 확실하게 달성된다.

넷째, '고객'이 아닌 '시민'에게 봉사하라(Serve citizens, not customers). 공익은 사익의 합계가 아닌 공유가치에 관한 담론을 통해 도출된다. 따라서 관료들은 고객의 요구에 단순히 대응하는 게 아니라 시민과 함께, 그리고 시민들 간의 협력과 신뢰관계를 구축하는 데 초점을 두어야 한다.

다섯째, 관료들의 책임성은 단순하지 않다(Accountability isn't simple). 관료는 시장에만 주의를 기울여서는 안 되고, 헌법과 법률, 지역사회의 가치, 정치적 규범, 행정관의 전문직업적 기준, 시민의 이익에도 관심을 가져야 한다.

여섯째, 생산성만이 아니라 사람의 가치를 존중하라(Value people, not just productivity). 공공조직과 공공조직 네트워크는 장기적 관점에서 보면 모든 사람을 존중하는 토대 위에서 공유된 리더십과 협력 과정을 통해 작동될 때 성공적이다.

일곱째, 기업가 정신보다는 시민의식과 공공서비스 가치를 존중하라(Value citizenship and public service above entrepreneurship). 공익은 공공자금을 자신의 것인 양 행동하는 기업가적 관료에 의해 확보되기보다는 사회에 의미 있는 기여를 하는 시민과 관료들에 의해 더욱 증진된다.

〈표 6-4〉에서는 구행정론, 신공공관리론, 신공공서비스론의 특징을 비교해 제시하였다.

〈표 6-4〉 구행정론 · 신공공관리론 · 신공공서비스론의 비교

	구행정론	신공공관리론	신공공서비스론
이론적 · 인식론적 기반	• 정치 이론 • 사회적 · 정치적 주석	• 경제 이론 • 실증과학에 기초한 정교한 토론	• 민주주의 이론: 실증주의, 해석학, 비판이론, 포스트 모더니즘 등 다양한 접근
추구하는 합리성과 인간행태 모형	• 개괄적 합리성 • '행정인'	• 기술적 · 경제적 합리성 • '경제인' 또는 사익추구적 의사결정자	• 전략적 합리성: 정치적 · 경제적 · 조직적 합리성 등 포괄
공익의 개념	• 정치적으로 정의된 공익 • 법률 속에 표현된 공익	• 개별 이익의 총화	• 공유가치에 대한 담론의 결과물
관료적 대응성의 대상	• 고객과 선거구민	• 고객	• 시민
정부의 역할	• 노젓기	• 방향잡기	• 서비스 제공
정책목표 달성 메커니즘	• 기존의 정부기관을 통한 정책관리	• 민간기관과 비영리기관을 통한 유인구조의 창조	• 공공기관, 비영리기관, 민간기관의 연립 구축
책임성의 접근	• 계서제 활용: 관료들은 선출된 정치 리더에 대해 책임을 짐	• 사익이 모여 광범한 시민 집단이 요구하는 결과를 초래함	• 다국면적: 관료들은 법률, 공동체 가치, 정치적 규범, 전문직업적 기준, 시민의 이익을 섬겨야 함
행정 재량	• 제한된 재량권 허용	• 기업가적 목표를 충족시킬 수 있는 광범한 재량권 인정	• 재량권이 필요하나 제한적이고 책임이 수반됨
가정된 조직구조	• 하향식 권위의 관료제 조직	• 분권화된 공공조직: 기초적 통제는 남아 있음	• 협력적 구조: 대내 · 외적으로 공유된 리더십
동기부여 수단	• 보수와 편익 • 공무원의 신분보장	• 기업가 정신	• 공공서비스와 사회 공헌에 대한 욕구

자료: Denhardt & Denhardt(2000: 554).

4 뉴거버넌스적 접근방법[12)]

1) 뉴거버넌스론의 의의와 특징

거버넌스(governance)는 공통의 문제와 관계되는 여러 집단이 자율성을 지닌 채 유기적인 상호작용을 통해서 협상과 타협, 조정을 이끌어내 문제를 해결하는 방식으로, 국정관리체계(國政管理體系), 공치(共治), 협치(協治) 등의 용어로 불린다. '정부에서 거버넌스로(from government to governance)'라는 금언이 대변해 주듯이 거버넌스는 일방적·계층제적 통치를 의미하는 정부(government)와 대비되는 개념이다. 신공공관리론이 조직 내부의 문제에만 관심을 가진다면, 거버넌스는 조직 간 상호작용과 협상에 관심을 두고 다른 집단과의 파트너십을 형성해 문제를 해결한다. 따라서 신공공관리론은 효율성에, 거버넌스는 민주성에 역점을 둔다고 볼 수 있다(백완기, 2009: 52-53).

거버넌스는 넓은 의미에서 일반적인 국정관리체계를 가리키며 다른 한편으로는 네트워크식 국정관리체계만을 지칭하는 의미로 사용되지만[13)] 그 개념에 대해서 아직 학문적 합의가 이루어지지 않았다. 피에르(Pierre, 2000)는 거버넌스를 사회체제의 조정(coordination)과 관련된 것으로 파악하면서 정부가 주도적인 역할을 하는 구(舊)거버넌스(old governance), 그리고 정부와 시민사회 간의 파트너십과 네트워크가 주도적인 역할을 하는 뉴거버넌스(new governance)로 구분하였다. 즉, 기존의 거버넌스가 계층제적 국정관리체계를 의미한다면, 뉴거버넌스는 네트워크식 국정관리체계를 가리킨다. 여기에서는 피에르의 정의와 같이 뉴거버넌스를 네트워크식 국정관리 방식으로 규정하여 사용하고자 한다.

그동안 계층제적 국정관리체계로서의 정부는 공공서비스의 일방적·독점적 생산자 및 공급자 역할을 담당해 왔으나, 점차 공공서비스의 생산과 전달에 민간 부문과 비영리 부문의 참여가 확대되었다. 그 결과, 공공서비스 전달의 효율성과 효과성은 정부 부문과 민간 부문 및 비영리 부문 간 협력적 네트워크의 구축 및 관리에 의해 크게 영향을 받게 되었다. 또한 세계화에 따라 국민국가의 역할이 축소되는 가운데 그 역할을 시

---

12) 자세한 내용은 이종수(2010: 제8장)를 참고할 것.

13) 넓은 의미의 거버넌스, 즉 국정관리체계의 주요 양식으로는 계층제(관료제 또는 전통적 형태의 정부조직), 시장, 네트워크(network) 등이 있으며, 이것은 일종의 조정 기제(coordination mechanism)라고 할 수 있다. 계층제는 행정 명령을 통한 조정 기제이고, 시장은 가격 경쟁을 통한 조정 기제이며, 네트워크는 신용과 협력을 통한 조정 기제이다(Thompson et al., 1991: 15; 정용덕, 2002: 733).

민사회나 시장 및 국제 체제가 분담하고, 정보화가 진전되면서 국가, 사회, 기업 등 국가 운영주체 간의 관계가 변함에 따라 뉴거버넌스론이 등장하였다.

뉴거버넌스는 당초 정책 네트워크(policy network)[14]에 기초하여 발전하였다. 거버넌스를 네트워크식 국정관리체계로 이해하는 학자들(Kichert, 1997; Goss, 2001; Kooiman, 2003)에 의하면 민주화·세계화·지방화 등 행정환경의 변화로 국가의 권한과 책임이 다른 사회권력들에게 이전되었고, 이에 따라 국가의 힘이 약화되었다. 각 계층의 정부, 시장, 사회단체, 주민단체 등 다양한 구성원들의 자발적 참여가 이루어짐에 따라 뉴거버넌스가 등장하였다.

한편 로즈(Rhodes, 1996)는 뉴거버넌스의 개념에 ① 최소국가(the minimal state), ② 기업적 거버넌스(corporate governance), ③ 신공공관리(new public management), ④ 좋은 거버넌스(good governance), ⑤ 사회적 인공지능 체계(socio-cybernetic system), ⑥ 자기조직화 네트워크(self-organizing network) 속성이 포함되어 있다고 주장한다.

구체적으로 기존의 공공관료제는 너무 크고 비용이 많이 들며 공공서비스 제공에 있어 비효율적이기 때문에 뉴거버넌스는 최소국가를 지향해야 한다. 이러한 주장에는 공공서비스의 생산·공급에 있어서 민간 부문이 더 효율적일 수 있기에 시장과 준시장을 적극적으로 활용해야 하며, 시장에 대한 정부의 규제를 완화하는 등 정부의 역할과 기능을 축소시켜 작은 정부로 만들어야 한다는 생각이 담겨 있다.

기업적 거버넌스는 기업조직의 지휘·통제 방식을 의미한다. 의무경쟁입찰(compulsory competitive tendering: CCT),[15] 내부시장에서의 재량적 사업 단위 설치, 상업적 경영 형태 도입 등 기업적 거버넌스 방식을 공공 부문에 도입함으로써 관료제 문화를 바꿔 공공 부문의 효율성을 제고하고자 하는 것이다.

정부의 일을 관리하는 국정관리체계로서의 거버넌스가 '좋은 거버넌스'가 되기 위해서는 효율적인 공무원단, 독립적인 사법체계, 계약 집행을 담보하기 위한 법률구조, 책임성 있는 공공기금 관리, 입법부에 책임을 지는 독립적 공공감사기구, 법과 인권을 존중하는 정부, 다원주의적 구조 등이 전제되어야 한다.

---

14) 정책 네트워크는 정부 내 혹은 정부 밖의 다양한 정책공동체(policy community)에서 활동하는 정책 이해관계자들 간의 긴밀한 타협과 협상의 결과로 구성되는 공식적·비공식적 네트워크를 말한다.

15) 의무경쟁입찰제도는 공공서비스 공급의 경쟁을 통해 공공서비스의 질적 수준 향상과 생산성 제고를 유도하기 위한 제도이다. 이 제도는 기존의 공공서비스 공급을 담당하던 공무원 조직(부서)이 민간 부문과의 경쟁입찰에 모두 참여할 수 있게 한다는 점에서 민간위탁과 구별된다.

뉴거버넌스는 사회적 인공지능체계로 이해될 수 있다. 사회체계 속에서는 정부뿐만 아니라 비정부기구 등 여러 행위자들이 상호작용한다. 하나의 공공정책은 중앙정부와 지방정부, 공기업과 같은 공공 부문뿐만 아니라 NGO, 민간기업, 자원기구 등 민간 부문과의 상호작용 속에서 이루어진다. 이와 같이 공공 부문과 민간 부문 간 상호작용 체계로서의 새로운 형태라는 의미에서 뉴거버넌스를 사회적 인공지능 체제로 규정하는 것이다.

또한 뉴거버넌스는 자기조직화 네트워크로 정의되기도 한다. 뉴거버넌스는 조정 메커니즘의 시각에서 계층제와 시장에 대한 대안적 거버넌스로 볼 수도 있다. 시장의 조정 메커니즘이 경쟁이라면, 계층제의 조정 메커니즘은 행정명령이고, 네트워크의 중심적 작동 메커니즘은 신뢰와 상호 협력이다(Thompson et al., 1991: 15). 통합된 네트워크는 정부의 방향 제시(government steering)에 대항하여 스스로 정책을 개발하고 환경도 조성할 수 있다(Rhodes, 1996: 659)는 면에서 네트워크는 자기조직적(self-organizing)이고 자율적이다. 자기조직화 네트워크로서의 (뉴)거버넌스 체계하에서 정부의 주된 과제는 네트워크의 능력을 키우고 새로운 형태의 상호 간 협력을 강구하는 것(Rhodes, 1996: 666)이다(정용덕, 2002: 726-734 참조).

이처럼 뉴거버넌스의 의미가 다양하게 제시되고 있지만, 그 핵심은 공공서비스 전달 또는 공공 문제 해결에 있어 정부라는 제도적 장치에 전적으로 의존하기보다는 정부와 민간 부문 및 비영리 부문 간의 협력적 네트워크를 적극 활용하는 것이다. 이 과정에서 정부 · 시장 · 공동체 간의 관계와 정부의 역할이 새로 정립되고, 정부와 민간 부문 및 비영리 부문 간의 협력체제(partnership)가 등장하며 이들 부문 간의 조정 기제로서 상호 신뢰와 협력에 기초한 네트워크를 활용하게 된다.

2) 뉴거버넌스의 전망

뉴거버넌스의 등장으로 계층제는 사라지고 뉴거버넌스가 전통적 행정을 완전히 대체할 새로운 형태의 국정관리시스템으로 발전할 것인가? 그리고 정부는 시장 및 다른 민간 부문들과 수평적 관계로 연계되는가?

국내 · 외 연구에서는 국가와 민간 부문의 영향력이 같은 수준을 유지하기 어렵다는 점을 밝히고 있다. 정부는 재정력, 정보력 등에서 민간 부문을 압도한다. 정부는 민간이나 시장의 참여가 없어도 국가 사업을 수행할 수 있지만, 시장이나 민간은 공익과 관련된 사업을 독자적으로 수행할 유인이 없거나 자원이 부족하다.

미국에서는 NGO가 민간위탁 사업을 수탁하면서 정부에 귀속되어 버리는 사례가 초래되었다. 또한 NGO들은 정부의 재정을 지원받기 위해 정부의 눈치를 보며, 정부재정을 차지하기 위해 NGO 간 경쟁이 발생하였다. 정부는 민간에 위탁된 공공서비스의 질을 확보한다는 명목 아래 피위탁기관을 감독하고, 이에 따라 정부의 계층제가 민간 부문까지 확대되는 결과가 초래되었다. 반면에 NGO들이 정부의 재정 지원을 받으면서 점차 정부와 같은 관료적 행태가 나타나고, 공익사업보다는 내부 구성원들의 이익에 더 큰 비중을 두는 일이 발생하였다.

한편 정부의 규제개혁과 관련하여 탈규제와 재규제의 순환이 지속되고 있는 것으로 밝혀졌다. 탈규제가 지나칠 경우, 시장의 규칙이 무너지고, 이에 따른 시장의 혼란을 해결하기 위해 재규제가 이루어진다는 것이다. 그리고 시장 규제가 약화되면서 야기되는 형평성 문제를 해결하기 위해 사회적 규제가 강화되기도 한다. 결국 뉴거버넌스를 도입하여도 규제개혁은 양적으로나 질적으로 기대한 만큼의 효과를 거두지 못하고 있다. 또한 한국이나 일본과 같은 행정국가적 전통을 가진 국가의 경우, 탈규제조차 정부가 주도하는 모순을 보인다. 이러한 정부 주도적 탈규제는 정부의 책임감을 약화시키면서 통제 기능은 그다지 약화되지 않는 부작용을 초래한다.

세계적으로 행정개혁이 (뉴)거버넌스적으로 전환되고 있다는 주장에도 불구하고, 실제로 계층적 정부조직이나 관리체계가 사라진 경우를 찾아보기는 쉽지 않다. 간혹 네트워크식 참여 형태가 나타나기는 하지만 전통적 정부행정을 근본적으로 전환시켰다는 증거를 발견하기 어렵다. 오히려 개별 사업별로 나타나는 네트워크식 국정관리는 정부정책의 예측성을 약화시켜 시장경제의 혼란을 가져올 수도 있다는 문제점이 지적된다(조성한, 2005 참조).

5 포스트모더니즘 접근방법[16)]

1) 포스트모더니즘의 의의와 지적 특성

포스트모더니즘(post-modernism)은 합리주의와 과학주의, 기술주의를 신봉하는 모더

16) 자세한 내용은 이종수(2010: 제11장)를 참고할 것.

니즘에 대한 회의, 즉 과학주의와 기술주의의 한계와 부작용을 비판하는 관점이나 이론을 의미한다. 또한 인간의 이성과 과학의 무한한 힘을 믿었던 근대적 세계관이 무너지는 과정에서 나타난, 해체와 해방을 의미하는 개념이기도 하다(김광웅, 1995: 142). 포스트모더니즘은 사회적 현실이 사람의 마음속에서 구성된다고 보는 구성주의(constructivism), 상대주의적 · 다원주의적 세계관, 해방주의(emancipatory)를 지적 기반으로 한다.

르네상스[17] 이후 15~17세기를 거치면서 등장한 근대성(modernity)은 뉴턴식 · 기계적 세계관을 바탕으로 이성(reason)과 과학의 힘을 중시하고, 인류 역사의 진보와 낙관적인 미래를 가정하며, 인류 사회의 무한한 발전과 행복을 가져올 수 있다는 믿음을 제공하였다. 그러나 과학의 비약적인 발달에도 불구하고 모더니즘의 시각에서 예견했던 비전을 실현할 수 없을 뿐만 아니라 오히려 불확실성이 가중되었다. 이러한 배경하에서 포스트모더니즘은 18세기 이후 300여 년간 서구 사회를 지배해 온 이성중심주의, 합리주의, 진보주의를 극복하려는 대안적 사조로 등장하였다. 포스트모더니즘은 상대주의 및 다원주의적 세계관을 기본 관점으로 하여 특정한 사회적 맥락에 따라 현실에 대한 해석이 달라질 수 있고, 심지어 같은 맥락 속에서도 현실에 대한 해석은 다양할 수 있음을 강조한다(김동원, 2005).[18] 관료제로 상징되는 전통적 행정학은 모더니티의 가정(presumtion)을 수용하고 있다.

포스트모더니즘 행정이론으로는 파머(D. J. Farmer)가 제시한 반관료제론과 폭스(C. J. Fox)와 밀러(H. T. Miller)가 제시한 담론이론 등이 있다.

2) 파머의 반관료제론

파머(D. J. Farmer)는 근대성(modernity)과 탈근대성(postmodernity)이라는 두 개의 렌즈를 통해 행정이론을 해석하였다. 그는 관료제도를 중심으로 한 근대 행정이론을 과

17) 14세기경 북부 이탈리아 지역에서 시작된 르네상스(Renaissance)는 인간의 사고와 활동을 지배하던 종교적 제약에서 벗어나 자유로운 사고와 활동을 강조하는 인문주의(humanism)를 기본이념으로 한다. 르네상스 이후의 근대적 지식은 모더니즘에서 중시하는 인간중심적, 논리중심적인 주체관, 세계관으로 구성되었으며, 근대적 주체는 논리와 이성의 주체로서 권력을 행사하고 무의미한 자연세계에 의미를 부여하는 적극적 행위자로 그려졌다.

18) 포스트모더니스트들은 실증주의 인식론의 특징을 다음과 같이 설명한다. 첫째, 실증주의 인식론은 현실을 절대적으로 유일하며 실체적인 것으로 본다. 둘째, 탐구 과정은 가치 중립적이다. 셋째, 관찰자와 관찰 대상은 서로 독립적이다. 넷째, 시간과 공간을 초월하는 일반적 이론 또는 보편적 이론을 추구한다. 다섯째, 결과에 선행하거나 결과와 동시에 발생하는 원인이 실재한다(Farmer, 1995: 214-215).

학주의, 기술주의, 기업주의 등으로 규정하면서 이를 비판하였는데, 이러한 해석에 기초해 포스트모더니즘 행정이론을 상상(想像), 해체, 탈영역화, 타자성(他者性) 등의 개념으로 제시하였다.

(1) 상상

상상(imagination)은 새로운 시각에서 상황을 바라보고 이해하는 능력을 향상시켜 줄 뿐만 아니라 그 이해를 다른 사람과 공감할 수 있게끔 만들기도 한다. 모더니티의 전형인 베버의 관료제 모형에서 합리성이 인간 사고의 촉매적 역할을 하듯이 포스트모더니즘에서는 상상이 인간 사고의 촉매제 역할을 한다(Farmer, 1995: 158-177).

(2) 해체

포스트모더니즘에서의 해체는 언어, 몸짓, 이야기, 설화, 이론 등 텍스트의 근거를 파헤쳐 보는 것을 의미한다. 해체(deconstruction)는 모더니즘 행정이론과 실제뿐만 아니라 포스트모더니티에서 구성된 설화(narratives)를 파괴하는 데 활용될 수 있다. 행정이론과 실제는 일정한 설화에 의해 지지되고 있다. 예를 들면 "행정은 객관적으로 연구될 수 있다"라는 말이나 "행정의 실무는 능률적이어야 한다"라는 것도 설화인데, 이러한 설화를 당연한 것으로 받아들이지 않고 해체하면 그 설화의 근거가 불확실해지면서 동시에 설화를 잘 이해할 수 있게 된다(강신택, 2002).

(3) 탈영역화

탈영역화(deterritorializaton)는 지식과 학문의 영역 간에 경계가 없어지는 것을 의미한다. 모더니티에서 지식의 구조는 뿌리를 중심으로 통합되어 있으면서 나뭇가지 모양으로 갈라져 학문 영역이 위계질서를 이루나 포스트모더니즘에서는 뿌리는 없고 지식은 분산화되어 있는 다원적 차별성을 인정한다(Farmer, 1995: 218-225). 탈영역화는 지금까지 행정학의 고유 영역으로 인식되어 온 지식의 성격이 변화하고 행정조직도 비계층적이고 탈관료제화된 모습으로 변화될 것임을 가정한다(강신택, 2002).

(4) 타자성

타자성(alterity)이란 나 아닌 사람을 인식의 객체가 아니라 도덕적 타자로 인정하는 것이다. 즉, 모더니티에서 사물을 객관적으로 관찰하듯이 객관적인 관찰 대상으로서의 인식적 타인(epistemic other)으로 바라보는 것이 아니라 인격체로서 존중받아야 할 도덕적 타인(moral other)으로 바라보아야 함을 의미한다. 포스트모더니즘에서는 타인에 대한 개방성, 다양성에 대한 선호, 상위 설화(metanarratives) 및 기존 질서에 대한 반대를 특징으로 하는 반행정(antiadministration)을 타자성의 특징으로 이해한다.19)

3) 폭스와 밀러의 담론이론

폭스와 밀러(Fox & Miller, 1995)는 관료제의 기초가 되는 대의민주주의의 한계와 문제점을 비판하고, 그 대안으로 참여적 공동체주의(participatory communitarianism), 입헌주의(constitutionalism), 담론이론(discourse theory) 등을 제시하면서 이 중 담론이론이 관료제도의 대안으로서 가장 적합하다고 평가하였다.

이들은 정책결정을 위한 토론 과정을 민주화하는 담론이 무엇보다도 중요하다는 생각에 입각해 행정기구를 담론의 장소로 보았다. 담론은 현재 성행하고 있는 관행(practices)을 긍정적인 것으로 바라볼 수 있게 하는 대안적 시각으로, 행정학에 적용된 담론은 억압적 지배로부터 자유로운 사회적 교류의 형성물(social formation)이며, 그 안에서 벌어지는 공적 대화(public conversation)의 목표는 공익의 증진이다.

한편 정책문제 해결을 위한 진정한 담론(authentic discourse)이 이루어지려면 ① 성실성(sincerity), ② 상황을 고려하는 의도성(situation-regarding intentionality), ③ 능동주의(willing attention), ④ 실질적 공헌(substantive contribution)의 조건이 충족되어야 한다.

4) 포스트모더니즘 행정이론에 대한 종합적 논의

포스트모더니즘은 모더니즘의 한계와 모순을 지적하는 일에 중점을 두기 때문에 모더니즘 행정이론만큼 정립된 체계를 가지고 있지 않으며, 포스트모더니즘 행정이론을 제시하는 각 학자들의 주장과 논리 전개 방식도 일치하지 않는다. 그러나 이와 같은 논리의 다양성 자체가 포스트모더니즘 학파의 특수한 성격이다(Kilduff & Mehra, 1997: 455).

---

19) '타인에 대한 개방성'은 반권위주의와 서비스 지향 이상에서 더 나아가 행정이 의사결정 모두를 공동체에 공개하여 그들이 원하는 대로 사업이 이루어지도록 지원하는 것을 말한다. '다양성에 대한 선호'는 다양한 관점의 스펙트럼을 받아들인다는 것 외에 관료제에 부합하는 인간형을 배치하는 정형화 과정에 반대하는 것도 포함한다. '상위 설화에 대한 반대'란 행정이 본래적으로 권위를 가졌다는 신화적 믿음을 해체하면서 근거 없는 신화의 해체 가능성을 열어 놓는 것이다. 마지막으로 '기존 질서에 대한 반대'는 행정이 선호해 온 통제 위주의 제도를 반대하고 행정의 반제도적인 방법을 모색할 수 있음을 의미한다(Farmer, 1995: 227-245).

포스트모더니즘 행정학자들의 공통된 주장은 다음과 같다.

첫째, 모더니즘에서 합리성이 수행하는 중요한 역할을 포스트모더니즘 행정이론에서는 '상상'이 수행한다.

둘째, 모더니즘 행정이론에서는 주체가 세계의 중심에 있다고 확신하는데, 포스트모더니즘에서는 주체의 정체성에 대해 확신하지 않는다.

셋째, 모더니즘 행정이론에서는 주체로서의 인간의 지식에 관한 확고한 신념이 있으므로 행정이론의 보편성, 과학주의, 기술주의, 기업주의, 합리적 해석 등에 우월적 지위를 부여하지만, 포스트모더니즘 행정이론에서는 과학적 지식에 대해 우월적 지위를 인정하지 않고, 과학적 지식도 여러 가지 담론 중의 하나로 여긴다.

넷째, 포스트모더니즘 행정이론에서는 과학적 지식에 대하여 우월적인 지위를 인정하지 않기 때문에 행정의 이론과 실무에서 언급하는 설화(narratives)나 텍스트(text)를 해체함으로써 그 주장의 근거가 불확실하다는 것을 밝히면서 동시에 그 설화와 텍스트에 대한 심층 이해를 도모한다.

다섯째, 모더니즘 행정이론에서는 전문화가 심화될수록 더 합리적이라고 생각하기 때문에 이론이 보편적이기를 바라면서도 동시에 그 영역이 점점 더 한정되는 경향이 있는 데 반해, 포스트모더니즘에서는 학문 영역 간의 경계가 해체되어야만 풍부한 지식의 자원을 원용할 수 있다고 생각한다.

여섯째, 포스트모더니즘에서는 타인의 존재와 견해에 대한 개방성, 다양성의 인정, 거대 설화의 부정, 기존 제도에 대한 반대 등 반행정(反行政)을 지향하는 타자성을 중요한 덕목으로 생각한다.

일곱째, 포스트모더니즘 행정이론은 대의민주적 책임성의 환류고리(representative democratic accountability feedback loop)가 제대로 작동하지 않는다고 보기 때문에 민주정치의 구현을 위해 국민의 진정한 담론(authentic discourse)이 활성화되어야 한다고 주장한다.

포스트모더니즘 행정이론은 일정한 정설이 있는 것도 아니며, '바로 사용할 수 있는' 실질적 · 구체적 방안을 제시해 주지 않는다는 한계를 지니지만(강신택, 2002: 44 참조), 기존의 모더니티 행정이론에 대한 비판적 성찰을 통해 전통적 관료제의 한계를 극복하고 행정을 쇄신하는 데 촉매 역할을 할 수 있으며, 진정한 담론을 통해 약화된 정치의 책임 환류 고리를 보완할 수 있게끔 한다. 포스트모더니즘적 접근에 대해 불명확하고 비과학적이며 개념을 정의하기 어렵다고 인식하지만 학문적 경계(academic boundary)에 매몰되지 않고 다양한 기술, 직관, 접근법을 여러 관점에서 적용시킬 수 있으므로 창의성을 촉진시킬 수 있는 방법론적 대안이다.

03
PART

한국의 행정이 추구하는 가치와 공직 윤리

07
CHAPTER

행정이 추구하는 가치와 윤리

제1절 행정윤리의 개념과 중요성

1 행정윤리의 개념

행정윤리(administrative ethics)란 공직자가 공공업무를 수행할 때 준수해야 할 올바른 행동규범을 의미한다. 행정윤리는 공직자라는 집단에게 요구되는 규범적 행동 기준으로 공공업무의 수행과 관련된 윤리규범을 뜻한다. 공무원이 담당하고 있는 업무를 수행할 때 공공목적을 달성하는 데 이바지할 수 있도록 전문성을 최대로 발휘해야 한다.

행정윤리와 유사한 용어로 공직 윤리, 정부윤리, 공공윤리 등이 있다. 좁은 의미에서 행정윤리는 '행정부' 공무원에 한정된 규범을 말한다. 그렇지만 그 범위를 '행정부' 소속 공무원에 한정하지 않고 '정부'에서 일하는 모든 공무원이 지켜야 할 행동규범으로 폭넓게 정의하면 공직 윤리라고 할 수 있다. 또한 유사 용어로 공공윤리(public ethics or public morality)라는 용어도 있는데 좁은 의미에서 공공업무에 종사하는 공직자들이 지킬 행동규범을 의미하지만, 넓은 의미에서 공공윤리는 사회공동체 구성원 전체가 지킬 규범을 의미한다. 클로르(Clor, 1996: 9)는 공공윤리(public morality)를 구성원의 복지가 윤리에 의존할 것으로 가정하고 공익과 관련된 공동사회의 윤리(communal ethic)로 정의한다. 공공윤리는 사회적 윤리로 왈도(Waldo, 1974: 269-270)는 공공윤리를 개인, 가족, 붕당, 부족보다 '광범위한 주민(more inclusive populations)'의 이익에 봉사하는 것으로 정의했다. 반대로, 공공 비윤리(public immorality)는 '많은 주민보다 적은 수의 주민'의 이익에 봉사해 많은 수의 주민을 위해 행동해야 한다는 원칙을 위배하는 것이다(이종수, 2010a: 93-94).

이 책에서는 '행정윤리', '공직 윤리', '공공윤리'의 개념을 엄격하게 구분하지 않고 상호 교호적으로 사용하고자 한다. '행정윤리'는 공직자가 지켜야 할 행동규범인 '공직 윤리'와 같은 의미로 사용된다. 넓은 의미로는 사회구성원 전체의 이익인 공익(public interest) 개념의 바탕을 이루고 있는 '공공윤리'의 개념과 상통한다. 이와 같은 행정윤리의 정의에는 다음과 같은 특징이 있다.

첫째, 행정윤리는 행정업무와 관련된 윤리이다. 사람이 지켜야 할 도리인 윤리는 사적 일과 관련된 차원에서 논의될 수도 있고, 공적 업무 수행과 관련해 논의될 수도 있다. 행정윤리는 공무원 신분인 사람이 공적 행정업무와 관련하여 지켜야 하는 가치 기준을 의미한다.

둘째, 공무원은 국민 일부에 대한 봉사자가 아니라 국민 전체에 대한 봉사자로서 공익을 추구해야 한다. 공권력에 기초한 공무원의 역할은 사회구성원의 가치 배분에 영향을 미치기 때문에 공무원은 일반 시민과 다른 엄격하고 높은 수준의 윤리의식이 필요하다.

셋째, 협의의 행정윤리는 공무원의 부정부패와 관련해 소극적으로 이해할 수 있지만 반부패와 같은 소극적 의미 이외에, 적극적으로 행정이 추구하고자 하는 바람직한 가치까지 포함한다고 볼 수 있다. 이렇게 행정윤리의 개념을 적극적으로 이해할 경우에는 공익성과 봉사정신이 강조된다.

넷째, 행정윤리는 공무원의 직업윤리를 비롯해 공무원이 입안하고 집행하는 정책 내용까지 윤리적이어야 한다는 의미도 담겨 있다. 공무원이 지켜야 할 행동규범에 헌법 준수, 업무 수행 시 전문적 지식의 함양을 통해 행정의 질을 높여야 한다는 요구도 내포되어 있다. 공무원이 행정윤리를 제대로 실현하기 위해서는 법적 의무뿐만 아니라 업무 수행과 관련된 전문지식의 확보라는 기능적 의무도 같이 준수해야 한다.

이렇게 보면 공무원에게는 시민이나 회사원보다 더 높은 윤리 기준이 적용된다. 행정 공무원들에게는 공무원들이 특별히 갖추어야 하는 행동규범이 있다. 민주주의 국가에서 공무원은 국민 전체의 봉사자로서 공익을 추구하고 국민 생활에 영향을 미치는 권한을 행사하므로 국민은 공무원의 높은 직업윤리를 기대한다. 공무원에게는 보편적인 의무인 성실 의무, 복종 의무, 직장 이탈 금지 의무 등 수행 업무의 특성상 모든 국민에게 공정해야 하고 공익을 수호・증진해야 하며 인권을 존중해야 하고, 정당한 법 절차(due process)를 준수해야 하는 등의 윤리 기준이 추가된다(이종수 외, 2012).

2 행정윤리의 중요성

대부분의 공무원은 정해진 업무 영역과 체계적 권위에 따라 행동하고 있다. 그러나 공무원은 정부 외적 원인에서 비롯된 복잡한 '쟁점의 그물망' 속에서 업무를 처리하고 있으며, 그 과정에서 상당한 재량권을 행사한다. 이러한 재량이 있기 때문에 행정윤리를 논의할 여지가 생긴다.

오늘날 행정 기능이 확대되고 전문화·세분화되면서 공무원의 자유재량의 범위가 확대되어 재량에 따른 결정이 전반적인 사회경제 부문에 영향을 미치고 있다. 민주주의 사회에서 공공 부문 종사자의 도덕성은 중요하다. 공공 부문 종사자는 사회구성원의 사회경제적 지위에 영향을 미치는 가치 배분과 연관된 업무를 다루기 때문이다. 선출직 공무원은 공적 가치 기준과 실제 행태가 어떠한지 여부와 관련 없이 시민의 대표라는 점 자체에 의미가 있다. 그러나 재량권을 갖고 국민 일상에 중요한 영향을 미치는 행정권을 행사하면서도 직접 선출되지 않는 비선출직 공무원은 사정이 다르다. 임명직 공무원의 공공 권한 행사가 자의적으로 이루어지지 않도록 하려면 엄격한 윤리적 기준이 필요하다.

공직사회의 부패가 줄어들지 않으면 행정의 능률성과 형평성을 기대할 수 없다. 국민이 정부를 불신할 뿐만 아니라 신뢰 위기를 초래해 기존에 확립된 제도와 질서의 약화를 가져올 수 있다. 최근 많은 국가들이 '신뢰 적자(confidence deficit)' 문제에 직면하고 있다. 이것은 정부의 정당성, 정부조직, 정책에 대한 불신까지 포함한다. 신뢰 적자는 고위 공직자의 부패 행위로 증폭되고 있으며, 그것의 해소 방안으로 윤리 기반(ethics infra) 또는 윤리적 정부(ethical government)라는 용어가 부각되기도 한다.

공직자는 정책 수행 과정에서 업무를 올바르게 처리해야 한다. 그러나 상황에 따라 공직자는 무엇이 올바른 행위인지 판단하는 데 어려움을 겪기도 하며, 상관이 기대하는 역할과 시민 기대가 상충될 때 딜레마를 겪기도 한다. 행정윤리는 이렇게 특정한 행위에 관한 개별적 판단 지침이나 규칙을 제공해 주지는 않지만 판단의 일반적 원칙을 제시한다. 이른바 행정윤리는 공무원 개인에게 '범례적 타당성(exemplary validity)'을 제공하는 것으로 볼 수 있다.

민주주의 사회에서 공무원의 규범적 기준은 사회 환경과 상황에 따라 다르다. 오늘날과 같이 역동적이고 다양한 사회에서 공공도덕(public morality)에 대한 사회적 합의는 매우 어렵다. 맥킨타이어(A. MacIntyre)와 같은 철학자는 오늘날 자유주의 사회에서는 사회적 선(善)에 대한 어떠한 중요한 합의도 갖고 있지 않으며, 요구할 수도 없다고 주장했다(MacIntyre, 1984: 6). 오늘날 공직자는 국민 의사를 존중하고 공익을 수호하고 증진할 책무가 있다. 달리 말하면, 헌법 정신과 법률을 준수할 의무가 있다.

행정윤리는 계서구조를 이룬다. 가장 바깥에는 일반 사회윤리(social ethics), 그다음으로는 일반적인 조직윤리(organizational ethics)와 공직자의 전문 직업윤리(professional ethics)가 있다. 일반 사회윤리는 공식적으로 각종 법규에 들어 있으며, 비공식적으로는 사회적 양심(social conscience)의 형태로 개인의 윤리 기준을 이루고 있다. 특정 사회의 사회적 관습과 풍토, 종교적 신념, 개인적 경험 등이 사회적 선악 판단의 기준을 이룬다. 조직윤리는 모든 조직이 조직문화(organizational culture)라 불리는 공식적 · 비공식적 윤리 기준을 지닌다는 가정에 의미를 둔다. 훌륭한 팀 플레이어(team player)가 되어야 한다거나, 상관의 명령에 복종해야 한다는 등의 규범을 조직윤리로 볼 수 있다. 전문 직업윤리는 의약, 법조, 공공 부문 종사자 등 특수 직역에 종사하는 구성원에게 요구되는 특수한 규범을 말한다. 행정윤리는 공직자에게 요구되는 전문 직업윤리라고 할 수 있다. 그 다음으로는 공직자 개인의 도덕(personal morality)이 놓여 있다. 이와 같이 계서구조를 이루는 윤리의 원칙이 공직자의 행위를 안팎으로 규율한다.

일반적 도덕 기준에서 생명과 인권의 존중 등과 같은 규범은 공직자에게 매우 중요한 덕목이다. 이를 구체화하면 전문 직업윤리 차원에서 행위 규범(conduct codes)은 「헌법」, 「국가공무원법」, 「공직자윤리법」, 「공무원복무규정」 등에 자리하고 있다. 사회적으로 중요한 것은 법률로 제정되어 있으며 그 규범이 효과적으로 확보되려면 항시 규율되어야 한다. 법적 규범은 사회공동체가 어떠한 가치를 지향해야 하는지 권위 있게 선언하는 것을 의미한다. 법률은 윤리적 기준의 형성자(formulator), 선언자(enunciator), 도덕적 교육장치(moral educator)의 기능을 지닌다. 그런데 윤리가 지니고 있는 일반성과 추상성 때문에 내용 모두를 법규로 규정하는 것은 어려우므로 부분적으로 제시될 수밖에 없다.

행정윤리와 관련된 법규의 형태는 세 범주로 나눌 수 있다.

첫째, 국민 의사 존중, 기본권 존중, 삼권분립 원칙 등 중요한 헌정 원칙(cardinal constitutional principle)에 관한 규정이다. 주요 원칙은 대부분 헌법에 규정되어 있다.

둘째, 구체적인 법적 제재와 관련된 뇌물 금지, 이해충돌(conflict of interest) 방지, 회계 책임 등을 규정한 「공직자윤리법」 등의 규정이다.

셋째, 공무원 취임 선서, 복무 선서, 공무원 헌장과 신조에 수록된 형태로 공무원의 봉사와 충성, 창의성과 책임성 등을 강조한다. 행정윤리의 규범적 기준은 사회 일반의 도덕적 기준과 다양한 법규범에서 찾을 수 있다.

한국에서 공직자가 준수할 핵심 가치는 최고 법규범인 헌법과 다양한 개별 법령에 규정되어 있다.[1] 그 핵심적 가치는 민주적 이념과 그로부터 도출되는 기본 가치를 수용하는 것이다. 공익 추구, 민주성, 대응성(responsiveness), 책임성, 형평성, 능률성, 개방성, 투명성, 정직, 청렴, 불편부당성, 법규 존중, 인권 존중, 근면 등의 가치가 포함될 수 있다. 피해야 할 부정적 행태는 부정직, 불공정성, 편파성, 비밀주의, 약속 불이행, 범죄 행위 등이다.

공무원 행동규범 가운데 핵심은 법제화되어 있다. 행동규범의 법제화란 윤리규범을 법규범으로 만드는 것을 뜻한다. 국가는 공무원의 행동규범이 자율적으로 준수되도록 촉진하면서도 중요한 윤리규범은 법규범으로 의무화하고 있다. 법규상 의무로 규정된 행동규범의 준수를 보장하기 위해서는 벌칙을 동원한다. 법과 윤리는 완전히 분리될 수 있는 것이 아니다. 기본적 윤리규범을 법제화하는 경우에는 법과 윤리의 양자가 부합하게 된다. 한국 정부에서는 공무원의 행동규범을 비교적 엄격하게 법제화하고 있다(오석홍, 1995: 267).

이렇게 법제화된 사항은 정부 활동에 정당성(legitimacy)을 부여하고 공무원을 규율하는 근거가 된다. 정부 활동에서 정당성은 국민의 자발적 순응(voluntary compliance)을 이끌어낼 수 있다는 점에서 매우 중요하며, 오늘날 관료제는 합리적·법률적 권위에 의존하고 있으므로 법규범에 충실한 행정을 해야 한다. 먼저, 「국가공무원법」에서 공무원의 법적 의무로 규정하고 있는 행동규범을 보면 성실 의무, 복종 의무, 직장 이탈 금지, 친절과 공정 의무, 비밀 엄수 의무, 청렴 의무, 외국 정부의 영예 등의 수령 규제, 품위 유지의 의무, 영리 업무 및 겸직 금지, 정치운동의 금지, 집단 행위의 금지가 있다(오석홍, 2010: 99-102).

1981년 제정된 「공직자윤리법」에서는 부정부패를 방지하기 위하여 공무원이 지켜야 할 행동규범을 정해 놓았으며, 「국가공무원법」의 공무원 취임 선서와 공무원 복무 선

---

1) 우리나라 헌법은 경제 질서와 관련하여 제119조 제1항에서 "대한민국의 경제 질서는 개인과 기업의 경제상의 자유와 창의를 존중함을 기본으로 한다"고 규정한 뒤, 제2항에서는 "국가는 균형 있는 국민경제의 성장 및 안정과 적정한 소득의 분배를 유지하고, 시장의 지배와 경제력의 남용을 방지하며, 경제 주체 간의 조화를 통한 경제의 민주화를 위하여 경제에 관한 규제와 조정을 할 수 있다"고 규정하고 있다. 이와 관련된 헌법재판소의 판례를 보면 다음과 같다. 〈헌법재판소 1995년 7월 21일 선고, 94헌마125〉: "헌법 제119조 제2항 규정이 대한민국의 경제 질서가 개인과 기업의 창의를 존중함을 기본으로 하고 있으나, 그것이 자유방임적 시장경제 질서를 의미하는 것이 아님은 물론이다." 〈헌법재판소 2001년 6월 28일 선고, 2001헌마132〉: 우리 헌법의 경제 질서는 사유재산제를 바탕으로 하고 자유경쟁을 존중하는 자유시장 경제 질서를 기본으로 하면서도 이에 수반되는 갖가지 모순을 제거하고 사회복지·사회정의를 실현하기 위하여 국가적 규제와 조정을 용인하는 사회적 시장경제 질서로서의 성격을 띠고 있다고 판시하고 있다.

서에는 공무원의 봉사자로서 책임, 법령 준수, 명령 복종, 창의와 성실을 강조하고 있다. 1980년 12월 제정된 공무원 윤리헌장(현재 공무원 헌장)은 충성, 봉사, 창의를 강조하는 행동규범을 천명하고 있다. 이렇게 한국의 공무원에 대한 법적 행동규범의 성향은 공익 추구와 대국민 봉사, 대내 질서를 위한 기강 확립 등이 강조되고 있는 반면에, 공무원의 인간적 존엄성, 조직문화 개선 등은 소홀히 다루어지고 있는데, 멸사봉공(滅私奉公)의 고전적 규범을 강조하는 규범 체계라 할 수 있다(오석홍, 1995: 271).

"정부 신뢰 얻으려면 공직가치 확립해야"

최근 우리나라 젊은이가 선호하는 직업 1위는 단연 공무원이다. 공공기관 종사자까지 포함한 공직자를 선망하는 이는 더 많다. 문재인 정부가 공공 부문 일자리 확대를 공언한 만큼 공직에 대한 관심은 더욱 커질 전망이다. 문제는 우리 사회 최고 엘리트가 담당하는 공직에 대한 공동체의 신뢰가 높지 않다는 데 있다.

공직가치는 보통 '공직을 수행하는 이가 추구해야 할 궁극적인 목표와 기준' 또는 '공직자가 갈등 상황에서 바람직한 의사결정을 위해 필요한 행동지침' 등으로 풀이된다. 인사혁신처는 '공공의 이익에 봉사하기 위해 공적 영역에서 추구해야 하는 바람직한 신념체계와 태도'라고 정의하고 국가관, 공직관, 윤리관 3개 분야 9개 덕목을 '핵심 공직가치'로 제시했다. 최근 한국은 공직자윤리법, 부패방지법, 청탁금지법 등을 통해 공무원뿐 아니라 공공기관 임직원과 학교 교직원 등에까지 강화된 윤리 기준을 적용하고 있다.

공직자가 올바른 공직가치를 함양하는 방법은 두 가지이다. 공직가치가 투철한 인재를 채용하거나 현직에서 공직가치가 투철해지도록 만드는 것이다. 문제는 공직의 인기가 매우 높은 현실에서 전자의 방법을 쓰는 게 사실상 불가능하다는 점이다. 가치, 신념처럼 객관적으로 측정하기 어려운 덕목을 평가 요소에 반영할 경우 '선발 과정이 공정하지 않다'는 논란이 생길 수 있다.

출처: 주간동아(http://weekly.donga.com/3/all/11/962547/1) 뉴스 기사 발췌 2017.6.21

제2절 행정이 추구하는 가치

1 본질적 가치: 정의와 공익

정의의 개념은 고대부터 여러 학자들이 다양하게 정의(定義)해 왔다. 플라톤(Platon)의 동시대인이 생각한 정의는 으뜸가는 덕목으로, '옳음(righteousness)' 자체였다(Arthur & Shaw, 1978: 2). 선(善, good), 정의(正義, justice) 등의 개념은 서술적 의미를 거의 포함하지 않은 정의적 요소로만 구성되어 있는 개념으로 규정했다. 실제로 정의(正義, justice)는 '옳다'는 정의적(情意的) 의미(emotive meaning)[2] 이외에 다른 서술적(敍述的) 의미(descriptive meaning)가 들어 있지 않은 순수한 정의적 개념인 것처럼 보인다.

정의의 개념에서 서술적 구성 요소를 찾는다면 공정성, 형평성, 평등 등의 개념을 가려낼 수 있다. 많은 사상가들은 정의의 개념을 공정성, 형평성, 평등 등의 개념으로 풀이했다. 정의의 어원을 이루는 just는 '올바른'이라는 의미 외에 '공정한'이라는 의미도 지니고 있고, 정의의 여신(Dike: goddess of justice)이 왼손에 들고 있는 저울은 공정성을 상징한다.

아리스토텔레스(Aristotle, 1946)는 정의 개념의 서술적 구성 요소에 초점을 두어 정의를 "동등한 사람이 똑같은 배당을 받는 것"라고 규정했다. 그는 정의를 넓은 의미와 좁은 의미로 나누어 설명하였다. 넓은 의미에서 정의는 법(*nomos*)[3]을 따르는 것을 의미하며, 좁은 의미에서 정의는 평등(*ison*)을 의미한다(Aristotle, 1962: 1130b).

플라톤은 『공화국(*Republic*)』에서 정의는 각 사람에게 '응분의 몫'을 부여하는 것이라고 주장했다. 여기서 '응분의 몫'이 무엇을 의미하는지 여부가 초점인데, 플라톤은 생산자 계급, 수호자 계급, 통치자 계급이 자기 위치에서 역할을 다할 때 정의가 이루어진다고 봤다. 그는 사회구성원이 그 역할과 능력에 상응해 사회적 지위와 물질적 보상을 받을 때 '응분의 몫'을 차지하며, 바로 사회적 정의를 실천하는 길이라고 생각했다. 플라톤도 '정의'를 '형평성' 또는 '공정성'의 의미로 파악했다고 볼 수 있다.

---

2) 정의주의윤리설(情意主義倫理說, emotivism)은 언어는 인식적 진술로 사실 문제를 기술하는 기능과 '감정'을 표현하는 정의적 기능의 두 기능을 지닌다고 주장한다.

3) 아리스토텔레스가 가리키는 법 개념에는 실정법뿐만 아니라 자연법(*phusei dikaion*)도 포함되는바, 법을 따르는 행위로서의 정의는 일반적 규범을 따르는 것으로 해석될 수 있다.

돌바크(P. H. D. d'Holbach)도 정의의 본질을 형평성으로 파악했다. 시지윅(Sidgwick, 1961: 15)은 정의가 권리, 자유, 부담, 혜택을 '공정하게 배분'하는 것을 의미한다고 하면서, 배분적 정의는 단지 자의적 차등(arbitrary inequality)을 배제하려는 것에 불과하다고 말했다. 마찬가지로, 롤스(J. Rawls)도 정의를 공정성(fairness)으로 풀이한다.

앞서 밝혔듯이 정의(justice)의 개념은 서술적 요소로 형평성, 공정성, 평등의 의미를 담고 있다. 정의의 개념에는 동등한 것은 동등하게 대우해야 한다는 평등의 원칙과 서로 다른 것은 다르게 대우해야 한다는 차등의 원칙이 동시에 들어 있다. 다만, 정의(正義)의 개념 속에는 '옳다'는 의미의 정의적(情意的) 구성 요소가 많이 들어 있고, 형평성 · 공정성 · 평등 개념은 분배 원칙과 관련된 서술적(敍述的) 구성 요소를 더 많이 포함하고 있다는 차원에서 차이가 있다(이종수, 2012).

공익(公益, pub1ic interest)은 공공의 이익, 사회구성원 전체의 이익을 말한다. 공익이라는 용어는 현실에서 많이 사용되고 있으나, 그 개념은 사람에 따라 다양하게 말할 정도로 모호하고 무의미하다고 주장되기도 한다. 소라우프(Sorauf, 1962: 188) 등 일부 학자는 공익이 특정 집단의 이해관계를 합리화한다고 주장한다. 공익 개념이 모호해 공익이라는 이름 아래 공익에 반하는 특수 이익을 추구하는 행정을 정당화할 우려가 있다는 점을 지적한 것이다. 어떤 면에서 보면 정치인을 비롯한 공직자는 사익(private interest)을 '공익'으로 포장하는 기술이 뛰어난 사람들로 볼 수도 있다.

공익과 유사한 개념으로 '공동선(common good)'은 인간이 사적 이익 추구보다 타인을 위해 선한 행동을 하는 것이 신의 뜻임을 강조하는 종교적 교리에 따라 생성된 개념이다. 무엇이 공동선인가 판단하는 권한은 성직자에게 있다고 전제해 도덕적 · 종교적으로 타락한 성직자가 공동선이라는 미명 아래 개인의 생명과 신체 · 자유를 유린하고 수탈한 적도 있었다. 종교개혁이 일어나고 청교도가 중심이었던 의회파가 왕당파에 승리한 17세기 말 공동선이라는 용어는 사라지게 되고 대신 '공익'이라는 용어가 사용되기 시작했다(Morgan, 1994: 126).[4]

공동선 개념은 개인 이익을 무시하고 전체 이익을 강조했는데 '공익'은 개인 이익을 떠나서 전체 이익은 존재할 수 없다는 자유주의적 정치이념을 내포한 것으로 이해되기도 한다(정정길, 2003: 271). 공익 개념은 개인의 자유와 권리의 불가침성을 강조하는 자유주의적 정치이념 아래 생성된 개념으로 사익을 보호하고 증진하는 것이 공익이며,

4) 그러나 '공익'과 '공동선'은 동일한 의미를 지니며 오늘날 대부분의 학자가 상호 교호적으로 사용한다.

사익이 고려되지 않는 공익은 존재할 수가 없다는 사고가 형성되었다(김항규, 2009: 415-416). 이렇게 공익 개념은 접근 시각에 따라 다르게 규정된다. 대표적으로 과정설과 실체설이 있다. 과정설은 사익을 떠난 별도의 공익이란 있을 수 없으며 공익은 사익의 총합이라고 본다. 이에 반해 실체설은 공익은 사익을 초월한 '실체'로 파악한다.

과정설에서는 사익을 초월한 별도 공익이란 존재할 수 없으며, 공익이란 사익의 총합, 사익 간의 타협, 집단 상호작용의 산물이라고 본다. 현실주의적, 개인주의적 공익 개념을 주장하는 과정설은 공익이 실질적으로 과정적 · 제도적 · 절차적 국면을 통해 형성되며, 여러 사회집단이 대립 · 투쟁 · 협상 · 타협을 벌이는 과정에서 결과적으로 다수 이익에 일치되는 것이 도출된다고 인식한다. 공익을 민주적 정치체제 내의 개인과 집단 사이의 정치 활동의 결과로 나타나는 산물이라고 규정하고 그 과정의 중요성을 강조한 하몬(Harmon, 1969: 485)과, 공익 개념이 민주적 정부이론의 중심에 놓여 있다고 주장한 슈버트(Schubert, 1960: 7)가 이 범주에 속한다. 사익을 최대한 추구하려는 각 개인의 노력으로 공동선이 더 잘 확보될 수 있다고 주장한 스미스(A. Smith) 등 자유방임주의자의 관점은 과정설로 이어진다. 스미스는 『국부론(*An Inquiry into the Nature and Causes of the Wealth of Nations*)』(1776)에서, 자본주의 체제에서 사적 이익의 추구가 공동체의 선, 공익을 증대하게 되는 것(in a capitalist system an individual acting on his own good tends also to promote the good of his community)이라고 주장한다.[5] 근대 유럽에서 형성된 개인 중심의 공동선 개념이 공익의 과정설로 이어진 것이다.

실체설(實體說)에서는 공익을 사익(私益)을 초월한 실체적 · 규범적 · 도덕적 개념으로 파악하며, 공익과 사익 간 갈등이란 있을 수 없다고 본다. 실체설에서 인식하는 공익 개념은 자연법 · 정의 · 형평 · 복지 · 인간존중 · 공동사회의 기본적 가치 등으로 다양하다. 그 공통적 특징은 공익이 사익의 단순한 총화가 아니고 사익과 구별되는 실체적 · 적극적 개념이라고 보고 공익의 존재성을 인정하고 있다는 점이다. 이렇게 실체설의 공익관은 자연법적 사고에 기초하고 있다. 대표적 학자로는 플라톤, 아리스토텔레스, 루소, 헤겔, 마르크스로부터 플래스맨(R. E. Flathman), 헬드(V. Held), 벤디트(A. Benditt), 리프만(W. Lipman), 카시넬리(C. W. Cassinelli), 오펜하임(Felix Oppenheim) 등까지 들 수

5) 스미스는 『국부론』에서 "우리가 (맛있는) 저녁을 기대할 수 있는 것은 푸줏간 주인, 양조장 주인, 빵집 주인의 자비심 때문이 아니라, 그들의 자애(self-love) 때문이다"라고 말한바, 스미스의 이 말은 사익(self-interest)이 사회 전체의 경제발전과 공익 확보의 엔진이 된다는 의미로 이해된다.

있다(이종수 외, 2012).

공익은 통상적으로 정책 과정에서 정책결정 당국자가 규정한다. 정책결정 당국자는 입법부에서 법률을 제정하는 의원과 행정부에서 정책을 담당하는 고위 공직자가 주로 해당된다. 이들은 정책입안 과정에서 의식적·무의식적으로 특정 정책과 관련된 각 집단의 편익과 비용을 계산에 투입한다. 공익은 정책 과정에서 정책 정당화의 기반, 정책 평가의 기준, 공직자의 행동규범 등으로 다양하게 활용된다. 공직자는 정책을 형성하고 집행하는 정책 과정마다 '공익'의 기준에 부합되는지 여부를 판단해야 한다. 특정 정책이 많은 사람의 이익에 넓게 봉사하는지, 아니면 사익에 봉사하는지 등의 문제를 따져 보아야 한다.

공익의 개념이 추상적이고 애매하지만 각종 행정 활동에서 명시적으로 추구되고 있는 행정가치인 것은 틀림없다. 공익 개념을 형성하는 구체적 내용은 학자들이 쉽게 합의할 수 없을 뿐 아니라 시대와 장소에 따라 다를 수 있지만, 정책결정자와 집행자가 행정 과정에서 항상 유념해야 할 행정가치이다. 사익보다 공익을 우선시하는 동양의 고전적인 멸사봉공(滅私奉公)의 자세가 바로 공익을 존중하는 정신이다.6)

한국 사회에서 정의와 공익이라는 본질적 가치는 민주화가 진행되면서 확대된 부분도 있지만 여전히 부족한 것이 사실이다. 국민과 정부가 정의와 공익이라는 가치를 존중하고 그것이 중요하다는 점을 인식하고 있지만 뿌리 깊은 지역주의, 정부에 대한 강력한 시장 논리의 적용, 연고주의 등이 계속 문제로 지적되고 있다(김태룡, 2017: 154-155).

행정가치 관련 논의는 정의와 공익과 더불어 행정의 본질적 가치라고 할 수 있는 자유, 평등과 같은 가치가 한국 사회의 쟁점이 되고 경제발전과 동일선상에서 논의될 수 있게 되었다는 점에서 의미가 있다. 정의와 공익은 추상적이고 모호한 특징을 지니고 있지만 앞으로도 사회적 약자를 배려하는 차원에서 두 가지 가치가 정부에 잘 적용되

6) 베일리(Bailey, 1980: 442)는 비이기적 공직자(nonself-interested public officials)의 개념은 민주주의와 상반된다고 주장한다. 공직자가 개인적 목표를 추구하는 것은 다음과 같은 이유에서 문제가 되지 않는다는 것이다. 즉, 공직자는 사적 이익의 존재를 올바르게 인식해 공적이든 사적이든 강력한 동기를 갖는다. 일반적으로 공익이라는 위성을 궤도에 쏘아 올리려면 추진 연료의 일부로 일단의 특수 이익이 필요하다는 것이다. 공공서비스의 대부분은 사적 이익을 공익의 대의(大義)로 이어가는 능력이다. 공익과 사익에 다 같이 도움이 되는 대의를 지니고 있는데도 불구하고 (법 테두리 안에 있는) 개인적 이익과 교류하지 않고 그것을 지원하지 않으려는 사람들은 도덕적 기질(moral temperament)이라는 측면에서 볼 때, 공적 책임에 부적합하다는 것이다. 베일리는 고위직 승진, 위신, 권력 추구와 같은 공직자의 개인적 동기는 정당성이 있는 공공 목적을 지향한다는 조건 아래 수용될 수 있다고 본다(이종수, 2010a: 96).

어야 한다. 앞으로도 지속적으로 국민과 정부가 인권 침해에 대한 관심, 여성의 권리 향상, 양극화 심화 등에 관한 사회문제를 바라볼 때 공감할 수 있는 기준으로서 정의와 공익이 무엇인지 합의하는 과정이 필요할 것이다.

2 수단적 가치: 형평성, 민주성, 능률성, 합법성, 투명성

형평성(equity)은 일반적으로 공정성(公正性, fairness) 또는 사회정의(social justice)와 거의 같은 의미로 쓰인다. 형평성에 관한 고전적 견해를 처음 체계적으로 논한 아리스토텔레스는 형평(epieikeia)을 여러 개인 간의 관계에서 사물의 적절하고 마땅한 분배로 이루어진 '공정한 평등'으로 정의한다(Aristotle, 1962). 형평의 원리는 로마시대 이래 "각자의 몫은 각자에게로(suum cuique tribuere: to each according to his or her own merits)"라는 격언으로 간결하게 표현된다. 이는 각자 공헌에 비례하여 가치를 배분받는 것을 뜻한다.

돌바크(d'Holbach)는 형평이 각자의 재능과 업적에 따라 대우받는 것을 의미한다면서 정의가 곧 형평이라고 한다. 그는 기계적 평등은 사회정의에 어긋날 뿐만 아니라 사회공동선과 양립하지 않으며 차별과 계급의 기원이 오직 개인의 덕성, 능력, 사회 공익의 기여 등에 있고, 그 결과 발생하는 불평등은 당연하다고 주장한다(Perelman, 1963: 17-29).

형평성은 자의적 차등(arbitrary inequality)을 배제하는 것으로 다음의 다섯 가지로 요약될 수 있다(Sidgwick, 1981; 차하순, 1983: 33-34; 김인, 1988: 140-141).

첫째, 동일 범주의 구성원에게 동일한 것을 주어야 한다. 이것은 동일한 범주의 구성원을 동등하게 대우해야 함을 의미한다.

둘째, 동일한 공과에 대해 동일한 상벌을 주어야 한다. 이것은 공적이나 과실을 감안한 응분의 대가를 의미한다.

셋째, 수행된 일에 따라 대우를 해야 한다. 이것은 지식의 전문성, 기술 수준, 정밀도, 업무 수행량, 결과 등에 비례해 상응하는 대가를 지불하는 것을 의미한다.

넷째, 필요(needs)에 따라 배분해야 한다. 원래 사람마다 각자의 필요가 다르고 그 긴급한 정도가 다르므로 이를 고려해야 한다는 것이다.

다섯째, 지위(rank)에 따라 배분해야 한다. 이는 지위, 계급에 따라 권리와 책임, 권한과 부담이 부여되어야 한다는 의미이다.

형평성이란 같은 것은 같게 취급하고, 다른 것은 다르게 취급하는 것을 의미한다. 그 개념에는 '정당한 불평등'의 개념이 내포되어 있으며, 분배적 정의의 핵심문제는 어떠한 불평등이 사회적으로 용인될 수 있는 것인가를 밝혀내는 것이다. 정당화될 수 있는 사회적 불평등으로 능력이나 업적에 따른 차별과 기본적 필요(need)에 따른 차별을 생각해 볼 수 있다. 능력과 업적의 기준이 정당화되는 이유는 그것이 생산성을 자극하며 공공의 이익을 증진할 것이라는 공리주의적 이유 때문이다. 기본적 필요의 기준이 정당화되는 이유는 그 능력이나 업적에 관계없이 최소한의 생활을 보장한다는 의미를 지니기 때문이다. 기본적 필요 충족은 인간으로서의 자격을 갖추게 되는 조건을 부여한다는 의미에서 정당화될 수 있다. 그러나 오늘날 공동체주의자는 자유시장 체제에서 부의 분배 기준으로 삼는 개인의 천부적 자질과 사회적 지위, 개인적 노력과 같은 요소까지 우연적(incidental) 변인으로 여기고 그 성과가 개인에게 오로지 귀속되는 것은 사회적 정의가 아니라고 하면서, 그것을 사회 공동의 자산(common asset)으로 간주하여야 한다고 주장한다.

행정이념으로서 사회적 형평성은 1960~1970년대 신행정론의 등장과 더불어 강조되었다. 신행정론자들은 기존 행정학에서 강조하였던 가치 중립적 입장에서 벗어나 규범성을 강조했다. 그들은 행정학의 새로운 가치 규범으로 사회적 형평성을 주장하면서, 1960년대 이후 미국 사회에 실업, 빈곤, 무지 등의 악순환이 계속된 이유는 당시 정부가 비민주적이고 공리주의 관점의 총체적 효용의 개념에 사로잡혀 정치적 · 경제적으로 소외된 집단에 대해 무관심했기 때문이었다고 진단했다. 이를 극복하기 위해서 정부는 적극적으로 사회적 형평을 실현해야 한다고 주장했다(Frederickson, 1980; 이종수 외, 2012: 165).

프레데릭슨(H. G. Frederikson)은 1971년의 「신행정학을 향하여(Toward a New Public Administration)」라는 논문에서 기존 행정학이 경제성과 능률성을 추구하였다면, 신행정학은 그 위에 사회적 형평성을 추가해야 한다고 주장했다. 사회적 형평성은 "기존 민주주의 절차인 의회의 위원회제도, 선임 원칙(seniority rule), 견고한 관료제, 비민주적 정당제도, 연방제 아래 주(州)정부와 지방정부의 불평등한 세입구조 등 불이익을 받는 소수자에 대한 차별을 철폐하지 못하거나 매우 점진적으로 철폐하는 방향으로 운영되었기 때문에, 이렇게 차별받고 있는 소수 집단의 정치적 힘과 경제적 능률성을 향상하는 활동을 포함해야 한다고 말했다.

사회적 형평성이 추구하는 가치는 대응성, 시민 참여, 공평한 배분, 시민 선택, 행정 책임성 등으로 분권・분산・참여・관여・중복 등을 인정하고 보장하는 제도에서 구현된다(Frederikson, 1980: 31-37). 사회적 형평성은 행정이 적극적으로 사회적 불평등을 해소하는 데 앞장서도록 하는 것으로, 행정 영역을 정치 영역으로 더욱 확대해 분배와 복지문제에 적극 개입하도록 했다(유종해 외, 2010: 101-102). 한편, 경제학에서 형평성이란 용어는 통상적으로 소득, 부, 복지 배분의 공정성(fairness)을 의미한다(Heibrum, 1981: 5). 따라서 경제적 입장에서 형평성은 소득분배의 공평을 뜻한다.

행정의 민주성이란 민주주의 이념을 반영하는 행정윤리, 이념, 이론을 지칭하는 용어로, 민주주의라는 보편적인 개념을 행정이념의 차원에서 사용한 것이다. 행정학에서 민주성을 강조한 학자는 왈도(D. Waldo), 프레데릭슨(G. Frederickson), 오스트롬(V. Ostrom) 등이며 인간적・민주적 행정에 초점을 두었다.

1930년대에 등장한 정치・행정일원론은 행정을 민주성 관점에서 조명하기 시작했다. 특히, 뉴딜(New Deal) 정책 이후, 고우스(J. M. Gaus), 화이트(L. D. White), 디목(M. E. Dimock), 애플비(P. H. Appleby) 등은 행정의 전문화, 신속한 정책결정의 필요성 등으로 인해 행정부가 정책결정에서 적극적인 역할을 수행할 수밖에 없다는 논리로 이전의 정치・행정이원론을 비판하고 정치와 행정이 불가분의 관계에 있다는 정치・행정일원론을 제기하면서 민주성을 강조했다.

1960년대 후반 대두된 신행정론에서는 행정의 정책결정 기능을 적극적으로 요청하면서 관료주의화를 견제하기 위해 형평성과 민주성을 강조하고 시민 참여를 주장했다. 신행정학은 행정학의 실천적 성격과 적실성을 회복하기 위해 정책 지향을 요구했으며 전문직업주의, 가치 중립적인 관리론에 대한 집착을 비판하고 민주적 가치 규범에 입각해 분권화, 고객 중심의 통제(client control), 가치에 대한 합의 등을 강조했다. 행정은 정치적・경제적・사회적으로 불리한 입장에 있는 계층에게 양질의 서비스를 제공해 사회적 형평성을 실현해야 한다고 주장하면서 행정인의 적극적 역할을 강조했다.7)

한편, 행정의 민주성은 1970년대 '공공선택론'을 선도한 오스트롬 부부(Vincent Ostrom & Elinor Ostrom)에 의해 다시 강조되었다. 공공선택론은 정부를 공공재(public goods and

---

7) 신행정학운동의 대표적 학자의 한 사람인 프레데릭슨은 사회적 형평성을 행정 봉사의 공평성, 정책의 책임성, 변화지향성, 시민의 욕구에 대한 대응성 등으로 규정하였다.

services)의 생산자로 규정하며, 시민은 공공재의 소비자로 본다. 시민의 편익을 극대화할 수 있는 서비스의 공급과 생산은 공공 부문의 시장경제화를 통해 가능하다. 공공선택론을 행정학에 적용한 빈센트 오스트롬은 전통적인 행정 이론을 '윌슨류의 패러다임'이라 부르면서, 그와 대비되는 자신들의 이론을 민주적 행정 이론이라고 소개했다. 권력이 분산되지 않거나 권력 상호 간에 제약과 통제가 없다면 이기적인 목적을 위해 권력을 남용하려는 사람이 정치권력을 독점한다고 주장했다. 특정한 관할권 내에서 복수의 거부권을 지닌 다양한 주체 사이에 권한을 분산하거나 다수의 중첩적인 관할권을 개발해야 한다고 역설했다.

행정이념으로서 민주성은 행정이 민주주의 가치와 제도에 따라 이루어져야 한다는 것을 의미한다. 행정 책임, 행정 통제, 시민 참여, 자유와 평등의 강조는 모두 민주성을 반영하는 것이다(유종해 외, 2010: 100). 행정에서 민주성은 두 가지 측면에서 논의된다.

첫째, 정치적 민주주의(political democracy) 관점에서 파악한 민주성은 대외적 민주성이라고도 한다. 대외적 민주성은 국민 의사를 존중하고 그 요구를 행정에 반영하는 대응성(responsiveness)을 실현하고 책임 행정의 구현을 의미한다. 이는 민주성을 행정과 국민 간의 관계에서 살펴본 것이다. 대외적 민주성을 확보하려면 효과적 행정 통제, 외적 행정 통제가 실효성을 거두어야 한다.

둘째, 행정조직 내부의 민주화를 의미한다. 이를 위해서 조직구성원을 기계적 · 합리적 · 경제적인 존재로 보고 관리할 것이 아니라, 인간의 비합리적 · 감정적 · 사회심리적 요인을 중시하는 관리가 필요하다고 본다. 따라서 권위주의적, 상의하달 의사전달이 아니고 계급과 권한에 개의치 않는 충분하고 자유로운 의사전달, 분권화, 자발적 의사결정 기회의 증대, 능력발전 기회 부여, 자아실현 욕구가 충족되도록 조직관리가 이루어져야 한다는 뜻이다. Y이론적 인간관에 입각한 인간관리 방식이라고 할 수 있다(이종수 외, 2012).

귤릭(L. Gulick)은 윌슨(W. Wilson) 이후 미국 행정학을 추적한 결과를 토대로 "능률성은 행정의 가치 척도에서 제1의 공리"라고 단정하였다(Gulick & Urwick, 1937: 192). 능률성 이념은 비단 미국뿐만 아니라 다른 나라에서도 행정의 기본 목표로 간주되어 왔다. 1880년대 미국 행정학의 초창기 행정학이 정치학으로부터 독립하면서 행정은 '정책을 집행하는 것'이라고 규정해 이념으로서 능률성을 추구한다는 명분을 내건 이후 행정의 제1공리로 자리 잡았다.

능률성은 일반적으로 투입(input) 대 산출(output)의 비율을 의미한다. 목표의 달성도(degree of goal attainment)를 나타내는 효과성(effectiveness)의 개념과 대비된다. 능률성이 산출에 대한 비용의 관계라는 조직 내 조건인 데 반해, 효과성은 조직과 그 효과가 나타나는 환경과의 관계를 나타낸다(Urban, 1982: 35). 일부 학자는 능률성과 효과성 개념을 혼합한 '효율성(efficiency and effectiveness)'의 개념을 사용한다. 능률성(efficiency)을 체계적으로 완성한 사람은 사이먼(H. Simon)으로 그는 능률성을 다섯 가지의 구성 개념의 연쇄 고리를 형성해 측정하려고 했다.

그 다섯 가지는 행정이 해결해야 할 필요량(needs), 행정서비스 성과 정도를 의미하는 능률도(efficiency), 사업 목적과 대비에서 성과를 뜻하는 성취량(performance), 인원·비품·설비 등 물리적 가동량을 의미하는 작업량(effort), 작업에 소요되는 재원인 비용(expenditure)이다. 사이먼은 비용의 투입 결과로 작업량이 산출되고, 작업량으로부터 성취량이 산출되며 성취량으로부터 능률도가 산출된다고 보았다(Simon, 1937; 김영종, 1995: 221). 이렇게 개발된 능률성 개념은 상당히 정교하고 체계적이지만 가치 중립적 관점에서 기계적 능률성(mechanical efficiency)은 행정의 본질에 대한 이해가 달라지면서 비판을 받게 된다. 특히, 행정을 인위적으로 정치와 분리된 것으로 보고 기계적 능률성을 최고 원리로 추구한다고 가정한 기존의 정치·행정이원론적 관점에 대한 회의가 나타나면서, 행정의 실체를 정치와의 관계에서 유기적으로 파악하고 능률성의 개념도 시민 입장에서 재구성하려는 시도가 이루어졌다. 디목(M. E. Dimock)에 의해 제시된 '사회적 능률성(social efficiency)'의 개념이 바로 그것이다.

기계적 능률성의 개념은 행정과 경영의 유사성이 강조된 정치·행정이원론 시대에 중요시되었다. 이는 능률을 수량적으로 명시할 수 있는 기계적·물리적·금전적 측면에서만 파악한 개념이다. 이에 반해 사회적 능률성은 행정의 사회 목적 실현, 다원적 이익 간의 통합, 조정, 조직 내부 구성원의 인간적 가치의 실현 등을 내용으로 하는 능률관이다. 사회적 능률성은 민주성의 개념으로 이해할 수도 있으며, 1930년대 중반 이후 인간관계론의 등장과 더불어 강조된 가치이다.

합법성은 행정이 법률적합성을 지녀야 한다는 것을 의미한다. 행정 행위가 법규에 따라 이루어져야 한다는 합법성은 시민권 신장과 자유권에 대한 옹호에 관심을 두었던 입법국가 시대에 대두된 이념이다. 국왕으로부터 가장 먼저 입법권을 빼앗은 국민 대표들은 입법부에서 제정한 법률을 행정 공무원들이 재량권 없이 충실히 집행할 것을 요구했고, 합법적인 행정을 통해서 시민권이 신장될 수 있을 것으로 기대했다.

그러나 법률이 급격한 사회 변화를 수용하지 못하고 있는 현대 사회에서는 합법성이 지나치게 강조되면 행정 본래의 목표가 왜곡될 수 있다는 점을 지적하지 않을 수 없다. 그렇지만 공무원이 법령의 형식적인 준수에 안주하거나 법령을 자의적으로 해석·적용하는 것도 경계해야 할 것이다.

투명성(transparency)은 "정부의 정책결정과 집행 과정에서 다양한 공적 활동이 정부기관 외부로 명확하게 드러나는 것"을 말한다. 최근 정부 활동의 독점성에 대해 부정적 입장을 취하는 거버넌스(governance)가 강조되면서, 정부 부문의 투명성은 더욱 관심의 대상이 되고 있다. 각종 정책결정과 집행을 정부가 독점해서는 안 되며, 민간 부문과 시민사회가 더 참여해야 한다는 인식이 확산되었기에 기본적으로 정부와 행정의 투명성이 확보되어야 한다. 투명성은 정보의 비대칭(information asymmetry)으로 주인인 국민의 이익이 충분히 확보되지 못하는 대리인 문제(agency problem)를 방지하기 위해, 부패방지를 위한 전제 조건으로서 중요하다(이종수, 2010a: 89).

국민의 알 권리를 충족하고자 투명성은 경제협력개발기구(OECD) 등 국제기구에서 특별히 강조된 지 오래이다. 국제투명성기구(Transparency International)와 같은 민간 기구는 공공 부문의 투명성은 궁극적으로 행정 부패를 방지하는 수단으로 중요하다고 하면서 행정의 투명성은 정보통신기술로 높일 수 있다고 보았다.

투명성 확보는 첫째, 부패방지 수단이 된다. 공공 부문의 불투명성은 행정에 대한 외부 감시와 통제를 어렵게 하는 요인으로 작용하고 정부에 대한 신뢰를 떨어뜨리는 요인으로 작용한다. 정부와 국민 간 정보의 비대칭성 또는 정부의 일방적 정보 우위는 공공 부문의 비효율로 작용한다. 투명성 증대는 행정환경으로부터의 직접 통제 증가로 이어지며 부정부패의 가능성을 줄이는 요인으로 작용한다. 공무원 부패는 권력의 독점성과 재량권의 자의적 행사와 결합하면서 발생한다(윤태범, 2000: 130-132). 투명성은 정부의 독점성과 재량권은 인정하면서도 그 사용이 외부에 공개되고 투명해야 한다는 뜻이다. 특히, 각종 행정서비스 전달에서 발생하는 부패·지대·특수이익 등을 추구하는 데 권력의 오·남용을 방지한다는 관점에서 중요하다(Tanzi, 1998; Caiden, 2002; 명승환·최영훈, 2002).

둘째, 능률성 향상의 자극제가 된다. 공직자는 자신의 경험과 지식을 동원해 업무를 효율적으로 추진할 공적 책무를 지니고 있기에, 투명성 증대는 업무를 능률적으로 교정하도록 하는 자극제가 될 수 있다.

셋째, 행정의 대응성(responsiveness)을 제고하는 수단이 된다. 공직자는 중립적 중재자로서 다양한 이해관계자의 입장과 선호를 중재해 실현 가능한 대안이 채택될 수 있도록 하는 역할을 한다(Yates, 1981).

넷째, 책임행정을 달성하는 데 기여한다. 투명성은 주인과 공복, 행정 내부인과 외부인 사이의 정보비대칭을 해소 또는 완화해 책임행정을 달성하는 데 기여한다.

투명성 확보에서 행정부는 관료 집단의 제국 건설(bureaucratic empire building)을 견제하고 성숙된 민주사회를 이룩하는 데 적용할 수 있다. 그 확보에 무엇보다 먼저 관료제 권력의 원천이 되는 비밀주의를 혁파해야 한다. 주권자인 시민이 공공 부문을 더 효율적으로 통제할 수 있도록 '공공기밀(official secret)'의 개념을 엄밀하게 정립하고, 시민사회가 공공기관 정보에 더 잘 접근할 수 있도록 개선해야 할 것이다.

투명성의 확보는 세 가지 측면에서 논의될 수 있다(이종수 외, 2012: 173).

첫째, 과정 투명성이다. 과정 투명성은 의사결정 과정의 투명성이다. 정부 내에서 이루어지는 수많은 의사결정 과정이 개방적이고 투명하게 이루어져야 한다. 최근 정부의 의사결정 과정에 민간인이 참여하거나, 민원처리 과정이 온라인으로 공개되는 것은 투명성 확보 조치라고 할 수 있다.

둘째, 결과 투명성이다. 의사결정이 투명하게 이루어졌다고 해서 행정 결과의 정당성이나 공정성 확보로 이어지는 것은 아니다. 결정된 의사결정이 제대로 집행되고 있는가를 확인할 수 있도록 결과의 투명성을 확보하는 것이 중요하다.

셋째, 조직 투명성이다. 조직 투명성은 조직 자체의 개방성과 공개성을 의미한다. 인터넷 홈페이지에 해당 조직의 각종 규정, 정책, 고시, 입찰 등 해당 기관의 운영과 관련된 내용이 얼마나 자세히 공개되고 있는지 여부는 투명성 정도를 반영하는 것이다.

한국은 매우 짧은 기간에 산업화와 민주화를 거치면서 능률성을 중심으로 하는 행정가치를 추구해왔다. 그렇지만 외환위기를 겪고 정보화 사회에 진입하면서 민주성과 투명성이라는 가치가 중요시되기 시작했다. 2000년대 초반부터 복지에 관한 국민적 관심이 높아지면서 형평성을 실제 정책에 적용하려는 노력이 계속되었으며 정부의 부정부패를 통제하는 합법성도 꾸준히 강조되어 왔다.

정부조직에서 공무원이 일을 잘하기 위해서는 능률성이 중요하며 국민에 대한 대응성 차원에서 민주성은 제도적 개선이 이루어지고 있다. 정보공개를 비롯한 시민 참여의 활성화로 투명성을 확보하려는 노력도 계속 되고 있다. 복지 분야를 포함해 양극화 해소와 사회적 약자에 대한 정책적 배려 차원에서 형평성이라는 가치도 이미 부각된 상태이다. 이와 같은 가치가 실제로 정책, 사업, 프로그램에 적용될 때 합법성 여부는 매우 중요하다. 언론을 비롯한 직접적인 시민 감시로 과거보다 정부의 합법성을 더욱 중시할 수밖에 없는 사회가 되었다.

이렇게 행정의 수단적 가치는 나름대로 국민과 행정에 기여하는 긍정적 측면을 가지고 있으며 이로서 본질적 가치인 정의와 공익을 지키고 더 나은 방향으로 발전하는 데 기여하고 있다. 그렇지만 수단적 가치는 '너무 지나치거나 모자란 경우' 행정 행위 전반에 문제를 일으킬 수 있다. 예를 들어, 과도한 능률성 추구는 성과지상주의로 이어질 수 있으며 합법성을 매우 강조한다면 행정의 경직화를 불러올 수 있다. 투명성이 약화되면 국민이 정부가 하는 일을 제대로 알기가 어렵고 민주성과 형평성 차원이 부족하다면 정부의 각종 서비스를 이용하거나 각종 지원을 받는 데 어려움이 발생한다. 이에 행정의 수단적 가치는 각 가치마다 일정한 수준을 유지하면서 다른 가치와 충돌하지 않도록 균형을 맞추는 것이 중요하다.

'불공정 대한민국' 만드는 '불편한 진실들'

"대한민국은 과연 공정한가?" 이렇게 묻는다면 한국인 10명 중 7~8명은 공정하지 않다고 답한다. 이종수 한성대 교수(행정학)는 『대한민국은 공정한가?』(2013)에서 "공정한 사회를 만들기 위해서는 권력, 부, 명예와 같은 사회적 가치를 다투는 경쟁규칙이 공정하게 설계되고 운영되어야 한다"고 말했다.

무엇보다도 대한민국이 공정하게 바뀌려면 강자 또는 가진 자의 의식 전환이 해결책이라고 주장했다. 특히, '나에게 더 많은 세금을 부과하라(tax me more!)'는 구호를 외칠 수 있는 미국 사회가 극심한 불평등사회지만 그래도 건강한 사회라는 점을 언급했다. 비록 그들에게 닥쳐올지도 모르는 위기를 사전에 예방하기 위한 계몽적 이기심 때문에 그런 주장을 하더라도 오늘날 자본주의 사회의 진정한 '노블레스 오블리주'라고 해도 손색이 없다.

출처: 아시아앤(http://kor.theasian.asia/archives/65405) [책산책] '불공정 대한민국' 만드는 '불편한 진실들'에서 발췌 2013.1.11

생각해 보기

1. 행정윤리의 중요성은 모두 인정하고 있는데 그것을 실제로 높일 수 있는 방법은 무엇인가?
2. 사회가 급변하고 있는데 어떠한 행정윤리가 얼마나 더 확보되어야 할 것인가?
3. 본질적 · 수단적 행정가치가 충돌하거나 특정한 가치의 우선성을 강조하기 어려운 경우 어떻게 해야 하는가?

08

CHAPTER

한국의 공직 윤리

제1절 행정 책임과 부패

1 행정 책임의 개념과 유형

행정 책임의 개념은 공무원이 직무를 수행할 때 법률적·도덕적 규범에 따라 행동해야 하는 국민에 대한 의무라고 할 수 있다. 결과 책임뿐만 아니라 과정 책임을 비롯해 역할 인지와 주관적 책임까지 포함된다. 프레스더스(Presthus, 1975: 441)는 행정 책임을 공무원이나 행정조직이 윤리적·기술적·법률적 기준에 따라 행동해야 하는 의무라고 규정한다. 피프너(Pfiffner, 1967: 538; 유종해 외, 2010; 113)와 프레스더스는 행정 책임이 외부적으로 어떤 행동 기준을 알릴 의무를 지는 것이라고 정의한다.

책임성의 영어 표현은 크게 accountability와 responsibility가 있다. accountability는 법률적·외재적 책임을 의미하는 한정된 뜻을 지닌다. responsibility는 법률적·외재적 책임을 포함한 수탁자와 공복(公僕)으로서 공직자의 광범위한 도의적·윤리적 책임까지 포함한다. 영어권 학자들 가운데 accountability와 responsibility를 구분하지 않고 사용하는 학자들도 있고, 일부 학자는 accountability를 법률적·외재적 책임만을 지칭하는 좁은 의미로 사용하기도 한다. 예를 들어, "행정 책임은 법령 등 객관적 규범과 상급자의 정당한 지시와 명령에 따라 해야 할 의무를 말하며, 이러한 책무를 소홀히 할 때는 그 결과에 대해 일정한 제재를 받게 된다"고 할 때, 이때 사용된 행정 책임의 의미는 법률적·외재적 책임을 가리키는 accountability를 뜻한다.

그렇지만 많은 학자들은 행정 책임을 '법률적·외재적 책임'을 의미하는 것으로 받아들이고 있다. 샤칸스키(I. Sharkansky)는 행정 책임의 본질을 법률과 규칙을 준수하고 상급 직원의 지시와 명령에 복종해야 할 의무로 규정한다. 하몬(M. M. Harmon)은 행정 책임성이 법규, 규칙, 법원의 판결에 따라 공식화될 수 있다고 하면서, 관료 행위는 개인 또는 조직 외부로부터 통제를 받아야 한다는 것이 행정 책임의 본질이라고 설명한다(Harmon, 1981: 119; 김영종, 1995: 274).

행정 책임의 유형은 다양한 기준으로 나눌 수 있다. 법적 책임과 도덕적 책임으로 분류하는 경우, 외재적 책임과 내재적 책임으로 구분하는 경우가 있고 객관적 책임과 주관적 책임으로 구분하기도 한다. 행정 책임은 우선 법적 책임과 도덕적 책임으로 나누어 볼 수 있다. 법적 책임은 법적으로 부과된 의무를 이행할 책임이다. 만약 이를 이행하지 않을 경우, 제재가 수반된다. 이에 반해 도덕적 책임은 공직자가 국민의 요구에 대응해 성실하게 직무를 수행할 책임이다. 행정 책임을 법적 책임과 도덕적 책임으로 구분하는 학자 중 대표적으로는 호지킨슨(Hodgkinson, 1978: 176)이 있다.

행정 책임은 내재적 책임과 외재적 책임으로 나뉘기도 한다. 내재적 책임은 행정기관이나 공무원이 소속 기관의 상급자에 대해 지는 책임, 행정인 자신이 주관적으로 느끼는 책임을 말한다. 외재적 책임은 입법부, 사법부, 국민에 대해 지는 책임을 말한다. 내재적 책임에서 소속 기관의 상급자 등에 대한 책임은 법적 책임의 일종이며, 공무원 자신이 주관적으로 느끼는 책임은 '도덕적 · 윤리적 책임'이라고 할 수 있다.

커나건(K. Kernaghan)은 행정 책임을 객관적 책임(objective responsibility)과 주관적 책임(subjective responsibility)으로 나눈다. 객관적 책임은 공무원이 법률과 상급자의 지시에 복종하는 데 실패하는 경우에 정치적 · 행정적 상급자에 대해 지는 책임이며, 주관적 책임은 공무원이 누군가에 대해 책임져야 할 것을 느끼고 책임 있게 행동해야 한다는 점에 초점을 두는 것이다(Kernaghan, 1978: 580-581). 객관적 책임은 외재적 · 법률적 책임과 유사한 것으로 누군가에게 지는 책임을 의미하므로 책임 유무의 판단 기준을 '정당한 지시'에 두고 있다. 주관적 책임은 책임 이행에 대한 충성(loyalty) 또는 조직 목적 실현을 마치 자신의 것과 동일시하는 일체 의식이나 양심(conscience)과 비슷하다(Kernaghan, 1974: 541).

이 책에서는 행정 책임을 '외재적 · 법률적 책임'과 '자율적 · 도덕적 책임'으로 나눈다. '외재적 · 법률적 책임'은 특정한 행정조직, 공무원, 입법부, 사법부, 국민, 상급 기관 또는 상급자 등에 대해 법률적으로 지는 책임을 말한다. '자율적 · 도덕적 책임'은 행정인 자신이 주관적으로 느끼는 '자율적 책임'을 의미한다. 이는 공무원이 전문가로서 직업윤리와 책임감에 기초해 적극적이고 자발적인 재량을 발휘해 확보하는 행정 책임이다. 공무원이 내면의 가치와 기준에 따라 자발적으로 적극적인 재량을 발휘해 합리적 대안을 선택하고, 국민 요구와 기대를 정확하게 인식해 능동적으로 대응하는 것을 의미한다.

행정 책임은 공무원 개인 의무이며 국민 전체에 대한 국가 역할의 정당성을 확인하는 것이라고 할 수 있다. 행정 책임은 민주주의 국가에서 현실적으로 객관성이 담보되는 '외재적 · 법률적 책임'이 근간이 될 수밖에 없지만, 오늘날 행정 기능이 전문화 · 복잡화되어 외적 통제가 한계를 지닐 수밖에 없기에 행정 책임을 자발적으로 확보할 수 있는 주관적 책임의 중요성이 갈수록 중요해지고 있다.

2 부패의 개념과 방지 전략

공직자는 공공업무를 수행하는 과정마다 윤리적 판단을 할 때가 많다. 공무원은 먼저 정책형성 과정에서 특정한 정책결정이 공정하고 옳은 결정인지에 대한 판단을 해야 한다. 법률안, 시행령, 지침을 만드는 준입법(quasi-legislation) 과정과 집행에서 윤리적 판단은 필요하다. 또한 행정적 재량권(administrative discretion) 행사, 법규나 관습이 침묵을 할 때, 어떤 행동이 올바르고 그른지 판단이 잘 서지 않는 도덕적 회색 지역(grey areas)에서 윤리적 판단을 해야 한다.

이렇게 공직자는 도덕적 갈등이나 모순에서도 도덕적 추론(moral reasoning)을 해야 한다. 윤리적 갈등 상황에서 도덕적으로 적합한 가치와 규범이 무엇인지를 판단해야 한다. 희소한 자원의 배분과 관련한 우선순위 결정에서도 윤리적 판단이 뒤따른다. 공무원은 상관의 명령과 자신의 윤리 기준이 서로 부딪칠 때, 지시에 대해서 양심이 불복종을 요구할 때 도덕적 갈등 상황에 놓인다.

1973년 미국의 워터게이트 사건 당시 특별검사 콕스(A. Cox)를 해임하라는 닉슨(R. Nixon) 대통령의 지시에 직면해 특별검사를 해임하지 않고 스스로 항의 사직(resignation in protest)을 했던 리차드슨(E. L. Richardson) 법무장관이 직면한 윤리적 갈등 상황이 대표적 사례이다. 공직자는 이러한 도덕적 갈등 상황에 놓일 때 도덕적 추론을 해야 한다. 또한 뇌물 등 의심스러운 거래(questionable transactions)에 직면해서도 윤리적 판단은 중요하다. 도덕적 추론이 요구되는 공직자의 상황을 일일이 열거할 수는 없다.

3 행정 통제의 의미

행정 통제(administrative control)는 행정 책임의 확보 수단을 말한다. 행정 통제란 미시적 차원에서 설정된 행정목표 또는 정책목표와 기준에 따라 성과를 측정하고 달성할 수 있도록 시정하는 노력이다. 이는 공무원 개인 또는 행정기관 일탈에 대한 감시와 처벌 등을 하면서 원래 목표하던 성과를 달성하는 활동이라고 볼 수 있다.

정부가 정해진 목표에 따라 행정을 잘하고 있는지 점검하는 행위가 행정 통제다. 만약 공무원이나 기관의 잘못이 있을 경우 시정하는 것을 포함하며 법률에 정해진 권한 밖 행위를 못하도록 규제하는 것을 말한다. 행정 통제의 원래 목적은 정부가 국민이 바라는 행정을 실시하는 과정에서 위법 또는 부당하고 비능률적인 행위를 방지하는 데 있다. 그에 따라 정부의 모든 행정은 전문화, 세분화, 정보화되었고 윤리적 기준을 확립하는 데 많은 논의가 이루어진 상태이다.

그렇지만 현재 대한민국은 연간 수백조 원의 예산을 기획 · 심의 · 집행 · 결산할 뿐만 아니라 법률유보의 원칙에 따른 세부적인 행정규칙 등이 존재하고 있다. 정부에서 추진하는 각종 정책은 배분, 재분배, 규제와 직 · 간접적으로 연결된다. 이에 공무원이나 공공기관은 부지불식간에 실수하거나 목표보다 수단을 더 중요시하는 오류를 저지를 수도 있다. 과거에도 행정 통제는 행정가치나 윤리와 연결해 중요한 부분이었지만 사회가 더 복잡하고 다양해졌기에 행정 통제를 더욱 주의 깊게 살펴봐야 한다.

행정 통제를 이론적으로 유형화한 학자는 길버트(C. E. Gilbert)이다. 그는 행정 통제의 방법을 통제 주체가 행정조직 내부에 위치하는지 여부에 따라 내부통제와 외부통제로 구분했다. 또한 통제방법이 제도화되었는지에 따라 공식적 통제와 비공식적 통제로 구분했다(Gilbert, 1959). 공식적 통제는 법률이나 제도에 따른 방법이며 비공식적 통제는 여론, 관습, 자율적 윤리 준수 활동을 통해 개인이나 기관이 위법 부당한 행위를 하면 안 되도록 영향을 주는 방법이라고 볼 수 있다.

외부통제는 국회나 사법부와 같은 행정조직 외부의 사람이나 기관에 의한 통제를 말하며, 내부통제는 행정조직 내부의 구성원 또는 공무원 자신이 통제하는 것을 말한다. 대표적인 외부통제 주체는 입법부 · 사법부 · 언론 · 국민이며 민주성 확보에 목적이 있다. 한국에서 입법부(국회)는 헌법과 법률에 따라 정부 재정에 관한 권한, 일반 국정에 관한 권한 등을 지니고 행정부를 직 · 간접적으로 통제하고 있다. 국회는 정책과정 전반에 영향력을 행사할 수 있는 제도적 장치를 지니고 있으며, 각 지역의 여론을 수렴해 정부에 적극적으로 전달할 수 있는 권한도 지닌다. 이는 지방의회와 지방자치단체(장)와의 관계에서도 마찬가지이다. 또한 사법부는 행정부와 국민의 관계에서 발생한 문제를 일정한 절차에 따라 해결할 수 있다는 점에서 행정 통제 역할을 담당하고 있다. 그 예로, 행정소송은 행정법규 적용에 따른 분쟁 발생 시에 행정법원, 고등법원, 대법원에서 이를 관할하고 있다. 특히, 헌법재판소는 헌법을 수호하고 해석하는 역할을 맡고 있으며 위헌법률심사, 헌법소원심사 등으로 국회와 정부 전반에 영향력 있는 결정을 한다는 점에서 대표적인 행정 통제 주체라고 할 수 있다. 언론도 외부통제의 주체 중 하나로 사회 각 분야의 관심사나 쟁점을 정확하게 전달하는 활동을 하고 있다. 사실을 알려주는 활동과 더불어 언론사마다 스스로 논조를 가지고 특정한 쟁점에 대한 의견을 제시하는데 이는 정부 활동에 직·간접적으로 영향을 준다. 국민도 주요 외부통제의 주체인데 정보통신사회가 되면서 국민 개인이나 집단이 오프라인과 온라인으로 직·간접적인 통제를 할 수 있는 단계까지 이르렀다. 최근 트위터나 페이스북과 같은 SNS(Social Network Service)가 일상화되면서 국민의 외부통제 영향력이 높아진 상태이다.

내부통제는 행정조직 내부에서 공무원이나 기관 스스로 통제하는 것으로 그 목적은 능률성 확보에 있다. 행정부의 역할이 단순했던 시대에는 외부통제에 중점을 두었지만 행정부가 커지면서 내부통제가 강조되기 시작했다. 주요한 내부통제의 예로 '내부고발자'를 들 수 있으며 내부고발자는 특정 집단의 구성원이 내부에서 일어나는 부정부패

부패인식지수

부패인식지수는 국제투명성기구(TI: Transparency International)에서 발표하며 부패인식지수(CPI: Corruption Perceptions Index)는 공공 부문 및 정치 부문에 존재하는 것으로 인식되는 부패의 정도를 측정하는 지표로서 1995년부터 매년 발표하고 있다. 0~10점으로 구성되었으며 점수가 높을수록 청렴하다는 의미이다. 조사 대상은 176개국(2016년), 조사방법은 기업경영자를 대상으로 실시한 부패 관련 인식조사 결과와 애널리스트의 평가 결과를 집계(12개 기관의 13개 지표)한 것이다.

부패인식지수의 의의와 활용도는 국제 기준에 부합하는 반부패정책 강화 등 사회 전 분야에 대한 지속적이고 강력한 반부패정책 추진으로 우리나라 부패인식수준 제고, 반부패정책 홍보 및 기술협력 강화를 통한 국가청렴도 개선에 있다.

부패인식지수 현황으로 한국은 2016년 CPI 53점으로 176개국 중에서 52위(상위 29.5% 수준)로 나타났으며, OECD 회원국 기준 순위는 35개국 중 29위로서 2015년의 공동 27위보다 2단계 하락, 아시아 태평양 국가 26개국 중 9위로 2015년 7위보다 2단계 하락했다. OECD 국가에서 덴마크와 뉴질랜드가 1위이며, 핀란드가 3위를 차지했다.

출처: 국가지표체계(http://www.index.go.kr/potal/main/EachDtlPageDetail.do?idx_cd=1035) 발췌 2017.9.30

를 외부에 알려 공익을 지키려는 사람을 말한다. 오프라인과 더불어 인터넷이 발달하면서 내부고발과 유사한 형태의 민원·제도·상담 통로가 공공기관마다 갖추어져 있다. 직무감찰은 공공기관의 내부통제 수단으로 활용되고 있다. 직무감찰의 목적은 공무원의 비위 적발, 행정관리의 문제점 개선이다. 직무감찰은 '감사 담당', '조사 담당', '감사 또는 조사위원회'의 조직으로 구성되어 있으며 그 기능은 유사하다.

제2절 공직 윤리의 실제

공직 윤리는 정부에서 일하는 공무원이 지켜야 하는 도리, 즉 공무원이 행정조직에서 지켜야 할 직업윤리나 의식이다. 공직 윤리는 일반 기업에서 지켜야 하는 윤리와 다소 차이가 있다. 공직 윤리는 시장 영역에서 일하는 사람이 지키는 윤리보다 더 엄격한 잣대가 적용되는 경우가 많다. 공무원은 국민에 대한 봉사자이며 공무원 한 사람의 행동이 전체 국민에게 악영향을 줄 수 있다는 점에서 엄격한 윤리적 기준이 적용된다(김태룡, 2017: 336-337). 이에 공직 윤리는 법적 책임을 동반하는 것부터 강령과 헌장과 같은 선언적 규정까지 그 범위가 광범위하다.

기본적으로 공직 윤리는 공익을 추구하는 것이 원칙이며 국민 또는 시민의 의견을 존중하도록 행동해야 한다. 이는 행정의 본질적·수단적 가치와 연결되며 엄격하게 윤리를 실천하도록 법제화하는 노력이 계속되고 있다. 공무원의 모든 행동을 법제화하는 것은 어려움이 따르고 부작용이 있는 것도 사실이다. 대표적인 것으로 공무원 행동강령이 있으며 법률에 따라 공무원이 준수하여야 할 행동 기준을 규정하고 있다.

기본적인 공직 윤리 확보 수단으로 첫째, 내부고발이 있다. 내부고발은 조직 내의 부정부패 행위를 외부로 폭로하는 것이다. 부정부패의 범위는 정해져 있지 않으며 폭로하는 사람이 매우 심각하다고 판단했을 때 일어나는 경우가 대부분이다. 내부고발은 통상 공식적인 절차를 거치거나 법적 판단을 받지 않고 언론에 제보하는 경우로 이루어진다. 이렇게 내부고발은 해당되는 사람이 더 이상 그것을 용인할 수 없거나 공식 통로로 문제를 제기해도 수용되지 않거나 오히려 더 괴롭힘을 당하는 경우 발생한다. 내부고발은 개인 간 원한이나 문제 발생으로 나타나는 것이 아니라 다른 사람이 납득할 수 있는 수준의 윤리적 문제이어야 제기된다. 현재 내부고발은 법률적으로 보호 장치가 마련된 상태지만 아직까지 내부고발한 사람이 겪는 현실적 고통이 있다는 점에서 더 다각도로 보호할 수 있는 대책을 마련해야 한다(김태룡, 2017: 338).

둘째, 직무감찰이 있다. 감사원은 「감사원법」에 따라 행정기관 등의 사무와 그 소속 직원의 직무에 관한 감찰을 할 수 있는 권한을 가지고 있다. 직무감찰에는 공무원의 비위 적발을 위한 비위감찰뿐만 아니라 법령, 제도, 행정관리의 모순이나 문제점 개선 등에 관한 기능이 포함된다. 그 대상은 「정부조직법」 및 기타 법률에 의하여 설치된 행정기관의 사무와 소속 공무원(국회, 법원 및 헌법재판소에 소속한 공무원 제외)의 직무, 지방자치단체의 사무와 그에 소속한 지방공무원의 직무, 국가 또는 지방자치단체가 위탁·대행한 사무, 공무원에 준하는 자의 직무를 수행하는 사람 등이다(감사원 홈페이지, 2017). 또한 국무총리실 정부합동 부패예방감시단에서도 부정부패·비리 소지가 있는 분야의 실태 파악 분석, 원인 분석과 대책 강구, 기관 간 자료와 대책 공유, 대책의 시행을 맡고 있다는 점에서 공직 윤리 향상과 관련되어 있다(국무조정실 홈페이지, 2017).

셋째, 공직자윤리제도가 있다. 「공직자윤리법」에 근거해 공직자 재산등록은 공직자·공직 후보자의 재산등록 및 공개로 재산증식을 방지하고, 공무집행의 공정성을 확보하여 국민에 대한 봉사자로서의 공직 윤리를 확립하는 데 목적이 있다. 주식백지 신탁제도는 고위 공직자의 직무 관련 주식 보유에 따른 공·사적 이해충돌 방지를 통해 직무수행의 공정성과 중립성 확보를 위해 만들어졌다. '선물신고'는 공무원 또는 공직유관단체의 임·직원이 외국 또는 그 직무와 관련하여 외국인(외국단체 포함)으로부터 100달러 또는 시가 10만 원 이상의 선물을 받은 경우 소속 기관·단체의 장에게 신고하고 그 선물은 국고에 귀속 처리하도록 명시하고 있다. 특히, 퇴직 공직자 취업 제한은 재산등록의무자였던 퇴직 공직자를 대상으로 퇴직 후 3년 동안 퇴직 전 5년간 소속 부서(소속 기관) 업무와 밀접한 업무 관련성이 있는 분야의 취업 제한을 내용으로 한다. 해당 공무원은 퇴직 후 취업 전에 업무관련성 유무를 확인하고 취업승인을 받아야 한다(공직윤리종합정보시스템 홈페이지, 2017).

마지막으로 공무원의 정치적 중립은 현재 정부가 법률적으로 엄격하게 통제하고 있으며 공무원과 국민도 이를 잘 인식하고 있는 상태이다. 그렇지만 정치성은 공직 윤리와 직·간접적으로 연결되면서도 표면적으로 드러나지 않는다는 점, 행정 자체가 복잡하고 깊은 정치성을 지니고 있다는 점으로 미루어볼 때 법률적 차원을 넘어서 더 근본적인 고민이 필요하다.

1 부정청탁금지법

「부정청탁금지법」은 2016년 11월 30일부터 시행되어 공직자 등에 대한 부정청탁 및 공직자 등의 금품 등의 수수(收受)를 금지해 공직자 등의 공정한 직무 수행을 보장하고 공공기관에 대한 국민의 신뢰를 확보하는 것을 목적으로 하고 있다. 이 법률에 따라 누구든지 직접 또는 제3자를 통하여 직무를 수행하는 공직자 등에게 부정청탁을 해서는 안 된다. 예를 들어, 인가・허가・면허・시험 등에 대한 부정 행위, 법령을 위반하여 감경・면제하도록 하는 행위, 공직자 등의 인사에 관한 위반 행위, 계약 관련 법령 위반, 입학・성적・병역 등에서 법령 위반・처리・조작, 수사・재판 등 업무를 위반해 처리하는 행위 등이 포함된다.

부정청탁의 신고와 처리에서 공직자 등은 부정청탁을 받았을 때 부정청탁한 자에게 부정청탁임을 알리고 이를 거절하는 의사를 명확히 표시하여야 한다. 특히, 공직자 등은 직무 관련 여부・기부・후원・증여 등 명목에 관계없이 동일인으로부터 1회에 100만 원 또는 매 회계연도에 300만 원을 초과하는 금품 등을 받거나 요구 또는 약속해서는 안 된다.

「부정청탁금지법」은 도입 전에 많은 어려움이 있었고 시행 직전 많은 국민의 관심과 논란의 대상이 되기도 했다. 여러 차례 논의한 끝에 시행된 이 법은 대상의 광범위성에 따른 문제가 발생하고 법률과 이해관계가 직・간접적으로 연결되는 사람들의 의견을 수렴하고 있다. 특정 산업 종사자와 영세자영업자 등의 피해 최소화, 음식물과 선물 가액을 현실화하고, 경조사비 상한액 조정, 사회상규의 인정 범위와 모호성에 대한 지적 등이 국회를 포함해 각계각층에서 논의되고 있는 상황이다.

2 국가인권위원회의 기능

국가인권위원회는 모든 개인이 가지는 불가침의 기본적 인권을 보호하고 그 수준을 높이고 인간으로서의 존엄과 가치를 실현하고 민주적 기본 질서 확립을 목적으로 업무를 수행하고 있다. 인권은 대한민국헌법과 법률에서 보장하거나 대한민국이 가입・비준한 국제인권조약과 국제관습법에서 인정하는 인간 존엄, 가치, 자유, 권리를 말한다. 구금·보호시설에 대한 인권 보호와 더불어 합리적인 이유 없이 성별, 종교, 장애, 나이, 사회적 신분, 출신 지역, 출신 국가, 출신 민족, 신체조건, 혼인 여부, 임신 또는 출산, 가족 형태 또는 가족 상황, 인종, 피부색, 사상 또는 정치적 의견, 형의 효력이 실효된 전과(前科), 성적(性的) 지향, 학력, 병력(病歷) 등을 이유로 한 차별을 할 수 없다고 규정하고 있다. 특히, 고용·교육·성희롱과 같은 행위에 대한 상담, 진정, 민원 처리 등을 수행하고 있다.

국가인권위원회는 권한에 속하는 업무를 독립하여 수행하며 대한민국 국민과 대한민국의 영역에 있는 외국인에 대하여 적용한다. 최근 위원회 독립성 강화와 위원회 구성원의 인권전문성 강화에 노력하고 있다. 만약 인권이나 차별에 관한 문제가 생기면 그 진정의 주체는 대한민국 국민과 대한민국 영역 안에 있는 외국인으로서 피해자 또는 그 사실을 알고 있는 사람이나 단체가 해당된다. 당사자의 진정이 없는 경우도 인권 침해나 차별 행위가 있다고 믿을 만한 상당한 근거가 있고, 그 내용이 중대하다고 인정할 때에는 직권조사가 가능하다는 점에서 행정 통제와 공직 윤리를 실천하는 기관이라고 볼 수 있다.

인권구제 방법으로는 필요한 조치 등의 이행 또는 법령·제도·정책·관행의 시정 또는 개선 권고 등이 있다. 고발 및 징계 권고인 경우 고발을 받은 검찰총장, 군참모총장 또는 국방부 장관은 고발을 받은 날부터 3개월 이내에 수사를 종료하고 그 결과를 위원회에 통보해야 한다. 또한 진정의 원인이 된 사실이 범죄 행위에 해당한다고 믿을 만한 상당한 이유가 있고, 그 혐의자의 도주 또는 증거인멸 등을 방지하거나 증거의 확보를 위하여 필요하다고 인정할 경우에 위원회는 검찰총장 또는 관할수사기관의 장에게 수사의 개시와 필요한 조치를 의뢰할 수 있다. 그 밖에 피해자를 위한 법률구조 요청, 긴급구제조치의 권고, 당사자의 신청 또는 직권에 의해 진정사건을 조정위원회에 회부할 수 있다. 이렇게 국가인권위원회의 결정례는 언론에 보도되면서 국민들의 이목을 집중시켰고, 그것이 공직만이 아니라 일상에도 적용되면서 윤리가 실제로 적용되는 모습을 보여주고 있다.

3 국민권익위원회의 기능

국민권익위원회는 과거 국민고충처리위원회, 국가청렴위원회, 국무총리 행정심판위원회 등의 기능을 합쳐 탄생한 기관이다. 통합한 이유는 국민 권리구제업무, 국가청렴도 향상 활동, 행정심판위원회의 쟁송 업무 등이 나누어져 있어 혼란과 불편이 있었기에 국민 권익 구제 창구를 일원화하고 신속하고 충실한 서비스를 마련하자는 목적에 있다. 국민권익위원회는 고충민원 처리, 불합리한 행정제도 개선, 공직사회 부패 예방·부패 행위 규제를 통한 청렴한 공직사회 풍토 확립, 행정청의 위법·부당한 처분으로부터 국민의 권리를 보호하는 영역으로 그 업무가 나뉘어 있다. 이에 공공기관의 책무, 정당의 책무, 기업의 의무, 국민의 의무, 공직자의 청렴 의무, 공직자의 업무상 비밀이용 금지를 법률로 규정하고 있다.

국민권익위원회의 업무는 광범위한 편으로 일반 민원을 비롯한 고충민원을 접수 처리하고 있다. 특히, 공직자의 직무와 관련한 지위 또는 권한 남용·법령 위반으로 자기 또는 제3자의 이익 도모 행위, 공공기관의 예산사용이나 법령에 위반하는 행위를 하거나 그러한 행위의 은폐를 강요·권고·제의·유인하는 경우는 부패 행위에 포함되어 조사 대상이 된다. 공직자 행동강령 위반도 국민 누구라도 위반사실을 알게 된 때 신고할 수 있다. 또한 공익침해 행위에 해당되는 국민의 건강과 안전, 환경, 소비자의 이익 및 공정한 경쟁을 침해하는 행위도 신고 대상이 된다. 예를 들어, 부정·불량식품 제조·판매, 폐수 무단 방류, 부실시공, 각종 허위·과장 광고, 원산지 표시 위반, 유사석유 판매, 담합, 불법 하도급 등이 해당된다는 점에서 공직 윤리를 실천하는 기관이라고 할 수 있다. 이렇게 신고한 사람에 대해 신분보장, 비밀보장, 신변보호, 사전예방, 의료지원, 법률구조, 보호 조치 요구 방법을 규정하고 있다.

"교사 · 교수에 카네이션 · 캔커피도 부정청탁금지법 위반"

교사가 스승의 날에 학생들로부터 카네이션을 선물 받거나 대학 교수가 학생에게서 캔커피를 받는 것도 부정청탁 및 금품 등 수수의 금지에 관한 법률(부정청탁금지법) 위반이라는 정부 유권해석이 나왔다. 교사 · 교수와 학생은 직접적인 평가가 이뤄지는 관계인 만큼 5만원 이내의 선물이라 해도 허용될 수 없다는 이유에서이다.

정부는 지난 18일 국민권익위원회와 법무부, 법제처, 문화체육관광부, 인사혁신처 관계자가 참석한 가운데 부정청탁금지법 해석 지원 태스크포스 제4차 회의를 열고 이 같은 해석을 내놨다. 이날 회의에서 부정청탁금지법 위반 여부를 가리는 중요한 기준인 '직무관련성' 해석을 비롯해 수수 금지 금품 등의 예외 사유인 '원활한 직무수행, 사교 · 의례, 부조의 목적으로 제공되는 음식물 · 선물 · 경조사비의 요건' 등에 대해 논의했다.

출처: 법률신문(https://www.lawtimes.co.kr/Legal-News/Legal-News-View?serial=105916) 기사 발췌 2016.11.22

"졸업식날 선생님께 드린 꽃다발, 부정청탁금지법 위반?"

부정청탁금지법 이후 졸업식 풍경까지 바뀐 건데, 주무기관인 국민권익위원회는 졸업식 때 선생님에게 꽃이나 선물을 건네는 건 괜찮다는 해석을 내놨습니다.

[국민권익위원회]

"성적평가 등이 종료된 후에 열리는 졸업식 또는 종업식 날에는 사교 · 의례 목적으로 허용 가능합니다."

교사가 더 이상 학생을 평가할 일이 없기 때문에 직무 관련성이 없다는 설명입니다.

출처: MBC뉴스(http://imnews.imbc.com/replay/2017/nwdesk/article/4218365_21408.html) 2017.2.14

생각해 보기

1. 동일한 개인이 여러 가지 책임을 맡은 경우(역할갈등과 딜레마)가 발생하면 이를 어떻게 해결할 것인가?
2. 만약 행정 통제의 수준과 범위가 지나치다면 이와 관련된 부정적 효과나 역기능이 무엇인가?
3. 공직 윤리에 얽힌 상황과 맥락이 매우 다양하고 복잡한데 이를 어떻게 처리할 것인가?

04

PART

한국 행정의 변천

CHAPTER 09

정부 형태와 한국 공공 부문의 실제

제1절 정부형태론

1 정부론과 정치체제의 분류

1) 정부를 바라보는 다양한 시각

고대에서 근대에 이르기까지 정치공동체로서 국가 혹은 정부의 개념에 대한 다양한 정의가 존재한다. 플라톤(Palton)은 이상주의적 관점에서 국가를 선의 이데아를 실현하는 공공선의 구현체로서 이해한 반면, 마키아벨리(N. Machiavelli)는 현실주의적 관점에서 국가이성(Stato)을 추구하는 조직화된 권력 총체로서 이해했다. 홉스(T. Hobbes), 로크(J. Locke), 루소(J. J. Rousseau) 등의 근대 사회계약론자는 자연권에 기반을 둔 사회계약의 실체로서의 국가를, 공리주의자들은 최대다수의 최대행복을 실현하는 국가를 각각 강조하였다. 오늘날 근대 국민국가는 1648년 베스트팔렌(Westphalia) 조약 이후 영토에 대한 국가 주권을 인정받으며 발전해 왔다. 근대 국민국가는 단일한 국민으로서의 정체성(identity)과 일정한 지리적 영토(territoriality), 대내적 최고성과 대외적 독립성을 의미하는 주권(sovereignty), 그리고 통치의 정통성(legitimacy)을 특징으로 한다. 이러한 근대 국민국가의 특성은 "일정한 영토 내에서 정당한 물리적 폭력을 독점적으로 관철시킬 수 있는 유일한 인간 공동체"로 규정한 베버(M. Weber)의 국가 개념에 잘 드러난다.

통치의 제도적 총체로서 국가 혹은 정부를 바라보는 시각은 국가와 사회의 관계나 국가와 시장의 관계에 따라 다양하게 나뉜다. 먼저, 국가와 사회와의 관계에서 국가의 중립적 역할 혹은 최소한의 역할을 강조하는 다원주의 국가론, 국가의 자율성을 통해 국가의 정책적 의지를 관철할 수 있다고 보는 베버주의 국가론, 특정 경제계급의 지배수단으로서 국가를 인식하는 계급론적 국가론으로 구분될 수 있다. 다음으로, 국가와 시장의 관계에서 스미스(A. Smith)의 '보이지 않는 손(invisible hand)'에 의한 자유방임 시장경제의 자율조정 기능에 초점을 두어 국가의 최소 역할을 강조하는 최소국가(작은 정부)와 시장실패를 해결하기 위해 국가의 적극적 역할을 강조하는 복지국가(큰 정부)로 대립되고 있다.

왜 지배에 복종하는가

국가란, 역사적으로 그에 앞서 존재했던 정치적 결사체들이 모두 그러했듯이, 정당한(혹은 정당하다고 간주되는) 폭력/강권력이라는 수단에 의존해 성립되는 인간의 인간에 대한 지배의 관계에 기초를 두고 있는데, 따라서 국가가 존속하려면 피지배자는 그때그때의 지배집단이 주장하는 권위에 복종하지 않으면 안 된다. 피지배자들은 어느 경우에, 그리고 무엇 때문에 복종을 할까? 이런 지배는 어떤 내적 정당화 근거, 어떤 외적 수단에 기반하고 있는 것일까? 우선, 정당화의 내적 측면부터 이야기를 시작해 보자. 원론적으로 보면 어떤 지배이든 이를 정당화하는 근거에는 세 가지가 있다.

첫째는 '인간 역사 속의 영속적인 존재', 즉 아득한 옛날부터 통용되어 왔으며 사람들은 이를 지키려는 성향을 갖는다는 사실에 의해 뒷받침되는 신성화된 관습의 권위이다. 과거 씨족사회에서의 가부장과 가산제 군주가 행사하던 '전통적' 지배가 이 유형에 속한다.

다음으로, 비범한 개인의 천부적 자질, 즉 카리스마에 의거한 권위를 들 수 있는데, 이는 신의 계시와 영웅주의 혹은 그가 가진 다른 자질을 이유로 한 개인 지도자에 대해 완전한 헌신과 신뢰를 보내는 것을 뜻한다. '카리스마적' 지배라고 말할 수 있는 이 유형에는 예언자, 정치 분야에서는 선출된 전쟁 지도자, 시민의 직접 투표로 뽑힌 통치자, 뛰어난 데마고그(demagogue), 그리고 정당 지도자들이 행사하는 지배가 속한다.

마지막으로, '합법성'에 의거한 지배가 있다. 이는 제정된 법규의 타당성에 대한 신뢰, 합리적인 절차에 따라 부여된 객관적 '권한', 그리고 법규가 규정하고 있는 의무를 기꺼이 수행한다는 복종의 관념에 따른 지배로서, 근대적 '공무원'을 비롯해 그와 유사한 형태로 권력을 갖게 되는 사람들에 의해 행사되는 지배 형태이다.

출처: 막스 베버(박상훈 옮김)(2011). 『막스 베버 소명으로서의 정치』.

2) 정치체제의 분류

정치공동체로서 국가의 통치 형태는 "① 누가 통치 권력을 갖고 있는가(Who governs?), 그리고 ② 통치 권력이 어떻게 형성되고 집행되는가?"에 따라 구분될 수 있다. 고대 정치철학자 아리스토텔레스(Aristotles)는 "한 사람, 소수자 또는 다수자가 공동의 이익을 위하여 통치하는 정부를 올바른 정부로 보고, 한 사람, 소수자 또는 다수자의 사적인 이익을 위해 통치하는 정부는 잘못된 정부로 보았다"고 한다(천병희 옮김, 2011). 그는 고대 도시국가 사례를 분류하여 통치 권력의 추구 목적과 통치자 수에 따라 순수 형태로 1인이 통치하는 왕정, 소수가 통치하는 귀족정, 다수가 통치하는 입헌정과 순수 형태의 타락 형태로서 1인이 통치하는 폭군정, 소수가 통치하는 과두정, 다수가 통치하는 민주정으로 구분하였다. 아리스토텔레스는 사적 이익을 위해 자의적으로 권력을 행사할 때 부패가 발생한다고 보고, 이러한 부패를 막기 위해 혼합정체가 필요하다고 보았다. 혼합정체는 과두정과 민주정이 혼합된 입헌정(polity)으로서 법의 지배, 중간계급·계층이 건전한 다수를 형성하는 특징을 지니며, 현실적으로 실현 가능한 최선의 정치체제로 인식하였다.

정치체제에 대한 현대적 분류는 통치 권력의 집중·분산, 민주성의 정도에 따라 크게 전체주의, 권위주의, 민주주의로 구분될 수 있다. 전체주의(totalitarianism)는 권력이 고도로 집중화되어 있고 정부의 활동이 이데올로기에 의해 정당화되는 독재체제를, 권위주의 체제(authoritarian regimes)란 권력을 독점한 개인이나 집단이 국가의 의사형성 과정에 일반 국민의 참여를 배제하고 통치구조와 관련된 정책결정 내용을 사회구성원에게 강요하는 정치체제를 의미한다. 전체주의 체제는 정치적 다원성을 부정하고 단일 이데올로기를 통해 정치적으로 동원화하면서 폭력적 통치 권한을 행사하는 반면, 권위주의 체제는 체제에 위협되지 않는 범위 내에서 한정된 자유와 다원성을 보장하면서 탈정치동원화를 통해 정치적 무관심을 조장한다는 점에서 대비된다. 한편, 민주주의는 크게 정치 이념으로서의 민주주의와 제도로서의 민주주의로 구분되며 다양한 유형으로 구분되지만, 개인의 자유·권리를 확장하려는 자유주의와 사회적 형평성을 요구하는 평등주의적 민주주의 원리의 결합인 자유민주주의로 이해되고 있다(G. Sartori).

2 정치체제의 유형

1) 민주주의: 다수제 vs 합의제

레이파트(Lijphart, 1999)에 따르면, 민주주의는 권력행사 방식 혹은 의사결정 방식에 따라 다수결(majoritarian) 민주주의와 합의제(consensual) 민주주의로 구분되며, 이들 유형은 선거제도, 정당체계 등의 정치제도와 제도적 조응성(institutional congruence)을 갖는다. 즉, 다수결 모델은 다수결 결정 방식에 따라 과반수 득표 선거제도, 양당제, 일차원적 정당체계 등의 정치제도와 조응한 반면, 합의제 모델은 소수 권력 배려에 따른 합의적 결정 방식에 따라 비례대표 선거제도, 다당제, 다차원적 정당체계 등의 정치제도와 조응한다는 것이다.

〈표 9-1〉 다수결 민주주의와 합의제 민주주의 특성 비교

구 분	다수결 민주주의	합의제 민주주의
가치강조점	통치안정성, 효율성	대표성
운영방식	다수결 결정	합의
이익중재 방식	다원주의적	코포라티즘적
권력구조	대통령제, 승자독식 권력의 융합과 내각 우월성	의원내각제, 권력분점
선거제도	소선거구제, 과반수 득표제	비례대표제
정당제도	양당제, 중앙집권적 일차원적 정당체계	다당제, 분권적 다차원적 정당체계

자료: Lijphart(2012).

다수결 모델은 비교적 동질적 사회의 특성을 지닌 영국의 의회제를 바탕으로 도출된 모델로 "누가 지배하며 국민들이 어떤 쟁점들에 대해 견해를 달리할 때 정부는 누구의 이익에 반응해야 할 것인가"에 대해 다수결 지배 원칙을 강조한다. 다수결 모델은 행정부-의회 관계에서 하원의 다수 정당에 의해 구성된 내각이 의회의 신임을 바탕으로 강력한 집행권을 행사하는 승자독식의 의사결정 특징을 지닌다.

반면, 합의제 모델은 종교·이념·언어·문화·인종적으로 다원화된 사회에 기반하여 스위스나 벨기에와 같은 서유럽 약소국가들의 민주주의제도 발전 과정에서 발전되었다. 합의제 모델은 정부를 구성하거나 주요 정책결정을 함에 있어 이해관계 당사자들 간에 토론과 설득 과정을 통한 합의 방식을 강조한다. 합의제 모델은 다수와 소수 간의 권력 분배, 정부기관들 간의 권력 분산, 비례대표제에 의한 권력의 공평한 배분, 연방제에 의한 중앙정부의 권한 제한, 소수거부권에 의한 권력의 공식적 제한 등 다수결 지배 방식을 제한적으로 적용하는 특징을 지닌다.

36개 민주주의 국가를 대상으로 다수결 모델과 합의제 모델로 구분하고 이들 국가들의 정부 성과를 비교·분석한 레이파트에 따르면(Lijphart, 2012), 합의제 민주주의 국가가 다수결 민주주의 국가보다 정부 효율성과 민주주의 질 측면에서 정부 성과가 뛰어난 것으로 나타나고 있다.

2) 권력구조: 의원내각제 vs 대통령제

오늘날 정부 형태에 대한 논의는 제도로서 민주주의 체제를 갖는 국가에서 통치 권력구조와 권력분립이 어떤 방식으로 이루어지는가에 따라 다양한 유형으로 구분되고

있다. 근대 민주주의자들은 시민의 자유와 기본권 보장을 위해 권력분립을 통한 상호 견제와 균형을 강조하였는데, 정부 형태는 입법부와 행정부 간의 권력위임 방식, 즉 권력을 어떻게 분산 또는 집중시키는가 하는 권력의 기능적 배분에 따라 의원내각제, 대통령제, 이원정부제 등으로 구분된다.

의회중심제인 의원내각제가 영국을 중심으로 발전해 왔다면, 대통령중심제인 대통령제는 미국이 발명한 제도로서 발전해 왔으며, 이원정부제는 제3의 절충 형태로 발전해 왔다. 의원내각제는 의회와 집행부가 권력의 융합(fusion of power)에 토대를 두는 상호 의존의 관계를 갖는 반면, 대통령제에서의 의회와 행정부는 권력분립에 기초한 견제와 균형의 관계를 지향한다(김세균 외, 2003). 레이파트에 따르면, 대통령제는 대통령이 대중선거로 선출되고 정부 수반은 헌법상 임기가 보장되며 내각 불신임으로 사임하지 않으며, 행정부 장관은 대통령에 종속적인 관계인 반면, 내각책임제에서 수상은 의회에서 선출되고, 내각이 의회의 신임에 의존하여 내각불신임으로 해산될 수 있으며, 내각 각료는 공동 결정자로서의 역할이 보장된다는 점에서 구분된다고 본다(Lijphart, 2012).

의원내각제란 행정부인 내각이 의회에 의해 구성되고 의회의 신임을 그 존립의 요건으로 하는 권력 융합의 정부 형태로서 의회의 내각에 대한 불신임권과 내각의 의회해산권을 통해 의회와 정부 간의 균형을 추구한다(김태룡 외, 2010). 의원내각제는 내각의 존립이 의회의 신임에 의존하기 때문에 정치적 책임성이 높고 의회와 행정부 간 권력 융합으로 강력한 집행권을 행사할 수 있는 장점이 있지만, 안정적인 다수당이 아닌 정당 간 연합을 통해 연립내각이 구성된 경우 정국의 불안정성이 초래될 가능성이 높아지는 단점이 있다.

대통령제는 행정부 수반인 대통령과 의회가 모두 국민 선거로 선출되는 이원적 정당성(dual legitimacy)의 특성을 가지며, 입법부와 행정부 간의 권력분립을 통한 견제와 균형을 추구한다. 대통령제는 대통령의 확정된 임기로 행정부의 안정성이 보장되고 권력분립 원리에 충실하다는 장점을 지니는 반면, 승자독식의 권력구조로 인한 대표성 부실과 입법부와 행정부 간의 상이한 권력 주체 간 정국교착(gridlock) 초래 가능성 등의 단점을 지닌다. 린쯔(J. Linz)는 대통령 리더십 위기가 정치체제의 위기 및 국정 마비를 초래할 위험성이 높고, 국정운영이 좋은 대통령 선출 여부(개인 자질)에 의해 지나치게 좌우될 수 있기 때문에 대통령제가 민주적 안정을 심각하게 위협한다고 주장하기도 했다.

이원정부제는 국민의 직접 선거로 선출되는 대통령과 의회에서 선출되는 총리에게 집행권이 분산되어 대통령제의 특징과 의원내각제 특징이 결합된 정부 형태로 대통령제와 의회제의 특징의 경중에 따라 준대통령제 또는 준의회제로 구분되기도 한다(전진영, 2017).

한편, 중앙정부와 하위 정부 간에 권력의 수직적·지리적 배분 형태에 따라 정부 형태는 단일제(unitary system), 연방제(federal system), 국가연합(confederation)으로 구분되기도 한다. 단일제는 중앙정부가 배타적으로 주권(sovereignty)을 가지며 다양성보다는 중앙집권적인 통제와 감독을 통한 통치의 효율성을 강조하는 정부 형태인 반면, 연방제는 중앙정부와 구성단위 정부가 관할 사항에 관하여 독자적으로 결정을 내릴 수 있는 헌법적 권한을 보유하는 정부 형태이다(김세균 외, 2003).

3) 대통령제: 분점정부 vs 단점정부

이원적 정당성을 특징으로 하는 대통령제 국가에서는 입법부와 행정부 간의 권력 배분 차원에서 필연적으로 단점(unified)정부와 분점(divided)정부의 형태로 나뉘게 된다. 일반적으로 분점정부(divided government)란 대통령이 속한 정당 또는 대통령을 정치적으로 지지하는 세력이 의회 다수파가 아닌 경우를 의미한다. 즉 다당제에서 대통령 소속 정당이 대통령직과 의회를 모두 지배하면 단점정부, 두 정당이 각각 대통령직과 의회를 나눠 지배하는 경우를 분점정부라 정의하기도 한다.

전형적인 대통령제 국가인 미국에서는 제2차 세계대전 이후 민주당이 하원을 장악하고, 공화당은 대통령직을 차지하여 입법부와 행정부 간의 권력 주체가 상이한 분점정부가 빈번하게 발생함에 따라 분점정부 발생 원인과 분점정부가 초래하는 효과에 대한 관심과 연구가 활발하게 전개되었다. 분점정부의 발생 원인으로 행태적 요인 측면에서 유권자 분할투표 경향(split ticket voting) 내지 정책균형이론(balancing theory) 등이 제시되고 제도적 요인 측면에서 선거수준이론(electoral-levels theory) 등이 제시되고 있다. 유권자가 동일 정당 후보보다는 각각 다른 정당에 투표하는 분할투표 경향에 따른 비의도적인 분점정부 등장을 강조하는 입장과 유권자들이 의도적으로 정당 간 정책거리를 좁히는 정책균형을 추구하기 위하여 각각 다른 정당에게 투표하여 분점정부가 등장한다는 정책균형이론 등이 제시되고 있다(박윤희, 2017).

제도적 측면에서 선거수준이론(electoral-levels theory)은 지역적 이슈와 전국적 이슈의 특성의 차이에 따라 지역적 현안에 대한 정부의 적극적 개입을 지지하는 민주당이 하원을 차지하는 반면, 공화당은 전국적 유권자의 지지를 얻어 대통령직을 차지한다는 주장이다. 이 외에도 선거 주기 또는 결선투표 허용 등의 제도적 요인이 강조되기도 한다.

다음으로, 정부 형태에 따른 효과로 분점정부가 입법지연이나 입법교착 등 정국교착(gridlock)을 초래하는가에 대한 논쟁이 대립되고 있다. 정당정치와 통치의 효율성을 강조하는 정당정부론 입장은 분점정부가 정부 운영의 효율성을 저하시키고 궁극적으로 정국교착을 초래하여 정부 통치력의 저하를 초래하는 부정적인 정부 형태라고 주장한 반면, 분리주의자들은 분점정부가 견제와 균형 원리에 입각하여 개인의 자유에 대한 침해와 다수파에 의한 소수파 전제를 방지하려는 미국 헌법정신에 부합하는 정부 형태라고 주장한다(오승용, 2004; 박윤희, 2017). 미국 의회의 중요 법안을 선별하여 측정한 입법생산은 분점 및 단점정부 형태에 따라 큰 차이가 없다는 메이휴(Mayhew, 1991)의 실증연구 이후 분점정부의 효과에 대한 논쟁은 더욱 가속화되고 있다.

3 한국의 정부 형태

1987년 권위주의 체제에서 민주주의 체제로 전환하여 5년 단임의 대통령제를 도입한 우리의 경우에도 분점정부 형태가 지속적으로 출현하고 있다. 1987년 민주화 이후 한국에서 분점정부의 출현 원인으로는 지역주의적 투표 행태, 3~4개의 정당이 주도하는 온건다당 정당체제와 단순다수제 방식의 대통령 선출 방식, 대통령 선거와 국회의원 선거의 불일치 등의 행태적 · 제도적 요인이 제시되고 있다(장훈, 2002; 박윤희, 2017). 신생민주주의 국가의 대통령제하의 주요 문제로 통치 권한의 포괄성, 불명확성으로 인한 비공식적 권력의 비대화, 행정부에 대한 의회 비판 · 견제 기능 약화, 선거에 의해 위임된 권력을 대통령이 자의적으로 행사할 뿐, 책임성을 강요할 수 있는 제도적 장치가 부재한 위임민주주의(delegative democracy)[1] 경향 등이 제시되기도 한다(임혁백, 2000). 대통령제가 초래하는 정부 형태의 차원에서 보면 대통령의 소속 정당과 의회 다수당이

1) 오도넬(G. A. O'Donnell)은 민주화 이후 라틴아메리카의 경험적 사례 분석으로 선출된 지도자와 투표자 간의 연계관계가 존재하지 않는 상황을 위임민주주의로 개념화하였는데, 위임민주주의에서는 대의민주주의와 달리 의회나 사법부에 의한 수평적 책임성과 국민에 의한 수직적 책임성이 확보되지 않는 특징을 보인다(최장집 · 박상훈, 2011).

일치하는 단점정부에서는 대통령에게 지나치게 권한이 집중된다는 제왕적 대통령의 문제가 제기되는 반면, 대통령과 의회의 권력이 분할되는 분점정부의 경우에는 상호간의 정치적 갈등으로 인한 정국교착(gridlock)의 문제가 반복적으로 제기되는 상황이다. 이와 같이 대통령제의 지나친 권력 집중 혹은 지나친 권력 분산에 따른 정국교착을 해소하기 위해 정부 형태를 다수결 모델에서 합의제적 모델로 전환하거나 혹은 지나치게 집중화된 권력을 분권화하고 협치의 제도화를 추구하는 정부 형태의 개헌 필요성이 제기되고 있다(이현출, 2017).

제2절 한국 공공 부문의 실제

오늘날 행정환경의 급속한 변화와 새로운 행정수요의 폭발적 증가로 정부 기능이 확대되고 공공 부문이 확장되는 중이다. 이러한 공공 부문 변화의 핵심은 전통적인 정부조직 밖에서 정부정책과 공공 기능을 수행하는 준정부(quas-government)의 증가로 나타나고 있다(정무권·한상일, 2008: 498). 이러한 공공 부문의 확장을 나타내는 쾅고(Quangos), 준정부, 혼합조직, 제3자 정부, 그림자정부, 공기업, 공공기관, 산하기관, 산하단체, 분권기관, 공익법인, 출자·출연기관 등 다양한 투자기관, 출자·출연법인 등의 다양한 개념들이 논의되어 왔다. 이러한 준정부조직의 성장과 확대는 다양한 이론적 관점에서 설명된다. 조직 생존을 위해 환경과의 상호작용을 강조하는 자원의존 모형은 정부, 시장, 시민사회의 한계를 각각의 유용한 자원 교환을 통해 극복하는 과정에서 준정부기관의 등장을 설명한다(배용수, 2015: 83). 던리비(Dunleavy, 1991)는 정부조직의 축소를 지향하는 영국 행정개혁의 흐름에서 역설적으로 준정부기관이 급증한 것은 관료들이 민간에게 위임하기보다는 통제 가능한 조직을 선호한 관청형성 전략을 통해 이해할 수 있다고 보았다(이상철, 2016: 66). 배용수(2015)는 공기업과 준정부기관의 개념을 구분하여 공기업은 시장실패의 교정을 위한 공적 개입의 수단으로 등장한 반면, 준정부기관은 정부실패의 교정을 위한 신공공관리의 실행 수단으로 등장하였다고 본다. 나아가 준정부기관은 시장실패와 정부실패뿐만 아니라 샐러먼(Salamon, 1987)이 주장한 자발적 부문실패(voluntary sector failure)로 인해 생성되고 등장하기도 한다(장석준·윤성일, 2016: 15).

1 공공 부문의 개념과 범위

1) 이론적 논의

공공 부문에 대한 철학적 이해는 자유주의 사상에 따른 개인의 사적 영역(the private)과 이를 보호하는 국가의 공적 영역(the public)의 구분에서 출발하기 때문에 공공 부문의 개념화는 정부조직의 개념과 범위를 중심으로 이해될 필요가 있다(정무권 외, 2008: 120-123). 다만, 오늘날 국가마다 정치 · 행정 환경과 문화, 역사적 · 법률적 제도 배열의 상이성과 다양성에 의해 준정부조직이 증가함에 따라 공공조직과 준정부조직을 포함하는 공공 부문의 개념화는 다면적이고 다차원적으로 접근될 필요가 있다.

공공성의 관점에서 접근한 보즈만(Bozeman, 1987)은 공공성 개념의 연속성을 강조하면서 정치적 권위와 경제적 권위의 조합에 따라 조직의 공공성 정도가 결정된다고 보았다(박순애, 2014). 이와 유사하게 조직 유형을 시장에 의해 통제되는 기업(enterprise)과 공공에 의해 통제되는 기관(agency) 사이의 복합적인 연속체로 바라본 달과 린드블룸(Dahl & Lindblom, 1951)의 시각은 오늘날 조직 유형 분류의 중요한 개념적 틀로 이해된다(Rainey, 2010: 74).

웸슬리와 잘드(Wamsley & Zald, 1973)는 공공조직과 민간조직의 구분 기준으로 소유권(ownership)과 재원조달방법(funding)이 조직의 특성을 구분하는 핵심 요인이라고 보았다(Perry & Rainey, 1988: 184). 이에 따라 소유권은 공공(public) 소유와 사적(private) 소유로 구분하고, 재원은 공공(public) 재원과 사적(private) 재원으로 구분하여 공공 소유-공공 재원, 공공 소유-사적 재원, 사적 소유-공공 재원, 사적 소유-사적 재원으로 구성된 네 가지 조직 유형을 구분하였다(Wamsley & Zald, 1973; Rainey, 2010). 반면, 페리와 레이니(Perry & Rainey, 1988)는 조직 유형 구분의 기준으로서 소유권과 재원이 상대적으로 명확한 조직의 특성을 나타내는 기준이지만, 다중적인 형태를 취하면서 복잡한 상호 관련성을 가지며, 또한 외적 구조의 통제 양식과 결합하여 다차원성을 보이기 때문에 환경 통제 변수로서 사회 통제 양식을 추가할 필요성이 있음을 강조한다(Perry & Rainey, 1988: 192-193). 이들은 조직의 소유권(ownership), 재원(funding), 사회 통제 양식(mode of social control)을 기준으로 조직 유형을 정부(행정조직), 준정부(준정부기관, 정부지원기업, 규제기업, 정부기업, 공기업, 정부계약기업), 민간(순수 민간기업)으로 분류하였다(Perry & Rainey, 1988; 장석준, 2017).

한편, 에거(Eger Ⅲ, 2005)는 미국 맥락에서 거버넌스와 재정의 독립성 정도를 조직 유형화의 기본적인 기준으로 보아, 운영의 자율성(governing autonomy) 정도는 위원회의 유형(자문위원회, 자기통치위원회, 선출위원회)의 자율성 정도와 같이 제한, 중간, 높음으로 구분하고 재정의 자율성(financial autonomy)은 공채 발행과 조세 부과 권한에 따라 제한, 중간, 높음으로 구분하여 9개의 공공기관 유형을 제시하였다(Eger Ⅲ, 2005: 130-132).

2) 실무적 논의

UN 2008 SNA에서는 비교 가능한 일관된 통계의 산출을 위해 경제 주체와 관련하여 제도단위(institutional units)와 제도부문(institutional sectors)의 개념을 구분하고 있다. UN 국민소득계정(System of National Accounts: SNA) 지침은 1993년 발간된 이후 2008년 재개정되었다. UN 2008 SNA는 '일반정부와 공공 부문'이라는 별도의 장을 신설하여 UN 1993 SNA 제정 이후 발간된 EU 1995년 ESA 지침, 2002년 2004년 MGDD 지침, IMF의 2001년 GFSM 지침 등 국제 기준의 내용을 반영하고 있다(곽채기, 2012).

UN 2008 SNA에서는 개별 경제적 실체의 제도적 속성을 유형화함에 있어 독립된 제도 단위[2]를 대상으로 정부의 지배 유무에 따라 공공 부문과 민간 부문으로 구분하고, 공공 부문 내에서는 시장성 유무에 따라 일반정부와 공기업으로 분류하고 있다(곽채기, 2012: 9). 특정 제도 단위가 정부 단위에 의해 지배 또는 통제되는 경우 공공 부문으로 간주되며, 공공 부문에 속하는 제도 단위는 시장성 유무에 따라 일반정부와 공기업으로 분류한다. 정부의 지배 또는 통제는 어떤 제도 단위의 일반적 정책 또는 프로그램을 결정할 수 있는 능력으로 이사 임명권 등을 통해 정부가 조직의 정책결정을 좌우할 수 있는 능력을 의미하며, 시장성 유무는 제도 단위에 의해 생산된 산출물이 '경제적으로 의미 있는 가격'으로 판매되는가 여부로 결정되는데, '경제적으로 의미 있는 가격'은 보통 판매수입이 여러 해에 걸쳐 평균적으로 최소한 생산원가의 1/2이 될 경우(원가보상률 50%)로 이해되고 있다(곽채기, 2012: 15).

곽채기(2017)는 UN 2008 SNA 가이드라인을 준수하면서 공공기관 지정 및 유형 분류체계 대안으로 지배성(controllability) 판단 기준과 시장성(marketability) 판단 기준을 제

2) 제도 단위란 자신의 책임하에 자산을 소유하거나 부채를 부담할 수 있고 경제 활동에 종사하거나 다른 경제 주체들과 거래를 할 수 있는 구체적 실체(economic entity)로서 국민계정에서는 제도 단위를 비금융법인기업, 금융법인기업, 일반정부, 가계 및 비영리단체의 5개 제도부문으로 분류하고 있다(한국은행, 2015).

<표 9-2> UN 2008 SNA 공공 부문 분류 체계

공·사 영역	제도부문(sectors)	제도단위(units)
공공	일반정부부문	정부단위, 비영리기관
공공+민간	비금융기업부문 (민간비금융기업부문, 비금융공기업부문)	기업(공기업, 사기업), 준기업, 비영리기관
공공+민간	금융공기업부문 (민간금융기업부문, 금융공기업부문)	기업(공기업, 사기업), 준기업, 비영리기관
민간	가계지원 비영리기관부문	비영리기관
민간	가계부문	가계

자료: 곽채기(2012) 재정리.

시하고 있다. 즉, 공공기관 지정 여부는 정부에 의한 공공기관 지배 여부인 지배성 판단 기준에 따르고, 공공기관 내에 공기업과 준정부기관 간 유형 분류 기준은 독립적 제도 단위가 수행하고 있는 목적사업과 활동의 시장성 판단 기준에 따를 것을 강조한다(곽채기, 2017).

3) 한국 공공 부문의 범위

국내·외적으로 공공 부문 및 공공기관의 범위와 개념에 대해 학문적 차원에서 명확하게 합의된 개념이 존재하지 않고 있다(이상철, 2014; 김용운, 2015). 공공기관이란 「정부조직법」에 의해 설립된 행정기관은 아니면서 공적 업무를 수행하는 독립기관을 의미하거나(배용수, 2015), 공공재나 공공서비스 제공을 위해 정부가 설립하였거나 재정 지원을 해주는 기관(곽채기, 2012)으로 정의되기도 한다. 그러나 공공 부문에 대한 범위 설정과 연계해 공공기관의 개념을 정의하는 것이 보다 일반적이다. UN의 국민소득계정체계(SNA)의 구분을 따를 때, 공공 부문(public sector)은 정부 단위와 정부 단위에 의해 소유되고 지배되는 공공비영리기관(준정부기관)과 공기업의 제도 단위로 구성된다(곽채기, 2012: 4). UN SNA 방식에 따라 공공기관의 분류를 접근하면, 1단계로 공공 부문과 민간 부문으로 구분하고, 2단계로 공공 부문에 해당하는 제도 단위를 크게 정부 부문과 공공기관(준정부 부문)으로 구분하여 일정한 기준에 따라 공공기관의 유형화가 가능하다.

협의의 공공 부문으로서 정부 부문은 국가의 가장 핵심적인 조직으로, 행정수반을 정점으로 정부의 주요 기능을 수행하는 각 부처 조직들을 의미한다(안병영 외, 2008). 광

[그림 9-1] 한국의 공공 부문 범위

<table>
<tr><td>공공성</td><td colspan="6">⇦ 공공성---------------------- 기업성(사익성) ⇨</td></tr>
<tr><td rowspan="2">부문</td><td colspan="4">공공 부문</td><td colspan="2">민간 부문</td></tr>
<tr><td colspan="2">협의 공공 부문</td><td colspan="2">광의 공공 부문</td><td>비영리</td><td>영리</td></tr>
<tr><td rowspan="2">조직</td><td colspan="2">정부조직</td><td colspan="2">공공기관</td><td>비영리기관,
법인</td><td>영리기업</td></tr>
<tr><td>부처</td><td>책임운영기관</td><td>준정부기관</td><td>공기업</td><td>NPO, NGO</td><td>기업</td></tr>
</table>

의의 공공 부문으로 공공기관은 부처 조직들과 독립된 조직이지만 부처들의 정책을 수행하기 위해서 부처와 긴밀하게 연계된 공적 조직으로 구성되며 시장성 정도에 따라 준정부기관과 공기업조직으로 구분된다. 공기업은 정부가 소유 혹은 통제하지만 정부기관과는 분리되어 운영되는 준정부기관으로 공공 문제 해결을 위한 직접적 정책수단으로 이해된다(Salamon, 2002; 김준기, 2014). 폴릿과 탈보트(Pollitt & Talbot, 2004)에 따르면, 준정부조직의 관리체계는 규격화된 방식으로 전개되지 않으며 국가별로 발전한 독특한 정치·행정제도에 따라 '경로의존적(path dependent)' 방식으로 발전하게 된다(안병영 외, 2008: 147). 우리나라의 경우, 1960년대 이후 국가 주도 산업화가 본격적으로 추진되면서 중앙정부뿐만 아니라 준정부 부문도 급속하게 성장하였다(남궁근, 2012: 13).

2 한국의 공공 부문(Ⅰ): 일반정부

현대 국가의 주요 특징은 정부 기능의 확대와 더불어 다양한 존재양식을 갖는 공공 부문이 확대되었다는 점이다(안병영 외, 2008). OECD가 국가 간 비교를 위해 가장 넓은 의미의 개념으로 사용하는 일반정부(general government)는 중앙정부와 지방정부, 사회보장기구를 포함한다(남궁근, 2012). 일반적으로 정부의 규모는 조직, 인력, 재정의 규모, 그리고 규제 및 영향력의 범위 등으로 측정된다(안병영 외, 2008; 남궁근, 2012).

1) 중앙정부조직의 변화

1948년 대한민국 정부 수립 이후 중앙정부조직의 규모는 정부환경과 역할 변화에 대응하며 꾸준히 성장하고 확대되어 왔다. 1948년 정부 수립 직후 11부 4처 3위원회로 출범한 중앙정부조직은 2024년 기준 19부 3처 20청 6위원회 규모로 크게 확대되었다. 1960년 원자력원(1967년 폐지), 1961년 경제기획원 신설, 1968년 국토통일원 신설로 형성된 2원 체제는 1998년 김대중 정부에서 재정경제원과 통일원을 재정경제부와 통일부로 각각 개편하면서 종결되었다. 박정희 정부에서는 정부 주도의 산업화를 추진하고 청 단위 정부조직이 다수 신설되면서 중앙정부조직이 크게 확대되었다.

1987년 민주화 이후 중앙정부조직 개편은 큰 정부 혹은 작은 정부 등 정부 역할에 대한 국정운영 방향이 반영되어 추진되었으나, 제도의 경로의존성으로 인해 정권 교체에 따른 조직 변화의 규모는 크지 않은 것으로 보인다. 예를 들어, IMF 외환위기에 출범한 김대중 정부와 작고 효율적인 정부를 강조한 이명박 정부 초반에는 중앙정부 규모가 축소되었지만 후반에는 다시 회귀하는 경향을 보여주었다.

[그림 9-2] 역대 정부별 정부조직 변화 추이

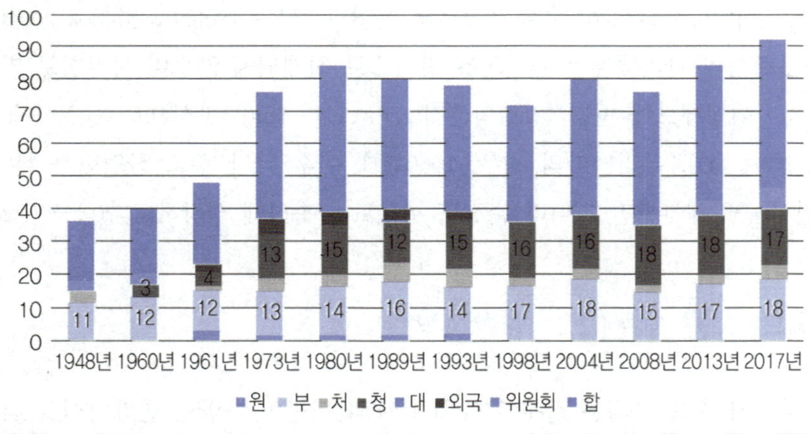

2) 정부 인력의 규모

2023년 현원 기준으로 「공무원연금법」 적용 대상 공무원 수는 1,288,301명이며, 백만 명을 넘는 수준으로 대부분 행정부 공무원이다. 전체 공무원은 행정부 1,155,448명, 입법부 4,838명, 사법부 18,919명, 헌법재판소 391명, 중앙선관위 3,175명으로 구성되어 있다. 행정부 공무원은 국가공무원이 768,067명으로 66.5%, 지방공무원(지방자치+교육자치)은 387,381명으로 33.5%를 차지하고 있다.

정부 공무원(국가공무원과 지방공무원 포함) 수는 1965년 30만 5천 명에서 1997년 93만 5천 명까지 지속적으로 증가하다 1997년 외환위기를 계기로 1998년에서 2001년까지 87만 8천 명까지 감소했으나 이후 증가하여 2014년 100만 명을 넘고 2023년 115만 5천 4백 명에 달하고 있다. 행정부의 국가 · 지방 공무원 비율을 비교해 보면, 1965년 국가

[그림 9-3] 공무원 구성(2023년 12월 31일 현원 기준)

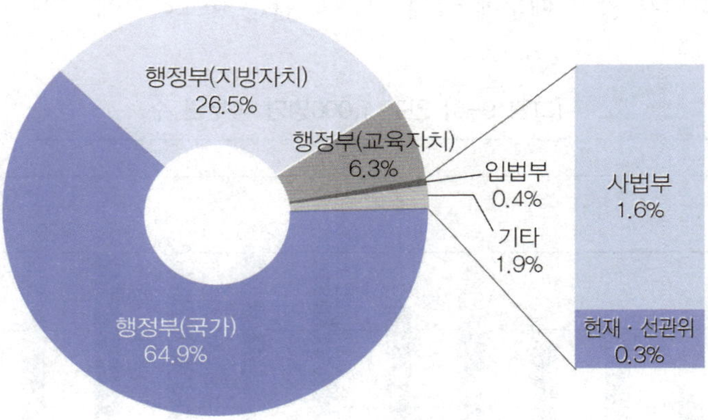

자료: 인사혁신처(2024).

[그림 9-4] 연도별 공무원 추이(1965~2023년)

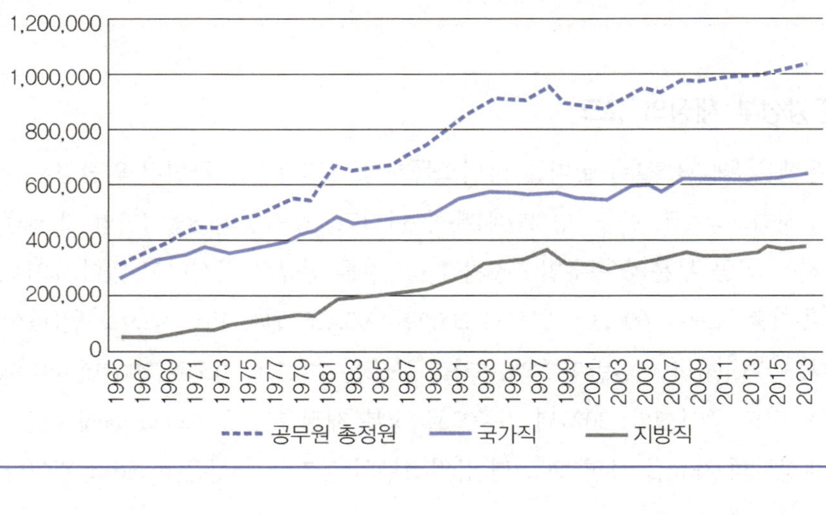

공무원 84.2%, 지방공무원 15.8%에서 1997년 국가공무원 61.1%, 지방공무원 38.9%로 지방공무원의 비율이 꾸준히 증가하다 2023년에는 64.9 대 32.8의 비율을 보이고 있다.

한편, 인구 1,000명당 공무원 수도 1966년 11.4명에서 1995년 20.3명까지 지속적으로 증가해 오다가 2000년에는 18.9명까지 하락하였는데, 2015년 기준으로 20.0명 수준에 이르고 있다. 2000년 기준으로 OECD 13개 주요 국가들의 인구 1,000명당 공무원 수 평균이 77.8명인 것을 감안하면 선진국가에 비해 인력 규모는 작은 편이다(남궁근, 2012: 8-9). 그러나 우리나라 공무원 규모는 공공기관 인력, 군인, 공공 부문 비정규직 인력 등이 포함되지 않기 때문에 국제 기준과 단순 비교하기에는 무리가 있다.

[그림 9-5] 인구 1,000명당 공무원 수

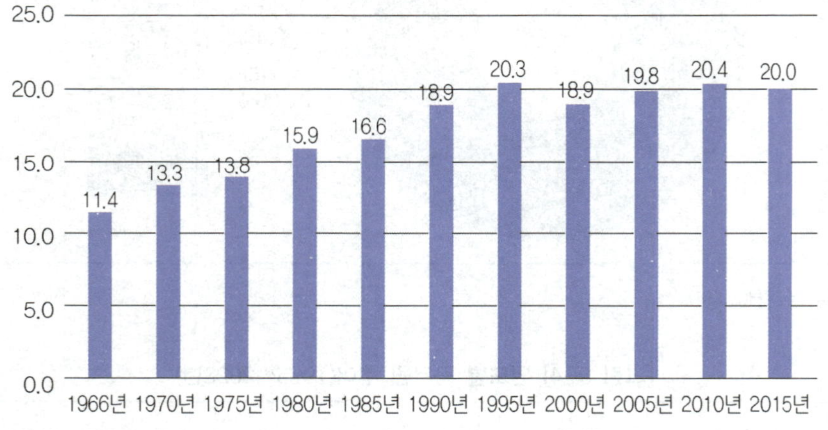

3) 중앙정부 재정의 규모

한국은행은 「2008 SNA」에 따른 국민소득계정 개편작업을 하면서 일반정부(중앙정부, 지방정부, 사회보장기금, 공공비영리단체)뿐만 아니라, 공기업(비금융공기업 및 금융공기업)을 포괄하는 공공 부문의 총수입 · 총지출 · 수지를 신규로 작성하고 있다. 2014년 공공 부문의 총지출 규모는 694.3조 원으로 2009년 595.4조 원에 비해 98.9조 원(16.6%) 정도 증가했다. 한편, 2014년 일반정부의 총지출 규모는 474.5조 원으로 2009년 401.8조 원에 비해 18% 정도 증가했다. 2024년 기준으로 정부 재정 지출은 424조 원에 이르고 있다.

기획재정부의 자료를 보면, 2024년 중앙정부의 총지출 예산은 656.6조 원이다. 이 가운데 사회복지 분야가 224.1조 원, 일반·지방행정 분야가 110.5조 원, 교육 부문이 89.8조 원, 국방 부문이 57.4조 원, 산업·중소기업 및 에너지 부문이 28조 원을 차지하고 있다.

4) 정부의 규제와 영향력 정도

정부 규모를 판단함에 있어서 정부재정 및 인력 규모뿐만 아니라 정부의 규제와 영향력을 고려하여야 한다. 재정과 인력 규모 기준으로 한국의 정부 규모는 OECD 국가와 비교하여 작은 편이지만, 정부가 행사하는 규제와 권력의 크기는 상당히 큰 것으로 인식되고 있다(남궁근, 2012). 법제처가 제공한 자료에 따르면, 현재 제정된 법령(2017.9.4 기준)은 헌법 1개, 법률이 1,413개, 대통령령이 1,656개, 총리령 85개, 부령 1,201개, 기타 333개로 총 4,688개에 달한다. 1987년 민주화 이후 법령(법률, 대통령령, 총리령, 부령 등) 현황을 비교해 보면, 1987년 2,999개에서 2017년 4,473개로 약 50% 증가했으며, 같은 기간 법률은 765개에서 1,446개로 거의 두 배 가까이 증가했다.

한편, 지방정부가 제정한 자치법규는 2016년 기준으로 총 95,002건(조례 71,220건, 규칙 2,782건)으로 평균 자치법규 391건(조례 293건, 규칙 98건)을 보유하고 있다. 제4대 지방선거를 통해 지방자치가 본격적으로 실시된 1995년 총 49,701건(조례 32,353건, 규칙 17,348건)에 비해 두 배 가까이 증가한 수치이다.

사회가 다원화·복잡화되면서 이를 규율하는 정부 법령과 자치법규도 지속적으로

〈표 9-3〉 우리나라 현행 법령(2017.9.4 기준)

구분		법령 건수
헌법		1
법령	법률	1,413
	대통령령	1,656
	총리령	85
	부령	1,201
	기타(국회규칙 등)	333
	소계	4,687
총계		4,688

자료: 법제처 법령통계(http://www.moleg.go.kr).

〈표 9-4〉 지방정부 조례 · 규칙 제정 현황(2016년 기준)

구 분		2016년 말 보유			평균(보유 수/지자체 수)		
		계	조 례	규 칙	계	조 례	규 칙
계		95,002	71,220	23,782	391	293	98
광역 (17)	시(8)	4,827	3,754	1,073	603	469	134
	도(9)	5,555	4,305	1,250	617	478	139
기초 (226)	시(75)	33,183	24,882	8,301	442	332	100
	군(82)	30,234	22,922	7,312	369	280	89
	구(69)	21,203	15,357	5,846	307	222	85

자료: 행정자치부(2016).

증대되어 온 측면이 있다. 이러한 규율 법령은 규제적 속성이 있기 때문에 역대 정부에서 법령 정비를 통한 규제개혁이 주요 국정 과제로 제시되어 왔다. 규제란 정부가 특정한 행정 목적을 실현하기 위해 국민의 권리를 제한하거나 의무를 부과하는 것으로(행정규제기본법 제2조) 경제적 규제, 사회적 규제, 행정적 규제로 구분될 수 있다. 규제 유형과 형식을 의무화하도록 1998년 도입된 규제등록제도는 규제의 다면성과 중첩성 등으로 인해 2015년 폐지되었다. 또한 규제등록 단위를 1998년 도입 단계에서는 행정 행위로 파악했으나 법령 간 중복 문제 등으로 2008년에는 통합된 규제 단위로 변경하였고, 2015년에는 개별 조문 단위로 등록하였다(OECD, 2017). 2015년 기준으로 11,612건의 규제 중 중앙행정기관 규제는 5,422건(46.7%), 지방자치단체 규제는 6,190건(53.3%)으로 조사되었다(OECD, 2017). 그러나 현재에는 규제의 양적 감축이 규제의 품질 개선 노력에 부응하지 않는다고 보아 등록규제 수를 공식적으로 파악하는 작업을 중단한 상태이다.

1998년 이후 역대 정부는 다양한 규제개혁을 추진해 오고 있다. 국민의 정부는 「행정규제기본법」 제정과 대통령 직속 상설기구인 규제개혁위원회 신설을 통해 범정부적인 규제개혁을 추진한 결과, 전수조사를 실시하여 1998년 총 11,125건의 규제를 확인하고 5,430건(48.8%)의 규제를 폐지하고 2,411건을 개선하는 성과를 냈다. 참여정부는 불합리하거나 비효율적인 규제 증가를 방지하기 위해 규제총량제를 도입하고 경제적 파급효과가 큰 '덩어리 규제'의 개혁, 규제품질관리를 강조하였다. 이명박 정부는 규제일몰제의 범위를 확대하고 규제정보화시스템을 도입하여 투자환경 개선과 경제발전을 위한 규제개혁을 강조하였다. 박근혜 정부는 규제총량제를 대체하여 규제의 신설 강화 시 발생하는 규제순응비용을 측정하여 이에 상응하는 기존 규제의 폐지 · 완화를 유도하는 규제비용총량제를 시범 도입하고 규제개혁신문고, 규제정보포털 등 규제개혁 채널을 도입하였다.

3 한국의 공공 부문(Ⅱ): 준정부 부문(공공기관)

1) 중앙공공기관

전 세계적으로 공공기관의 범위와 개념에 대해 학문적으로나 국제적으로 명확하게 합의된 개념적 기준이 존재하지 않는다고 볼 수 있다(이상철, 2014). 우리나라 공공기관도 설립주체, 정부소유 여부, 수익성, 사업유형 등에 따라 다양한 방식에 따라 구분될 수 있어 체계적 유형화와 이에 따른 합리적 운영이 용이하지 않으나, 2007년 4월 「공공기관의 운영에 관한 법률」(이하 공공기관운영법)의 제정으로 실정법상 공공기관의 범주를 새롭게 정립하였다(김용운, 2015). 「공공기관운영법」에 따르면, 공공기관은 소유구조와 지배구조에 따라 공기업, 준정부기관, 기타공공기관으로 구분하고 있다. 공기업은 자체수입액이 총수입액의 2분의 1 이상인 기관 중에서 지정하고, 준정부기관은 공기업이 아닌 공공기관 중에서 지정하며, 공기업과 준정부기관은 직원 정원이 50인 이상인 공공기관 중에서 지정한다. 공기업과 준정부기관을 제외한 기관을 기타공공기관으로 지정한다.

먼저, 공기업은 '시장형'과 '준시장형'으로 구분하여 취급을 달리하고 있다. 시장형 공기업은 자산 규모가 2조 원 이상이고 총수입액 중 자체수입액이 85% 이상인 공기업을 말하며, 준시장형 공기업은 시장형 공기업이 아닌 공기업을 말한다. 시장형 공기업의 경우 이사회의 의장은 선임 비상임이사가 담당하도록 하였으며 감사위원회를 감사 대신 둘 수 있도록 한 반면, 준시장형 공기업에서는 사장(기관장)이 이사회의 의장을 겸하도록 하였다.

그리고 준정부기관은 기금관리형 준정부기관과 위탁집행형 준정부기관으로 구분하고 있다. 기금관리형 준정부기관은 「국가재정법」에 따라 기금을 관리하거나 기금의 관리를 위탁받은 준정부기관을 말하며, 위탁집행형 준정부기관은 기금관리형 준정부기관이 아닌 준정부기관을 말한다.

이와 같이 「공공기관운영법」은 업무의 특성(상업성: 자체수입 비율 50% 적용)을 기준을 적용하여 상업성이 큰 공기업과 공공성이 큰 준정부기관으로 구분하고, 기획재정부

〈표 9-5〉 공공기관 지정요건 및 현황

구분	지정요건(원칙)	지정현황 (2016.1)
① 공기업	ㅇ 자체수입비율≥50%, 직원정원≥50인	30
•시장형	• 자체수입비율≥85%인 기관(& 자산 2조 원 이상)	14
•준시장형	• 자체수입비율 50~85%	16
② 준정부기관	ㅇ 자체수입비율<50%, 직원정원≥50인	89
•기금관리형	• 중앙정부 기금을 관리하는 기관	16
•위탁집행형	• 기금관리형 아닌 준정부기관	73
③ 기타공공기관	ㅇ 공기업 · 준정부기관을 제외한 공공기관	202
합계		321

장관이 공공기관을 지정하는 방식을 도입하였다. 〈표 9-5〉와 같이 2016년 기준으로 총 321개 공공기관(공기업 30개, 준정부기관 89개, 기타공공기관 202개)이 지정되어 있다.

현행 공공기관 관리체계의 문제점으로 공공기관 유형 구분 기준의 불명확성, 공공기관 지정 및 배제 방식의 자의성, 공공기관별 관리체계의 차별성 부족, 공공기관의 법적 형태의 비일관성, 공공기관운영위원회의 독립성 · 책임성 부족 등이 지적되고 있다. 따라서 공공기관 유형 분류의 기준을 보다 명확히 하고 공공기관별 관리체계를 차별화하고, 공공기관 지배구조의 민주적 책임성을 강화하는 방향으로 개선될 필요성이 제기되고 있다(김철, 2012; 김용운 2015; 박정수, 2017).

2) 지방공공기관

지방공공기관은 지방공기업을 중심으로 주민복리 증대 요구와 지방자치 발전에 따라 대상 사업의 영역이 확대되고 유형이 세분화되면서 현재 이를 규율하는 법령체계도 「지방공기업법」과 「지방출자출연법」의 이원체계로 분화 · 발전해 왔다. 1969년 제정된 「지방공기업법」은 상 · 하수도 중심의 직영기업을 도입하였고, 1980년 제1차 개정에서 지방공사와 지방공단 유형을 추가하고, 1992년 제3차 개정에서 민간이 1/2 이상 출자 · 출연할 수 있는 제3섹터형 민관공동출자기업 유형을 추가하였다. 2014년 3월 「지방출자출연법」의 제정을 계기로 「지방공기업법」은 지방직영기업, 지방공사 · 공단을, 「지방출자출연법」은 출자기관과 출연기관을 별도로 규율하는 체계로 전환되었다.

지방공기업은 사회적 공동 소비수단에 필요한 공익사업을 수행하고(공익성), 기업의 경비를 해당 기업의 수입으로 충당할 수 있고(급부성), 기업적인 경영 방식에 의한 것이 다른 방식보다 효율적이어야 하고(보충성), 전국적으로 획일적인 일정한 서비스가 제공되기보다는 지역적 특성에 따라 서비스가 공급되는(지역성) 특징을 갖추어야 한다(안용식 · 원구환, 2001).

2016년 6월 기준으로 지방공기업은 410개, 지방출자 · 출연기관은 626개로 1,306개의 지방공공기관이 설립 · 운영 중이다. 지방공기업 중에서 직영기업은 상수도 · 하수도 등 265개, 지방공사 · 공단 등 145개이며, 지방출자기관은 78개, 출연기관은 548개이다.

지방공기업의 수는 1990년 131개에서 2016년 410개로 급증했는데, 직영기업은 128개에서 265개로, 공사 · 공단은 3개에서 145개로 각각 가파르게 증가했다. 지방출자 · 출연기관은 1998년 117개에서 2014년 540개, 2016년 626개로 급증했다.

〈표 9-6〉 지방공공기관 현황(2016.6.30 기준)

시 · 도별	지방공기업			지방출자 · 출연기관			지방공공기관 합계
	합 계	공사 · 공단	직영 기업	합 계	출자 기관	출연 기관	
합계	410	145	265	626	78	548	1,036

지방공공기관이 지방정부의 예산과 인력에서 차지하는 비중도 상당히 높은 상태이다. 2015 회계연도 지역통합재정통계에 따르면, 지방공공기관(지방공사 · 공단+지방출자 · 출연기관)의 예산은 33조 8천억 원으로 지방자치단체 예산 242조 7천억 원의 13.9%에 달하고 있으며, 지방공공기관의 인원은 88,227명(지방공사 · 공단 61,813명, 지방출자 · 출연기관 26,414명)으로 지방자치단체 공무원 301,419명의 29.2% 수준이다(장석준, 2017).

〈표 9-7〉 지방 공공 부문 현황 비교

(단위: 명, 억 원)

구분	지방자치단체	지방공공기관 (지방공사 · 공단+ 지방출자 · 출연기관)	비중
인원	301,419	88,227	29.2%
세출 결산액	2,427,135	338,575	13.9%

*지방직영기업 인원 · 예산 제외.

현행 지방공공기관 법령체계의 문제점으로 법적 개념의 부재와 분류체계의 비일관성이 지적되고 있다(장석준, 2017). 먼저, 지방공공기관에 대한 별도의 법적 정의가 부재하다는 점이다. 「지방공기업법」이나 「지방출자출연법」을 살펴보면 지방공기업이나 출자·출연기관에 대한 개념을 정의하지 않고 사업 종류별로 조직 형태를 적용하는 실용적인 접근을 하고 있는 것을 알 수 있다(최계영, 2015). 다음으로, 「지방공기업법」상 지방직영기업, 지방공사, 지방공단에 해당하지 않는 나머지 조직 유형을 지방출자·출연기관으로 분류하여 관리하고 있는데, 유형 분류 기준이 불명확하다. 이론적으로 조직 유형 분류 기준은 기본적으로 포괄성과 상호배타성을 충족하여야 하나, 현행 지방공기업과 지방출자·출연기관 분류체계는 상호배타성을 충족하지 못하고 있으며, 현재 지원 방식이나 사업목적 등에 있어 「지방공기업법」과 지방출자·출연기관 간 중복된 특성이 나타나고 있다. 따라서 지방공공기관에 대한 법적 개념을 도입하고 지방공공기관 유형 분류 기준을 명확하게 하는 방향으로 법령체계 개편이 필요한 상황이다(장석준·윤성일, 2016).

3) 준정부조직의 통제와 책임성 확보

주인-대리인 이론(principal-agent theory)은 대의제민주주의 원리에 따르는 정치·행정 영역에서 시민과 정치인 간의 위임관계, 선출직 공무원과 비선출직 관료들 간의 위임 및 통제에 적용되는데, 도덕적 해이(moral hazard)와 역(逆)선택(adverse selection) 등 대리인 문제(agency problem)를 해결하기 위한 합리적인 유인체계의 설계를 강조하고 있다. 이러한 주인-대리인 이론은 공공기관에도 복주인 및 복대리인(double principal and double agency) 관계로 응용될 수 있다. 복주인-복대리인 관계에서 소유의 궁극적인 주체는 주권자인 국민이고, 감시는 국민의 대리인인 행정조직이 담당하며, 경영은 행정조직의 대리인인 공기업이 담당한다고 본다(김준기, 2014). 중앙공공기관의 경우, 시민과 정부조직 간의 주인-대리인 관계가 성립하면서 동시에 정부조직과 공공기관 간의 주인-대리인 관계가 성립한다. 한편, 지방공공기관의 경우에는 시민-중앙정부-지방공공기관 간의 주인-대리인 연쇄관계와 주민-지방정부-지방공공기관 간의 주인-대리인 연쇄관계가 중첩되는 중첩 복주인-복대리인 관계가 성립한다.

민주주의 국가에서 시민의 대리자인 정부는 시민의 정치적 요구에 책임지는 민주적 책임성을 갖는데, 그것은 크게 정치적 책임성, 관료적 책임성, 관리적 책임성으로 분화 · 발전해 왔다(안병영 외, 2008: 150). 오늘날 준정부조직의 책임성은 조직의 특성에 따라 민주적 통제, 관료적 통제, 관리적 통제의 균형을 이루면서 조직의 특성에 맞는 지배구조 형식을 갖추는 균형된 민주적 책임성 확보를 통해 가능하다(안병영 외, 2008).

[그림 9-6] 주인-대리인의 연쇄 및 중복 관계

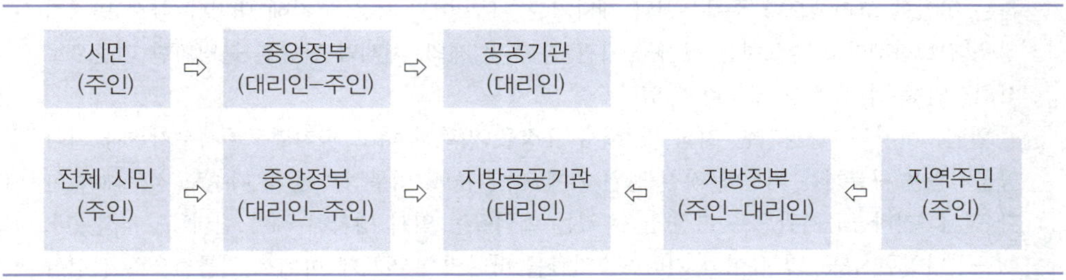

생각해 보기

자산 3조 원 강원랜드도 기타공공기관…공공기관지정제에 '구멍'

강원랜드는 자산 3조 원의 대형 공공기관이다. 지난해 3분기 현재 정규직만 3천 245명에 달한다. 그러나 강원랜드는 공공기관의 운영에 관한 법률(공운법)상 기타공공기관으로 분류된다.

기타공공기관은 감사위원회를 두지 않아도 되고 임원 임명, 예산안 확정 및 결산서 제출 등과 관련해서도 별도 기준이 없다. 심지어 공운법상으로는 경영실적 평가 적용 대상도 아니다.

2016년 기준 전체 321개 공공기관 중 3분의 2 가량인 202개의 기관이 강원랜드와 같은 기타공공기관으로 지정되어 있다. 강원랜드와 같은 대형기관도, 직원 정원이 40여 명에 불과한 다른 기관도 동일한 수준의 관리체계를 적용받고 있는 셈이다.

국회입법조사처는 2017년 1월 15일 펴낸 '공공기관 지정제도의 쟁점과 개선방안'이라는 보고서에서 정부의 공공기관 지정제도가 지정 및 제외 기준의 미흡, 관리체계 미비 등의 문제점을 노출하고 있다고 밝혔다.

현재 공운법 제5조는 기획재정부 장관이 공공기관을 인적 · 자산 규모, 총수입액 대비 자체수입액 비중 등에 따라 공기업(시장형, 준시장형), 준정부기관(기금관리형, 위탁집행형), 기타공공기관으로 분류해 지정하도록 규정하고 있다. 일단 직원 정원 50인 이상 공공기관은 원칙적으로 공기업과 준정부기관으로 '지정'될 수 있다. 다만, 기획재정부 판단에 따라 공기업이나 준정부기관이 아닌 기타공공기관으로 분류될 수 있다.

실제로 2016년 기준 202개의 기타공공기관 중 39개 기관만이 공기업 및 준정부기관으로 지정할 수 없는 정원 50인 미만의 기관이었다. 그 외 163개 기업은 규정상 공기업 또는 준정부기관으로 지정될 수 있는 요건을 충족했지만 기타공공기관으로 지정되었다.

기타공공기관은 공기업 및 준정부기관에 비해 낮은 수준의 관리체계를 적용받는다. 202개 기타공공기관의 규모나 사업의 성격이 다 다른데도 일률적인 관리체계를 적용하는 것은 문제라는 지적이다.

정부는 당초 2017년 산업은행과 수출입은행을 기타공공기관에서 공기업으로 변경 지정하는 방안을 고려했으나 주무부처와 해당기관 내부 이견 등을 고려해 내년에 다시 변경지정을 검토하겠다고 발표하는 등 공공기관 지정 및 제외, 해제와 관련된 불명확한 기준으로 사회적인 논란이 계속 발생하고 있다.

입법조사처는 "공공기관 지정 및 해제 규정을 명확히 하고 공기업 · 준정부기관과 기타공공기관을 구분하는 기준에 직원 정원 외에 자산 규모, 업무성격 등의 기준도 검토해야 한다"면서 "기타공공기관으로 지정할 수 있는 예외규정 역시 명확히 해야 한다"고 지적했다.

또 "다양한 규모 및 유형의 기타공공기관을 하나의 관리체계 하에서 일률적으로 관리하기보다는 특성에 따른 차별화된 관리체계를 구축해야 한다"고 밝혔다.

출처: 연합뉴스. 2017.2.15

Q. 현재 공공기관운영법상의 공공기관 분류 및 지정 · 운영 방식의 문제점을 개선하기 위한 구체적인 대안을 생각해 보자.

CHAPTER 10

한국 정부의 변천

제 1 절 작은 정부인가 큰 정부인가

제 2 절 바람직한 정부관 모색

제1절 작은 정부인가 큰 정부인가

바람직한 정부관을 모색하는 가운데 흔히 정부의 규모(size)와 역량(capacity)이 주된 관심의 대상이 된다. 이 중 정부 규모에 대해서는 상반된 두 가지 주장이 있다. 정부 규모가 클수록 경제발전과 성장에 엔진기제로 작용할 수 있다는 긍정적 입장과 정부 규모가 클수록 오히려 비효율성이 높아지고 정부의 강한 규제로 경제에 악영향을 미칠 수 있다는 부정적 입장이다. 정부 규모 측정 시 보통 양적 지표로 정부지출액 또는 공무원 수를 사용하며, 질적 지표로 '정부규제'를 고려하기도 한다(이준구, 2010). 한편, 정부역량은 정부 규모에 비해 추상성이 높다.

후쿠야마(Fukuyama, 2004)는 강한 국가의 조건을 제시하면서 정부 유형을 세계은행(World Bank, 1997)에서 제시한 정부의 '기능'과 '역량'이라는 두 차원을 기준으로 2×2=4개 유형으로 구분하였다. 여기서는 정부 역량을 ① 법을 집행하는 능력, ② 정책을 효율적으로 수립·집행하는 능력, ③ 부정부패를 통제하는 능력, ④ 투명하고 책임성 높은 정부를 유지하는 능력으로 정의하였다(김태일·박상현, 2013: 494).

쉽게 말하면, 첫째, 정부 규모와 역량 모든 측면에서 우수한 이상적인 정부 유형이 있고, 둘째, 규모는 작지만 역량은 우수한 강소형 정부도 있을 수 있으며, 셋째, 정부 규모는 크지만 역량이 그에 미치지 못하는 정부도 있으며, 넷째, 규모도 작고 역량도 미약한 정부 유형이 있을 수 있다. 정부가 역량 있는 정부가 되어야 한다는 사실에는 모두가 공감할 것이나, 이러한 필수역량을 갖추기 위해 정부 규모는 어떠해야 하는가에 대해서 속시원한 해답을 찾기는 어렵다. 시대적 배경과 국가적 상황에 따라 정부관이 지속적으로 변천되어 왔고, 현재 및 향후에도 예측할 수 없는 환경 변화에 따라 끊임없는 변화가 요구되기 때문이다.

전 세계적으로 작은 정부관과 큰 정부관이 시계추와 같이 반복되는 양상을 보여왔다.[1] 17~18세기 시민혁명과 산업혁명을 거쳐 등장한 19세기 근대 자유주의 국가에서는 시민의 자유로운 경제 활동과 시장의 '보이지 않는 손(invisible hands)', 즉 가격기구에 의한 효율적 자원 배분이 중요시되었다. 따라서 정부의 역할은 소극적 질서 유지 등

1) 이하, 『인트로행정학』(2017: 70-73) 참고.

으로 국한되고 소위 '야경국가'라고 일컬어질 정도의 최소의 정부, 작은 정부관을 지향하였다.

그런데 19세기 중엽 이후 자본주의의 성숙과 공공 부문에 대한 수요 증대가 나타나고, 1918년 제1차 세계대전의 종식과 1939년 패전국인 독일의 폴란드 침공으로 시작된 제2차 세계대전 등을 겪으면서 유럽은 전쟁의 폐허와 경제위기에 직면한다. 또한 유럽과 달리 한동안 호황기를 누렸던 미국 역시 1929년 10월 대공황을 맞게 되고, 국가는 유효수요를 창출하기 위해 케인스(J. M. Keynes)의 거시경제학적 사고와 적극적 정부 개입, 규제 강화 등을 강조한다. 당시 미국의 루스벨트(F. D. Roosevelt) 대통령을 비롯한 하버드대학의 젊은 학자들과 미국 정부의 경제각료들은 영국 경제학자 케인스의 사상에 매료되어 정부의 적극적 역할을 강조했는데, 예컨대 테네시강 개발사업처럼 정부가 재정 지출을 확대해서 일자리를 창출하고, 사람들이 실제 물건을 살 수 있는 돈을 가지고 쓸 수 있게 해야 유효수요가 창출되고 경제가 살아난다고 믿었다.

따라서 이 시대에는 케인스주의가 자본주의를 지배함과 동시에 적극적이고 강한 정부관이 우세하였다. 한편, 제2차 세계대전 이후 우리나라를 포함한 아시아의 많은 신생독립국들은 행정부의 관료가 국가 발전의 역군으로 앞장서면서 최소한 질적으로 강하고 큰 정부관을 곧바로 채택하게 되었다. 그러나 호황을 누리던 세계 경제는 1970년대 이후 이제까지와는 다른 양상의 위기를 맞게 되는데 소위, 스태그플레이션(stagflation)이라 하여 인플레이션과 경기침체가 함께 찾아온 것이다. 1973년 제1차 오일쇼크와 1979년 제2차 오일쇼크로 전 세계는 혼란에 휩싸이기 시작했다. 그간 케인스식 정부주도의 수요진작정책으로 호황을 누려오던 유럽 및 미국 경제는 난국에 처하였다.

1979년 영국 보수당의 집권으로 대처(M. Thatcher)가 영국 수상이 되면서 '대처리즘(Thatcherism)'을 표방하였는데, 이는 하이에크(F. A. von Hayek)의 신자유주의적 철학을 담은 정책으로 큰 정부의 과도한 복지 지출로 인한 낮은 생산성과 비효율 등 소위 '영국병'을 극복하고 스미스(A. Smith)의 '보이지 않는 손'을 다시 부활시키려는 움직임이었다. 일찍이 하이에크는 1944년 『노예의 길(*The Road to Serfdom*)』에서 케인스와는 다른 시각에서 오히려 과도한 규제가 경제공황 등 위기를 초래하였다고 진단하고 시간이 걸리더라도 시장의 조정능력을 신뢰해야 한다고 주장한 바 있다.

미국 역시 1981년 레이건(R. Reagon) 대통령의 당선으로 대처와 노선을 같이하는 '레이거노믹스(Reaganomoics)'를 실행하면서 건실한 금융, 규제 철폐, 적절한 세율, 제한적

정부 지출 등 작은 정부를 지향하는 움직임을 보였다. 이러한 레이건 시대의 작은 정부 정책 기조는 클린턴(B. Clinton) 행정부의 신공공관리주의 정책으로까지 이어졌다. 이러한 작은 정부관에 입각한 정부개혁의 기조는 아시아 개발도상국에 이르기까지 전 세계적인 추세로 확산되었다. 신자유주의의 기조하에 미국과 영국을 중심으로 국가 간 경제적 상호 의존도가 높아지고 교역이 자유로워지면서 글로벌 경제체제가 강조되었으며, 금융 부문의 영향력이 확대되는 금융자본주의를 중심으로 세계화가 확산되었다.

그러나 작은 정부의 기조 역시 오랫동안 지속되지 못했다. 1994년 멕시코에서 시작된 금융위기가 태국, 말레이시아 등 동남아시아 등에 전염되고, 우리나라도 1997년 IMF라는 초유의 외환위기를 겪었으며, 2008년 말부터 철옹성이라 생각했던 미국에 이어 2010년 유럽까지 금융위기로 휘청거리는 등 아무도 예측할 수 없었던 상황에 봉착했다.

풍요 속의 빈곤과 소득의 양극화 현상 등을 목격하면서 전 세계는 정부의 역할에 대해 또 다시 깊은 고민과 논쟁에 빠지기 시작했다. 큰 정부를 옹호하는 케인스주의자들은 투기가 난무하는 자본시장에 대한 정부의 지나친 규제 완화가 금융괴물을 키웠다고 비판하는 한편, 작은 정부를 옹호하는 신자유주의자들은 자유시장이 아닌 정부의 잘못된 정책과 시장을 조작하려는 정치적인 힘이 문제의 원인이라고 반박하였다. 이제는 단순히 시장이 중심이 되는 작은 정부이냐 적극적인 행정국가를 특징으로 하는 큰 정부이냐의 이분법적인 사고에서는 벗어나야 할 때라는 인식이 싹트기 시작했다. 불확실하고 급변하는 상황 속에서 정부도 시장도 혼자서는 복잡다기한 문제를 해결하기 역부족이며, 진정한 주인인 시민과 파트너십을 통해 국정을 모색해 나가는 바람직한 정부의 역할을 진지하게 도모하기 시작한 것이다. 최근 강조되는 시민사회의 참여와 신뢰에 기반한 정부-시장-시민사회의 파트너십을 강조하는 뉴거버넌스 역시 적정 규모와 역할을 수행하는 좋은 거버넌스를 찾기 위한 움직임의 하나이다.

제2절 바람직한 정부관 모색

한국 정부는 서구와 비교하여 정부 규모의 양적 측면과 질적 측면에서 어떤 특징이 있었으며 정부 역량은 어떠할까?

한국 정부는 정부 수립 초창기에 서구와 다른 역사적 경험으로 인해 자유방임주의나 애덤 스미스의 '보이지 않는 손'에서 강조하는 작은 정부관을 채택할 여력이 없었다. 오랜 기간 일제강점기라는 아픈 경험과 6·25 전쟁 등으로 인해 국민들의 민주화에 대한 의식이 성숙하지 못했고 생존기반 조성과 경제성장이 급선무였다. 1960년대 후발산업국가였던 한국은 특히 제3~5공화국에서는 경제성장을 목표로 강력한 대통령을 중심으로 한 행정부 중심의 권력구조와 개발독재체제를 공고히 유지하였다.

양적인 지표인 정부 지출이나 공무원 수 등으로 비교한 한국 정부의 규모는 OECD 국가 대비 작은 규모이지만, 질적인 측면인 정부규제 및 개입 강도 등 국민들이 체감하는 정부 규모는 컸을 것이다. 그럼에도 불구하고 큰 정부가 한동안 지속될 수 있었던 것은 정부 주도로 연평균 10% 이상의 놀라운 경제성장을 이룩하고, 발전행정에서 강조하는 행정의 효과성이 중요시되었기 때문이다.

그러나 차츰 경제가 안정화되고 국민들의 의식이 성숙하여 정치민주화에 대한 관심이 고조되기 시작하면서 한국의 국민들은 그간 개발독재 정치권력에 의한 국가주도적 상명하달식(top-down) 경제발전 전략과 재벌편향적 경제정책 등에 대해 거세게 저항하기 시작하였고, 이는 1987년 6월 민주항쟁으로 이어졌다. '정치민주기'인 제6공화국을 열었던 1987년 제9차 개정 헌법에서는 대통령 직선제 및 삼권분립 등 그간 막강했던 행정부의 권력을 견제하는 내용이 담겼을 뿐 아니라 이른바 '경제민주화' 조항이라 불리는 「헌법」 제119조 제2항의 도입으로 특정 집단에 대한 경제력 집중의 해소와 방지 등을 위한 정부의 의지가 반영되기도 하였다.

제6공화국 이후 문재인 정부에 이르기까지 한국 정부에서는 정치민주화에 이어 복지에 대한 관심이 고조되고 있고, 최근에는 삼성을 위시한 재벌개혁과 소득재분배를 위한 조세개혁 등 경제민주화 논의가 더욱 활발해지고 있기도 하다. 공공수요가 증대하고 국민들이 요구하는 복지수준 역시 높아지면서 국가가 책임지고 제공해야 하는 공공서비스의 범위 역시 증대한다.

이때 정부 지출과 공무원 수 등 양적인 측면에서의 정부 규모 증대가 불가피할 수 있지만, 일정 규모 이상의 정부 규모 확대는 또 다른 부작용을 낳고 정부의 능력에도 한계가 있기 때문에 민간영역, 제3섹터 등과의 분담 및 협력을 통해서 새로운 서비스 제공 방식을 택하는 방법으로 적정 규모를 찾아가는 것이 필요하다. 또한 정부 규모의 질적인 측면에서 정부규제 방식 역시 그간 통제, 처벌 위주 규제의 방식에서 벗어나 민간 및 기타 영역의 자율규제와 조화를 이루는 합리적이고 적정한 수준의 규제 접점을 모색해야 할 것이다.

05

PART

한국 행정의 실제

11

CHAPTER

정책

제1절 정책의 개념과 유형

정책(public policy)은 공공 문제를 해결하기 위해 정부에 의해 결정된 행동방침을 말한다. 정책의 속성은 다음과 같이 제시될 수 있다.

첫째, 정책결정과 집행의 주체는 '정부'이다. 이때 정부의 개념 속에는 국회, 사법부, 중앙행정기관, 지방자치단체는 물론, 그 밖에 공기업 등 공공기관들이 포함된다. 최근에는 거버넌스 개념에서 보듯이 준정부기관, 시민단체, 자발적 조직 등이 정책결정 및 집행에 참여하는 경향이 있다.

둘째, 정책은 '공공 문제의 해결 및 목표 달성'과 관련이 있다. 정책은 다시 말하면, 공공문제의 해결을 통해 정책목표를 성취하고자 하는 행동방침을 말한다.

셋째, 정책은 정부의 장래 '행동방침'을 말한다. 정책, 사업, 사업계획, 정부방침, 정책지침과 같이 여러 용어로 표현되는 정책은 정부가 의도적으로 변화를 추구하는 장래의 행동방침을 말한다.

정책의 유형은 다양하게 분류될 수 있다. 우선, 정책 과정을 주도하는 기관을 중심으로 국방정책, 경제정책, 교육정책, 문화정책 등으로 분류될 수 있다. 학문적으로 더 의미 있는 분류 방식은 정책의 성격에 따라 분류하는 방식이다. 로위(T. J. Lowi)는 정책을 분배정책, 규제정책, 재분배정책 및 구성정책의 네 가지로 분류하였으며, 앨먼드(G. A. Almond)와 파웰(G. B. Powell)은 분배정책, 규제정책, 추출정책, 상징정책으로 분류하였고, 라이플리(R. B. Ripley)와 프랭클린(G. A. Franklin)은 분배정책, 경쟁적 규제정책, 보호적 규제정책, 재분배정책으로 구분하였다.

분배정책은 특정한 개인, 기업체, 조직, 지역사회에 공공서비스와 편익을 배분하는 것을 말한다. 공단 건설, 수출 특혜 금융, 주택자금의 대출, 택지 분양 등이 그런 정책이다. 분배정책으로 혜택을 보는 수혜자들은 서로 더 많은 것을 얻기 위해 경쟁한다. 2011년 동남권 신공항 입지를 둘러싸고 대구·경북 지역과 부산·경남 지역이 갈등을 겪었듯이 분배정책의 수혜자들은 '나눠먹기식 다툼(pork-barrel politics)'을 벌이게 된다.

규제정책은 특정한 개인, 기업체, 조직에 제재나 통제 및 제한을 가하는 정책이다. 환경오염과 관련된 규제, 독과점 규제, 공공요금 규제, 기업 활동 규제 등이 좋은 예이다. 규제정책은 그 내용에 따라 경쟁적 규제정책과 보호적 규제정책으로 나뉜다. 보호적 규제정책은 정부가 일부 기업이나 사람들을 규제함으로써 국민 일반(public at large)을 보호하고자 하는 정책을 말한다. 독과점 규제정책이 여기에 해당된다. 경쟁적 규제정책은 분배정책과 보호적 규제정책의 혼합형이라고 할 수 있다. 많은 이권이 걸려 있는 서비스나 용역을 특정한 개인이나 기업체, 단체에게 부여하면서 이들에게 특별한 규제를 부여하는 정책이다. 항공기 노선 배정, 이동통신 사업자 선정, 중화학 및 자동차 산업자 선정을 둘러싼 정책들이 여기에 해당된다.

재분배정책은 조세제도 등을 통해 부(富)를 소외 집단으로 이전시키는 복지정책을 말한다. 재분배정책은 계급 대립적 성격을 띠고 있기 때문에 집단 갈등을 불러일으키기 쉽다.

그 밖에 구성정책(constituent policy)은 정부기관의 신설이나 변경, 선거구 조정 등과 같이 정치체제의 구조와 운영에 관련된 정책을 말한다. 그리고 추출정책은 조세, 병역, 물자 수용, 노력 동원 등과 관련된 정책을 말한다. 상징정책은 국민 전체의 자긍심을 높이기 위한 올림픽 유치, 군대 열병식 행사 등이 포함된다. 상징정책은 국민들의 단결력이나 자부심을 높여 주며, 정부의 정통성에 대한 인식을 제고하고, 정부정책에 대한 순응을 확보하여 정부의 정책 활동을 원활하게 하기 위해 활용된다(이종수 외, 2012).

제2절 정책 과정

정책 과정(policy process)은 정책을 결정하고 집행하며 평가하는 일련의 과정을 말한다. 정책 과정은 일반적으로 ① 정책의제설정 단계, ② 정책결정 단계, ③ 정책집행 단계, ④ 정책평가 단계 등의 네 단계로 구분된다.

앤더슨(Anderson, 1984: 3-5)은 넓은 범위의 '정책 과정'을 정책의제형성(policy agenda formation), 정책형성(policy formation), 정책채택(policy adoption), 정책집행(policy implementation), 정책평가(policy evaluation)의 다섯 단계로 구분한다. 그런데 큰 단위의 정책 과정은 다시 정책의제설정 과정, 정책결정 과정, 정책집행 과정, 정책평가 과정 등 그 하위 과정으로 다시 나눠볼 수 있다.

1 정책의제설정

콥 등(Cobb et al., 1976)은 정책의제설정 단계를 ① 이슈의 제기(initiation), ② 해결방안의 구체화(specification), ③ 이슈에 대한 지지의 확산(expansion), ④ 제도적 의제로의 진입(entrance)의 네 단계로 세분하였다.

이슈의 제기 단계(initiation stage)는 개인적인 문제 또는 개별적인 문제가 중요한 사회문제로 전환되는 단계이다(이도석 · 권용식, 2017: 300-301). 외부주도형에서는 정부가 아닌 개인 또는 집단으로부터 사회의 이슈가 되는 중요한 문제에 대한 정부의 적극적인 대응을 요구하며, 내부접근형과 동원형의 경우 정책결정자나 정부조직이 이슈가 되는 사회문제의 대응에 나서는 단계이다.

구체화 단계(specification stage)는 이슈 제기 단계에서 이슈가 된 사회문제에 대하여 정부가 어떻게 대응해야 할지 구체적으로 논의하는 단계이다. 이때 외부주도형에서는 개인 또는 집단의 서로 다른 의견과 요구가 나타난다. 내부접근형에서는 문제화된 이슈가 바로 의제로 확정되며, 동원형에서는 제기된 문제에 대해 정부의 구체적인 프로그램이 결정된다.

확산 단계(expansion stage)는 구체화 단계에서의 요구와 결정에 대한 사회적 지지를 넓히는 단계이다. 이때 외부주도형의 경우 구체화된 요구에 대하여 정부의 관심을 높이기 위하여 보다 많은 공중(public)에게 논의가 확산되도록 활동한다. 동원형에서는 결정된 프로그램에 대한 대국민 홍보 활동이 전개되며, 내부접근형에서는 홍보 활동이 없거나 매우 제한적이다.

진입 단계(entrance stage)는 확산된 논의와 결정이 정부의 공식적 의제로 전환되는 단계이다. 이때 외부주도형에서는 확산된 논의가 대체로 정부의 정책의제로 채택되며, 내부접근형과 동원형에서는 이미 전 단계에서 정부의 공식적인 정책의제로 확정된 상태이므로 진입 단계에서의 논의 대상은 되지 않는다.

정책 과정에는 다양한 사회구성원들이 참여한다. 대통령, 국회, 법원, 행정부 관료, 정당, 시민단체, 이익단체, 언론, 연구소 연구원과 학자 및 지방의회 등이 참여한다. 이들 참여자들은 정책 과정에서 개별적으로 활동하기도 하지만, 정책 네트워크를 형성하여 집합적으로 행동하기도 한다. 정책 네트워크를 지칭하는 용어로는 하위정부(subgovernment), 정책공동체(policy community), 이슈망(issue network) 등이 사용된다.

하위정부는 소수의 정책 엘리트들이 협력하여 특정한 영역의 정책결정을 지배하는 양태의 정책 네트워크를 말한다. 하위정부의 참여자들은 국회의원과 그 보좌관, 행정관료, 이익집단의 대변자 등으로 구성된다. 정책공동체는 특정 정책 관련 행정기관과 공무원, 정치인, 이익집단과 그 리더, 대학 · 연구기관 등에 근무하는 전문가 등으로 구성된다. 그리고 이슈망은 특정한 정책문제에 이해관계를 가지거나 전문적 지식을 가진 참여자들이 구성하는 정책 네트워크를 말한다(오석홍, 2004: 532). 그러나 정책 네트워크를 가리키는 각 용어의 경계는 모호하다.

2 정책결정

정책결정(policy making)은 공공 문제의 해결방안을 탐색하고 채택하는 과정을 말한다. 이 과정에서 정책결정자들은 어떤 대안을 승인하거나 거부한다. 정책 과정에서 기득권 세력은 자신들의 특권이나 이익을 해칠 우려가 있는 정책 이슈가 아예 수면 위로 떠오르지 않도록 질식시킨다. 이와 같이 지배집단의 가치나 이익에 대한 잠재적 도전 가능성이 있는 정책문제가 의제(議題)의 지위에 도달하기 이전에 정책 관련자들이 폭력 또는 편견을 동원하여 질식시키거나, 집행 단계에서 좌절시키는 것을 무의사결정(無意思決定, non-decision making)이라 한다.

정책결정 단계는 합리적 정책결정을 기준으로 할 경우 ① 문제의 인식, ② 정책목표와 결정 기준의 설정, ③ 정책대안의 개발, ④ 정책대안의 분석, ⑤ 정책대안의 선택 등 다섯 단계로 나눠볼 수 있다(Denhardt, 1999: 251-255). 하우릿(M. Howlett) 등은 또한 정책형성 단계를 ① 정책 이슈의 평가(appraisal) 단계, ② 정책 이슈에 관한 입장 형성, 즉 대화 단계, ③ 제가안(制可案)의 형성 단계, 즉 정책대안의 탐색 · 개발 단계, ④ 공고화(consolidation) 단계의 네 단계로 나눈다(Howlett et al., 2009: 111-112; 노화준, 2012: 238-249). 그리고 정책평가 단계는 다시 ① 정책목표와 평가 기준의 확인, ② 정책실현의 실적수준 확인, ③ 목표와 실적의 비교 · 평가, ④ 평가 결과의 환류로 나눠볼 수 있다.

정책결정 모형으로는 다양한 모형이 제시된다. 여기서는 합리모형, 만족모형, 점증모형, 혼합탐사모형, 회사모형, 최적모형, 쓰레기통모형 등으로 분류하여 살펴보고자 한다.

1) 합리모형

합리모형(rational model)은 공공 문제를 해결하기 위한 모든 대안이 검토 · 작성되고, 각 대안이 초래할 모든 결과가 분석 · 예측되어, 각 대안 가운데서 최선의 유일한 대안이 선택된다는 이론모형을 말한다. 즉, 합리모형은 정책결정자의 전지 · 전능을 가정한 모형이다.

합리모형은 하나의 규범적 모형으로, 다음과 같은 점에서 비현실적이라는 비판을 받고 있다. 즉, 합리모형에서는 정책결정과 관련된 모든 정보를 입수할 수 있고 모든 대안을 비교 · 평가할 수 있다고 가정되나, 현실적으로 인간의 능력에 한계가 있고 또한 시간적 · 비용적 한계도 따른다고 할 수 있다. 그리고 정책목표 또한 단순 명료하지 않고 복합적인 경우가 많다.

2) 만족모형

사이먼(H. A. Simon)과 마치(J. G. March) 등은 정책결정자의 전지 · 전능을 가정하는 합리모형과 대비되는 만족모형(satisficing model)을 제시한다. 그들은 현실적인 인간은 극히 소수의 대안을 알고 있는 데 지나지 않으며, 이 소수의 대안에 관해서도 그 결과의 일부를 예측할 수 있을 뿐이라고 지적한다. 따라서 현실적인 인간은 능력의 제약 때문에 '최적의 대안'을 선택할 수 없으며, 단지 '만족스러운 대안'을 선택할 수밖에 없다는 것이다. 만족이론의 중심을 이루는 개념이 곧 '제한된 합리성(bounded rationality)'이다.

만족모형은 다음과 같은 약점을 가지고 있다.

첫째, 규범적 측면에서 보면, 최선의 대안이 아니라 '동의할 만한' 대안을 찾은 후에 대안 모색을 중단할 경우 검토되지 않은 대안 중에 훨씬 더 중요한 대안이 있어도 이것을 탐색하지 않고 포기하게 된다.

둘째, 결정자의 만족 여부는 기대수준에 달려 있는데, 이 기대수준 자체가 극히 유동적이므로 어느 것이 만족할 만한 대안인지를 객관적으로 판단하기 어려운 경우가 많다.

셋째, 일반적이고 경미한 의사결정에서는 무작위적으로 대안을 고려하고 만족할 만한 대안이 있으면 대안의 탐색이 중단된다는 사이먼의 주장이 옳겠지만, 이례적이고 중대한 의사결정에서는 이러한 방식의 의사결정이 아니라 분석적 결정이 이루어질 가능성이 크다.

3) 점증모형

점증모형(incremental model)은 규범적인 합리모형과 대조적으로 실제의 결정 상황에 기초한 기술적 모형이다. 점증모형을 주창한 대표적 학자는 린드블롬(C. E. Lindblom)이다. 점증모형은 기존의 정책에서 소폭적인 변화가 가감된 정책이 채택된다는 이론모형을 말한다. 합리모형에서는 모든 정책대안이 광범위하게 탐색될 것이 요구되는 데 비해, 점증모형에서는 현존의 정책에서 약간의 수정·보완이 이루어진 대안만이 고려의 대상이 된다고 가정한다. 예산안의 결정 과정은 전형적으로 점증모형에 의해 이루어진다고 할 수 있다.

점증모형은 경제적 합리성을 추구하는 합리모형과는 달리 정치적 합리성을 추구한다. 점증모형은 정책결정자 간의 조정과 타협을 통해 문제 해결방안을 찾아간다고 본다는 의미에서 민주사회의 현실적인 의사결정 모형이라고 할 수 있다.

점증모형은 보수주의에 빠지기 쉬우며 변동과 혁신을 설명하기 곤란하고, 현존의 정책에 오류가 존재할 때 '잘못된 정책에 의한 악순환' 현상이 발생할 소지가 많다는 등의 비판을 받는다.

4) 혼합탐사모형

혼합탐사모형(mixed-scanning model)은 에치오니(A. Etzioni)가 주장한 것으로, 정책결정 과정은 합리적 결정과 점증적 결정을 혼합하여 이루어진다는 이론모형을 말한다. 근본적 결정은 큰 줄기에 해당하는 결정으로, 대안 고려에서나 대안의 결과 평가에서 '중요한 것'을 고려하는 것으로서 합리모형 방식을 적용한다. 그런 뒤에 근본적 결정의 테두리 안에서 세부적인 결정을 한다는 것이다. 세부적 결정에서는 점증적 방식을 적용하여 조금씩 변화된 대안을 마련하여 세밀한 분석을 실시한다.

이 모형은 정책이 크게 잘못되는 것을 줄이고 좀 더 핵심에 근접하는 결정을 만들기 위한 노력의 일환으로 볼 수 있다.

5) 회사모형

사이어트(R. Cyert)와 마치(J. March)가 주장한 것으로, 느슨하게 연결되어 있는 조직의 결정을 다룬다. 연합모형(coalition model)이라고도 한다. 많은 조직은 각 단위사업 부서별로 준독립적인 운영이 이루어지는 경우가 많은데 이런 조직에서는 다른 부서 상황을 고려하면서 조직 전체의 목적을 극대화하는 결정을 해야 한다.

이 모형의 특징은 다음과 같다.

① **갈등의 준해결**: 결정에서는 관련 집단들의 요구가 모두 다 성취되기보다는 서로 나쁘지 않을 정도의 수준에서 타결점을 찾는 경향이 있다. 이때 밀접한 관련이 있는 이웃 집단의 가치와 목표는 고려해야 할 제약조건으로 다루어진다.

② **불확실성의 회피**: 결정자들은 가능한 한 불확실성을 줄이거나 회피하는 경향을 보인다. 그래서 장기전략보다는 단기전략에 치중하고, 관련자들과 타협을 하며, 예측 가능한 결정 절차를 선호한다.

③ **문제 중심의 탐색**: 결정자들은 시간과 능력의 제약 때문에 모든 상황을 다 고려하기보다는 특별한 관심을 끄는 문제 부분에 대해서만 고려한다.

④ **조직의 학습**: 결정작업이 반복되는 과정에서 결정자들은 점차 많은 경험을 쌓게 된다. 시간이 흐르고 경험이 많아짐에 따라 결정은 좀 더 세련되고 목표달성도는 높아진다.

⑤ **표준운영절차**(SOP: standard operating procedure): 경험이 축적되어 감에 따라 가장 효율적이라고 생각되는 결정 절차를 마련해 두고 이를 활용해 결정을 한다.

6) 최적모형

앞서 살펴본 합리모형도 '최적의 대안(one best way)'을 추구한다는 관점에서 보면 최적모형의 한 종류로 볼 수 있다. 그러나 일반적으로는 드로어(Y. Dror)의 최적모형(optimal model)을 지칭한다. 드로어의 최적모형은 기존의 합리적 결정 방식이 지나치게 수리적 완벽성을 추구해 현실성을 잃는 것을 경계하고, 그 반대로 다른 접근 방식들이 지나치게 현실지향적이 되는 것을 막는다는 의도로 제시된 것이다.

드로어의 최적모형은 정책결정 단계를 다음과 같이 세 단계로 나눈다.

① **초정책결정 단계**(meta-policymaking stage): 정책결정을 어떻게 할 것인가에 대한 결정이다. 즉, 결정참여자, 시기, 결정을 위한 조직과 비용, 결정 방식들을 미리 결정하는 것이다. 다른 학자들이 주의하지 않았던 부분이다.

② **정책결정 단계**(policymaking stage): 일반적인 결정 과정이다.

③ **후정책결정 단계**(post-policymaking stage): 결정이 이루어진 이후에 집행 준비와 집행 과정에서 나타나는 정보에 따른 결정의 수정작업이 여기에 포함된다.

드로어의 최적모형은 정책결정에서는 합리적 분석만이 아니라 결정자의 직관적 판단도 중요한 역할을 하며, 양적 분석뿐만 아니라 질적 분석도 동시에 고려되어야 한다고 주장한다.

7) 쓰레기통모형

코헨(M. Cohen), 마치(J. March), 올슨(J. Olsen) 등이 제시한 쓰레기통모형(garbagecan model)은 기본적으로 '조직화된 혼란 상태(organized anarchies)'에서의 의사결정을 다루고 있다. 즉, 쓰레기통모형에서 가정하는 결정 상황은 불확실성과 혼란이 심한 상태로 정상적인 권위구조와 결정규칙이 작동하지 않는 경우를 말한다.

이 이론모형은 현실 속의 정책결정은 일정한 규칙에 따라 움직이는 것이 아니라 문제, 해결책, 선택기회, 참여자의 네 가지 요소가 독자적으로 흘러 다니다가 어떤 계기로 교차하여 만나게 될 때 정책결정이 이루어진다고 본다.

3 정책집행

정책집행은 정책수단들을 동원하여 결정된 정책을 실천에 옮기는 것을 말한다. 정책 속에 포함되어 있는 수많은 정책수단과 계획들은 집행작업을 거쳐 현실로 나타나야만 원하는 목표를 달성할 수 있다.

정책집행 현장에서 나타나는 다양한 현상을 설명하기 위한 접근방법은 세 가지로 구분된다(권용식, 2017: 328-330). 우선, '하향적 접근방법(top-down approach)'은 정책결정과 정책집행을 분리하는 정치 · 행정이원론적 시각에서 전통적인 관료제적 방법에 따라 정책집행 과정을 주어진 정책목표의 달성을 위한 수단적인 행위로 파악하는 '집권적 · 계층적인 관점'의 접근방법이다.

이러한 '하향적 접근방법'은 정책결정자 관점에서 정책결정자에게 바람직한 집행을 하기 위해 규범적 처방을 제시하기 위한 목적으로 연구되었으며, 대표적인 학자로는 혼(Horn, 1979), 사바티어와 매즈매니언(Sabatier & Mazmanian, 1989)이 있다. '하향적 접근방법'에 해당하는 주요 이론모형으로 엘모어(R. Elmore)의 전방향적 집행, 버먼(P. Berman)의 정형적 집행 등이 있고, 정책집행 유형 중에는 고전적 기술자형과 지시적 위임자형 등이 이에 속한다. 이는 합리모형의 선형적 시각을 토대로 도구적 합리성, 집행의 충실성, 목표·성과 달성도를 중요한 정책평가 기준으로 설정하며 정책결정자에 의한 효과적인 정책집행 과정 통제에 논의의 초점을 두고 있다.

다음으로, '상향적 접근방법(bottom-up approach)'은 정책결정과 정책집행의 통합 및 정책현장에서의 적응성을 중시하는 정치·행정일원론적 관점의 접근방법이다. 이는 정책집행 과정을 다양한 정책참여자들 사이의 상호작용으로 인식하며 일선관료(street-level bureaucracy)의 역할과 정책대상집단에 초점을 두고 있는 '분권적·참여적인 관점'으로 설명된다.

'상향식 접근방법'은 일선관료(정책집행자)의 관점에서 정책을 분석하는 접근방법으로서, 복잡한 정책현장에서 일선관료가 갖는 재량권과 자율성을 강조한다. '상향적 접근방법'의 대표적인 학자로는 히언과 헐(Hjern & Hull, 1985), 립스키(M. Lipsky)가 있으며, 주요 이론모형으로는 엘모어의 후방향적 집행, 버먼의 적응적 집행 등이 있고, 정책집행 유형 중에는 재량적 실험가형과 관료적 기업가형 등이 이에 속한다. 이는 제한된 합리성, 절차적 합리성, 환경 적응성 등을 중요한 정책평가 기준으로 설정하며 정책현장과 일선관료의 전문성, 조직 운용 절차와 방식 등을 강조한다.

'통합적 접근방법'은 '하향적 접근방법'이나 '상향적 접근방법' 모두 각각 장·단점을 갖고 있다는 관점에서 정책집행 환경에 따라 양자를 적절히 종합하여 적용하고자 하는 접근방법이다. '통합적 접근방법'은 '하향적 접근방법'에 '상향적 접근방법'을 적용하여 일선관료 또는 정책대상집단에게 요구되는 행동과 자원은 무엇이며, 이를 가능하게 하기 위해서는 집행조직의 각 부서 또는 계층별로 무엇이 필요한지 등을 점검하는 상하 교차적인 분석을 특징으로 한다. 이를 통해 결정된 정책내용을 정책현장에 적합하게 적절히 수용해 나감으로써 결국 정책결정의 의도를 보다 효과적으로 달성할 수 있을 것으로 기대한다(유민봉, 2015: 308).

이러한 '통합적 접근방법'과 관련하여, 엘모어는 '후방향적 접근방법'과 '전방향적 접근방법'을 결합한 '통합모형'을 제시한 바 있다(Elmore, 1979). 그리고 사바티어와 위블(Sabatier & Weible, 2007)은 '상향적 접근방법'의 분석 단위(상대적으로 안정된 변수들, 외적 변수들)에 '하향적 접근방법(정책하위체계 등)'의 변수를 결합하여 정책옹호집단모형(ACF)을 구성하고, 각 정책옹호연합 간 상호작용 과정과 그에 따른 정책산출 및 정책변동 과정을 설명하였다. 이 외에도 윈터(S. L. Winter)의 통합모형, 매트랜드(R. E. Matland)의 정책집행과정모형(모호성-갈등수준 연계모형) 등도 '통합적 접근방법'에 해당하는 대표적 사례로 제시되고 있다.

정책의 성공적 집행을 위해서는 올바른 정책수단이 동원되어야 한다. 정책수단이란 정부가 정책목적을 달성하기 위해 사용하는 여러 가지 방법을 말한다(Salamon & Lund, 1989: 29). 정책수단의 유형은 강제적 수단, 혼합적 수단, 자발적 수단으로 나눌 수 있다. 샐러먼(L. M. Salamon) 등은 강제적 수단으로 정부의 직접 시행, 규제, 공기업 방식 등을 들고 있으며, 혼합적 수단에는 보조금, 조세감면, 지급보증을, 그리고 자발적 수단에는 민간 부문(시민단체, 시장경제 등)의 자율적 활동을 포함시키고 있다.

정책집행에는 정책의 유형, 사업계획의 성격, 집행주체의 활동, 정책대상집단의 특성, 환경적 요인 등 다양한 요소가 영향을 미친다. 정책의 유형에서 편익을 분배하는 분배정책은 집행이 용이하나, 재분배정책은 집단 간의 갈등을 초래함으로써 집행에 어려움이 초래될 수 있다. 그리고 정책에 포함된 사업계획의 성격이 명확하고, 일관성이 있으며, 소망성을 지닐 때 집행의 성공 가능성이 높다. 또한 집행주체의 활동과 관련하여 집행담당 조직의 분위기, 집행구조, 관료규범, 집행 절차, 재원 등도 정책집행에 큰 영향을 미치며, 집행담당 공무원의 태도와 관련 기관과의 관계도 집행의 성공 여부에 영향을 끼친다. 나아가, 정책대상집단의 규모와 조직화 정도, 집행주체의 협상 전략도 집행에 영향을 미치며, 경제적 · 정치적 여건, 대중매체의 관심과 여론의 반응, 정책결정기관의 지지도 등 환경적 요인도 집행의 성공 여부에 큰 영향을 미친다.

정책집행 실패의 원인으로는 다음과 같은 요소를 들 수 있다(오석홍, 2004: 527-527). ① 정책대상집단의 순응 거부, ② 자원 부족, ③ 문제선정상의 실책, ④ 잘못된 정책 · 집행 관리, ⑤ 상충되는 목표의 추구, ⑥ 정책문제의 변화, ⑦ 정부의 관심 변화가 그것이다.

4 정책분석과 평가

정책분석(policy analysis)은 정책대안들의 성격, 원인, 그리고 결과에 대한 연구를 말한다. 이에 비해 정책평가(policy evaluation)는 정책의 제 국면을 측정 · 평가하여 그 결과를 환류하는 과정을 말한다. 정책분석과 평가를 사전분석, 사후평가로 구분하는 학자도 있으나, 양자를 구분 없이 혼용하는 학자가 많다.

정책분석은 정책효과를 사후적으로 평가하는 정책평가와 달리, 특정 정책대안이 가져올 미래의 효과를 사전적으로 예측 · 분석하는 것을 말한다. 정책분석에서는 각 정책 대안이 가져올 편익과 비용을 비교하는 비용-편익분석(benefit-cost analysis) 방법을 많이 사용한다. 편익이 불분명한 경우에는 편익 대신 효과(effectiveness)라는 개념을 사용하여 비용-효과분석(cost-effectiveness analysis)을 한다.

앞서 살펴보았듯이, 정책평가는 정책의 내용, 집행의 성공 여부 및 그 영향 등을 추정하거나 평정하는 것을 말한다. 정책목표가 얼마나 잘 충족되었는가를 파악하기 위해, 정책의 성공과 실패의 원인을 규명하기 위해, 그리고 정책집행 도중에 문제점을 파악하여 정책집행을 개선하기 위한 목적 등으로 수행된다.

정책평가는 정책집행 과정에서 등장하는 여러 가지 문제점을 해결하여 보다 나은 집행 전략과 방법을 모색하기 위하여 실시되는 형성적 평가(formative evaluation)와 정책집행 후 당초 의도했던 효과를 성취했는지 여부를 판단하는 총괄적 평가(summative evaluation)로 나누어 볼 수 있다. 형성적 평가는 과정평가 · 도중평가 · 진행평가 등으로도 불린다. 포괄적 평가(comprehensive evaluation)는 과정평가와 영향평가를 모두 포함하는 평가를 말한다.

정책평가의 일반적 절차는 [목표의 규명-기준의 설정-인과모형의 작성-연구설계-자료의 수집 및 분석] 등으로 구성된다.

정책평가는 정책목표와 수단 사이의 인과관계를 하나의 가설로 설정하고 이를 검증하려는 과학적 조사라고 할 수 있을 것이다. 이러한 정책평가는 타당성을 지녀야 한다. 정책평가에서의 타당성은 구성적 타당성, 통계적 결론의 타당성, 내적 타당성, 외적 타당성의 네 가지로 구분할 수 있다.

정책평가 연구에서는 진실험적 방법과 준실험적 방법을 사용할 수 있으나, 현실적 제약 때문에 준실험이 많이 사용되고 있다. 진실험은 실험집단과 비교집단(통제집단)의 동질성을 확보한 가운데 시행되는 실험을 말하며, 준실험은 무작위 배정을 하지 않아 동질성이 확보되지 않거나 비교집단 없이 행하는 실험을 말한다. 준실험적 연구 설계에는 비동질적 비교집단 설계, 사후측정 비교집단 설계, 회귀불연속 설계, 단절적 시계열 설계 등이 있다.

오늘날 정책평가에 대한 중요성이 강조되고 있으나, 아직 그 수준이 초보 단계에 있을 뿐만 아니라 과학적이고 전문적인 면에서의 질도 낮다고 하겠다. 정책평가의 한계로는 주관적 판단의 개입 등 일반적 쟁점 외에 방법론상의 장애, 유용화 과정에서의 평가자의 역할 인지, 공식적 저항, 정책목표의 불확실성, 정책영향의 확산 등을 들 수 있다.

우리나라의 정책평가제도는 다음과 같다. 정부업무 성과관리는 과거 국무총리실, 기획예산처(현 기획재정부), 행정자치부(현 행정안전부) 등이 개별적으로 실시하던 평가를 각 부처의 자체평가를 중심으로 통합하여 운용하고 있다. 자체평가는 주요 정책, 재정사업, 행정관리 역량 등을 기관 스스로 평가하는 것을 말한다. 지방자치단체는 국가위임사무, 국고보조사업 등에 대해 행정안전부 주관의 합동평가를 받고 있다. 행정안전부장관은 지방자치단체 또는 그 장이 위임받아 처리하는 국가사무, 국고보조사업, 그 밖의 국가 주요 시책 등에 대해 필요한 경우 관계 중앙행정기관의 장과 합동으로 합동평가를 실시할 수 있다.

제3절 한국의 정책체제

앞서 살펴본 정책 과정과 행위자, 정책형성과 집행, 정책분석과 평가, 그리고 평가결과의 환류 등의 관점에서 한국의 정책 사례를 살펴보고자 한다. 먼저, 정책 과정과 행위자 관점에서 공인인증서제도에 대한 규제 완화의 과정에서 기업호민관(현 중소벤처기업부 중소기업옴부즈만)의 역할을 다중흐름모형의 정책혁신가로 상정하여 설명한다. 두 번째로, 정책형성과 집행에서는 2014년 도입된 기초연금의 도입 과정을 통해 정책형성의 복잡성을 들여다본다. 세 번째로, 정책분석과 평가에서는 4대강 사업 중 생태하천조성사업에 대한 KDI의 예비타당성 조사와 이에 대한 문제점을 지적한 국회예산정책처의 평가보고서를 바탕으로 정책분석과 평가의 과정과 역할에 대해 논의해 본다. 마지막으로, 평가 결과의 환류에서는 정부업무평가의 현황과 변화를 알아보기로 한다.

1 정책 과정과 행위자

1) 킹던의 다중흐름모형

킹던(J. W. Kingdon)의 다중흐름모형은 상대적으로 독립적인(relatively independent) 정책문제(problem), 정치(politics), 정책대안(policy)의 세 흐름들이 종종 예상하지 못한(unpredictable) 방식으로 결합하여 정책이 형성된다고 설명한다(우창빈, 2017: 291-295). 기본적으로 다중흐름모형은 정책 아이디어를 중심으로 구성되었는데, 킹던의 문제의식은 이러한 정책 아이디어가 어디에서부터 오게 되었는지 알 수 없다는 데에서 출발한다. 정책문제의 흐름이란 관심을 끄는 재정위기나 환경문제, 안보문제와 같은 공적인 문제들이다. 정치흐름은 선거 결과나 여론의 변화와 같은 것으로, 언론매체나 시민들이 정책문제를 정의하고 정책대안을 평가하는 데에 영향을 미친다. 정책대안의 흐름은 정책부문에서 축적된 지식, 전문가들의 이해관계에 근거하여 만들어진 정책제안들로 구성된다. 정책혁신가(policy entrepreneur)는 정책에 대한 의견을 모으고 정책 아이디어를 형성하도록 주도하는데, 구체적으로 정치가, 공무원, 정책분석가, 협상가, 언론인, 학자 등 다양한 행위자가 정책혁신가가 될 수 있다.

[그림 11-1] 다중흐름모형 구조(Kingdon, 2003)

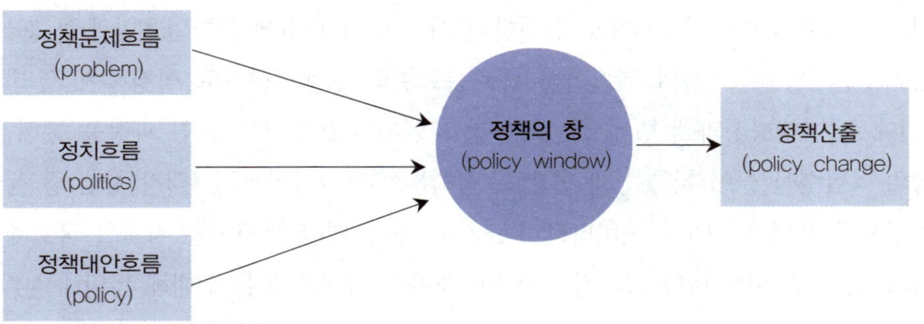

다중흐름모형의 의사결정 방식은 코헨(M. D. Cohen)의 쓰레기통모형에서 영향을 받았는데, 쓰레기통모형에서 정책은 합리적으로 이루어지는 것이 아니라, 조직화된 무질서(organized anarchies)라는 것이 핵심이다(Cohen et al., 1972; Kingdon, 2003). 킹던의 다중흐름모형에서도 합리적 의사결정 방식에 의한 정책단계나 정책순환과 같이 체계적

순서에 의해 의사결정이 이뤄지지 않으며, 정책이 언제 어디에서 형성될지 알 수 없다고 본다.

다중흐름모형에서 정책의 변화는 저마다 독립적인 세 흐름인 정책문제흐름, 정치흐름, 정책대안흐름이 분명하지 않은 방식으로 우연적으로 결합하여 정책의 창(policy window)이 열릴 때 가능하다. 정책의 창은 보통 심각한 문제의 등장이나, 정치흐름에서의 사건들에 의해 열린다. 예를 들면, 대형사고와 같은 경우나, 정권의 교체와 같은 것을 들 수 있다. 이러한 사건들에 의한 새로운 정책 아이디어의 형성은 불가피한(inevitable) 면이 있는가 하면, 이를 받아들일지 모르기 때문에 불확실하기도 하다. 또는 정책선도자가 주도적인 역할을 수행할 때 열리기도 한다.

그러나 정책의 창이 오랜 기간 열려 있지 않을 수 있다. 정책의 창이 닫힐 때에도 정책의 창이 열리는 것처럼 급작스럽게 닫힌다. 정책의 창은 정책행위자들에게 행운이자 기회(opportunity)인데, 그 기회가 갑자기 왔다가 또 오래지 않아 사라질 수도 있는 것이다. 따라서 정책행위자들이 기회를 놓치지 않으려면 정책의 창이 닫히기 전에 신속하게 행동해야 한다. 제한된 시간에서 행위자들이 합리적으로 행동하여 다른 요소들을 모두 고려한 판단을 내릴 것이라고 기대하기는 쉽지 않다.

다중흐름모형의 가장 큰 장점 중 하나는 행위자와 구조를 하나의 분석틀에서 연계시킨 것이다(Zahariadis, 2007). 다중흐름모형의 영향을 많이 받은 모형인 쓰레기통모형에서 구체적인 의사결정 구조를 통해 제도에 관심을 기울인 것과 비교하면, 오히려 제도적인 부분에 관심이 적었다는 비판을 받을 정도다(Mucciaroni, 1992). 다중흐름모형에서는 정책의 변화를 설명함에 있어 사전적으로 예측 가능하고, 시스템적인 것으로서가 아니라 행위자, 특히 정책혁신가 역할을 수행하는 개인이 정책 과정에서 하는 역할이 중요하며, 개인과 구조의 상호작용(interplay)을 강조한다고 하겠다.

다중흐름모형에서는 외부적 환경이 중요하지만, 객관적 조건이 정책적 반응을 기계적으로 결정(determine)한다고 할 수는 없다. 환경이 정책에 영향을 미치지 않는다는 것이 아니라, 그러한 외적 충격이 정책결정체계에 들어가기 위해서는 이들을 연계하거나 촉발시키는 사건이 필요한데, 이를 초점사건(focusing event)이라고 한다.

다중흐름모형의 주요 행위자인 정책혁신가는 다양한 형태로 정부의 내부나 외부에 존재하며, 마치 서퍼가 큰 파도를 기다리는 것처럼 정책의 창이 열리기를 기다리지만(Kingdon, 2003), 정책혁신가가 성공하기 위해서는 전문성, 공식적 권한, 교섭력, 협상력, 추진력 등의 능력이 요구된다. 실제로 유럽의 정책결정 상황에서 정책혁신가는 단순한 결합자(coupler)를 넘어서는 역할을 하였으며, 단지 해결책을 제시하는 것만이 아닌 이를 실행할 권력을 행사할 수 있다(Ackrill & Kay, 2011). 정책혁신가는 독립적으로 흘러가고 있는 정책문제흐름, 정치흐름, 정책대안흐름을 정책의 창이 열리는 특정 시기(급박한 상황)에 유리하게 활용하고, 조작까지 할 수 있다는 것이다.

다중흐름모형은 정책이론에서 정책 아이디어의 중요성을 강조하는 이론이다. 아이디어가 정책결정에 중요하다고 한다면, 정책의 의미란 본래 변화하는 것이므로 언제든지 재구성되고 변화할 수 있는 가능성이 있다. 다른 사회적인 것들과 마찬가지로 정책의 경우도 철학과 의미의 투쟁이 핵심이며(Stone, 2002), 정책의제의 경우에도 사실 자체보다는 그 의미를 어떻게 구성하고 해석하는지가 중요하다.

다중흐름모형은 정책 아이디어들의 중요성을 인정하면서도, 이러한 아이디어들이 어떻게 채택되는지 혹은 거부되는지, 그 과정을 탐구하고자 한다. 정책 과정에서 제도가 정책이나 정책 변화를 형성하는 중요한 역할을 하며, 정책 아이디어는 단순히 권력관계를 반영하는 데 그치지 않고, 정책 과정에서 정치적으로 취사 선택된다. 다중흐름모형에서 핵심적인 의제설정과 관련하여, 정책문제흐름과 정책대안흐름이 떠다니지만(floating around), 사실 정치적 요소인 선거, 정당, 이익단체 등과 관련된 정치흐름이 가장 주요한 영향을 미친다.

2) 정책형성 사례: 공인인증서 도입 배경과 연혁

온라인상에서 물건을 사고파는 행위, 은행업무, 행정업무를 수행하는 과정에서 가장 많이 접하게 되는 것이 공인인증서이다(송영관, 2015). 박근혜 행정부에서 중요하게 다루어진 규제개혁의 과제 중 하나로 '천송이 코트'라는 용어와 함께 공인인증서와 액티브X 폐지를 통한 전자상거래 활성화를 위한 규제 완화가 이슈가 되었다. 전자상거래는 신속하고 편리하며 거래비용을 감소시킨다는 장점을 지니지만, 비대면 거래라는 특징으로 인해 안전성과 신뢰성 확보 문제가 중요하게 대두되기 때문에, 이러한 문제의 해결을 위해 우리나라에서 독자적으로 도입한 방식이 전자서명과 전자인증을 기본으로 하는 공인인증서이다. 공인인증서는 「전자서명법」에 따라, 정부는 전자상거래 당사자의 신원을 확인하고 전자문서의 위·변조 및 부인을 방지하기 위해, 공인인증기관이 발급하는 인증서에 기초한 전자서명을 공인인증서라는 이름의 단일 인증수단으로 법적 지위를 부여하였다.

전자상거래 확대에 따라 전자서명에 법적 지위를 부여하는 인증문제는 이미 1980년대부터 OECD 국가를 중심으로 활발히 논의되었다. 그리고 유엔국제상거래법위원회(UNCITRAL: United Nations Commission on International Trade Law)는 2001년 「전자서명모델법(Model Law on Electronic Signatures)」을 채택하여 국가 간 관련 법의 조화를 추구하였다. UNCITRAL 전자서명모델법의 근본 원칙은 현대 전자상거래법 설립 원칙인 비차별성(non-discrimination), 기술중립성(technological neutrality), 기능동등성(functional equivalence) 등 세 가지이다.

이 중 기술중립성 원칙은 국가가 특정 기술의 사용을 강제하는 것을 배제하기 위한 원칙을 말한다. 이 원칙은 전자상거래 관련 기술이 급속히 발전하고 있는 상황에서 전자상거래 관련 기술이 특정 기술에 종속되는 것을 방지하여 혁신 구현의 환경을 마련하고, 미래의 진보된 기술이 추가 입법작업 없이 수용될 수 있는 것을 목표로 하고 있다. 우리나라에서 1999년부터 시행된 최초의 「전자서명법」 제3조와 제8조는 전자서명을 위한 기술을 '전자서명키' 등 특정 기술로 한정하였다. 그러나 2002년 4월 시행된 「전자서명법」부터 이 규정을 개정하여 UNCITRAL 「전자서명모델법」의 기술중립성 원칙을 수용하였다(송영관, 2015).

한국의 공인인증서는 정부가 공인한 전자서명으로 전자거래에서 본인 확인을 위한 일종의 전자인감증명서이다. 공인인증서를 도입한 후, 정부는 각각 2002년 9월과 2003년 3월에 인터넷뱅킹과 온라인 증권거래에서 공인인증서 적용을 의무화하였다. 그리고 2004년 4월과 10월부터 인터넷 쇼핑몰에서 각각 30만 원 이상과 10만 원 이상 금액의 신용카드 결제에 대해 공인인증서 사용을 의무화하였다. 그러나 정부는 2005년 11월부터 전자상거래에서 대금을 신용카드로 결제할 경우 공인인증서의 사용 여부는 신용카드사가 자율적으로 결정토록 하였으며, 은행 계좌이체 방식의 경우에는 30만 원 이상에 대하여 공인인증서를 사용토록 하였다.

이러한 전자금융거래 시 공인인증서를 통한 인증 방식의 의무화로 인해 중소 쇼핑몰, 벤처기업의 국내·외 전자상거래 및 모바일 비즈니스가 제약되는 결과가 초래되었다. 중소 쇼핑몰 등은 공인인증서 사용이 가능한 스마트폰용 전자결제 소프트웨어 개발부담 등으로 모바일 사업 진출이 제약되었다. 또한 소비자의 경우에도 외국 쇼핑몰의 구매 방식과 달리 공인인증서 사용을 위해 액티브X를 통한 별도의 어플리케이션을 설치해야 하는 불편을 감수해야 했다. 대면확인을 위해 공인인증서의 발급은 주거래 은행을 통해서만 가능한 것으로 완전한 온라인에서의 전자금융거래는 불가능하며, 직접 은행을 방문하여 공인인증을 위한 등록 절차를 거쳐야 했다. 문제는 공인인증서를 통한 전사서명 방식이 유일하고 가장 안전한 본인인증 방식은 아니라는 점에 있었다.

공인인증서는 우리나라에서만 채택하고 있는 인증 방식으로, 해외 선진국의 전자금융거래에서는 웹브라우저 자체 보안 플러그인인 SSL(Secure Socket Layer) 방식과 1회용 패스워드(OTP: one time password) 등 다양한 인증 방식을 사용하고 있으며, 그 과정에서 소비자의 불편과 전자금융거래 시 발생하는 사고를 함께 최소화하였다. 또한 우리나라의 경우 공인인증서의 사용을 위해 액티브X를 통해 설치되는 어플리케이션에 대해 대부분의 사용자가 정확히 어떤 프로그램인지 인지하지 못하고 있었으며, 많은 악성코드가 액티브X를 통해 개인용 PC에 침투한다는 점에서 보안취약의 문제를 제기하는 전문가도 있었다.

이렇듯 전자금융거래에서 공인인증서 사용을 의무화한 정책에 대해서 많은 논란이 있었고, 2010년 5월 31일 중소기업청 산하 기업호민관실은 「전자금융거래 인증방법의 안전성 가이드라인」을 확정하여 발표하였다. 이 가이드라인을 바탕으로 2010년 6월 30일에 시행된 '전자금융감독규정'은 공인인증서 사용에 대한 기준이 완화되도록 개정되었다. 새 규정은 모바일 통신환경에 대한 공인인증서 의무화 규정 폐지의 법적 토대를 위해 전자금융감독규정의 공인인증방법에 공인인증서 적용이 곤란한 금융거래의 경우 공인인증서 사용 의무에서 제외한다는 것을 명시하였다. 본 개정으로 인한 가장 큰 변화는 제7조에서 공인인증서뿐만 아니라 동등한 보안수준의 인증방법의 활용을 허용하고, 보안수준의 평가를 금융감독원 산하 인증방식평가위원회를 설립하여 심의하도록 규정한 것이다.

이상의 공인인증서 사용 의무화 폐지를 위한 규제개혁 과정을 다중흐름모형에 비추어 설명할 수 있다. 공인인증서뿐만 아니라 다양한 인증기술을 선택할 수 있도록 허용하는 방향으로 규제개혁을 추진하는 과정에서, 공인인증서 방식이 가져오는 소비자의 불편과 기술독점, 인증기술 개발시장의 고립화, 전자금융거래의 불편으로 인한 우리나라 전자상거래 시장의 국내·외 시장 확장의 어려움 등 정책문제가 존재하고 있었다.

여기에 공인인증서 방식에 대한 소비자의 두 가지 관점이 존재하였는데, 전자금융거래의 보안은 특히 중요한 것이어서 공인인증서 이외의 방식을 사용하였을 때의 안전성을 검증하여야 한다는 집단과 우리나라와 같이 분단국가라는 특수한 상황에서는 다른 나라보다 강한 온라인 인증체계를 가져야 한다는 주장 등 공인인증서의 의무사용의 필요성을 주장하는 집단이 존재하였다. 반면, 해외의 많은 국가에서 사용하는 다양한 인증기술을 활용하는 것도 허용해야 인증기술 간 경쟁을 통한 관련 기술의 발전을 유도할 수 있으며, 우리나라만 가지고 있는 '갈라파고스식 규제'로 인해 전자상거래 시장이 낙후되는 문제를 해결해야 한다는 정책의 흐름이 있어 왔다. 여기에 정책의 대안으로 SSL이나 OTP, 소비자의 사용패턴을 분석한 이상 사용경고 방식 등 다양한 인증기술이 이미 해외 전자금융거래에서 활용되고 있는 상황이었다. 여기에 정책혁신가로서 기업호민관실이 정책의 창이 열리는 촉매의 역할을 수행한 것으로 볼 수 있다.

2010년 당시 기업호민관실은 2월 초 공인인증서 의무사용 폐지를 총리실에 개선대상 과제의 하나로 보고하고, 3월 4일 관계부처 실무회의를, 3월 9일 전문가 간담회를, 3월 15일 관계부처 국장회의를, 그리고 3월 23일 1급회의를 차례로 개최하며 관련 정책변화를 주도해 나갔다. 또한 3월 21일 조선일보 기고, 3월 24일 기자간담회를 개최하는 등 언론을 통한 여론 형성도 함께 진행하였다. 또한 4월 29일에는 해외 보안기술 전문가(브루스 슈나이어, 루카스 아담스키)를 초청하여 강연회를 개최하였으며, 마침내 전자금융감독규정을 개정하는 가이드라인을 5월 31일 발표하고, 6월 30일 개정하기에 이르렀다. 해당 개정은 30만 원 미만 소액의 경우와 스마트폰 결제서비스에 즉시 허용하는 등 조건부 폐지를 주요 내용으로 하고 있다.

2 정책결정과 집행의 이해: 기초연금 도입결정과 집행[1)]

1) 기초연금의 도입 과정

기초연금은 노인에게 안정적인 소득기반을 제공함으로써 생활안정을 지원하고 복지를 증진함을 목적으로 한다.[2)] 2014년 7월 1일부터 시행되었으며, 65세 이상 노인인구 중 소득과 재산조사를 통해 산정한 소득인정액을 기준으로 소득상위 30%를 제외한 노인을 대상으로 한다. 구체적으로는 보건복지부 장관이 매년 고시하는 선정기준액[3)] 이

1) 「기초연금제도 평가」(국회예산정책처, 2016)의 내용을 발췌·요약하였다.
2) 「기초연금법」 제1조(목적) 이 법은 노인에게 기초연금을 지급하여 안정적인 소득기반을 제공함으로써 노인의 생활안정을 지원하고 복지를 증진함을 목적으로 한다.

하인 노인가구가 대상이 된다. 2024년 선정기준액은 노인단독가구 월 213만 원, 부부가구는 월 340.8만 원이다. 한편, 2022년 2월 현재 기준급여액은 단독수급의 경우 30만 7,500원이다.[4]

국민연금 소득이나 일정한 감액요건에 해당하는 노인(약 34만 명)은 2~18만 원까지 감액된 금액이 지급된다. 국민연금 수급자는 가입 기간과 연계하여 기초연금 수급액이 결정되며, 이는 국민연금 내 기초연금과 유사한 성격을 가진 소득재분배 부분(A급여)의 크기를 고려한다. 또한 부부의 경우도 감액된 금액이 지급되는데, 부부(2인)의 경우 최대 32만 4,160원(단독노인의 100분의 160)으로 1인당 16만 2,080원에 해당한다. 또한 기초연금의 수급으로 같은 소득의 기초연금 비수급자에 비해 높은 소득을 얻게 되는 소득역전을 방지하기 위한 감액도 이루어진다. 기초연금의 재원은 전액 조세로 조달되며, 도입 시 논의되기도 했던 국민연금 기금은 사용하지 않는 것으로 결정되었다.

기초연금 이전에도 노인의 빈곤해결과 생활안정을 위한 제도로 노인수당제(1989년)와 경로연금(1998년), 그리고 기초노령연금(2008년) 등이 시행되고 있었다. 노인수당제는 70세 이상 극빈층을 대상으로 하였다. 이는 국민연금이 60세 미만을 가입 대상으로 하고 있어, 1988년 도입 당시 이미 60세를 넘은 고령근로자는 혜택을 받을 수가 없었고, 자식의 부모부양에 관한 인식이 약화되어 노인에 대한 공적부양의 필요성이 제기됨에 따라 도입되었다. 이후 1999년 국민연금의 전 국민 확대를 앞두고 국민연금의 울타리 내에 들어오지 못한 기존 노인계층의 소득지원을 확대할 필요성이 대두되어 1997년 8월 노인수당제를 폐지하고, 경로연금을 도입하여 1998년 7월 1일부터 실시하였다. 경로연금은 노인수당제를 확대·발전시켜, 지급 대상을 극빈층에서 차상위계층까지 확대하고 지급액도 월 2~5만 원이던 것을 월 3.5~5만 원으로 상향조정하였다.

이후 2007년 재정안정화를 고려한 국민연금 개혁의 결과, 노인빈곤과 국민연금 사각지대 문제에 대한 대책이 미흡하다는 비판이 있었다. 이를 해결하기 위해 만 65세 이상 노인 중 소득하위 70%를 대상으로 하는 기초노령연금이 도입되었다. 2006년 제안 당시 기초노령연금은 노인의 60%를 대상으로 국민연금 A값의 5%를 지급하는 형태였으나, 2007년 7월 노인 전체의 70%로 대상이 확대되었고, 2028년까지 국민연금 A값의 10%

3) 보건복지부 장관은 만 65세 이상 노인소득의 70% 수준이 되도록 선정기준액을 정하여 발표한다(기초연금법 제3조).

4) 보건복지부(2022). 「보건복지부 고시 제2022-12호」.

수준까지 단계적 상향조정이 결정되었다.5)

이후 2012년 대선 과정에서 기초연금이 공약으로 대두되었으며, 구체적인 실행방안이 마련되는 과정에서 수급 대상과 수급액 등 제도 설계에 대한 다양한 논의가 진행되었다.6) 최종안은 급여수준을 국민연금 A값의 10%로 하여 기존 기초노령연금이 2028년까지 달성하도록 했던 수준을 14년 앞당겼으며, 노인 전체의 70%를 대상으로 국민연금 가입 기간에 따른 수급액 차등과 물가상승률에 연동한 급여인상을 주요 내용으로 하였다. 기초연금과 국민연금의 역할, 국민연금 급여산식 등을 고려하면 둘 간의 연계는 불가피한 부분이 있으나, 기초연금 도입 초반 국민연금 수급자가 받는 기초연금액의 경우 국민연금의 소득재분배 역할을 담당하는 A급여의 2/3를 감액하는 방식이 국민연금 가입에 부정적인 유인으로 작용한다는 비판이 있었다.

〈표 11-1〉 노인소득보장 관련 제도의 변천

	국민연금	노인수당제	경로연금	기초노령연금	기초연금
도입시기	1988년	1989년	1998년	2008년	2014년
도입배경	• 기여형 연금 • 노후안정을 위한 국가 개입 필요	• 국민연금 도입 시 이미 가입연령 넘긴 노인에 대한 소득보장	• 국민연금에 포함되지 못한 기존 노인의 소득지원 확대	• 국민연금 사각지대 해소 • 소득대체율 수준 감소로 인한 보완	• 노인빈곤 해소 및 생활안정 • 재정적 지속가능성 제고
급여	• 평균 31만 원 • 최저 4만 원 • 최고 160만 원	• 월 2~5만 원	• 월 3.5~5만 원	• 국민연금 A값 5% 수준 (단독가구 월 8.4만 원)	• 국민연금 A값 10% 수준 (단독가구 월 20만 원)
지급 대상	• 보험료 10년 이상 납부자 (단, 제도 초기 특례수급자는 5년 이상)	• 70세 이상 극빈층	• 65세 이상 생활보호대상자 및 차상위계층 (노인인구의 약 20%)	• 노인소득 하위 70%	• 노인소득 하위 70%

자료: 국회예산정책처(2016a).

5) 본격적인 국가 차원의 노후소득보장정책이라고 할 수 있는 국민연금이 1988년 도입되었음에도 불구하고, 2006년이 되어서야 전 사업장으로 적용이 확대되었고 근로자 중심의 기여형 연금으로 설계되어 있는 등 국민연금 자체의 사각지대가 넓다는 단점이 꾸준히 제기되어 왔다. 이러한 국민연금의 사각지대 문제와 재정안정화를 위해 국민연금의 소득대체율을 60%에서 40%로 단계적으로 낮추는 대신 이를 보완하기 위해 기초노령연금이 2008년에 도입되었다.

6) 인수위안(2013.2.21), 행복위안(2013.7.17), 정부 기초연금안(2013.9.26) 등.

2) 기초연금 집행현황의 검토

기초연금제도의 국고 기준 예산집행현황은 〈표 11-2〉와 같다. 국고 기준의 기초연금예산은 2015년을 기준으로 7조 5,824억 원 규모이고, 이 중 7조 3,998억 원이 집행되었으며 미집행액은 1,826억 원이다. 기초연금이 전체 노인 중 소득하위 70%를 대상으로 하고 있고, 이를 바탕으로 예산액을 결정하므로 미집행액이 발생했다는 것은 목표인 소득 70% 노인에 대한 기초연금지급을 달성하지 못했다는 것을 의미한다.

〈표 11-2〉 기초연금 예산집행현황(국고 기준)

(단위: 억 원)

	연도	예산(A)	집행(B)	미집행액(A-B)	집행률(B/A)
기초연금 지급	2014	52,001	51,827	174	99.7%
	2015	75,824	73,998	1,826	97.6%
	2016	78,692	-	-	-

자료: 보건복지부 제출자료.

가구 유형별 수급자 현황을 나타내는 〈표 11-3〉에서도 유사한 결과를 살펴볼 수 있다. 만 65세 이상 노인 652만 명 중 435만 명(66.8%)이 기초연금을 받고 있다. 앞서 결과와 같이 수급 대상 노인의 3.2%에 해당하는 약 21만여 명이 기초연금의 혜택을 받지 못하고 있는 것이다. 이 같은 '노인 70%의 수급'이라는 목표의 미달성에 대해 많은 비판이 있었고,7) 보건복지부는 이러한 현황을 개선하기 위해 노력하고 있다.

하지만, 2015년 기준 집행률을 보면 97.6%에 이르고 있으며, 미집행률은 전체 기초연금 예산의 2.4%이다. 미집행률 자체를 비판하기에 앞서 미집행률 2.4%와 수급받지

〈표 11-3〉 가구 유형별 기초연금 수급자 현황(2014)

(단위: 명, %)

65세 이상 노인 수 (A)	수급자 수 (B)	단독가구	부부가구			수급률 (B/A)
			1인 수급	2인 수급	소계	
6,520,607	4,353,482	2,230,885	2,122,597	379,477	1,743,120	66.8

자료: 보건복지부 기초연금과(2015).

7) 한국일보. '정부, 기초연금 수급률 70% 큰소리치더니…' 2015.5.20.

못하는 노인 비율 3.2%가 가지는 실질적인 의미에 대해 분석해 볼 필요가 있다.

우선, 선정기준액 추정 과정에 존재하는 불확실성을 고려하여 미집행률의 의미를 해석할 필요가 있다. 기초연금의 선정기준액은 보건사회연구원에서 다음 해 수급대상자 전수(全數)[8]에 대해 건강보험공단과 사회보장통합정보시스템(행복e음)의 자료를 바탕으로 미시 모의실험(micro simulation)을 활용하여 개별 가구의 소득인정액을 추정하여 추정된 전체 가구의 소득분포 중 소득하위 70%가 되는 경계값을 정한다.[9] 이렇게 결정된 선정기준액(안)이 보건복지부와 기획재정부를 거쳐 선정기준액으로 결정되고, 보건복지부는 이를 기준으로 예산을 편성한다. 수급이 예상되는 대상자 전수를 활용했기 때문에 표본오차의 문제가 해결된다고 하더라도, 다음해의 선정기준액을 결정하는 과정에서 적용하는 가정과 예측하지 못한 변화[10]에 따라 오차는 발생할 수 있다. 이러한 예측 과정의 불확실성에 의해 미집행률이 발생할 가능성을 고려하지 않을 수 없다.

두 번째로는 만 65세 이상이지만 수급이 제한되거나 불가능한 노인들이 존재한다는 점이다. 보건복지부는 자발적 미신청자, 거주불명등록자, 특수직역연금 수급자 등을 사례로 제시하면서, 이들이 노인 전체 인구 수에 포함되기 때문에 미집행률이 높아지는 것으로 파악하고 있다.

구체적인 이유를 살펴보면, 우선 자발적 미신청자는 선정기준액이 매년 높아지고 있으므로 신청했다가 수급자 선정에서 한 번 탈락한 경우에도 재신청하면 수급대상자로 선정될 수 있음에도 재탈락을 우려하여 신청하지 않거나 소득재산정보 노출 우려 등으로 신청하지 않는 경우이다. 기초연금제도상 수급 대상에서 원칙적으로 제외되도록 하고 있는 직역연금[11] 수급자와 그 배우자 약 47만 명[12]과 생존 여부와 소재 파악이 힘든 만 65세 이상 거주불명등록자 약 9.6만 명(2015년 말 기준)이 전체 노인 수에 포함되어 미집행률을 높이는 원인으로 지적된다.

---

8) 다음해 말까지 만 65세가 되는 노인 전체를 의미한다. 이 중 기존에 수급받던 노인은 소득과 재산자료가 존재하나, 신규로 포함되는 노인의 경우 소득과 재산을 추정하는 과정이 필요하다.

9) 보건사회연구원(2014). 「2015년 기초연금 선정기준 및 제도 개선방안 연구」.

10) 기초연금 신규수급 예상 노인의 소득과 재산자료 중 일부는 해당 노인이 기초연금을 신청하기 전에는 개인정보이므로 확보할 수 없어 유사 다른 노인의 정보를 통해 추정할 수밖에 없다. 또한 개인의 소득은 거시경제환경의 변화나 개인적인 이유에 의해 변화할 가능성이 있다. 사망이나 이민, 국적취득자 등 노인의 전체 수를 변화시키는 사건 등은 발생하기 전에는 정확한 예측이 어렵다.

11) 공무원연금, 사학연금, 군인연금, 별정우체국연금 등 특수직역연금 수급자는 기초연금 수급 대상에서 원칙적으로 제외된다(기초연금법 제3조 제3항).

12) 직역연금 수급자는 2014년 말 기준 33만 명이다.

다만, 이 중에서 자발적 미신청자 21만 명의 성격에 대해서는 추가적인 분석이 필요할 것으로 보인다. 생활에 어려움이 없기 때문에 기초연금을 신청하지 않는 경우도 있을 수 있으나, 기초생활보장 수급자는 기초연금이 기초생활보장 수급대상자 선정 시 소득인정액에 포함되고 있어, 수급권 탈락을 염려하여 기초연금을 신청하지 않는 경우나 기초연금을 수급하더라도, 기존의 기초생활보장급여가 보장해 주던 소득수준과 차이가 없기 때문에 신청하지 않는 경우 등이 존재할 수 있기 때문이다.

이러한 미집행 규모를 줄이기 위해 보건복지부에서는 다양한 활동을 벌이고 있다. 구체적으로는 만 65세 도래 노인에 대한 사전신청안내와 거동 불편 노인에 대한 '직접 찾아가는 서비스' 등 안내 활동, 거주불명등록 노인 발굴 및 신청 지원, 기초연금 수급희망자 이력관리제 실시 등을 통해 한 번 심사에서 탈락한 수급자가 이후 조건을 만족하는 경우 바로 수급이 가능하도록 하는 등 다양한 안내와 홍보 활동을 진행하고 있다.

이들 활동과 관련된 조직과 예산을 살펴보면 보건복지부 기초연금과를 중심으로 전국 229개 시·군·구의 기초연금담당자와 국민연금공단 본부 및 107개 지사의 담당자 281명이 이와 같은 기초연금 사각지대 해소를 위한 안내 및 홍보업무를 수행하고 있다. 예산은 제도 초기인 2014년에 13억 원이 소요되었으며, 2015년 5억 원, 2016년 4.1억 원으로 제도가 정착됨에 따라 관련 비용이 줄어들고 있다.

보건복지부에 따르면, 2015년 9월 현재 기초연금 수급 대상에서 제외하도록 하고 있는 특수직역연금 수급권자를 제외하고 계산한 기초연금 수급률은 69.8% 수준으로 밝히고 있다.[13] 나머지 0.2%가 행방불명이나 생사불분명과 같은 거주불명등록자인 경우 기초연금이 이들에게 실질적 도움이 될 수 있다는 점에서 지속적인 대응이 필요하다.

이와 같은 이유와 더불어 기초연금의 선정기준액 결정 과정에서 나타날 수 있는 불확실성을 고려하여 미집행을 이해할 필요가 있다. 전년도에 예측한 금년도 선정기준액을 집행 시점에서 분기별 혹은 반기별로 실제 집행자료와 비교하여 수정하는 절차를 추가할 필요가 있다. 아울러, 선정기준액 수정 시점에서 새롭게 수급 대상이 되는 경우 이를 적극적으로 홍보하여 이들이 기초연금을 수급할 수 있도록 하는 조치를 마련해야 한다.

또한 수급희망자 이력관리제, 찾아가는 서비스, 만 65세 도래 노인에 대한 사전신청 안내 등 활동의 지속적인 수행도 중요하다. 특히, 현재의 수급희망자 이력관리제는 선

13) 보건복지부(2015.9.10). 보도설명자료.

정기준액의 변화에 따라 기존에 탈락한 노인이 수급대상자가 되는 경우에 적용될 수도 있으나, 소득인정액이 선정기준액의 경계에서 변화하는 노인의 미지급 문제를 해결할 수 있는 방안이 될 수도 있다. 즉, 기초연금을 신청하였으나 소득인정액이 선정기준액을 넘어 수급자격을 받지 못한 노인이 본인의 소득인정액을 정확히 계산할 수 없기 때문에 본인의 소득 변화에 의해 수급자격을 만족할 수 있음에도 신청하지 않아 미수급자가 되는 경우를 예방할 수 있는 제도라고 판단된다. 또한 차년도 선정기준액의 산정 시 이들 이력관리 대상 노인의 소득자료는 추정값이 아닌 실제값을 활용할 수 있을 것이므로, 선정기준액의 불확실성을 낮추는 효과도 기대된다.

3 정책분석과 평가: 4대강 사업과 관련한 정책분석 및 평가[14)]

재정사업을 결정하는 과정에서 사업의 필요성, 우선순위 및 규모 등에 대한 타당성 분석이 적정하게 이루어져야 불필요한 사업으로 인한 예산 낭비를 줄일 수 있다(국회예산정책처, 2015). 이를 위해 현재 정부에서 수행하고 있는 재정사업에 대한 타당성 분석은 예비타당성조사, (사전)타당성조사, 타당성재조사 등이 있다. 이하에서는 국회예산정책처에서 발간한 「생태하천조성사업 평가」 보고서의 논의를 중심으로 정책분석과 평가가 어떻게 이루어지고, 어떠한 논쟁이 발생할 수 있는지를 서술하였다. 생태하천조성사업은 이명박 행정부가 추진한 4대강 살리기의 일환으로 추진되었으며, 4대강 살리기 사업 중 예비타당성조사가 이루어진 12개 사업 중 하나이다. 해당 사업의 예비타당성조사는 한국개발연구원(KDI)의 공공투자관리센터에서 실시하였으며, 국회예산정책처에서는 2015년 발간한 보고서를 통해 기존 예비타당성조사의 문제점을 지적하고 있다.

〈표 11-4〉와 같이 4대강 살리기 사업 중에서 예비타당성조사가 수행된 사업은 생태하천조성, 자전거도로, 댐건설사업 등 12개 사업이다. 보 건설, 준설 및 제방보강 사업 등은 재해예방 사업으로 분류되어, 4대강 살리기 사업 시행 당시 「국가재정법 시행령」 제13조에 따라 예비타당성조사 대상에서 제외되었다. 동 조항은 "재해 예방 · 복구 지원, 시설 안전성 확보, 보건 · 식품 안전 문제 등으로 시급한 추진이 필요한 사업"을 예비타당성조사 대상에서 제외하는 것으로 규정하고 있다. 생태하천조성사업 중 예비타당

14) 본 사례는 「생태하천조성사업 평가」(국회예산정책처, 2015)의 내용을 발췌 · 요약하였다.

당성조사를 수행한 사업은 한강 수계의 하중도지구, 낙동강 수계의 동촌유원지, 감전·엄궁지구, 금호지구, 금강 수계의 세도지구, 군수지구, 영산강 수계의 동림지구, 함평천3지구 등 8개이다.

〈표 11-4〉 4대강 살리기 사업 예비타당성조사 현황

수계	사업명	B/C	AHP
한강 (1)	하중도지구	3.46	0.708
낙동강 (3)	동촌유원지	2.04	0.632
	감전·엄궁지구	1.19	0.601
	금호지구	1.076	0.579
금강 (2)	세도지구	1.63	0.690
	군수지구	0.92	0.518
영산강 (2)	동림지구	1.32	0.608
	함평천3지구	1.80	0.608
낙동강	자전거도로	0.94	0.508
댐건설 (3)	영주댐	1.015	0.610
	보현산댐	1.18	0.698
	안동–임하 연결	간이예비타당성 (규모, 적정성 검토)	

주: 일반적으로 B/C(Benefit/Cost ratio, 편익–비용비율) 결과를 40~50%, 정책성 분석 결과를 50~60% 반영한 종합적 분석 결과인 AHP(Analytic Hierarchy Process, 분석적 계층화법)가 0.5 이상이면 사업 시행 타당성이 있는 것으로 판정함.

자료: 국회예산정책처(2015). 「생태하천조성사업 평가」.

4대강 살리기 생태하천조성사업에 대한 예비타당성조사는 B/C분석에서 조건부가치 추정법(CVM: Contingent Valuation Method)을 이용하여 사업의 편익을 추정하였다. 동 조사는 목표 모집단을 전국의 가구로 하였고, 설문조사기법은 대인면접법(in-person survey)을 사용하였으며, 설문대상자(표본)는 소득이 있는 가구의 만 20세 이상 65세 이하의 세대주 또는 세대주의 배우자로 한정하였다. 표본은 제주도를 제외한 전국의 지역별 가구 수 비중을 기준으로 설계하였는데, 사업 예정지 인접 지역과 비인접 지역을 4 : 6으로 임의 할당한 다음, 지역 단위별로 단계별 층화추출법을 사용하였다. 지불수단은 가구당 총소득세로 하였고, 지불방식은 향후 5년간 매년 지불하는 것으로 설정하였으며, 지불의사 유도방법으로 이중경계 양분선택형 질문법을 선택하였다.

〈표 11-5〉 CVM에서 많이 쓰이는 지불의사 유도방법

지불의사 유도방법	내용
입찰 게임 (bidding game)	CVM 초기 연구에서 많이 쓰이던 양식으로 응답자들에게 특정 초기금액을 주고, 이를 상향 혹은 하향조정을 되풀이하여 응답자의 진정한 지불의사(WTP)에 수렴할 수 있도록 반복적으로 입찰하는 방법. 시작점 편의와 '예-예' 발언 편의 등의 우려가 있음
개방형 질문 (open ended)	비시장재에 대한 최대 지불의사를 직접 찾아내도록 하는 방법. 대체로 비시장재에 대한 구매경험이 없고 생소하므로 무응답률이 높거나 제로 가치 혹은 이상치들이 많이 나올 수 있음
지불카드 (payment card)	일정한 범위의 금액을 여러 구간으로 나누어 적어 놓은 보조자료를 주면서, 확실하게 지불할 의사가 있는 금액은 V 표시를 하고, 확실하게 지불할 의사가 없는 금액들은 X 표시를 하도록 하는 방법. 전략적 편의의 우려가 있음
양분선택형 질문 (dichotomous choice)	선정된 제시금액을 응답자들 사이에 무작위로 배분한 뒤, 일정한 금액을 제시하고 지불할 의사가 있는지의 여부를 '예'와 '아니오'로 대답하도록 하는 방식임. 몇 번 물어보느냐에 따라 단일양분선택형과 이중양분선택형으로 구분

자료: 공공투자관리센터(KDI)(2009.11).

일반적으로 CVM에서 많이 쓰이는 지불의사 유도방법은 〈표 11-5〉와 같다. 양분선택형 질문법은 응답자가 대답하기 용이하여 응답률이 높고, 출발점 편의나 설문조사원 편의에 의한 영향이 적으며, 비합리적 지불의사가 발생할 가능성이 적고 응답자의 전략적 행위를 줄일 수 있는 것으로 알려져 있다. 양분선택형 질문법은 몇 번 물어보느냐에 따라 단일양분선택형과 이중양분선택형으로 구분되는데, 지금까지 예비타당성조사에서 수행된 CVM 연구들은 이중양분선택형 모형을 채택해 왔다. 그런데 생태하천조성사업 예비타당성조사는 설문 조사를 이중양분선택형으로 실시하였는데, 실제 분석에서는 첫 번째 질문으로부터의 응답만을 이용하는 단일경계 양분선택형 모형을 적용하여 지불의사액(WTP)을 추정하였다. 한 번의 질문만 하는 단일경계 양분선택형보다는 후속 질문을 한 번 더 하는 이중경계 양분선택형이 통계적 효율성 관점에서 보다 바람직하지만 편의를 초래할 가능성도 커진다는 주장을 이유로 제시하고 있다.

그런데 국회예산정책처에서는 이와 같은 KDI의 생태하천조성사업에 대한 예비타당성조사 결과에 대해 사업의 편익이 과대 추정되었을 가능성을 제기하고 있다.

첫째, 예비타당성조사가 수행된 8개 생태하천조성사업의 대상지는 뛰어난 경관, 유적지, 보존가치가 있는 생태공간 등과는 관련이 적은 지역들이기 때문에 존재가치, 유산가치 등 비사용가치가 크지 않고, 주로 하천으로부터 용수를 직접 취수하고, 강변을

산책하는 등 사용가치가 큰 비중을 차지할 것이라고 주장한다. 이러한 사업대상지에 대하여 전국 가구를 대상으로 설문조사를 수행하게 되면, 편익이 과대 추정될 수 있다고 한다. 또한 표본추출 방식에 의해서도, KDI에서 수행한 방식인 사업예정지 인접 지역과 비인접 지역을 4 : 6으로 임의 할당 방식에 의한 지불의사액 왜곡이 발생할 수 있다고 한다. 이는 비용과 편익 합산 과정에서 사업지 내·외 구분 없이 모든 응답자의 지불의사가 동일하다고 가정한 추정모형으로부터 도출된 가구당 편익추정치를 활용하기 때문이다.

둘째, 동 설문조사에서는 대상 사업에 대한 지불 의사가 전혀 없다고 응답한 응답자의 비중이 평균 60.1%에 이르는데, 이것은 해당 응답자들이 사업으로 인한 편익을 낮게 평가하고 있음을 보여줌에도 불구하고, 그중에서 많은 부분을 응답 거부라는 이유로 분석 대상에서 제외함으로써 편익을 과대 추정하는 오류를 발생시켰다고 주장한다. 동 조사에서는 지불 의사가 없는 이유로 "이미 납부한 세금으로 충당되어야 한다" 또는 "판단할 만한 충분한 정보가 주어져 있지 않다"고 응답한 경우를 설문에 대해 저항한 경우라고 하여 분석 대상에서 제외하고 있다. 그런데 생태하천조성사업에 대한 CVM 설문 결과와 같이 지불거부 반응이 무작위적이지 않아서 체계적인 편의를 WTP 함수 추정치에 도입할 우려가 있다면, 지불거부 그룹을 단순히 제외하고 추정하였을 때 표본 WTP 평균이 2~4배 과대 추정될 가능성이 있다고 한다.

이상의 국회예산정책처가 제시한 생태하천조성사업의 예비타당성조사에 대한 오류 가능성은 정책평가나 분석의 과정에서 항상 논쟁의 대상이 될 수 있다. 분석이나 평가의 모형을 어떻게 구성하느냐에 따라, 정책의 대상 범위를 어디까지로 정하느냐에 따라, 응답자의 모집단을 누구로 설정하고 어떻게 표본을 추출하느냐에 따라 분석이나 평가의 결과가 달라질 가능성이 존재하기 때문이다. 많은 정책분석과 평가보고서가 가능한 객관적이고 정교한 모형을 통해 결과를 도출하려고 노력하지만, 연구자가 정치적인 편향이나 결과를 왜곡하려는 의도를 가지고 있지 않더라도 오류가 발생할 가능성은 항상 존재한다. 이러한 문제의 해결을 위해 행정부 내에서도 자체적으로 관·학·연 네트워크를 통한 정책분석과 평가를 수행하고 있으며, 감사원을 통해 정책검증의 과정을 거친다. 국회에서도 예산정책처나 입법조사처를 통해 검증 기능을 수행한다. 또한 학계나 연구원의 연구자들이 개별적으로 수행하는 학술연구도 교차검증에 활용될 수 있다.

4 정책평가와 환류: 정부업무평가 제도를 중심으로

1) 정부업무평가의 개요

정부업무평가는 국정운영의 능률성, 효과성 및 책임성의 확보를 위해 중앙행정기관과 지방자치단체, 공공기관 등에 대해 평가를 실시한다. 평가의 결과는 종합하여 다음 연도 초에 정부업무평가위원회 또는 국무회의에 보고하도록 하고 있다. 평가의 방향은 국정과제 및 핵심 개혁과제 등에 대한 평가를 통해 국정성과의 창출을 유도하고, 협업 및 소통강화 등 국민 체감성과 창출을 위한 평가를 실시하는 것으로 설정하고 있다. 「정부업무평가 기본법」상 정부업무평가는 평가 대상별로 중앙행정기관 및 그 소속기관 평가, 지방자치단체 및 그 소속기관 평가, 공공기관 평가로 나뉜다.

[그림 11-2] 정부업무평가 추진체계

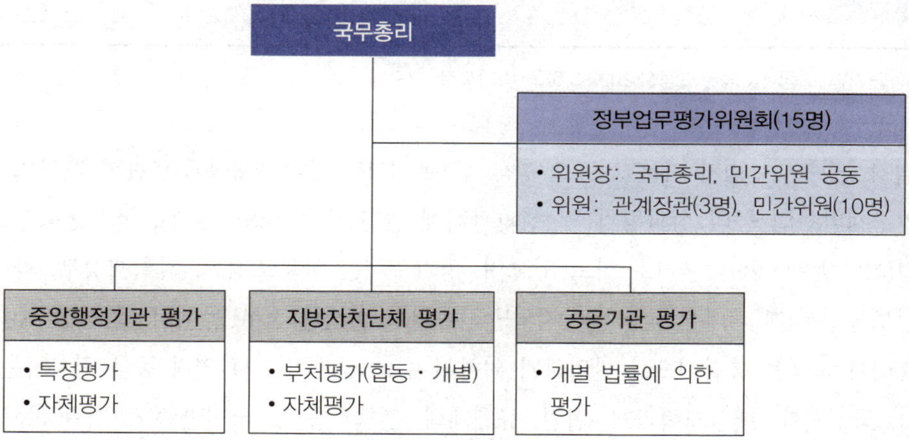

자료: 정부업무평가위원회 홈페이지(http://www.evaluation.go.kr).

중앙행정기관에 대한 평가는 자체평가와 특정평가로 나뉜다. 자체평가는 중앙행정기관이 주요 정책, 재정사업, R&D 사업, 행정관리역량(조직, 인사 등)에 대해 자체적으로 평가하는 것을 의미한다. 이는 주요 정책, 통합재정사업, 행정관리역량으로 구성된다. 특히, 통합재정사업의 경우 일반재정사업, R&D 평가, 지역발전사업으로 세분화된다.

[그림 11-3] 중앙행정기관 정부업무평가 주요 내용

평가구분	유형		근거법률	평가 주체
자체평가	주요 정책	주요 정책	정부업무평가 기본법	국무조정실
	통합재정사업	일반재정사업	국가재정법	기획재정부
		R&D 평가	국가연구개발사업 등의 성과평가 및 성과관리에 관한 법률	과학기술 정보통신부
		지역발전사업	국가균형발전특별법	지역발전위원회
	행정관리역량	조직, 인사, 정보화	정부업무평가 기본법	행정안전부
특정평가	국정과제, 핵심개혁과제, 협업		정부업무평가 기본법	국무조정실
	일자리 창출			
	규제개혁			
	정책소통 및 국민만족도			
	기관공통사항			

자료: 근거법 조항 및 국무조정실(2022.5.6)을 바탕으로 재구성.

각각 「정부업무평가 기본법」(주요 정책, 행정관리역량), 「국가재정법」(일반재정사업), 「국가연구개발사업 등의 성과평가 및 성과관리에 관한 법률」(R&D 평가), 국가균형발전특별법(지역발전사업)을 근거로 하고 있으며, 평가주체는 국무조정실, 기획재정부, 과학기술정보통신부(전 미래창조과학부), 지역발전위원회, 행정안전부 등이다. 특정평가는 국무총리가 국정을 통합적으로 관리하기 위하여 주요 정책 및 기관역량 등을 평가하는 것이다. 국정과제, 핵심개혁과제, 협업, 규제개혁, 정책소통 및 국민만족도, 기관공통사항 등으로 구성되며, 국무조정실을 중심으로 「정부업무평가 기본법」을 근거로 하여 수행된다.

2) 목표체계 및 기본 방향

2016~2018년 정부업무평가 기본 계획에 따르면, 정부업무평가의 목표체계는 "정부업무평가의 실효성 강화로 국정운영의 능률성, 효과성, 책임성을 확보"하는 것이다. 이를 위해 "국정성과 창출 극대화", "국정시책의 현장 이행", "공공기관 개혁 완수", "정부업무평가 인프라 강화"의 네 가지 기본 방향을 두고 있다. 우선, 국정과제의 성과 창

출을 지원하기 위한 중점추진과제로 국정운영 중점 분야에 대한 집중점검 및 평가, 평가 결과 환류 및 성과 관리 연계 강화, 심층분석평가의 강화, 자체평가와 특정평가 간 정합성의 제고 등을 제시하고 있다.

두 번째로, 국정시책의 현장 이행력 강화를 위한 중점과제로 핵심정책에 대한 합동평가와 그 사후관리, 개별평가와 지자체 자체평가의 성과관리 역량 등을 강화하는 것을 포함한다.

세 번째로, 공공기관 개혁을 위해 공공기관 개혁과제 성과창출과 출연(연) 연구혁신성 향상, 지방공기업 구조개혁 및 경영혁신을 다룬다.

마지막으로, 정부업무평가 인프라 강화에서는 과학적 · 체계적 평가체계 구축, 정부업무평가 제도 개선, 전자통합평가시스템 고도화, 평가의 전문성과 독립성 강화, 국내 · 외 네트워크 강화 등의 과제를 중점적으로 추진한다.

이 중 중앙행정기관 평가의 중점 추진과제의 주요 내용을 살펴본다.[15] 먼저, 국정운영 중점 분야에 대한 집중적인 점검 및 평가를 수행한다. 국정과제를 중심으로 평가체계를 유지하면서도, 핵심과제와 규제개혁 등 가시적 성과창출이 필요한 분야에 대한 평가의 비중을 강화한다. 평가대상과제에 대한 현장점검을 확대하여, 현장의 국민체감을 평가에 반영하며, 정책집행 현장의 체감도 제고를 위해 협업체계를 강화하고 이행결과를 집중 점검하고 평가한다. 아울러, 국민의 정책인지도 및 체감도 제고를 위해 정책소통 노력과 효과성에 대한 평가 비중을 확대한다.

두 번째로, 평가 결과의 환류 및 성과관리 연계 강화로 평가실효성 제고를 위해 노력한다. 평가 결과가 정책 개선의 핵심 역할을 할 수 있도록 평가의 내용과 결과의 활용을 위한 후속 조치 등을 보완한다. 특히, 미흡 및 개선 필요사항을 구체적이고 분석적으로 제시하며, 지적 사항의 개선 및 보완 여부에 대한 모니터링을 강화한다. 이 과정에서 평가 결과와 평가 대상기관의 인사 및 보수가 연계될 수 있도록 성과관리 및 특정평가체계를 보완한다.

세 번째로, 심층분석평가를 강화하여 평가의 시의성과 전문성을 강화한다. 국민생활 및 안전 등과 밀접하고 사회적 파급효과가 큰 현안을 중심으로 심층분석평가를 실시한다. 현황과 문제점 분석을 현장 중심으로 수행하며, 민간전문가와 정책수요자의 협업을

---

15) 2016~2018년 정부업무평가 기본계획에 따른 것으로, 2017년 정부업무평가 시행계획에서 세부내용 중 일부가 변경되었다.

통해 실행 가능한 개선 방안을 도출한다. 심층분석평가 결과는 국정회의체에 상정하여 이행 가능성을 높이고, 그 결과를 특정평가에 반영한다.

마지막으로, 자체평가가 국정성과 창출에 기여하도록 특정평가와의 정합성을 제고한다. 기관별 성과목표와 정책수단이 국정과제 및 핵심개혁과제 등의 성과와 연계되도록 하고, 중앙행정기관의 성과관리 및 자체평가 운영실태 점검을 강화한다. 미흡한 기관은 컨설팅 등을 통해 성과관리 역량을 제고하는 노력을 실시한다.

이러한 중앙행정기관평가는 다시 자체평가와 특정평가로 구분되는데, 자체평가는 각 부처가 기관 특성 및 업무 특성을 반영하여 평가지표 및 배점, 측정방법 등을 완전히 자유롭게 선정하게 된다. 정량평가와 정성평가가 병용되며, 평가 결과는 상대등급화를 통해 성과급 등에 활용한다. 자체평가의 추진을 위해 각 부처는 매년 자체평가계획을 수립하고, 자체평가위원회를 구성한다.

자체평가위원회는 위원장 1인을 포함하여 10~30인 규모로 이루어지며, 자체평가계획의 심의, 반기별 추진실적 점검, 자체평가, 평가보고서 작성 등의 업무를 수행한다. 이를 위해 해당 정책이나 재정사업, 기관역량에 대한 분야별 전문가로 구성한다. 각 부처에서 제출한 자체평가 결과는 부문별 자체평가 총괄 관련 기관에서 자체평가의 객관성 및 공정성 여부를 등을 점검하게 되며, 문제가 발생한 경우 정부업무평가위원회의 심의・의결을 거쳐 재평가를 실시한다.

특정평가는 국정과제 및 핵심개혁과제 등 평가를 통한 국정성과 창출을 유도하는 목적으로 수행된다. 협업 및 소통강화 등 국민 체감 성과를 위한 평가를 실시하게 된다. 평가 부문별로 평가주관기관이 민간전문가 및 정책수요자 등이 참여하는 평가지원단을

〈표 11-6〉 평가부문별 주관기관

평가부문		주관	평가지원단
국정과제(주요정책)		국무조정실	국정과제평가지원단
규제개혁		국무조정실	규제개혁평가지원단
정책홍보		문화체육관광부	정책홍보평가지원단
정상화과제		국무조정실	정상화과제평가지원단
기관공통	정부3.0	행정자치부	정부3.0평가지원단
	성과관리	국무조정실	–
	특정시책	고용부・복지부・중기청 등	–

자료: 국무조정실(2016).

구성하여 평가항목에 따라 정량적, 정성적 평가를 병행한다. 평가부문별 기관 점수를 합산하여 기관종합 평가를 실시하고 정부업무평가위원회에서 심의·의결한다. 평가 결과는 국무회의에 보고하거나 평가보고회를 개최하고, 중앙행정기관의 장은 평가 결과 제시된 개선·보완 사항에 대한 조치 계획을 수립하고 이행한다. 또한 평가 결과에 따라 우수 기관 포상금 지급, 업무유공자 포상이 이루어지며, 각 기관이 성과급 등에 특정 평가 결과를 반영한다.

3) 정부업무평가의 변천

정부업무평가는 1961년 국무총리 기획조정실의 심사분석제도에서 시작하여 국무총리 행정조정실의 정책평가제도, 국무총리 행정조정실의 심사평가제도, 국무조정실의 정부업무평가(기관평가)를 거쳐 현재의 국무조정실 정부업무평가(통합평가)의 형태로 이어지고 있다.

국무총리 기획조정실의 심사분석제도(1961.9~1981.10)는 부족한 자원으로 경제발전을 효율적으로 추진하기 위한 수단으로 도입되었으며, 경제개발계획의 진행 상황과 집행 결과에 대한 평가교수단을 구성하여 평가를 실시하였다. 1965년 정부시책평가교수단이 구성되어 제1차 경제개발 5개년 사업의 중간평가를 실시한 후, 매년 약 90명의 교수가 전공분야별로 정부시책 및 사업영역을 담당하여 평가를 실시하였다.

이는 경제기획원의 심사분석제도(1981.11~1990.3)로 이어지는데, 정부조직 개편으로 기획조정실의 심사분석업무가 경제기획원으로 이관된 것이 이유이다. 예산사업 위주의 평가 등 이전 제도의 틀은 그대로 유지되었다. 심사분석 결과 예산 사항은 경제기획원 장관이 예산편성 및 배정에 반영하고, 비예산 사항은 국무총리가 시정을 요구하는 방식으로 평가 결과의 환류가 이루어졌다.

이후 정부업무평가는 국무총리 행정조정실의 정책평가제도(1990.4~1994.12)로 발전하였다. 이는 경제기획원의 심사분석제도가 전 정부적 차원의 국정 흐름을 진단하는 데 한계가 있다는 비판에 대한 대안으로 등장한 것이다. 부처별 1~2개의 특정 정책을 대상으로 점검리스트를 통해 평가하는 방식으로 이루어졌다.

국무총리 행정조정실의 정책평가제도는 경제기획원의 심사분석과 행정조정실의 정책평가를 일원화하여 심사평가제도(1994.12~1998.2)가 되었다. 정기 심사평가와 수시 심사평가 업무로 구분되었는데, 정기 심사평가는 당초 기대했던 정책목표의 달성 여부를 중심으로 효과성을 평가하는 것으로 반기별로 국무회의에 보고되었다. 한편, 수시 심사평가는 국무총리가 국정운영과 관련하여 필요한 사항을 평가하였다.

1998년 3월부터 정부업무평가라는 이름으로 국무조정실에서 2006년 3월까지 각 부처 주요 정책의 추진성과 외에 기관의 정책추진 역량과 국민의 만족도를 종합적으로 평가하였다. 단순한 과제 중심의 평가에서 기관 간 경쟁 요소를 도입한 것으로 정부업무 등의 평가에 대한 기본법이 제정되어 시행되었다.

이후 정부업무평가는 개별평가의 정부업무평가 방식에서 통합평가 방식으로 변화하여 오늘에 이르고 있다. 개별평가를 통합하여 정부업무평가위원회가 통합적으로 실시하고, 성과관리제도를 도입하여 개량적 성과지표를 개발하여 적용하였다. 기관 스스로 평가하는 자체평가 중심으로 제도가 운용되었으며, 평가 결과의 개인성과 반영을 강조하여 성과급 등에 활용되었다. 이는 2006년 5월 「정부업무평가 기본법」의 전면 개정을 통해 시행의 근거를 마련하였다.

〈표 11-7〉 정부업무평가제도 발전 과정

<table>
<tr><th>구분</th><th>도입</th><th colspan="2">과도</th><th>재정비</th><th>발전</th><th>통합</th></tr>
<tr><td>주관 기관</td><td>국무총리
기획조정실</td><td>경제기획원</td><td>국무총리
행정조정실</td><td>국무총리
행정조정실</td><td>국무총리
국무조정실</td><td>국무총리
국무조정실</td></tr>
<tr><td>시기</td><td>'61.9~
'81.10</td><td>'81.11~
'90.3</td><td>'90.4~
'94.12</td><td>'94.12~
'98.2</td><td>'98.3~
'06.3</td><td>'06.4~</td></tr>
<tr><td>내용</td><td>심사분석 도입</td><td>심사분석업무
경제기획원
이관</td><td>정책평가 기능
신설</td><td>심사분석과
정책평가 통합</td><td>기관평가
도입</td><td>통합적 정부
업무평가 및
성과관리 도입</td></tr>
<tr><td>근거</td><td colspan="2">정부의 기획 및 심사분석에
관한 규정(대통령령)</td><td>정부 주요
정책평가 및
조정에 관한
규정(총리령)</td><td>정부업무의
심사평가 및
조정에 관한
규정(대통령령)</td><td>정부업무 등의
평가에 관한
기본법</td><td>정부업무평가
기본법</td></tr>
</table>

자료: 한국조세재정연구원(2016).

정부업무평가 중 자체평가와 특정평가의 최근 10년간 평가항목을 살펴보면 〈표 11-8〉과 같다. 우선, 자체평가는 주요 정책과제와 재정성과가 지난 10년간 평가분야로 포함된 가운데, 2007년 인사, 조직, 정보화로 나뉘어 있던 것이 2008년 기관역량으로 통합되면서 변화관리와 정보공개, 재정 운용이 세부내용으로 포함되었다. 이후 행정관

〈표 11-8〉 특정평가의 평가분야의 변천

2007	2008	2009~2010	2011	2012
혁신관리 정책홍보관리 법적의무권장사항 정보공개 규제개혁 고객만족도 특정 시책	규제개혁 국민만족도 특정 시책	핵심과제 녹색성장 정책관리역량 정책소통홍보 규제개혁 국민만족도	핵심과제 녹색성장 일자리창출 서민생활안정 정책관리역량 정책홍보 규제개혁 국민만족도	핵심과제 일자리과제 녹색성장과제 정책관리역량 규제개혁 정책홍보 국민만족도

2013	2014	2015	2016
① 국정과제평가 ② 국정과제지원평가 - 부처 간 협업 - 규제개선 - 일자리창출 - 정책홍보 - 특정 시책 이행관리 ③ 기관종합평가	① 국정과제평가 ② 규제개혁평가 ③ 정상화과제평가 ④ 기관공통사항 - 홍보, 정부3.0, 협업, 대국민업무태도, 특정 시책 ⑤ 기관종합평가	① 국정과제평가 ② 규제개혁평가 ③ 정책홍보평가 ④ 정상화과제평가 ⑤ 기관공통사항 - 정부3.0, 협업, 특정 시책 ⑥ 기관종합평가	① 국정과제평가 ② 규제개혁평가 ③ 정책홍보평가 ④ 정상화과제평가 ⑤ 기관공통사항 - 정부3.0, 성과관리, 특정 시책 ⑥ 기관종합평가

리역량으로 이름이 바뀌면서 조직, 인사, 정보화, 재정 운용을 평가하였으며, 2010년 이후에는 이 중 재정 운용을 제외하여 오늘에 이르고 있다.

특정평가는 당시 정권의 핵심정책이 대상으로 포함되는 경향을 보이며, 2007년까지 혁신관리가 포함되어 있었다면, 2008년 이후 규제개혁이, 2009년 이후 녹색성장과 일자리과제가 평가 대상으로 포함되었다. 2014년 이후 정상화 과제에 대한 평가가 추가되었다.

제4절 한국 정부의 공화국별 정책체제의 특징

'정책체제'의 개념은 "정책 과정(policy process)을 주도적으로 이끄는 정책 주체 및 그와 영향을 주고받는 사회 내·외적 환경 간의 상호작용 체제"로 정의될 수 있다. 정책체제를 이와 같이 정의할 경우 그 속에는 이스턴(Easton, 1953, 1965a)이 제시한 정책 주체로서의 정치체제(political system) 또는 당국자(authorities)는 물론 사회 내적 환경(intra-societal environment), 사회 외적 환경(extra-societal environment), 그리고 정책대상 집단으로서의 일반 시민도 포괄된다고 하겠다.

다음에서는 우리나라 역대 행정부의 정책체제의 특징을 정책체제의 주요 구성 요소를 중심으로 살펴보고자 한다. 정책체제의 특징을 구성하는 요소 속에는 우리나라 역대 행정부의 정책내용에 큰 영향을 미친 통치 엘리트의 지배 이념[16] 및 주요 정책 기조,[17] 정책결정 구조의 특징, 그리고 정책환경적 특징을 포함하고자 한다. 여기서 말하는 정책결정 구조는 이스턴(D. Easton)이 규정한 좁은 의미의 정치체제와 동일한 개념이며, 정책환경은 우리나라의 정책 과정에서 상대적으로 큰 영향을 미친 정치체제 바깥의 시민사회 영역으로 규정하여 그 속에 노동조합, 이익집단, 시민단체 등을 포함하여 고찰하고자 한다.

1 제1공화국 정책체제의 특징

제1공화국은 이승만 대통령 치하의 정부체제를 가리킨다.

1) 이승만 행정부의 정책환경적 특징

해방 직후의 정치·사회적 혼란기에 우후죽순처럼 설립된 각종 사회단체는 정책과정에서 투입 기능을 수행하기보다는 준정치단체로서 정치투쟁에 골몰하였다. 노동단체도 그러한 활동 범주에서 크게 벗어나지 않았다.

1945년 해방 직후 미군정기에는 그동안 지하에 잠복해 있던 노동운동이 폭발적으로 증가하여 1946년에는 노동조합 수가 남한에서만 1,179개였고 가입된 조합원 수는 30만 4천 명에 달하였다. 이들 개별 기업의 노동조합은 점차 전국적 조직으로 발전하게 되었는데, 이것이 1945년 11월에 결성된 조선노동조합전국평의회(전평)이다(한국노동조합

16) 지배 이념이라는 용어 이외에 '통치 이념'(정정길, 1993), '국정 철학'(임도빈, 2008) 등의 다양한 용어가 사용되고 있다.

17) 정책 기조는 학자에 따라 다양하게 정의되어 사용되고 있다. 박정택(2000)은 정책 기조를 "정책의 방향, 내용, 성격, 과정 등을 규정해 주는 사고 정향, 이념, 철학, 사상 등 정책의 기초적·전제적 논리로서의 기본적 준거가치"로 정의한다. 그러나 실제 용례를 보면, "박대통령은 1970년대부터 중화학공업화를 직접 관리하면서 중화학공업 주도의 경제성장이라는 '정책 기조'에 어떠한 변경도 용납하지 않으려고 하였다(정정길, 1993: 10)"와 같이 주요 정책 방침을 의미하는 말로 사용되기도 한다.

총연맹, 1979: 265; 안병만, 2008: 423). 이 전평을 중심으로 한 좌익 노동조합들은 사회주의 정권의 수립을 궁극적 목표로 하는 정치투쟁을 전개하였다. 이러한 상황에서 정부는 안보적 차원에서 노동 분야에 깊이 관여하게 되었으며, 노동운동에 대한 이러한 이데올로기적 국가 통제 관행은 나아가 시민사회 영역에 대한 정부의 광범한 개입 전통을 확립하게 되는 배경이 되었다.

2) 이승만 행정부의 국정운영 이념 및 주요 정책 기조

이승만 행정부의 지배 이념은 해방 전후의 좌우익 대립과 한국전쟁 등으로 강화된 '반공과 국가안보' 이데올로기 및 '자본주의 경제체제의 건설'로 요약될 수 있다.

남북한이 분단된 가운데 남한만의 단독정부 수립으로 출범한 이승만 행정부는 남북한이 대립하고 있는 상황에서 사회주의 세력의 제거를 통한 자유・민주 질서의 확립 및 통일 국가 건설을 주요 국정지표로 삼았다. 이승만 행정부는 이러한 '반공과 안보' 이데올로기에 의해 초기부터 진보세력을 용공으로 몰아 철저히 배격하고 노동조합 등 사회단체의 활동도 같은 맥락에서 억압하였다. 그리고 한국전쟁 이후에는 전후 경제재건과 북진 통일로 국가 목표를 전환하였으나, 휴전 이후에도 준전시적 상황이 유지됨에 따라 반공 이데올로기는 여전히 유효한 지배 이념으로 기능하였다.

정치체제의 측면에서 이승만 행정부는 서구식 자유민주 체제의 건설을 지향하였다고 할 수 있겠으나, 실제 행태 면에서는 '하나됨'을 강조하는 일민주의(一民主義)를 내세움으로써 상이한 견해를 용납하지 않는 권위주의적 성향을 드러냈다(박성하, 1958; 유영준, 1980: 49-51). 이승만 행정부의 이러한 권위주의적 성향은 결국 집권 후반기의 경찰국가적 독재체제 구축으로 이어졌다.[18)]

이승만 행정부는 경제체제의 측면에서 자본주의 경제체제 건설을 지향하였다. 이에 따라 1950년 「한국은행법」과 「은행법」을 제정하고, 1954년 은행의 민영화를 추진하였으며, 1955년 증권거래소를 창립하는 등 자본주의적 경제제도의 기반을 구축하였다.

3) 이승만 행정부 정책결정 구조의 특징

이승만 행정부의 정책결정 구조의 특징은 대통령 개인의 권위주의적 기질에 기반한

---

18) 그 예로는 1958년의 보안법 파동, 1959년의 경향신문 폐간 조치, 1960년의 관권에 의한 3・15 부정 선거 등을 들 수 있다.

가부장적 · 권위주의적 정책체제로 규정할 수 있을 것이다. 이한빈(1981: 123)은 이승만 행정부를 이승만 대통령의 독재에 과두 관료 엘리트가 덧붙여진 하나의 특수한 집권체제로 규정하였다. 이승만 행정부는 장관부터 실무자에 이르기까지 대부분 경험이 없는 사람들로 구성되었으며, 외형상 행정조직이 있었지만 장관부터 말단 직원에 이르기까지 자신의 임무를 제대로 수행하지 못하는 것이 일반적 현상이었다는 평가(김충남, 2006: 87-88; 임도빈, 2008: 221)와 함께, 행정개혁이 조직적으로 추진되지도 못했고, 전통적 행정문화와 일제하 행정관행을 답습하는 정도였다는 평가(오석홍, 2007: 3; 임도빈, 2008: 221)가 있는 것으로 미루어, 이승만 행정부의 관료제는 전문성을 축적하지 못한 무능한 전근대적 관료제로 특징지을 수 있다.

사례 ❶

한국 현대사 굴곡과 함께한 개헌 I

1948년 7월 17일, 대한민국 제1호 헌법 탄생…대통령 중심제 기틀 마련

1948년 7월 17일 국회에 의해 대한민국 제1호 헌법이 제정되었다. 제헌 헌법은 전문에서 3 · 1 운동을 통해 대한민국을 건립한 독립정신을 계승한다고 규정하고 있다. 제헌 헌법의 골자는 ① 대통령 중심제, ② 대통령 · 부통령 국회 간접선거, ③ 대통령 임기 4년 · 1회 중임 가능 등이다. 헌법이 제정되고 3일 뒤인 7월 20일 최초로 대통령 · 부통령 간접 선거가 실시되었고, 초대 대통령으로 이승만, 초대 부통령으로는 이시영이 선출되었다. 헌법이 제정되고 대통령 · 부통령이 취임함으로써 제1공화국이 본격 출범한 것이다.

대한민국 정부수립 이후 첫 번째 헌법 개정은 난중(亂中)에 이뤄졌다. 대통령 간선제로 재선될 가능성이 희박하다고 판단한 이승만 전 대통령이 1951년 신당 조직을 추진하고 같은 해 11월 대통령 직선제와 양원제를 골자로 하는 개헌안을 국회에 제출했다.

이승만의 대통령 직선제 개헌안에 반발한 국회가 내각책임제 개헌 카드를 들고 나서자 공포 분위기가 조성되었다. 관제데모 · 국회의원 납치소동이 벌어지고 부산 일대에 계엄령이 선포된 것이다. 결국 1952년 7월 4일 임시수도였던 부산의 피난 국회에서 경찰, 군대, 폭력배 등을 동원해 토론 없는 기립 표결로 대통령직선제, 양원제, 국무위원 불신임제 등을 골자로 하는 발췌개헌안이 통과된다(찬성 163, 반대 0, 기권 0).

발췌개헌이란 명칭은 여당 안과 야당 안을 발췌해 마련한 개헌안이라고 붙여진 이름이다. 그 해 7월 7일 제1차 개정 헌법이 공포되고, 이 발췌개헌에 따라 1952년 8월 이승만은 제2대 대통령으로 당선된다.

제2차 개정(1954년): 숫자의 아전인수격 해석 '사사오입 개헌'

1954년 5월에 실시된 제3대 총선거에서 다수를 차지한 여당 자유당은 이승만의 영구집권을 꾀하기 위해 "초대 대통령에 한해 중임제한을 철폐한다"는 내용을 주요 골자로 하는 헌법 개정안을 국회에 제출했다. 헌법 개정은 출석 국회의원 3분의 2 찬성을 얻어야 가능한데, 당시 재적 국회의원 203명 중 찬성 135명, 반대 60명, 기권 7명으로 헌법 개정에 필요한 인원 136표에서 1표가 부족해 부결되었다. 하지만, 다음 날 자유당이 203명의 3분의 2인 135.333…의 사사오입(넷 이하는 버리고 다섯 이상은 올리는 계산법)의 논리에 따라 135명이라고 억지주장해 개정안이 가결된다. 덕분에 1956년 이승만이 대통령으로 당선되면서 3선에 성공한다. 한편, 이 개헌파동을 계기로 개헌에 반대한 범야당 연합 모임인 '호헌동지회'가 구성되어 민주당 창당의 초석이 마련되었다. (이하 생략)

출처: 한국일보. 2017.07.17 뉴스기사 중 발췌

2 제2공화국 정책체제의 특징

제2공화국은 장면 정부를 가리킨다.

1) 장면 정부의 정책환경적 특징

장면 정부는 4 · 19 혁명에 의해 탄생하였다는 외적 제약과 아울러 장면 총리의 우유부단한 성격과 리더십의 부재 등으로 인해 집권 기간 내내 정치적 혼란이 그치지 않았다.[19] 이러한 정치적 혼란 속에서 여러 집단과 계층의 욕구 또한 폭발적으로 표출되었으며, 시민사회 부문의 투입 양식 또한 다양하게 시도되었다.[20]

이러한 어수선한 정치 · 사회적 환경 속에서 노동조합을 비롯한 각종 사회단체와 이익집단들의 투입 활동은 전례 없이 활성화된 것으로 평가할 수 있다.

2) 장면 정부의 국정운영 이념 및 주요 정책 기조

장면 정부의 주요 국정목표는 민주사회의 건설과 경제재건으로 요약할 수 있다.

---

19) 장면 정권은 당내 신 · 구파 간의 갈등으로 집권 9개월 동안 무려 세 차례의 개각을 단행하였음에도 불구하고, 당내 통합을 이루지 못하고 끝내 구파의 분당을 초래하였다.

20) 1960년 10월 일부 학생들의 민의원 의장단석 점거 사건, 1961년 3월의 혁신계를 중심으로 한 남북 데탕트(détente)를 요구하는 횃불시위, 동년 4월의 남북한 학생회담선언 등을 사례로 들 수 있다(유영준, 1980: 58).

1960년 4 · 19 혁명의 결과로 탄생한 제2공화국은 자유민주주의의 이념을 채택할 수밖에 없는 정치적 운명을 타고 태어났다. 따라서 제2공화국 정부는 정치적 측면에서는 민주적 통치체제 구축을 주요 국정목표로 삼아 전형적인 의원내각제와 양원제를 도입하고, 시 · 읍 · 면장까지 주민 직선에 의해 선출하는 지방자치제를 전면적으로 시행하였다. 또한 경제적 측면에서는, 비록 9개월간의 단명 정부로 정책을 체계적으로 추진할 시간적 여유를 갖지 못하고 좌절되었지만, '경제건설'을 주요 정책 기조로 삼아 마스터플랜(master plan)의 작성에 진력하였다. 장면 정부는 특히 경제재건 제일주의를 내걸고 석탄 등 기간산업의 확대와 화학비료, 영농자금 등 농업부문의 확충을 강화했다(山本剛士, 1984: 271; 김욱경, 1996: 169).

3) 장면 정부 정책결정 구조의 특징

장면 정부 정책결정 구조의 특징으로는 의원내각제와 양원제를 도입, 의회 및 정당 중심의 정책체제를 수립한 것을 들 수 있다. 장면 정부는 정치체제의 민주화 차원에서 의회에 양원제를 도입하였으며, 또한 자유당 정부가 임명직으로 전환하였던 시 · 읍 · 면장까지 주민직선에 의해 선출하는 지방자치제를 전면적으로 도입하였다.

장면 정부의 정책결정 구조의 특징으로 정책입안 과정에 외부의 전문가와 민간단체 대표 등이 참여함으로써 행정체제 내의 폐쇄적이고 권위주의적인 의사결정 과정에 상당한 수정이 이루어졌다는 점을 들 수 있을 것이다(오석홍, 1995: 70).

사례 ❷

한국 현대사 굴곡과 함께한 개헌 II

제3 · 4차 개정(1960년): 4 · 19 혁명 이후 국가재정비

독재 대통령의 식을 줄 모르는 야욕에 분노한 민심이 결국 거리로 뛰쳐나왔다. 1960년 3 · 15 부정선거에 대한 반발로 4 · 19 혁명이 일어난 것이다. 혁명 이후 일주일 만에 이승만 전 대통령은 하야 성명을 내고 하와이로 망명을 떠났다. 같은 해 6월 성난 민심에 보답하듯 권력구조를 광범위하게 손본 제3차 개헌이 단행되었다. 이로써 내각책임제, 복수정당제도 보장, 헌법재판소 설치, 지방자치단체장 선거제 채택 등을 골자로 하는 헌법 제4호와 함께 제2공화국이 출범했다.

같은 해 11월 반민주행위자처벌에 관한 부칙조항 삽입을 위해 제4차 개헌, 이른바 '소급

입법개헌'이 이뤄졌다. 이번 개헌의 목표는 3·15 부정선거 관련자 및 부정축재자들을 소급해 처벌할 수 있도록 기틀을 마련해 부정선거, 부정축재를 비롯한 사회악을 이 땅에서 근절하는 것이었다. 개정헌법에 따라 혁명재판소 및 혁명검찰부가 설치되었고 부정선거관리사건, 부정선거지령사건, 부정선거자금사건, 정치깡패사건, 발포명령사건 등의 분야를 다룬 혁명재판이 진행되었다. (이하 생략)

출처: 한국일보. 2017.7.17 뉴스기사 중 발췌

3 제3·4공화국 정책체제의 특징

제3공화국(1961~1972)은 박정희 대통령 전기의 통치체제를 말하며, 제4공화국은 1972~1979년간의 통치체제, 즉 유신체제를 말한다.

1) 제3·4공화국의 정책환경적 특징

제3·4공화국의 정책환경적 특성은 시민사회 영역의 탈정치화로 규정할 수 있을 것이다. 박정희 행정부는 경제성장이라는 국가목표 달성을 위해 출범 초부터 노동조합 통제를 정책 기조로 삼았다. 박정희 행정부는 1961년 5월 22일의 포고령 제6호에 의해 기존의 정당·사회단체와 노동조합을 해산시켰으며, 1963년 개정된 노동법을 통해서 신고증 교부제와 같은 노조의 조직과 활동에 국가가 개입할 수 있는 법적 수단을 갖게 되었다.

특히 제3공화국의 노동조합 및 노사관계정책은 성장정책의 부수적 정책으로 시녀적 위치에 놓여 있었으므로 제 구실을 하기가 힘들었는바(김윤환, 1981: 192; 김욱경, 1996: 175), 그와 관련된 입법 사례로는 1970년 제정된 「외국인 투자기업의 노동조합 및 노동쟁의 조정에 관한 임시 특별법」을 들 수 있다.

정책체제에서 경제단체의 역할을 살펴보면, 우리나라 경제단체는 제3공화국의 경제개발 초기에는 정책참여도 왕성하였고 정책반영도 또한 높았으나, 이후 정부 주도가 심화되면서 경제단체의 정책참여 활동은 축소되었다. 일부 외국학자들(Evans, 1995; Krueger, 1995)은 1960년대 이후 추진된 한국의 경제발전 전략이 정부 주도로 추진되는 과정에도 기업을 협력적 파트너로 삼고 시장체제의 기본 틀을 유지했기 때문에 큰 성취를 이룩한 것으로 평가하고 있다(삼성경제연구소, 2008: 5).

결론적으로, 제3공화국의 정책환경에서 노동조합 등 시민사회 영역은 탄압의 대상이 된바, 정책 과정에서의 투입 기능은 거의 미미하였던 것으로 규정할 수 있다.

제4공화국의 정책환경적 특성도 제3공화국과 크게 다르지 않다. 시민사회 영역에 초점을 둘 경우, 제4공화국의 정책환경은 제3공화국의 경우보다 더욱 황폐화되었다고 할 수 있다. 1972년 유신이 선포되고 학생, 종교계, 노동계 등 시민사회의 체제 도전이 심화되자 이를 억압하기 위한 긴급조치 시대가 시작(1974년 1월 8일 긴급조치 제1호 발동)되었다.

민주화를 원하는 시민사회 영역의 끊임없는 도전에 대해 제4공화국은 경찰조직 등 억압기구의 확대로 대응하였다. 1974년 12월 31일 내무부 치안국이 치안본부로 확대·개편되는 등 시민사회 영역을 탄압하기 위한 국가억압기구들이 급격히 팽창한 것이다(경찰청, 2007: 94-95).

이러한 참여 억제로 시민사회 영역이 활성화되지 않은 상황에서 민간 영역의 정책투입 기능은 거의 기대할 것이 없었다고 하겠다.

2) 제3·4공화국의 국정운영 이념 및 주요 정책 기조

제3공화국의 지배 이념은 '조국 근대화'의 구호로 표명된 '경제건설'과 반공을 국시(國是)로 내세우고 자주국방을 강조한 '국가안보'라고 하겠다.[21] 경제건설과 국가안보라는 이데올로기는 쿠데타로 집권한 제3공화국 정권의 취약한 정당성을 보완하는 수단이라는 측면에서 의미를 지닌다. 특히, 반공 이데올로기는 취약한 정권의 정당성 확보의 수단으로, 외국 자본을 유치하여 경제성장을 추진하기 위한 수단으로, 그리고 시민사회에 대한 통제 및 사회 통합의 수단으로 유효하였다.

제3공화국의 경제정책의 목표 및 전략은 경제성장 제일주의를 표방하면서 수출주도형 발전 전략을 수립한 점에 특징이 있다. 1962년의 '경제개발 5개년 계획'으로 상징되는 정부 주도의 수출지향적 공업화 정책은 이후 30년에 걸친 압축성장의 길을 열었다.

제3공화국의 외교·국방 정책 기조와 관련하여서는 자주국방과 외교적 독립을 유난히 강조하는 민족주의적 특성을 지녔다고 할 수 있다.[22]

---

21) 박정희 대통령의 통치 이념은 관점에 따라 다양하게 제시되고 있다. 학자에 따라서는 박정희체제의 지배 이데올로기를 반공주의와 성장주의, 권위주의로 파악하는가 하면(임현진·송호근, 1994), 민족주의를 덧붙여 논하는 학자도 있다.

22) 하용출 외(2008: 40-46)는 외교정책을 기준으로 하여 제3공화국 시기를 미국 질서 편승 시기(1948~1960)

제3공화국의 '반공과 안보', 그리고 '경제발전'은 제4공화국에 들어와서도 유효한 지배 이념으로 기능하였다. 그러나 박정희 행정부는 유신 이후에는 점증하는 비판을 억제하기 위한 수단으로 근로자의 이익과 복지 증진을 통해 균등한 부의 분배를 이루겠다는 정책 기조를 가미하였다. 박정희 행정부는 특히 1975년을 전후하여, 제4차 5개년 계획에서 사회개발정책을 병행 추진하기로 하는 등 성장 위주 발전 전략의 부분적 수정을 꾀하기 시작했다. 한 예로서, 1976년 「의료보호법」이 제정되고, 1977년 1월부터 생활보호대상자들에 대한 의료보호가 시행된 점을 들 수 있다.

3) 제3 · 4공화국 정책결정 구조의 특징

제3공화국에서 제5공화국까지의 정책결정 구조의 특징은 군부 엘리트와 기술관료(technocrats)의 결합으로 이루어진 정책체제에서 찾을 수 있다. 이 시기에 의회와 정당은 기술관료들에 의해 작성되는 정책결정을 정당화시켜 주는 통법부로 들러리 역할에 그치게 됨으로써 정치의 영역은 크게 위축되었다. 그리고 노조 활동에 대한 일상적 탄압과 이익집단의 참여 봉쇄, 시민사회의 미활성화 등으로 정책환경을 이루는 시민사회 영역의 투입 기능은 기대할 것이 없었다고 하겠다.

안병영(1994: 285)은 군부 권위주의 시절의 정책결정 구조를 다음과 같이 묘사하였다.

> 지배적 엘리트는 군부와 관료 엘리트의 연합으로 구성되었으며, 전자의 체제 통합력과 후자의 기술관리 능력은 상호 보완적으로 작용했다. 군부 출신의 권력 엘리트들은 주로 국가목표 관리와 억압기구 통제에 주력하면서, 경제 영역을 비롯한 기능적 과제는 과업 엘리트인 경제기술 관료들에게 위임하고 외부의 정치 · 사회적 영향력을 차단해 줌으로써 이들을 보호하였다. 따라서 의회와 정당, 이익집단 및 언론이 형해화(形骸化)되고 지방자치가 무기한 유보되는 상황에서 정책 과정은 대통령을 포함하는 광의의 관료권의 전유물이 될 수밖에 없었다.

제3공화국의 정책체제에서 박정희 대통령의 개인적 역할은 특이했던 것으로 나타나고 있다. 박정희 대통령은 1967년경부터는 경제관료 이상으로 경제전문가가 된바(김흥기, 1999: 84), 1970년대가 되면서 박정희 대통령은 전문가의 반대도 별로 두려워하지 않고, 중요한 경제정책을 거의 혼자 결정하였다. 또 경제정책에 대한 조정 · 통제 기능

와 구분하여 편승과 다변화의 혼재기(1970~1990)로 유형화하고 있다.

도 1960년대에는 경제부총리에게 맡겼으나, 1970년대에는 경제수석비서관을 통해 직접 감독하고 통제한 것으로 학자들은 기술하고 있다(정정길, 1992: 152-153; 한승연, 2006).

제4공화국의 정책체제도 제3공화국에서와 마찬가지로 군부 엘리트와 전문 직업관료들이 결탁한 전형적인 관료 엘리트 체제(bureaucratic elite system)라고 할 수 있을 것이다. 그러나 유신체제를 도입한 제4공화국에서 정치의 영역은 더욱 위축될 수밖에 없었다. 즉, 여당총재로서의 대통령이 여당 국회의원 후보의 공천권을 장악하고 있는 데 더하여, 국회의원의 1/3을 대통령이 직접 지명함으로써 대통령이 의회를 장악하고 있는 상황에서 의회의 정치적 기능은 거의 기대할 것이 없게 되었다.

사례 ❸

'역대정부 재정 · 조세정책'…박정희 정부

'대중세 혁명'– 부가가치세제 도입…국가재정조달 핵심 기능 담당

우리나라 근대 조세정책 근간은 사실상 1948년 대한민국 정부수립을 기점으로 태동했다. 일제 식민지 시대에서 갓 벗어난 우리나라는 모든 재정수입 기조가 일제 잔재를 그대로 답습하다 비로소 정부수립과 동시에 나름의 조세체계가 갖춰진 것이다.

그러나 1950년 6 · 25 전쟁 발발로 인해 국가경제는 파탄을 맞게 되고, 더불어 조세체계도 후퇴를 할 수밖에 없게 된다. 한국전쟁이 끝나 뒤 자유당 이승만 정부는 국가재정수입 조달을 위해 백방으로 노력을 경주하지만 전쟁의 폐허가 아물지도 않은 상황에서 '재정수입'이라는 낱말 자체가 허구에 그치는 경우가 많았다.

마침내 장면 내각의 민주당 정부는 1960년 경제개발 5개년 계획을 수립하고 국가부흥을 위한 경제개발 청사진을 만들었다. 그러나 1961년 5월 박정희 소장이 주축이 된 군사혁명이 성공함으로써 민주당 때 만들었던 경제개발 5개년 계획은 폐기되고, 박정희 군사정권이 1962년 새 제1차 경제개발 5개년 계획을 시행했다. 박정희 군사정권이 만든 제1차 경제개발 5개년 계획은 사실상 장면 정부가 만들어 놓은 것을 대부분 원용했다.

다만, 화폐개혁만은 그야말로 쥐도 새도 모르게 단행했다. 1962년 6월 군부세력, 즉 국가재건최고위원회는 돈의 가치를 10분의 1로 평가절하하고, 1962년 6월 10일부터 새 돈으로만 거래가 가능하도록 한 것이다.

당시 군부정권이 화폐를 개혁하게 된 가장 큰 동기는 경제를 부흥시키기 위한 수단이라고 선전했지만, 오히려 경제가 후퇴되는 양상으로 나타났다는 평이 많았다. 그러나 부자들이 숨겨 놓은 돈을 밖으로 나오게 하는 성과는 있었다는 평도 병존했다. 특히, 당시 우리나라에 거주하던 중국인들이 돈이 많았는데, 이들이 돈을 장농에 숨겨 놓기를 좋아했지만 화폐개혁으로 인해 모두가 쏟아져 나와 경제에 얼마간 도움이 되었다는 말도 있었다.

화폐개혁에서 볼 수 있듯이 박정희 정권은 군사혁명이 성공하자 혁명공약에서 내세웠던 '경제부흥'에다 모든 역량을 쏟아 부었다. 그 구체적인 정책이 5년 단위 경제개발을 구획한 '경제개발 5개년 계획'이다. 1962년부터 시작된 제1차 경제개발 5개년 계획은 1996년 제7차 경제개발 5개년 계획까지 이어지면서 국가경제개발의 구심체 역할을 했다.

1962년 농업을 중심으로 한 가내공업에 가까운 경공업 위주의 산업구조는 경제건설에 들어갈 재원을 조달하기에 턱없이 부족했다. 그러나 이미 경제개발을 통해 '잘 살게 하겠다'는 것을 혁명공약으로 내건 박정희 정부는 경제여건을 탓하고 있을 만한 여유가 없었다.

당시에는 궁여지책이라고밖에 달리 표현하기 힘들 정도의 상황에서 정부는 '수출제1주의정책'을 탰했다. 그러나 자원이 부족한 우리나라로서는 농산물 외에는 뚜렷이 내세울 만한 수출상품이 없었다. 열악한 수출상품 환경에서 정부가 내세운 것은 수출기업에 대한 대대적인 정책지원이었다. 하다 못해 무 한 뿌리라도 수출만 한다고 하면 정부는 해줄 수 있는 모든 행정 절차를 간소화시킨 것은 물론 '영웅대접'을 해줬다. 정부는 당시 수출 1억 달러를 달성한 날인 1964년 11월 30일을 기념해 매년 11월 30일 '수출의 날'(현 '무역의 날') 행사를 거창하게 개최했다. '수출의 날'에는 수출 유공자들을 모아 놓고 박정희 대통령이 직접 수출유공훈장을 달아주었으며, 그런 광경은 매스컴과 대한뉴스 등을 통해 국민에게 소상히 전달되었다.

출처: 세정신문. 2015.11.2 뉴스기사 중 발췌

4 제5공화국 정책체제의 특징

제5공화국은 전두환 행정부를 가리킨다.

1) 전두환 행정부의 정책환경적 특징

전두환 행정부에서는 광주민주화 운동 등 민주화 열망이 확산·분출되면서 시민사회 영역의 체제 도전이 더욱 심화되었으며, 정부는 그러한 체제 도전에 대응하기 위해 억압기구를 급격하게 확산했다는 점을 지적할 수 있다.[23)]

특히, 노동정책 분야에서는 박정희 행정부에서와 마찬가지로 탄압 일변도의 정책을

23) 전두환 행정부의 등장과 함께 경찰조직 내 대공 및 정보 업무를 담당하는 제4부가 신설(1981.6.18)되는 등 대공 업무 담당부서가 급격히 확대되었으며, 이 시기를 전후하여 학림사건, 부림사건, 아람회 사건 등 대표적인 용공조작 사건들이 발생하고, 민주화를 요구하는 학원·노동계 등의 많은 시국 사건들이 이들 대공 부서에서 다루어졌다(경찰청, 2007: 96-97).

지속하였다. 전두환 행정부는 노동 분야를 학원 등 다른 체제 도전 세력과 마찬가지로 경제정책의 대상이 아닌 정치적 도전 세력으로 간주하여 공안기구를 동원하여 가혹하게 탄압하였다.

이와 같이 시민사회 영역이 활성화될 수 없는 상황에서 정책 과정에서의 민간 영역의 투입 기능은 미약하였다고 할 수 있을 것이다.

2) 전두환 행정부의 국정운영 이념 및 주요 정책 기조

광주민주화 운동의 혼란기를 거쳐 집권한 전두환 행정부는 사회안정을 시급한 국정목표로 내세웠다. 그리고 경제적 측면에서는 경제안정화 정책을 우선적으로 내세웠다. 제2차 석유파동과 정치·사회적 불안의 영향 등으로 물가상승률이 연 24.9%를 기록하고 경제성장률이 −3.9%로 떨어지는 가운데 출범한 전두환 행정부는 '경제성장 제일주의'보다는 '경제안정 제일주의'를 주요 정책목표로 설정하였다.[24)]

전두환 행정부의 정책 기조는 또한 관 주도 경제개발에서 시장경제체제로의 전환을 모색했다는 점에서 박정희 체제와 차이를 보인다. 시장경제 질서 확립을 위한 전두환 대통령의 개혁 의지는 그의 경제팀 구성에서 잘 나타난다. 박정희 행정부 말기 경제의 근본적 개혁을 주장해 왔던 서석준, 강경식, 김재익, 김만제 등이 전두환 행정부 경제팀의 핵심 구성원이 된바, 전두환은 이들의 경제개혁 논리를 전폭적으로 수용했다(임도빈, 2008: 226).

3) 전두환 행정부 정책결정 구조의 특징

전두환 행정부도 제3공화국이나 제4공화국과 크게 다르지 않은 기술관료 중심의 정책결정 구조를 지녔다고 할 수 있다. 정정길(1989: 85)은 전두환 전 대통령이 그의 비서관이나 장관들을 박정희 대통령처럼 완전히 통제하지 못하였기 때문에 이들은 1970년대보다 더 많은 재량권을 가질 수 있었다고 지적하는 한편, 민간 부문이 상대적으로 강화되었기 때문에 장관이나 관료들 스스로는 자신들의 권한이 1970년대보다 약화된 것으로 느끼는 경우가 많았다고 주장한다. 1980년대에는 경제 규모가 커지고 복잡해짐에 따라 정책 과정에서 폭넓은 지식과 치밀한 이론이 요구되었으나, 관료들이 이러한 요

---

24) 전두환 전 대통령에게 경제이론을 가르친 바 있는 김재익 경제수석 비서관은 모든 경제정책에 있어서 원칙적으로 안정정책을 추구하도록 대통령을 설득하였으며, 이 원칙은 1981년부터 1987년까지 모든 경제정책의 초석이 되었다(정정길, 1989: 83).

구를 충족시키기에 미흡하였기에 직업관료가 아닌 외부 전문가가 주도 그룹으로 등장하는 계기가 되었다고 할 것이다.

사례 ❹

제5공화국 정당사(정당의 마지막 시련기)

1980년 10월 27일 공포·시행된 제5공화국은 헌법에 따라 1981년 3월 3일 전두환이 제12대 대통령으로 취임함으로써 정식 출범, 1988년 2월 25일 제6공화국 출범 전까지 만 7년간 지속된 우리나라의 다섯 번째 공화헌정체제이다. 구체적으로 살펴보면 10·26 사태 이후 5·18 광주민주화 운동의 폭압적 유혈진압을 통해 권력기반을 확충한 전두환 중심의 신군부세력이 국가보위입법회의를 구성, 국회 기능을 박탈한 상태에서 헌법을 개정했다. 11월 12일에는 구 정치인들의 정치활동을 금지시켰고, 14일에는 언론사를 통·폐합함으로써 집권 여건을 완벽히 조성했다. 1981년 1월 15일 민주정의당이 창당되었고, 그해 3월 전두환이 제12대 대통령에 취임했다. 곧이어 제11대 국회의원 선거에서 과반수 의석을 확보하며 제5공화국 집권여당이 되었고, 1985년 제12대 국선에서의 신민당 돌풍에도 불구하고 과반수 의석을 확보했다. 그 후 제13대 국선에서 여소야대(與小野大)란 불안정한 정국을 맞이해 통일민주당과 신민주공화당이 합당을 추진했고, 1990년 1월 22일 민정당 노태우 대통령, 통일민주당 김영삼 총재, 신민주공화당 김종필 총재가 3당합당을 선언, 같은 해 2월 15일 민주자유당이 공식 출범하면서 민정당은 해체되었다.

한편, 이 시기의 야당 정치활동을 살펴보면, 1980년 11월 21일 정치활동 부분해제조치에 따라 정치활동을 재개한 구 정치인과 정치 신인들을 중심으로 정계개편작업이 일어나기 시작했다. 다당제 출현이 예상된 가운데 구 신민계 의원들이 주축이 된 민주한국당이 제일 먼저 창당되었고, 이어서 민주사회당, 한국국민당, 민권당, 사회당, 신정당 등 12개 정당이 등록되었다. 그중 첫 번째로 창당한 민주한국당은 제11대 국회 개원 후 집권세력에 협조하면서도 다른 한편으로는 민주화를 위해 노력하는 타협노선도 활동, 대중으로부터 야당성이 약하다는 강한 비판을 받았다. 그래서 1984년 4월과 11월에 정치활동이 금지되었던 많은 수의 야당계 구 정치인들의 정치활동이 허용되자 그들 다수는 김영삼(金泳三)과 김대중(金大中)의 지원하에 신한민주당(新韓民主黨)이란 새로운 강성야당을 창당했다. 1985년 2월 12일 창당 후 처음으로 실시된 제12대 국선에서 신한민주당은 지역구와 전국구를 합쳐 84석을 확보하면서 제1야당으로 부상했다. 그러나 그동안 신민당의 실질적인 산파역으로 막후 실력자였던 당고문 김영삼과 김대중이 1987년 4월 내각제를 전제로 한 '이민우 구상'에 반발, 소속 의원 74명을 이끌고 통일민주당을 창당한 이후 당세가 약화되다가 이민우의 정계은퇴와 함께 사실상 붕괴되었다.

제5공화국 시절 주요 정치이슈는 '대통령 직선제 개헌'이었다. 신한민주당은 창당 시부터 계속 개헌을 주장했고, 1985년 2월 12일 제12대 국선에서의 실질적인 승리로 제1야당으로 부상하면서 원내에서 더욱 강한 목소리를 냈다. 특히, 1986년 5월 3일에 있었던 5·3 인천사태와 1987년 5월 22일 박종철군 고문치사와 은폐·조작사건 폭로, 시위 도중 최루탄에 맞은 이한열군 사망 사건 등은 폭력정권에 대한 국민들의 분노와 저항을 극에 달하게 했다. 그러나 전두환 정권은 4·13 호언조치로 현행 헌법을 고수사하면서 김영삼과 김대중을 중심으로 한 야당지도자들과 재야세력은 같은 해 5월 27일 '민주헌법쟁취 국민운동본부'를 결성해 본격적인 원외에서의 민주화투쟁을 전개했다. 당시 전국 37개 도시에서 민주화를 열망하는 사상최대 100여만 명의 시민들이 밤늦게까지 격렬한 시위를 벌이는 등 전국적 시민항쟁의 면모를 띠게 되었고, 경찰력이 마비되자 정부는 한때 군 투입을 검토했으나 온건론이 우세하면서 국민들의 직선제 개헌요구를 받아들였다. 이름하여 '6·29 민주화 선언'이 발표된 것이다. 이러한 6·29 민주화 선언에 따라 대통령직선제 개헌안 합의 및 9월 10일 여·야 공동 발의로 국회를 통과했고, 10월 27일 국민투표에서 93.1%의 압도적 찬성으로 확정되어 10월 29일에 공포, 1988년 2월 25일부터 시행됨으로써 제5공화국은 막을 내리게 되었다.

제5공화국도 군사쿠데타로 성립된 군사독재정권으로 우리 사회에 많은 명암을 드리웠고, 부정부패와 민주화운동탄압, 고문 등의 인권유린행위로 국민들의 많은 비판을 받았다. 그러나 야간 통행금지 해제로 시민 생활 불편을 없앴고, 저물가·저금리·저환율의 3저(三低)정책과 부동산 투기억제 등 안정우선정책을 추진한 결과, 1980년에 44.1%나 되었던 물가상승률이 한자리 숫자로 안정화되었고, 국민소득도 약 3,000달러에 육박하게 되었다. 그리고 46억 달러의 무역수지 흑자를 최초로 기록하는 등 경제성장을 이룩했으며, 이를 토대로 '86 아시안게임'의 성공적 개최와 '88 서울올림픽대회' 유치 등의 업적을 남기기도 했다.

출처: 울산매일. 2017.8.28 임정식 울산광역시선관위 홍보과장 시론

5 제6공화국 정책체제의 특징

제6공화국은 1989년 헌법 개정 이후 역대 정부의 정치체제를 가리킨다.

1) 노태우 행정부 정책체제의 특징

노태우 행정부의 정책환경적 특성으로는 권위주의 체제에서 억압받고 소외되었던 시민사회 영역의 정책 과정에서의 역할이 강화되었다는 점을 들 수 있을 것이다. 1987년 6월 항쟁 이후 우리 사회의 국가-시민사회 관계가 변함에 따라 시민사회 영역에 대한 국가의 억압적 통제가 대폭 완화되었고, 이에 따라 시민사회 영역의 기능적 자율성

과 이익 투입 능력은 크게 신장되었다. 특히 민주화의 흐름 속에서 과거의 전투적 반독재 투쟁과는 달리, 온건 개혁 지향의 시민단체들이 크게 부상한 것을 가장 큰 특징으로 지적할 수 있을 것이다. 경실련, 환경연합, YMCA 등 일련의 공익단체들은 경제정의, 환경, 여성, 인권 및 선거개혁 등 시민들의 일상적 삶과 밀착된 과제들을 쟁점화, 공론화하여 그간 움츠러들었던 시민의식을 크게 일깨워 주었다(안병영, 1994: 294).

1987년 6월 항쟁 이후 사회 전반의 민주화 과정에서 탄생한 노태우 행정부가 추구한 지배 이념은 '민주화'와 '복지주의'로 규정할 수 있다.

정치적 측면에서 권위주의의 해체를 지향한 노태우 행정부는 입법부와 행정부의 권력 균형화를 추구하였으며, 헌법재판소제도를 도입하여 국가기구 간의 견제와 균형을 도모하고, 국민의 기본권을 강화하기 위해 구속적부심사 청구권을 보장하는 한편, 언론기본법의 폐지를 통해 언론의 자율성을 신장하였다. 그리고 1991년에는 지방의회의원 선거를 통해 5 · 16 이후 중단되었던 지방자치제를 부활시킴으로써 민주주의의 뿌리를 다지기 위한 제도적 발전이 이루어졌다.

노태우 행정부는 또한 노사분규가 격심한 사회적 환경을 배경으로 하여 노동자의 노동권을 실질적으로 보장하고 최저임금제를 실시하는 등 복지정책을 추구하였다. 또한 경제적 측면에서 정부통제를 줄이고 민간 부문의 자율성을 신장하기 위한 경제자율화의 정책 방향을 설정하였으며, 1990년 2월에는 공공 부문의 민영화 · 민간화를 촉진하기 위해 한국전력 · 한국통신공사 · 외환은행 · 국민은행 · 기업은행 · 국정교과서 · 한국기술개발 · 한국감정원 등 8개 공기업의 민영화정책을 발표하였다.

노태우 행정부는 그리고 미 · 소 냉전체제가 무너지고 동구 공산권 국가가 해체되는 상황 속에서 획기적인 북방 외교를 추구하고 남북관계를 개선하기 위한 정책 기조를 채택, 1991년 12월 '남북 사이의 화해와 불가침 및 교류협력에 관한 합의서(남북기본합의서)'를 채택하는 등 상당한 성과를 거두었다.

노태우 행정부 정책결정 구조의 특징은 이전의 권위주의 체제에서 소외되었던 의회 및 정당의 역할이 강화되고 시민단체와 언론, 노동조합, 이익집단 등 시민사회 영역의 정책 과정에서의 역할이 강화된 반면, 관료집단의 역할은 상대적으로 축소된 점이라고 하겠다.

제6공화국 헌법체계에서 의회의 행정부에 대한 견제권이 크게 강화된 가운데 여소야대 국회가 출범함으로써 정책 과정에서의 의회 및 정당 등 정치 영역의 역할 확장이 한층 더 두드러지게 되었다. 관료제에 초점을 둘 경우, 전반적인 사회 민주화 과정에서 정치체제가 부분적으로 민주화되면서 정치권력과 관료 사이에는 커다란 변화가 생기게 되었다. 즉, 기존의 권위주의 체제에서 정책결정의 중심적 역할을 수행하였던 기술관료들의 역할이 상대적으로 축소된 것으로 볼 수 있다.

사례 ❺

[역대정부 여소야대 어떻게] 노태우, 與 대표에 국회협상 전권…

노태우 전 대통령, 여소야대 상태에서 협치 이끌어

노태우 전 대통령은 양김(김영삼 · 김대중) 분열로 지난 1987년 대선에서 대권을 잡을 수 있었다. 하지만, 민주정의당의 낮은 지지도가 국정운영의 발목을 잡는 요인이 되었다. 1988년 제13대 총선 결과 여당이었던 민정당은 299석 중 125석, 야 3당인 평화민주당 · 통일민주당 · 신민주공화당의 의석은 각각 70석, 59석, 35석으로 여소야대 구도가 형성되었다. 하지만, 제13대 국회는 청문회 도입, 지방자치법 제정, 국정감사제도 부활 등 굵직한 성과를 거뒀다.

여기에는 '물태우'라는 비아냥을 받았던 노 전 대통령의 의지가 한몫했다. 노 전 대통령은 민정당 원내총무(현재 원내대표)였던 김윤환 의원을 통해 김원기(평민당), 최형우(통일민주당), 김용채(신민당) 총무 등과 물밑교섭을 펼쳤다. 여기에서 전두환 전 대통령을 백담사로 보내고 실세였던 정호용 의원을 국회의원직에서 해임한 '제5공화국 청문회' 합의가 도출되었다. 노 전 대통령이 김윤환 의원에게 전권을 주며 "나의 신념은 '참용기(참고 용서하고 기다리자)'다"라고 했다는 일화는 유명하다.

출처: 서울경제. 2017.5.5 뉴스기사 중 발췌

2) 김영삼 행정부 정책체제의 특징

권위주의 체제 해체 과정에서 출범한 김영삼 행정부의 정책환경적 특징으로는 시민단체, 노동조합 및 각종 이익집단의 영향력이 강화된 점을 들 수 있다. 경실련 등 시민단체의 주창으로 금융실명제 등 개혁 정책이 도입되고, 의사회와 약사회 등 강력한 이익집단의 영향력으로 의약분업과 같은 보건의료정책이 정책 과정에 크게 굴절된 것을 그 사례로 들 수 있을 것이다. 또한 민주화된 환경에서 노동계와 농민단체는 물론 전경련 등 경제단체들도 경제력 집중문제, 규제 완화, 노동문제 등에 대한 정책 입장을 정리하여 선거 및 정책 과정에 적극적으로 투입하는 현상도 나타났다.

앞서 지적하였듯이 이와 같이 시민사회 영역이 활성화됨에 따라 관료집단의 정책과정에서의 영향력은 상대적으로 줄어들게 되었다고 할 수 있을 것이다.

김영삼 행정부의 국정운영 이념 및 주요 정책 기조는 다음과 같이 지적할 수 있다. 문민정부를 기치로 내건 김영삼 행정부는 지배 이념으로 정치적 측면에서는 민주주의의 제도화를 추구하였으며, 경제정책 측면에서는 세계화를 통한 개방경제 체제의 구축을 지향하였다.

1993년 출범한 김영삼 행정부는 과거 군부 권위주의 지배의 잔재를 청산하기 위해 정치군인에 대한 숙군 작업 등을 추진하였으며, 국가안전기획부, 국군기무사 등 권력기구의 축소와 탈정치화를 통해 민주적 질서를 정착시키기 위한 제도개혁을 추진하였다.

김영삼 행정부는 또한 경제정책 기조로 세계화와 개방화 정책을 추구, OECD 가입과 함께 각종 규제정책을 폐지하고 과감한 개방정책을 추진하였다. 그러나 준비되지 않은 상황에서 성급하게 추진된 금융시장 개방은 1997년의 외환위기를 초래, 한국 경제의 근본을 파괴하는 부작용을 낳기도 하였다.

김영삼 행정부의 정책결정 구조는 비록 정치체제가 전반적으로 민주화되었다는 특징에도 불구하고 대통령의 행태 면에 초점을 맞출 경우 과거와 같은 권위주의적 정책결정 방식에서 크게 벗어나지 않았다고 할 수 있을 것이다.25)

김영삼 행정부의 출범은 그러나 의회와 정당 등 정치체제의 기능이 활성화되는 계기를 마련하였으며 NGO, 이익집단, 그리고 언론의 정책투입 기능이 활성화되는 등 시민사회의 활동 영역이 확대되는 계기가 되었다. 그러나 정치체제가 민주화됨에 따라 정책 과정에서의 관료집단의 역할은 상대적으로 축소되었다고 할 수 있을 것이다.

한편, 권위주의 체제에서 행정적 자율성을 신장, 제도적 관료제로 성장한 관료집단은 상대적으로 민주화된 정치권력의 통제에 대해 저항을 시도하는 양상을 보이기도 하였다.26)

---

25) 김영삼 대통령은 주요 정책을 결정함에 있어 제도적 절차에 따라 논의하여 결정하지 않고, 몇몇 측근들을 중심으로 '깜짝 쇼'처럼 전격적으로 발표하여 세상을 놀라게 하였다(김충남, 2006: 520).

26) 1993년 봄 김영삼 행정부의 추가적인 정부조직 개편 추진 사실이 언론에 보도되어 개편 대상으로 알려진 경제부처를 중심으로 반발이 심하게 야기되자, 김영삼 대통령은 추가적인 정부조직 개편이 없다는 공개적인 언명을 하지 않을 수 없었다(이종수, 1996: 17-18).

사례 ❻

[1997년을 기억하는 스무 가지 방식(3) IMF 구제금융 협상] "분위기 쇄신이 필요한데…(김영삼 대통령)" 안이했던 위기 대응 리더십

김영삼 전 대통령과 조지 W. 부시 전 미국 대통령의 공통점은?

첫째, 둘 다 명문대를 졸업했다. 김 대통령은 서울대 철학과를 졸업했고 부시 대통령은 예일대에서 역사를 전공했다. 둘째, 명문대 출신인데도 모두 지적 능력이 뛰어나지 않다는 평가를 받았고 이를 인정했다. 부시 대통령은 자신이 예일대를 우수하지 않은 성적으로 졸업했다고 공공연히 밝혔다. 퇴임 후, 한 대학 졸업식 축사에서는 "C학점을 받고 졸업하는 이들도 대통령이 될 수 있다"고 말하기도 했다. 김 대통령은 "머리는 빌릴 수 있어도 건강은 빌릴 수 없다"며 자신의 신체적 건강에 비해 정신적 역량이 떨어짐을 인정하는 동시에 만회하고자 했다. 셋째, 두 대통령 모두 임기 막바지에 이르러 경제위기를 맞았다. 김 대통령 임기 말에 한국 경제는 외환위기에 빠졌고, 부시 대통령 임기 말에 미국 경제는 금융위기에 처했다.

두 대통령의 경제위기 대응은 크게 달랐다. 김영삼 대통령은 한국 경제가 외환위기에 좌초하는 과정을 이해하지 못한 채 오히려 악화시켰다. 김 대통령은 구조적인 요인으로 자금난에서 헤어나지 못하는 대기업에 대해서조차 부도를 내지 말라고 지시했고, 기아자동차 노사는 그 틈을 비집고 들어가 언론매체와 함께 기아 문제 해결을 오랫동안 방해했다. 외환위기에 대한 김 대통령의 몰이해와 임기응변은 강경식 부총리 겸 재정경제원 장관 경질로 마침표를 찍었다. 김 대통령의 해임의 변은 '분위기 쇄신'이었다. 분위기를 바꿔서 외환위기를 해결하거나 완화하겠다는 비현실적인 발상을 드러낸 인사였다. 강 부총리와 김인호 청와대 경제수석의 후임으로는 각각 임창열 통상산업부 장관과 김영섭 관세청장이 임명되었다. 후임 임창열 부총리는 국제통화기금(IMF) 구제금융 합의를 번복했고, 이로 인해 바닥난 한국 정부에 대한 국제사회의 신뢰는 더욱 실추되었다.

반면, 부시 대통령은 경제 현안을 이해했고 미국 경제가 금융위기에 봉착하자 경제정책 책임자에게 힘을 실어줬다. 부시 대통령 시절 백악관 경제자문위원회 의장(2005~2006)으로 활동한 뒤 2006년 연방준비제도 의장이 된 벤 버냉키는 "부시 대통령은 빠르게 이해하고 좋은 질문을 많이 했다"고 평가했다.

(중략)

한보를 시작으로 한 대기업의 연쇄 부도 이후 대통령 선거에 이르는 과정에서 한국 사회는 각 부문이 저마다 이익을 좇아가면서 구심력을 잃고 원심 분리되었다. 그런 상황에서는 대통령이 할 수 있는 일이 없다. 국가의 리더십은 대통령뿐 아니라 다수 부문의 리더들이 공동으로 행사하는 것이다. 시계를 더 앞으로 돌리면 김영삼 정부 시절 한국 경제의 리더십은 대기업이 쥐고 있었다. 대기업 총수들은 '세계 일류'가 되었다는 근거 없는 자신감으로 무모한 투자를 벌였다. 당시 화두는 '세계화'였고, 김영삼 정부도 이를 캐치프레이즈로 내걸었다. 기업은 재무건전성이 좋지 않은 상태에서 부채를 한껏 끌어다 외형 확장을 꾀했다. 세계화의 깃발을 내건 김영삼 정부는 규제를 풀었고 외채가 국경을 넘어 밀물처럼 몰려왔다. 세계화의 허상을 추구한 끝에 이른 파국은 누구의 잘못인가. 대기업 총수들과 세계화의 비전을 설파하고 전파한 학계와 언론의 잘못이 크다고 본다.

정치의 계절을 맞아 '제왕적 대통령'에 대한 비판과 대통령으로의 권력 집중으로 인한 폐해를 줄이기 위한 개헌이 논의된다. 그러나 대통령은 행정부 수반으로서 우리 사회 다른 부문의 리더들과 함께 리더십을 공동 행사한다는 점을 이해하지 않고서는 국가지배구조를 바람직하게 개선할 수 없다.

출처: 중앙시사매거진 이코노미스트. 2017.3.13 뉴스기사 중 발췌

3) 김대중 행정부 정책체제의 특징

김대중 행정부의 정책환경적 특징으로는 1998년의 지방선거에서 노동계 대표가 울산시 동구청장에 당선되는 등 진보 진영의 정치적 기반이 확대되었다는 점을 들 수 있을 것이다. 그리고 민주화가 성숙됨에 따라 시민사회 영역이 크게 활성화된 점을 지적할 수 있다. 1999년 교원노조의 합법화 및 공무원직장협의회의 합법화는 일반 사회의 노동조합 등 시민사회 영역 활성화의 결정적 계기를 마련하게 되었다.

김대중 행정부는 한편 비정부조직(NGO)의 활성화를 위해 1999년 행정자치부 내에 민간협력과를 신설하고「비영리민간단체 지원법」을 제정하여 정부가 비정부조직의 활동을 인정하고 이를 공식적으로 지원하는 체제를 갖추었다(안병만, 2008: 166). 이러한 정부 지원은 특히 영세 시민단체의 활성화에 크게 기여한 것으로 볼 수 있다.

김대중 행정부 정책 기조의 두드러진 특징은 대북포용정책과 복지정책으로 규정할 수 있다.

김대중 행정부의 대외정책은 '대북포용정책'과, 미국 중심의 단-다극 질서와 일정 정도 거리를 유지하려는 '균세정책'으로 요약될 수 있을 것이다(하용출 외, 2008: 52-53). 불신과 대결을 넘어 상호 신뢰와 화해 협력을 위해 북을 포용해 나가자는 대북포용정책은 미국 질서로의 편승을 근간으로 하던 기존 외교정책과 충돌할 수밖에 없었다.

김대중 행정부는 또한 주요 국정지표 가운데 하나로 '생산적 복지'를 선택하였다. 외환위기를 맞이하여 사회안전망의 취약성이 드러나자 사회적 취약계층을 구제하기 위한 공공복지 확대의 필요성이 증대된 것이다. 김대중 행정부의 정책결정 구조도 김영

삼 행정부에서와 마찬가지로 기본적으로는 제왕적인 대통령 중심의 권위주의적 정책결정체제라고 할 수 있다.

그러나 김대중 행정부 정책결정 구조의 가장 큰 특징은 1998년 1월 구성된 '노사정위원회'라고 할 수 있다. 김대중 행정부는 과거 성장제일주의 원칙에 의해 배제되었던 노동의 영역을 국정 파트너로 인정하여 노사정협의회를 구성하게 되었다. 과거의 전통적·권위주의 행정에서 벗어나 노사정위원회라는 새로운 정책체제를 구성한 것을 논거로 하여 김대중 행정부를 뉴거버넌스 체제로의 전환이 모색된 시기로 규정할 수 있다.

사례 ❼

■ **주요 정책사례: '햇볕정책'**

대한민국의 제15대 故김대중 전 대통령은 '대북포용정책', 이른바 '햇볕정책'으로 대북관계 개선에 중점을 두었다. 햇볕정책은 '햇볕이 강풍을 이긴다'는 이솝 우화에 착안한 것인데, 당시 김대중 정부의 대북포용정책의 3대 원칙은 '무력도발 불용', '흡수통일 반대', '평화협력 및 교류 추진'이었다. 즉, 북한의 무력도발이 없다면 평화협력과 교류를 추진한다는 것이 골자였다. 당시 故김대중 전 대통령은 햇볕정책을 통해 정전협정 체결 이후 처음으로 남북 정상 간 회담을 진행했고, 금강산관광과 개성공단 등 남북한 인적·물적 교류를 추진하는 등 한반도의 평화에 큰 기여를 했다는 평을 받는다. 이런 공로는 세계에서도 인정받아, 故김대중 전 대통령은 2000년 노벨평화상을 수상하기도 했다. (이하 생략)

출처: 시사뉴스. 2017.5.25 이어지는 北도발, 文정부의 대북정책은?
'故김대중-노무현' 전 대통령과 비교 중 발췌

■ **주요 정책사례: 생산적 복지**

우리 사회에서 복지 시스템이 기본 틀을 갖추게 된 때는 김대중 정부 시기이다. 이 기간 국민기초생활보장법 제정, 건강보험 통합과 고용보험 강화 등 사회안전망이 크게 확대되었다. 이른바 '생산적 복지 시기'이다. 생산적 복지는 그 성격을 두고 평가가 엇갈린다. 그렇지만 최초로 정권 차원의 '복지 브랜드'로 자리매김했다고 할 수 있다. 이를 본떠 그 이후의 정부는 저마다 상징적 복지 구호를 내세웠다. 노무현 정부의 참여복지, 이명박 정부의 능동적 복지, 박근혜 정부의 맞춤형 고용복지가 그것이다. 하지만, 모두 생산적 복지만큼의 평가를 받지는 못했다. (이하 생략)

출처: 한겨레. 2017.8.7 포용적 복지국가(이창곤 칼럼) 중 발췌

4) 노무현 행정부 정책체제의 특징

노무현 행정부는 참여정부를 자칭했다. 참여정부의 정책환경적 특성으로는 사회 진보화의 분위기 속에서 진보 진영이 중앙의 제도권 정치 진입에 성공하였다는 점과 시민단체 등 시민사회 영역이 크게 활성화되어 정책 과정에 다양한 이익을 투입을 할 수 있는 통로가 마련되었다는 점을 들 수 있을 것이다.

노무현 행정부의 정책환경에서 또 하나 주목할 점은 보수와 진보 양 진영 간의 사회적 갈등이 심화되는 가운데 일부 시민단체들도 정파성을 띠게 되면서 사회적 갈등이 더욱 심화되었다는 점을 들 수 있을 것이다. 특정한 정파성을 띤 시민단체들의 등장은 시민사회의 다원화라는 관점에서는 긍정적으로 볼 수 있겠으나, 사회적 갈등을 더욱 심화시키고 시민단체의 역할과 정체성에 대한 회의를 불러일으킴으로써 시민사회 영역 전반에 대한 사회적 신뢰를 떨어뜨릴 우려가 있기에 시민단체들은 비당파성의 원칙을 더욱 엄격하게 고수할 필요가 있을 것이다.

진보적 세력과 지방 세력에 힘입어 집권한 노무현 행정부의 주요 정책 기조는 분권화와 참여민주주의의 구현 및 사회적 형평성과 균형발전의 추구로 규정할 수 있다. 노무현 행정부는 집권 초부터 지역균형발전과 사회적 양극화 해소 등의 기치를 내걸면서 신행정수도 건설, 기업도시 건설 등의 지역균형발전정책을 추구하였으며, 역대 행정부 중 가장 많은 복지재정을 지출하고 사회안전망을 넓히는 등의 양극화 해소 정책을 추진하였다.

대외정책 기조 면에서 노무현 행정부는 '동북아 중심국가론'을 펴는 등 미국과의 갈등을 피하지 않고 민족주의적 성향을 드러냈다.

참여와 분권을 강조한 노무현 행정부의 정책결정 구조는 거버넌스의 논리로 인터넷 등 '일반 국민'들이 정치에 직접 참여할 수 있는 여러 통로를 마련한 데 그 특징이 있다고 하겠다(임도빈, 2008: 240). 노무현 행정부는 주민소환제와 같은 직접민주정치적 요소를 제도화하고 참여민주주의를 활성화하였다는 점에서 이 시기를 뉴거버넌스 체제의 구축기로 규정하고자 한다.

노무현 행정부는 한편 공무원 인사에서 과학기술직 임용 확대, 여성관리자 임용 확대, 지역인재 추천채용제, 장애인 고용 확대 정책 등의 인사균형 정책을 추구함으로써 관료제의 대표성을 제고하고자 한 점을 특징으로 지적할 수 있다.

사례 ❽

'닮은 듯 다른' 문재인-노무현 대통령 정책 비교

일자리 확대 · 검찰개혁 · 대북정책 등 계승…'큰 그림'은 비슷해도 '스케치'는 더 세밀히

문재인 대통령은 노무현 전 대통령의 정치적 후계자이다. 문 대통령은 노무현 정신은 계승하되 실패는 극복해 성공한 대통령이 되겠다고 천명했다. 노 전 대통령은 취임 후 파격적 행보로 개혁에 나섰지만 현실적인 저항에 부딪혀 많은 어려움을 겪었다. 문재인 정부는 노무현 정부 사례를 반면교사 삼아 개혁을 완수하겠다는 의지를 내비쳤다.

노무현 정부는 주요 경제정책으로 일자리 창출을 꼽았다. 일자리를 늘려 내수를 활성화시키면 기업이 투자를 확대해 경제성장으로 이어지는 선순환 구조를 기대했기 때문이다. 이를 위해 사회서비스 일자리 창출 전략을 세우고 간병도우미, 보육도우미 등의 일자리 총 80만 개를 공급하겠다는 계획을 추진했다. 문재인 정부 시각도 이와 비슷하다. 문 대통령의 대표적인 경제공약은 공공 부문 일자리 81만 개 창출이다. 문 대통령은 일자리가 최고의 경제정책이자 복지정책이라며 청와대 집무실에 일자리상황판도 설치했다. 다만, 공공 부문 일자리 창출과 관련해서는 재원 마련 방법이 구체적이지 않았다는 지적도 나온다.

(중략)

노무현 정부와 문재인 정부 일자리 늘리기 정책의 가장 큰 차이점은 고용안정성이다. 노무현 정부에서는 민간에 위탁하는 방식으로 일자리 늘리기를 진행해 질 낮은 일자리가 양산되었고, 내수 활성화로 이어지지 못했다. 문재인 정부는 고용안정성이 높은 일자리를 창출해 내수 활성화와 직결될 것이라는 청사진을 제시했다.

(중략)

문재인 정부는 2006년 노무현 정부가 발표했던 장기 국가발전계획인 '비전 2030'을 적극 벤치마킹해 복지정책과 재원조달방안을 마련할 것으로 알려졌다. 노무현 정부가 계획을 발표했을 때에는 부정적인 평가가 많았지만 시간이 지나면서 재평가를 받고 있다. 일부 정책은 지난 보수 정권에서 이름만 바꿔 이미 시행되었을 정도이다. 노무현 정부 복지정책 기조는 소외계층 의식주 등 기초생활과 자녀교육, 의료 등을 보장하고 이를 위해 증세하는 중복지, 중부담 정책이다. 문재인 정부도 이와 비슷하다. 문 대통령은 '생애맞춤형 소득지원제도'를 공약했다. 영유아에게는 아동수당을 주고, 젊은이들에게는 청년구직 촉진수당을, 노인을 위해서는 기초연금을 확대한다는 계획이다. 의료 분야에서는 소득 하위 50%까지 건강보험 의료비 부담을 낮추기로 했다. 문제는 재원마련이다. 노무현 정부를 비롯해 역대 정부는 복지공약을 내놨다가 실행단계에서 대폭 축소하는 경우가 비일비재했다. 자유한국당의 한 전직 의원은 "문재인 정부의 복지정책을 모두 실행하려면 증세는 불가피해 보인다. 세부적인 세수 확대 방안을 제시해야 한다"고 말했다. (중략)

■ **부동산 정책, 가격안정이 우선**

대한민국 국민들은 자산의 상당부분을 부동산 형태로 소유하고 있어 특히 부동산정책에 많은 관심을 가지고 있다. 노무현 정부 부동산정책 기조는 보유세를 확대해 수요를 줄여 가격을 안정시키는 것이었다. 종합부동산세(종부세) 도입 등이 대표적인 가격안정정책이었다. 문재인 정부 역시 부동산시장 활성화보다는 가격안정화와 서민주거정책을 강조하고 있다. (중략)

노 전 대통령이 각종 부동산 규제정책을 내놨다가 실패하면서 민심 이반을 겪었던 만큼 문재인 정부에서는 섣불리 규제정책을 내놓지 못할 것이라는 분석도 있다.

■ **대북관계 물꼬 틀까**

노무현 정부 안보정책은 자주국방과 남북교류 확대를 통한 화해 정책으로 정리할 수 있다. 자주국방을 위해 전시작전통제권(전작권) 전환을 추진했던 것이 대표적 사례이다. 노 전 대통령은 취임 후 군지휘부와의 대화에서 자주국방의 필요성을 강조했다. 노 전 대통령은 "그 나라 국방은 우선 자주적 역량으로 먼저 하고, 그 다음에 집단안보라든지 안보동맹이라든지 이런 것은 보조적인 것이어야 한다"면서 "한국이 세계에서 대우받는, 그리고 당당하게 자기 목소리를 낼 수 있는 국가가 되기 위해서는 자주국방해야 된다"고 말했다. 노무현 정부는 미국과 2012년 전작권을 전환하는 데 합의했지만 이명박 정부 출범 이후 '안보상황 변화'와 '준비 부족'을 이유로 연기되었다. 문 대통령도 노 전 대통령과 비슷한 시각을 가지고 있다. 문 대통령은 후보 시절 임기 내 전작권 전환 추진을 공약했다. 문재인 정부는 노무현 정부의 남북교류 확대를 통한 화해 정책을 계승해 5·24 제재 조치 해제와 금강산 관광 및 개성공단 재개 등도 검토한 것으로 알려졌다. 이 같은 정책은 야당의 강력한 반발에 부딪힐 것으로 예상되었다. (중략)

문재인 정부 인수위원회 역할을 한 국정기획자문위원회 박광온 대변인은 〈일요신문〉과의 통화에서 "문재인 정부가 노무현 정부를 계승하는 것은 맞지만 무작정 과거 노무현 정부의 정책을 좇아가지는 않을 것"이라며 "일부 비슷한 정책이 있을지도 모르겠지만 우리는 국민들에게 도움이 되는 정책이라면 보수정권의 정책도 모두 계승할 계획"이라고 말했다.

출처: 일요신문. 2017.5.27 뉴스기사 중 발췌

5) 이명박 행정부 정책체제의 특징

이명박 대통령은 민간기업(현대건설 CEO) 경력과 서울시장 경험을 가진 대통령으로 효율중심사고와 공익가치(형평성 등)의 조화와 균형을 도모할 수 있을 것이라는 기대를 받았으나, 오히려 재벌편향적이거나 특정 계층에 유리한 정책환경을 조성하기도 했다.

또한 정부의 권위 회복을 강조하면서 시민사회 영역과 일정한 거리를 유지하였다는 점에서 '전통적 국정관리체제로의 회귀기'로 규정될 수 있을 것이다. 또한 외형적으로는 방송광고 경쟁체제 도입, 민영미디어랩 등을 도입하여 언론을 존중하는 듯하였으나 대통령에게 유리한 여론 형성을 위해서 보수언론을 우대하거나 공영방송사인 KBS, MBC 등 사장에 친정부 인사를 배치하고 민영방송사(SBS) 사장 출신을 대통령실장(비서실장)에 임명하는 등 언론을 보수성향화하려는 경향이 있었다.

이명박 행정부의 지배 이념 및 정책 기조는 '친시장적 발전 국가의 건설'과 '신자유주의적 경제정책', 그리고 '법치주의'로 요약될 수 있다. 이명박 행정부에서는 기업친화적 풍토 조성이 강조되고, 정부조직 및 기능의 감축과 규제 혁파, 공기업 선진화, 법인세 인하 등 시장 메커니즘을 활성화하기 위한 신자유주의적 경제정책을 추구하였다. 대표적으로 이명박 정부가 중요하게 내세운 '747'이라는 경제정책은 '연 7% 경제성장, 국민소득 4만 달러, 세계 7대 경제강국'을 달성하는 것을 목표로 하였는데, 달성 방식에서 대기업과 부자들의 소득이 늘면 자연스럽게 중소기업과 저소득층으로 흘러간다는 '낙수효과'를 기초로 했다. 한편, '능동적 · 예방적 복지'를 강조하며 노인, 장애인, 한부모 가구의 부양의무자 소득 기준을 완화하고, 노인장기요양보험 도입(2008.7), 장애인연금 도입(2010.7) 및 기초노령연금 대상 확대 등을 추진하였다.

이명박 행정부는 또한 이명박 대통령이 현장실무를 중시하는 실용적 기업인이자 스스로 경제 대통령을 표방한 만큼 정책대안의 개발과 집행에 관심을 가졌지만 주로 공공가치보다는 시장 중심의 신자유주의적 사고에 입각한 정책들을 개발하고 집행하였다. 4대강 사업, 세계 각국과의 FTA 체결, 보금자리주택사업 등을 적극적으로 추진했으나 대운하 논쟁, 한미 FTA 반대, 용산역 개발 반대와 시위진압 참사 등 정책에 대한 야당과 시민단체들의 극심한 반발이 있었다. 당시 국내총생산 및 국민총소득 등 외형적 경제지표는 증가하였고, 이명박 정부의 녹색성장(온실가스 감축, 녹색기술 신성장동력 산업 선정) 등은 계승할 만한 정책으로 거론되기도 하지만 임기 내내 부동산 경기는 꽁꽁 얼어붙어 있었다. 결과 중심의 사고방식으로 국민적 합의나 시민사회 참여 등 절차적 정당성을 제대로 확보하지 못한 부분과 이로 인해 의회민주주의에 위배되는 정책이 양산되었다는 비판 역시 존재한다.

사례 ❾

이명박 정부: 감세 또 감세

정권이 바뀌면 대대적인 세제개편이 뒤따랐다. 대선 과정에서 국민들에게 약속한 공약을 실천하고, 어려운 경제상황을 극복하기 위해서는 조세제도 개편이 필요했기 때문이다. 정부 세제개편안은 정부가 집권 내 이행할 정책의 흐름을 알려주는 중요한 방향타인데, 대개 대통령에 대한 지지율과 정책 추진력이 가장 높은 집권 첫해 뼈대가 정해진다.

(중략)

2008년 집권한 이명박 정부의 조세정책 기조는 역대 어느 정권보다 선명했다. 대규모 감세정책을 추진했는데, 첫해 세제개편안 전체가 감세정책이었다고 해도 과언이 아니다.

세제개편안에는 소득세율 인하, 법인세율 인하, 양도소득세율 인하, 상속증여세율 인하 등 주요 세목별 기본 세율을 일괄적으로 인하하는 방안이 담겼고, 양도소득세 과세표준을 6억 원에서 9억 원으로 상향조정하며 장기보유특별공제 보유 기준을 20년 이상에서 10년 이상으로 완화하는 파격적인 감세정책이 포함되었다. 또 고유가에 따른 물가안정을 위해 긴급할당관세를 시행하는 한편 기름값을 지원한다며 세금환급 형태로 유가환급금을 지급하기도 했는데 당시 '현금 살포' 포퓰리즘이라는 평가를 받았다. 하지만, 감세정책 상당부분의 혜택이 부자들에게 돌아간다는 비난이 거세게 일면서 상속세율 인하 등 일부 세제개편안들은 국회 문턱을 넘지 못했고, 소득세율 인하와 법인세율 인하도 고소득자 및 대기업에 해당되는 부분은 일부 국회 입법 과정에서 철회되기도 했다.

출처: 비즈니스워치. 2017.5.3 "노무현 '조세형평…이명박 감세'" 뉴스기사 중 발췌

감사원, 4대강 정책결정부터 성과분석까지 들여다본다

감사원은 국민 세금 22조 원이 투입되고 매년 수천억 원의 유지비가 들어가는 '4대강 사업'에 대한 4번째 감사를 결정했다. 정책결정 과정부터 성과분석까지 전방위적으로 들여다볼 계획으로, 사업을 주도한 이명박 전 대통령 등 보수진영의 반발이 예상된다.

(중략)

감사원 측에 따르면 당초 올해 예정된 4대강 관련 감사는 4대강 수역의 수량관리 실태를 점검하는 '가뭄 및 홍수대비 추진실태' 감사였다. 그렇지만 문재인 대통령이 지난달 22일 "4대강 사업 추진을 정상적인 행정으로 볼 수 없다"며 사업 정책결정과 집행 과정에 대한 정책감사 필요성을 제기했다. 이틀 뒤에는 환경 관련 시민단체들의 공익감사가 청구되어 감사원은 지난달 31일부터 이달 8일까지 사전조사를 실시했다. 감사원은 이번 감사가 과거 진행된 세 차례 감사와는 그 범위와 초점이 다르다고 강조했다. 특히, 지난 감사들에서 미처 들여다보지 못한 부분을 주로 점검하겠다는 설명이었다.

이명박 정부 시절 2010년 1차 감사에서는 사업계획 자체가 적정하게 수립되었는지가 중

심이었다. 임기 말 2012년 2차 감사에서는 공사가 설계대로 이뤄졌는지 판단했다. 박근혜 정부 시절 2013년 3차 감사에서는 건설사들의 담합 문제가 주요 대상이었다.

공교롭게도 감사 결과는 점점 부정적으로 나왔다. 1차 감사에서는 '홍수와 가뭄 예방에 도움이 된다'는 결론이 나왔지만, 2차 감사에서는 '총체적 부실'이라고 지적되었다. 3차에서는 4대강이 대운하를 염두에 두고 추진되었고, 건설사들의 입찰 담합 등 불법이 있었다는 게 밝혀졌다.

이번 감사에서는 정책결정 과정부터 들여다봐 이명박 정부의 주요 정책 결정권자들에 대한 감사도 불가피해 보인다. 보수진영의 반발이 터져나올 대목이다. 앞서 문 대통령이 4대강 감사 필요성을 제기하자 자유한국당과 바른정당은 "이 전 대통령을 겨냥한 보복감사"라고 한 목소리로 비판했고, 이 전 대통령 측도 "세 차례 감사로 이미 결론이 난 사안"이라고 반발했다.

출처: 뉴스토마토. 2017.6.14 뉴스기사 중 발췌

6) 박근혜 행정부 정책체제의 특징

박근혜 행정부는 존립 기반이었던 새누리당이 여당이자 국회 다수당을 차지함으로써 정국 운영의 주도권을 쥐고 시작하였으나 정권 초기부터 국가정보원의 대선 개입 의혹, 2014년 4월 세월호 사건, 12월 19일 헌법재판소의 통합진보당 해산 등을 둘러싸고 범야권 및 일반 국민과의 극심한 대립이 있었다. 청년실업 확산 등 침체된 경제는 좀처럼 개선되지 않았으며 한편 영유아 교육지원, 노령자 공적연금 지원, 장애인 지원 등 국민들의 복지정책 확대에 대한 요구는 증가하였다.

박근혜 행정부는 선거 과정에서 경제민주화 등을 내세웠으나 공약을 수정해 '경제활성화'를 외쳤고, '증세 없는 복지'를 추진하고자 하였다. 기본적으로는 보수적인 성향을 띠며 박정희 정권의 정부주도식 권력형 정책운영에 대한 향수를 지니고 있었다. 시민의식이 성숙하고 민관 거버넌스를 통한 국정운영이 중요해졌음에도 불구하고 시대적 조류를 거슬러 언론을 통제하고 권력집중형, 재벌 및 소수특권계층 밀착형 정책을 수행하여 2017년 3월 헌정사상 최초로 헌법재판소의 탄핵소추판결에 의해 파면되기에 이르렀다.

주요 정책을 살펴보면 DTI · LTV 완화 및 양도세 한시 면제 등 '빚 내서 집 사라'는 식의 규제 완화 정책을 통한 부동산 경기부양에 '올인'했으며, 공공 부문에 대한 개혁조

치로 공무원연금 개혁, 코레일 개혁 등을 시도했다. 공공 부문에 성과급적 연봉제, 임금피크제 등을 도입하고 정착시키기 위해 강한 제동을 걸었으나 노사 간 합의가 전제되지 않아 분쟁과 갈등을 유발하기도 했다. 대북정책은 개성공단 폐쇄, 대북송금 중단 등 강경한 방식으로 대응하였다.

박근혜 행정부는 최순실 국정농단 사건, 비선실세에 의한 정부 의사결정, 권력과 재벌의 결탁 등에서 비추어지듯이 대통령 측근 위주의 권력밀착형 폐쇄적, 상명하달식(top-down) 정책결정이 우세한 시기였다는 비판을 면할 수 없다. 2016년 말 세계경제포럼(WEF) 조사에서 박근혜 정부의 '정책결정 투명성'은 세계 115위로 추락해 세계 최하위권이었다. 정부규제 부담(105위), 공무원 의사결정의 편파성(82위), 공공자금 전용(69위), 기업 이사회 유효성(109위), 기업경영윤리(98위) 등에서 매우 낮은 수준으로 평가받았다. 동 시기 국제투명성기구(TI: Transparency International)의 국가청렴도(부패인식지수)에서도 56점에 그쳐 싱가포르(85점)에 크게 뒤진 37위에 그쳤다. 정치민주화를 넘어 복지국가시대를 맞아 정부, 기업, 민간이 협조하는 바람직한 국정운영 방식으로 뉴거버넌스 체제가 모색되던 차에 오히려 이에 대한 균열과 도전 및 과거 권위주의적 정책결정 구조로의 회귀가 있었다고 볼 수 있다. 향후 한국 사회에서 이러한 폐단이 다시 없도록 방지하고 보다 성숙하기 위해서는 아픔을 계기로 국가지도층과 공무원부터 공직 윤리를 준수하고 기업, 개인 역시 민주시민으로서의 권리와 책임을 다시금 자각하고 사회적 책임을 준수해야 할 것이다.

사례 ⑩

분야별 컨트롤타워에 권한 주고 책임 맡겨야

박근혜 정부는 2013년 출범하면서 이명박 정부에서 폐지된 경제부총리제를 부활시켰다. 이듬해인 2015년에는 교육·사회·문화 분야를 총괄하는 사회부총리직을 신설했다. '책임총리'를 정점으로 경제부총리와 사회부총리가 포진한 삼두체제를 구축했다. 외교·국방·안보는 청와대 국가안보실장이 컨트롤타워 역할을 맡도록 했다. 그러나 박근혜 정부 내내 경제정책과 사회정책의 컨트롤타워 부재를 지적하는 목소리가 끊이지 않았다. 산업 구조조정 과정에서 경제부총리의 모습이 보이지 않는다는 지적이 나오는가 하면, 사회부총리는 인사와 예산 관련 권한이 없다 보니 현안 조율에 뚜렷한 한계를 노출했다.

“‘전문성 + 비전’ 갖춘 경제부총리에 경제정책 일임해야”

박근혜 정부가 경제부총리제를 부활시킨 것은 경제정책과 조세, 예산 기능을 모두 갖춘 기획재정부 장관이 경제 분야만큼은 책임지고 진두지휘하라는 의미였다. 이에 맞춰 차관급이 주로 참석하던 경제정책조정회의를 장관급이 참가하는 경제관계장관회의로 격을 높였다. 경제정책 컨트롤타워 문제가 수면 위로 떠오른 것은 경기 부진이 길어지는 가운데 본격적인 산업·기업 구조조정이 시작된 지난해 상반기였다. 구조조정 실탄 마련을 위한 국책은행 자본확충을 모색하는 과정에서 기획재정부와 금융위원회, 한국은행 등이 서로 입장이 달라 진통을 겪자 경제정책의 컨트롤타워가 없다는 지적이 제기되었다. 정부는 지난해 6월 유일호 경제부총리가 주재하는 ‘산업경쟁력 강화 관계장관회의’를 신설했다. 그러나 이후에도 한진해운의 법정관리 신청과 물류대란, 대우조선해양 추가지원을 두고 불거진 금융위원회와 산업자원부 간 이견 등으로 부처 간 조율 부재를 질타하는 목소리가 커졌다. 여기에 8·25 가계부채 관리대책 이후 부동산시장 과열 양상에도 각 부처가 정리되지 않은 말들을 쏟아내 시장 혼란을 부추기자 경제정책을 책임지는 기획재정부와 경제부총리의 역할에 대한 비판이 제기되었다.

(중략)

“사회부총리 권한 강화하는 방향의 개편 필요”

박근혜 정부 출범과 함께 부활한 경제부총리와 달리 교육·사회·문화 분야를 총괄하는 사회부총리직은 2014년 세월호 사고 이후 정부조직을 개편하면서 신설되었다. 경제부총리가 책임지는 경제분야와 달리 비경제분야에서는 현안을 주도적으로 해결하고 부처 간 이견을 조율할 컨트롤타워가 없다는 지적에 따른 것이다. 김대중 정부 시절인 2001년부터 인적자원개발 기능을 총괄·조정하는 교육부총리가 있었지만 이명박 정부가 출범한 2008년 2월 사라졌다. 6년여 만에 사회부총리직을 신설하면서 청와대는 단순히 부총리 자리를 하나 더 만드는 것이 아니라 행정부에 책임을 맡겨 내각을 관할토록 함으로써 책임행정을 펼 수 있는 기반을 만든 것이라고 의미를 부여했다. 하지만, 그동안 사회부총리가 사회분야의 컨트롤타워 역할을 제대로 수행했는지에 대해서는 부정적인 목소리가 크다. 한 달에 한 번꼴로 열리는 사회관계장관회의의 내용을 들여다보면 민생·국민 안전과 직결되는 안건이 아니거나, 부총리의 조정이 필요할 만큼 부처 간 이해관계가 첨예하게 갈리는 것으로 보기 어려운 안건도 적지 않았다. 자유학기제 학생 체험활동 지원 방안 논의(2015년 1월), ‘문화가 있는 날’ 혜택 확대를 위한 범부처 협의(2015년 5월), 위해우려종 생물 지정 논의(2015년 7월), 독서문화 확산을 위한 범부처 협력 논의(2016년 8월) 등이 그 예이다.

이에 비해 가습기 살균제 사태와 이로 인해 확산한 ‘케미포비아’, 미세먼지 대책 등 최근 사회분야의 주요 이슈로 불거졌던 민감한 사안은 사회관계장관회의에서 합의점을 찾지 못했거나 아예 논의 대상에서 빠졌다. 일각에서는 교육·고용·노동·복지·여성·환경 등 사회부총리 업무가 경제분야에 비해 비교적 독립적이고 성격이 다양해 효율적인 정책 조율에 한계가 있다고 지적하였다. 경제부총리처럼 타 부처에 대한 예산권을 쥐고 있지 않다는 점을 고려하면 책임만 있을 뿐 권한이 거의 없다는 목소리도 흘러나왔다. 전문가들은 이 때문에 사회부총리에게 조직·인사 관련 권한을 주는 등 권한을 대폭 늘리거나 교육부가 아닌 행정자치부 장관이 사회부총리를 겸직하는 등의 대안이 필요하다는 의견을 제시한다.

(중략)

직제상 컨트롤타워를 분명히 하는 것 못지않게 청와대와 각 부처, 또 부처 간 원활한 소통도 중요하다. (중략) 남성욱 고려대 교수는 "청와대가 모든 것을 다 알 수 없는데 일방통행식으로 정책을 결정해 부처에 하달한 것이 박근혜 정부의 가장 큰 문제였다"라며 "각 부처에 재량권을 주고 유기적으로 소통해야 한다"고 말했다.

출처: 연합뉴스. 2017.5.7 뉴스기사 중 발췌

7) 문재인 행정부 정책체제의 특징

문재인 행정부는 헌정사상 최초의 위기 상황인 전임 대통령의 탄핵과 장기간 리더십의 공백 상태에서 집권을 하여 많은 기대와 우려를 가지고 출범하였다. 문재인 정부는 직접민주주의를 언급하며 국민과의 소통을 중시하고, 국가균형발전을 위해 노무현 정부의 국가균형발전위원회를 되살리고 위상과 기능을 강화하는 방향을 밝혔다. 또한 과거 정권의 적폐를 청산하고 국방과 국가정보원, 검찰 등 권력기관 개혁과 탈원전 정책, 약자 및 소수자 인권 보호, 저소득층 소득 증진을 우선시하는 경제정책 등을 표명하였다.

과거 역대 정권에서 본받을 만한 정책은 선택적으로 수용하려고 하였다. 예컨대, 북방정책으로 김대중 정부의 '햇볕정책', 노무현 정부의 '평화번영정책' 등을 감안한 '달빛정책' 등이 거론되는 것 등이다.

〈표 10-1〉은 역대 행정부 정책체제의 특징을 요약한 것이다.

〈표 10-1〉 역대 행정부 정책체제의 특징

구분	지배 이념 및 주요 정책 기조	정책결정 구조의 특성	정책환경적 특성	정책체제의 유형
이승만 행정부	• 반공과 국가안보 • 자본주의 경제체제 건설	• 권위주의적 정책결정 체제	• 시민사회 부문의 억제	• 근대 관료제의 기반 구축기

장면 정부	• 민주사회 건설 • 경제재건	• 의회 및 정당 중심의 정책결정 체제	• 시민사회 부문의 투입 과잉	• 민주적 정부(democratic government)의 시험기
박정희 행정부 전기	• 국가안보 • 경제개발	• 군부 엘리트와 기술 관료의 결합 체제	• 시민사회 부문의 억압	• 관료적 권위주의 체제의 모색기
박정희 행정부 후기	• 국가안보 • 경제개발 • 복지사회 건설	• 군부 엘리트와 기술 관료의 결합 체제	• 시민사회 부문의 억압	• 관료적 권위주의 체제의 공고화기
전두환 행정부	• 사회안정 • 경제안정 제일주의 • 시장경제 체제로의 전환 모색	• 군부 엘리트와 기술 관료의 결합 체제	• 시민사회 부문의 억압	• 관료적 권위주의 체제의 균열기
노태우 행정부	• 권위주의 청산 • 복지주의	• 기술관료 역할이 축소된 다원화된 정책결정 체제	• 시민사회 부문의 태동화 • 노동 통제의 완화	• 관료적 권위주의 체제의 이완·해체기
김영삼 행정부	• 민주주의의 제도화 • 세계화를 통한 개방 경제 체제의 구축	• 대통령 중심의 권위주의적 정책결정 체제	• 시민사회 부문의 활성화	• 뉴거버넌스 체제의 맹아기
김대중 행정부	• 대북포용정책 • 복지정책	• 대통령 중심의 권위주의적 정책결정 체제 • 노사정위원회 등 뉴거버넌스로의 전환 모색	• 시민사회 부문의 활성화	• 뉴거버넌스 체제의 모색기
노무현 행정부	• 분권화와 참여민주주의 구현 • 사회적 형평성과 균형발전의 추구	• 참여적·분권적 정책 체제	• 분권화된 정책체제 • 시민사회 참여 활성화 및 제도화	• 뉴거버넌스 체제의 구축기
이명박 행정부	• 친시장적 발전국가 지향 • 신자유주의 경제정책 • 법치주의	• 법치 질서를 강조하는 전통적 국정관리 체제	• 정부의 권위 회복 및 시민사회 부문과의 일정한 거리 유지	• 전통적 국정관리 체제로의 전환기
박근혜 행정부	• 경제활성화, 증세 없는 복지 • 대북강경정책	• 대통령 비선실세 중심의 정책결정 체제	• 정부의 권위 하락 • 야당 및 시민사회 부문의 항거	• 관료적 권위주의 체제로의 회귀 및 뉴버거넌스 체제의 균열기
문재인 행정부	• 국가정보원·검찰 등 권력기관 개혁과 탈원전 정책 • 사회적 약자 및 소수자 보호	• 직접민주적 방식의 국민 소통 중시	• 직접민주적 방식의 활용 • 시민사회의 정책 투입 기능 활성화	• 뉴거버넌스 제도의 활성화

자료: 이종수(2008)를 수정·보완함.

이상의 논의 등을 통해 한국 역대 정부 정책체제의 특징을 다음과 같이 요약할 수 있을 것이다. 한국의 정치체제를 '제왕적 대통령제(imperial presidency)'로 규정하듯이, 한국의 정책결정 과정에서 대통령의 역할과 영향력이 절대적이라는 점을 우선 지적할 수 있다. 반면 의회, 정당 등 정치적 하위체제는 정책 과정에서 주변적 역할을 수행하는 데 그치고 있다. 관료집단은 특히 관료적 권위주의 체제하의 정책 과정에서 중요한 역할을 하였으나 민주화 이후에는 그 역할이 축소되고 있으며, 그 대신 노동조합, 시민단체, 언론 등 시민사회의 영향력이 확대되고 있다.

한국 정책체제의 과제는 다음과 같이 제시될 수 있다.

첫째, 역대 행정부의 정책체제에서 가장 두드러지게 나타난 특징은 대통령의 비전과 역할이 긴요한바, 대통령이 단기적·정쟁적 관점을 벗어나 중·장기적 시관(時觀)에서 국가발전 비전과 전략을 마련할 수 있도록 하기 위한 제도 개선책이 모색될 필요가 있다.

둘째, 정책 과정에서 의회의 역할이 좀 더 강화될 필요가 있다. 민주화된 정부가 들어선 이후 정책체제 속에서 의회의 기능이 다소 강화되었으나, 공익 기준과 국민 여론에 아랑곳하지 않는 지나친 '정쟁적(政爭的) 관행'이 정책합리성을 제약하고 있는 것이 사실이다. 정책합리성을 제고하기 위해서는 교차 투표(cross voting)의 폭을 넓히는 등 의회문화가 좀 더 성숙될 필요가 있다.

셋째, 한국의 정책체제에서 기술관료들의 전문성과 책임성, 그리고 기능적 자율성이 제고되어야 할 것이다. 특히, 중·장기적 시관에서 관료들의 책임성을 확보하기 위한 제도 개선책이 강구되어야 할 것이며, 아울러 정치권력과 관료집단과의 균형 있는 역할 분담 체제를 구축, 정책 과정에서 관료들에게 보다 큰 기능적 자율성이 부여되어야 할 것이다.

넷째, 시민사회의 다양한 정책투입 기능은 정책합리성의 제고에 기여할 수 있다는 측면에서 정책체제에서 시민사회 영역을 배척하기보다는 보다 적극적으로 끌어안을 필요가 있을 것이다. 그러나 '투쟁과 운동' 방식의 투입은 정책합리성을 오히려 저해할 수 있다는 차원에서 시민단체 등은 한층 성숙된 합법적 방식으로 활동 방향을 전환할 필요가 있다.

다섯째, 정책체제 속의 정책전문가들의 윤리의식이 제고되어야 한다. 특히, 정책전문가들이 정부정책의 정당화 작업에 동원되어 분석 결과를 왜곡하는 등의 비윤리적 행태는 근절되어야 할 것이다.

앞으로 한국 사회는 최소한 현 경제 규모에 걸맞은 '사회적 자본(social capital)'을 구축하여 정책체제를 개선해나가야 할 것이다. 사회적 자본은 사회구성원 각자가 자신의 위치에 맞는 권리와 책임을 명확히 인식하고 본분을 지키면서 상호 간의 신뢰를 축적하고 호혜규범을 형성함으로써 구축할 수 있다. 공직자의 높은 청렴의식과 성숙한 시민의식, 사회규범에 입각한 정부-민간-기업 간 정책 네트워크 형성을 통해 상호 머리를 맞대고 바람직한 국정운영 방향을 모색하는 것이 우리가 꿈꾸는 뉴거버넌스(New Governance) 시대의 자세이며 이를 위해 부단히 노력해야 할 때이다.

12
CHAPTER

조직

제 1 절　조직 구조
제 2 절　조직 행태
제 3 절　조직 문화
제 4 절　한국 공공조직의 현장

제1절 조직 구조

1 조직과 조직 구조

조직은 특정한 목표를 달성하기 위해 의식적으로 구성된 인간의 사회적 단위(social unit)이다. 또한 조직구성원들은 조직목표를 달성하기 위하여 협동하면서 끊임없이 상호작용을 하는데, 조직구성원의 유형화된 상호작용(patterned interaction)을 조직 구조(organization structure)라고 한다. 조직 구조는 조직 내의 수평적 분화와 수직적 계층에 따라 다양한 형태를 띠는데 기본적으로 기계적 조직 구조와 유기적 조직 구조로 나뉘며, 그 밖에 애드호크라시(adhocracy) · 사업부제 조직 · 직능 조직 · 행렬 조직 등으로 구분된다.

조직 구조는 세 가지 핵심요소로 정의된다.

첫째, 조직 구조는 개인 및 부서에 부과된 공식적 과업의 집합으로서 개인을 부서로, 부서를 전체 조직으로 집단화(grouping)한다.

둘째, 조직 구조는 권한의 흐름, 의사결정 책임성, 계층의 수, 통솔 범위 등 공식적 보고 관계를 지정한 것이다.

셋째, 조직 구조는 부서 간의 의사소통, 조정, 통합을 확보할 수 있는 체제다.

조직 구조를 설계할 때는 명령체계, 계선과 참모, 통솔 범위, 집권과 분권, 공식화 정도를 고려하여야 한다(Daft, 1998: 15-18).

명령체계(chain of command)는 조직 내 모든 구성원을 연결하는 연속된 권한(authority)의 흐름으로, 누가 누구에게 보고하는지를 정한다. 조직의 관리자는 의사결정, 명령지침, 자원 배분에 관해 직위가 부여한 공식적이고 정당한 권한을 행사한다. 따라서 상관은 조직의 계층을 따라 위에서 아래로 권한을 행사하고 부하는 이에 복종한다.

계선 부서(line departments)는 조직의 일차적 목표와 관련된 과업을 수행하는 데 반해, 참모 부서(staff departments)는 전문성을 바탕으로 인력, 회계, 연구, 마케팅 등을 통해 계선기관을 지원하는 기능을 한다. 우리나라 정부기관에서는 차관보, 담당관 등이 참모 부서에 해당된다.

통솔 범위(span of control)는 한 명의 상관에게 보고하는 부하의 수를 가리킨다. 통솔 범위에 따라 조직의 계층 수가 결정되는데, 일반적으로 좁은 통솔 범위를 가지고 있어 계층 수가 많으면 고층 조직(tall organization), 넓은 통솔 범위에 따라 계층 수가 적을 경우 저층 조직(flat organization)에 해당한다. 최근에는 비용 효율성, 신속한 의사결정, 관리 권한의 위임을 위해 통솔 범위가 넓은 저층 조직을 선호한다.

한편 집권화와 분권화는 의사결정이 이루어지는 계층이 위치한 수준을 의미한다. 집권화(centralization)는 의사결정 권한이 조직계층의 상층부에 집중되는 경우를, 분권화(decentralization)는 의사결정 권한이 조직의 하위계층에 분산되는 경향을 가리킨다.

집권조직은 조직의 내적 통제력을 확보할 수 있기 때문에 위기 상황과 같은 불리한 조직 환경에 효과적이다. 한편 분권조직은 최고관리자의 과도한 의사결정 부담을 경감하고, 조직구성원의 능력과 기술을 적극적으로 활용할 수 있는 장점이 있다. 또한 분권조직은 과업내용을 가장 잘 알고 있는 조직구성원의 수준에서 의사결정이 이루어질 수 있도록 하고, 환경 변화에 신속한 대응이 가능하게 한다.

공식화(formalization)는 규칙이 문서화(written documentation)된 정도를 뜻한다. 문서에는 직무기술서, 공식적 규칙 및 규정, 구체적 정책 및 절차가 포함된다. 공식화 수준이 높은 직무를 수행하는 조직구성원은 과업을 수행할 때 재량의 여지가 적다. 따라서 공식화를 통해 과업수행의 지속성을 확보할 수 있지만, 조직구성원의 참여와 창의성을 제한하고, 과도한 문서주의(red tape)의 폐해가 초래되기도 한다.

2 조직 구조 모형

1) 기계적 구조와 유기적 구조

조직 구조의 기본 모형은 크게 기계적 구조(mechanistic structure)와 유기적 구조(organic structure)로 나뉜다(Burns & Stalker, 1961).

기계적 구조는 엄격히 규정된 직무, 다수의 규칙과 규정(높은 공식화), 집권적 권한, 명확한 명령체계, 좁은 통솔 범위, 낮은 팀워크를 특징으로 하며, 내적 통제에 따른 예측 가능성이 높다는 장점이 있다. 반대로 유기적 구조는 적은 규칙(낮은 공식화), 분권적 권한, 광범위한 직무, 넓은 통솔 범위, 높은 팀워크를 특징으로 하며, 환경에 대한 뛰어난 적응성을 지닌다.

대표적으로 베버(M. Weber)가 제시한 관료제는 분업화와 집권화 및 공식화 정도가 높은 기계적 조직 구조로, 대규모 조직에서 합리성과 효율성을 극대화하는 데 효과적이다.

한편 유기적 구조의 대표적인 조직으로는 학습조직(learning organization)을 들 수 있다. 학습조직은 공동의 과업, 소수의 규정과 절차, 비공식적이고 분권적인 의사결정을 특징으로 하며 모든 조직구성원이 문제 정의와 해결에 관여하고, 조직 역량을 증진하기 위해 지속적인 실험을 가능케 한다. 이 조직은 세계 경제 통합에 따른 경쟁의 심화와 정보통신기술이 확산된 환경에서 더욱 탄력적이고 대응적인 새로운 조직 구조로서 관심을 받고 있다.

2) 기타 조직 구조

(1) 기능 구조

기능 구조(functional structure)는 유사한 기능 혹은 업무를 수행하거나 유사한 지식 또는 기술을 가진 구성원을 동일한 부서로 묶는 기능부서화 방식에 기초한 조직 구조이다. 기능 구조는 유사한 기능을 묶어 시설과 자원을 공유케 함으로써 중복과 낭비를 막고 효율성을 높이는 규모의 경제 효과를 지닌다. 그러나 부서 간의 조정과 협력이 요구되는 환경 변화에 둔감하다.

(2) 사업 구조

사업 구조(divisional structure)는 산출물에 기반한 사업부서화 방식의 조직 구조로서 사업 구조의 각 부서는 한 제품을 생산하거나 한 지역 혹은 고객집단을 대상으로 봉사할 때 필요한 모든 기능이 한 부서 안에 배치된 자기완결적 단위이다.

사업 구조의 각 부서는 기능 간 조정이 용이하므로 환경 변화에 신축적이고 대응적이다. 또한 성과 관리에 유리하며 구성원들로 하여금 포괄적인 목표를 갖도록 한다. 그러나 산출물별 생산라인이 중복되어 비효율이 초래되고 사업부서 간의 경쟁이 지나칠 경우 조직 전반에 부정적 결과가 초래될 수 있다.

(3) 매트릭스 구조

매트릭스 구조(matrix structure)는 기능 구조와 사업 구조를 혼합한 조직 구조로서 조직구성원은 이원적 권한체계하에서 두 명의 상관에게 보고하여야 한다. 매트릭스 구조는 불안정하고 급변하는 조직 환경에 효과적이지만, 이중 권한체계가 개인에게 혼란·

갈등 · 좌절을 야기하고, 특히 기능부서와 사업부서 간의 갈등이 초래될 가능성이 높다.

(4) 수평 구조

수평 구조는 특정 업무 과정에서 일하는 개인을 팀으로 모아 의사소통과 조정이 이루어지도록 하는 조직 구조로, 다른 말로 팀 구조라고도 한다. 또한 고객에게 직접 가치를 제공하기 때문에 고객의 수요 변화에 신속히 대응하고, 부서 간의 경계가 희미해 조직 전체의 관점에서 업무를 이해하고 팀워크를 조성하며 조정하는 데 유리하다.

(5) 네트워크 구조

네트워크 구조는 조직 자체의 기능을 핵심 역량 위주로 설계하고, 여타 기능은 외부 기관들과의 계약관계를 통해 수행하는 조직 구조이다. 네트워크 구조는 유기적 조직의 하나로서 간소하지만 자원 활용의 폭이 넓고 환경 변화에 신축적이며 신속한 대응이 가능하다. 그러나 계약관계에 있는 외부 기관을 직접 통제하기 어렵다는 한계를 지닌다.

(6) 애드호크라시

애드호크라시(adhocracy)는 항구성을 특징으로 하는 관료제 구조와는 상반된 유기적 조직 구조로서 낮은 수준의 복잡성과 공식화, 분권적 의사결정 등의 구조적 특성을 가지며, 유연성(flexibility) · 적응성(adaptability) · 대응성(responsiveness) · 혁신성(innovation)이 높다. 대표적으로 태스크포스, 위원회조직 등이 있다.

3 조직 구조의 상황 요인

조직 구조에 영향을 미치는 상황 변수에는 조직 환경, 조직 기술, 조직 규모, 조직 전략 등이 있다.

1) 조직 환경과 조직 구조

기존 연구에서는 조직을 "어떤 투입이 어떤 결과를 발생시키는, 효과적인 전환체로 고안된 사회적 기제(social machine)"인 합리적 시스템(rational systems)으로서 환경으로부터 고립된 제한적 통합체로 묘사하였다. 하지만 1960년대 후반부터 조직을 개방된 시스템(open system)으로 바라봄에 따라 조직의 경계를 재개념화하는 시도가 나타났고, 이후 조직을 둘러싼 환경 다이내믹스는 단순히 기술이나 물질적 요인으로부터 비롯되

〈표 12-1〉 조직 구조의 상황 변수

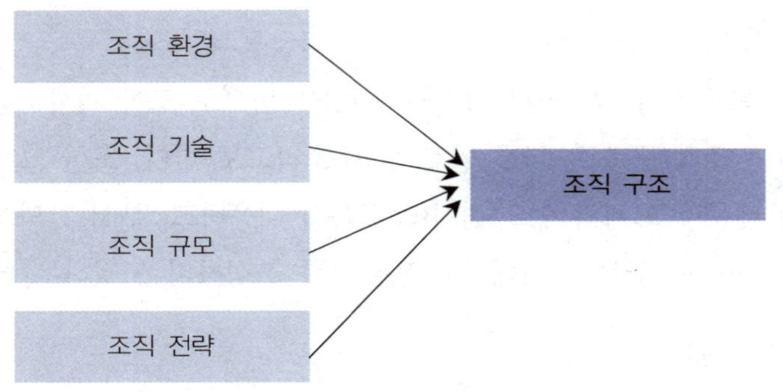

는 것이 아니라 문화적 규범이나 상징, 신념, 의식(ritual)으로부터 도출될 수 있다는 논의가 전개되었다(Scott, 1987: 31-50, 78-92; Suchman, 1995: 571).

조직 환경(organization environment)은 조직의 성과와 목표 달성에 영향을 미치는 조직 외부의 모든 요소를 말한다. 조직 구조는 조직 환경의 영향을 크게 받는데, 이는 환경의 불확실성(environmental uncertainty) 때문이다. 환경의 불확실성은 조직의 의사결정자가 조직에 영향을 미치는 외부 변화에 대해 정보를 수집하고 예측하는 데 겪는 어려움으로(Daft, 1998: 82-98), 최근 정보통신기술의 확산으로 조직 환경의 불확실성이 가중되고 있다.

환경의 불확실성은 조직에 다음과 같은 영향을 미친다.

첫째, 부서 간의 차별성이 증가한다. 각 부서는 각기 다른 목표, 과업 지향, 시간관을 가지며 상이한 환경의 불확실성에 대응하는데, 그 결과 부서 간의 장벽이 생긴다.

둘째, 부서 간의 장벽을 깨기 위한 조정 역할이 증대된다.

셋째, 환경 변화에 적응하기 위해서 수평적 조정의 필요성이 증가하고 이를 위해 조직은 신축적이고 대응적인 자세를 유지해야 한다.

〈표 12-2〉는 '환경의 복잡성'과 '환경의 역동성'을 기준으로 불확실성을 유형화한 것이다. 환경의 복잡성(environmental complexity)은 외부요소의 수와 외부와의 상이성 정도를, 환경의 역동성(environmental dynamics)은 외부요소의 변화 정도를 의미한다. 전자는 단순-복잡 정도(simple-complex dimension)로, 후자는 안정-불안정 정도(stable-unstable dimension)로 구분된다.

〈표 12-2〉 조직 환경과 조직 구조

		환경의 복잡성	
		단순	복잡
환경의 역동성	안정	낮은 불확실성 기계적 구조: 공식적, 집권적 적은 부서 통합 역할이 없음 적은 모방 현재의 운영 지향	중저 불확실성 기계적 구조: 공식적, 집권적 많은 부서 적은 통합 역할 약간의 모방 약간의 계획
	불안정	중고 불확실성 유기적 구조: 참여적, 분권적 적은 부서: 많은 경계관리 적은 통합 역할 빠른 모방 계획 지향성	높은 불확실성 유기적 구조: 참여적, 분권적 많은 부서: 분화, 광범한 경계관리 많은 통합 역할 광범위한 모방 광범위한 계획과 예측

자료: Daft(1998: 98).

환경의 불확실성 정도에 따라 상이한 조직 구조가 요구된다. 불확실성이 낮은 환경에서는 기계적 구조가, 불확실성이 높은 환경에서는 유기적 구조가 효과적이다. 또한 단순하고 안정적인 환경에서는 과업수행의 예측 가능성이 높으므로 기계적 구조가, 복잡하고 역동적인 환경에서는 유기적 구조가 적절하다(이종수 외, 2008).

2) 조직 기술과 조직 구조

조직이론의 발달 과정에서 많은 연구자들이 조직 기술이 조직 구조에 미치는 영향을 연구하였다. 우드워드(J. Woodward), 톰슨(J. Thompson), 페로(C. Perrow) 등은 생산 기술, 과업 기술, 지식 기술 등의 개념으로 조직 기술을 이해한다(Woodward, 1965; Thompson, 1967; Perrow, 1970). 이때 조직 기술(organization technology)은 조직의 투입물(자원)을 산출물(상품 및 서비스)로 전환하는 데 쓰이는 도구, 기법, 활동을 의미한다. 조직 전체 수준의 기술은 제조 기술(manufacturing technology)과 서비스 기술(service technology)로, 부서 간 기술은 공동 기술(pooled technology), 연속 기술(sequential technology), 호혜 기술(reciprocal technology)(Thompson, 1967), 그리고 부서 수준의 기술은 일상적 기술(routine technology)과 비일상적 기술(nonroutine technology)로 분류된다.

한편 페로(C. Perrow)는 전환 과정에서 발생하는 새로운 사건의 빈도를 의미하는 '과제의 다양성(variety)'과 전환 과정이 기계적 절차로 분석되어 조직구성원이 표준적·객관적 절차에 따라 업무수행이 가능한 정도를 뜻하는 '분석 가능성(analyzability)'을 기준으로, 조직 기술을 공학 기술, 장인 기술, 일상 기술, 비일상 기술로 범주화하였다(Perrow, 1967). 이에 따라 첫째, 과제 다양성과 분석 가능성이 모두 높은 경우는 공학 기술(engineering technology)이 활용된다. 둘째, 과제 다양성과 분석 가능성이 모두 낮으면 장인 기술(craft technology)이 사용된다. 셋째, 과제 다양성이 낮고 분석 가능성이 높으면 일상 기술(routine technology)이 사용되며, 이 경우 과업을 공식화하고 표준화시킬 수 있다. 마지막으로 과제 다양성은 높은데 분석 가능성이 낮은 경우에는 경험과 고도의 지식이 요구되는 비일상 기술(nonroutine technology)이 요구된다.

〈표 12-3〉 조직 기술과 조직 구조

과제 다양성 / 분석 가능성	고	저
고	공학 기술	일상 기술
저	비일상 기술	장인 기술

일반적으로 일상 기술을 사용하는 조직에서는 기계적 구조가 적합하다. 또한 일상 기술이 필요한 부서는 광범위한 공식화, 높은 집권화, 엄격한 명령체계, 수직적 계층제, 높은 전문화를 속성으로 갖는 기능 구조 유형이 효과적이다. 반면 비일상 기술을 사용하는 조직에는 유기적 구조가 적합하다. 비일상 기술이 요구되는 부서는 업무수행의 예측 불가능성이 높으므로 낮은 공식화, 높은 분권화, 광범위한 수평적 조정을 특성으로 하는 수평조직이 효과적이다.

한편 공학 기술을 사용하는 조직에는 대체적으로 기계적 구조가, 장인 기술을 사용하는 조직에는 유기적 구조가 효과적이다. 이와 같이 서로 다른 조직 기술을 사용하는 조직은 그에 적합한 조직 구조를 채택해야 한다. 일반적으로 제조 기술을 사용하는 조직의 경우, 기계적 구조가 적합하지만, 연구개발 부서와 같이 비일상 기술을 사용하는 부서에는 유기적 구조가 적합하다(이종수 외, 2008).

3) 조직 규모와 조직 구조

조직 규모도 조직 구조에 영향을 미친다. 조직의 규모가 커지면 구조 분화가 불가피하며 조직 구조가 좀 더 복잡하게 변화된다. 조직 규모가 커질수록 분업에 따른 능률성을 얻기 위해 직무가 더욱 전문화(specialization)되고, 부서는 더욱 분화(differentiation)되며 조직 구조는 더욱 관료제적으로 변한다(Blau, 1970; Blau & Schoenherr, 1971). 이러한 조직의 복잡성(complexity) 증가에 따라 소규모 조직에서 가능한 직접적 감독은 불가능하게 되어 표준화에 의한 조정 방식을 채택한다.

조직 규모가 커지면 조직은 다음과 같은 관료제적 통제 전략을 사용하게 된다(Robey, 1986). 첫째, 조직 과정을 규칙과 절차를 통해 공식화, 표준화(standardization)시킨다. 둘째, 표준화와 함께 의사결정의 분권화(decentralization)를 취함으로써 하위계층에서 의사결정이 이루어지지만, 그들에게 실질적인 자유재량권은 주어지지 않는다. 셋째, 업무과정에 자동화(automation)를 도입하여 통제력 손실 없이 더 많은 분권화를 가능하게끔 하고 그 결과, 조직 규모가 커질수록 조직 구조가 더욱 기계적 유형으로 변하게 된다.

4) 조직 전략과 조직 구조

조직 전략(organizational strategy)은 조직목표 달성을 위한 환경과의 상호작용 계획을 의미하며 크게 저비용 전략과 차별화 전략으로 구분된다(Porter, 1980: Daft, 1998: 53-58). 저비용 전략(low cost leadership strategy)은 내부지향적인 안정성 위주의 전략으로, 능률적인 시설관리, 비용 절감, 생산비용 통제 등 경제성과 능률성을 적극적으로 추구하여 가격경쟁력을 확보하려는 계획이다. 차별화 전략(differentiation strategy)은 외부지향적이며 모험을 취하는 전략으로, 혁신적인 산출물을 개발하여 시장점유율을 높이고자 하는 전략이다. 따라서 저비용 전략을 추구하는 관리자는 주로 기계적 구조로 조직을 설계하고, 차별화 전략을 추구하는 관리자는 유기적 구조로 조직을 설계하는 것이 효과적이다.

4 관료제 모형과 탈관료제 모형

1) 전통적 관료제 모형

관료제(bureaucracy)는 일반적으로 계층제적 구조를 가진 대규모 조직을 지칭한다. 서양에서는 관료제가 공・사조직(公私組織)을 막론하고 대규모 조직(large organization)을 가리키는 용어로 사용되는 데 반해, 동양에서는 정부조직 또는 국가 행정을 담당하는 공무원 집단(선출직이 아닌 임명직 공무원 집단)을 지칭한다. 대규모 조직은 그것이 공공조직이든 사조직이든 간에 베버의 관료제적 특성을 나타낸다.

베버(M. Weber, 1864~1920)는 사회적 관계를 규정하는 지배와 권위의 유형을 카리스마적 지배(charismatic domination), 전통적 지배(traditional domination), 법적 지배(legal domination)로 나누어 설명한다. 카리스마적 지배는 지배의 정당성을 지도자의 비범한 자질, 즉 카리스마에 둔다. 전통적 지배는 왕조의 권력세습과 같이 전통이나 관습에서 지배의 정당성을 구하는 유형이다. 그리고 법적 지배는 성문화된 법령에서 지배의 정당성의 근거를 찾는 유형이다.

베버는 지배의 정당성의 근거에 상응하여 관료제를 다시 카리스마적 관료제, 가산관료제,[1)] 합법적·합리적 관료제로 분류한다. 유럽의 근대 국가에서 볼 수 있는 관료제가 바로 법적·합리적 권한(legal-rational authority)에 지배의 정당성의 기초를 두고 있는 합법적·합리적 관료제이다.

법적·합리적 권한에 기초를 두는 전통적 관료제의 특성은 베버(Werber, 1922, 1947)와 후대 학자들(Harmon & Mayer, 1986; Heady, 2001; Swedberg, 2005; Allan, 2009)에 의해 다양하게 제시되었다. 여기에서는 여러 견해를 종합하여 고전적 관료제의 특성을 ① 계서제(A formal hierarchical structure and chain of command), ② 법규에 의한 지배(Management by rules and regulations), ③ 분업과 전문화(Division of labor and work specialization), ④ 비정의적(非情誼的) 업무수행(Managers should maintain an impersonal relationship with employees), ⑤ 기술적 자격에 기반한 인사 관리(Employment based on technical qualifications), ⑥ 문서주의(Formal written records: All decisions, rules and actions taken by the organization are formulated and recorded in writing), ⑦ 항구성(恒久性, permanence)[2)] 으로 제시하고자 한다.

관료제의 조직 구조와 인사 관리는 정부 업무의 안정적 수행을 위해 항구성(恒久性, permanence)의 원칙에 의해 이루어진다. 관료제는 임시조직(adhocracy)과는 달리 안정된 조직 구조를 추구하고, 인사 관리 측면에서 정부조직에의 참여는 임시직이 아닌 '전

1) 가산관료제(家產官僚制, Patrimonialbürokratie)는 국가가 군주의 사적인 세습재산(Patrimonium)으로 취급되는 가산국가(家產國家, Patrimonialstaat)에서의 관료제로, 우리나라 조선 시대의 관료제나 서구의 중세 봉건제에서 그 예를 찾아볼 수 있다.

2) 항구성은 베버가 관료제의 이념형에서 지적한 관료제의 특성은 아니지만 탈관료제 모형을 모색한 후대의 학자들이 전통적 관료제 특성의 하나로 암시하였다.

(全) 생애의 직업'으로 간주된다는 측면에서 항구성을 지닌다. 그러나 대부분의 탈관료제(post-bureaucracy) 주창자들은 관료제의 조직 구조와 인력의 항구성이 갖는 역기능을 지적하면서 관료제를 혁신하기 위해서는 항구성의 원칙을 허물고 경쟁의 원리를 도입해야 한다고 주장한다.

베버는 관료제적 조직화 방식이 행정의 효율화와 합리화에 기여한다고 보았다. 베버의 관료제는 법규에 의한 업무처리를 통해 조직 활동의 정확성 · 일관성 · 예측 가능성을 제고할 수 있고, 계층제에 입각해 명령 · 복종 관계의 질서를 확립함으로써 대규모 조직과 인원, 작업을 효율적으로 관리할 수 있게끔 한다. 또한 문서화의 원칙에 따라 직무수행의 책임성 · 정확성을 제고할 수 있으며, 비정의적 업무처리를 통해 공평무사한 업무처리를 기대할 수 있고, 전문성에 의해 능률성을 확보되며, 항구성에 의해 공공업무의 안정적 처리를 가능하게끔 하는 장점을 지닌다.

그러나 관료제에서는 여러 가지 관료병리(bureaupathology) 현상이 초래된다(김규정, 1997: 316-317; 박동서, 1997: 321-325).

첫째, 대규모 조직에서 문서에 의한 업무처리를 하면서 번거로운 관청 절차, 즉 번문욕례(red tape)와 형식주의(formalism)가 나타난다.

둘째, 관료조직에서는 동조과잉(overconformity)이 일어나기 쉬우며 관료들이 규칙 · 절차에 지나치게 집착하여 규칙의 준수가 목표 달성보다 더 중시되는 목표-수단의 전도현상이 유발된다.

셋째, 관료들은 보신을 위해 상관의 권위에 의존하면서 소극적으로 일을 처리하려는 경향을 지닌다. 즉, 관료들은 책임을 회피하기 위해 상관의 명령 · 지시에만 맹종 · 영합하면서 본질적 문제 해결에 적극적 · 쇄신적 태도를 보이지 않는 무사안일주의가 나타난다.

넷째, 자신이 소속되어 있는 기관 · 부처 · 국 · 과만을 중요하게 생각하는 할거주의(sectionalism)로 인해 다른 부서와의 횡적인 조정 · 협조가 어렵게 된다.

다섯째, 관료제의 전문가는 극히 한정된 분야의 전문성을 지니고 있어 시야가 좁을 뿐만 아니라 생각이나 이해의 신축성이 약해 '전문화로 인한 무능(trained incapacity)'이 초래된다.

여섯째, 관료제는 본질적으로 보수주의적 · 현상유지적 특징을 지니고 있어 변동에 대한 저항이 유발된다.

마지막으로 피터의 원리(Peter Principle)[3]가 함축하듯이, 관료제에서는 현 직위에서 거둔 업무성과(job performance)에 대한 보상으로 승진시키는 관행 때문에 각자의 능력을 초과하는 수준까지 승진하는 '무능력자의 승진'이 발생한다(Peter & Hall, 1969: 8).

2) 탈관료제 모형

(1) 탈관료제론 개관

관료제 모형은 공식적 국면에만 관심을 갖고 합리적인 측면만을 지나치게 강조하며 환경과 관련시키지 않은 채 조직 내부에 한정하여 고찰한다는 점이 지적된 바 있다(Selznick, 1949: 26). 세계화 시대에 경쟁이 가속화되고 불확실한 시장 상황에 직면하면서 관료제에 대해서는 조직의 유연화 압력이 가중되었다(Starkey et al., 2000: 299).

1960년대 이후 베버의 이론에 도전하는 탈관료제 모형이 등장하였다. 이에 관료제의 항구적 구조 대신에 임시작업반(task force)과 같은 임시구조(temporary structure)가, 계층제 대신에 탈계층제 구조가 제안되었고, 무사안일한 관료문화를 혁신하기 위해 전임직이 아닌 임시직이 그 대안으로 제시되었다.

대표적으로 매커디(H. E. McCurdy)는 탈관료제적 조직 구성의 원리로 ① 문제 해결 능력을 가진 사람이 권한을 행사하고, ② 업무수행의 기준과 절차는 상황적응적이며, ③ 고객을 동료와 같이 다루는 방법을 제시하였다. 또한 ④ 비계층제적 구조를 형성하고, ⑤ 집단적 과정을 통해 문제를 해결하고 의사를 결정하며, ⑥ 직업적 유동성을 보장하고, ⑦ 조직 구조는 생성·변화·소멸되는 잠정성을 가지고, ⑧ 모든 의사소통은 공개되어야 함을 제안하였다(McCurdy, 1977: 349).

(2) 탈관료제 모형의 유형

피터스(Peters, 1996)는 전통적 관료제의 대안모형인 뉴거버넌스 모형으로 시장 모형(market model), 참여정부 모형(participatory state model), 유연정부 모형(flexible government model), 저통제정부 모형(deregulated government model)을 제안하였다. 여기에서는 조직 구조, 관리, 정책 과정, 공익관을 기준으로 각각의 모형을 분석하였다.

---

3) 피터의 원리는 "계층제 속의 구성원은 각자의 능력을 넘는 수준까지 승진하는 경향이 있다(In a hierarchy every employee tends to rise to his level of incompetence)"는 생각에 기초한다. 피터의 원리는 현 직위에서 거둔 업무 성과에 대해서는 '승진'이 아니라 '보수 인상(pay raise)'을 보상으로 제공해야 하며, 승진은 현 직위에서의 근무실적보다는 직무수행능력과 같은 잠재적 역량을 나타내는 평정요소에 대한 평가를 기준으로 이루어져야 한다는 의미를 담고 있다[이종수(2009c). 참조].

① 시장 모형

시장 모형은 민간 부문의 관리 활동이 전통적인 관료제 모형보다 본질적으로 우월하다는 가정에 입각한다. 즉, 전통적 관료제의 관리 방식이 구성원들에게 능률적 업무수행을 위한 충분한 인센티브를 제공하지 못하고, 관료들은 자신의 권력과 소득을 증대시키기 위해 소속 기관의 예산을 극대화한다. 또한 관료조직의 독점적 권력이 경쟁을 제한함으로써 공공재의 생산과 공급이 비효율적으로 이루어진다.

이러한 전통적 관료제의 문제점을 해소하기 위해 시장 모형에서는 관료제에 민간 부문의 경쟁원리 도입을 제안하였다. 또한 이 모형에서는 전통적 관료제의 규칙에 기반한 권위적 구조가 제거된다면 공공 부문 구성원들의 창의적 재능이 활성화될 수 있음을 가정한다. 시장 모형은 오스트롬(V. Ostrom)이 주창한 공공선택이론(public choice theory)과 신공공관리론(new public management)에 지적(知的) 토대를 둔다. 시장 모형 이념은 1980년대 영국의 대처(M. Thather) 행정부와 미국의 레이건(R. Reagan) 행정부에 의해 추진된 행정개혁에서 본격적으로 적용되기 시작했고, 1990년대 이후 세계 각국에서 추진된 행정개혁에 이념적 기반을 제공하였다.

㉮ 조직 구조

공공 부문의 전통적 조직 구조는 환경으로부터 지시받지 않는 대규모의 독점적 조직에 의존한다. 특히 공공선택론자들은 값이 매겨지지 않은(unpriced) 공공재와 서비스를 공급하는 대규모 정부조직이 비능률성과 비효과성의 근본 원인이라고 지적한다. 이러한 구조적 문제점은 의사결정 과정에서 구성원 개인의 기업가적 정신이나 시장 신호(market signals)보다는 공식적 규칙과 권위가 행동지침으로 작용됨으로써 가중된다. 이에 시장 모형에서는 정책형성 및 집행의 분권화를 제안한다. 또한 기업가적 활동과 개인의 책임성이 제고될 수 있도록 계층 수를 현저히 축소할 때 합리적 의사결정이 이루어질 것이라고 주장하면서 계층 수가 적은 평평한 조직(flat organization)을 제안한다.

㉯ 관리

공공 부문 구성원에 대해 민간 부문 구성원들과 동일한 관리기법이 적용되어야 한다고 주장된다. 특히 전통적 인사 관리 체제에서는 동일한 계급의 구성원들에게 동일한 보수를 지급하나 상대적으로 자율성을 지닌 소규모 조직에서는 성과급제로의 전환이 더 적절하다.

㉰ 정책 과정

시장 모형에서 직업관료들은 정책형성 과정에서 자율적 결정권과 상부지침에의 부응이라는 두 가지 지침을 동시에 요구받는다.

㉱ 공익관

시장 모형의 공익관에는 시민을 소비자이자 납세자로 보는 관점이 반영되는데, 이때 공익은 전통적인 공공서비스 제공 방법인 독점이 해제되고 시민들이 시장에서 자유롭게 서비스를 선택할 수 있을 때 확보된다.

② 참여정부 모형

참여정부 모형은 작업장 민주주의(workplace democracy)와 공동결정(codetermination)에 관한 원칙을 발전시켜온 스칸디나비아 국가와 독일 등에서 그 이념이 구체화되었으며, 1990년대 미국 클린턴(B. Clinton) 행정부에 의해 추진된 정부재창조(Reinventing Government) 프로그램 속에서 '일선관료들에 대한 권한부여(empowering)' 원칙으로 구현된 바 있다.

참여정부 모형에서는 전통적 관료제의 계층 구조를 문제점으로 지적하면서 계층제 구조에서 소외된 하급구성원과 일반 시민의 참여가 확대될 수 있도록 정책체제가 구조화되어야 함을 주장한다. 다시 말해 조직의 하급계층에 에너지와 재능이 충만하고, 이들이 재화와 용역의 생산에 관한 정보를 가장 많이 갖고 있으며, 고객도 특정 프로그램에 관해 많은 정보를 갖고 있음을 가정한다.

참여는 세 가지 형태로 이루어진다.

첫째, 관료들의 독립적 의사결정권을 확대하거나 의사결정에 대한 영향력을 제고한다.

둘째, 시민들이 정책에 대해 상당한 영향력을 행사할 수 있도록 토론 과정(dialogical process)을 통해 정책을 형성한다.

셋째, 시민이 정책 선택에 어느 정도 관여하도록 한다.

이 모형은 시민들이 소비자 선택을 할 수 있고 정책에 대해 직접적인 통제를 할 수 있도록 허용한다는 점에서 시장 모형과 유사하지만, 시장 모형에 비해 더욱 정치적인 특성을 지닌다.

㉮ 조직 구조

참여정부 모형은 참여를 제고할 수 있는 다양한 조직 구조가 있을 수 있음을 가정하고, 구조(structure)보다는 과정(process)을 중시한다. 그러나 참여를 촉진하는 구조개혁이 단행될 수 있으므로 공공조직 설계를 간과한다고 보기는 어렵다.

참여정부 모형에서는 조직이 계층 수가 적은 평평한 구조로 이루어져야 함을 가정한다. 만약 하급계층이 의사결정에 많이 기여할 수 있고 동기유발이 잘 이루어진다면 전통적 관료제의 계서적 통제는 조직목표 달성에 장애가 될 뿐이다. 그러나 의사결정 과정에 고객과 하급구성원들의 관여가 폭넓게 허용된다면 법률과 재정적 제약의 준수 여부를 확인하기 위해 상급자로부터의 통제가 빈번해질 우려가 있다.

㉯ 관리

참여정부 모형은 조직의 하급계층과 고객들이 의사결정에 보다 직접적으로 관여하여야 정부조직이 효율적으로 작동할 것임을 가정한다. 또한 시장 모형이 시민의 역할을 경시하는 데 반해, 참여정부 모형은 시민의 역할을 제고하고 투표 이외의 수단으로 민주적 참여를 유인하려는 특징을 지닌다.

㉰ 정책 과정

참여정부 모형에서는 중앙집권적 방식으로 의사를 결정하고 경직적인 계층제를 통해 정책을 집행하는 국정운영 방식이 효율적이지 않다고 가정하며, 분권적인 의사결정과 정책 과정의 상향적 접근을 선호한다. 또한 정책결정이 정치적 리더십이나 관료조직의 상위계층에서 이루어지는 것이 아니라 하급관료들이 정책 과정에서 중요한 영향력을 행사한다는 점을 강조한다(Lipsky, 1980; Adler & Asquith, 1981).

㉱ 공익관

정책 과정에의 시민참여 확대는 정책의 합리성을 제고하고 집행비용을 줄이는 효과를 유발한다. 이러한 차원에서 참여정부 모형은 의사결정 과정에서 관료조직의 하급구성원과 시민의 참여가 최대한 보장될 때 공익이 확보됨을 가정한다.

③ 유연조직 모형

1960년대 이후 탈관료제(post-bureaucracy)를 주창하는 조직이론가들은 전통적 관료제 구조의 항구성이 현상 유지 관행을 고착화함으로써 조직의 역동성을 저해하고 정책을 보수화하며, 조직구성원으로 하여금 정책관리보다는 조직 그 자체에 몰입하게 하는 원인이 된다고 주장하였다. 또한 정책의 영속성이 정부의 과도한 지출을 초래해 공공부문의 적자 누적이 심화되고 있음을 지적한다.

유연조직 모형은 조직의 항구성을 무너뜨리고 임시조직을 처방하는 정부조직 개편과 관료제 내에서 임시직을 늘리고 개방형 임용을 추진하는 인사제도의 혁신, 그리고 영기준예산제도(ZBB)의 도입과 같은 재정개혁에 적용된다. 영국의 넥스트 스텝(Next Steps)4)과 뉴질랜드의 정부기업화(corporatization)와 같은 행정개혁은 기본적으로 시장모형에 입각한 행정개혁으로 볼 수 있으나 다른 한편으로는 유연조직 모형의 구체화로도 볼 수 있다.

㉮ 조직 구조

유연조직은 특정한 정책 영역을 항구적으로 담당하는 전통적 부처조직 형태에 의존하기보다 조직 구조의 신축성을 추구하고, 급변하는 사회·경제적 환경에 정부가 신속하게 적응할 수 있게끔 한다.

㉯ 관리

오늘날 많은 나라에서 종신고용과 상근(常勤, full-time)직 고용양태를 임시고용과 시간제 근무로 전환함으로써 예산을 절약하고 조직의 융통성을 제고하고 있다. 유연조직에서는 시간제 근무와 임시직의 확대를 권장하며 노동력을 수요에 적응시킬 수 있는 관리자의 능력을 강조한다. 이러한 관리는 정부예산을 절감하고, 위기 상황과 갑자기 대두되는 서비스 수요에 신속하고 효과적으로 대응할 수 있게끔 해주는 장점을 지닌다. 그러나 임시직원들이 업무에 진정성 있게 몰입할 수 있는지에 대한 우려가 있다.

㉰ 정책 과정

항구적 인력구조는 정책 방향을 제시하고 새 정책 입안에 필요한 경험적 지식을 제공하는 데 유리하지만 혁신에 장애가 된다. 오히려 대규모 조직의 안정적인 고정장치를 제거하면 엘리트 관료가 정책 아이디어를 보다 자율적으로 개발할 수 있는 여지가

---

4) 넥스트 스텝(Next Steps)은 정부 관리능력을 향상시키기 위해 영국 정부가 1988년 이후에 추진한 일련의 행정개혁 프로그램이다. 이 프로그램은 정부가 활용 가능한 자원의 범위 내에서 정부서비스를 납세자·고객·직원들에게 좀 더 효율적으로 제공하기 위해 중앙정부의 집행 기능을 정책수립 기능과 분리해 독립적인 책임운영기관(Executive Agency)으로 하여금 수행하게끔 하는 것을 주요 내용으로 한다(이종수, 2009).

커진다.[5)]

㉣ 공익관

유연조직 모형에서는 정부의 비용 감축이 공공에 이익이 된다는 점을 강조한다. 또한 정부조직의 항구성에 변화가 유발될 경우, 창의성이 제고되고 정부예산이 절약되는 등 쇄신적이고 덜 골화(骨化)된 정부조직이 공익을 증진시킨다고 본다.

④ 저통제정부 모형

저통제정부는 내부통제를 위한 각종 규제가 제거되면 정부관료제가 훨씬 역동적이고 효율적으로 기능할 것임을 전제한다.

미국의 연방 인사관리처(OPM: Office of Personnel Management)가 최근 분권화되고 탄력적인 인사운용체제를 지향하는 것은 저통제정부 모형에 입각한 개혁이기 때문이다. 또한 유럽의 여러 나라가 집중 구매 원칙을 포기하고 물자와 서비스를 각 기관별로 구매할 수 있도록 조달제도를 분권화한 조치, 호주 · 뉴질랜드 · 스웨덴 등의 중앙재정기관이 예산의 사용에 관한 세부결정을 하급기관 스스로 할 수 있도록 하는 총괄예산제도(bulk budgets or global budgets) 역시 저통제정부 모형에 입각한 재정개혁이다. 저통제정부 모형에서는 행정에 대한 제약이 제거되면 정부가 좀 더 능률적으로 역할을 수행할 수 있을 것임을 가정하며, 통제 완화를 통해 정부의 잠재력과 창의성에 대한 속박을 풀어야 한다고 주장한다(Bryner, 1987; Wilson, 1989).

㉮ 조직 구조

저통제정부 모형에서는 조직 구조보다 조직의 통제에 사용된 절차나 그 속의 구성원을 훨씬 더 중요하게 다룬다. 또한 정부의 효과적 업무수행능력과 관련하여 계서제에 기반한 전통적 관리에 대해 덜 비판적이다.

㉯ 관리

저통제정부는 전통적 조직 구조와 관리 방식이 부정적인 것만은 아니라는 관점에서 계서제의 상층부에 위치하는 정책담당자의 기업가적 활동을 용인하고, 정책 기조가 위로부터 발안되는 일반적 조직 문화를 수용한다. 또한 창의력을 제약하는 조직 조건에

5) 미국의 고위공무원단(Senior Executive Service)도 다양한 관리와 정책자문의 상황에 활용될 수 있는 부동자원(浮動資源, free-floating resource)의 개념에 입각하여 도입되었다.

서 벗어나면 세부단위 조직이 업무와 조직에 몰입하게 됨으로써 능률성이 제고될 수 있다고 본다.

㉰ 정책 과정

전통적 관점에서는 정책형성을 정치지도자들의 특권으로 보는 데 반해, 저통제정부 모형에서는 관료에게 강력한 역할을 부여할 것을 권장한다. 조직은 아이디어와 전문기술의 주요 저장고이기 때문에 조직구성원에게 더 많은 결정권이 부여되어야 한다고 주장하는 것이다.

㉱ 공익관

저통제정부는 행정통제를 덜 받는(less accountable) 적극적인 정부를 통해 공익이 확보될 수 있다고 가정한다. 전통적 관료제 모형은 구조적 · 절차적 장치를 통한 행정통제 없이는 정부관료제가 부패하거나 비능률적이라고 본다. 한편 정부관료제가 공공봉사 의지를 지닌 헌신적이고 재능 있는 구성원들로 구성되며, 공공 부문이 좀 더 적극적이고 간섭적일 때 공익이 확보될 수 있음을 가정한다.

〈표 12-4〉 탈관료제 모형 비교

구분	시장 모형	참여정부 모형	유연조직 모형	저통제정부 모형
조직 구조	• (계층 수가 적은) 평평한 조직(flat organization)	• (계층 수가 적은) 평평한 조직(flat organization)	• 신축적 조직 (구조적 비항구성)	• 조직통제에 사용된 절차와 조직구성원에 초점
관리	• 민간 부문 구성원들과 동일한 관리기법 – 성과급제 적용	• 조직의 하급계층 관여 독려 • 고객(시민)의 참여 유인	• 시간제 근무 및 임시직 확대 • 노동력의 수요 적합적 관리	• 정책결정권자의 기업가적 활동 용인 • 하향적 정책 발안 수용
정책 과정	• 직업관료의 자율적 결정권 및 상부지침에의 부응	• 분권적 의사결정 • 정책 과정의 상향적 접근 방식	–	• 정책형성 과정에서 관료의 적극적 역할
공익관	• 시민의 시장에서의 자유로운 선택에 의한 공익 확보	• 시민참여로 인한 공익 확보	• 정부의 비용감축으로 인한 공익 확보	• 적극적이고 간섭적인 공공 부문에 의한 공익 확보

3) 관료제 모형과 탈관료제 모형의 비교

여러 가지 대안적 국정운영 모형은 공공 부문의 저생산성의 원인은 공공 부문의 고유한 성격과 관료제 조직의 설계원리 및 관리 방식에 있다고 지적한다.

공공 부문의 고유한 특성으로는 독점성, 복합적 목표 추구와 산출물 측정의 어려움, 정치·사회적 환경과의 관계 등을 지적할 수 있다. 관료제는 독점성이라는 본질적 특성으로 인해 시장 원리의 적용에 한계가 따른다. 조직의 능률성을 확보하기 위해 도입된 분업·계층화의 원리, 규칙·절차·명령에 기반한 관리와 통제, 서비스의 규격화와 표준화 등 관료제 조직의 설계 원리와 관리 방식이 오히려 능률성을 저해하는 요인으로 작용한다. 즉, 계층적 권한에 기반한 통제 중심의 관리 방식은 구성원의 창의력과 동기를 억제함으로써 생산성을 저하시킨다.

전통적 관료제 모형과 탈관료제 모형의 특징은 다섯 부문으로 나누어 비교해 볼 수 있다(이종수, 1999).

첫째, 정부 기능 및 정책 지향에서의 각 패러다임의 특징을 살펴보면 전통적 관료제가 공공재의 독점적 생산·공급을 지향하고 공급자 중심의 행정을 추구하며 정부의 규제와 기획 기능을 강조하는 데 반해, 탈관료제 모형은 공공서비스의 경쟁적 공급과 공공 부문의 축소를 지향하고, 그 대안으로 민영화·민간화·계약·외부조달 등의 방법을 제안한다. 또한 공급자 중심의 행정편의적 행정보다는 수요자 중심의 행정 지향, 민간 부문의 창의력과 에너지 활성화를 위한 정부의 각종 내부규제 완화를 강조한다.

둘째, 정치·행정 관계와 관련하여 전통적 관료제가 정책형성을 정치지도자의 고유한 영역으로 인식하는 데 반해, 탈관료제 모형에서는 정책형성에서 관료의 주도적 역할을 인정하고, 관료를 통제하기보다 그들에게 권한을 위임하며 자율성을 부여할 것을 제안한다.

셋째, 조직 구조와 관련하여 전통적인 관료제 조직은 조직 구조의 항구성을 지향하고 분업과 계층제를 조직 설계의 기본 원리로 삼아 집권화를 추구하며, 대규모 조직을 제안한다. 한편 탈관료제 모형의 경우 비항구적·유기적·비계층적 조직 구조를 제시하고, 분업화보다는 집단사고와 집단적 업무처리를 중시하며, 하급구성원과 고객에게 권한을 위임하여 이들의 잠재력과 아이디어를 정책 과정에 투입하고, 조직을 기능에 따라 소규모로 분절화할 것을 주장한다.

넷째, 조직관리와 관련하여 전통적 관료제는 통제(control)를 중시하고 투입·과정·규칙 중심의 관리를 지향하며, 종신고용과 상근(full-time)직원 중심의 관리체제, 폐쇄형 인사제도, 연공서열, 강력한 신분보장, 고정임금제 등의 비경쟁적 인사관리체제를 가정

〈표 12-5〉 관료제 패러다임과 탈관료제 모형의 특징

비교의 국면	관료제 패러다임의 특성	탈관료제 모형의 처방	비고
정부 기능 및 정책 지향	• 공공재의 독점적 생산 · 공급	• 서비스의 경쟁적 공급 및 공공부문의 축소 – 민영화 · 민간화 · 외부조달	• 시장 모형
	• 공급자 중심의 행정	• 수요자 중심의 행정	• 시장 모형, 참여 모형
	• 규제와 기획 기능 강조	• 규제 완화 · 시장 메커니즘 강조	• 시장 모형
정치–행정 관계	• 정책형성은 정치지도자들이 주도	• 관료들의 정책형성 역할 인정 – 관료에 대한 통제의 이완과 재량권 부여	• 시장 모형(이중적), 참여 모형, 유연 모형(이중적), 저통제 모형
조직 구조	• 조직 구조의 항구성	• 비항구적 · 유기적 구조	• 유연 모형
	• 분업	• 집단사고와 집단적 업무처리	• 참여 모형
	• 계층제 – 키다리 조직 구조	• 비계층적 구조 – 키 낮은 조직 구조	• 시장 모형, 참여 모형, 유연 모형
	• 집권화	• 분권화: – 하급구성원에의 권한이양, 참여 유도 – 고객에의 권한이양	• 시장 모형, 참여 모형, 저통제 모형
	• 대규모 조직	• 소규모 조직으로 분절화	• 시장 모형, 유연 모형
조직관리	• 통제(control) 중시	• 재량적 관리 · 권한 부여(empowering)	• 시장 모형, 참여 모형(이중적), 저통제 모형
	• 투입 · 과정 · 규칙 중심의 관리	• 산출 중심의 관리	• 시장 모형, 참여 모형
	• 비경쟁적 인사 관리 – 종신고용, 상근직원 중심 – 폐쇄형 인사제도 – 연공서열 중시 – 강력한 신분보장 – 고정임금	• 경쟁적 인사 관리 – 임시직 충원 확대 – 개방형 인사제도 – 능력 · 성과 중시 – 신분보장의 약화 – 변동임금(성과급제)	• 시장 모형, 유연 모형
행태적 특성	• 관료의 집단적 이익 추구	• 공익에 봉사	• 참여 모형, 유연 모형
	• 변화 · 개혁에 대한 저항	• 쇄신적 · 창의적	• 시장 모형, 참여 모형, 저통제 모형
	• 무사안일	• 조직에의 몰입, 적극성	• 참여 모형, 저통제 모형

자료: 이종수(1999).

한다. 이에 비해 탈관료제 모형에서는 하급구성원에게 권한을 부여하고(empowering) 산출 중심의 관리, 임시직 충원 확대 및 개방형 인사제도를 지향하며, 연공서열보다는 능력과 성과를 중시하고 성과급제와 같은 변동임금제 등 경쟁적 인사관리제도를 선호한다.

다섯째, 전통적 관료제하에서의 공무원은 관료의 집단적 이익을 추구하며, 비밀주의를 선호하고, 변화와 개혁에 저항하며 무사안일을 추구하는 행태를 취한다고 비판받는다. 이에 반해 탈관료제 모형에서의 공무원들은 국민 전체의 공익에 봉사하고 공개주의를 지향하며 쇄신적·창의적·적극적일 것으로 기대된다.

4) 탈관료제 모형에 대한 비판적 고찰

(1) 현실 적용에의 한계

관료제 모형은 대개 사기업의 조직 구조와 관리 방식에 근거한다. 그러나 공공조직은 사기업과는 달리 공익을 추구하고 형평성을 중요시하는 등 목표가 다르다. 따라서 조직 목표와 조직 문화가 다른 사기업의 관리 방식에 기초한 탈관료제 모형을 공공조직에 적용하는 데는 한계가 따른다.

(2) 관료제 조직 설계 및 관리 방식의 비능률성

탈관료제 모형의 적실성이 높아지기 위해서는 관료제의 조직 설계와 관리 방식이 본질적으로 비능률적이라는 가정이 전제되어야 하고 공공 부문이 민간 부문보다 비효율적이라는 사실이 경험적으로 입증되어야 한다. 그러나 산업사회의 대량생산 조직과 경찰, 군대 등 법 집행 부서에서는 관료제 구조와 관리 방식이 능률적이다.[6] 따라서 관료제의 조직 설계가 본질적으로 비능률적이라는 명제는 받아들일 수 없으며, 오히려 계량화가 힘든 복합적 목표를 추구하는 공공 부문 산출물의 특성에서 그 원인을 찾아야 한다.

한편 경쟁적이지만 효율적이지 않은 민간 부문도 있으며, 경우에 따라 공공 부문이 민간 부문보다 더 효율적일 수 있다. 사실상 공공 부문의 효율성은 산출/투입 비율을 의

---

6) 물론 정치적 우익 성향을 지닌 일부 인사들은 시장 모형이 국방 분야이든 사회적 서비스 분야이든 효과적이고 능률적이라고 주장하기도 한다(Peters, 1995). 그러나 일반적으로 시장 모형은 시장성 있는 서비스 공급에는 적합하나 교육 및 사회적 서비스 분야에서는 부적절하다고 인식한다. 마찬가지로 참여 모형은 도시계획이나 환경문제에는 적절하나 범죄문제에는 적용이 곤란하며, 임시 모형은 마약 통제와 같은 복잡한 문제나 재난구조와 같은 일시적 문제의 대처에는 적합한 것으로 인식된다.

미하는 민간 부문의 효율성뿐만 아니라 공평한 소득분배 · 경제안정 · 경제성장 · 복리 증진 등을 포괄하는 광의의 효율성을 포함한다(최광 · 이창환, 1997: 66). 이러한 관점에서 본다면 공공 부문의 효율성은 관료제 구조의 본질적 특성이라기보다는 생산자 간 경쟁 유무라는 환경 요인과 관리 방식에 달려 있는 것이다.

(3) 공공 부문의 특성과 성과중심적 관리 방식 도입의 한계

행정을 인도하는 가치는 능률성 · 효과성 · 형평성 · 민주성 등 매우 다양하다. 행정은 공익을 위해 다양한 가치가 함축된 복합적 기능을 수행하며, 때로는 상충관계에 있는 가치를 동시에 추구하기도 한다. 즉, 공공정책은 대개 복합적 목표를 추구하기 때문에 계량화할 수 있는 목표치를 제시하기가 어렵고, 그 성과를 정확하게 측정할 수 있는 객관적 지표의 개발도 어렵다. 특히 공공서비스의 소비자인 사회구성원이 가지는 선호를 정확하게 파악하기 힘들기 때문에 그 산출물에 대한 계량화가 용이하지 않다. 최근 공공 부문의 생산성 측정기법이 발달함에 따라 성과관리가 가능한 영역이 급속도로 확대되고 있으나(OECD, 1994a, 1994b; 윤건영, 1997) 정부생산성을 나타내는 객관적인 척도는 많이 개발되지 않은 실정이다. 이와 같이 공공 부문 성과 측정의 어려움 때문에 그동안 성과 측정의 대리지표로 투입을 대신하고, 성과보다는 투입과 절차를 통한 통제 방법을 발전시켰다.

(4) 대안 모형의 환경적합성

국정운영 모형이 성공적으로 운영될 수 있는지의 여부는 사회환경적 상황 조건에 달려 있다. 행정개혁의 이념적 준거로 채택되는 시장체제가 공공 부문에 성공적으로 도입되기 위해서는 시장이 성숙하고 시장의 기능 장애 개선이 선행되어야 한다. 시장 여건이 성숙되지 않은 상황에서 공공 부문을 시장으로 밀어낼 경우, 오히려 행정통제의 영역을 벗어나 공익이 훼손될 우려가 있다.

(5) 공적 가치의 훼손에 따른 장기적 능률성의 희생

대안적 국정운영 모형이 정부예산을 절감하고 공공 부문의 능률성과 효과성을 제고할 수 있을 것으로 기대되지만, 다른 한편으로 공공 부문의 책임성 · 안정성 · 공익성을 훼손하며 장기적으로는 공공 부문의 능률성과 효과성을 떨어뜨리는 결과를 초래할 수 있다. 또한 비항구적 고용 양태는 구성원의 공공심을 자극하고 동기를 유발하기보다는 형식적·가시적·단기적 목표에 치중하게 함으로써 조직의 장기적 목표 달성을 저해할 수도 있다.

한편 대안적 국정운영 모형에서는 시민을 정부정책의 수혜자 및 소비자로 개념화한다. 그러나 정부를 단순히 서비스를 구매하고 판매하는 것으로만 볼 수는 없으며, 시민이 단순한 소비자로 간주될 경우, 그 정치적 역할이 경시되는 문제가 초래된다(Peters, 1995). 또한 공공 부문의 업무를 임시직원이 처리할 경우 공공봉사에 대한 도덕적 관여 수준은 저하되고, 이것이 동기유발을 저해하며 공공업무 성과에 대한 기대감을 낮추게 된다.

5 지식정보사회의 조직 구조

지식정보사회의 등장으로 지금까지 조직 현상을 이해하고 설명해 온 전통적 조직이론의 한계를 인식하게 되었다. 여기에서는 지식정보사회의 기본적인 성격을 살펴보고, 그에 따른 조직 구조의 변화추이를 살펴보고자 한다.

1) 지식정보사회의 성격

20세기 후반에 비약적 발전을 거듭한 정보기술(information technology)은 사회 전반에 혁명적 변화를 가져왔다. 정보기술의 발달은 토지, 자본, 노동을 생산요소로 하는 전통적인 산업사회를 지식과 정보가 지배적인 생산요소로 등장한 지식정보사회로 전환시켰는데, 이와 같이 지식이 중요한 생산요소로 가능하는 경제를 지식기반 경제(knowledge-based economy)라고 한다.

우리나라는 1990년대 후반에 들어와서 기업은 물론 정부 차원에서도 지식경제 또는 지식경영의 패러다임에 관심을 갖게 되었다. 특히 IMF 관리체제 이후 한국 사회와 한국 경제가 도약하기 위해서는 전통적인 전략으로는 한계를 지닐 수밖에 없다는 점이 공감대를 형성했다. 이후 지식국가, 지식정부, 두뇌 강국이야말로 한국 경제를 도약시킬 수 있는 유일한 대안으로 인식되면서 정부는 신지식인의 육성 및 지식기반의 확충을 국정과제에 포함시켰다.

2) 지식정보사회 조직 구조의 특징

지식정보사회의 도래로 조직의 신축성을 강조하는 조직이론이 탄생하였다. 또한 정보기술의 발달에 의한 정보화는 조직을 수평화 또는 네트워크화시키는 중요한 요인으로 작용했다. 수평화는 전통적 조직의 계층제를 완화하거나 제거하는 방향으로 진행되며, 네트워크화는 환경의 변화에 유연하고도 신속하게 적응할 수 있는 신축성을 확보할 수 있게끔 한다(이종수 외, 2012).

지식정보화는 정보기술을 이용하여 행정서비스의 생산 및 공급을 극대화하는 전자정부(e-government)[7]를 비롯해 지식정부의 구현을 촉진시켰다. 정보화에 의한 새로운 조직 형태로는 후기 기업가 조직, 삼엽 조직, 혼돈 정부, 공동 정부 등을 들 수 있다.

후기 기업가 조직(post-entrepreneurial organization)은 신속한 행동, 창의적인 탐색, 신축성, 직원 및 고객과의 밀접한 관계 등을 강조하는 조직 형태로서 행동을 제약하는 경직적인 구조와 절차에 얽매이지 않고 여러 기회를 추구하는 유연한 조직이다.

삼엽(三葉) 조직(shamrock organization)은 소규모 전문직 근로자, 계약직 근로자, 신축적인 근로자로 구성된 조직으로 직원의 수를 소규모로 유지하는 반면, 산출의 극대화가 가능하도록 설계되므로 계층 수가 적은 날씬한 조직이 되고, 고품질의 상품과 서비스를 적시에 공급할 수 있다.

혼돈 정부(chaos government)는 카오스 이론(chaos theory), 비선형 동학(nonlinear dynamics), 복잡성 이론(complexity theory) 등을 정부조직에 적용한 조직 형태이다. 일부 조직이론가들은 비선형적 동학을 적용하여 정부조직의 혼돈에 숨겨진 질서(hidden order)를 발견하고, 조직 간 활동의 조정과 정부예산의 개혁을 도모할 수 있으며(Kiel, 1994) 조직 변동 과정의 분석과 이해가 용이해진다고 본다.

20세기 말에 시작된 정부혁신의 일환으로 정부 기능의 일부를 민간에 양도하거나 위탁하는 민영화와 민간위탁이 추진되었다. 정부가 공급하는 행정서비스의 생산 및 공급을 제3자에게 위임하거나 위탁하면 정부 기능은 현저하게 줄어들어 정부는 기획, 조정, 통제, 감독 등의 중요한 업무만을 수행하게 된다. 이와 같이 정부의 업무가 축소된

7) 전자정부(electronic government)는 대부분의 업무를 컴퓨터, 인터넷, 데이터베이스, 네트워크 등 정보통신기술과 기기를 활용하여 처리하는 정부를 의미한다(이창원 · 명승환 · 임영제, 2004: 312). 달리 말하자면 지식정보사회가 도래하고, 국가정보화가 요청됨에 따라 지식과 정보를 생산요소 또는 매개체로 삼는 정부 활동 및 대정부 활동 방식을 말한다.

형태를 공동(空洞) 정부 또는 공동 조직(hollow organization)이라고 한다(Milward, 1994). 공동 정부는 고객에 대한 복지서비스의 공급에 중요한 역할을 수행하는 그림자 국가(shadow state), 정부와 제3자와의 계약을 강조하는 대리 정부(government by proxy), 제3자 정부(third-party government), 계약 정권(contract regime) 등으로 일컬어지기도 한다(Kettl, 1988; Wolch, 1990).

생각해 보기

공무원을 위한 변론

최근 수십 년간 반관료제 정서(antibureaucratic sentiment)는 거의 모든 국가에서 만연하고 있는 전염병(raging pandemic)처럼 확산되었다. 특히 개인의 자유를 강조하는 미국에서 시민들은 지난 수십 년간 전례 없는 불만, 불신, 분노를 표출해 왔다. 1994년, 한 설문조사에서 미국인의 3분의 2가 거대 정부를 국가의 중대한 위험으로 꼽았고, "정부는 문제를 해결하는 것보다 문제를 더 만든다"는 말에 동의했다(Zinsmeister, 1995). 또한 응답자의 80%는 정부가 낭비적이고 비효율적이라고 여겼고, 79%는 세금이 적절하지 않은 일에 지출된다고 믿는 것으로 나타났다(Morin & Balz, 1996).

반정부 정서에는 여러 가지 원인이 있다. 우선 시민은 정부가 많은 권력을 갖고 있으나 진정으로 시민의 이익을 위해 사용하지 않고, 비효율적이며 납세자의 돈을 낭비한다고 생각한다. 또한 정부가 일상 생활로부터 멀리 떨어져 있으며 시민의 문제에 대해 거의 배려하지 않는다고 느낀다. 이러한 반정부 정서의 가장 큰 책임은 관료에게 있으나 정치인도 그 책임을 공유해야 한다.

카우프먼(Kaufman, 1981)은 증폭되는 반관료제 정서에 대응해 관료제에 대한 두려움이 과대 포장되어 있다면서 정부관료제는 고삐 풀린 말처럼 통제되지 않은 채 질주만을 거듭하는 것은 아니라고 주장한다. 그는 정부의 서비스 공급 기능과 규제가 강화됨에 따라 비전문가인 정치인, 일반 행정가 또는 국외자(outsider)들의 통제력 행사가 점점 어렵게 되었다는 비판도 있으나 학계나 연구기관과 같은 비정부단체도 행정업무에 대해 많은 지식을 갖고 있으므로 정부관료제가 전문성을 독점하지는 않는다고 지적한다.

그 밖에 밀워드와 레이니(Milward & Rainey, 1983)는 관료제의 업무수행 능력이 기대 이하이면 그 원인이 관료들의 무능력이나 나태함보다는 외부적 요인에 있음을 강조했다. 즉, 실현 불가능한 사회적 요구와 과중한 업무부담이 관료제의 성공적 정책수행을 저해한다는 것이다. 더 나아가 정부를 민간기업처럼 운영하자는 주장에 대해 반대 의견을 표명한다. 만일 정부가 능률성만을 추구한다면 관료제는 집권화될 것이며 결과적으로 미국의 정치 이상인 민주주의와 상충되기 때문이다.

정부는 능률 이외의 가치도 충족하여야 한다. 자유민주주의 체제 내 다양한 이익집단의 압력은 정부의 능률적 집행을 마비시킨다. 사람들은 정부가 모든 사회적 사안이 정치화되며, 특수한 이익집단의 요구를 거부할 수 없는 상황 속에서 모든 일을 다 해야 한다고 기대한다. 그러나 정부의 능력은 유한하고 예산은 빈약하다. 관료제는 많은 사람이 생각하는 것보다 훨씬 능률적으로 작동되며, 관료제가 낮은 성과를 보일 때는 그것이 내적인 태만, 무능력 또는 관리의 실패에 있다기보다는 외부적 요인에 기인하는 경우가 많다(전영평, 1996).

한편 1970~1980년대 미국의 반관료적 정치·사회적 분위기에 반하여 새로운 시각으로 행정의 정당성에 대한 논의를 전개하려는 학문적 개혁운동으로서 1983년, 미국행정학회에서 '블랙스버그 선언(Blacksburg Manifesto)'이 이루어졌다. 공동선언자인 웜슬리(Gary L. Wamsley) 등은 관료들의 위상이 비하된 이유가 그들의 조직관리 기술이 부족해서가 아니라 정부의 역할에 대한 공공의 인식이 왜곡되어 있기 때문이라고 주장하였다. 관료들은 복잡하고 상반된 이익이 혼재하고 충돌하는 정치체계 안에 있다. 또한 날로 경쟁이 치열해 가는 세계경제 속에서 살아남기 위해서는 합리적이고 포괄적인 정책결정 과정이 필요하다. 따라서 행정이 문제라면 그 원인은 그러한 정치체제를 효과적으로 통치하기 어렵기 때문이지 행정 그 자체로부터 초래되는 것은 아니다(Wamsley et al., 1987: 295; 김동원, 2003).

심한 경우에는 행정이 정치 스펙트럼의 양극 모두로부터 반대파의 의도를 실현하는 데 사용되는 저주받은 도구로 간주되어 '악의 도구(instrument of the devil)'라는 오명을 짊어진다. 행정은 이익집단 자유주의(interest group liberalism)의 희생양이며, 민간 부문에 대해 공공 부문이 상대적으로 비효율적이라는 믿음은 근거 없는 주장이라고 반박한다(Wamsley et al., 1987: 297; 김동원, 2003). 이와 같이 많은 학자들은 관료제에 대한 부정적인 통념을 반박하며 관료제를 옹호하지만, 관료제의 부정적 측면까지 두둔하지는 않는다.

출처: 찰스 굿셀(Charles T. Goodsell)(2006). 『공무원을 위한 변론(*The Case for Bureaucracy: A Public Administration Polemic*)』 중.

Q. 우리나라 정부관료제의 긍정적 측면에 대해 생각해 보자.

제2절 조직 행태

1 조직 행태의 의미

조직행태론에서는 조직이 그 구성원들에게 어떤 영향을 미치는지, 그 영향으로 인해 조직구성원들이 어떤 태도를 취하고 어떤 행동을 하는지, 그러한 행동이 조직의 성과에 어떤 영향을 미치는지, 그리고 조직을 둘러싸고 있는 환경과 조직 간 관계는 어떠한지 등에 관해 연구한다(조경호 외, 2016: 30-31). 조직 행태(organization behavior)는 개인수준(level)에 초점을 두기 때문에 미시적이고 부분적이다. 그러나 조직 구조, 조직 문화, 조직 환경 등을 비롯해 동기, 집단역학, 의사소통, 리더십, 성과평가 등 여러 조건이 행동을 유발하는 요인으로 작용하기 때문에 조직 행태는 조직의 작용을 이해하는 데 중요한 주제가 된다.

2 조직 행태 요인

1) 동기

라틴어에 뿌리를 두고 있는 동기(motivation)는 '움직이다(to move)'라는 의미를 담고 있으므로 동기에 관한 연구는 곧 행동연구이다(Eccles & Wigfield, 2002: 110). 동기는 개인과 환경 간의 상호작용으로부터 도출되는 심리적 과정으로, 과업에 대한 행동을 촉발하고 그것의 양식, 방향, 강도, 기간을 결정하게끔 하는 힘(force)으로서 작용한다(Latham & Pinder, 2005). 따라서 조직구성원의 행동을 효과적으로 관리하기 위해서는 조직구성원들의 동기를 유발하여 그들의 행동이 조직의 효과성과 일치하도록 유도하여야 한다. 일반적으로 동기이론은 내용이론(content theories)과 과정이론(process theories)으로 구분된다.

(1) 내용이론

① 머슬로의 욕구계층이론

머슬로(A. H. Maslow)가 제안한 욕구계층이론은 첫째, 인간의 동기는 생리적 욕구,

안전 욕구, 사회적 욕구, 존경에 대한 욕구, 자아실현 욕구의 다섯 가지 욕구가 계층에 따라 순차적으로 유발되며, 둘째, 동기로 작용하는 욕구는 충족되지 않은 욕구이며, 충족된 욕구는 동기로서의 힘을 상실하고, 셋째, 인간은 항구적으로 무엇인가를 원하는 동물(perpetually wanting animal)이지만 대개의 경우 다섯 가지 욕구를 부분적으로 충족시키지 못한다(Maslow, 1943: 370-396; 1954: 92)는 세 가지 전제 위에 성립되었다.

욕구계층이론은 인간의 기본적 욕구를 파악하여 계층별로 분류하고 그들 간의 관계를 설명함으로써 인간의 행동을 작동시키는 동기를 이해하게끔 하며, 조직구성원들 개인의 문제 해결에 개념적 틀을 제시해 준다. 그러나 인간의 기본 욕구를 다섯 가지로 분류하는 것이 적절한지 의심스럽고, 어느 욕구가 충족되더라도 그 욕구가 동기유발 요인으로서의 의미를 완전히 상실하는 것이 아니라 여전히 존재하고, 경우에 따라 두 가지 이상의 복합적인 욕구가 하나의 행동을 유발하기도 한다.

② 앨더퍼의 ERG 이론

앨더퍼(C. Alderfer)는 머슬로의 욕구계층이론을 수정해 기본 욕구인 존재욕구(Existence needs), 관계욕구(Relatedness needs), 성장욕구(Growth needs)의 머리글자를 딴 ERG 이론을 제시하였다.

앨더퍼는 두 가지 이상의 욕구가 동시에 작용하여 하나의 행동이 유발된다고 주장하였고, 욕구 만족에 따른 욕구 발로의 전진적 · 상향적 진행뿐만 아니라 욕구 좌절로 인한 욕구 발로의 후진적 · 하향적 퇴행도 제시하였다. 앨더퍼의 ERG 이론은 머슬로의 욕구계층이론보다는 인간의 동기를 좀 더 현실적으로 설명한다고 평가받는다.

③ 허즈버그의 욕구충족요인이원론

허즈버그(F. Herzberg)는 인간의 기본 욕구를 불만족을 느끼게 하는 위생 요인(hygiene factors)과 만족감을 주고 우수한 직무수행을 위해 동기를 유발하는 데 작용하는 동기 요인(motivators)으로 이분화한 욕구충족요인이원론을 제시하였다. 이 중 위생 요인은 일 그 자체보다는 주로 조직의 방침, 정책과 행정, 관리감독, 상사와의 관계, 근무환경, 보수, 동료와의 관계, 개인 생활, 부하직원과의 관계, 지위, 안전 등 직무환경과 관련된 것들을 가리킨다. 반면 동기 요인은 성취, 인정, 직무내용, 책임, 승진 · 승급, 성장 등 근로의욕을 고취시켜 작업 성과를 높이는 요인을 말한다.

욕구충족요인이원론은 인간에게 만족을 주는 요인과 불만족을 방지하는 요인이 서로 다른 차원임을 제시하지만 개인차를 고려하지 않고, 직무요소와 동기, 성과 간 관계가 충분히 분석되지 않는다는 비판을 받는다.

④ 맥클리랜드의 성취동기이론

맥클리랜드(D. McClelland)는 개인의 욕구를 성취욕구(need for achievement), 권력욕구(need for power), 소속욕구(need for affiliation)로 분류하였다.

성취욕구가 강한 사람들은 목표설정을 중요시하고, 목표설정 시, 목표에 모험성을 가미한다. 또한 이들은 성과 결과 등에 대한 신속한 환류를 원하고 이를 통해 자신이 얼마나 잘하고 있는지를 점검하고자 하며 성과지향적인 동료들과 근무하기를 원하고, 자신의 개인적 향상(personal improvement)을 적극적으로 추구한다. 반면 권력욕구가 강한 사람은 다른 사람에게 영향력을 행사하거나 다른 사람을 통제하고 논쟁에서 물러서지 않으며, 권위와 지위를 확보하기 위해 자신의 영향력을 행사할 대상을 찾는 데 많은 시간을 보낸다. 한편 소속욕구가 강한 사람은 자신의 의사결정이나 강력한 성취욕보다는 타인과의 따뜻하고 친근한 관계 유지에 많은 시간을 할애한다.

⑤ 맥그리거의 X · Y이론

맥그리거(McGregor, 1960)는 인간관을 X · Y형 두 가지로 구분하여 각각의 인간관에 따른 관리 전략을 제시하였다. 그는 전통적 관리체제를 정당화시켜 주는 인간관을 X이론, 새로운 인간관을 Y이론이라고 불렀는데, 여기에서 X이론은 머슬로가 언급한 욕구계층 가운데서 주로 하위욕구를 중요시하고, Y이론은 상위욕구를 중요시한다. 따라서 X이론은 강제 · 통제 · 명령 · 처벌 등을 관리 전략으로 삼고, Y이론은 자율에 의한 통제를 중시한다.

맥그리거는 조직구성원에 대한 지시와 통제가 주요 무기가 되어서는 안 되고, 그들의 잠재력이 능동적으로 발휘되면서 개인과 조직이 원하는 바를 서로 통합시킬 수 있는 Y이론의 인간관에 주목하여야 한다고 주장했다.

(2) 과정이론

내용이론이 욕구를 바탕으로 한 이론이라면, 과정이론(process theories of motivation)은 정보처리(information processing)나 인식(cognition), 직무환경 요인과 상황 등에 초점을 둔 이론이다. 브룸의 기대이론, 포터와 롤러의 기대이론, 애덤스의 형평성이론 등이 대표적이다.

① 브룸의 기대이론(VIE 모형)

브룸(V. H. Vroom)의 기대이론(expectancy theory)에서는 행위와 보상이 어떻게 연결되는지에 초점을 두어 개인의 지각에 의한 동기부여 과정을 설명한다. 기대이론은 욕구와 만족, 그리고 동기유발 사이에 '기대'라는 인식론적 개념을 활용한다는 점에서 내용이론과 구별된다.

기대이론은 유의성(Valence), 수단성(Instrumentality), 기대감(Expectancy)으로 구성되며, 이들의 머리글자를 모아 VIE 모형이라고 부르기도 한다. 이 중 유의성은 개인이 특정 결과에 대하여 갖는 선호의 강도로서 직무수행에서 받을 수 있는 보상에 대하여 그 개인이 느끼는 중요성을 뜻한다. 수단성은 성과나 생산성과 같이 개인이 지각하는 1차적 결과, 그리고 승진, 승급, 인정 등 2차적 결과 간의 상관관계에 대한 인지도, 즉 열심히 노력하여 일정한 성과를 거두면 그에 대한 보상이 적절하게 주어지는가에 대한 인지도이다. 그리고 기대감이란 열심히 노력하였을 때 일정한 수준의 성과(1차적 결과)를 거둘 수 있을 것이라는 가능성에 대한 주관적 믿음을 뜻한다.

브룸에 의하면 개인의 동기는 자기 자신이 달성할 수 있으리라고 기대하는 1차적 결과, 그리고 1차적 결과가 실제로 2차적 결과를 가져오리라는 기대감의 복합적 함수에 의하여 결정된다. 따라서 개인이 열심히 노력하면 일정한 성과를 거둘 수 있다는 자신감이 있고, 그러한 성과가 승진이나 보상 등 개인이 원하는 결과를 반드시 가져오리라는 믿음이 강할 때 개인의 동기가 강하게 작용하는 반면, 아무리 노력해도 성과를 거둘 수 있을 것이라는 자신감이 없고, 비록 자신이 일정한 성과를 거두더라도 조직이 제대로 보상을 해주지 않을 것으로 판단할 경우 개인의 동기가 낮아진다.

② 포터와 롤러의 기대이론[동기유발 모형(EPRS 모형)]

포터(L. Porter)와 롤러(E. Lawler)는 구성원의 욕구를 충족시켜 줄 경우 성과가 향상된다는 전통적 동기이론의 인과관계를 거꾸로 설명하는 '노력(Effort) → 성과(Performance) → 보상(Reward) → 만족(Satisfaction)' 틀을 제시하였다. 이 모형에서는 생산성에 영향을 미치는 요인으로서 조직원들의 만족이나 사기보다는 노력을 중시한다. 따라서 노력이 성취를 유발하고 그 성취에 따른 보상을 제공할 때 만족이 보장된다는 것이다. 그러나 일각에서는 인간은 쾌락주의적 가정이나 경제적 타산에 따라서만 행동하지는 않는다고 비판하기도 한다.

③ 애덤스의 형평성이론

애덤스(J. S. Adams)에 의하여 체계화된 형평성이론(equity theory)에 의하면 자신의 투입에 대한 산출 비율보다 비교 대상의 투입에 대한 산출 비율이 높거나 낮다고 지각하면 비형평성을 느끼고, 이에 따른 심리적 불균형 · 긴장 · 불안감을 해소하기 위해 형평성이 충족될 수 있는 방향으로 자신을 행동을 수정한다. 형평성을 충족하기 위해서는 ① 투입 또는 산출을 조정하거나, ② 투입과 산출에 대한 자신의 지각을 바꾸고, 경우에 따라 ③ 준거 인물을 바꾸며, ④ 조직을 이동하게 된다.

2) 리더십

(1) 리더십 개념과 리더의 기능

리더십은 다양한 차원에서 정의된다. 디목(Dimock, 1969)은 리더십을 조직목표 달성을 위해 구성원이 자발적으로 적극적 행동을 하도록 동기를 부여하고 영향력을 미치는 창의적인 능력으로 정의하였다. 스토그딜(Stogdill, 1974)은 집단이 목적을 설정하고 그것을 달성하게끔 집단 활동에 영향을 미치는 과정이라고 하였으며, 피프너와 프레스더스(Pfiffner & Presthus, 1960)는 목표를 달성하기 위해 개인과 집단을 조정하며 움직이게 하는 기술이라고 정의하였다.

이렇듯 리더십은 집단 과정의 초점(a focus of group process), 동조를 유인하는 기술(thr art of inducing compliance), 설득(persuation), 권력관계(power relation), 목표성취의 도구(instrument of goal achievement), 상호작용의 효과(effect of interaction)로 이해되며, 이러한 여러 견해에서는 공통적으로 리더십에 목표성취를 위한 힘의 동원(mobilization power)이라는 속성이 포함된다고 본다(Bernard, 1981: 7-14; 백완기, 2009: 245). 그러므로 리더십은 조직구성원으로 하여금 바람직한 조직목표에 자발적으로 협조하도록 하는 기술 혹은 영향력으로, 리더가 추종자로 하여금 소망스러운 상태로 행동하게끔 하는 과정 또는 목표설정에서 목표달성에 이르기까지의 집단 활동에 영향을 미치는 요소라 할 수 있다. 즉, 리더십이 효과적으로 행사될 때 조직의 성과도 제고된다.

유클(Yukl, 1994)은 리더의 주요 기능을 ① 정보관리(giving-seeking information), ② 의사결정(making decisions), ③ 구성원에의 영향력 행사(influencing people), ④ 관계형성(building relationships)으로 제시한 바 있다.[8)]

한편 젝스(Jex, 2002)에 따르면 리더는 ① 전략적 방향과 비전 설정(strategic direction and vision), ② 구성원의 동기부여와 코치(motivation and coaching), ③ 조직의 정책 해석 및 집행(enforcement and interpretation of organizational policies), ④ 자원의 획득(obtaining resources for groups)과 같은 역할을 수행한다.

보다 구체적으로 말해 리더는 ① 조직목표의 설정 및 장·단기 계획 수립, ② 조직목표 달성을 위한 조직 활동의 조정, ③ 전문적인 정보와 경험의 공급, ④ 대내 관계의 통제 및 대외적 대표 역할 수행, ⑤ 보상과 제재, ⑥ 갈등의 중재·조정, ⑦ 임무 수행을 위한 솔선수범, ⑧ 집단의 상징으로서 집단의 공과에 대한 책임 이행, ⑨ 조직구성원의 정서적 유대 유지의 역할을 한다.

(2) 리더십 이론

리더십 접근방법으로는 개인의 특성과 자질을 설명하는 자질론, 지도자의 행태에 따라 각기 다르게 발현되는 리더십에 초점을 두는 행동유형론, 지도자와 추종자 간의 상호작용이 리더십의 주요 요인이 된다는 상황론이 거론된다.

① 자질론

자질론(trait theory)에서는 리더는 타고나며 다른 사람들에게서 찾아볼 수 없는 독특한 생래적 속성을 가지고 있음을 가정한다.

버나드(C. Barnard)는 리더의 자질을 ① 박력과 지구력(vitality & endurance), ② 결단력(decisiveness), ③ 설득력(persuasiveness), ④ 책임감(responsibility), ⑤ 지적·기술적 능력(intellectual & technical capacity)과 같이 다섯 가지로 구분하였다.

한편 스토그딜(R. Stogdill)은 리더의 보편적 특성을 종합하여 ① 사교성(sociability), ② 주도성(initiative), ③ 고집(persistence), ④ 전문성(knowing how to get things done), ⑤ 자신감(self-confidence), ⑥ 주의력과 통찰력(alertness to, and insight into situations), ⑦ 협조성(cooperativeness), ⑧ 대중성(popularity), ⑨ 적응성(adaptability), ⑩ 언변(verbal facility)을 제시하였다.

---

8) 구체적으로 '정보관리'는 조직 활동과 관련된 정보의 수집과 전파, 직무 책임 및 기대의 명확한 전달, 성과의 모니터링과 보상을 의미하고, '의사결정'은 조직 목표의 설정, 실행 계획의 수립 및 활동 조정, 문제의 식별·분석·해결, 상담 및 권한 위임을 뜻한다. 또한 '구성원에의 영향력 행사'는 구성원에게 가치·논리 제공·정서 자극 등을 통한 동기부여, 인정과 보상을 통한 성과 강화, 그리고 '관계 형성'은 구성원에 대한 개인적 배려 등의 지원 활동, 타인과의 네트워크 형성, 갈등의 조정과 팀 형성 등을 포괄한다.

② 행동유형론

행동유형론(behavior theory)은 지도자의 행동 경향에 따라 리더십이 다르게 발현된다는 생각에 기초하여 그가 어떤 행동을 하는가에 초점을 둔다.

리더의 행동 유형(styles of leader behavior)은 일반적으로 ① 권위형(독재형)과 ② 민주형으로 구분된다. 한편 미시간대학의 연구팀은 리더의 유형을 ① 직무중심형(job-centered or production-centered), ② 구성원중심형(employee-centered)으로 나누었고, 오하이오주립대 연구팀은 ① 구조 창설형(initiating structure), ② 배려형(consideration)으로 구분하여 그 특성과 효과성을 논의한 바 있다. 그 밖에 블레이크와 머튼(Blake & Mouton, 1964)은 관리유형도(managerial grid)를 통해 '인간에 대한 관심'과 '생산에 대한 관심'의 두 차원을 기준으로 ① 무관심형(impoverished management), ② 친목형(country-club management), ③ 과업형(authority-obedience management), ④ 절충형('organization-man' management), ⑤ 팀형(team management)의 리더십 유형을 제안하였다.

③ 상황론

상황론(situation theory)은 리더가 처한 상황 요인이 지도자를 만든다는 사고에서 출발한다. 리더의 역할 변화를 초래하는 상황 요인으로는 부하의 기대와 욕구, 가치관, 경험 등에 더하여 업무의 명확성과 난이도, 조직 및 집단의 규모, 목표, 규범, 권력구조, 응집성, 문화, 집단구성원 간의 관계 등이 제시된다.

상황론의 전형적인 예로 인용되는 피들러(F. Fiedler)의 상황적응적 접근방법에서는 리더십의 효율성을 리더의 자질(Traits), 상황 요인(Situation), 추종자 특성(Follower)의 함수로 제안하는데, 이것은 L=f(T. S. F.)로 도식화된다. 또한 상황 요인으로는 리더와 부하의 관계(leader-member relationship), 과업구조(task structure), 지위권력(position power)을 제시하였다. 부하들이 리더를 좋아하고 과업구조가 명확하며 지위권력이 클 때, 그리고 이와 반대 상황의 경우에는 과업지향적 리더(task-oriented leader)가 효과적이며, 상황이 어중간할 때는 민주적 리더가 효과적이다.

(3) 리더의 유형

리더는 어떤 부분에 역점을 두느냐에 따라 여러 가지 유형으로 분류된다.

① 권위형 리더

권위형 리더(authoritarian type)는 지도자 자신이 중요한 결정을 내리고 부하로 하여금 그 결정을 따르게 한다. 권위형 리더가 있는 조직의 구성원들은 내밀한 상황에서 지도자에게 접근하여 그의 신임을 얻으려고 하기 때문에 조직구성원들 간의 불신감과 적대감이 조장된다(백완기, 2009: 253). 권위형 리더는 시간의 여유가 없는 경우, 부하들의 능력이 미약하거나 조직참여의 기대가 적은 상황에서 효과적이다.

② 민주형 리더

민주형 리더(democratic type)는 부하들의 의견을 반영하여 의사결정을 하는 지도자로, 개인주의・민주주의 문화가 지배적인 사회에서 구성원의 창의력과 근무 의욕을 높일 수 있다는 장점이 있다. 그러나 조직 문화가 권위주의적이고 참여에 대한 기대가 낮은 경우에는 비용이 낭비되고 조직성과도 끌어내지 못하는 결과가 초래되기 쉽다.

③ 자유방임형 리더

자유방임형 리더(free-rein type)는 지도자 스스로 결정하지 않고 구성원들의 재량에 맡긴다. 따라서 구성원의 능력이 고루 우수하고 업무가 고도로 전문적인 경우에는 효과적이지만, 그러한 조건이 갖추어져 있지 않은 상황에서는 조직의 규율이 서지 않고 업무가 지연되어 조직 성과가 저하될 가능성이 커진다.

④ 카리스마적 리더

카리스마적 리더(charismatic leader)는 자신감이 강하고 자신의 소신과 이상을 확신하며 다른 사람들에게 영향력을 행사하려는 욕구가 강하다. 또한 자신이 부하들을 신뢰하고 부하들에게 큰 기대를 갖고 있음을 표출하는, 대인관계에서 매력(interpersonal attraction)이 있는 지도자이다.

카리스마적 리더십은 리더가 가지는 신념의 정당성에 대한 부하들의 믿음, 리더에 대한 무조건적인 수용과 애정, 자발적인 복종 등을 그 특징으로 한다. 그러므로 카리스마적 리더는 부하들의 강력한 지지를 기반으로 조직을 장악하고, 강한 확신을 가지며 조직을 이끌어간다. 카리스마적 리더십 이론은 조직성과, 구성원의 만족 등에 초점을 두는 전통적 리더십 이론과는 달리 부하의 마음 속에 긍정적인 이미지가 형성되도록 하며, 부하를 신뢰하고 존중하며 비전을 제시하고 사명감의 강화를 강조한다.

⑤ 변혁적 리더

변혁적 리더(transformational leader)는 부하에게 자긍심을 심어주고, 부하를 존중한다는 것을 보여주고자 한다. 또한 부하에게 창조적인 사고를 할 수 있는 여건을 마련해 주고, 영감(inspiration)을 제공함으로써 조직 성과를 이끌어 낸다. 나아가 인본주의, 평화, 평등, 정의, 자유와 같은 높은 수준의 도덕적 가치와 이상에 호소하여 부하들의 의식을 더 높은 단계로 끌어올리고자 한다.

바스와 아볼리오(Bass & Avolio, 1990)에 따르면 변혁적 리더십은 ① 난관을 극복하고 현상에 대한 각성(disenchantment)을 확고하게 표명함으로써 부하에게 자긍심과 신념을 심어주는 카리스마적 리더십(charismatic leadership), ② 부하로 하여금 도전적 목표와 임무, 미래에 대한 비전을 받아들이고 지속적으로 추구하도록 격려하는 영감적 리더십(inspirational leadership), ③ 부하에게 특별한 관심을 보이고 부하를 존중한다는 것을 알게끔 하는 개별적 배려(individualized consideration), ④ 부하로 하여금 형식적 관례(conventional practice)와 사고(thinking)를 제고하도록 함으로써 새로운 관념을 촉발시키는 지적 자극(intellectual stimulation)의 네 가지 요소로 구성된다.

최근에는 리더십이 발전되어 가는 역동적 과정을 개념화하는 가운데 변혁적 리더십에 근간을 둔 진정성 리더십(authentic leadership)이 주목받고 있다. 진정성(authenticity)이란 고대 그리스의 '스스로에게 정직하라(be true to oneself)'라는 말에서 비롯된 개념으로(Harter, 2002; Walumbwa et al., 2008: 89), 진정성 리더는 추종자의 개인적 발전을 주시하며, 보다 정확한 자기 인식을 토대로 지도력을 발휘한다. 진정성 리더십에서는 지도자의 내적 성장이 리더십 형성의 주요 요인으로 다루어지므로 진정성 리더의 행태는 지도자 개인뿐만 아니라 조직구성원들 간의 상호작용 맥락을 파악하는 데 유용한 자료가 된다.

3 지식정보사회의 조직 행태

1) 지식정보사회 조직 행태의 특징

지식정보사회의 등장은 조직 구조뿐만 아니라 조직 내 개인과 집단의 행태에도 큰 영향을 미쳤다.

지식정보사회의 출현으로 조직 행태는 여러 가지 변화를 겪었다.

첫째, 조직 간, 조직 내 개인 간의 경쟁이 심화되었다. 전통적으로 안정적인 환경의 조직은 다른 조직과의 경쟁보다는 상호 협력을 미덕으로 간주하였다. 그러나 정보기술의 발달로 인해 조직의 활동 영역이 확장되고 조직 환경이 급변하면서 조직은 다른 조직과의 경쟁을 통해서 생존을 확보해야 하는 상황에 놓이게 되었으며, 조직 내 개인 간에도 경쟁의 원리가 적용되었다.

둘째, 인적 구성이 전문성을 갖춘 집단과 임시직 또는 계약직 근로자 집단으로 이원화되는 경향이 나타났다. 그 결과 인력의 이동이 자유로워졌고, 조직에 대한 충성심(loyalty)이 변하였다. 또한 연공서열에 의한 보상보다는 개인의 전문적 기술과 능력에 의한 보상체계로 전환하면서 동기유발 메커니즘도 바뀌게 되었다.

셋째, 신축성과 유연성을 강조하는 조직 구조는 조직 문화를 근본적으로 변화시켰다. 전통적으로 경직되고 강한 문화를 지닌 조직이 여성적이고 유연한 문화를 갖춘 조직으로 변해가고 있기 때문에 기존의 문화를 고수할 경우, 유능한 인력을 유치하기 어렵게 된다.

넷째, 계층제적 조직 구조가 수평적인 네트워크 구조로 바뀌면서 조직 내 개인의 자율성이 현저하게 향상되었다. 따라서 개인은 조직의 간섭이나 통제를 벗어나 자유롭게 업무를 수행하게 되었을 뿐만 아니라 창의성을 발휘할 수 있는 여건을 갖추게 되었다. 업무수행을 위한 방법과 기술은 개인의 판단과 결정을 따르게 되는 동시에 업무수행에 필요한 시간적 · 공간적 제약도 사라졌다. 이에 재택근무의 확산이나 근로시간의 자유로운 선택은 개인의 자율성과 창의성을 최대한 발휘할 수 있게 만든 중대한 변화 요인이 되었다.

이러한 조직 행태의 변화는 조직으로 하여금 기존 제도의 수정과 새로운 제도의 도입을 촉진시켰다. 또한 정보기술의 발달에 따라 인터넷 사용이 보편화되면서 과거의 규범과 문화로는 유능한 인력을 유치하고 관리할 수 없게 되었다. 대부분의 조직 활동이 현실적 제약 없이 가상공간(virtual space)에서 이루어지므로 조직 행태를 이해하고 설명하기 위한 새로운 패러다임이 요구된다. 조직 행태에 관한 새로운 패러다임에는 동기부여와 보상체계, 리더십의 본질, 감독과 통제 방식, 업무수행 방법 등에서 조직성과의 효율성을 높이는 동시에 유능한 인력을 충원 · 관리할 수 있는 새로운 관리 방식에 대한 방향이 포함되어야 할 것이다(이종수 외, 2012).

2) 지식정보사회 동기유발의 특징

정보화사회의 조직에서는 사내기업가(intrapreneur), 즉 조직 구조 안에서 자율적인 부서를 운영하는 관리자를 허용함으로써 구성원의 몰입도를 높이고, 구성원의 개인적 발전을 추구할 수 있게끔 하는 것이 중요하다. 드러커(P. Drucker)에 따르면 정보화사회에서는 ① 사명감, ② 계획의 조정, ③ 학습, ④ 평판, ⑤ 가치창조 활동에의 참여 등을 통해 동기가 유발된다(드러커 외, 1997).

정보화사회에서는 사람들로 하여금 자신이 하는 과업이 중요하다는 '사명감'을 갖도록 함으로써 동기를 유발한다. 한편 '계획의 조정'은 조직이 구성원들로 하여금 그들의 활동과 방향을 스스로 결정하게 하는 것이다.

또한 정보화사회에서는 불확실성이 높기 때문에 새로운 기술을 배우고 그 기술을 새로운 분야에 적용하는 '학습'이 매우 중요한 동기부여 수단이 된다. '평판'은 전문경력 쌓기의 주요 원천이 되고 평판을 높일 수 있는 기회 역시 동기부여의 주요 수단이 된다. 좋은 평판은 본인의 자부심을 높이는 것은 물론이고, 다른 형태의 보상을 받거나 다른 조직으로부터 스카우트 제의를 받는 홍보 효과도 유발한다.

마지막으로 '가치창조 활동에의 참여'도 중요한 동기유발 수단이 된다. 정보화사회의 공공조직은 예산 절감액 중 일정분을 기여자에게 제공하고 프로젝트의 성과에 따른 지분 참여를 허용하며, 새로운 창업 기회의 개발, 전략적으로 중요한 성과에 대한 무상주식 공여, 핵심적 성과달성을 조건으로 한 상여금 제공, 성과목표를 공동으로 달성한 경우의 집단 보너스 제공 등의 유인책을 실시한다(이종수 외, 2008).

3) 지식정보사회 리더의 특징

지식정보사회의 리더는 변화의 담당자가 되어야 하며, 이때 변화의 출발점은 공공정책과 행정목표 달성을 집합적으로 하기 위해 조직구성원들의 잠재력을 고양시키는 문제로부터 시작되어야 한다(김광웅, 1983; 전종섭, 1987).

탭스코트(D. Tapscott)는 네트워크화된 지능(networked intelligence) 시대에는 리더와 리더십이 상호 연계되어야 함(internetworked)을 강조하였다. 즉, 리더는 한 명의 총명한 최고관리자만을 의미하는 것이 아니라 파급 효과를 지닌 비전과 집합적 행동력을 가진 인간지능의 결합이라고 하면서 정보화사회의 리더십과 관련해 다음과 같이 주장하였다(Tapscott, 1996; 유홍림, 1999: 266-267).

첫째, 정보화사회처럼 예측 불가능한 시대에서 리더십은 여러 가지 원천(sources)을 기반으로 하기 때문에 상호 연계적 리더십을 체득하는 것은 개인의 책임이자 기회이다.

둘째, 조직구성원 각자가 복잡한 정보사회에 대한 이해를 바탕으로 한 명백하고 공유된 비전(shared vision)을 가져야 하고, 이를 위해 조직구성원 전체가 지속적인 학습 의지를 지녀야 한다.

셋째, 조직은 구성원의 다양한 역량이 효과적으로 결합되어야만 창조적 사고가 충만해지고 바람직한 조직 문화가 형성될 수 있다.

넷째, 상호 연계적 리더십을 형성하고 발휘하는 데 최고관리자의 지원과 관심이 필수적이다.

다섯째, 네트워크화된 지능 시대에 적절하고 효과적인 기술의 사용은 조직구성원들의 창의력을 자극하고 자신과 조직에 대한 문제의식을 갖게 하는 등 획기적 변혁의 원동력이 된다(이종수 외, 2008).

생각해 보기

국가지도자라면 해야 할 기본 업무

『목민심서』「이전(吏典)」의 두 번째 조항은「어중(馭衆)」입니다. 모든 부리는 사람들은 어떻게 인도해줄 수 있는 것인가에 대한 논의입니다. "부리는 사람들을 인도해주는 방법은 위엄과 믿음(威信)뿐이다. 지도자의 위엄은 청렴에서 나오고 믿음은 지도자의 성실성에서 나오는 것이니, 성실하고도 청렴할 수 있어야만 모든 아랫사람이 따르게 할 수 있다(馭衆之道 威信而已 威生於廉 信由於忠 忠而能廉 斯可服衆矣)"라고 말하여 지도자로서의 위엄은 청렴에서 나오고 지도자가 아랫사람에게 믿음을 줄 수 있음은 지도자의 성실성에서 나온다고 했으니 모든 일을 성실하게 처리하여 거짓이 없을 때에만 부하들이 지도자를 믿게 된다는 뜻입니다.

다산(茶山)은 말합니다. 위엄과 믿음을 얻을 수 있으려면 어떤 사안에도 '편향(偏向)'을 버리고 공명정대(公明正大)하게 일을 처리해야 한다는 것입니다. "마음에 털끝만큼의 편향이 있어서는 안 된다. 만일 편향이 있으면 반드시 사람들은 알게 된다"라고 말하면서 숨길 수 없는 사실로 여겨 "당연히 공명정대하여야지 털끝만큼의 편향도 있어서는 안 된다"라고 거듭 강조했습니다. 공정하고 공평함에서 벗어나 한편으로 치우치는 편향이 있다면 지도자로서의 위엄과 믿음은 무너지고 만다는 경고를 했습니다. 특정인이나 패거리에 휩싸여 정도에서 벗어나면 위엄과 믿음은 세워지지 않음을 말하고 있습니다.

「어중」 조항에서 강조하는 지도자와 부하 등과의 소통 문제 역시 관심을 기울여야 할 대목입니다. "지도자와 부하들 사이가 환히 틔어 가림이 없도록 해야 한다"라는 부분에서 부하들이 지도자를 따르도록 하기 위해서는 그들과의 사이에 가로 막히는 일이 없어야 한다는 것입니다. 이 부분에서 다산은 문고리 권력의 문제를 제기했습니다. '문졸(門卒)'이라는 이름의 문고리 권력은 지위가 낮고 천한 문지기들이 지도자와 백성들 사이의 소통을 가로막고 온갖 권력의 횡포를 부리고 있다고 진단했습니다. 근래에 우리 국민들은 청와대 문고리 권력의 농간에 얼마나 많은 고통을 당했는가요. 다산은 벌써 그 시대에 그러한 권력의 남용을 꾸짖으면서 지도자와 백성들은 막힘없이 언제라도 함께 자리하여 대화하고 토론할 길이 열려야 한다고 했습니다.

권력자는 언제나 주변에서 거들어주는 많은 사환이 있습니다. 「어중」에서 말하는 중(衆)은 바로 많은 사환을 지칭합니다. 신분도 낮고 생활도 어려운 사람들이지만 권력자가 이들을 제대로 통솔하지 못한다면 국가 대사를 그르칠 수 있다는 경고입니다. 최측근에서 권력자를 돌보고 있는 사람들이기 때문에 무능한 권력자라면 이들의 농간에 똑바른 정치를 할 방법이 없고 맙니다. 때문에 그들을 통솔하는 대원칙이 바로 위엄과 믿음인데 위엄은 청렴에서 나오고 믿음은 거짓 없는 성실에서 나오는 것이라 했으니 지도자라면 청렴하고 성실해야만 아랫사람들을 제대로 부릴 수 있어 공명정대한 행정을 펼 수 있다는 뜻입니다. 공익을 버리고 사익이나 추구하고, 진실보다는 거짓을 더 많이 활용하는 지도자는 절대로 아랫사람을 제대로 부릴 수 없다는 것을 알게 해주는 내용입니다.

출처: 박석무. 『풀어쓰는 다산(茶山) 이야기』 中, 다산연구소(2017.5.8.)

리더의 덕목

리더는 일을 하는 사람이 아니다. 리더는 일을 나누어 주는 사람이다. 리더는 책임을 지는 사람이 아니다. 리더는 책임을 나누어 주는 사람이다. 리더는 자기와 코드가 맞는 사람만을 데리고 가서는 안 된다. 리더는 모두를 끌고 가야 한다. 리더는 자기희생을 각오하는 사람이다. 리더가 자신의 개인 이익을 챙기는 데 급급하다면 어떤 부하가 그런 리더를 따르겠는가?

리더는 사물과 현상의 부분만을 보아서는 안 된다. 리더는 전체를 볼 수 있어야 한다. 하지만 인간의 눈으로는 사물의 전체를 볼 수가 없다. 인간은 아무리 자세히 쳐다봐도 사물 각각의 단면만을 볼 수밖에 없다. 전체를 볼 수 있는 길은 마음의 눈으로 보는 것이다. 마음의 눈은 다른 사람의 의견을 듣고 나서야 볼 수 있다. 다른 사람의 의견을 듣기 위해서 리더는 질문을 던져야 한다.

출처: 김형철. 『리더의 7가지 덕목』 中, 다산연구소(2017.5.8)

Q. 지도자가 청렴하고 성실한 리더십(leadership)을 갖기 위해서 어떠한 팔로워십(follower-ship)이 뒷받침되어야 하는지 생각해 보자.

제3절 조직 문화

1 조직 문화의 개념

문화는 구성원 모두가 공동으로 고안하고 해독하는 일종의 코드(code)로서 구성원 각자가 이를 숙지하여 자신의 행동이 공동체 내의 타인들에 의해 이해될 수 있게끔 한다(유정환, 1993: 15). 그린버그와 바론(Greenberg & Baron, 2003: 515)은 조직 문화를 조직구성원들이 공유하는 태도・가치・행동규범・기대로 구성되어 있는 인지의 틀(cognitive framework)이라고 정의하였으며, 윌킨스와 패터슨(Willkins & Patterson, 1985: 265)은 조직 문화가 조직구성원들이 무엇을 해야 하고 하지 말아야 하는가에 대한 믿음으로 구성되어 있다고 하였다. 종합하자면 조직 문화(organizational culture)는 조직구성원들에 의해 공유된 신념, 가치관, 관행, 생활양식 등의 총체적 집합이자(백완기, 2009: 293) 조직이 외부 환경에 적응하고 내부를 통합하는 과정에서 고안・발견・개발하는 믿음으로, 오랜 기간 동안 조직구성원들은 이러한 믿음을 타당하다고 인식하였기 때문에 당연하게 수용하고, 새로운 구성원들에게도 조직의 대내・외적 문제를 해결하는 올바른 방법으로서 학습된다(이창원 외, 2017: 382).

이러한 맥락에서 조직 문화는 현재의 조직구성원들이 공유하고 미래의 새로운 구성원에게 가르치는 주요 가치・가정・신념・이해(understanding)・규범으로(Duncan, 1989: 229-236; 윤재풍, 2014: 462), 달리 말하자면 조직구성원들에게 공유되는 의미의 체계(systems of shared meaning)로서 새로운 조직구성원에게는 일종의 표준(a correct)으로 전달된다(Duncan, 1989; 박경원・김희선, 2002: 278). 따라서 조직 문화는 조직구성원의 태도를 이해하는 준거가 되며, 그들의 행태를 예측할 수 있는 도구가 된다.

한편 조직 문화란 상징이 지니는 의미가 확립된 맥락이자(Pratt & Rafaeli, 1997) 조직에 내재하는 가치와 신념을 그 구성원들에게 전달하는 상징・의식・신화이다(Ouchi, 1981: 41). 또한 그 문화에서 특정 의미를 지니는 말・동작・그림과 같은 상징(symbols), 그 문화에서 높이 평가된 사람으로서 조직구성원들의 행위모델이 되는 영웅(heroes), 해당 조직에서 핵심이 되는 집단행동인 관행(rituals), 넓은 의미의 포괄적 감정인 가치(values)는 조직 문화를 반영하는 요소이다(Hofstede et al., 1990: 422). 따라서 조직 내의 가치체계를 전달하는 상징적 수단도 조직 문화를 이해하는 데 중요하다(이창원 외, 2017: 382).

2 조직 문화의 기능

조직 문화는 조직구성원들이 집단적으로(collectively) 공유하는 가치와 행동양식으로서 조직 내부에서 여러 가지 기능을 한다(백완기, 2009: 296-297).

첫째, 사고와 행동에 방향을 제시해 주고, 행위를 예측할 수 있게끔 해준다.

둘째, 조직구성원을 동일한 방향으로 응집하고 결속시킨다.

셋째, 조직 문화를 통해 조직이 어떻게 움직이고, 누가 의사결정에 있어 유력한 역할을 하며 구성원의 조직에 대한 충성도와 구성원들 간의 관계는 어떠한지와 관련된 집단역학(group dynamics)을 진단할 수 있다.

넷째, 조직 내에서 원활한 의사소통이 가능하도록 한다.

다섯째, 개혁의 성공 여부를 가늠할 수 있게끔 하는 개혁의 한계선 역할을 한다.

조직 문화는 구성원들에게 조직구성원으로서의 정체성(identity)을 갖게 하고, 조직의 사명(mission)에 전념하는 집합적 몰입(collective commitment)을 유발하므로 조직체계의 안정성을 높인다. 또한 조직 문화가 조직구성원들로 하여금 상황을 해석하는 공유된 의미의 원천으로 작용하여 구성원들의 행태를 원하는 방향으로 이끌 수 있는 단서로서의 기능을 한다(Kritner & Kinicki, 1995; 박경원 · 김희선, 2002: 279-280).

그러나 경직된 조직 문화는 급변하는 환경에서의 부적응이 초래되고, 자율성을 중시하는 조직 문화의 경우, 하위부서의 독자성이 강하기 때문에 조정과 통합의 어려움에 당면하는 역기능이 유발된다(김병섭 · 박광국 · 조경호, 2015: 314).

3 조직 문화의 유형

조직 문화는 바라보는 관점과 접근방법에 따라 다양한 범주로 유형화된다.

조직 문화를 바라보는 관점에는 ① 조직이 공유하는 기본 가정, 의미, 신념, 가치, 기대 유형, 의사전달 규칙 등으로 조직 문화를 이해하는 통합적 관점(integration perspective), ② 집단 전체가 아닌 집단 내에서의 합의된 공유가치로 정의하는 분화적 관점(differentiation perspective), ③ 다양한 쟁점에 대해 서로 다른 입장을 갖는, 비의도적이고 느슨하게 연결된 개인들로 얽힌 망으로 보는 분절적 관점(fragmentation perspective)이 있다.

한편 조직 문화에 대한 접근방법은 ① 조직목표 달성을 위한 수단으로 문화를 바라보며 관리 가능한 것으로 파악하는 기능론, ② 문화의 존재와 내용, 그리고 형성 과정을 있는 그대로 서술하는 해석 및 현상학적 방법으로 나뉜다(Martin, 1985; 이종범, 1994).

조직 문화가 조직 성과에 미치는 영향을 중심으로 딜과 케네디(Deal & Kennedy, 2000)와 세시아와 글리노(Sethia & Glinow, 1985)의 조직 문화 유형을 살펴보면 다음과 같다.

딜과 케네디는 '기업의 활동에 따르는 위험의 정도'와 '기업의 의사결정 전략의 성공 여부에 대한 피드백 속도'라는 두 가지 기준에 따라 조직 문화를 ① 위험도가 높고 성과에 대한 피드백이 빠른 환경에서의 '강인하고 남성적인 문화(tough-guy, macho culture)', ② 위험도가 낮고 성과에 대한 피드백이 빠른 환경에서의 '열심히 일하고 열심히 노는 문화(work-hard, play-hard culture)', ③ 위험도가 높고 성과에 대한 피드백이 늦은 환경에서 형성되는 '사운(社運)을 거는 문화(bet-your-company culture)', ④ 위험도가 낮으며 성과에 대한 피드백이 늦은 환경하에서의 '과정 중심의 문화(process culture)'의 네 가지 유형으로 분류하였다(Deal & Kennedy, 2000).

각각의 조직 문화에 따라 구성원들의 행태가 다르게 나타나는데, 일례로 '강인하고 남성적인 문화'에서는 구성원들이 상호 경쟁하는 개인주의적 색채가 짙고, '사운을 거는 문화'에서는 올바른 결정이 중요하므로 조직의 신중함이 강조된다. 또한 '열심히 일하고 열심히 노는 문화'에서는 팀워크가 중요하고 조직구성원의 정력적 활동이 조직 성공의 주요 요인이 되며, '과정 중심의 문화'에서는 기술적 정확성과 완벽성을 중시하며

〈표 12-6〉 딜과 케네디의 조직 문화 유형

위험의 정도 \ 환경으로부터의 피드백	빠름	늦음
많음	강인하고 남성적인 문화	사운을 거는 문화
적음	열심히 일하고 열심히 노는 문화	과정 중심의 절차문화

과정과 절차에 집착하게 된다(Deal & Kennedy, 2000; 김병섭 외, 2015: 311-312).

한편 세시아와 글리노는 '조직의 구성원에 대한 배려', 그리고 '구성원의 업적에 대한 보상체계'에 따라 ① 구성원에 대한 배려가 높고 보상체계가 잘 확립되어 있는 '통합문화(integrative culture)', ② 구성원에 대한 배려는 낮으나 보상체계가 잘 확립되어 있는 '엄격문화(exacting culture)', ③ 구성원에 대한 배려는 높으나 보상체계가 잘 확립되어 있지 못한 '배려문화(caring culture)', ④ 구성원에 대한 배려도 낮고 보상체계도 확립되어 있지 않은 '냉담문화(apathetic culture)로 유형화하였다(Sethia & Glinow, 1985; 김병섭 외, 2015: 312-313).

〈표 12-7〉 세시아와 글리노의 조직 문화 유형

구성원에 대한 배려		구성원의 업적에 대한 관심: 저	구성원의 업적에 대한 관심: 고
	고	배려문화	통합문화
	저	냉담문화	엄격문화

캐머런과 퀸(Cameron & Quinn, 2005)은 '조직의 유연성과 자유재량-안정성과 통제', 그리고 '조직의 내부 중심과 통합-외부 중심과 통합'을 기준으로 ① 계층제 문화(hierarchical culture), ② 시장문화(market culture), ③ 동료문화(clan culture), ④ 애드호크라시 문화(adhocracy culture)로 조직 문화를 유형화하였다(Cameron & Quinn, 2005; 윤재풍, 2014: 473-475).

〈표 12-8〉 캐머런과 퀸의 조직 문화 유형

	내부 중심과 통합	외부 중심과 통합
유연성과 자유재량	동료문화	애드호크라시 문화
안정성과 통제	계층제 문화	시장문화

자료: Cameron & Quinn(2005: 46)의 내용을 간추려 재작성.

대프트(Daft, 2004)는 '경쟁적 환경이 유연성 또는 안정성을 요구하는 정도', 그리고 '조직의 전략적 초점이 내부지향적 또는 외부지향적인 정도'에 따라 조직 문화를 ① 적응문화(adaptability culture), ② 사명문화(mission culture), ③ 동료문화(clan culture), ④ 관료문화(bureaucratic culture)로 제시하였다. 이 중 '적응문화'는 외부 환경에 초점을 두고 유연성과 변화를 통해 조직의 성장을 충족하는데, 이 문화에서는 환경의 변화를 탐색하여 새로운 대응책을 개발할 수 있는 조직역량을 강조한다. 또한 '사명문화'는 안정적이고 빠른 변화가 필요하지 않는 환경에서 적합하며, '동료문화'는 외부 환경의 빠른 기대 변화, 그리고 조직구성원의 몰입과 참여에 초점을 둔다. 한편 '관료문화'의 경우, 전략적 초점이 내부에 있으며, 안정된 환경에서 일관성을 지향한다(이창원 외, 2017: 387-388).

〈표 12-9〉 대프트의 조직 문화 유형

환경 요구			
전략적 초점		유연성	안정성
	외부지향	적응문화	사명문화
	내부지향	동료문화	관료문화

자료: Daft(2004: 335).

4 한국 관료제의 조직 문화

조직 문화는 구성원들에게 무의식적으로 오랫동안 작용하여 조직 외부에 대한 적응과 내부의 통합에 중요한 영향을 미치고, 관료들의 행위 규범으로 작용하여 그들의 특정 행위를 유발하거나 제약한다.

그런데 조직 문화에 대한 연구는 공적 조직인 행정에서보다 사적 조직인 경영 분야에서 더 발달하였다(백완기, 2009: 293). 일각에서는 행정조직이 기업조직만큼 다양한 조직 문화를 상정할 수 없기 때문에 이에 대한 연구가 활성화되지 못하였다고 진단한다. 그러나 정부 조직 내에도 다양한 조직이 있고 행정학의 연구 대상을 중간조직, 공익집단, 비영리조직 등 여러 공공조직까지 확장한다면 공적 조직 문화도 다양한 차원에서 논의될 수 있다(이종범, 1994: 708).

사실상 관료제 문화에 대한 연구는 오랫동안 축적되었으며 그 문화의 형성 배경을 추적하는 연구도 상당히 진척되었다.9) 또한 연고주의 문화, 유교적 전통 등 한국 관료조직의 독특한 문화적 특성에 따라 형성되는 관료 행태를 탐구하기도 한다. 공공조직 문화는 행정 문화의 차원에서 논의될 수 있는데, 여러 학자들은 한국의 전통 행정 문화를 권위주의, 형식주의, 가족주의, 연고주의, 계서주의, 운명주의, 온정주의, 무사안일주의 등으로 제시하였다. 신공공관리론에 입각한 행정개혁으로 우리 정부관료제도 효율적인 정부를 지향함에 따라 과거 전통적 행정 문화에서 많이 탈피하였지만, 이 중 일부는 관료제에 착근되어 긍정적 효과와 부정적 효과를 유발하고 있다.

〈표 12-10〉은 한국의 전통 행정 문화이자 정부 조직 문화로, 이러한 조직 문화는 여러 부정적 측면이 있음에도 불구하고, 조직과 업무의 질서체계를 형성하고 구성원 간의 협동심과 결속을 강화시키며, 이 문화에 내재한 정서적 요인이 조직효율성 향상으로 이어진다.

〈표 12-10〉 한국의 전통 행정 문화의 긍정적 · 부정적 측면

행정 문화 특성	긍정적 측면	부정적 측면
권위주의	• 상관의 리더십 강화 • 조직의 단합 및 결속력 강화 • 비생산적 갈등 억제 • 정책집행의 추진력 강화	• 폐쇄적 비밀주의 행정 조장 • 상관에 대한 맹종 및 과잉 충성 • 조직 내 하의상달 및 참여 저해 • 구성원의 사기 저하 • 비합리적 의사결정 조장 • 조직 내 차별주의 초래 • 관존민비 행태 조장 • 무책임한 관료 행태 조장 • 행정편의주의 조장 • 행정의 사리화 조장 • 이기적 · 기회주의적 행태 조장
의식주의 · 형식주의	• 행정의 명분 강화 • 절차 및 법규 준수 확보 • 문화적 상징의 발전 • 의사전달의 정확성 제고 • 질서 확립 및 유지 기능 강화	• 목표대치 및 왜곡현상 초래 • 보수적(변화저항적) 행태 조장 • 허례허식, 번문욕례 수반 • 표리부동한 이원적 행태 조장

9) 예컨대 인정주의 · 형식주의 · 운명주의 · 가족주의 등의 문화에 따라 파벌형성 및 변화에 대한 저항이라는 관료 행태가 나타나는 경로를 분석하기도 하고(김호정, 1985), 관료제 규칙에 따라 형성되는 것으로 보이는 관료 행태가 사실은 유교주의 행위 규범에 근간함을 주장하는 연구도 수행된 바 있다(Cambell & Cha, 2013).

가족주의	• 조직의 가족화, 공동체의식 강화 • 조직의 인간적 경영 • 생산성 향상을 위한 동기부여 · 직무 집단의 안정화 • 조직구성원의 심리적 안정	• 가부장적 지배체제 강화 • 정실인사 조장 • 몰인격적 서비스 제공 • 공 · 사의 혼동 조장 • 행정의 사리화
연고주의	• 조직 내 인간관계 개선 • 집단의 응집성 제고 • 고객에 대한 애착심 유발	• 공 · 사의 혼동 조장 • 할거주의 및 정실인사 조장 • 행정의 공익성 · 합리성 저해
온정주의	• 조직 내 협동적 행위 조장 • 집단의 응집성 제고 • 조직의 경직성 완화 • 조직의 융통성 제고	• 비합리적 기분주의 행동 조장 • 공식적 업무처리 과정의 교란 • 그릇된 충성의식 조장 • 정실인사 및 부패 조장 • 갈등 · 문제의 은폐, 회피, 억압
순응주의	• 조직의 안정성 제고 • 기계적 조직 질서 확보	• 비민주적 행정 행태 조장 • 무사안일주의 유발 • 성취 및 진취적 행태 억제 • 과학적 · 창의적 업무수행 저해

자료: 박천오(2008: 517); 한국행정연구원(2008a: 517).

생각해 보기

유교적 마음의 습관

저는 아시아에 불어 닥친 금융위기의 배후에 정경유착, 정실주의, 불투명성과 같은 문화적 배경이 있다는 설명에 동의합니다. 저는 솔직히 말해서, 이러한 부정적인 관행들이 유교적 관습과도 관련이 있다고 인정합니다. 그러나 금융위기를 극복하기 위해 노력했던 한국인들의 지난 2~3년간의 과정을 지켜보면서, 이러한 노력의 배후에도 '유교적 마음의 습관(Confucian habit of heart)'이 게재되어 있다는 느낌을 강하게 받았습니다. 사회의 구성원들이 일치단결하여 국난 극복을 위해 합심한다든지, 수많은 엘리트-지식인들이 자기 반성을 통한 개혁을 외친다든지……, 이러한 모습들은 분명 '유교적 마음의 습관'에서 나온 것이라고 생각합니다.

모든 가치관에는 현실 속에서 긍정적으로 구현될 수도 있고 부정적으로 구현될 수도 있는 두 가지 계기가 간직되어 있습니다. 우리는 가치관 자체를 거부하려고 할 것이 아니라 이러한 가치관이 자본주의라는 구조 속에서 건강하게 구현될 수 있도록 노력해야 할 것입니다. 유교문화의 특징인 '강한 리더십'에 대해 생각해 봅시다. 지도자가 사려 깊은 선견지명을 가지고 국민을 일사불란하게 이끌어 나간다면 이는 긍정적인 의미에서의 '강한 리더십'일 것입니다. 그러나 정권욕에 눈이 어두워 경찰력을 동원하여 독재정치를 강행한다면 이는 부정적인 의미에서의 '강한 리더십'입니다. 유교에서 강조해 온 인간관계(human relation ship) 역시 마찬가지입니다. 인간관계는 건전한 공동체 의식으로 발양될 수도 있는 것이고 마피아와 같은 집단 이기주의로 나타날 수도 있습니다. 사실 이 두 가지 계기는 모두 동일한 '문화적 심성(cultural ethos)'에 온장되어 있는 가능태들입니다. 이러한 두 가지 계기 중 긍정적인 측면을 적극 되살려서 민주주의를 풍부하게(enrich) 하는 데 활용해야 하겠지요.

출처: 뚜웨이밍(2001). '현대사회에서 유교의 역할' 中, 『철학과 현실』. 제51호

Q. '유교적 마음의 습관'이란 무엇을 의미하는지 생각해 보고, 우리가 속한 조직에서 '유교적 마음의 습관'을 실천하기 위한 방안에 대해 논의해 보자.

제4절 한국 공공조직의 현장

1 공무원의 책임성

1) 행정사례

2014년 4월 16일 오전 8시 50분경, 전라남도 진도군 해상에서 여객선 세월호가 침몰하여 안산시 단원고등학교 학생들을 포함한 탑승인원 476명 중 304명(미수습자 포함)이 사망하였다. 세월호 침몰의 1차적 책임은 초기 대응을 하지 않은 선장 및 여객선 승무원들과 해운회사에 있지만, 해양안전 관련 주무부처인 해양경찰청과 해양수산부의 부적절한 대응과 책임 회피가 사고를 악화시켰다는 비난과 함께 국민의 정부불신이 가중되었다.

이후 세월호 참사의 근본 원인으로 관료주의가 지적됨에 따라 적폐 청산의 일환으로 정부 조직이 일부 개편되었고, 여러 제도개혁안이 제안되었다. 그 가운데 이와 같은 대형참사를 막기 위한 사고 대응 매뉴얼 개발에 대한 필요성도 논의되었다. 그런데 과연 구조 매뉴얼이 잘 갖춰져 있었다면 세월호 참사를 막아낼 수 있었을까? 공무원 행동지침의 내용뿐만 아니라 그것을 행동으로 옮길 수 있는 실천력을 어떻게 구비할 수 있는가? 공무원 행동지침 마련을 넘어서는 보다 근원적인 처방이 필요한 것은 아닌가?

공무원에게는 법규를 충실하게 따라야 하는 법적 책임과 국민 전체에 대한 봉사자로

서의 책임까지 다양한 책임이 요구되고, 관료제 대내·외적 조건에 따라 책임 간의 충돌이 발생하기도 한다. 여기에서는 공무원의 책임성 유형을 살펴보고, 책임을 제약하는 조건으로서 '관료제에 대한 정치적 통제'에 관해 논의하고자 한다.

세월호와 공무원의 책임

❖ 읽기 1

공무원의 전문성도 중요하지만, 재난현장에서 죽어가는 사람들을 보면서 이들을 살려야겠다는 전문가의 직업윤리를 이번 세월호 참사에서 볼 수 없었던 것은 아쉬운 부분이다. 이러한 해경이 어떻게 해양 영토를 수호하려고 목숨을 내걸 수 있었을까? 2008년 9월 25일 목포해경 소속 박경조 경위는 불법조업을 하고 있던 중국 어선을 단속차 승선하던 중 둔기에 맞아 바다에 추락 후 사망하였고, 2011년 12월 12일 인천해경 소속 이청호 경장은 단속 중 중국 선원이 찌른 칼에 찔려 사망하였다. 또한 100여 명이 넘는 경찰관이 전쟁터나 다름없는 중국 어선 단속 현장 등에서 목숨을 걸고 영토를 수호하다 크고 작은 부상을 입었다. 어떻게 한쪽에서는 우리 국민이 죽어가고 있는 것을 보면서도 자신의 안전을 생각하는데, 또 다른 쪽에서는 목숨을 걸 수 있었을까?

출처: 김병섭·김정인(2014). '관료의 (무)책임성의 재해석—세월호 사고를 중심으로.' 제48권 제3호.

❖ 읽기 2

평화학자 더글러스 러미스(C. D. Lummis)는 "무력감을 느끼게 한다면 그것은 민주주의가 아니다"라고 말했다. 세월호 참사를 접하는 순간부터 우리가 느낀 것은 뼈저린 무력감, 바로 그것이었다.

학생들을 포함한 수백 명을 태운 배가 가라앉는 장면을 보면서 아무것도 할 수 없어 발만 동동 굴렀을 때, '전원 구조' 속보와 그것이 오보라는 또 다른 속보에 휘둘렸을 때, 해경과 해군과 특공대와 수십 대인지 수백 대인지 모를 최첨단 배와 비행기가 투입되었다는데도 단 한 명도 구해 내지 못했을 때, 국민이 뽑은 집권자와 국민의 세금으로 봉급을 받는 관료들이 자신들의 책임이 아니라고 발뺌했을 때, 그러면서 사고 현장에서 '인증샷'을 찍으며 희생자 가족과 국민을 조롱했을 때, 350만 명이나 되는 '진실규명 특별법' 청원 서명을 들고 국회로 갔음에도 아무런 반응도 없었을 때, 세월호 참사 이후에도 우리 주변의 안전이 개선되기는커녕 크고 작은 사고가 꼬리를 물고 터지는 것을 볼 때, 차라리 이민을 가고 싶다고 생각할 때…… '민'이 주인이라는 민주주의가 껍데기만 남았음을 알 수 있었다.

출처: 오준호(2015). 『세월호를 기억하다—침몰·구조·출항·선원, 150일 간의 세월호 재판 기록』. 미지북스.

2) 공무원의 책임성 유형

공무원의 책임성은 공무원이 직·간접적인 행정행위자로서 행정 행위에 대한 대내·외적 요구에 가장 먼저 대응하고, 그 일의 성패에 따라 주어지는 상벌을 받을 일차적 주체가 되는 것을 의미한다(한승주, 2013: 27). 공무원의 책임은 책임의 귀속에 따라 개인책임과 조직책임으로 나뉘고, 책임에 대한 규정과 구속감에 따라 객관적 책임과 주관적 책임으로 구분된다. 한편 학자별로 다양한 유형의 책임을 제시하는데, 책임의 내용을 통해 책임의 귀속자에게 부과되는 의무와 사회적 기대를 추론할 수 있다. 여러 학자들의 견해를 종합하였을 때 〈표 12-11〉과 같이 책임성의 유형 및 특징을 정리할 수 있다.

〈표 12-11〉 책임성의 유형 및 특징

	정치적 책임성	행정적 책임성	전문적 책임성	민주적 책임성
기본 원리	• 정부가 도입한 정치적 규정에 따른 활동	• 법적 규정 및 절차에 따른 활동	• 기술적 규정 및 전문적 관행에 따른 활동	• 사회집단과 전체 사회의 이익을 위한 활동
내부적 책임	• 상위 정치기관	• 상위 행정기관	• 상위 전문기관(기술평가) • 상위 행정기관(행정평가)	–
외부적 책임	• 의회	• 행정 행위에 따른 절차	• 외부 감독·통제기구(기술적·행정적)	• 사회집단 전체로서의 사회
주요 문제	• 행정적 성과	• 공식적 기준 • 공식적 절차와 규정	• 전문적 규정·관행 • 전문적 성과	• 행정적 성과
기준	• 정치적 기준 • 기술적·객관적 기준	• 공식적 기준 • 공식적 절차와 규정	• 전문적 기준 • 전문적 규정 및 관행 순응	• 행정성과의 사회적 영향력
메커니즘	• 내부 감독 통제 • 의회 통제	• 내부 감독 통제 • 외부 감독 통제 • 행정적 요구 • 사법 절차	• 내부 감독 통제(기술적·행정적) • 외부 감독 통제(기술적·행정적)	• 시민참여 • 언론 • 여론 표출 기구 • 정보기술
결과	• 정치적 비판·인정 • 사임·해고	• 행정 행위 변경 • 공식적 처벌·인정 • 시민 보상	• 공식적 처벌·인정	• 행정 행위 채택 • 행정적 결정 변경 • 행정 성과의 민주적 정당화

자료: 한승주(2013: 30).

2 관료제와 민주주의

1) 행정사례

권력-통제이론(power-control theory)에서는 개혁 작업을 지배연합(dominant coalition)이 그들의 권력을 보존·강화시키고 조직의 통제가 용이하게끔 권력을 행사하는 과정이라고 인식한다. 이와 같은 관점에서 우리나라 역대 행정부가 집권 초기 대대적인 행정개혁을 추진하는 관례는 관료집단에 대한 통제력 확보를 위한 것으로 이해할 수 있다.

행정개혁(administrative reform)은 행정을 현재보다 더 나은 상태로 개선하기 위해 새로운 방법을 고안해 적용하려는 의식적·인위적 노력으로, 행정개혁에는 단순히 조직개편이나 관리기술의 개선뿐만 아니라 행정인들의 가치관, 신념, 태도를 변화시키는 것도 포함된다. 또한 행정개혁은 행정기구를 개편하고 행정관리 기술을 개선하며, 조직구성원의 가치관이나 행태를 보다 바람직하게 고치기 위한 의도적인 변천 과정이기 때문에 대부분의 경우 저항을 수반하며, 이를 극복하는 것이 행정개혁의 성공적 추진을 결정짓는 관건이다(이종수, 2009).

우리나라에서는 강한 통치권력이 국정을 주도하였던 권위주의 정치의 유산, 상급자에 대한 충성을 행위 규범으로 수용하는 유교주의적 행정 문화, 대통령제하에서 대통령에 대한 대응성이 높은 상황 때문에 관료저항이 가시화되었던 사례는 드물다. 그러나 새로운 정부가 출범할 때는 물론 한 정권 내에서도 필요에 따라 행정개혁, 정부혁신, 근대화 등의 이름으로 추진되는 공공 부문 개혁은 관료들의 강한 반발을 촉발시키고, 정부관료제 안팎으로 갈등과 충돌을 야기시킨다.

관료저항은 관료 개인이 공적인 이유로 상관에 대해 사보타주(sabotage)하는 것에서부터 조직에 맞서 취하는 내부고발(whistle-blowing)에 이르기까지 다양한 방식으로 이루어지지만, 집단화된 행태로 드러나고 공론화되는 게 일반적이다. 특히 관료들의 강한 저항에 부딪히게 되는 대표적인 사례는 주로 행정개혁을 둘러싼 갈등으로, 우리나라 역대 정부에서도 정치권이 행정개혁에 맞선 관료들의 저항을 제대로 통제하지 못한 사례가 빈번하게 발생하였다.

행정개혁과 관료저항

❖ 읽기 1

김대중 행정부의 초대 행정자치부 장관인 김정길은 취임 후 공직사회의 구조조정과 퇴직 공무원 연금개혁을 추진하였다. 그는 당시 공무원들에게 받은 인상을 '산하기관을 길들이려는 권위주의적 태도', 'DJP 연합정부하에서 장관의 임명 경로를 따지는 눈치작전'으로 표현한다. 다음은 공직개혁을 추진할 때 접했던 공무원들의 태도에 대한 김정길의 이야기이다.

"공무원들 사이에서 찬반 양론이 아주 팽팽했죠. 공직사회 구조조정을 찬성하는 공무원도 있고 아닌 사람도 있고. 또 공무원들이 '당신 우리 아버지 맞냐?' 이런 식으로 비판을 했습니다. 그래도 일반 국민들과 언론이 내 편에 서 있으니까 비판받을 각오를 하고 개혁을 추진했습니다. 특히 IMF 직후라서 IMF의 권유에 따라 구조조정을 하는 가운데 'IMF로부터 권고받았으니까 공무원 수 줄이는 데 이의 없느냐?'라고 했더니 이의 없다고 하다가 본인이 감축대상이면 반발하더라고요. 한마디로 총론은 찬성, 각론은 반대인 거죠."

출처: 김정길 전 행정자치부 장관10)

❖ 읽기 2

건설부 항명(抗命) 파동, 공직사회 내분 추태에 큰 충격
현실 무시한 독선이 발단
하위직 소외감–기구 축소로 신변 불안 증폭

건설부 직원조회 때 발생한 일부 직원들의 집단 퇴장사태는 공직사회에서는 매우 이례적인 일로 각계에 큰 충격파를 던지고 있다. 건설부 직원들의 집단행동은 권영각 장관의 구상으로 추진되고 있는 대대적인 조직개편 작업이 직접적인 도화선이 되었다. 이 구상은 지자체 실시에 대비한 정부기능의 전면적인 개편 작업과 연계된 것이어서 이번 사태가 어떤 형태로 진전될지 비상한 관심을 모으고 있다.

조직개편안의 골자는 건설부 업무의 70% 이상을 차지하고 있는 각종 사업의 집행 기능을 지방자치단체 및 도공(道公) 등 산하공사에 모두 넘기고 건설부는 정책기획 기능에 전념한다는 것이다. 조직개편 시안은 공사집행 업무를 지방자치단체 등에 넘기는 외에 주차장 관리 · 하수처리장 건설 · 재해대책본부 운영 등을 교통부 · 환경처 · 내부무 등에 이관한다는 계획도 포함하고 있다.

10) 김경은(2015).

3,019명의 건설부 직원 중 77%인 2,318명이 집행부서에서 일하고 있는 것을 감안할 때 건설부 조직개편이 몰고 올 인력의 대이동 등 파문은 엄청날 수밖에 없으며, 직원들의 동요도 여기에서 비롯되고 있다.

출처: '건설부 항명(抗命) 파동 공직사회 내분(內紛) 추태에 큰 충격', 경향신문(1990.8.2)

이렇듯 행정개혁은 개혁 대상이자 개혁의 주체인 관료 행태의 실상을 여실하게 드러내는 요인이다. 여기에서는 역대 정부의 행정개혁 추이를 살펴보고, 각각의 정부가 추진한 행정개혁의 취지, 목표, 추진체계가 관료(제)의 행태에 어떠한 요인으로 작용하였는지를 '관료제와 민주주의'의 틀에서 생각해 보고자 한다.

〈표 12-12〉 역대 정부의 행정개혁

	용어	개혁 목표	추진체계	주요 내용
제1공화국	–	• 국가제도 정비 • 능률화 • 자유주의	–	• 기구개편 및 인력조정
제2공화국	–	• 민주화 • 경제제일주의 • 능률화	• 정부기구개혁위원회	• 기구개편 및 인력교체
군사정부	쇄신	• 집권화 • 능률화	• 정부기구개편특별위원회 (국가재건최고회의 산하) • 행정관리국 • 행정관리연구위원회	• 기구개편 및 국가 기능 확대
제3공화국	–	• 행정능률	• 행정개혁조사위원회	• 행정국가화 – 국가기구 팽창
제4공화국	서정쇄신	• 능률 • 절약 • 봉사	• 비상국무회의 • 행정개혁위원회	• 유신체제 공고화
제5공화국	사회정화	• 능률지향 • 감축관리 • 민주주의 토착화 • 복지사회 구현 • 정의사회 구현 • 교육혁신 • 문화창달	• 사회정화위원회 • 행정조사연구실	• 경제발전과 안정 및 사회정화
제6공화국	–	• 민주발전 • 공정 · 균형발전	• 행정개혁위원회	• 조직 확대 개편

김영삼 정부	행정쇄신	• 민주화 • 능률성 • 작은 정부	• 행정쇄신위원회	• 재정경제원과 건설교통부로 통합
김대중 정부	경영혁신	• 작은 정부 • 효율적인 정부 • 봉사하는 정부	• 기획예산위원회→기획예산처 • 정부혁신추진위원회	• 책임운영기관 • 개방형직위제도
노무현 정부	정부혁신	• 신뢰받는 정부 • 투명한 정부	• 청와대 혁신비서관실 • 행정자치부 정부혁신본부 • 중앙부처 혁신담당관(혁신기획관) 및 지자체 혁신분권 담당 • 자치단체 혁신분권 담당 • 정부혁신지방분권위원회	• 기능과 과정 • 시스템과 문화의 변화
이명박 정부	융합행정	• 실용주의 정부	• 행정안전부 • 국가경쟁력위원회	• 공무원・예산・조직 축소 • 민영화

자료: 황혜신(2008: 483-484); 황혜신(2013: 333-360).

2) 민주주의 구현을 위한 대안: 관료제에 대한 정치적 통제

관료제에 대한 정치의 우월성은 오늘날 대부분의 민주국가에서 보편적으로 받아들여지고 있다. 행정의 정치에의 종속성은 행정이 국가가 결정한 정책의 집행이며(Durkheim, 1975: 173-174), '주권자(국민) → 정치기관(의회와 대통령) → 행정기관'의 순으로 권력기관이 구성되고 통제된다는 것을 의미한다(임도빈, 1996: 130 참조).

관료제는 정치권력의 구조 내에서 작동함에도 불구하고 자율성을 지닌다. 공공에 대한 봉사의 질을 제고하기 위해 필요한 관료제의 자율성은 동시에 관료의 집단이익을 위한 도구로 활용되기도 한다. 대의정부 체제에서 관료제가 자기임명적(self-appointed) 엘리트 체제로 변질되지 않도록 하기 위해서는 관료제에 대한 다양한 통제가 필요하다. 따라서 정치권력은 일반적으로 정치적 임명자의 인사권을 통해 관료조직의 통제를 시도하고, 관료집단에 대한 통제수단으로 구조조정과 조직개편 등 행정개혁을 빈번하게 활용한다.

그러나 현실적으로 전문지식과 정보력 측면에서 열위에 있는 의원이나 정무관들이 전문성이 높은 직업관료를 효율적으로 통제하기는 쉽지 않다. 정치의 행정 통제 방식은 경우에 따라 엽관주의 시비를 불러일으키기도 하고, 공직사회에 뿌리 깊은 연공서열제는 인사권을 활용한 관료통제를 무효화시키는 요인으로 작용하기도 한다. 더군다

나 관료제 조직의 합리성과 기술적 우월성, 더 나아가 관료제적 활동의 비밀주의적 속성이 정치에 의한 관료제 통제를 어렵게 한다.

관료제에 대한 정치적 통제는 관료제로의 권력 집중과 관료의 권한 남용으로 인한 민주적 가치의 훼손을 막기 위한 장치로서 논의되어 왔다. 그러나 관료에 대한 제약은 공무원에게 부여된 다양한 차원의 책임이 정부조직에서 충분히 구현되기 어렵게 하는 요인이 될 수 있다.

3) 관료제와 민주주의의 딜레마

정치권력은 복잡한 사회를 관리할 때 실적제에 기반을 둔 국가 관료제에 의존하지 않을 수 없는 상황에 놓여 있다. 이러한 의미에서 오늘날의 대의민주정치제도와 근대 관료제는 함께 발전해 온 공생적 사회제도이다.

그러나 관료제를 현대 사회에서 없어서는 아니 될 필요불가결한 제도로 만든 합리성과 관리기술적 측면에서의 수월성이 다른 한편에서는 민주주의의 위협요소로 인식되고 있다. 관료제를 민주주의에 대한 위협적 존재로 보는 라스키(H. Laski)에 따르면 현대 정부의 대규모화는 전문가, 즉 관료에 의한 행정을 불가피하게 만드는바, 관료집단의 막강한 권한은 민주적 기구가 통제할 수 없을 정도로 계속적으로 비대해진다(Sayre, 1964: 219).

관료제의 비밀주의 속성도 민주주의에 대한 위협요소로 작용한다. 전문성과 정보력으로 무장한 대리인(agent)이 자신의 이익을 위해 주인(principal)을 속인 주인-대리인 이론의 차원에서 대리인으로서의 관료집단이 비밀주의를 내세워 주인인 국회의 통제를 무력하게 만드는 사례를 어렵지 않게 접할 수 있다.11)

사실상 관료적 조치의 중요한 국면을 공공감시(public scrutiny)에서 벗어나게 하는 관료적 비밀주의(bureaucratic secrecy)는 민주주의를 위협하는 가장 큰 요인 중 하나이다. 공공기밀(official secret)은 관료제의 특유한 고안품으로, 시민들은 공식적으로는 관료들의 특정 조치에 대한 불평을 정치인들에게 제기할 수 있다. 그러나 그러한 조치의 '비밀성'은 교정(矯正)을 어렵게 한다. 관료적 지배는 선출된 대의기구에 의해 어느 정도까

11) 2009년 8월 검찰총장 후보자에 대한 국회 인사청문회를 앞두고 국회의원들이 요구한 후보자 개인 관련 정보 요청에 대해 국세청 등 행정부의 여러 관련 부처는 이런저런 핑계로 자료 제출을 거부했다. 심지어 국정감사를 위한 의회의 자료 요구에 대해서도 행정부는 관련 자료를 갖고 있지 않다는 이유로 거부하거나 부실한 자료를 제출하는 사례가 적지 않다.

지 견제될 수 있지만, 이러한 견제에도 한계가 따른다. "관료제를 거역하면 통치자는 무력해질 수밖에 없다(against the bureaucracy, the ruler remains powerless)"(Gerth & Mills, 1958: 232-235; Etzioni-Halevy, 1983: 33-34)는 언명과 같이 만약 관료제가 그 주인을 지배하기로 결정하면 그것을 막을 방도는 없다.

마지막으로 정치적 통제를 벗어나 자신의 제도화된 이익을 추구하는 관료제는 민주주의에 대한 본질적 위협이 된다. 베버(M. Weber)에 의하면 근대 관료제는 정치권력 행사를 위한 합리적 수단을 마련할 필요성에 의해 정당화된다. 그러나 현대 국가에서 정치권력의 관료 의존성이 증대되면서 관료제가 자신의 제도화된 집단이익을 실현하기 위해 정치권력의 수단으로서의 성격에서 벗어나는 현상이 촉발되었다. 이러한 현상을 관료제의 자율성(autonomy of bureaucracy)이라고 하는데, 관료제의 자율성이란 정치권력이 결정한 정책을 집행 단계에서 무능과 부패로 무산시키거나 관료제의 제도화된 자기 이익을 유지하기 위해 집행하는 현상을 말한다(Bendix, 1952: 130; 정승건, 1994: 60; 이종수 외, 2008: ch. 2).

강력하고 독립적이며 비정치적인 관료제는 민주주의를 위험에 빠뜨릴 수도 있지만, 민주주의의 필수불가결한 요소이기도 하다. 오늘날 관료제는 (정치에 대해) 독립적이면서 동시에 보조적 기능을 수행하고, 정치화되면서 동시에 비정치화될 것으로 기대된다. 따라서 관료제와 민주주의는 공생(共生)하지만 불편한 공존(共存)관계에 놓여 있다고 할 수 있으며, 역설적 또는 자기모순적 관계에 놓여 있다고 할 수 있다. 즉, 관료제는 민주주의에 필요하지만, 동시에 끊임없는 갈등과 긴장을 일으키는 원천이기도 하다. 관료제가 민주주의에 야기하는 긴장이 두드러질수록 관료제는 점점 더 강력해지는 것처럼 보인다(Etzioni-Halevy, 1983: 2). 관료제는 그 합리성과 기술적 수월성으로 인해 현대 사회의 복잡한 문제를 가장 잘 다룰 수 있는 제도로 발전하였지만 민주주의에 대한 위협이 되지 않도록 공식적 · 비공식적 외부통제를 받아야만 한다.

13

CHAPTER

인사

제1절 인사행정체제의 이해

1 인사행정의 의의

인사행정은 공익실현을 목표로 하는 정부 활동 수행에 필요한 인적자원을 충원하고 유지하며, 근무의욕을 고취하고 통제하는 일련의 동태적인 활동이라고 볼 수 있다(이종수 · 윤영진 외, 2014).

조직이 중요한가? 인사가 중요한가? 이는 끝없는 논쟁이 될 수 있겠지만 적어도 조직못지 않게 조직을 구성하는 사람 다시 말해 인적자원이 중요하다는 사실을 부인하기는 쉽지 않을 것이다. 조직구성원이 기본적으로 가지는 욕구, 성향, 자질은 조직 행태와 조직관리에 중요한 영향을 미치고 조직과 개인의 상호작용에 의한 결과가 결국 조직의 성패를 좌우하기 때문이다. 굳이 '인사(人事)가 만사(萬事)다'라는 격언까지 들지 않더라도 조직 속의 개인이 중요하다는 생각은 최근 들어 더욱 확산되는 것으로 보인다. 현대 지식정보사회에서는 상위관리자가 구성원에게 업무를 하향적으로 지시, 명령하거나 경제적 유인 또는 강제적인 방식으로만 구성원의 동기를 유발하는 거래적 리더십(transactional leadership)은 쇠퇴하고 구성원들에 대한 배려, 도덕적 몰입을 강조하는 변혁적 리더십(transformation leadership)이라는 새로운 유형의 리더십이 각광받고 있는 점이나, 사람을 소모품이 아닌 중요한 인적자원(human resource)으로 보고 개인의 경력개발, 교육훈련 등을 강조하는 것 역시 그 한 예라고 볼 수 있다.

생산, 관리, 경영, 서비스 등을 기계가 주도한다는 제4차 산업혁명과 인공지능(AI) 등이 전 세계를 떠들썩하게 하지만 인간 사회에서 기계적 능률만으로는 지속가능한 발전이 불가능하다. 특히, 공공 부문 인사행정의 경우 공정성, 형평성 등 복합적 가치의 추구가 중요시되며 정치와 행정이 엄격하게 분리될 수 없는 만큼 장 · 차관 등 고위관리자의 경우 정치적 임용이 허용되고 있다.

우리가 주로 살펴볼 분야는 공공 부문의 인사행정 또는 인적자원행정이다. 인사행정은 조직 내 인간의 심리, 행동, 그리고 관계를 연구하는 사회과학의 하나로 공공목표와 가치를 달성하고자 유능한 인재를 임용하고 교육을 통해 재사회화시키며 개인의 목표가 조직이 추구하는 목표와 일치할 수 있도록 동기를 유발하고 성과관리하는 방법을 연구하는 학문으로 볼 수 있다. 다음은 유능한 김인사 군이 공직에 임용된 후 능력발전과 동기부여제도에 힘입어 업무에 성실히 임하고, 한편으로 평가와 통제를 받기도 하며 퇴직 이후 연금수령에 이르기까지 공공 부문에 적용되는 인사행정의 일례를 소개한 것이다.

김인사 군은 열심히 공무원 시험을 준비하여 대학 졸업 직후 행정고시에 합격하였다. 청운의 꿈을 안고 인사혁신처에서 근무를 하게 되었으며 중앙공무원 교육원에서 진행하는 직무 관련 교육이나 자기계발을 위한 온라인 영어 강의 등을 열심히 수강하였다. 근무성적평정에서 좋은 점수를 받기 위해 성실하게 근무를 하고 동료들과의 관계도 원만히 유지하려고 애썼다. 직속 상사(4급 서기관)는 금번에 우수한 성과평가 결과로 인한 성과연봉 상승으로 싱글벙글 기분이 좋아보이는 반면, 타 부서 사무관 중 한 명은 부정청탁 사건에 연루되어 '파면'이라는 징계 조치를 받은 것을 지켜보니 모호한 심정이 들었다. 김인사 군은 예산 절감의 우수한 성과를 내고 조직혁신 제안을 하기도 하며 청렴한 공무원으로 평가되어 금번에 대통령 표창을 받게 되었다. 승진도 동료들보다 빠를 것으로 예상되어 오늘도 정신없이 바쁘지만 열심히 일한다. 일생을 공직에서 봉사하고 헌신을 한다면 선배 공무원처럼 명예로운 정년퇴직을 할 수 있을 것이고 공무원 연금 수령으로 비교적 안정된 노후생활을 보장받을 수 있다는 희망을 가지고 오늘도 김인사 군은 기쁜 마음으로 청사를 향해 출근한다.

2 인사행정제도의 이해

1) 엽관주의와 실적주의

(1) 의의

① 영국의 정실주의와 미국의 엽관주의

엽관주의(spoils system)는 선거에서 승리한 대통령 당선자가 정부의 모든 공직을 전리품(spoils)으로 획득하게 되고 그 전리품을 선거에서의 충성도에 따라 정당원에게 나누어주는 인사제도를 의미한다(유민봉 · 박성민, 2014). 엽관주의는 정실주의(patronage system)라는 용어와 혼용되기도 하는데 공직임용에서 능력 · 자격 · 업적과 같은 실적을 임용의 기준으로 삼지 않는다는 점에서는 공통적이나, 엽관주의가 임용의 기준으로 정치적 신념, 당파와 같은 정치적 요인을 중요시하는 데 비해, 정실주의는 학연, 혈연, 지연 등 귀속성(ascriptiveness)과 개인적 신임을 중요시한다.

영국의 정실주의는 당초 국왕이 자신의 정치세력을 확대하고 반대 세력을 회유하기 위한 수단으로 발달했으나, 명예혁명 이후 국왕에 대한 의회의 우위성이 확립됨에 따라 관리 임면에 대한 실권이 국왕에서 의회의 다수당으로 넘어가게 된 것이다. 반면, 미국의 엽관주의는 정당정치를 중시하는 독특한 정치적 환경에서 발달된바, 선거에서 승리한 정당이 모든 관직을 차지하는 제도를 말한다. 건국 초기 미국 연방정부의 공직은 동부 출신 '상류계급'에 한정되었다. 조지 워싱턴(G. Washington) 초대 대통령은 집권 초반기 자신의 정치적 신념과 상관없이 탕평적 인사로 연방정부를 구성하였으나, 분리주의자인 제3대 제퍼슨(T. Jefferson) 대통령이 연방주의자들이 차지하고 있던 연방정부에 자신의 세력을 끌어들이기 위해 대통령 임명직의 25%를 자신과 같은 분리주의자들로 채우게 되면서부터 정당에 대한 기여도를 공직임명의 기준으로 삼는 엽관주의가 싹트기 시작했다.

그 뒤 1820년 「4년 임기법(Four Year's Law)」이 제정됨으로써 대통령이 임명하는 공무원의 임기는 대통령과 같이 4년으로 한정되기에 이르렀다. 그리고 1829년 제7대 잭슨(A. Jackson) 대통령이 대통령직에 취임하여 공직순환(rotation in office)의 교의를 천명하면서부터 엽관주의제도가 본격적으로 발달하기 시작했다. 즉, 잭슨 대통령은 자신을 지지해 준 서부 개척민들에게 공직을 개방하는 것이 행정의 민주화와 지지에 대한 보상이라고 여겨 이를 민주주의의 실천적인 정치원리로 채택하면서부터 엽관주의적 인사행정이 활발하게 이루어졌다. 이것이 곧 '잭슨식 민주주의(Jacksonian democracy)'로 불리게 된 것이다.

엽관주의의 발전은 이와 같이 정당정치의 발전과 밀접한 연관을 맺고 있으며, 입법국가 시대 행정의 단순성 때문에 가능했던 제도이기도 하다. 당시의 행정은 질서 유지적인 단순 업무가 주를 이루어 보통 사람들도 누구나 공무원의 직무를 담당할 수 있는 것으로 인식해 공직의 개방이 훨씬 수월하게 이루어질 수 있었다.

엽관주의는 국민의 요구에 대한 관료적 대응성을 향상시키고, 행정의 민주화에 기여하며, 대통령의 정책 실현을 용이하게 해주고, 정당정치의 발전에 기여할 수 있다는 장점을 지닌다. 한편, 이러한 엽관주의는 행정의 능률성 · 공정성 · 계속성 · 안정성 · 일관성을 훼손하고, 정당의 과두적 지배를 촉진함으로써 매관매직이나 뇌물수수 등의 정치적 · 행정적 부패를 초래한다는 단점을 지닌다.

이러한 특징을 지닌 엽관주의는 시대의 변천과 함께 많은 문제점을 노출하게 되었다. 정권이 바뀔 때마다 공무원이 교체됨으로써 행정의 계속성・안정성・지속성이 위협을 받게 되었으며, 국민보다는 집권자에 대한 충성이 중시되어 부정부패의 원인을 제공했다. 결국, 1881년 가필드(J. A. Garfield) 대통령이 엽관주의자에 의해 암살되는 사건이 발생하면서 엽관주의는 결정적 쇠퇴의 계기를 맞게 된다.

② 실적주의

실적주의(merit system)란 공직에의 임용이 능력과 자격에 의하여 이루어지는 제도를 의미한다. 실적주의의 의미를 좀 더 구체적으로 살펴보면 〈표 13-1〉과 같다.

〈표 13-1〉 실적주의 특징 및 장・단점

☞ 공직임용의 기회균등: 누구나 인종・종교・지연・학벌 등의 이유로 공직임용에서 차별받지 않음
☞ 개인이 지니고 있는 능력・자격・실적(achievement, merit)이 인사임용 기준이 됨
☞ 공무원의 정치적 중립: 집권정당이 어느 정당이든 간에 맡은 바 직무를 성실히 수행할 것
☞ 공무원의 신분보장: 공무원은 법령이 규정하는 바에 따라 근무하는 한 신분을 위협받는 일이 없이 보장됨. 신분보장의 제1차 목적은 정권교체에 흔들림 없이 관료집단이 국가안정화의 중심수단이 되어야 함을 의미함

장점	단점
• 행정의 능률성 확보: 유능한 인재 임용 • 행정의 공정성 확보: 균등한 임용기회 부여 및 공무원의 정치적 중립성 • 행정의 안정성, 연속성 확보: 공무원 신분보장	• 인사행정의 소극성, 경직성: 반엽관주의에 지나친 집착 • 정치–행정 간 유기적 연계 미흡: 정치지도자들의 공무원에 대한 통제력 확보 및 유기적 연계성 미흡

19세기 후반 미국에서는 앞서 지적한 엽관주의의 폐해가 노정되고 유권자의 정치의식 수준 향상 및 능률성에 대한 요구, 행정국가화 현상 등 실적주의 수립의 환경적 여건이 조성되었다. 1850년대부터 엽관주의에 대한 개혁운동이 시작되었으나, 1870대에 이르기까지 이러한 인사제도개혁운동은 대부분 실패로 끝나고 말았다. 한편, 1870년대 이후 전개된 뉴욕시정개혁운동과 행정조사운동 등은 결국 공무원제도개혁운동으로 발전하게 되었으며, 1881년 가필드 대통령 암살과 1883년 연방공무원법인 「펜들턴법(Pendleton Act)」의 제정을 계기로 실적주의 인사제도가 확립되었다.

「펜들턴법」은 ① 초당적이고 독립적인 중앙인사위원회(FCSC: Federal Civil Service Commision)의 설치, ② 공개경쟁 채용시험 원칙의 채택, ③ 공무원의 정당자금 제공 및

정치 활동 금지, ④ 제대군인에 대한 특례 등을 규정하고 있다. 그 뒤 1939년에 제정된, 공직에 대한 정당의 지배와 공무원의 정치 활동을 금지하는 「해치법(Hatch Act)」도 실적주의의 확립에 크게 공헌했다.

한편, 영국에서는 1853년 「노스코트와 트레벨리언 보고서(Northcote and Trevelyan Reports)」에서 공개경쟁시험에 의한 공무원 임용방식 채택과 시험을 관장하는 독립적 중앙인사위원회 설치 등을 건의하였고, 1855년 추밀원령에서 동 보고서 내용을 부분적으로 수용, 독립적 인사위원회를 설치할 것 등을 규정했다. 나아가 1870년 추밀원령에서 공개경쟁시험의 원칙과 채용시험을 계급별로 구분하여 실시할 것 등을 규정함으로써 영국의 실적주의가 확고하게 뿌리내리는 계기가 마련되었다.

오늘날 대부분 국가에서는 엽관주의와 실적주의의 양 제도를 적절하게 혼합해 운용하고 있다. 즉, 상위직의 경우는 집권자와 정치적 이념을 공유하는 것이 정책 추진에 유리하기 때문에 엽관주의가 바람직하다고 할 수 있으나, 절대 다수를 점하는 직업공무원들은 실적에 의해 임용하는 것이 행정의 능률성과 공정성, 안정성, 계속성 확보에 유리하다.

(2) 한국의 사례

한국의 경우 정부수립 이후 현재까지 실적주의를 인사제도의 기본 원칙으로 천명하고 「헌법」 및 「국가공무원법」 등에서 공직임용의 기회균등, 실력주의, 공무원의 정치적 중립과 신분보장 등 실적주의의 핵심내용을 인사 원칙으로 담고 있다(〈표 13-2〉 참조). 그러나 실적주의제도의 단점인 인사행정의 소극성을 탈피하고자 여성, 장애인, 지방인재 등 소수 취약계층의 공직임용 기회를 확대하기 위한 '균형인사정책'도 실시하고 있다. 그러나 고위공직자 임용에 있어서는 전문지식과 경험의 필요성 및 대통령의 원할한 직무수행 지원을 위해 정당에의 충성도를 고려한 엽관주의 임용방식을 따르기도 한다.

문제는 제도의 실제 운영 과정에서 실적주의 또는 엽관주의의 본래 의미에서 벗어나 국민의 이해관계를 고려하지 않은 지극히 개인적인 학연, 혈연, 지연 등의 요인이 비공식적으로 큰 영향을 미치는 정실주의적 임용 관행이다. 그간 한국 사회에서는 공무원이 정치권력에 의존하거나 기회주의적인 행동을 보이는 현상이 비일비재했던 것이 사실이다. 실적주의라는 인사행정의 대원칙을 따르되 엽관주의적 요소를 가미한 현행 한국 인사행정제도, 즉 우리가 입고 있는 겉옷은 꽤 품위 있어 보인다. 이제 우리가 어떠한 옷을 입고 있느냐보다는 실제 그 옷에 걸맞은 품위 있는 행동을 하는 것이 더욱 중요하다. 실제 인사제도의 운용 과정에는 궁극적으로 국민과 국가 전체의 공익을 위한 인사라는 대전제가 항상 깔려 있어야 하겠다.

〈표 13-2〉 한국 실적주의 인사행정 관련 법

실적주의 핵심 요소	관련 법
공직임용의 기회균등	☞ 헌법 제25조(공무담임권 규정), 국가공무원법 제28조(신규채용) 제1항, 제35조(평등의 원칙)
실력, 능력주의	☞ 국가공무원법 제26조(임용의 원칙), 제32조의5(보직관리의 원칙)의 제2항, 제40조(승진), 제50조(인재개발) 제4항, 제51조(근무성적평정)
공무원의 정치적 중립	☞ 헌법 제7조 제2항(공무원의 정치적 중립성 명시), 국가공무원법 제65조(정치운동의 금지)
공무원의 신분보장	☞ 헌법 제7조 제2항(공무원의 신분보장 명시), 국가공무원법 제68조(의사에 반한 신분 조치), 제74조(정년), 제75조(처분사유 설명서의 교부)

2) 직업공무원제

(1) 의의

직업공무원제(career civil service system)란 젊은 인재들을 공직에 유치해 그들이 공직에 근무하는 것을 명예롭게 생각하면서 일생 동안 공무원으로 장기근속하도록 운영하는 인사제도이다. 직업공무원제는 젊고 일반 능력을 갖춘 유능한 인재(generalist)를 임용하여 신분보장을 통한 장기근속과 성실한 직무수행을 통한 계급제(rank classification) 하에서 상위계층으로의 승진 등을 유도하는 폐쇄형 충원체제(closed career system)를 기본 제도로 한다(Mosher, 1982: 156-160). 직업공무원제가 한 사회에서 잘 정착되기 위해서는 〈표 13-3〉과 같은 수립 요건이 전제되어야 한다.

〈표 13-3〉 직업공무원제 수립 요건 및 장 · 단점

☞ 실적주의 확립: 단, 실적주의가 확립되었더라도 직업공무원제를 채택하지 않을 수 있으며, 직업공무원제는 실적주의 요건(예컨대, 정치적 중립성 등)을 당연히 내포하는 것은 아니므로 양 제도는 구분됨

☞ 공무원에 대한 높은 사회적 평가: 관직이 특권이나 치부의 수단이 아니라, 공공봉사 차원에서 높은 사회적 평가를 받아야 함

☞ 젊은 사람의 채용: 장기근무를 요하므로 될 수 있는 대로 학교를 갓 나온 젊은 사람을 채용하여 평생에 걸쳐 근무할 것을 강조
☞ 능력발전: 공무원 개개인의 소질을 재직자 훈련, 전보 및 승진을 통해서 발전시켜 주어 그들의 소질·능력·흥미와 일치되는 직책을 담당케 하여야 함
☞ 보수와 연금제도의 적정화: 생계유지에 적정한 보수와 합리적 연금을 통한 퇴직 이후 생활 안정
☞ 적절한 인력수급계획: 인사의 불공평·침체를 방지하기 위해 이직률, 공무원 연령구조, 직급별 평균체재연수, 정부 직무계획 등을 파악하여 직급별 수급계획을 세워야 함

장점	단점
• 행정의 안정성, 일관성, 연속성 확보: 공무원 신분보장 • 공무원의 자부심과 직업적 연대의식으로 인한 높은 수준의 행동규범 유지 • 순환보직을 통한 다양한 직무경험과 폭넓은 시각을 갖춘 일반행정가 양성	• 행정의 대응성, 능률성 저하 우려: 강한 신분보장과 폐쇄형 충원으로 인한 특권의식 • 순환보직으로 인한 특정 직무수행에 대한 전문성 미흡

(2) 한국의 사례

한국 인사행정은 직업공무원제의 주요 특징을 갖추고 있다. 공직 분류 체계를 보면 계급제를 중심으로 일부 직위분류제적 요소를 가미하고 있다. 노무현 정부 시기인 2005년 3월에 직위분류제를 도입하기 위한 직무분석을 시도한 바 있다. 공무원 충원방식은 주로 9급에서 채용하여 내부승진을 하는 방식을 채택하고 있으며 일부는 7급, 5급에서 공개경쟁시험을 통해 신규채용을 하고 있다. 대부분의 공무원은 60세까지 정년을 보장받으며 일반행정가 원리에 입각한 채용으로 입직 이후 순환보직이 잦은 편이다.

직업공무원제는 유능한 인재의 확보, 공무원의 신분보장, 행정의 안정성과 계속성 유지 등의 장점이 있으나, 반드시 직업공무원제가 행정의 능률성을 보장한다고 볼 수는 없다. 즉, 공무원이 사회 변동이나 혁신과 관련하여 보수적인 경향을 띨 우려가 있으며, 폐쇄형 직업공무원제가 외부로부터 전문가의 흡수를 허용하지 않을 뿐 아니라, 결과적으로 관료집단이 특권집단화하여 관료제적 병리가 나타날 가능성이 있다는 점 등은 직업공무원제가 비판받는 근거가 되고 있다. 최근에는 공무원의 공적인 책임성 확보를 놓치지 않으면서 전문성, 능률성 증진을 위해 인사혁신처를 중심으로 다양한 제도개혁 방안들이 등장하고 있으며, 개방형직위제도, 고위공무원단제도, 공모직위제, 성과급제도 확대 등을 예로 들 수 있다.

3) 대표관료제

(1) 의의

대표관료제(representative bureaucracy)는 "사회를 구성하는 모든 주요 집단으로부터 인구 비례에 따라 관료를 충원하고, 그들을 정부관료제 내의 모든 계급에 비례적으로 배치함으로써 정부관료제가 그 사회의 모든 계층과 집단에 공평하게 대응하도록 하는 제도"로 정의될 수 있다. 즉, 대표관료제는 정부관료제가 사회의 인적 구성을 반영하도록 구성함으로써 관료제 내에 민주적 가치를 주입시키려는 의도에서 발달된 개념이다.

대표관료제 이론은 "관료들은 누구나 자신의 사회적 배경(출신집단)의 가치나 이익을 정책 과정에 반영시키려 노력한다"는 명제를 전제로 하고 있다. 그러나 근래에는 이러한 가정에 대한 의문이 제기되고 있다. 대표관료제의 가정에 대하여 의문을 제기하는 학자들은 대표관료제를 소극적(passive) 측면과 적극적(active) 측면(Mosher, 1982: 15-16), 혹은 상징적(stand for) 측면과 행동적(act for) 측면으로 구분한다. 대표의 적극적 개념은 관료들이 출신집단의 이익을 위하여 적극적으로 행동할 것을 기대한다. 반면에, 대표의 소극적 개념은 전체 사회의 인구 구성적 특성과 가치를 반영하는 관료제의 인적 구성을 강조한다. 즉, 소극적 개념에 의하면, 관료는 다른 사람들을 위하여 실제로 행동하는 것이 아니라, 단지 그들을 상징적으로 대표할 뿐이라는 것이다(Mosher, 1982: 14-15).

미국의 대표관료제는 인사행정에서 현존하는 차별을 없애려는 소극적 고용평등조치와 과거부터 누적되어 온 소수집단에 대한 차별까지 해소하는 적극적 차별철폐조치를 중심으로 시행되었다. 1941년 루스벨트(F. Roosevelt) 대통령은 '행정명령 8802'를 통해 연방정부 계약업체의 인종, 종교, 피부색, 출신국가에 따른 차별을 금지하는 소극적 고용평등조치를 추진하기 시작하였다. 나아가 1961년 3월 케네디(J. F. Kennedy) 대통령은 '행정명령 10925'를 발표하여 연방정부 계약업체의 '적극적 조치'를 의무화하고 앞서

〈표 13-4〉 대표관료제의 장 · 단점

장점	단점
• 소외집단 등을 포함한 모든 국민에게 실질적 공직진출의 기회균등 보장 • 관료제의 국민대표성, 대응성, 책임성 제고 • 관료집단 간 견제와 균형을 통한 대중통제의 내재화	• 공직 전문성, 생산성 저하로 인한 실적제와의 충돌 가능성 • 역차별로 인한 수평적 형평성의 저해 가능성 • 재사회화로 인해 소극적 대표성이 실질적 대표성으로 연계되지 않을 가능성

연방정부 계약업체의 소외집단 차별기회 시정 및 처우 평등에 그치지 않고, 적극적 차별보상정책(affirmative action)을 통해 소외집단을 적극적으로 고용하는 계기를 마련하였다.

(2) 한국의 사례

대표관료제와 관련하여 우리나라에서는 1990년대 이후 공무원집단의 여성 비율을 높이기 위해 여성채용목표제(현재는 양성평등채용목표제로 용어가 바뀜)를 도입·운영하고 있다. 노무현 행정부에서는 장애인과 과학기술인력, 그리고 지방대 출신을 배려하기 위한 균형인사제도가 적극적으로 추진되었다. 현재 우리나라의 소수집단(minority group)을 적극적으로 공직에 임용하기 위한 주요 관련 정책으로는 양성평등채용목표제, 장애인우대제도, 이공계인력우대제도, 지방인재채용목표제, 저소득층우대제도 등을 들 수 있다.

〈표 13-5〉 대표관료제 이념에 기반한 한국의 현행 주요 공직인사제도

주요 제도	내용
양성평등채용목표제	• (선발예정인원 5명 이상) 5, 7, 9급 공무원 공채시험 등에서 남성 혹은 여성 모두에 대해 합격자 최소 채용비율(30%)을 설정하여 특정한 성의 공직임용비율이 70%를 초과하지 못하도록 함
장애인우대제도	• 장애인의무고용제: 국가 및 지자체의 경우 소속 공무원 정원의 3% 이상 장애인 고용 • 장애인구분모집제: 필요 직렬의 경우 선발예정인원의 일부분(보통 총 인원의 6% 이상)을 장애인으로 채용
저소득층구분모집제도	• 공무원 공채 시 저소득층에 채용인원의 일부를 할당하는 적극적 우대조치로 저소득층의 공직진출 활성화를 위해 2015년부터 저소득층 구분모집의 선발비율을 9급 공채시험 선발예정인원의 1%에서 2%로 확대
지역인재선발제도	• 지방인재채용목표제: 서울 외 지방인재채용 활성화를 위해 국가직 5급과 7급 공무원 공채에서 지방인재가 채용목표인원의 20%와 30%에 미달 시 이 기준에 맞춰 추가로 더 뽑는 제도 • 지역인재추천채용제: 참여정부에서 2005년 블라인드 면접과 함께 도입한 것으로 7, 9급 공채 시 지역별 균형합격을 위해 도입함. 7급은 대학 졸업자 가운데 학교가 추천하고, 9급은 특성화고나 마이스터고 학생들 가운데 학교장 추천을 받아야 시험을 치를 수 있으며, 서울을 포함한 시·도의 합격자가 20% 이상을 넘지 못하도록 함

4) 중앙인사기관

(1) 의의

정부의 인사 활동을 전문적으로 수행하는 기관을 인사기관이라고 한다. 인사기관은 국가 전체 공무원 인사행정업무를 총괄하는 중앙인사기관, 부처의 인사업무를 총괄하는 부처인사기관, 지방자치단체의 인사업무를 관장하는 지방자치단체 인사기관 등을 포괄하는 의미로 사용되지만, 통상 중앙인사기관의 조직 특성과 유형이 논쟁의 중심이 된다. 그 이유는 중앙인사기관의 조직 특성과 구조 등은 행정수반이 역점을 두는 인사가치 및 정치권력 간의 관계를 반영하기 때문이다.

중앙인사기관의 조직 특성으로는 독립성, 합의성, 집권성 등이 논의된다.

첫째, 독립성은 행정수반으로부터의 독립성을 의미하며 최고권력자에 의한 정실적·엽관적 인사행정의 폐해를 극복하고자 강조된 특성이다. 최근 선진국에서는 실적제나 정치권력의 합리적 행사가 정착되면서 오히려 행정수반의 중앙인사기관에 대한 통제 권한을 되돌려주어야 한다는 논의 역시 대두된다. 중앙인사기관의 독립성 여부는 해당 국가의 정치적 성숙도와 시민의식, 인사행정관행 등을 종합적으로 고려하여 신중히 결정되어야 할 사항이라 본다.

둘째, 합의성은 인사행정의 공정성을 위해서 기관장 단독에 의해서가 아니라 위원회 형태로 다수 구성원에 의한 신중한 의사결정이 필요함을 의미한다.

셋째, 집권성은 각 부처 또는 지방자치단체별 할거주의를 막고 범정부적 일관되고 통일적인 인사원칙을 정립하기 위해 중앙인사기관에 권력을 집중하는 방식을 의미한다. 이 역시 국가 실정에 따라 다른 특성을 지닐 수 있으며 인사행정기반이 어느 정도 잡힌 국가(예: 호주, 뉴질랜드, 스웨덴 등)에서는 부처와 지방자치단체의 자율성 존중 및 인사행정의 융통성 제고를 위해 중앙인사기관의 분권화가 강조된다.

중앙인사기관의 조직 형태를 분류하는 데는 여러 가지 기준이 있을 수 있는데 가장 널리 쓰이는 기준은 독립성과 두상조직(지휘부)의 구성방법 다시 말해 합의성 여부 등이다(오석홍, 2013: 11). 〈표 13-6〉에서 제시한 바와 같이 독립합의형인 위원회 모델, 비독립단독형인 부처형 모델이 대표적이며, 오늘날 대부분의 국가에서는 인사행정의 정치적 중립성을 확보하고 공무원 개인의 권익을 보장하기 위해서(Stahl, 1983: 34-35) 각 형태의 복수기구 설치 등 양 모델의 장점을 절충하는 방식을 모색하고 있다.

〈표 13-6〉 중앙인사기관의 조직 형태

<table>
<tr><th colspan="2">1. 위원회 모델(독립합의형)</th></tr>
<tr><th>장 · 단점</th><th>구체적 사례</th></tr>
<tr><td>[장점]
• 범당파적 위원회 구성으로 공무원의 정치적 중립성 확보, 실적제 확립에 유용
• 위원회 구성방식으로 인사행정의 공정성 확보
[단점]
• 책임소재 불분명성으로 인한 책임감 약화 가능성
• 첨예한 의견대립 시 의사결정 지연 가능성</td><td>• 1883년 펜들턴법 제정으로 설립된 미국연방인사위원회(FCSC: Federal Civil Service Commission)
• 1978년 미국 공무원제도개혁법(Civil Service Reform Act of 1978)에 의해 창설된 실적제보호위원회(MSPB: Merit System Protection Board)
• 일본 인사원</td></tr>
<tr><th colspan="2">2. 부처형 모델(비독립단독형)</th></tr>
<tr><th>장 · 단점</th><th>구체적 사례</th></tr>
<tr><td>[장점]
• 행정수반의 직접 지시에 따른 신속한 집행 및 효율성 확보
• 기관장 단독 관장에 따른 책임소재의 명확성
[단점]
• 정치적 권력의 영향으로 인한 정치적 중립성 약화 가능성
• 행정수반의 의사결정 편향 시 공정성 훼손 가능성</td><td>• 1978년 미국 공무원제도개혁법(Civil Service Reform Act of 1978)에 의해 창설된 인사관리처(Office of Personnel Management)
• 일본 총무성(인사 · 은급국)</td></tr>
<tr><th colspan="2">3. 절충형 모델</th></tr>
<tr><td colspan="2">• 여러 조직 형태의 장점을 취하고자 대부분의 국가에서 채택하는 모델
[사례]
☞ 미국 중앙인사기관은 인사관리처(비독립단독형), 실적제보호위원회(독립합의형), 특별검사실(위원회형 독립단독형), 연방노사관계청(위원회형 독립합의형) 등으로 업무분담
☞ 한국 중앙인사기관은 집행부형 인사혁신처(비독립단독형), 소청심사위원회(비독립합의형)로 업무분담</td></tr>
</table>

(2) 한국의 사례

현행 한국 「국가공무원법」 제6조에서는 '중앙인사관장기관'이라는 용어를 사용하고 국회, 법원, 헌법재판소, 선거관리위원회, 행정부 등 헌법기관별로 중앙인사관장기관의 설치 근거를 두고 있다. 그러나 통상 중앙인사기관이라 함은 행정부 소속 중앙인사관장기관(현행 인사혁신처, 소청심사위원회)을 의미한다.

1948년 8월 대한민국 정부 수립 이후 역대 공화국 변천에 따른 한국 정부 중앙인사기관 변천사를 간략히 살펴보면 〈표 13-7〉과 같다.

〈표 13-7〉 한국 정부 중앙인사기관 변천사

공화국	연도	중앙인사기관 변천 내용	특징
1	1948	대통령 소속 **고시위원회**, 국무총리 소속 **총무처 인사국**으로 이원화	비독립단독형 성격이 강함
	1954	고시위원회, 총무처 폐지 → **국무원 사무국**(고시과, 인사과)으로 인사행정기구 축소	
2	1960	국무원 사무국이 **국무원 사무처**로 승격	
	1961	국무원 사무처를 **내각사무처**로 개칭	
3~5	1963	내각사무처를 **총무처**로 개편 및 총무처 장관자문을 위한 2개 **비상설위원회(소청심사위원회, 인사위원회)** 설치	비독립단독형(총무처)과 약간 독립성을 지닌 합의체 위원회 형태로 절충
	1973	국가공무원법 개정으로 인사위원회 폐지	
6	1998	[김대중 정부] 총무처와 내무부를 통합한 행정자치부 발족, **행정자치부** 내 합의체기관인 **소청심사위원회**를 두는 이원적 기구로 운영	비독립단독형과 약간 독립성을 지닌 합의체 위원회 형태로 이원화
	1999	[김대중 정부] 대통령 소속 심의·의결기구인 **중앙인사위원회** 설치로 **행정자치부(소청심사위원회 운영)**와 함께 이원체제로 개편, 운영	독립합의형(중앙인사위원회)+비독립단독형(행정자치부) 이원체제
	2004	[노무현 정부] 대통령 소속 합의형 기관인 중앙인사위원회로 일원화, 행정자치부는 여전히 일부 인사 기능(공무원 인사 관련 법 제·개정 제안권 등) 수행, **중앙인사위원회** 내 합의체기관인 **소청심사위원회** 존속	형식상 독립합의형이나 실제 정부개혁주도과정 중 정치성 띤다는 비판에 직면
	2008	[이명박 정부] 중앙인사위원회 폐지 및 행정안전부 신설을 통해 기존 행정자치부의 복합적 업무 및 인사 기능을 통합, **행정안전부** 내 **소청심사위원회** 존속	비독립단독형+약간 독립성을 지닌 합의체 위원회(소청심사위원회) 절충형
	2013	[박근혜 정부] 안전을 강조하는 의미에서 행정안전부를 **안전행정부**로 명칭 변경 및 안전행정부 내 **소청심사위원회** 존속	
	2014	[박근혜 정부] 중앙인사기관이 안전행정부 인사실에서 국무총리 소속 인사혁신처로 개편 및 인사혁신처 내 소청심사위원회 존속	

3 공직구조

1) 직위분류제와 계급제

직위분류제(position classification system)는 직무(job)의 종류와 수준(중요성, 난이도 등)에 따라 직위를 분류하고 이에 적합한 인재를 채용하여 관리하는 제도이다. 직위분류제는 미국 시카고시 공무원제도에 처음 시도되었으며 그 당시 엽관제에 대한 반발로 큰 호응을 얻은 과학적 관리론과 실적제의 발달에 따라 '동일 직무에 대한 동일 보수' 체계 수립이 가능한 제도였다(김렬, 2016: 89). 공무원 인사제도 개혁 방안의 하나인 직위분류제가 1923년 「분류법(classification Act)」의 제정으로 미국 연방정부에 도입된 이래 캐나다, 필리핀, 중남미 국가 등에서 채택 · 적용되어 오고 있다. 직위분류제를 구성하는 주요 개념들은 한국 「국가공무원법」 제5조에서도 살펴볼 수 있으며 그 내용과 직위분류제의 장 · 단점은 〈표 13-8〉로 요약된다.

〈표 13-8〉 직위분류제의 장 · 단점

주요 구성개념(국가공무원법 제5조)	
직위(職位, position)	1명의 공무원에게 부여할 수 있는 직무와 책임 예) 세무담당, 건축과장 등
직군(職群, occupational group)	직무의 성질이 유사한 직렬의 군 예) 행정직군, 기술직군 등
직렬(職列, class series)	직무의 종류가 유사하고 그 책임과 곤란성의 정도가 서로 다른 직급의 군 예) 행정직군 내 행정직렬, 세무직렬
직류(職類, class sub-series)	같은 직렬 내에서 담당 분야가 같은 직무의 군 예) 행정직렬 내 일반행정직류, 재경직류
직급(職級, class)	직무의 종류 및 곤란성과 책임도과 유사한 직위의 군 예) 일반행정직 9급, 재경직 9급
등급(等級, grade)	직무의 종류는 다르지만 직무의 곤란성과 책임도가 상당히 유사한 직위의 군 예) 고위공무원 직무등급 가등급, 외무공무원 14등급 등

<table>
<tr><td colspan="2" rowspan="3"></td><td colspan="5">행정직군</td><td>기술직군</td><td rowspan="3">……
……</td></tr>
<tr><td colspan="4">행정직렬</td><td>사회복지직렬</td><td rowspan="2">……</td></tr>
<tr><td colspan="2">일반행정직류</td><td colspan="2">재경직류</td><td></td></tr>
<tr><td>등급</td><td>1
2
3
…
…
…
…</td><td>직급</td><td>1
……
5
……
9</td><td>직급</td><td>1
……
5
……
9</td><td>……
……
……
……
……
……
……</td><td>……
……
……
……
……
……
……</td><td>……
……
……
……
……
……
……</td></tr>
</table>

장점	단점
• 개방형임용제를 통한 외부 전문가(specialist) 충원 가능 • 동일직무, 동일보수 직무급을 통한 보수체계의 합리성, 공정성 확보 • 교육훈련수요의 정확한 파악 및 직위에 부합한 전문교육 가능	• 엄격한 전문화로 인력활용의 신축성과 융통성 부족 및 승진계통의 폭이 좁음 • 전문가집단의 할거주의로 인한 역할갈등 발생 시 사후조정 곤란 가능성 높음

계급제(rank-in person system)는 개인에게 부여된 직위나 직무가 아니라 학력, 경력, 자격 등 개인적 특성에 따라 계급을 부여하는 제도이다. 직위분류제가 세분화된 직위와 직무를 먼저 결정하고 이에 적합한 사람을 뽑는 제도라면, 계급제는 계급이라는 좀 더 폭넓은 분류기준으로 사람을 먼저 뽑고 그 다음에 담당 직무를 결정하는 것이다. 계급제도하 동일 계급에 있는 사람들은 어떤 직위에 있고 어떤 직무를 담당하느냐와 상관없이 동일한 능력을 가진 것으로 간주된다. 프랑스, 독일, 이탈리아 등 서구 국가들과 한국, 중국, 일본 등 아시아 국가들은 계급제의 전통이 강한 국가이다. 계급제의 장·단점은 〈표 13-9〉로 요약될 수 있다.

〈표 13-9〉 계급제의 장·단점

장점	단점
• 집단 간 역할갈등 발생 시 사후조정 가능 • 일반행정가(generalist) 육성 및 순환보직을 통한 인력의 신축적 활용	• 직무분석 미흡으로 보직관리 합리성 저하 및 보수의 공정성 논란 • 교육훈련수요의 정확한 파악 곤란

계급제와 직위분류제가 반드시 양립불가능한 것은 아니며 양 제도의 장점을 조화시키는 방향으로 절충적 제도 운영이 시도될 수 있다. 예컨대, 영국은 계급제의 전통이 강한 국가이나 1996년 1급에서 5급에 이르는 고위직 공무원 계급을 폐지하고, 고위공무원단(SCS)을 신설하는 큰 변화를 겪은 바 있다. 반면, 직위분류제 전통이 강한 미국도 직위분류제가 인사권자의 인력 활용 범위를 지나치게 제약한다는 비판 및 직위별 보수등급 상승으로 인한 재정적자 증가 등의 사유로 1980년부터 두 개 이상 보수등급을 하나로 통합·단순화하고, 수평적 보직이동을 원활하게 할 수 있도록 하는 소위 '탄력적 직위분류제'를 도입한 바 있다(박천오 외, 2016: 118).

2) 한국의 공직분류

한국의 공무원은 「국가공무원법」을 적용받는 국가직 공무원과 「지방공무원법」을 적용받은 지방직 공무원으로 나눌 수 있다. 「국가공무원법」 제2조(공무원의 구분)에서는 크게 '경력직공무원'과 '특수경력직공무원'으로 공무원을 구분한다. 나아가, 경력직공무원은 다시 '일반직공무원'과 '특정직공무원'으로 구분되고, 특수경력직공무원은 '정무직공무원'과 '별정직공무원'으로 구분된다. 구체적 내용은 〈표 13-10〉과 같다. 경력직공

〈표 13-10〉 공무원 구분 및 개념

구분	개념
1. 경력직	• 실적과 자격에 따라 임용되고 그 신분이 보장되며 평생 동안(근무 기간을 정하여 임용하는 공무원의 경우에는 그 기간 동안을 의미) 공무원으로 근무할 것이 예정되는 공무원
1) 일반직	• 기술 · 연구 또는 행정 일반에 대한 업무 담당 공무원 예) 고위공무원단(가, 나), 1~9급 공무원 등
2) 특정직	• 법관, 검사, 외무공무원, 경찰공무원, 소방공무원, 교육공무원, 군인, 군무원, 헌법재판소 헌법연구관, 국가정보원의 직원과 특수 분야의 업무를 담당하는 공무원으로서 다른 법률에서 특정직공무원으로 지정하는 공무원
2. 특수경력직	• 경력직공무원 외의 공무원
1) 정무직	• 선거로 취임하거나 임명할 때 국회 동의가 필요한 공무원 예) 감사원장, 국무총리, 헌법재판소장, 헌법재판소 재판관 중 3인(국회선출), 중앙선거관리위원회 위원 중 3인(국회선출) • 고도의 정책결정 업무를 담당하거나 이러한 업무를 보조하는 공무원으로서 법률이나 대통령령(대통령비서실 및 국가안보실의 조직에 관한 대통령령만 해당)에서 정무직으로 지정하는 공무원 예) 대통령비서실장, 국가안보실장, 국가정보원 차장 등
2) 별정직	• 비서관 · 비서 등 보좌업무 등을 수행하거나 특정한 업무 수행을 위하여 법령에서 별정직으로 지정하는 공무원 – 채용조건 · 임용절차 · 근무상한연령 등 필요한 사항은 국회규칙, 대법원규칙, 헌법재판소규칙, 중앙선거관리위원회규칙 또는 대통령령으로 정함 예) 장관정책보좌관, 국가정보원 기획조정실장, 헌법재판소 헌법연구관보 등

무원 임용 시 특수성이 요구되는 업무를 담당하도록 '임기제 공무원'의 임용이 가능하며, 업무 특성이나 기관 사정을 고려하여 근무시간의 단축 임용이 가능한데 이를 '시간선택제 공무원'으로 지칭한다.

「국가공무원법」 제2조의2(고위공무원단)에서 규정하고 있는 고위공무원단은 2006년 7월 1일부터 범정부적 차원에서 국가 고위공무원을 효율적으로 관리하기 위해 구성한 것이다. 고위공무원단이란 직무의 곤란성과 책임도가 높은 직위에 임용되어 재직 중이거나 파견 · 휴직 등으로 관리되고 있는 일반직 · 별정직 · 특정직공무원(특정직공무원은 다른 법률에서 고위공무원단에 속하는 공무원으로 임용할 수 있도록 규정하고 있는 경우만 해당)의 군(群)을 말한다. 부처 내 · 외뿐 아니라 공직 외부인 민간에도 개방하여 경쟁을 통한 임용방식을 채택할 수 있다. 근무성적 외 적격심사 등을 통해 성과와 책임을 강화하고 보수 역시 직무등급 중심 직무성과급적 연봉제가 적용됨이 원칙이다. 고위공무원은 부처 간 인사교류나 공모직위제 등을 통해 협소한 시각에서 탈피한 범정부적이고 폭넓은 시야를 갖출 것이 요구된다.

제2절 한국의 전략적 인적자원관리

1 인적자원관리: 임용에서 퇴직까지

1) 인력기획

정부는 국정목표를 달성하기 위한 인적자원 확보를 위해 인력기획을 하며 모집과 선발을 통해 임용한다. 정부의 인력기획은 현재의 보유 인력을 분석하고 조직의 미래 미션, 목적, 목표 달성을 위해 필요한 인력 수요를 결정하며 현재와 미래 간 차이(gap)를 확인하는 과정이다(박천오 외, 2016: 183).

2) 외부임용: 공개경쟁채용제도와 경력경쟁채용제도

정부가 공무원을 임용하는 방법으로는 크게 외부임용, 내부임용, 그리고 혼합형 임용방식이 있다. 이 중 외부임용에는 공개경쟁채용제도와 경력경쟁채용제도가 있다. 우리나라 「국가공무원법」은 "공무원은 공개경쟁시험으로 채용한다"는 규정(제28조 제1항)과 함께, "임용권자나 임용제청권자는 결원을 보충할 때 공개경쟁 채용시험 합격자와 공개경쟁 승진시험 합격자를 우선하여 임용하거나 임용제청하여야 한다"(제31조 제1항)고 공개경쟁채용 우선의 원칙을 천명하고 있다. 공개경쟁채용은 자격 있는 모든 사람들에게 평등하게 지원 기회를 부여하고 공개경쟁시험(open, competitive examinations)을 통하여 임용 후보자를 선발하는 방법이다.

미국 연방인사위원회는 공개경쟁의 주요 요건으로 ① 적절한 공고, ② 지원 기회의 개방, ③ 현실적 자격 기준, ④ 차별 금지, ⑤ 능력 기준의 선발, ⑥ 결과의 공개 등을 제시하고 있다(Stahl, 1976: 42).

그러나 공개경쟁채용이 곤란하거나 부적절한 경우에 예외적으로 경력이 있는 전문인력을 채용할 수 있다. 공개경쟁채용은 주로 인사혁신처가 주관하는 반면, 경력경쟁채용은 대부분 각 부처 장관이 실시한다. 현재 인사혁신처가 주관하고 있는 경력경쟁채용제도의 예로는 5급, 7급 민간경력자 일괄채용제도와 중증장애인, 시간선택제 경력경쟁채용제도가 있다. 5급, 7급 민간경력자 일괄채용제도는 자격요건을 갖춘 민간 전문가를 서류전형, 필기시험, 면접시험 등을 거쳐 공직에 임용하는 방식으로 다양한 정책

분야에 대해 연 1회 이상 정기적으로 실시되고, 5급 공채합격자와 공동으로 합격자 교육을 받게 된다.

경력경쟁채용제도는 여러 장점에도 불구하고 공개경쟁채용제도에 비해 정치적 압력 및 정실개입 가능 여지가 높기 때문에 실적주의를 훼손하지 않고 보다 엄정하게 운용될 필요가 있다. 우리나라 「국가공무원법」(제28조 제2항)은 경력경쟁채용이 가능한 경우를 공무원 퇴직자의 재임용, 관련 자격증의 소지자, 외국어 능통자, 특수목적학교의 졸업자, 특수직무 분야 또는 도서·벽지 등 특수지역에 근무할 자, 1급 공무원 또는 이에 상당하는 고위공무원단에 속하는 일반직 공무원을 임용하는 경우 등으로 제한하고 있다.

3) 내부임용: 인사이동

우리나라 「국가공무원법」 제5조는 직위를 직급 또는 직무등급에 배정하는 것을 "정급(定級)"이라고 규정함과 동시에 여러 가지 내부임용방식에 대한 정의를 내리고 있다. 주요한 내부임용방식은 수직적 인사이동과 수평적 인사이동으로 구분할 수 있다. 첫째, 수직적 인사이동의 예로는 승진, 승급, 강임 등을 들 수 있다. 이 중 승급은 넓은 의미의 승진에 포함하여 논의되기도 한다. 둘째, 수평적 인사이동의 예로는 배치전환(전보,

〈표 13-11〉 내부임용(인사이동)

1. 수직적 인사이동	
1) 승진(昇進, promotion)	하위직(계)급에서 상위직(계)급으로 이동
2) 승급(昇給, within-grade salary increase)	동일 등(계)급 내 호봉이 상승하는 것
3) 강임(降任, demotion)	같은 직렬 내 하위직급에 임명하거나 하위직급이 없어 다른 직렬 하위직급으로 임명하거나 고위공무원단에 속하는 일반직공무원을 고위공무원단 직위가 아닌 하위직위에 임명하는 것 : 직제 및 정원변경, 예산감소 등으로 인한 폐직 상황 또는 본인 희망 시 임용방법
2. 수평적 인사이동	
1) 배치전환	
전보(轉補)	직무성격이 같은 동일 직급 내 이동 또는 고위공무원단 직위 간의 보직 변경
전직(轉職)	등(직)급은 같으나 직렬 및 직무성격이 다른 직위 간 이동
파견(派遣)	보직 소속은 변동 없으며 파견된 조직의 업무를 잠정적 처리
2) 겸임(兼任)	1인에게 둘 또는 그 이상의 직위를 부여, 겸무 또는 겸보로도 칭함

사례 ❶

외부임용: 공개경쟁채용과 경력경쟁채용은 어떻게 이루어지는가?

[공개경쟁채용]

1. 선발예정인원 및 시험과목

구분	직렬(직류)	선발예정인원(총 338명)	시험과목		주요 근무 예정기관(예시)
			제1차 필기시험(선택형)	제2차 필기시험(논문형)	
5급(행정)	행정직(일반행정)	전국: 116명 지역구분: 28명 *지역별 구분모집 표 참조	언어논리영역, 자료해석영역, 상황판단영역, 헌법 영어(영어능력검정시험으로 대체) 한국사(한국사능력검정시험으로 대체)	필수(4): 행정법, 행정학, 경제학, 정치학 선택(1): 민법(친족상속법 제외), 정보체계론, 조사방법론(통계분석 제외), 정책학, 국제법, 지방행정론	전 부처
	행정직(인사조직)	5명	〃	필수(5): 행정법, 행정학, 경제학, 정치학, 인사조직론	인사혁신처, 그 밖의 주요 부처
	행정직(법무행정)	7명	〃	필수(4): 행정법, 민법(친족상속법 제외), 행정학, 민사소송법 선택(1): 상법, 노동법, 세법, 사회법, 국제법, 경제학	공정거래위원회, 국토교통부, 보건복지부, 그 밖의 주요 부처
	행정직(재경)	75명	〃	필수(4): 경제학, 재정학, 행정법, 행정학 선택(1): 상법, 회계학, 경영학, 세법, 국제경제학, 통계학	기획재정부, 금융위원회, 국세청, 그 밖의 주요 부처
	행정직(국제통상)	11명	〃	필수(4): 국제법, 국제경제학, 행정법, 영어 선택(1): 경제학, 무역학, 재정학, 경영학, 국제정치학, 행정학, 독어, 불어, 러시아어, 중국어, 일어, 스페인어	산업통상자원부, 미래창조과학부, 그 밖의 주요 부처

2. 시험방법

○ 제1차 시험: 선택형 필기시험 ○ 제2차 시험: 논문형 필기시험

○ 제3차 시험: 면접시험

3. 응시자격

가. 응시결격사유 등: 해당 시험의 최종시험 시행예정일(면접시험 최종예정일) 현재를 기준으로 「국가공무원법」 제33조(외무공무원은 「외무공무원법」 제9조, 검찰직공무원은 「검찰청법」 제50조)의 결격사유에 해당하거나, 「국가공무원법」, 제74조(정년) 「외무공무원법」 제27조(정년)에 해당하는

자 또는 「공무원임용시험령」 등 관계법령에 따라 응시자격이 정지된 자는 응시할 수 없습니다.

나. 응시연령: 20세 이상(1997.12.31. 이전 출생자)

다. 학력 및 경력

○ 5급 공채시험(행정, 기술), 외교관후보자 선발시험(일반외교): 제한없음

출처: 2017년도 국가공무원 5급 공개경쟁채용시험 시행공고문 중 내용 일부 발췌.

[경력경쟁채용]

1. 응시자격요건

□ 공통 응시자격요건

○ 「국가공무원법」 제33조 각 호의 결격사유 및 동법 제74조(정년 60세)에 해당하지 않으며, 공무원임용시험령 등 관계법령에 의하여 응시자격을 정지당하지 아니한 자

○ 대한민국 국적 소지자

※ 복수국적자(대한민국 국적과 외국국적을 함께 가진 사람을 말함)가 「국가공무원법」 제26조의3 제2항에 따라 외국국적을 보유한 상태에서 직무를 수행할 수 없는 분야에 응시하는 경우 임용 전까지 외국국적을 포기하여야 함

○ 20세 이상(1997.12.31. 이전 출생자)의 연령에 해당하는 자

○ 남자의 경우 병역을 필하였거나 면제된 자 또는 최종시험 예정일 기준 6개월 내 전역이 가능한 자

□ 선발단위별 응시자격요건 기본사항

[공통]

■ 응시자격요건(경력, 학위, 자격증)에 기재된 사항 중 1개 이상에 해당되면 응시가 가능하나, 응시원서 작성 시에는 경력, 학위, 자격증 중 하나만 선택해야 함

……

2. 시험방법

□ 필기시험(PSAT, 공직적격성평가)

□ 서류전형(직무적격성심사)

□ 면접시험

……

출처: 2017년도 국가공무원 5급 민간경력자 일괄채용시험 시행공고문 중 내용 일부 발췌

전직, 파견 등), 겸임 등이 있다. 〈표 13-11〉은 주요 내부임용방식에 대한 설명을 요약한 것이다.

4) 혼합형 임용: 개방형직위제도, 공모직위제도

혼합형 임용방식은 외부임용과 내부임용 방식을 절충하는 방식으로 개방형직위제도, 공모직위제도 등이 대표적 예이며 여러 정부부처에서 활발히 적용되고 있다. 개방형직위제도는 공직 내·외부에서 가장 적합한 인재를 공개경쟁 절차를 거쳐 선발하는 제도이다. 고위공무원단 또는 과장급 지위 총수의 20% 범위 내에서 개방형직위를 지정하도록 하고 있다. 한편, 공모직위제도는 타 부처 공무원과 경쟁하여 적임자를 임용하는 방식으로 경력직 고위공무원단 직위 총수의 30% 범위 내에서 직위 지정이 가능하다.

사례 ❷

개방형 직위채용 어떻게 이루어지는가?

20○○년도 하반기 정부 개방형 직위 선발 계획 예고
–7월 중 10개 개방형 직위 선발 공고, 연말까지 33개 직위 채용 예정–
〈7월 공모 개방형·경력개방형 직위 주요 업무〉

- **보건복지부 국립재활원장**: 장애인 재활사업 종합계획 수립·조정, 장애인 복지증진 상담지도 및 보장구의 연구개선, 지역사회 중심 재활사업 육성 등
- **외교부 부대변인**: 외교정책 및 주요 외교 사안에 대한 국내·외 언론 홍보 등
- **해양수산부 국립수산과학원장**: 수산자원 조사 및 수산공학기술에 관한 연구개발, 어장환경조사 및 보전기술에 관한 연구개발 등
(이상 고위공무원단)
- **공정거래위원회 할부거래과장**: 할부거래 및 선불식 할부거래 분야의 소비자보호 시책 추진, 관련 법 위반혐의 직권조사, 시정조치 및 이행확인 등
- **국가보훈처 제대군인취업과장**: 제대군인 직업능력 개발과 효과적인 취·창업 지원, 제대군인 사회적응 교육 및 능력개발 교육 프로그램 개발 등
- **문화체육관광부 장애인체육과장**: 장애인 체육 진흥을 위한 장·단기 발전계획 수립, 장애인 체육환경의 조성 및 장애인 체육활동 지원 등
- **보건복지부 질병관리본부 희귀질환과장**: 희귀질환에 관한 조사·연구, 희귀질환자의 등록·관리 및 치료 등
- **식품의약품안전처 식품의약품안전평가원 임상연구과장**: 임상시험 평가기준에 관한 기술 연구 지원, 의약품 안전관리 위해평가 및 부작용 관련 연구 등
- **식품의약품안전처 정보화통계담당관**: 식품·의약품 등의 중·장기 정보화계획 수립 및 평가, 정보기술 아키텍처 구축 및 운영, 관련 분야 통계업무 총괄 등

▸ **외교부 녹색환경외교과장**: 저탄소녹색경제와 지속가능발전에 관한 외교정책 추진, 환경 관련 다자조약의 체결 교섭 및 이행과 관련한 국가 간 협력 등
※ 음영 처리된 직위는 민간인만 뽑는 경력개방형 직위

출처: 인사혁신처 보도자료. 2017.7.3 일부 발췌

1 직위 주요 업무

1) 장애인재활사업에 관한 종합계획의 수립 및 조정
2) 국립 재활의료기관으로서의 운영 내실화

……

4 필요 역량

역량	상세내용	가중치
① 전문지식 및 기술	○ 재활 관련 보건・의료 업무를 원활히 수행할 수 있는 전문지식	15%
② 리더십	○ 공무원 조직에서 유연하면서 통솔적인 리더십	20%
③ 연구 실행력	○ 국정과제・정책 등을 연구를 통해 적극 실현하는 혁신적 추진력	30%
④ 연구 결과 이행력	○ 합리성에 근거한 종합적 판단 능력 및 강한 추진력	20%
⑤ 대외관례능력	○ 유관기관 및 대국민 등 소통 능력 – 연구・조사에 있어 국내・외 협력 다각화 능력	15%

……

5 응시 자격요건

필수요건	○ 「국가공무원법」 제33조(결격사유) 제1항 각 호의 결격사유에 해당되지 않으며, 「공무원임용시험령」 등 관계 법령에 의하여 응시자격을 정지당하지 아니한 자 ○ 남자의 경우 병역을 필하였거나 면제된 자 또는 면접시험 최종일 기준 1개월 이내 전역이 가능한 자
경력요건	**※ 아래 요건 중 하나의 요건만 충족하면 응시 가능함** **(학력 기준)** ○ 석사 학위 이하인 자 • 공무원 또는 민간 근무・연구경력 10년 이상인 자로서 관련 분야 근무・연구경력 4년 이상인 자 ○ 박사 학위 소지자

- 공무원 또는 민간 근무 · 연구경력 7년 이상인 자로서 관련 분야 근무 · 연구경력 4년 이상인 자

(자격증 기준)

○ 공무원 또는 민간 근무 · 연구경력 7년 이상인 자로서 의사면허 소지 후 관련 분야 근무 · 연구경력 4년 이상인 자

(경력 기준)

○ 공무원

- 관련 분야에서 2년 이상 근무한 자로서 고위공무원단에 속하는 공무원 또는 고위공무원단 직위로의 승진임용자격요건을 갖춘 공무원
- 관련 분야에서 4년 이상 근무한 자로서 4급 또는 이에 상당하는 공무원으로 근무한 경력이 있는 자

○ 민간인

- 관련 분야에서 3년 이상 근무 · 연구한 자로서 법인 또는 「비영리민간단체 지원법」의 지원을 받는 단체에서 임용예정 직위에 상당하는 부서단위 책임자 이상으로 3년 이상 근무한 경력이 있는 자

※ 관련 분야: 재활의학 및 장애인복지 관련 업무 또는 경영혁신(병원경영)과 관련된 분야

……

(이하 생략)

출처: 인사혁신처 공고 제2017-229호. 보건복지부 「국립재활원장」(개방형 직위) 공개모집공고문 중 일부 발췌

5) 퇴직관리

퇴직관리는 퇴직자 수, 퇴직 유형과 원인을 분석 · 예측하여 새로운 인력 충원계획에 반영하거나 조직발전을 위해 퇴직 촉진 또는 억제 전략을 마련하는 방향으로 이루어진다. 퇴직 유형으로는 의원면직, 직권면직, 정년퇴직, 징계퇴직, 명예퇴직, 기타 등이 있으며 이 중 법정 퇴직연령(60세)에 의해 비교적 예측이 가능한 부분은 정년퇴직이다. 국가는 한편으로는 퇴직 촉진을 위해 명예퇴직제도 등을 활용하는 반면, 다른 한편으로는 의원면직 등 자발적 퇴직을 억제하기 위해 근무조건을 개선하려고 노력한다.

퇴직관리의 일환으로 놓쳐서는 안 될 부분은 고령화시대에 접어들면서 불거지는 정년연장 이슈이다. 현 정년의 적정성 부분에 대한 검토 및 퇴직 후 공무원의 제2의 인생에 대한 재조명이 필요하다. 물론 퇴직 후 공무원은 공무원연금 수혜를 통해서 어느 정도 안정적 삶을 유지할 수 있겠지만 연금개혁으로 인해 그 수혜 정도 역시 점차 감소

할 것으로 예상된다. 평생 공직에 봉사하고 전문성을 갖춘 공무원 풀(pool)을 구성하고 교육 및 자격증 취득 지원을 통해 합법적으로 퇴직 공무원을 적정하게 활용하는 방법 등을 고민해야 할 것이다.

현재 공무원들은 유관단체 접촉 및 재취업 금지라는 강한 규제의 대상이 되고 있으며, 퇴직 공무원이 재취업 시 고액임금 수급으로 연금지급이 중단되는 사례가 종종 뉴스기사로 등장한다. 부정한 이해관계 및 유착을 중단하는 것은 물론 중요하지만 퇴직 공무원 재취업을 무조건 부정적 시각에서만 접근하여 선의의 피해자가 생기지 않도록 제도의 엄밀한 재설계가 필요하다. 고임금이 아니라 저임금 시간선택제 일자리에서라도 자신의 녹슬지 않은 전문성을 활용할 수 있는 일자리를 원하는 퇴직 공무원이 있을 수 있으며, 이들을 잘 활용하면 오히려 책임감 없이 단기근로를 목적으로 하는 사람들보다 조직발전에 좀 더 기여할 수 있다. 행정의 경륜과 전문성이 전혀 없는 이들이 퇴직 공무원들의 자리를 대체하여 입지를 좁히고 또 다른 유착관계를 형성하는 기현상은 발생하지 않아야 할 것이다.

2 인적자원개발 및 성과관리

1) 교육훈련

인사행정에서 말하는 교육훈련은 공무원의 지적 · 육체적 능력을 향상시키려는 활동을 의미한다(오석홍, 2013: 259). 우리나라 「공무원 교육훈련법」 제1조에서는 교육훈련의 목적을 공무원이 국민 전체에 대한 봉사자로서의 정신적 자세를 확립하고 그 직무를 효과적으로 수행할 수 있는 기술 및 능력을 향상하게 하는 것으로 규정하고 있다. 직급별로 고위정책 과정(고위공무원 대상), 핵심인재 과정(4급 대상), 신규관리자 과정(5, 6급 대상), 신규실무자 과정(7~9급 등) 등 교육훈련이 이루어지고, 내용별로는 기본교육 · 전문교육 과정으로 구성된다. 인사혁신처 인재개발과 외 각 부처별로 교육훈련 담당부서를 두고 있고, 국가공무원인재개발원 등 각 교육훈련기관별로 교육훈련 담당부서를 두고 있다. 교육훈련 관리의 주요 프로세스는 다음과 같이 요약될 수 있다.

첫째, 교육훈련 수요조사 등을 통해 프로그램을 개발하고 예산을 배정하는 등 교육훈련 계획입안 단계가 있다. 교육훈련 프로그램의 종류와 내용은 훈련기관(직장훈련, 위탁교육훈련), 훈련대상 공무원(신규채용자 교육, 승진임용예정자 교육 등), 교육훈련 목적과 대상자(직급별 기본 교육: 관리자훈련, 실무자훈련 등, 직무별 전문교육: 회계교육, 인사교육 등), 교육훈련 방법(OJT: 실무지도, 직무순환, 인턴십 등, Off JT: 강의, 시청각교육, 감수성훈련, 사례연구, 역할연기 등)에 따라 다양하게 구분될 수 있다.

[그림 13-1] 한국 공무원 교육훈련 실시체계

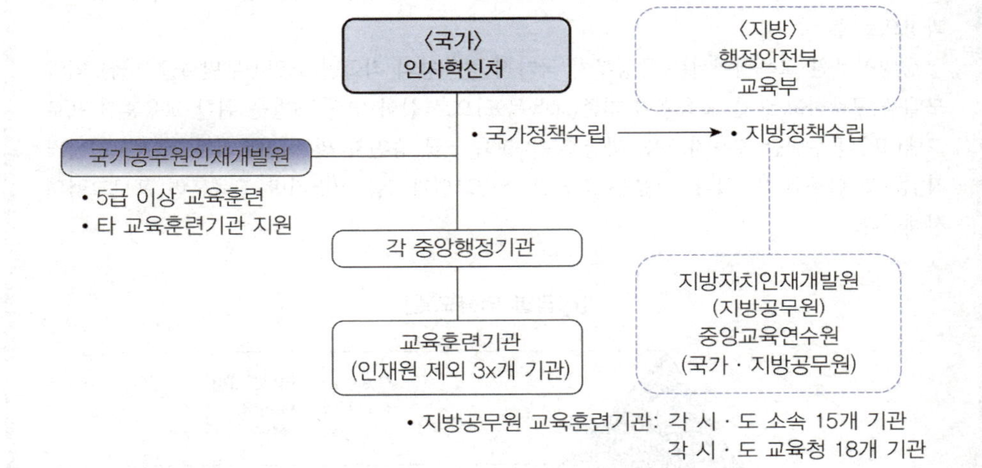

자료: 인사혁신처 인재개발과 교육훈련정보센터 홈페이지(https://www.training.go.kr).

둘째, 교육훈련 계획에 따른 집행 및 운영이다. 피훈련자의 훈련저항은 원활한 집행을 저해하는 요인 중 하나인데 이를 극복하기 위해서는 훈련의 타당성과 필요성에 대한 홍보와 동시에 훈련내용의 질 제고, 훈련 이후 경력발전 기회 확보 등 유인책 마련 등의 대처가 필요하다.

셋째, 교육훈련 효과성 평가이다. 교육훈련 프로그램이 피훈련자 개인을 만족시키고 이들의 능력 변화에 영향을 미치는가, 나아가 조직 성과 달성에 영향을 미치는가를 평가하고 평가 결과를 차기 훈련 계획에 반영하는 환류 절차가 중요하다.

사례 ❸

역량기반교육 과정이란 무엇인가?

역량은 조직발전을 위해 구성원에게 요구되는 지식, 기술, 태도 등을 의미하며 역량기반 교육(CBC: Competency-Based Curriculum)은 조직 성과 향상을 위해 구성원이 갖추어야 할 미래요구 역량과 현재요구 역량 간의 차이(gap)을 분석하고 이를 좁혀나가기 위한 교육 과정으로 볼 수 있다.

중앙공무원 교육원에서는 중앙부처 국가직 공무원의 직급별(고위공무원 4급, 5급) 역량 모델을 구축하고 이를 교육훈련 기준(교육목표)으로 삼아 역량 개발을 위한 교육훈련 프로그램(고위공무원단 후보자교육, 과장후보자교육, 5급 승진자 및 신임관리자: 행정고시합격자 등)에 활용한 바 있다. 다음은 직급별 역량모델과 5급 역량기반 교육훈련 프로그램의 사례이다.

[직급별 역량모델]

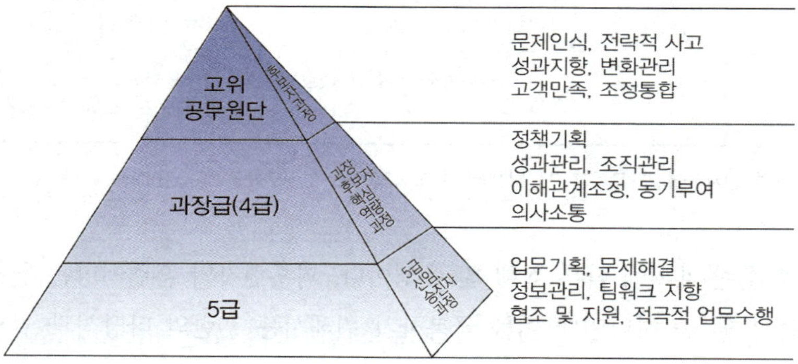

[5급 역량기반 교육훈련 프로그램 구성]

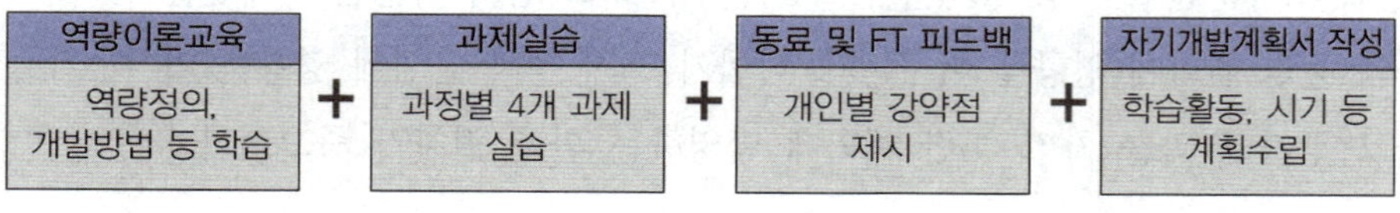

그림 출처: 이현영(2010: 64).

2) 경력개발

경력개발(CD: career development)은 조직의 성과 달성과 공무원 개인의 역량 제고라는 두 가지 목표를 동시에 달성하기 위한 인사관리 방안으로 조직 내 개인의 경력계획을 수립하고 경력개발을 통해 경력목표를 달성하는 일련의 과정을 의미한다. 이 과정 중 교육훈련, 성과관리 등과 연계하여 지속적인 환류를 거치게 된다. 경력개발제도의 운영원칙으로는 자기주도의 원칙, 인재육성책임의 원칙, (공통 · 전문)분야별 보직관리의 원칙, 직무와 역량중심의 원칙, 개방성 및 공정경쟁의 원칙이 주로 논의된다(유민봉 · 박성민, 2014: 375). 경력개발제도 운영 과정을 정리하면 [그림 13-2]와 같다.

[그림 13-2] 경력개발제도 운영 과정

직무설계		경력설계		경력관리		평가
직무분석	➡	(조직) 전문분야 분류표 및 직위정보서 제공 (개인) 경로목표 및 보직경로 설계	➡	(조직) 역량개발 지원 (개인) 자기개발 실행	➡	(개인) 자기평가 (조직) CDP 운영 종합평가

사례 ❹

부산 영도구, 경력개발제도(CDP) 본격 시행

부산 영도구(구청장 어윤태)는 각 분야별로 특화된 전문능력을 가진 공무원 인재 양성을 위해 경력개발제도(CDP)를 본격 시행한다고 밝혔다. 최근 인력관리, 교육훈련, 성과관리 등을 잘 진행해 Best-HRD 3회 연속 인증을 받은 영도구는 입사에서 퇴직 시까지, 나아가 퇴직 후까지 활용할 수 있는 경력개발설계를 통해 발전적인 경력개발제도를 재정립했다. 역점 추진사항은 직원 개개인이 자기주도하에 자기진단, 개인경력성장 계획을 수립 후 자기계발을 지속적으로 추진하고, 부서장은 부하육성 차원에서 직원들과 소통하면서 관심사항, 장점, 강점, 잠재능력을 계발해 주는 책임성을 강화했다. 교육부서는 교육훈련으로, 인사부서는 보직관리를 통해 개인의 성장과 경력계발에 도움을 줌으로써 조직에 필요한 인재로 육성, '보물섬 영도'의 '보물' 같은 인재를 양성한다는 것이다.

부서장은 후배 직원들의 성공적인 공직생활을 위해 소통하고 공감하고 도와주면서 '경애화락'을 실천해 신바람 나는 직장분위기 조성에 기여하도록 했다.

구 관계자는 "경력개발제도를 통해 특화된 전문능력을 가진 행정전문가와 국제사회에 능동적으로 대처하기 위한 글로벌전문가 등을 양성함으로써 미래 행정수요 변화에 유연하게 대처하는 명품 행정서비스를 구민들에게 제공할 수 있을 것으로 기대된다"고 말했다.

출처: News1. 2017.4.17 뉴스기사 발췌(http://news1.kr/articles/?2969109)

3) 성과관리 제도

(1) 성과관리 제도의 개요

성과관리란 조직의 비전과 전략에 기초하여 목표와 활동 계획을 수립·시행하고, 그 성과를 평가하여 정책 및 기관 관리에 환류시킴으로써 성과를 극대화하려는 일련의 과정과 노력을 의미한다. 이러한 성과관리의 흐름은 전략계획, 성과계획, 성과관리, 성과평가, 기록 활용으로 구성된다.

성과관리의 필요성은 다음과 같다. 첫째, 성과관리는 성과계획을 수립하고 성과목표를 설정함으로써 업무수행에 있어 개인의 목표지향적 행동을 유도하며, 둘째, 지속적으로 관찰·평가·피드백을 실시함으로써 목표 달성 및 자기개발에 대한 동기를 부여하며, 셋째, 조직 내의 커뮤니케이션을 활성화하여 협조 분위기 조성 및 조직의 성과 개선에 기여한다.

성과관리 제도는 공무원 개인의 성과관리와 조직의 성과관리로 나뉜다. 개인 성과관리로는 고위공무원 및 4급 이상 공무원 대상 성과계약 등 평가제, 5급 이하 공무원(일반직, 기능직, 연구직, 지도직 등)에 대한 근무성적평가제, 다면평가제(전 공무원) 등으로 구분된다. 2005년 7월 1일 성과관리카드 제도가 시행되면서 각 부처에서는 성과관리카드 기록시스템을 활용하고 전자인사관리시스템(e-사람), 전자통합평가시스템(e-IPSES) 및 감사원 e-감사시스템 등 각종 성과정보 관련 시스템과 연계하여 4급 이상 공무원의 성과 및 평가 정보를 효율적으로 관리하고, 고위직 인사심사 및 인재 추천에도 활용하고 있다. 한편, 조직의 성과관리는 기관별 주요 정책과제·재정사업·행정관리역량 등을 평가하는 정부업무평가와 균형성과(BSC) 모델을 적용하여 재무·내부 프로세스·고객·학습과 성장 등 관점별로 조직의 비전 달성을 위한 균형적 성과관리를 추진하는 각 부처 성과관리시스템으로 구분된다.

여기서는 공무원의 개인적 성과관리를 중심으로 살펴보며, 인사혁신처에서 추진 중인 성과계약 등 평가 제도, 근무성적평정 제도, 다면평가제에 대해 보다 자세히 설명하고자 한다.

(2) 근무성적평정 제도

유럽에서의 근무성적평정 제도는 19세기 초 스코틀랜드의 방적공장 주인 오웬(Robert Owen)이 그의 개인기록부(character book)를 각 종업원에게 나누어 주고, 스스로 매일의 근무 상황을 기록하게 하여, 이 기록을 바탕으로 그들의 근무성적이 좋고 나쁨을 성적기록판(character board)에 색으로 구분하여 표시한 것에서 기원하였다(Yoder, 1956: 327). 미국에서는 1923년 「직위분류법」이 공포됨에 따라 공무원에 대한 근무성적평정 제도가 공식적으로 도입되었다. 우리나라에서는 조선 시대 등제(等第)라는 유사한 제도가 있었고, 1948년 정부 수립 이후 각 부처에서 제각기 근무성적평정을 실시해 오다가 1961년 10월 22일 통일적인 규정이 마련되었다.

우리나라 「국가공무원법」 제51조 및 공무원 성과평가 등에 관한 규정[대통령령 제27787호, 시행 2017.2.11.] 제4조(근무성적평정의 종류)에서는 근무성적평정을 "성과계약 등 평가"와 근무실적 및 능력에 대한 평가 "근무성적평가"로 구분한다.

인사혁신처에서 제시하는 성과계약 등 평가제의 개념을 따르면, 4급 이상 공무원(고위공무원단 포함)에 대해 개인업무 실적평가, 부서단위 실적평가, 그 밖에 직무수행 관련 자질 또는 능력 등에 대한 평가 결과 중 하나 또는 그 이상으로 평가 항목을 정하여 평가 대상자와 평가자 간에 성과목표 및 지표 등에 관하여 합의한다. 또한 12월 31일을 기준으로 평가대상 공무원이 달성한 성과목표의 추진 결과 등을 평가지표 또는 평가항목 특성에 맞게 설정한 평가기준에 따라 평가하여 그 결과를 인사관리에 반영하는 제도이다. 제도의 기본 틀(framework)은 [그림 13-3]과 같다.

다음으로, 근무성적평가(performance evaluation or appraisal)는 5급 이하(우정직군은 우정1급 이하) 공무원에 대해 조직 내 근무실적, 직무수행 능력 및 태도 등을 체계적 · 정기적(연 2회)으로 평가하는 것을 말한다. 평가 결과는 보수 · 승진 · 배치전환 · 교육훈련 등의 인사행정에 반영된다. 근무성적평정의 목적은 전통적으로 직무수행 실적을 측정하여 그것을 보수 · 승진 · 배치전환 · 감원 등의 결정에 활용하는 정도의 소극적 · 통제적인 것이었으나, 최근에는 피평정자 동기유발과 직무에 대한 헌신적 노력 촉진 등 적극적 · 발전적인 것으로 이행되었다.

[그림 13-3] 성과계약 등 평가제도의 기본 틀(framework)

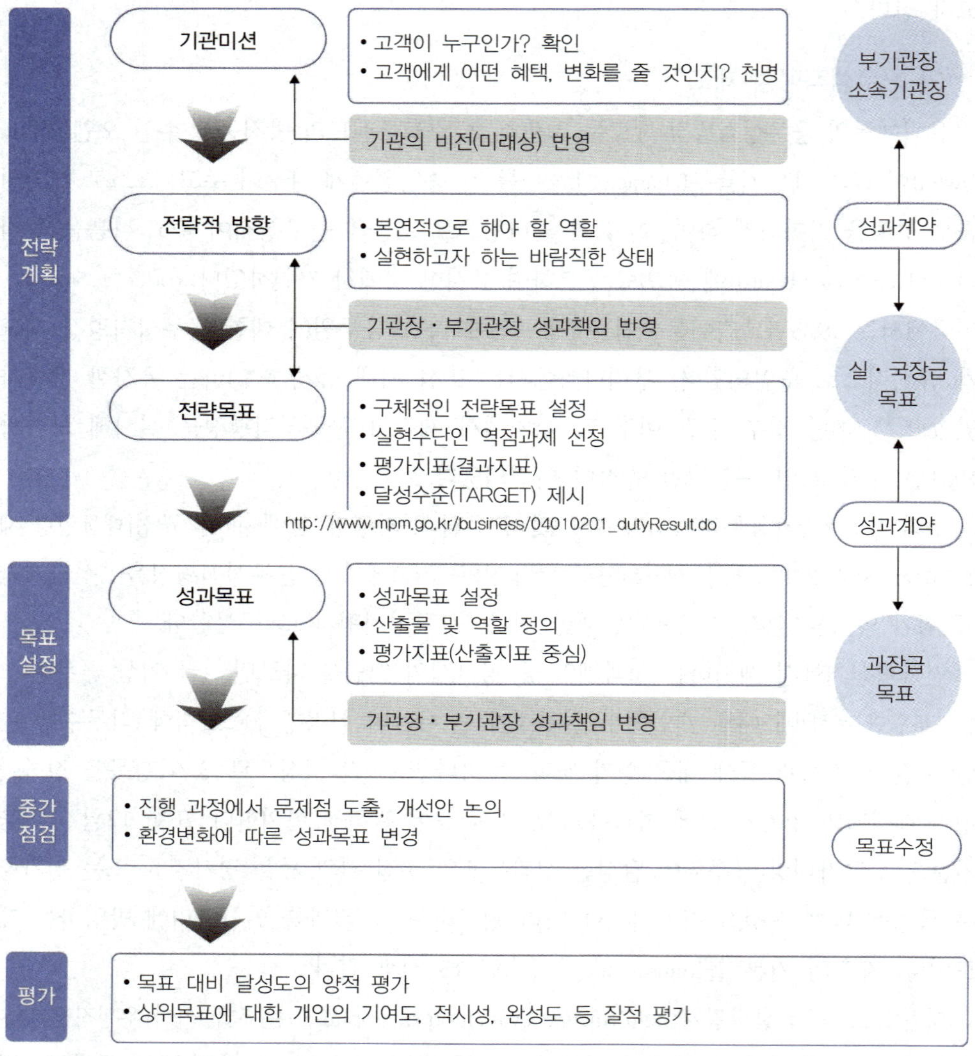

자료: 인사혁신처 홈페이지(http://www.mpm.go.kr/mpm/info/infoBiz/bizSal/bizSal01/).

마지막으로, 다면평가를 활용하기도 하며 다면평가를 실시하는 경우, 평가자 집단은 다면평가 대상 공무원의 실적, 능력 등을 잘 아는 업무유관자(동일부서 근무자, 타 부서 업무연관자 등)로 구성하며, 소속 공무원의 인적 구성을 대표하도록 구성하여야 한다. 다면평가 결과는 역량개발, 교육훈련 등에 활용하도록 하고 승진, 전보, 성과급 지급 등에는 참고자료로 활용할 수 있다.

근무성적평정 제도의 운영 과정은 [그림 13-4]에서 보듯이 일반적으로 계획 수립, 시행, 평정 결과의 분석 및 조정, 그리고 평정 결과의 공개 및 소청의 4단계로 이루어진다.

근무성적평정의 유형은 방법 또는 평정의 주체, 즉 평정자를 기준으로 하여 〈표 13-12〉, 〈표 13-13〉과 같이 다양하게 분류해 볼 수 있다. 근무성적평정 과정에는 평정 결과를 왜곡시키는 여러 가지 요인이 개재될 가능성이 있으므로 신중히 이루어져야 한다. 평정상 오류는 대부분 평정방법과 평정자에 기인하므로 평정방법의 개선과 평정자 훈련을 통하여 오류 가능성을 줄일 수 있다. 평정 과정에서 발생하는 오류로는 ① 연쇄효과, ② 집중화 경향, ③ 관대화 경향과 엄격화 경향, ④ 규칙적 오류와 총계적 오류, ⑤ 시간적 오류, ⑥ 선입견에 의한 오류 등이 있다(Siegel & Myrtle, 1985: 307-308). 주요 내용을 요약하면 〈표 13-14〉와 같다.

[그림 13-4] 근무성적평정 제도의 일반적 운영 과정

근무성적평정 계획 수립 ➡ 평정 실시 ➡ 평정 결과의 분석 및 조정 ➡ 평정 결과의 공개 및 소청

〈표 13-12〉 근무성적평정 방법을 기준으로 한 유형 분류

구분	내용
A. 도표식 평정척도법	• 가장 많이 이용하는 것으로 도표로 된 평정표를 사용. 평정 요소(직무수행 실적, 능력, 태도 등)를 나열하고, 각각에 대해 우열을 나타내는 척도인 등급을 표시함 ▸ 장점: 평정표 작성이 용이하고 쉬움 ▸ 단점: 평정 요소의 합리적 선정 곤란, 등급 비교 기준의 모호성, 연쇄효과(halo effect) 오류 가능
B. 강제배분법 (forced distribution)	• 성적분포의 과도한 집중화 또는 관대화 경향 방지를 위해 성적분포 비율을 미리 정해놓는 방법 예) 5등급일 때, 등급 내 비율을 10, 20, 40, 20, 10식의 종형(鐘型) 정상분포곡선(normal curve)으로 배분(Bellows, 1955: 399)
C. 사실기록법	• 작업량 등 객관적 사실에 기초를 두고 평가하는 방법으로 작업량 측정이 곤란한 업무에는 적용할 수 없음 – 무엇을 기록하느냐에 따라 ⓐ 산출기록법, ⓑ 주기적 검사법, ⓒ 근태기록법, ⓓ 가감점수법 등으로 재분류됨

D. 서열법	• 피평정자 간의 근무성적을 비교해서 서열을 매기는 방법으로 비교적 작은 집단에 적합. 서열을 정하기 위한 비교방법에는 쌍쌍(雙雙)비교법, 대인비교법 등이 있으며 다음 두 가지로 재분류되기도 함 ⓐ 종합적 순위법: 평정 요소별 객관적 지표에 의하지 않고 피평정자의 전체적 근무상황을 포괄적으로 비교 ⓑ 분석적 순위법: 평정 요소를 선정하고 각 요소별로 피평정자를 비교하여 통합
E. 목표관리(MBO: management by objectives)	• 조직계층 상·하급자 간 협의를 통하여 부서 및 개인별 구체적 목표를 명확히 설정하고 평가자와 수행자가 목표달성에 관하여 의견교환을 통해서 평가하여 다음 목표설정에 환류하고, 목표달성 결과를 보상체제에 반영하는 방법
F. 체크리스트(check list)평정법	• 표준행동목록을 미리 작성하여 목록에 단순히 가부를 표시하여 평가하는 방법. 평정 결과를 평가하거나 평정 요소마다 가중치를 부여하는 체크리스트 방법은 가중체크리스트 방법(weighted check lists)이라 부름
G. 강제선택법(forced choice method)	• 2개 또는 4~5개 항목으로 구성된 각 기술항목의 조(組) 가운데서 피평정자 특성에 가까운 것을 강제적으로 골라 표시하도록 하는 평정방법으로 '강제선택식 체크리스트 방법(forced choice check list)'이라고도 부름
H. 중요사건기록법(critical incident method)	• 피평정자 근무실적에 큰 영향을 주는 중요 사건을 평정자로 하여금 기술하게 하거나, 중요 사건들에 대한 설명도구를 미리 만들어 평정자로 하여금 해당 사건에 표시하게 하여 누적된 기록을 중심으로 평정(Siegel & Myrtle, 1985: 328)
I. 행태기준 평정척도법(BARS: behaviorally anchored rating scales)	• 도표식 평정척도법이 갖는 단점(평정 요소 및 등급의 모호성, 해석상 주관적 판단 개입)과 중요사건기록법이 갖는 단점(상호 비교의 곤란성 등)을 보완하고 두 방법의 장점을 통합시킨 방법 – 직무분석에 기초하여 중요한 과업 분야를 선정하고, 주관적 판단의 배제를 위해 각 과업 분야에 대해 가장 바람직한 행태부터 가장 바람직하지 못한 행태까지 몇 개 등급으로 구분하여 점수를 할당
J. 행태관찰 척도법(BOS: behavioral observation scales)	• 행태기준 평정척도법(이하 BARS)과 도표식 평정척도법을 혼합한 방법. BARS의 단점인 바람직한 행동과 바람직하지 않은 행동 간 상호 배타성을 극복하고자 개발된 방법. BARS와 마찬가지로 행태에 관한 구체적 사건·사례를 기준으로 평정하며, 도표식 평정척도법과 유사하게 그러한 행태의 빈도를 표시하는 척도를 만들어 등급 평가

〈표 13-13〉 근무성적평정자를 기준으로 한 유형 분류

구분	내용
A. 자기평정법(self-rating)	• 피평정자가 자신의 근무성적을 스스로 평가하는 방법으로 상벌자료보다는 구성원 능력발전을 돕는 데 주로 활용 ▸장점: 자신의 직무수행에 대한 체계적 반성의 기회 제공 ▸단점: 평정의 객관성 확보 곤란 → 동료평정, 감독자평정 병행 시 보완 가능
B. 동료평정법	• 집단 내 동등한 피평정자들 간 상호 평정하는 일종의 집단평정법. 감독자 평정 등을 보완하고 객관성, 공정성 확보 가능

C. 감독자평정법	• 피평정자의 상관인 감독자가 평정하는 방법
D. 부하평정법	• 부하들이 상관을 평정하는 방법으로 정부기관에서는 아직 널리 사용하고 있지 않는 방법
E. 집단평정법	• 피평정자 직무수행과 관련된 여러 분야 사람들(상급자 · 동료 · 부하 · 고객 등)이 평정하는 방법. 복수평정법 또는 다면평정법(다면평가제)이라고도 부름. 편파적 평가를 견제하여 균형 있는 평가가 가능하며, 감독자 외 다른 구성원에게도 평정 참여기회를 제공함으로써 참여감, 일체감 증진

〈표 13–14〉 근무성적평정의 오류

구분	내용
A. 연쇄효과(halo effect)	• 한 평정 요소에 대한 평정자의 판단이 연쇄적으로 다른 요소의 평정에도 영향을 주는 현상을 말한다. 예컨대, 피평정자가 성실한 경우, 그에게서 받은 좋은 인상이 창의성 · 지도력 등 전혀 성격이 다른 요소의 측정에도 영향을 미쳐 좋은 점수를 부여하게 되는 현상을 말한다.
B. 분포상의 착오	• 집중화 경향(central tendency): 비공식 집단적 유대 때문에 부하들의 평가에 심리적 부담을 느끼는 평정자가 책임 회피의 수단으로 모든 피평정자들에게 비슷한 점수를 줄 때 나타나는 현상이며 평정자가 모든 피평정자들에게 대부분 중간수준의 점수를 주는 심리적 경향 • 관대화 경향(tendency of leniency): 평정 결과의 분포가 우수한 쪽에 집중되는 경향을 말한다. • 엄격화 경향(tendency of strictness or severity): 평정 결과의 점수 분포가 낮은 쪽에 집중되는 경향 → 상기 분포상 착오를 방지하기 위해 강제배분법 활용 가능
C. 규칙(체계)적 오류 (systematic or constant error)	• 어떤 평정자가 다른 평정자들보다 언제나 후한 점수 또는 나쁜 점수를 주는 것
D. 총계적 오류(total error)	• 평정자의 평정 기준이 일정치 않아 관대화 및 엄격화 경향이 불규칙하게 나타나는 경우
E. 시간적 오류	• 첫머리 효과(primacy effect): 전체 기간의 근무성적을 평가하기보다는 초기의 업적에 영향을 크게 받는 현상 • 막바지 효과(recency effect): 첫머리 효과와는 정반대로 최근의 실적이나 능력을 중심으로 평가하는 경향
F. 선입견(personal bias)에 의한 오류	• 평정 요소와 관계가 없는 성별 · 출신 학교 · 출신 지방 · 종교 · 연령 등에 대하여 평정자가 갖고 있는 편견이 평정에 영향을 미치는 것. 근무연한이 긴 선임자에 대하여 후한 평가를 하고자 하는 근속연한의 오류(length of service)도 일종의 선입견에 의한 오류에 해당

(3) 한국의 근무성적평정제도 개선 방안

우리나라 공무원 근무성적평정 제도는 평정상 오류로 인한 타당성과 신뢰성 저하와 정실 및 주관적 요소의 개입으로 인한 공정성 문제 등이 논란이 되기도 한다. 우리나라 근무성적평정 제도를 합리적으로 개선하기 위한 주요 방안은 다음과 같다.

첫째, 근무성적평정 제도를 통제적 목적으로 이용하기보다는 공무원의 능력 발전 등 적극적 목적으로 활용하여야 한다. 즉, 근무성적평정 과정에서 환류(feedback) 절차 및 교육훈련 수요 판단을 의무화하고, 평가 결과를 승진뿐만 아니라 보직관리, 보수의 결정에 의무적으로 반영하도록 하여야 한다.

둘째, 평정의 타당성과 신뢰성, 그리고 공정성을 확보하기 위해서는 평가자가 평정의 목적 및 방법을 잘 이해할 수 있도록 평가자에 대한 교육훈련이 강화되어야 한다.

셋째, 평가자 · 근무성적평가위원회의 재편이 필요하다. 즉, 감독자 중심으로 이루어지고 있는 평정 제도를 보완하기 위해서는 감독자 외에 동료 · 하급자, 그리고 고객들의 견해가 일정 부분 반영될 수 있는 제도적 장치를 마련하는 것이 필요할 것이다.

넷째, 근무성적의 평가 요소 및 평가점 부여 방식의 개선 및 용도의 구분이 필요하다.

다섯째, 근무성적평정 제도가 실효성이 없이 형식화되지 않도록 하기 위해서는 평정 제도에 대한 구성원들의 의식과 조직 풍토가 바뀌어야 한다. 즉, 실적과 관계없이 경력 선임 순위대로 평가점을 부여하거나 정실에 의하여 순위를 먼저 정해 놓고 그 순위에 맞추어 평가점을 부여하는 역산식(逆算式) 평정, 또는 좋은 평가점을 돌아가면서 나누어 갖는 행태 등은 반드시 바로잡아야 할 부분이다.

여섯째, 성과계약 평가 방식의 근무성적평정이 이루어지기 위해서는 무엇보다 행정사무 분장이 직무 중심으로 이루어져야 한다. 이를 위해서 사람 중심의 계급제적 전통에서 벗어나 직무 중심의 직위분류제 요소를 강화하고 직무분석을 제대로 선행할 필요가 있다.

일곱째, 현행 근무성적평정 구조는 조직 전체의 실적 내지 성과를 반영하지 못하고 공무원 개개인의 성과만 반영한다는 문제점이 있다. 개인의 목표와 성과가 조직의 그것과 연계될 수 있도록 개인에 대한 근무성적평가와 조직에 대한 평가를 통합 또는 일정 부분 연계하여 운영할 필요가 있다.

생각해 보기

공무원의 근무성적평정

1) 근무성적평정 방식 Ⅰ: 성과계약 등 평가

○ 공무원 성과계약서

[별지 제1호 서식]

성과계약서

□ 평가대상기간: ○○○○년도

<table>
<tr><th></th><th>소속</th><th>직위</th><th>성명</th><th>서명</th></tr>
<tr><td>평가대상자</td><td></td><td></td><td></td><td></td></tr>
<tr><td>평가자</td><td></td><td></td><td></td><td></td></tr>
<tr><td colspan="5">기관의 임무와 목표를 달성하기 위해 甲과 乙은 상호 합의에 의해 다음과 같이 성과계약을 체결한다.
작성일: . . . (승계 시 사유도 추가 기재)</td></tr>
</table>

□ 개인 성과목표

<table>
<tr><th rowspan="2">No.</th><th rowspan="2">성과목표</th><th colspan="2">평가지표</th><th rowspan="2">실행계획</th></tr>
<tr><th>평가지표명
(측정방법 포함)</th><th>목표점</th></tr>
<tr><td rowspan="2"></td><td rowspan="2"></td><td></td><td></td><td rowspan="2"></td></tr>
<tr><td></td><td></td></tr>
</table>

○ 성과관리시행계획 구조

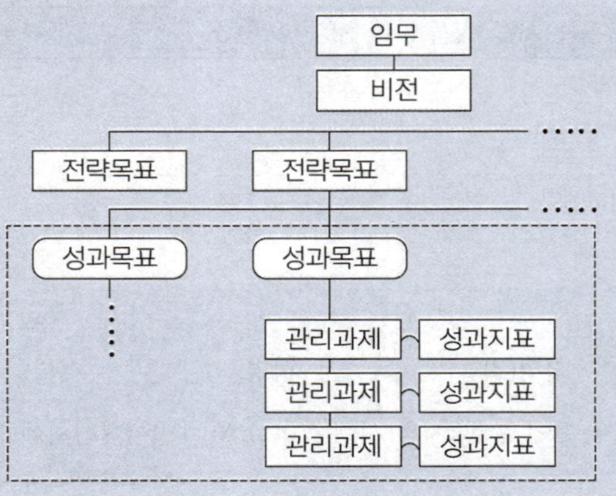

⇒ 개인 성과목표 설정

2) 근무성적평정 방식 Ⅱ: 근무성적평가

○ 공무원 근무성적평가 서식

[별지 제4호 서식]

공무원 근무성적평가서

ㅁ 평가대상기간:

성명	소속	직위	직급	현직급임용일	현보직일

Ⅰ. 평가자 사전진단

* 평가자는 반드시 평가자 사전진단을 작성한 후 근무성적평가서를 기재해주시기 바랍니다. 사전진단 결과는 평가에 반영되지 않으며 비공개사항으로 인사관리를 위한 자료료만 활용됩니다.

* 1~2번 문항은 4단계(매우 그렇다–그렇다–보통–아니다), 3~5번 문항은 예 / 아니오로 답하고 6번 문항에 대해서는 자유롭게 서술

연번	측정지표	문항	답변
1	성과	나는 이 직원에게 최상위등급의 성과급을 주고 싶다.	
2	역할	나는 직원을 당장 상위직급으로 승진시키고 싶다.	
3	협업·대인관계	나는 이 직원과 언제든지, 계속 함께 일하고 싶다.	
4	직무수행 태도	나는 우리 부서의 모든 직원들이 이 직원처럼 일해야 한다고 생각한다.	
5	발전가능성	나는 이 직원에게 앞으로 난이도·책임도가 더 높은 업무를 알릴 것이다.	
6	1~5문항 중 '아니오' 답변이 있다면, 이 직원의 ( ) 향상을 위해 나는 ( ) 지원을 할 것이다.		

* 다른 문항에 대해서는 자유롭게 서술

– 내가 이 직원에게 칭찬할 점은

– 향후 보완, 발전을 위해 지원해야 할 점은

년 월 일

평가자 직위(직급): 성명: 서명:

출처: 공무원 성과평가 등에 관한 지침[시행 2017.1.20] [인사혁신처예규 제36호, 2017.1.20, 일부개정]

> Q. 현행 공무원 근무성적평정방식(성과계약 등 평가 또는 근무성적평가)의 특징을 설명해 보고 공정하고 객관적인 성적평정을 위해 유의해야 할 점(평정오류 등 고려)을 생각해 보자.

3 인적자원의 사기 관리

1) 동기부여

동기란 사람들이 왜 그러한 행동을 하는가? 그러한 행동을 유발하는 원인 또는 이유는 무엇인가?를 설명하는 개념으로 직무수행동기(work motivation)는 직무를 수행하는 방향, 강도, 지속성 등에 영향을 미치는 심리적·정신적 힘이다. 개인의 욕구 및 목표가 조직이 추구하는 목표와 반드시 같을 수는 없지만 가급적 조화될 때 조직의 생산성도 증진되고 조직 내 개인도 발전할 수 있다. 따라서, 개인의 욕구와 연계하여 직무수행 동기를 유발하는 방안을 모색하는 이론들이 많이 등장하였다.

머슬로(A. H. Maslow)의 욕구단계이론, 허즈버그(F. Herzberg)의 욕구충족요인이원론, 맥그리거(D. McGregor)의 X·Y이론과 같은 '내용이론'에서는 인간 욕구의 내용과 속성을 분석하고 브룸(V. H. Vroom)의 기대이론, 애덤스(J. S. Adams)의 형평이론 등과 같은 '과정이론'에서는 욕구의 발로 및 충족 과정을 설명함으로써 직무수행동기 유발을 위한 인간관리 전략을 모색한다. 현대 사회에 접어들면서 인간의 자기실현적, 성장적 측면을 중요시하는 추세이며, 직무특성이론의 경우 잘 설계된 직무와 같은 외재적 환경 요인과 개인의 내적동기유발 요인이 결합될 때 직무수행동기가 유발됨을 강조하기도 한다.

그렇다면 공무원을 포함한 공공 부문 종사자들의 직무수행동기는 일반적 동기이론에 의해서 설명될 수 있는가? 공무원들은 공익이나 타인의 이익을 더 생각해야 한다는 문제의식하에서 페리(J. Perry)와 와이즈(L. R. Wise) 교수가 처음 착상하여 발달시킨 개념이 공직봉사동기(PSM: public servics motivation)이다(유민봉·임도빈, 2016: 329).

공공 부문 종사자에게는 독특한 욕구체계나 동인이 있다고 보았는데 정책형성 자체에서 느끼는 자아실현적 욕구 충족 측면(합리성 차원) 외에 공익추구에 대한 의무감(규범성 차원), 선의의 애국심(감성적 차원)과 같은 내면적 동기들이 있다는 것이다. 한국은 정부수립 이후 제5공화국에 이르기까지 대통령을 중심으로 한 정치권력이 우세하였고, 특히 제3·4공화국의 경우에는 제왕적 대통령이라고 불리울 정도였다. 따라서 공무원들은 적극적으로 정책집행에 관여하기보다는 주로 하향식 공무집행과 같은 소극적 역할을 수행하는 데 머물렀다. 따라서 공직수행에 대한 자부심이 약하고 공직생활에 봉사하도록 유도하는 사기 관리가 제대로 이루어지지 못한 부분이 있으며, 공무원이라는 신분보장과 직업안정성, 전통적 관료제적 특권의식이 주된 직무수행의 동기가 되어 온 것일 수 있다. 그러나 외재적 요인만으로는 미래사회에서 필요로 하는 지속적으로 성장하는 공무원을 양성하기 곤란하며, 공직봉사동기(PSM)에서 강조하는 바와 같이 규범적 · 감성적으로까지 내재적 동기를 유발할 수 있는 직무설계와 사기관리정책의 마련이 절실히 필요하다.

2) 공무원의 복리후생

(1) 보수

보수는 공무원에게 복무대가 및 생활보장적 성격으로 지급되는 금전적 보상으로 봉급과 각종 수당을 포함한다. 국민의 세금이 공무원 보수 지급의 원천이 되므로 법적 · 정치적 · 경제적 환경의 영향을 많이 받으며 민간 보수와의 형평성 문제도 제기된다. 공무원 보수는 단순한 근무대가라기보다 그 가족의 생활을 보장하기 위한 생활보상의 성격을 가지는데, 이는 공무원이 보다 안정적으로 업무에 전념토록 하기 위함이다. 민간과 다르게 공무원의 업무는 공익이라는 추상적 · 복합적 공공가치를 추구한다는 점에서 엄밀한 직무분석에 따른 반대급부로서의 보수수준 결정이 쉽지는 않다.

그러나 공무원 보수가 민간과 비교 시 어느 정도 현실화가 이루어진 상태에서는 조금 더 적극적 보수체계를 통해 공무원의 직무수행 동기를 유발하고 이들의 생산성 제고를 위한 의욕과 노력을 고취시킬 수 있어야 할 것이다. 특히, 부서 간 업무 격차에도 불구하고 직급과 연령 또는 근속(연공) 위주의 보수지급 체계는 오히려 공직자의 적극적 업무수행 동기를 저하시키고 무사안일에 빠지게 하는 독이 될 수 있다. 따라서 노동력의 가치(직무수행능력) 또는 직무 특성과 상대적 가치를 반영하는 보다 합리적인 보수제도 마련을 모색하여야 한다. 또한 현존 보수표 역시 직무 특성을 반영하여 보다 다양화되는 방향으로 재설계되고 보수등급 및 보수폭 설정 등 구체적 기준 마련 과정에서도 대내 · 외적 공정성과 효율성 등 공적 제반가치를 고려한 신중한 검토가 요구된다.

(2) 연금

한국은 1949년 「국가공무원법」에 연금제도 관련 규정을 두고 있다가 1960년 「공무원연금법」을 제정·공포하였으며 개정을 거쳐 현재에 이르고 있다. 현행 「공무원연금법」[시행 2014.11.19. 법률 제12844호]에 따르면, 공무원연금 제도의 운영은 인사혁신처장이 주관하나 사업의 효율적 집행을 위해 인사혁신처장의 위탁을 받아 공무원연금공단을 설립하여 운영하고 있다.

「공무원연금법」은 국가 및 지방공무원의 퇴직 또는 사망과 공무(公務)로 인한 부상·질병·장애에 대하여 적절한 급여를 지급함으로써, 공무원 및 그 유족의 생활안정과 복리 향상에 이바지함을 목적으로 하고 있다. 연금 급여는 크게 단기급여와 장기급여로 나누어진다. 단기급여에는 공무상 요양비, 공무상 요양일시금, 재해부조금, 사망조위금 등이 있고, 장기급여로는 퇴직급여, 장해급여, 유족급여 등이 있다.

2015년까지는 연금수급요건이 재직기간 20년 이상이었으나 2016년부터 적용된 개정 연금법에 따라 연금수급요건이 재직기간 10년 이상자로 조정되었으며, 연금수급 개시 연령은 임용 시기 구분없이 65세로 단계적으로 연장되었다. 공무원연금은 정부와 공무원의 공동기여에 의해 조성되며, 2016년 개정 연금법 적용 이후 기존 공무원기여금과 국가부담금이 기준소득월액의 7%이었으나 2016년 8%, 2017년 8.25%, 2018년 8.5%,

[그림 13-5] 연금 수급자 추이

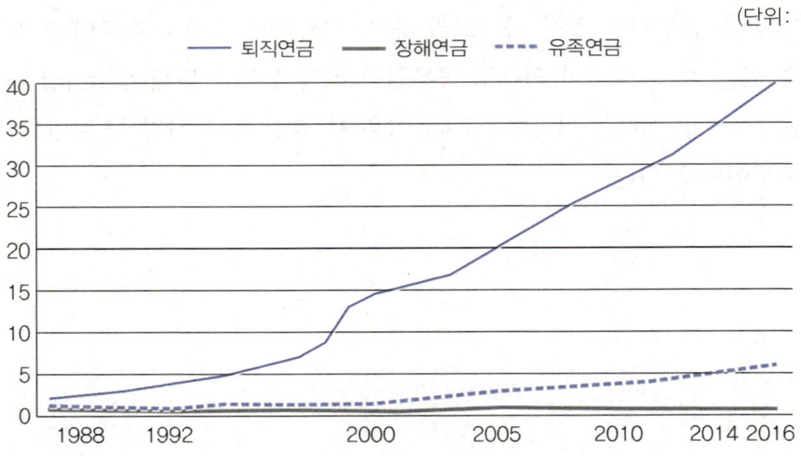

자료: 공무원연금공단(https://www.geps.or.kr/openinfo/management/page_05_01_03.jsp).

2019년 8.75%, 2020년 9%까지 단계적으로 인상되었다.

공무원연금 수급자 수는 2016년 기준 452,942명(퇴직연금 수급자: 396,743명, 장해연금 수급자: 3,128명, 유족연금 수급자: 53,071명)으로 매년 증가추이를 보이고 있으며, 퇴직연금 수급자 수가 가장 높은 비중을 차지한다. 2016년 기준 퇴직 및 유족급여 수급자가 지급방식(일시금과 연금) 중 연금을 선택하는 비율은 92.5%로 상당수가 연금을 선호하고 고령화 추세에 따라 일시금보다 연금을 선택하는 비율은 높아질 것으로 전망된다.

(3) 기타 복리후생

한국 정부 공무원의 근무원칙은 주 5일제, 주당 40시간 근무이지만, 업무가 집중될 때 초과근무를 수행하기도 한다. 공무원에게 주어지는 복리후생의 하나로 근무형태, 근무시간, 근무장소 등을 융통성 있게 조정하여 업무효율을 제고하고자 하는 유연근무제가 있다. 정규 근무시간보다 짧게 근무하는 시간제 근무(part-time work)가 있고, 근무시간을 유연화하는 방법 중 하나로 탄력근무제(flexible work hours)가 대표적이다. 탄력근무제는 공무원의 출근시간(7~10시 사이) 및 퇴근시간(16~19시)을 조정할 수 있다. 또한 재택근무제와 같이 업무 범위를 한정하여 집에서 수행하도록 하는 방법이 있다.

휴가로는 연가(年暇), 병가(病暇) 외 기타 법률에 의한 정당한 사유나 천재지변으로 인한 출근 불가능 등의 사유로 인한 공가, 특별휴가(출산휴가, 경조사휴가 등) 등이 있다.

또한 공무원에게는 맞춤형 복지제도가 적용되고 있는데 기본 복지포인트(점수)와 공무원의 부양가족 수, 근무연한 등을 고려한 변동 복지포인트가 합산된 복지포인트(점수)를 배정받은 공무원은 일정 카테고리 내에서 선호에 맞게 자유로이 복지포인트를 사용할 수 있는 제도이다. 이 외에도 공무원의 복지 향상을 위해 주택자금 저리 대출, 편의항목(숙소 이용, 여행, 레크리에이션 등) 이용 시 할인 혜택 지원 등 다양한 복리후생 지원이 이루어지고 있다.

제3절 한국 공무원의 행동규범

1 공무원의 신분보장과 징계

우리나라는 실적주의와 직업공무원 제도를 인사행정의 기본으로 삼고 있으며, 공무원이 신분의 위협을 받지 않고 일관되고 능률적인 행정을 수행할 수 있도록 「국가공무원법」 및 「지방공무원법」에 의해 형의 선고, 징계처분 또는 법에 정하는 사유에 따르지 아니하고는 의사에 반한 신분 조치를 받지 않도록 하는 등 신분보장을 하고 있다.

국가공무원법 제68조(의사에 반한 신분 조치)

공무원은 형의 선고, 징계처분 또는 이 법에서 정하는 사유에 따르지 아니하고는 본인의 의사에 반하여 휴직·강임 또는 면직을 당하지 아니한다. 다만, 1급 공무원과 제23조에 따라 배정된 직무등급이 가장 높은 등급의 직위에 임용된 고위공무원단에 속하는 공무원은 그러하지 아니하다.

공무원의 징계 발생 사유는 개인의 윤리적 문제, 지식 부족 등으로부터 다양하게 발생할 수 있으나 조직 내 관리감독과 예방적 정책 미흡 및 부재 등도 사유가 될 수 있으므로, 징계처분을 미연에 방지하기 위해서는 조직과 개인의 상호 예방적 노력이 필요하다.

현행 「국가공무원법」 제79조(징계의 종류)에서는 징계를 파면 · 해임 · 강등 · 정직(停職) · 감봉 · 견책(譴責)으로 구분하고 있다. 이 중 파면, 해임, 강등, 정직이 중징계에 해당하고 감봉, 견책이 경징계에 해당한다.

또한 위법, 부당한 징계처분 및 본인의 의사에 불리한 처분에 대해서 공무원은 1차적으로 소청심사위원회에 심사청구를 할 수 있으며(국가공무원법 제76조) 소청심사위원회의 재심 결정에 불복할 시 처분결정서를 받은 날부터 90일 이내에 행정소송을 제기할 수 있다.

국가공무원법 제79조(징계의 종류)		
중징계	파면	공무원으로서의 신분을 해제하고 향후 5년간 공무원으로 임용될 수 없게 함, 퇴직급여 및 퇴직수당의 최소 1/2(5년 미만 근무자는 퇴직급여액의 1/4 삭감)
	해임	공무원으로서의 신분을 해제하고 향후 3년간 공무원으로 임용될 수 없게 함, 연금법상의 불이익이 없으나 금품 및 향응수수, 공금횡령, 유용의 사유로 해임될 때는 퇴직급여 및 퇴직수당의 최고 1/4까지 제한받음
	강등	공무원 직급을 1계급 아래로 내림(고위공무원단에 속하는 공무원은 3급으로 임용, 연구관 및 지도관은 연구사 및 지도사로 함) 공무원 신분은 보유하나 3개월간 직무에 종사하지 못하며 그 기간 중 보수의 2/3를 감함
	정직	1개월 이상 3개월 이하의 기간 동안 공무원의 신분은 유지하되 직무에 종사하지 못하며 보수의 2/3를 감함
경징계	감봉	1개월 이상 3개월 이하의 기간 동안 보수의 1/3을 감하는 처분
	견책	전과에 대하여 훈계하고 회개하게 하는 처분으로 인사기록에 기재됨

2 공무원의 정치적 중립과 정책적 중립[1)]

1) 정치적 중립성과 정책적 중립성

공무원의 정치적 중립 규범은 정실주의 임용 및 엽관제의 폐해를 시정하고자 19세기 말 실적주의 인사행정이 강조되면서 함께 중요성을 띠게 된 것이다. 1883년 제정된 미국의 「펜들턴법(Pendleton Act)」과 1939년 및 1940년의 「해치법(Hatch Act)」은 공무원의 정치 활동을 명시적으로 금지하고 있다. 그리고 미국의 연방대법원은 1946년 공무원의 정치 활동을 금지시킨 일련의 법률들이 합헌임을 확인하였으며, 미국 의회에 여러 차례 제출된 공무원의 정치 활동 금지 완화 관련 법안은 대통령의 거부권 행사 등으로 입법이 좌절되었다. 이러한 일련의 사태는 공무원의 정치적 중립이 미국 사회에서 아직 중요한 규범으로 작용하고 있음을 알 수 있다.

오늘날 공무원의 정치적 중립성을 이해하는 기본 시각은 정치·행정이원론적 관점에 입각해 있다. 즉, 정치와 행정의 영역은 엄격히 구별되는 별개의 영역이므로 서로 간여해서는 안 된다는 명제에 입각하여 공무원의 정치적 중립을 규정한 것이다.

협의의 정치적 중립성은 당파적 중립성을 의미하지만, 광의의 정치적 중립성은 당파

1) 자세한 내용은 이종수(2012)를 참조.

적 중립성 외 '정책적 중립성'까지를 포함한다. 정책적 중립성이란 공무원이 공공봉사자(public servants)로서 합리성과 능률성, 그리고 공정성의 가치를 저버리지 않고 특정 당파에 유리한 정책결정을 하지 않는 것을 의미한다.

그렇다면 공무원의 정치적 중립, 특히 정책적 중립은 왜 필요하고 어떻게 해석해야 할 것인지에 대해 생각해 볼 필요가 있다. 진정한 민주주의를 실현하기 위해서는 국민들의 의견이 가장 잘 반영되는 정책이 결정되고 올바로 집행되는 것이 가장 바람직할 것이다. 정책결정 과정에 모든 국민의 직접참여가 불가하므로 국민의 의견을 대변하는 국회, 지방의회의 정치인들을 통한 정책결정과 이에 대한 행정부의 적극적 집행 과정이 있을 때 비로소 진정한 대의민주주의가 실현될 것이다. 그렇다면 국민으로부터 직접적으로 권한위임을 받지 않은 행정부 공무원은 소극적으로 집행에만 충실해야 하는 것일까? 공무원은 동태적인 현실 속에서 민주주의 이념을 실천하기 위해 끊임없이 시민들과 소통해야 하고 정책집행 과정에서 그 누구보다도 민의를 가장 잘 파악하고 더 나은 정책을 고민할 수 있다. 따라서 공무원은 베버(M. Weber)가 말하는 이른바 '영혼 없는 전문가(specialist without spirit)'로서 전문지식을 제공하는 것만이 진정 '정책적 중립성'을 지키는 존재라고는 결코 해석할 수 없다. 민주화 이후 우리 사회에서 공무원의 당파적 정치 활동은 거의 사라지게 되었다. 그러나 '정책적 중립성'의 필요성은 더욱 커지게 되었다. 공무원의 정책적 중립성이 필요한 이유는 정부사업의 절약과 능률성의 확보를 위해 필수불가결한 요건이 되기 때문이다.

다만, 정책적 중립성의 의미에 대한 해석은 보다 적극적이어야 한다. '당파정치(partisan politics)'와 '정책정치(policy politics)'는 엄연히 구분되며 정책 과정에서의 전문적 판단과 중립적 관점의 투입을 기대하는 '정책적 중립'의 의미로 해석되어야 할 것이다. 즉, 공무원의 정책 기능이 널리 인정되고 있는 상황에서 중립성의 규범은 '정책정치(policy politics)'로부터 행정관을 분리할 것을 요구하는 것은 아니라고 할 것이다(Overeem, 2005: 311 참조). 모우(Moe, 1985)는 근대 대통령제의 정치적 기대는 대통령으로 하여금 집행기관의 '중립적 역량' 대신 '대응적 역량(responsive competence)'을 추구하게 되었다고 주장하면서, 대응적 역량은 정책개발 및 각 집행기관의 조정 활동의 집권화를 통해, 그리고 각 행정기관 깊숙한 곳에 대통령의 심복을 심는 것을 통해 확보될 수 있다고 함으로써 정책 활동에 주된 초점을 두고 있음을 암시하고 있다(Wolf, 1999: 142-143).[2)]

따라서 정책 과정에서 당파적 이익의 추구에 노골적인 정치를 견제, 거시적 차원의 공익을 확보하고 정책의 합리성과 능률성을 담보하기 위해서는 관료들의 정책정치의 공간을 확대하고 정책적 중립성을 보장하기 위한 제도적 장치를 마련하는 것이 바람직하다고 하겠다.

2) 정치적 중립 규범의 필요성과 내용

민주국가에서 공무원이 정치적 중립을 준수해야 하는 이유는 다음과 같이 정리될 수 있다.

첫째, 공무원은 국민 전체에 대한 봉사자로서 특정 정당의 이익이 아닌 보편적 공익을 추구하여야 하기 때문이다.

둘째, 정권교체와 관계없이 정부업무의 일관성, 계속성을 보장하여 전문적이고 효율적 직무수행을 위해서이다.

셋째, 공무원 집단이 안정된 중립적 세력으로 기능하여 정치체제 내 세력균형을 도모하고, 정당적 정실 등 정치적 개입에 의한 공무상 부정부패와 낭비를 방지하기 위함이다.

공무원이 정치적 중립을 지켜야 한다는 행동규범은 우리의 경우처럼 복수정당제에 입각한 민주정부를 채택하고 실적주의를 인사행정의 원리로 받아들이는 나라에서 주로 문제가 된다. 군주국가나 일당전제국가에서는 공무원의 정치적 중립성이 논의될 여지가 없으며, 의회민주정치 국가라 하더라도 엽관주의를 지배적 인사행정 원리로 채택하는 경우 공무원의 정치적 중립성을 강조하지 않는다.

공무원의 정치적 중립이 전 세계적으로 보편적 규범은 아니며, 국가마다 고유의 역사적 배경에 따라 차이를 보인다. 역사적으로 엽관주의의 폐해가 컸었던 국가는 공무원의 정치적 중립을 엄격하게 요구하고 있으나, 그렇지 않은 국가는 비교적 관대하다. 대체로 유럽의 국가들이 공무원의 정치 활동에 대하여 관대한 반면, 한국과 미국의 경우에는 공무원에 대해 엄격하게 정치적 중립을 요구하고 있다. 영국에서는 정책결정과

---

2) 1921년 미국에서 설치된 예산처(BoB: Bureau of the Budget)는 중립적 역량을 뜻하는 전문성과 비당파성의 요새(要塞)라는 평판을 받아왔다. 예산처의 주된 사명은 정부 내에서 절약과 능률을 추구하는 것이었으나, 이는 재정이 많이 소요되는 새로운 정책을 추진하려는 대부분 대통령들의 욕구와 조화되지 않았다. 이후, 예산처는 1970년 관리예산처(OMB: Office of Management and Budget)로 개칭되었다. 닉슨과 레이건 두 대통령은 특히 정치적 당파성이 강한 인물을 관리예산처장으로 임명함으로써 관리예산처의 활동이 보다 분명하게 그들의 정치적 목표를 향하도록 만들었다(Wolf, 1999: 143).

관련이 깊은 고급 공무원에 대해서는 정치적 중립을 강하게 요구하나 하위직으로 내려갈수록 완화하여 최하위 계층에 대해서는 어떠한 제약도 두지 않고 있다. 반면, 우리나라는 「헌법」 제7조 제2항에서 공무원의 신분과 정치적 중립성은 법률이 정하는 바에 의하여 보장된다고 규정하고 있으며, 가장 엄격하게 공무원의 정치 활동을 규제하고 있는 국가 가운데 하나이다. 우리나라는 대학교수 등 일부 특수 부문의 공무원을 제외하고는 공무원의 정당가입 자체를 금지하고 있다. 한국 · 미국 · 일본 등은 공무원의 국회의원 선거 등의 입후보 자체를 금지하고 있으며, 독일 · 벨기에 등은 당선 후 공직을 사임하도록 하고 있다. 반면, 북유럽의 대부분 국가에서는 공무원의 국회의원 겸직을 허용하고 있다.

우리나라의 현행 「국가공무원법」은 공무원의 정치 활동을 광범하게 제한하고 있다. 일부 정무직공무원을 제외한 나머지 공직자들은 선거에 의하여 취임하는 직위에 겸임될 수 없으며, 선거에 입후보하려면 사전에 공직을 사임하여야 한다.

한국의 현행 「국가공무원법」에서는 다음과 같이 공무원의 정치 활동을 금지하고 있다.

국가공무원법 제65조(정치운동의 금지)

① 공무원은 정당이나 그 밖의 정치단체의 결성에 관여하거나 이에 가입할 수 없다.
② 공무원은 선거에서 특정 정당 또는 특정인을 지지 또는 반대하기 위한 다음의 행위를 하여서는 아니 된다.
  1. 투표를 하거나 하지 아니하도록 권유 운동을 하는 것
  2. 서명 운동을 기도(企圖) · 주재(主宰)하거나 권유하는 것
  3. 문서나 도서를 공공시설 등에 게시하거나 게시하게 하는 것
  4. 기부금을 모집 또는 모집하게 하거나, 공공자금을 이용 또는 이용하게 하는 것
  5. 타인에게 정당이나 그 밖의 정치단체에 가입하게 하거나 가입하지 아니하도록 권유 운동을 하는 것
③ 공무원은 다른 공무원에게 제1항과 제2항에 위배되는 행위를 하도록 요구하거나, 정치적 행위에 대한 보상 또는 보복으로서 이익 또는 불이익을 약속하여서는 아니 된다.
④ 제3항 외에 정치적 행위의 금지에 관한 한계는 대통령령 등으로 정한다.

3) 정치적 중립에 대한 비판과 한계

현대 민주주의 사회에서는 관료의 정책결정 과정에의 적극적 개입 가능성 및 필요성 증대 추세에 따라 많은 국가들이 공무원의 정치 활동 제한 규정을 완화하는 추세에 있

다. 그럼에도 불구하고 한국 정부의 경우 오랜 기간 제왕적 대통령제로 인한 행정부의 집권당에 대한 예속과 정치적 부당성 시비 논란의 중심에 있어 왔기 때문에 여전히 행정공무원의 정치 활동 제한에 대한 요구가 엄격하다.

정치적 중립의 교의에 관한 비판의 주요 논점은 다음과 같다(이종수 외, 2011: 제16장).

첫째, 공무원들에 대하여 헌법적 기본권 가운데 하나인 참정권을 제한한다는 것이 불공평할 뿐만 아니라 어느 특정 집단의 정치적 자유만을 제한하는 것은 민주정치의 원리에도 모순된다.

둘째, 공무원의 정치 참여 제한은 공무원집단의 정치 활동을 통한 집단이익의 투입 경로를 막으면서 그들의 집단이익이 경시되는 결과를 초래할 수 있다.

셋째, 정당정치의 발전과 정당인의 자질 향상을 위하여 공무원의 정당가입이 바람직하다.

넷째, 공무원의 정치참여 제한은 중하위층 공무원들의 정책형성 참여 기회 등을 제한하여 참여적 관료제(participatory bureaucracy)의 발전을 저해한다(Shafritz et al., 1978: 173).

다섯째, 공무원에 대한 정치적 중립의 엄격한 요구는 또한 공무원들의 이념적 무관심(ideological indifference)을 초래하고, 정부관료제를 국민의 요구에 민감하게 대응하지 못하는 폐쇄집단으로 만들 우려가 있다(Levitan, 1942: 318).

여섯째, 공무원의 정치적 중립 규범은 정치·행정이원론에 기초를 둔 것으로, 정치·행정일원론이 지배적 관점이 된 오늘날에는 논리적 근거를 상실하였다.

물론 공무원의 정치적 중립 규범에 대한 비판적 관점에 대해서는 그것을 재반박하는 논리 또한 다양하게 제기된다(오석홍, 2010: 109). 공무원에 대한 정치적 중립 요구가 정치적 자유를 제약한다는 비판에 대해서는, 권리 있는 곳에 책임 있어야 한다는 원리를 모르는 데서 나온 것이라는 점에서 반론이 제기된다. 아무리 자유와 평등이 보장되는 사회에서도 특혜와 특권이 있으면 그에 상응하는 책임이나 자유 제한이 수반된다. 공무원들의 정치 활동을 금지한다는 것은 파당적 행동을 금지하는 것일 뿐이라는 것이다. 그리고 공무원에 대한 정치적 중립 요구는 공무원을 정치 과정에서 완전히 배제하는 것이 아니라 공무원의 당파적 행동을 금지하는 것일 뿐, 공무원이 각종 선거에서 투표하는 등 정치 과정에 참여하여 의사표시를 하는 시민적 권리를 제약하는 것은 아니라는 등의 재반론이 제기된다.

결국 공무원의 정치적 중립은 한국 사회 특유의 역사적 배경과 맥락으로부터 비롯된 공무원의 정치 참여 시의 부작용과 폐해를 방지하고자 공무원에게 일정한 책임을 부과하고 자유를 제한한 데서 연유한다. 그리고 민주화가 진전되고 정치·행정의 융합 현상이 일어나면서 공무원의 권익 제한의 범위와 강도 부분에 대해 논란이 일어나고 있는 것으로 보인다. 그러나 중요한 사실은 엄격한 법적 규제는 단기적인 해결책이 될 수 있을지언정 근본적인 해결책이 될 수 없다는 점이다. 오히려 과도한 형식적·법적 순응(overconformity)과 그에 따른 소극적이고 책임회피적인 정책결정 등 더 심각한 부작용을 낳을 수 있기 때문이다. 정책적 중립을 포함하는 광의의 의미의 정치적 중립은 진정한 민주주의 실현을 위해 행정공무원에게 요구되는 최소한의 규범이다. 현대 사회에서 공무원은 단순히 수동적이고 기계적으로 정책을 집행하지 않으며, 정치사회적 수요를 고려한 종합적 사고와 판단능력을 가지고 적극적으로 정책집행 과정에 개입해야 하며 현실적으로 그럴 수밖에 없다. 그렇다면 정치체제의 발전이 선행될 필요가 있으며 행정공무원을 지나치게 불신의 눈으로만 바라보기보다는 공무원의 내적 통제기제를 신뢰하되 민주시민들의 모니터링을 강화하고 관련 제도적 장치를 마련하면서 공무원의 정치적 중립 부분에 대해 조금 더 현실적이고 민주사회에 부합하는 성숙한 해결책을 모색해 보는 것이 바람직할 것이다.

사례 ❺

공무원의 정치적 중립성과 신분보장 Ⅰ: 한국의 사례

"정치 활동 허용하자" 봇물 … 위협받는 공무원 중립 의무

철칙으로 간주되어 온 '공무원의 정치적 중립 의무'에 대한 도전이 새 정부 들어 거세다. 교육계를 중심으로 "공무원에게도 정치적 기본권이 보장되어야 한다"는 요구가 터져 나오는 양상이다. 교원 사회를 넘어 공무원 사회 전반에 중립 의무가 과도하다는 주장이 잇따라 제기되고 있다. '정치적 편향성과 당파성을 드러내는 행위는 국가공무원법 위배'라는 대법원 판결도 도전받고 있는 것이다.

- **"정치 활동 보장" 봇물 터진 요구**

논란의 진원지는 서울교육청이다. 조희연 서울교육감이 지난 11일 세월호 시국선언 교사에 대한 징계를 하지 않겠다고 밝혔다. 조 교육감은 "새 정부 출범 등 변화된 상황에 비춰 볼 때 교사의 시국선언은 용인될 수 있음을 고려했다"고 말했다. 세월호 시국선언은

2014년 5월 287명의 교사가 '세월호 참사 진상 규명 및 박근혜 정권 퇴진'을 촉구하는 시국 선언을 청와대 홈페이지 게시판에 올린 사건이다. 교육부는 이들을 국가공무원법 위반 혐의로 2015년 6월 검찰에 고발했다. 12일에는 김상곤 부총리 겸 교육부 장관이 거들고 나섰다. 그는 기자간담회에서 세월호 시국선언 교사 징계 문제에 대해 "갈등을 해소하는 방향에서 필요한 조치를 하겠다"는 견해를 밝혔다. "세월호 참사와 관련해 교사들이 안타까운 마음에서 한 행동을 어떻게 볼 것이냐의 문제"라고 주장했다.

논란은 교육계를 넘어 공직 사회 전체로 확대되고 있다. 같은 날 국회 의원회관에서는 전국공무원노동조합과 대한민국공무원노동조합총연맹, 전국교직원노동조합, 박주민·이재정 더불어민주당 의원이 입법토론회를 열고 "공무원의 정치적 행위를 허용해야 한다"고 목소리를 높였다. 이 의원은 "공무원의 정치적 중립 의무는 공무원을 정치적 홍보 도구로 악용한 이승만 정권에 대한 반성이 담긴 것"이라고 주장했다. 신인수 민주노총 법률원 변호사는 "공무원의 정당 가입이 허용되었다면 문화계 블랙리스트와 같은 반(反)헌법적 사건은 발생하기 어려웠을 것"이라고 했다.

■ 원칙론만 피력하는 정부

국가공무원법은 공무원의 정치 활동을 금지하고 있다. 공무원의 정치적 중립을 보장해, 즉 정치적 압력이나 간섭으로부터 지위와 신분을 보장해야 국민을 위해 성실하게 직무를 수행할 수 있다는 취지다. 이 같은 입법 취지는 사법부에서도 수차례 정당성이 검증되었다. 대법원은 2010년 '교원이 특정 정당이나 정치세력에 대한 지지 또는 반대 의사를 직접적으로 표현하는 등 정치적 편향성 또는 당파성을 명백히 드러내는 행위' 등을 「국가공무원법」 제66조 제1항에서 금지하는 '공무 외의 일을 위한 집단행위'로 규정했다.

관료사회는 명령과 복종의 수직체계이기 때문에 정치적 행동을 용인할 경우 공무원 사회 속성상 큰 혼란에 빠질 것이란 시각이 많다. 공무원은 강제권 행사의 특권이 있고, 정책 결정권이 있기 때문에 엄격한 중립이 필요하다는 지적이다.

논란이 커지고 있지만 정부는 원칙론에 머물러 있다. 정만석 인사혁신처 윤리복무국장은 "헌법에 공무원의 정치적 중립을 유지하도록 되어 있고, 국가공무원법에도 정치 활동은 (원칙적으로) 금지되어 있다"면서도 "정치적 의사표현의 자유를 어디까지 허용할 것인지 기준을 정립할 필요는 있다"고 여지를 남겼다. 그는 "해외 사례를 검토하고 연구 용역을 통해 심층적으로 분석하고 각계 의견을 수렴할 계획"이라고 덧붙였다.

출처: 한국일보. 2017.7.12 뉴스기사 중 발췌

사례 ❻

공무원의 정치적 중립성과 신분보장 Ⅱ: 미국의 사례

트럼프, '반 이민 행정명령'에 반기 든 예이츠 법무장관 대행 전격 해임

도널드 트럼프 미국 대통령이 30일(현지시간) 법무부 직원들에게 무슬림국가 출신자들의 입국을 금지하라는 '반(反)이민 행정명령' 관련 소송에서 연방 정부를 변호하지 말 것을 지시한 샐리 예이츠 법무장관 대행을 전격 해임했다.

미국 〈뉴욕타임스(NYT)〉의 보도에 따르면, 이날 저녁 백악관은 성명을 내고 "샐리 예이츠 법무장관 대행은 미국 국민을 보호하기 위해 만들어진 법적 명령 집행을 거부해 법무부를 배신했다"며 예이츠를 해임한다고 발표했다. 트럼프 대통령은 예이츠가 물러난 자리에 데이나 보엔트 버지니아 동부지방 검사를 임명했다. 성명을 발표한 숀 스파이서 백악관 대변인은 "우리나라를 보호하는 데 좀 더 심각해져야 할 때가 되었다"면서 이번 행정명령이 "우리나라를 지키기 위해 합리적이고 필수적인 조치"라고 강조했다.

앞서 예이츠는 무슬림 7개국 국민의 미국 입국을 한시적으로 금지한 트럼프 대통령의 행정명령에 반기를 들고 소속 직원들에게 이 행정명령을 변호하지 말 것을 지시했다.

트럼프 대통령이 27일 발동한 반이민 행정명령에 반발하는 소송이 미국 전역에서 빗발치고 있는 가운데 소송이 제기될 경우 법무부는 연방정부를 대표해 소송에 참여하게 되어 있다. 그러나 예이츠 법무장관 대행은 "이번 행정명령의 합법성을 확신할 수 없다"며 법무부가 이번 행정명령을 변호하지 않겠다고 선언한 것이다. 예이츠 차관은 공무원의 정치적 중립성과 법무부의 공공정책 정신에 입각할 때 행정명령을 거부하는 것이 옳다고 주장하였다.

숀 스파이서 대변인은 성명에서 "예이츠 장관 대행은 오바마 대통령이 선임한 인물로 국경과 불법 이민에 대해 유약하게 대처하는 사람"이라고 비판했다. 트럼프 대통령도 자신의 트위터에 "민주당이 순전히 정치적인 이유로 내각 인선을 미루고 있다"면서 "그들은 방해 말고는 하는 게 없다. 이제 '오바마의 법무장관'도 있다"고 민주당과 예이츠를 싸잡아 비난했다. 제프 세션스 법무장관 내정자가 아직 상원 인준을 통과하지 못한 탓에 트럼프 정부 출범 이후에도 버락 오바마 전 미국 대통령으로부터 법무차관으로 임명된 예이츠가 법무장관 업무를 대행해 왔다.

출처: 아시아투데이. 2017.1.31 뉴스기사 및 The New York Times "Trump Fires Acting Attorney General Who Defied Him", 2017.1.30(미국 현지기준) 뉴스기사 (https://www.nytimes.com/2017/01/30/us/politics/trump-immigration-ban-memo.html?_r=0) 중 발췌

3 공무원노동조합

1) 공무원노동조합의 의의

공무원노동조합(government employees' union)은 "공무원들이 자주적으로 단결하여 근로조건의 유지 개선과 복지 증진, 기타 경제적 · 사회적 지위의 향상을 목적으로 조직되는 공무원집단의 단체"로 정의될 수 있다.

공무원은 주권자의 공복(公僕)으로서 공적 업무를 수행한다는 특수성을 갖는다. 따라서 헌법에 보장된 국민 기본권으로서의 단결권, 단체교섭권 및 단체행동권은 공무원들의 경우에 일정한 제약을 받는다. 공무원노동조합은 노동조합을 현대 사회의 민주화 과정에서 필수적인 제도로 인식하는 산업 민주주의의 산물로서 오늘날 여러 나라에 보급되어 있으나, 공무원노동조합에 대한 정책은 나라마다 다르다. 어떤 국가는 공무원노동조합의 구성과 활동을 폭넓게 허용하는가 하면, 공무원노동조합의 조직 자체를 금지하는 나라도 있다.

2) 공무원노동조합의 특성

사기업체의 노동조합과 구분되는 공무원노동조합의 본질적 특성을 고찰하여 보자. 공무원노동조합에 반대하는 사람들은 일반적으로 공무원노동조합이 사기업체의 노동조합과 본질적으로 다르다는 점을 강조한다.

공무원노동조합의 특성을 규정하는 정부의 특성으로 스탈(Stahl, 1976: 333-337)은 다음의 세 가지를 들고 있다. ① 전체 국민의 대표 기관으로서의 정부, ② 법령에 의한 근로조건의 규정, ③ 권한의 분산이 그것이다.

첫째, 정부는 전체 국민을 대표한다는 점에서 사기업체와 다르다. 사기업에서는 기업주 및 관리자와, 그 반대편에 선 노동조합이 법 앞에서 본질적으로 평등한 권한을 가지며 비교적 자유롭게 상호 합의한 것을 추구할 자유를 가진다. 그러나 정부는 전체 국민을 대표하며 공무원집단의 이익은 사회 속의 많은 경쟁적 이익 가운데 하나로, 공무원노동조합과 특정한 정부기관 또는 관리자 간의 논쟁과 협상으로 결정할 수 있는 것으로 정치 영역에서 해결되어야 할 성질의 것이다. 결국 공공서비스 영역에서 노사문제 해결을 위한 궁극적 권한은 전체 국민이 갖는다. 이러한 사실이 공무원노동조합과 관련된 협상과 합의의 내용 및 의미에 커다란 영향을 미친다.

둘째, 보수를 포함한 공무원의 근무조건은 법령에 의하여 정해진다는 점이 사기업과 다르다. 따라서 법령이 바뀔 때까지 정부의 집행부서는 공무원노동조합과 그것을 폐지하거나 수정하는 쌍무적 합의를 할 수 없다. 바로 이 점이 사기업체 노동조합과 공무원노동조합의 노사관계를 구분 짓는 주요 차이점이다. 이러한 이유로 공무원노동조합은 행정부 관리자보다는 의회 쪽에 더 많은 관심을 갖게 된다. 더욱이 공공 부문에서 노사관계는 민간 부문에서와 같이 '대등한' 상대가 아니며, 공무원노동조합이 관리층과 협상을 통하여 해결할 수 있는 영역은 사기업 부문과는 달리 아주 제한되어 있다.

셋째, 정부 내 의사결정 권한은 사기업에서보다 훨씬 광범하게 분산되어 있어 공무원노동조합은 교섭 상대를 확인하기가 쉽지 않다. 앞서 밝혔듯이, 공무원의 보수는 법률로 정해져 있어 기관장은 이러한 영역에서 어떤 조치를 직접 취할 수 있는 것이 아니라 단지 건의를 할 수 있을 따름이다.

3) 공무원노동조합의 효용

공무원노동조합은 공무원의 복지 증진과 사기 제고, 행정 능률의 향상 및 행정 발전에 기여할 수 있는, 현대 인사행정에서 중시되고 있는 관리도구의 하나이다. 그러나 공무원노동조합의 필요성에 대한 찬반 논의가 꾸준히 이어지고 있으며, 이하 주요 내용을 살펴보도록 한다.

먼저, 공무원노동조합의 찬성론자들이 주장하는 공무원노동조합의 효용은 다음과 같다.

첫째, 공무원노동조합은 공무원의 집단적 의사표시의 수단이 된다. 공무원은 집단으로서의 자신의 이익을 표출함으로써 근로조건을 향상시킬 수 있을 뿐만 아니라, 인사행정 문제에 관한 집합적 의견을 전달함으로써 정부 정책결정에 영향을 미칠 수 있다. 이러한 기능은 사기업체의 노동조합 및 정치 과정에서의 압력단체의 역할과 유사한 것으로 볼 수 있다. 문제는 공공서비스 업무를 담당하는 공무원노동조합의 단체 활동 내용과 범위에 대하여 어느 정도의 제약을 가하는 것이 합리적이냐 하는 점이다.

둘째, 공무원노동조합은 공무원들의 복지 증진, 정책결정 과정에의 참여, 집합적인 의사표시 및 친목 활동 등을 통하여 성취감, 연대의식 등 공무원들의 사회적 욕구를 충족시켜 주고 동기부여 및 사기 제고를 통한 행정능률의 향상까지 도모할 수 있다.

셋째, 공무원노동조합은 하급 공무원과 관리층 간에 쌍방적인 의사전달 통로를 제공함으로써 상호 이해 증진을 도모하고 조직 내 민주화를 이룩하는 데 도움이 될 것이다.

넷째, 공무원노동조합은 실적제 강화 기능을 수행한다. 실적제가 강조하는 주안점은 시대 상황에 따라 조금씩 변하여 왔으며, 공무원노동조합 활동과 대립되는 측면도 없지 않으나, 전체적으로 볼 때 양자는 상호 조화를 이루고 있다고 할 수 있을 것이다(Siegel & Myrtle, 1985: 381). 공무원노동조합이 흔히 불합리한 승진 인사의 기준 등을 둘러싸고 인사권자와 갈등을 빚는 경우는 있을 수 있으나, 일반적으로 공무원노동조합은 경제적인 편익의 증진과 근무 여건의 개선, 고충처리 등의 문제에 주된 관심을 갖는 데 비해, 공무원 인사위원회는 채용과 시험은 물론 승진 · 전직 · 감원 · 업적평가 등의 인사업무까지 관장하고 있다. 현실적으로 실적제와 공무원노동조합의 두 제도를 동시에 인정하고 있는 경우에는 공무원 인사문제를 다루는 인사위원회와 후생복지의 개선에 초점을 두는 공무원노동조합의 역할을 명백히 구분함으로써 두 제도 간의 조화를 꾀하고 있다.

다섯째, 공무원노동조합은 공무원들이 직업적 행동 규범으로부터 이탈되는 것을 막는 사회적 견제 작용을 함으로써, 건전한 직업윤리의 확립과 자질 향상을 위한 교화 활동을 수행한다. 공무원노동조합은 나아가 전문직업화를 통한 자율통제 효과를 통해서 부패 방지에 기여할 수 있다.

다음에서는 공무원노동조합에 반대하는 사람들의 논거를 고찰하여 본다.

첫째, 공무원은 주권자의 공복으로서 공적 업무를 수행하는 특수성 때문에 공무원들의 단체 활동이 허용되어서는 안 된다는 것이다.

둘째, 공무원노동조합은 전체 국민의 이익보다는 공무원집단의 부분 이익을 추구하므로 공익을 해치게 된다는 것이다. 공무원노동조합이 협상을 통하여 얻게 되는 부가적 이득은 다른 집단 또는 일반 납세자들의 부담을 전제로 한 것이다.

셋째, 공무원노동조합의 활동은 공무원의 신분보장을 지나치게 강조하고 선임 위주의 인사 원칙을 내세움으로써 실적주의 인사 원칙을 저해할 수 있다.

넷째, 공무원노동조합은 민간기업의 노동조합 행태에서 나타나는 바와 같이 생산성과 관계없이 유사한 업무에 종사하는 사람에게 동일한 보수를 지급할 것을 고집하거나, 바람직한 업무량의 기준을 최적 또는 최대 수준으로 정하기보다는 받아들일 수 있는 최저 수준으로 가정하며, 선임 위주의 인사 원칙이 보편화되도록 끊임없이 압력을 가하고, 관리층의 재량과 신축성을 제약하며, 근무규율을 확립하려는 조치에 반대하고 부하직원에 대한 처벌을 사실상 잘못된 것으로 간주함으로써 행정능률의 향상을 저해하는 경향이 있다는 것이다(Stahl, 1976: 333).

4) 공무원노동조합의 활동 내용

공무원노동조합의 활동 내용은 일반 노동조합에서와 마찬가지로, 단체구성, 단체교섭, 단체행동으로 구분된다. 단체구성권은 공무원이 법률이 정하는 바에 따라 공무원노동조합을 결성할 수 있는 권리를 말하고, 단체교섭권은 공무원의 이해관계에 직결되어 있는 보수, 근무조건의 개선, 기타 인사상의 문제 등에 대하여 공무원노동조합이 관리층과 단체적으로 협의하여 문제를 해결할 수 있는 권리를 말하며, 단체행동권은 단체교섭이 여의치 않을 경우, 태업이나 파업 등의 실력 행사를 할 수 있는 권한을 말한다.

오늘날 대부분의 국가에서는 공직의 특수성에 비추어 공무원노동조합의 구성과 활동은 원칙적으로 인정하되, 단체행동을 금지하는 경향이 있다. 그 이유는 공공업무를 수행하는 특수성을 지닌 공무원들의 파업은 공익을 크게 침해할 수 있다는 우려 때문이다. 우리나라의 경우, 시대 변화에 따라 노동권의 보장 내용도 많은 변화를 겪어왔는데, 이전까지 억압받던 공무원단체의 단결권 및 단체교섭권은 1990년대에 들어와 크게 확장되었다. 1991년 「교원지위 향상을 위한 특별법」이 제정됨으로써 한국교원단체총연합회에 단체교섭권이 부여되었다. 그리고 1999년 1월에는 「공무원직장협의회의 설립·운영에 관한 법률」이 시행됨에 따라 6급 이하의 일반직공무원 등이 근무환경 개선·업무 능률 향상 및 고충처리 등을 위하여 직장협의회를 구성할 수 있게 되었으며, 동년 7월에는 「교원의 노동조합 설립 및 운영 등에 관한 법」이 시행됨에 따라 국·공·사립학교 교원들이 노동조합을 설립할 수 있도록 허용되었다. 또한 2006년 1월에는 「공무원의 노동조합 설립 및 운영 등에 관한 법률」이 시행됨에 따라 교원 및 6급 이하 일반직공무원도 '노동조합'과 '공무원직장협의회'를 결성할 수 있는 제도적 장치가 마련되었다.

그러나 6급 이하 공무원이라 하더라도 다른 공무원에 대하여 지휘·감독권을 행사하는 공무원, 노동조합과의 관계에서 행정기관의 입장에 서서 업무를 수행하는 공무원, 교정·수사 등의 업무에 종사하는 공무원 등은 노동조합에 가입할 수 없다(공무원의 노동조합 설립 및 운영 등에 관한 법률 시행령 제3조). 공무원노동조합의 구성을 허용하고 있는 많은 나라에서는 공무원의 단체교섭권을 인정하고 있다. 단체교섭은 공무원노동조합들이 보수와 근무 조건, 그리고 중요한 인사행정상의 문제를 관리층과 단체적으로 협의하는 것을 말한다.

5) 한국의 공무원노동조합 관련 법규 현황 및 문제점

우리나라 「헌법」 제33조 제2항에서 공무원은 법률이 정하는 자에 한하여 단결권, 단체교섭권, 단체행동권을 가짐을 명시하고 있다. 한편, 「국가공무원법」에서는 원칙적으로 공무원의 집단 행위를 금지하며 예외적으로 사실상 노무에 종사하는 공무원에 한해서 단결권, 단체교섭권을 허용하고 있다. 「공무원의 노동조합 설립 및 운영 등에 관한 법률」 및 「공무원직장협의회의 설립 · 운영에 관한 법률」 등에서는 6급 이하의 일반직 공무원 등[3]의 노조 설립을 인정하고 있고, 「교원의 노동조합설립 및 운영 등에 관한 법률」에서도 교원의 노조 설립을 인정하고 있으며, 단결권 · 단체교섭권을 인정하지만 쟁의 행위는 명시적으로 금지하고 있다.

한국 공무원노동조합 관련 문제는 〈표 13-15〉에서 보는 바와 같이 공무원노동조합 관련 법규가 일원화되지 않고 산재하여 각 법 규정에 따라 상이하게 구성된 공무원노동조합의 종류가 너무 많다는 점이다. 「국가공무원법」에 규정된 '사실상 노무에 종사하는 공무원'에 적용되는 체신노조와 「교원의 노동조합 설립 및 운영 등에 관한 법」에 의해 교원노조가 별도로 구성되어 있으며, 6급 이하 일반직공무원 등이 가입할 수 있는 공무원단체도 직장협의회와 공무원노조로 나뉘어 있다.

또한 관련 법규의 해석이 모호하고 상충될 가능성이 있다는 것도 문제로 들 수 있다. 예컨대, 「공무원의 노동조합 설립 및 운영 등에 관한 법률」 제3조는 제1항에서 공무원의 노동조합 활동을 허용하는 규정을 담고 있으나, 동시에 제2항에서 "공무원은 노동조합의 활동을 함에 있어서 다른 법령이 규정하는 공무원의 의무에 반하는 행위를 하여서는 아니 된다"고 규정하고 있는바, 공무원의 노조 활동이 '다른 법령이 규정하는 공무원의 의무'라는 모호한 규정과 상충되어 제약될 소지가 있다.

공무원노동조합 설립 목적과 범위 등에 대해서는 무엇보다 국민적 합의와 정책적 판단이 우선되어야 할 것이다. 그런 후에는 관련 동 정책을 반영하는 명확한 법 규정의

---

3) 단, 「공무원노조법」 제6조(가입 범위) 단서규정에서는 공무원에 대하여 지휘 · 감독권을 행사하거나 다른 공무원의 업무를 총괄하는 업무에 종사하는 공무원, 인사 · 보수에 관한 업무를 수행하는 공무원 등 노동조합과의 관계에서 행정기관의 입장에서 업무를 수행하는 공무원, 교정 · 수사 또는 그 밖에 이와 유사한 업무에 종사하는 공무원 등은 노동조합 가입을 금지하고 있다.

〈표 13-15〉 공무원노동조합 관련 근거 법규

관련 법	주요 내용
헌법	**제33조** ① 근로자는 근로조건의 향상을 위하여 자주적인 단결권·단체교섭권 및 단체행동권을 가진다. ② 공무원인 근로자는 법률이 정하는 자에 한하여 단결권·단체교섭권 및 단체행동권을 가진다. ③ 법률이 정하는 주요 방위산업체에 종사하는 근로자의 단체행동권은 법률이 정하는 바에 의하여 이를 제한하거나 인정하지 아니할 수 있다.
국가공무원법	**제66조**(집단행위의 금지) ① 공무원은 노동운동이나 그 밖에 공무 외의 일을 위한 집단 행위를 하여서는 아니 된다. 다만, 사실상 노무에 종사하는 공무원은 예외로 한다. ② 제1항 단서의 사실상 노무에 종사하는 공무원의 범위는 대통령령 등으로 정한다. ③ 제1항 단서에 규정된 공무원으로서 노동조합에 가입된 자가 조합 업무에 전임하려면 소속 장관의 허가를 받아야 한다. ④ 제3항에 따른 허가에는 필요한 조건을 붙일 수 있다.
공무원의 노동조합 설립 및 운영 등에 관한 법률 (약칭: 공무원노조법)	**제3조**(노동조합 활동의 보장 및 한계) ① 이 법에 따른 공무원의 노동조합(이하 "노동조합"이라 한다)의 조직, 가입 및 노동조합과 관련된 정당한 활동에 대하여는 「국가공무원법」 제66조 제1항 본문 및 「지방공무원법」 제58조 제1항 본문을 적용하지 아니한다. ② 공무원은 노동조합 활동을 할 때 다른 법령에서 규정하는 공무원의 의무에 반하는 행위를 하여서는 아니 된다. **제11조**(쟁의행위의 금지) 노동조합과 그 조합원은 파업, 태업 또는 그 밖에 업무의 정상적인 운영을 방해하는 일체의 행위를 하여서는 아니 된다.
공무원직장협의회의 설립·운영에 관한 법률 (약칭: 공무원직협법)	**제2조**(설립) ① 국가기관, 지방자치단체 및 그 하부기관에 근무하는 공무원은 직장협의회(이하 "협의회"라 한다)를 설립할 수 있다. ② 협의회는 기관 단위로 설립하되, 하나의 기관에는 하나의 협의회만을 설립할 수 있다. ③ 협의회를 설립한 경우 그 대표자는 소속 기관의 장(이하 "기관장"이라 한다)에게 설립 사실을 통보하여야 한다.
교원의 노동조합설립 및 운영 등에 관한 법률 (약칭: 교원노조법)	**제4조**(노동조합의 설립) ① 교원은 특별시·광역시·도·특별자치도(이하 "시·도"라 한다) 단위 또는 전국 단위로만 노동조합을 설립할 수 있다. ② 노동조합을 설립하려는 사람은 고용노동부 장관에게 설립신고서를 제출하여야 한다. **제8조**(쟁의행위의 금지) 노동조합과 그 조합원은 파업, 태업 또는 그 밖에 업무의 정상적인 운영을 방해하는 일체의 쟁의행위(爭議行爲)를 하여서는 아니 된다.

마련으로 공무원의 노동조합 활동에 대한 예측 가능성과 관련 권익보호 가능성을 높일 필요가 있다. 나아가, 관련 법규 해석의 모호성과 법규 간 상충 가능성을 방지하기 위

해 산재된 법률들을 되도록 통합하고 특히 규정 간 상충적 해석 가능성이 높은 법 조문에 대한 정비 및 보완 등을 모색할 필요가 있다.

생각해 보기

공무원의 노동조합 활동 권리

전교조 · 공무원노조 "공무원에게도 노조할 권리 보장해야"

전국교직원노동조합(전교조)과 전국공무원노동조합(공무원노조)은 17일 문재인 정부 출범 100일을 맞아 공무원들에게도 '노조할 권리'를 보장하라고 촉구했다.

(중략)

전교조가 언급한 것은 대통령령인 「노동조합 및 노동관계조정법」(노조법) 시행령 제9조 제2항이다. '노조 설립신고서의 반려 사유가 발생한 경우 행정관청은 30일의 기간을 정해 시정을 요구하고, 기간 내 이행하지 않으면 노조법에 의한 노조로 보지 아니함을 통보해야 한다'는 규정이다. 박근혜 정부 때인 2013년 10월 고용노동부와 교육부는 해직 교사들이 조합원에 포함되어 있다는 이유로 전교조에 '노조 아님'을 통보했고, 이후 전교조는 '법외 노조'로 활동해 왔다.

공무원노조는 즉시 설립신고증을 교부하라고 정부에 요구했다. 공무원노조는 "문재인 정부 출범 100일을 맞은 지금도 공무원노동자는 노동자의 기본권 중의 기본권인 '노조할 권리'조차 획득하지 못하고 있다"며 "정부는 ILO 협약 비준과 연계한 법 개정을 통해서 추진하겠다고 차일피일 미루고 있다. 이는 지난 적폐정부의 반노동정책 폐기에 대한 의지 없이, 입으로만 노동 개혁을 부르짖는 꼴"이라고 밝혔다. 공무원노조는 "부정한 정권에 맞서 끊임없이 싸워왔던 민주노조를 인정한다면 최소한의 노조할 권리인 '설립신고 교부'를 즉각 이행해야 한다"고 덧붙였다. 공무원노조는 2009년부터 2016년까지 5차례 고용노동부에 설립신고를 했지만 모두 반려되었다.

출처: 경향신문. 2017.8.17 뉴스기사 중 발췌

Q. 공무원노동조합 등의 공무원들에 대한 '노조할 권리'의 보장 요구를 '공무원의 정치적 중립' 규범과 연계하여 생각해 보자.

14 CHAPTER

예산

제 1 절　예산의 개념과 원칙
제 2 절　예산이론과 제도의 발전
제 3 절　한국 예산제도의 실제

제1절 예산의 개념과 원칙

1 예산의 개념

예산은 정부의 일정 기간 동안 수입·지출의 예정적 계산서이고 사업계획서이기도 하다. 구체적으로는 결산이 사후 수지(收支)의 집계, 확인이라면 예산은 사전에 예상되는 경비 및 수입에 관한 계획안이다. 예산은 단순한 재정설명서와 달라 화폐 표시를 수반하고 수지 간의 균형이 고려되어 있다. 정부의 수입·지출의 예정적 계산이라는 점에서 기업이나 가계 수지의 예정적 계산과 다르다. 예산은 국민들이 납부하는 조세와 사용자 부담금 등 공공재원으로 편성 운영되기 때문에 법률에 근거해 집행되어야 한다.

예산 형식의 기원은 근대 국가 형성기에 절대왕권과 시민세력 간 투쟁의 결과로 주민을 대표하는 국회가 승인한 예산을 정부가 집행하는 것이므로 예산 과정에서 민주주의 요소가 표현되어야 한다. 따라서 '공개된 정보'를 바탕으로 이해 관련 당사자의 직·간접적인 참여를 통해 의사를 결정하고 그 결과를 책임지고 집행하며 사후 통제가 보장되는 것이 일반적이다.

예산의 기능은 첫째, 정치적 기능으로 국민이 대표기관인 의회를 통해 정부를 통제하는 수단의 하나로 이해된다. 예산제도는 의회제도와 병행해서 발달했으며, 의회제도는 재정의 민주적 통제를 목표로 발달한 것으로 볼 수도 있다.

둘째, 관리적 기능으로 행정부가 가용자원을 동원해 국가 발전을 수행해 나가는 각종의 사업계획을 관리하는 기능을 예산이 가지고 있다는 입장이다.

셋째, 경제적 기능으로 예산은 경제안정, 경제성장 촉진, 소득재분배, 자원 배분 기능을 가지고 있다.

2 예산의 원칙

예산의 원칙에는 여러 가지가 있는데 예산 공개의 원칙, 명료성의 원칙, 사전의결의 원칙, 엄밀성의 원칙, 예산과 결산 일치의 원칙, 한정성의 원칙이 그것이다. 예산 한정성의 원칙은 예산의 목적 외 사용 금지, 계상된 금액 이상 지출 금지, 연도 경과 금지를 뜻한다. 또한 통일성의 원칙, 단일성의 원칙, 완전성의 원칙이 있다.

과거 입법부 중심의 통제지향적 원칙은 정부의 기능과 책임이 확대됨에 따라 새로운 환경에 적응이 어렵다는 것이 점차 드러났다. 행정부는 복잡하고 어려운 문제를 해결하는 수단으로 광범위하게 예산을 활용하고 있으며 이에 따라 갖추어진 원칙이 있다.

첫째, 계획의 원칙으로 예산은 행정부의 사업계획을 반영하는 것이므로 예산편성은 행정부 전체 사업계획의 수립과 밀접한 관련성을 가져야 한다.

둘째, 예산수단 구비의 원칙으로 정부는 책임 있게 예산을 편성 · 심의 · 집행하는 적절한 수단을 구비하여야 한다.

셋째, 다원적 절차의 원칙으로 예산은 정부의 다양한 활동을 나타내 주므로 활동의 능률적 수행을 위해 다양한 절차가 필요하다.

넷째, 시기 신축성의 원칙으로 예산은 객관적 정세의 변동에 대응할 수 있는 조항을 포함해야 한다.

다섯째, 예산기구 상호성의 원칙으로 능률적인 예산 운영은 모든 부처와 산하기관의 적극적인 협력을 필요로 한다.

전통적 예산 원칙은 입법국가 시대에 행정부에 대한 국회의 통제를 강조할 때 제시된 것이다(이종수 외, 2012).

첫째, 공개성 원칙으로 모든 예산은 공개되어야 한다. 다만, 국방비 · 국가정보원 예산 등의 특수한 목적이 있는 경우는 공개하지 않을 수 있다.

둘째, 명확성 원칙으로 예산 구조나 과목은 국민들이 쉽게 이해하도록 단순해야 한다.

셋째, 사전의결 원칙으로 예산은 미리 결정되어 회계연도가 시작되면 바로 집행할 수 있도록 해야 한다.

넷째, 정확성 원칙으로 정부는 예산을 계획대로 정확히 지출해야 한다. 회계연도가 끝난 후 집행 내역을 정리한 결산과 당초 계획했던 예산이 완전히 일치할 수는 없지만, 추계가 명확해야 하고 수입의 유래와 용도가 분명해야 한다.

다섯째, 한계성 원칙으로 예산은 주어진 목적, 규모, 시간에 따라 집행되어야 한다.

여섯째, 통일성 원칙으로 특정 수입과 특정 지출이 연계되어서는 안 된다. 국가의 모든 수입은 일단 국고에 편입되고 여기서부터 모든 지출이 이루어져야 한다는 원칙이다.

일곱째, 단일성 원칙으로 가능한 단일의 회계 내에서 정리되어야 한다. 예외적으로 특별회계, 기금, 추가경정예산 등을 활용할 수 있다.

여덟째, 완전성 원칙으로 모든 세입과 세출은 예산에 명시적으로 나열되어야 한다.

현대적 예산 원칙은 행정국가 시대에 행정부의 재량과 환경 변화에 따른 융통성을 강조하면서 등장했다. 전통적 예산 원칙은 지나친 통제 지향 성격 때문에 초기 원칙을 수정해 예외적 장치를 보강했다. 그러나 전통적 예산 원칙의 기본 틀은 유지하면서 다양한 사업을 수행하기 위한 관리, 기획, 성과 지향의 원칙이 발달하게 되었다.

첫째, 계획과 책임 원칙으로 사업계획과 예산편성은 유기적으로 연계되어야 한다. 재정의 국민경제적 역할이 중요해지면서 계획된 예산에서는 경제적으로 집행할 책임이 강조되고 있다.

둘째, 보고의 원칙과 수단 구비의 원칙으로 예산편성, 심의, 집행은 공식적 형식을 갖춘 재정업무보고에 기초를 두어야 한다.

셋째, 재량의 원칙과 신축성의 원칙으로 예산 과정에서 유연하게 대응할 필요성이 부각된다. 물론 상황 변화에 적응할 수 있도록 집행부의 재량을 확대하는 경우가 포함된다. 흔히 사용하는 총괄예산은 행정기관에 많은 재량권을 부여한다는 점에서 예로 들 수 있다.

넷째, 구체적 성과 책임성 원칙으로 예산 과정에서 관련 부서 간 상호 학습과 구체적 성과 책임이 강조된다. 개별 사업의 고유하고 복잡한 전문지식이 강화됨에 따라 중앙예산기관에서 하향식으로 재원을 배분하면 효율성과 효과성을 확보하기 힘들다.

이와 함께 사업부서에 대해 예산의 총량 규모만 설정하고 집행 재량은 대폭 확대하면서 집행 이후의 구체적 성과에 대한 책임성을 강화하는 성과 책임성 원칙이 부각되었다.

이렇게 예산의 원칙을 바탕으로 자원 배분의 효율성 향상, 소득재분배에 따른 형평성 추구, 경제안정화 기능을 추구하는 것이 규범적 목표를 달성하는 것이라고 볼 수 있다. 이에 건전재정 운영, 투명성과 시민참여 확대 등이 지속적으로 강조되고 있다(윤영진, 2016).

"내 삶을 바꾸는" 2018년 예산안
-일자리 소득주도 및 혁신성장 지원-

□ 정부는 '2018년 예산안'과 '2017~2021년 국가재정운용계획'을 국무회의를 거쳐 국회에 제출할 계획

□ 2018년도 예산안은 재정의 적극적 · 선제적 역할을 통해 사람 중심 지속성장 경제 뒷받침

- 총지출은 전년 대비 7.1%(+28.4조 원) 증가한 429.0조 원

□ 새 정부 정책과제(5년 간 178조 원)의 차질 없는 이행을 위해 첫해 필요소요를 적극 반영

- 재원 조달을 위해 강도 높은 지출 구조조정을 실시한 결과 당초 목표(9.4조 원)를 2조 원 수준 초과한 11.5조 원 달성
- 임기 첫 해 추가 지출 구조조정으로 향후 경제 불확실성과 경제정책 소요에 대응할 수 있는 재정 여력 마련

□ 확장적 재정 운용에도 재정수지와 국가채무는 전년 대비 다소 개선되는 등 중장기적으로 재정건전성이 유지될 전망

□ '2017~2021년 국가재정운용계획'은 새 정부 정책과제 이행과 구조적 문제 해결을 위해 재정이 적극적 역할을 수행하고,

- 강력한 양적 · 질적 재정 혁신을 추진하는 방향으로 수립

□ 새 정부 정책과제의 차질 없는 이행 및 사람 중심 지속성장 경제 구현을 위해 적극적 재정정책 추진

□ 양적 · 질적 지출 구조조정을 통해 안정적으로 재정건전성 관리

- 공공 · 사회서비스 일자리 확대, 민간 일자리 창출 지원 등 일자리 창출에 재정역량 집중 및 한국형 고용안정 · 유연모델 정립
- SOC 등 물적 투자는 적정관리를 계속하고, 복지 · 일자리 등 사람에 대한 투자는 대폭 확대해 성장동력 확충
- 국민 참여 예산을 시범 실시하고, 수요자 맞춤형 실시간 재정정보 공개 시스템 마련

출처: 기획재정부(http://www.mosf.go.kr) 보도자료 발췌 2017.8.29

제2절 예산이론과 제도의 발전

1 예산이론

예산이론은 과거부터 이론적이라기보다 실무지향적인 경향이 더 드러났다. 예산에 관한 다양한 기술을 중심으로 실무와 이론을 연결하려고 노력하는 가운데 총체주의와 점증주의로 나눌 수 있다.

1) 총체주의

총체주의에 따른 예산 결정은 합리모형의 논리를 기본적으로 수용한다고 볼 수 있다. 합리모형은 의사결정 과정에서 논리적이고 분석적인 측면을 강조한다. 특히, 한정된 예산으로 달성하고자 하는 목표를 극대화하는 데 초점을 둔다. 예산결정자는 합리적인 존재이며 완전한 지식과 정보를 바탕으로 우선순위를 정한다고 전제한다. 먼저, 문제를 확인하고 목표를 정의한다. 다음으로 목표를 달성할 수 있는 모든 대안을 탐색하며 각 대안이 가져올 결과를 예측한다. 최선의 대안을 선택해야 하므로 그 결과는 자세하고 정확해야 한다. 이 과정은 그러한 대안의 결과를 평가·비교하는 명확한 기준을 마련해 최선의 대안을 선택하는 과정이다. 주로 총체주의에 해당되는 분석방법은 구체적이고 수치화가 가능한 체제분석, 비용-편익분석이 대표적이다(윤영진, 2016: 251-252).

그렇지만 총체주의도 한계가 있다. 일단 예산결정자가 완전한 정보를 가지고 있다는 전제가 비현실적이다. 예산을 담당하는 사람은 시간, 비용, 역량 등의 한계가 있기에 완전한 예측과 비교가 어렵다. 또한 목표설정을 명확하게 하고 싶어도 그럴 수 없는 정부 영역이 더 많다. 예산결정자의 선호와 국민의 선호가 다른 경우는 더욱 목표설정과 비교 기준을 세우기가 힘들다.

2) 점증주의

총체주의의 한계점을 보완하고자 등장한 점증주의는 예산결정자의 현실적 어려움을 인정하고 기존의 예산 틀을 가감하는 수준에서 결정한다고 가정한다. 점증주의 시각에서는 예산 과정에서 잘못된 점은 계속 고칠 수 있다고 본다. 총체주의에서 가정하는 모든 대안과 결과 예측에 대한 검토는 불가능하며, 전년도 예산을 기초로 한정된 범위에서 증감 또는 가감이 가능하다.

점증주의 예산 과정은 복잡하지만 그 결과는 안정적 경향이 강하다. 과정에 관련된 여러 주체의 상호 조정이 이루어지면서 소폭 변화를 고려한 결과가 나타날 가능성이 높다. '진흙탕을 헤쳐 나가는(muddling through)'으로 비유하여 예산은 경험적이면서도 순차적인 성격을 지녔다고 본다. 이는 예산의 정치적 측면과 연결되며 예산 과정 참여자 간 상호작용의 산물이 예산이라고 한다.

그렇지만 점증주의도 한계가 있다. 일단 점증의 정도와 범위가 일정하지 않다. 어떤 사람에게는 소폭이지만 다른 사람에게는 대폭일 수 있다. 또한 예산 과정을 기술 또는 묘사한다는 차원에서는 유용한 접근이지만 그러한 모습을 설명할 수 있는 이론적 근거가 부족하다. 이 때문에 점증주의를 대표하는 마땅한 분석방법이 없다는 문제가 있다(윤영진, 2016: 264-266).

3) 예산 정치

한국의 예산 과정은 매우 복잡하고 역동적이며 정치적 성격이 강하다. 예산에 직·간접적으로 관련된 참여자는 자신의 목적을 달성하고 이익을 얻거나 손해를 방지하기 위해 다양한 노력을 기울인다. 그러한 과정에서 타협, 흥정, 협상이 부단히 일어나며 자신에게 유리하도록 여러 가지 수단과 방법을 동원한다. 이를 예산 정치라고 표현하며 대체로 예산을 더 확보하려는 참여자, 예산을 최대한 깎으려고 하는 참여자의 모습이 드러난다.

예산 정치 참여자는 기본적으로 자신의 입장을 잘 설명할 수 있는 지식과 경험을 가지고 있으며 이를 전문성이라고 한다. 전문성을 바탕으로 다른 참여자와 상호 교류할 수 있는 역량을 정치성이라고 부를 수 있다. 이처럼 예산 정치 참여자는 전문성과 정치성을 갖춘 경우가 많으며 예산을 더 확보하려는 노력과 더불어 덜 삭감되도록 하는 데 총력을 기울인다. 대표적인 참여자로는 국회(의원과 정당), 행정부의 각 부처(기관), 대통령, 이익집단, 시민단체, 집단화된 개인 등을 들 수 있다.

예산 정치를 하는 데 동원되는 전략은 다양하다. 그 전략은 기본적으로 은밀하게 진행되는 경우가 많으며 순간적으로 협상하거나 전략을 바꾸는 유연성이 필요하다. 예산을 더 확보하려는 참여자는 매우 적극적으로 활동하며 예산을 배분하는 참여자는 자신의 상황을 다른 참여자에게 알려서 더 예산을 줄 수 없다는 신호를 보내야 한다. 이렇게 상호작용하는 가운데 조정자 역할을 하는 개인이나 단체가 등장하고 '정해진 기간 내에 제한된 조건을 가지고 자신에게 유리하도록 만드는' 예산 정치의 모습이 활발하게 나타난다(윤영진, 2016: 230-234).

예산을 더 확보하는 전략, 방법, 수단은 매우 실무적이다. 일반적으로 동원되는 전략은 자신을 도와주는 열정적인 지지자를 확보하거나 자신의 입장을 대변해 주는 전문가를 활용하는 것이다. 또는 기존 정책이나 사업의 긍정적 효과를 부각하고 그것에 따른 긍정적 여론을 알려주는 수단도 포함된다. 최근 예산 과정에 참여하는 개인이나 단체는 SNS를 활용하거나 사진 또는 동영상을 사용해 과거보다 더 생생하게 예산 확보의 필요성을 제시한다. 만약 기존 정책이나 프로그램이 없다면 성공했을 유사 사례를 근거로 다른 참여자를 설득한다.

반대로, 기존 예산을 지키거나 삭감을 피하려는 방법도 상당히 실제적이다. 다른 사업과 비교해서 삭감되면 안 된다는 논리를 제시하는 방법, 성격이 비슷한 사업과 연결해 쉽게 예산을 줄이지 못하게 하는 방법, 저예산 사업이라는 점을 강조해서 더 줄일 것도 없어 보이도록 하는 방법이 많이 활용되고 있다.

예산을 배분해 주는 참여자는 예산 요구액에 대해서 냉정하고도 꼼꼼한 분석을 실시한다. 원래 필요한 예산보다 과다 청구되는 경향이 있기 때문에 정확한 원가를 산정하거나 우선순위가 낮은 예산을 먼저 삭제하려는 노력을 기울인다. 이렇게 엄격한 기준을 적용하다 보니 예산을 배분하는 개인(기관)은 예산을 요구하는 사람들로부터 비난을 받을 수밖에 없다.

예산 정치에 영향을 주는 요인 중 예산 결정자의 가치관, 각종 정책이나 사업의 성질, 국민 여론이나 언론의 입장, 사회 변화나 기술 발전에 따른 환경 등이 거시적 요인이라고 볼 수 있다(신무섭, 2015: 423-426). 예산 정치는 선심성 예산 책정, 나눠 먹기식 예산, 밀실 예산 등과 같은 비판을 많이 받으면서도 다양한 참여자 간 협상의 결과물이라는 점을 볼 때 재무행정과 예산을 이해하는 데 필요하며 앞으로 '결산'에 관한 관심도 제도적 보완을 더욱 고민해야 한다.

예산 딸 땐 '사활', 결산 심사는 '대충'…혈세가 샌다

국회 여성가족위원회에서 열린 여성가족부 결산 심사 현장. 여성가족부에서 쓰인 예산 중 불용액에 대해 오간 질의응답이다. 어떻게 시정할지, 다음해 예산에는 이 같은 내용들을 어떻게 수정해서 반영할지 여부는 논의되지 않았다.

문제 지적과 간단한 사과는 결산 심사 과정에서 매년 반복되는 '연례행사'일 뿐 시정 조치는 다음 예산에 반영되지 않는다. 국회 결산 심사는 각 부처가 한 해 동안 어떻게 돈을 썼는지 평가하는 자리이다. 낭비성 예산이나 효율적으로 쓰지 못한 예산을 지적하고 이를 다음 해 예산에 반영해야 한다. 그러나 결산은 예산 편성만큼 꼼꼼하게 이뤄지지 않는다.

국회의원들도 '대충대충' 결산에 대해 인정한다. 결산 준비와 심사 기간이 짧아 제대로 된 평가가 어렵다는 것이다. 국회에서 예산 심의는 9월 중순부터 시작되어 약 3달 정도 거쳐 이뤄지는 반면, 결산 심사는 위원회별 심사 2주, 예결특위 심사 2주 총 한 달에 불과하다. 결산이 예산편성 기간의 3분의 1 수준인 셈이다. 이마저 결산 심사가 6월 임시국회 일정과 맞물려 제대로 심사 기간을 지켜서 하지 못하는 실정이다.

단순히 시간이 모자라 결산에 소홀한 것만은 아니다. 의원들이 예산편성보다 결산에 상대적으로 관심이 적은 것도 문제이다. 국회 관계자는 "지역구 의원들이 예산편성 과정에서는 지역 예산을 1억 원이라도 더 받으려고 애쓰지만 결산은 이미 쓴 예산을 바탕으로 평가하는 자리여서 관심도가 떨어지는 것이 현실"이라고 꼬집었다.

결산에 대한 다각적인 분석의 필요성도 제기된다. 윤영진 계명대 행정학과 교수는 "국회 예산정책처에서 부처 회계 자료가 세부항목별로 다 나오고 있는데도 결산 과정에서는 단순히 예산불용 여부만 평가한다"고 지적했다. 윤 교수는 이어 "예산 예측이 잘못된 부분에 대한 정책적 오류를 세부사업별로 찾는 데 집중해야 할 것"이라고 밝혔다.

출처: 내 삶을 바꾸는 정치뉴스 the300
(http://the300.mt.co.kr/newsView.html?no=2014071413007677661&ref=https%3A%2F%2F)
기사 발췌 2014.7.15

2 예산제도의 발전 과정

예산제도는 통제지향적 예산제도로 출발해서 행정 영역이 넓어짐에 따라 행정부 재량을 확대하고 성과를 높이는 제도로 발전하고 있다. 전통적으로 예산제도의 발전은 개혁과 연결되어 재정 활동에 대한 '통제, 관리, 기획' 기능을 지향하면서 추진되었다. 최근 '기획과 결과 중심'을 직접적으로 연결하는 제도의 발전에 초점을 두고 있다. 최근 예산제도에서는 과거 예산개혁에서 창출된 지식이 종합적으로 활용된다.

1) 품목별 예산제도

품목별 예산제도(line-item budgeting)는 기관 운영과 행정 활동에 소요되는 지출품목을 열거한 뒤에 그 품목마다 비용이 얼마인지에 따라 예산을 배정하는 제도다. 이는 예산을 지출 대상에 따라 분류하며 한국에서는 '목'이 품목별 분류에 해당된다. 품목별 예산제도는 행정부의 세출예산을 엄격히 통제하는 형태로 예산집행의 재량을 제한하는 데 초점을 둔다. 개별 부서의 지출을 통제하고 공무원이 회계 책임을 민감하게 여기고 엄격한 회계감사를 수행하도록 하는 데 목적이 있다. 이 제도는 자의적인 지출 행위를 줄이는 데 기여했다고 볼 수 있다.

품목별 예산제도는 투입지향적이며 성과나 예산 운영 방식보다 비용이 중심이다. 예산담당자는 전년도에 비해 개별 사업 항목이 얼마나 더 증감되었는지를 확인할 뿐 사업에 대한 성과 정도를 직접적으로 고려하지는 않는다. 모든 예산편성의 기초로 다른 예산제도도 품목별 예산제도를 근간으로 구성된 것이라고 할 수 있다.

그러나 단점은 지출 항목을 엄격히 분류해 전반적인 정부 기능이나 전체 사업에 대한 정보를 확인할 수 없다는 점이다. 정부사업의 성격을 알지 못하고 사업 성과와 정부의 생산성을 정확히 평가할 수 없다. 투입 중심의 예산편성이므로 재정 지출의 구체적 목표의식이 결여되어 있으며, 품목이 상세히 기재될수록 유연성이 떨어지기 때문에 환경 변화가 심하면 능동적인 재정 대응이 어렵다.

2) 계획예산제도

계획예산제도(planning-programming-budgeting)는 정부 활동 목표와 성취에 초점을 맞추고 예산 기능과 계획 기능의 연계를 강조한다. 예산은 계획 기능을 수행하며 기존 사업을 계속하거나 새로운 사업을 개발하거나 자원을 배분하는 의사결정 수단으로 사용된다. 이 제도가 만들어질 때, 정부 운영에서 효율성 개선은 장기적 기획목표의 설정, 목적에 부합하는 대안적 프로그램의 비용과 편익분석 등을 연계한 접근을 통해 달성될 수 있다고 믿었다.

계획예산제도의 핵심 요소는 사업별 예산 형식을 따른다는 점이며 가장 큰 영향을 미친 부문은 '기획'이다. 기획은 목적을 설정하고 달성하기 위한 프로그램을 결정하는 데 사용되며, 프로그래밍은 목적을 효율적으로 달성하기 위한 노력을 관리하기 위한 것이다. 예산은 계획을 집행하는 부서가 필요한 재원을 재정적으로 추정한다는 의미를 지닌다. 기본 토대는 프로그램 구조로 프로그램 범주, 하위 범주, 프로그램 요소로 체계화된다. 계획예산제도는 하향식 접근으로 사업대안을 제시하고 가장 효과적인 프로그램에 대해 재원 배분을 선택한 것이 특징이다.

3) 영기준 예산제도

영기준 예산제도(zero-base budgeting)는 기존의 매몰비용(sunk cost)을 고려하지 않고 매년 백지 수준에서 새롭게 예산을 결정한다는 원칙에 입각해 있다. 이 제도는 전년도 예산을 기준으로 점증적으로 예산액을 결정하는 관행을 개혁하기 위해 만들어졌다. 미국을 중심으로 1970년대 이후 정부재정의 낭비를 줄이고 능률성을 높이려는 움직임이 가속화되면서 모든 정부의 지출제안서를 영점 기준에서 검토하도록 요구한 것이 제도의 생성 배경이다.

영기준 예산제도는 각종 정보를 의사결정 패키지마다 구성한다. 핵심은 예산요구서를 작성할 때 '의사결정 단위(decision unit)'를 작성하도록 요구하는 것이다. 이론적으로 모든 부서는 세 가지 패키지를 준비해야 한다. 첫째, 기본 수준 패키지(가장 기초적 서비스 수요만을 충족하는 것), 둘째, 현재 서비스 패키지(현재 수준에서 서비스 전달을 보장하는 것), 셋째, 개선된 패키지(현재 충분하지 못한 수요까지 포함한 것)이다. 이론적으로는 이 제도가 혁신적이고 창의적이라고 볼 수 있지만 문서 작성에 부담이 많아 집행에 문제가 되었다. 새로운 개혁 방안을 집행하는 데 시간이 부족했고 예산 주기에 맞추어 연계하기 어려웠다.

4) 성과주의 예산제도

예산제도는 1990년대부터 선진국을 중심으로 자율성과 융통성을 부여하면서도 책임성을 확보하는 형태로 이루어졌다. 특히, 예산을 성과와 연결한 성과주의 예산제도(performance budgeting)는 기존의 투입 또는 통제 중심이 아니라 산출 또는 성과 중심으로 예산을 운용한다는 점이 특징이다. 예산을 집행해 어떤 산출을 거두며 그 결과를 평가하고 책임성을 확보하는 것이다.

성과주의 예산제도의 기본은 목표설정, 성과계획서 작성, 성과주의 예산편성, 성과 측정평가, 환류로 구성된다. 목표설정에서는 각 부처마다 임무와 수준별 목표를 정하고 효율성을 강조한다. 성과계획서 작성에서는 사업계획 수립과 성과지표 측정방법을 정한다. 예산편성에서는 구체적 사업을 시행하며 측정평가를 거쳐 환류 단계에서 예산을 인사와 조직에 연계한다(윤영진, 2016).

특히, 성과주의 예산제도에서 지표의 성격을 구별할 필요가 있다.

첫째, 투입지표는 예산이나 인력 등 투입물의 양을 나타내는 지표를 뜻한다. 예를 들어, 교육훈련 예산집행 비율로 예산집행과 사업 과정의 문제점을 발견할 수 있다.

둘째, 과정지표는 사업 과정에서 나타나는 산출물의 양을 나타내는 지표로 교육주차별 진도율 등과 같은 형태로 사업 추진 정도를 중간 점검하는 개념이다.

셋째, 산출지표는 사업완료 후 나타나는 1차 산출물을 나타내는 지표로 훈련교육 수료인원을 말한다. 이는 투입에 비례해 설정한 목표를 달성했는지를 평가하는 데 도움이 된다.

성과주의 예산제도 개선 토론회 "단기성과 매몰 원인…시스템 재설계 시급"

"국가 연구개발(R&D) 예산 20조 원 시대에 부합하는 시스템 개선이 필요하다"

과거에 도입된 성과주의 예산제도는 경쟁을 통해 운영의 효율을 높이기 위해 도입되었지만 부족한 인건비를 확보하고 단기적인 성과를 내는 데 매몰되어 오히려 목적과 역할을 상실하게 만든 원흉이라는 지적을 받고 있다.

기존 성과주의 예산제도로 제4차 산업혁명과 신(新)기후체제 시대에 대응하기 힘들다고 진단했다. 혁신 주체인 대학과 연구기관이 융합하지 못하고 과다한 경쟁관계에 놓였고, 단기 성과에 치중하다 보니 파괴력 있는 기술이 축적되지 못하고 있다는 것이다.

예산의 안정성이 높을수록 연구기관 특성에 맞는 영역의 연구를 하는 것으로 나타나며, 안정적인 예산 확보는 연구기관이 고유 연구 영역에 집중하는 결과로 이어질 것이라고 설명하기도 했다. 기존 성과주의 예산제도는 양적 성과를 중심으로 평가해 자원을 배분하는 시스템으로 전반적인 연구수준을 평준화시키긴 했지만 A급 성과 달성에는 발목을 잡는 제도로 앞으로 연구의 질적 성장을 위해선 양적 지표를 관리하는 시스템에서 벗어나야 한다는 견해도 있다.

출처: 디지털타임스(http://www.dt.co.kr/contents.html?article_no=2017070502109976788002&ref=naver) 기사 발췌 2017.7.5

마지막으로, 결과지표는 1차 산출물로 나타나는 궁극적 사업 효과, 정책이 미치는 영향력을 나타내는 지표로 교육훈련 수료자 취업률과 같은 형태로 표현할 수 있다. 사업이 의도한 최종 목표 달성 정도에 따른 영향과 효과를 측정하는 개념이라고 할 수 있다(대한민국정부, 2017).

제3절 한국 예산제도의 실제

현재 한국에서 시행된 예산 관련 제도는 많은 편이며 비교적 오랜 기간 동안 널리 활용되고 있는 실례를 몇 가지 살펴볼 수 있다.

1 예비타당성조사

예비타당성조사는 「국가재정법」에 따라 대규모 신규사업 예산편성과 기금운용계획을 수립하는 데 활용되고 있다. 사업이나 프로그램이 시행되기 전에 사전적 검증 · 평가를 통해 신규투자를 우선순위와 객관적 기준에 따라 투명하고 공정하게 결정해 예산 낭비 방지, 재정 운영 효율성 제고에 기여한다.

조사 대상은 총사업비가 500억 원 이상이면서 국가의 재정 지원 규모가 300억 원 이상인 건설사업, 정보화 사업, 국가 연구개발 사업이다. 또한 중기재정 지출이 500억 원 이상인 사회복지, 보건, 교육, 노동, 문화 및 관광, 환경 보호, 농림해양수산, 산업 · 중소기업 분야의 사업이 해당된다. 이렇게 예비타당성조사는 국가직접 시행사업, 국가대행 사업, 지방자치단체 보조사업, 민간투자사업 등 정부 재정 지원이 포함되는 모든 사업에 활용되고 있다. 다만, 문화재복원 사업, 단순 개량 유지 사업 등과 같은 제외 대상도 법률에 규정되어 있다.

예비타당성분석의 기본적인 방법은 사업 개요와 기초 자료 분석을 바탕으로 경제성 분석, 정책적 분석, 지역균형발전 분석을 실시하며 조사에 참여한 전문가의 의견을 수렴해 종합적으로 평가하는 것이다. 이로써 추진 여부, 우선순위 결정, 최적 대안과 추진 시기 등을 제언하는 순서로 분석이 이루어진다. 1999년 시행된 이후 650건이 넘는 조사가 진행되었으며 도로와 철도 부문 사업이 절반 이상을 차지하고 있지만 점차 다른 사업까지 분석이 확대되는 추세이다(공공투자관리센터, 2017).

2 민간투자사업

민간투자사업은 정부가 전담해서 시행했었던 각종 사회기반시설에 대한 민간투자를 촉진함으로써 효율적 시설 확충을 도모해 경제발전을 이루는 데 목적이 있다. 이미 전국과 지역 단위에서 다양한 방식으로 민간투자가 이루어지고 있으며, 언론에 자주 보도되어 일반 국민에게도 낯설지 않다. 한국에서는 1994년부터 민간투자방식이 도입되어 2000년대 중반 이후 참여 기회와 범위가 넓어져 현재는 교통이나 환경시설 등 53개 사업이 해당된다.

사업추진 방식은 수익형(BTO, BOT, BOO)과 임대형(BTL) 방식으로 나눌 수 있다.

첫째, BTO(Build-Transfer-Operate)는 시설 준공과 동시에 소유권이 국가 또는 지방자치단체에 귀속되며 사업시행자에게 일정 기간 관리 운영권을 인정하는 방식이다.

둘째, BOT(Build-Operate-Transfer)는 시설 준공 후 일정 기간 사업시행자가 소유권을 인정받고 기간이 만료되면 소유권이 국가 또는 지방자치단체에 귀속되는 방식이다.

셋째, BOO(Build-Own-Operate)는 준공과 동시에 사업시행자가 소유권을 얻는 방식으로 투자 대상, 기간, 사업 특성에 따라 다양한 방식으로 이루어지고 있다.

넷째, BTL(Build-Transfer-Lease)은 시설 준공과 동시에 소유권이 국가 또는 지방자치단체에 귀속되고 사업시행자에게 일정 기간 운영권이 인정되지만 그 시설을 국가 또는 지방자치단체 등이 협약한 기간 동안 임차해 사용·수익하는 형태이다(공공투자관리센터, 2017).

3 의안 비용추계

의안 비용추계 등에 관한 규칙은 「국회법」에 따라 의안 비용추계와 재원조달 방안에 관한 자료 작성 등에 필요한 사항을 규정하고 있다. 비용추계의 범위는 국회의원·위원회 또는 정부가 비용을 수반하는 의안을 발의·제안 또는 제출하거나 위원회에서 수정된 의안이 비용을 수반하는 경우에 비용추계서를 첨부해야 한다는 점에서 만약 의안이 시행되면 소요될 것으로 예상되는 지출 관련 자료를 작성하도록 되어 있다. 이는 사전에 비용을 추계해 지출의 효율성을 높이고 예산 낭비를 방지하는 데 기여한다.

다만, 예상되는 비용이 연평균 10억 원 미만이거나 한시적인 경비로서 총 30억 원 미만인 경우, 비용추계의 대상이 국가안전보장 · 군사기밀에 관한 사항인 경우, 의안의 내용이 선언적 · 권고적인 형식으로 규정되는 등 기술적으로 추계가 어려운 경우는 비용추계서를 제출하지 않는다는 단서가 있다(국가법령정보센터, 2017).

4 디지털예산회계시스템과 e나라도움 운영

과거에는 재정정보시스템이 중앙과 지방, 예산과 결산 정보 시스템으로 각각 구축 · 관리되어 통합된 정보제공이 어려웠다. 특히, 국가재정운용계획, 총액배분자율편성제도, 성과관리제도, 프로그램 예산제도, 복식부기 · 발생주의 회계제도 등의 도입으로 새로운 정보시스템이 필요했다. 이에 재정 활동 전반을 지원하려는 목적으로 중앙정부 예산편성, 집행, 자금관리, 국유재산 · 물품관리, 채권 · 채무, 회계결산까지 모두 한곳에서 처리할 수 있도록 구성된 것이 디지털예산회계시스템(dBrain)이다.

국가재정의 재무정보를 정확히 산출하고 재정위험관리 기반을 마련해 재정 운영 현황을 실시간으로 파악할 수 있도록 구성되었다는 점에서 우수한 재정관리시스템으로 국내 · 외로부터 인정받고 있다. 이로써 정부의 정책결정이 올바르게 이루어지는 데 기여하고 재정 투명성을 제고한다는 측면에서 지속적으로 보완되고 있는 시스템이다.

마찬가지로, e나라도움(국고보조금 통합망) 운영도 재무행정에 유용하게 활용되고 있다. 국고보조금은 지방자치단체나 민간이 수행하는 사무 또는 사업에 대해 국가가 이를 조성하거나 재정상 원조를 위하여 반대급부를 받지 아니하고 교부하는 자금을 말한다. 사회복지, 농림수산 등 분야에 광범위하게 교부된다는 점에서 e나라도움은 국고보조금 처리 전체 과정을 정보화하고 통합 · 관리해 재정 효율성을 높이는 데 활용되고 있는 시스템이다. 특히, 사업관리 허위 증빙, 보조금 부정 수급에 대한 검증, 국고보조금 정보 접근성의 증대, 대국민 사용편의성 제고 등의 목적을 지닌다(한국재정정보원, 2017).

5 성인지 예산

성인지 예산(기금운용계획 포함)은 예산이 여성과 남성에게 미칠 성별 영향을 분석하여 국가재원이 양성 평등하게 배분될 수 있도록 유도하는 데 의의가 있다. 성인지 예산(안)은 각 중앙관서의 장이 작성한 성인지 예산(안)을 취합 보완해 국회에 제출하는 것으로 「국가재정법」에 의거해 예산안 편성지침(성인지예산서 작성지침)에 따라 각종 사업을 포함한다.

첫째, 「양성평등기본법」에 따라 성평등 실현 정책을 기획하는 양성평등정책 기본계획의 시행계획에 포함되어 추진하는 예산사업이다.

둘째, 2016년도 성인지예산서 작성사업에 관한 사항이다.

셋째, 기타 성별영향분석이 가능한 사업으로서 성별영향분석평가 대상 사업 중 예산사업과 국정과제 등 해당 기관의 주요 사업 중 성별수혜분석이 가능하고, 분석 결과 성불평등 개선 가능성이 큰 사업을 대상으로 한다(대한민국정부, 2016).

「국가재정법」에 따라 성인지예산서는 사업(예산)이 성평등을 제고하는 방향으로 시행될 수 있도록 성별수혜분석과 성과목표 설정을 통해 사업(예산)이 여성과 남성에게 미칠 영향을 미리 분석한 보고서이며, 성인지결산서는 여성과 남성이 동등하게 사업(예산)의 수혜를 받았는지 또한 성평등을 제고하는 방향으로 사업(예산)이 집행되었는지를 평가하는 보고서를 뜻한다. 이를 바탕으로 예산이 여성과 남성에게 미치는 영향을 분석하여 분야별 정책에 반영할 수 있다(여성가족부, 2017).

6 참여예산 제도

참여예산 제도는 시민이 예산편성 과정, 내용 등에 직접 참여해 재정 운영의 투명성과 재원 배분의 공정성을 제고하기 위한 제도이다. 집행부의 예산편성 권한을 주민과 공유해 공공서비스 수요, 선호, 각종 정책에 대한 의견을 예산에 반영하는 것이다. 이는 주민자치 이념을 재정 분야에서 구현하는 참여지향적 거버넌스 형태로 재정민주주의를 실현하는 수단이 된다.

주민참여예산 제도는 1989년 브라질 포르투 알레그레시에서 시작되었다. 주민들이 직접 예산편성 과정에 참여해 지역 내·외로부터 긍정적인 반응을 이끌어냈고 참여인원도 꾸준히 늘어나 각광받았다. 한국에서 참여예산 제도는 2003년 7월 안전행정부가 지방자치단체 예산편성 운영 기준을 통해 주민참여형 예산편성 제도를 권장한 것이 계기가 되었다. 당시 일부 지방자치단체가 관련 조례를 제정해 운영했고 2011년 3월 8일 「지방재정법」이 개정되면서 주민참여예산 제도 실시를 의무화하고 중앙정부 차원에서 조례안이 제시되어 전국적으로 확산되었다(서울특별시 시민참여예산, 2017).

현재 서울시를 비롯해 전국 각 지방자치단체에서 참여예산 제도를 활용해 지역에 필요한 예산을 주민이 참여해 결정하고 있으며, 주민은 지방자치단체의 재정을 이해하고 공무원은 주민의 선호를 이해하는 예산교육의 의미도 강하다는 점에서 의미가 있다.

서울시, 2018년 시민참여예산사업 최종 선정 766건 · 593억 원 투입

서울시가 내년도 시민참여예산사업 766건을 최종 선정했다. 서울시는 지난 2일 열린 시민참여예산 한마당 총회에서 버스정보안내단말기(BIT) 설치사업 등 766건, 593억 원의 사업을 선정했다고 3일 밝혔다. 선정된 사업은 시민참여예산형 사업 153건(351억 원), 시정협치형 사업 16건(57억 원), 자치구 시행 사업 597건(185억 원)이다.

서울시는 지난달 21일부터 2일까지 온라인 정책투표 시스템을 통해 어떤 사업에 예산을 투입할지 시민투표를 했다. 이 투표에는 총 11만 6,943명이 참여했다. 서울시는 참여예산으로 추진되었던 사업과 올해 제안한 사업 중 시민들의 삶의 질 개선이 기대되는 '우리 동네 좋은 사업'을 선정했다. 우리 동네 좋은 사업의 실행 부문에는 임신, 출산, 육아 3세대가 함께하는 건강한 부모 되기 등 6개, 제안 부분에는 멈출 위험에 처해 있는 노숙인 이동목욕버스를 달리게 해주세요! '달려라 샤워트럭' 등 11개가 선정되었다.

이번 시민참여예산 선정사업은 자치구 내 지역기반을 두고 1억 원 미만 시민 밀착형 소규모 사업에 대한 시민선호도가 높은 것으로 나타났다. 서울시 차원의 도시문제 해결을 위한 사업 등 시민이 혜택을 받는 사업이 높은 지지를 받았다. 한마당 총회에서 '버스정보안내단말기를 설치해주세요(2억 1,000만 원)', '한강공원 그늘쉼터 조성(8억 8,000만 원)', '여성이 안전한 공중화장실 설치(10억 원)' 사업은 시민 전체가 혜택을 받는 사업으로 득표 순위 1, 2, 4위를 기록했다.

시민참여예산사업으로 선정된 593억 원은 2018년 서울시 예산안에 포함해 11월 중 시의회에 제출되며 심의 의결 후 내년에 집행된다.

출처: 세계일보(http://www.segye.com/newsView/20170903002790) 기사 발췌 2017.9.4

생각해 보기

1. 예산에 대한 시민의 참여를 더 활발하게 하려면 어떤 방법이 있을지 생각해 보자.
2. 성과주의 예산제도가 재정 전반의 발전에 기여한 것은 분명하다. 그런데 성과를 측정하기 어려운 분야는 어떤 방법으로 예산제도를 개선하면 좋을 것인가?
3. 통제지향적 예산 원칙은 지금도 여전히 중요하다. 예산 낭비를 방지할 수 있는 아이디어는 무엇인지 생각해 보자.

15

CHAPTER

행정개혁과 미래 한국 행정의 모색

제1절 행정개혁 일반론

1 행정개혁의 의의와 목표

1) 행정개혁의 의의

행정개혁(administrative reform)은 행정체제와 정책 기조를 바람직한 상태로 변화시키는 것을 말한다. 행정개혁이라는 개념은, 좁은 의미에서는 행정체제 내부의 합리화(internal administrative rationalization)를 의미한다. 학자에 따라서는 행정개혁의 의미 자체를 확장시켜, 행정기관 내부의 변화(internal change)에 국한하지 않고, 환경의 요구를 충족시키기 위한 정부 및 공공 부문의 조직적, 수단적 또는 정책적 변화(program-related change)로 규정하기도 한다(Siedentopf, 1982: xi 참조).

폴릿과 부캐르트(Pollit & Bouchaert, 2004: 8)는 행정관리 혁신(Public Management Reform)이라는 용어를 사용하면서, 행정관리 혁신은 "공공조직이 잘 움직이도록, 그 구조와 절차를 계획적으로 변화시키는 것"이라고 정의하고 있다. 여기서 구조개혁(structural change)은 공공조직을 신설·폐지·통합·분할하는 조치를 말한다. 조정을 용이하게 하기 위해 대규모 조직으로 통·폐합하거나, 초점을 뚜렷이 하고 전문화를 촉진하기 위해 소규모 조직으로 분할하는 것 등이 구조개혁에 포함된다. 절차개혁(process change)에는 인·허가 절차 및 여권 발급 등의 업무처리 시스템을 재설계하거나, 의료서비스 또는 교육서비스의 질적 수준을 설정하거나, 또는 공무원이 원가 의식에 보다 투철하고 예산 지출 결과를 세밀하게 점검할 수 있도록 새로운 예산 절차를 도입하는 조치 등이 포함된다. 관리혁신은 또한 공무원들의 채용, 훈련, 평가, 승진, 징계 및 퇴출 시스템의 변화를 포함하는데, 이는 다른 유형의 절차개혁에 속한다.

행정개혁은 현실적으로 사회 변동에 따라 정부의 정책 기조를 크게 변화시킬 필요성이 있거나, 행정체제의 역기능 또는 병리 현상을 제거하기 위한 필요성에서 추진된다. 즉, 행정개혁은 시대 사조가 크게 바뀌거나 이념을 달리하는 새 정권이 들어섰을 때, 또는 기존의 정책 기조를 크게 전환할 필요가 있을 때 정책 기조 변동의 수단으로 추진된다. 대처(M. Thatcher) 수상의 영국 정부가 1979년 이후 추진한 일련의 행정개혁이 여기에 해당된다. 행정개혁은 또한 사회의 구조적 변화에 따라 공공 부문을 혁신할 필요가 있을 때나 일상적인 관료제의 역기능을 제거하기 위해 추진된다. WTO 체제의 출범에 따라 국제적 표준(global standard)에 적합하도록 정부 기능을 재편하고 공무원들의 행태를 바꾸기 위한 노력이나 정보화사회의 도래에 따른 전자정부 구축의 노력 등이 이에 해당된다.

행정개혁은 결코 쉬운 작업이 아니다. 적지 않은 혁신 노력들은 정부의 효율성 증대라는 당초의 목적을 달성하기보다는 엄청난 사회경제적 비용만 초래한 채, 오히려 기존의 제도적 장치들을 못쓰게 망가뜨리는 부작용을 낳았을 뿐이라는 경험적 증거들이 적지 않다. 그리고 비록 일부의 개혁 목표가 성공적으로 달성되었다고 하더라도, 개혁 과정에서 흔하게 나타나는 개혁 조치들 간의 상쇄효과 및 딜레마로 인해 다른 측면에서 부작용이 초래되는 경우도 없지 않다. 경우에 따라서는 특정 정권의 개혁 목표로 실적제 보호와 정치적 리더십의 강화, 정치적 통제의 강화, 성과 향상을 위한 관료의 자율성 제고와 같은 상충적 가치들이 동시에 나열되기도 한다.

행정개혁은 정부의 효율성 제고를 위한 효과적인 방법 가운데 하나이다. 그러나 정부 성과를 제고하는 통로는 다양하다. 정부 성과는 행정개혁을 통해, 그리고 다양한 정책 이니셔티브(initiative)를 통해 개선될 수 있다. 정부 성과 향상의 또 다른 통로는 정치개혁과 정책 기조의 변화(changes in key policies)라고 할 수 있다. 즉, 정부 성과는 선거시스템 또는 의회 절차의 변혁과 같은 정치개혁을 통해, 그리고 새로운 거시경제정책, 노동시장의 개혁, 또는 사회정책의 근본적 변화와 같은 정책 기조의 변화에 의해 개선될 수 있다. 1980년대에 추진된 뉴질랜드의 행정개혁은 거시경제정책 및 선거시스템의 근본적 개혁과 행정관리의 혁신을 접목시킨 것이다.

행정개혁의 편익은 일반적으로 점진적으로 나타난다. 행정기관의 구조 및 절차 개혁의 전체적 편익은 통상적으로 개혁이 착수된 뒤 3, 4년 또는 5년 이후에 나타나게 마련이다. 개혁 작업이 추진되기 위해서는 우선 의회에서 관련 법안이 통과되어야 할 것이며, 개혁안을 구체화하고 관련자들을 훈련시키는 등 다양한 여러 선행 조치가 필요하다. 그러나 정치인들은 차기 선거, 차기 개각 또는 당장 오늘의 텔레비전 뉴스와 같은 단기적 효과에 관심을 가진다. 정치적 서치라이트(searchlight)는 복잡한 조직혁신이 효과를 나타내는 것보다 훨씬 빠르게, 하나의 이슈에서 다른 이슈로 움직인다. 정치인들의 '당장 보여줘야 할 무엇'에 대한 필요성과 개혁의 효과가 나타나기까지 필요한 '시간' 사이의 불일치는 행정개혁을 둘러싸고 일어나는 일상적인 현상이다.

행정개혁 작업은 국가장치 속에서 일어나는 '불연속적인 변화'이다. 정권이 바뀔 때마다 혁신의 내용이 바뀌어서는 개혁은 결코 성공적으로 추진되기 어렵다. 우리나라 역대 정권의 개혁 작업과 같이 정권마다 새로운 개혁 방향을 내세워 이전 정부의 개혁 노력을 무효화시키거나 집권 초기에 개혁의 상징성을 얻기 위해 광범하게 시도되다가 집권 후반기 들어 흐지부지될 경우, 오히려 개혁의 역효과만 초래될 뿐이다. 일본의 행정개혁안이 여러 정권을 거치면서 장기간에 걸쳐 입안되고, 또한 정권의 교체에도 불구하고 일관성 있게 추진되는 것에서 우리는 교훈을 얻어야 할 것이다.

또한 최근 들어 우리나라에서는 개혁의 이름 아래 우리의 사회·문화적 풍토에 적합하지 않은 서구 제도를 무분별하게 도입하는 경향이 있다. 경우에 따라서는 부분적으로 도입되는 새 제도가 기존의 여러 제도와 부합하지 않음으로써 효과를 나타내기보다는 불협화로 인한 비능률을 초래하기도 한다. 인사제도의 '정합성', 즉 전체적인 조직특성과 전략, 조직문화 등과 어울리는 정도를 분석한 미국의 글로벌 경영컨설팅 업체인 휴잇 앤 어소시에이츠(Hewitt & Associates)는 아시아 여러 기업들의 서구 제도 도입이 비효율적이었다는 분석 결과를 내놓았다. 휴잇은 우리나라 기업의 2003년 평균 정합도는 42%로 아시아 최하위를 기록, 2001년 조사 때의 46%보다 4%포인트 낮아졌다는 결과를 제시하였다. 40개 국내 기업을 대상으로 조사작업을 벌인 휴잇은 또한 개별 인사제도에 대한 직원들의 이해가 낮고, 제도의 실제 운용에서도 제도 설계 취지에 맞지 않게 왜곡 운용되는 경우가 많았다고 밝혔다.

공·사 부문의 개혁 전문가들에 의하면 개혁 활동의 성공률은 30%를 넘지 못한다. 특정 정권의 잘못된 행정개혁 추진은 그나마 작동하던 기존의 장치들을 못 쓰게 만듦으로써 국가사회의 발전을 오히려 심각하게 저해할 우려가 있다(이종수, 2005).

결국 성공적 개혁 작업은 선진 제도의 형식적 외피를 도입하는 데 있는 것이 아니라, 벤치마킹 대상 조직의 성공을 가능하게 한 사회·문화적 조건을 정치(精緻)하게 분석하는 데서 출발하여야 할 것이다.

2) 행정개혁의 목표

오늘날 많은 나라는 다양한 행정개혁 노력을 기울이고 있다. 그러나 각국 정부가 추구하는 개혁의 구체적 내용 및 전략이 어떠하든 행정개혁은 결국 본질적 행정가치로서의 공익·정의·형평성·자유·평등 및 수단적 행정가치로서의 합리성·능률성·효과성 · 민주성 · 책임성 · 합법성 · 투명성 · 염직성(廉直性) 등의 가치를 제고하는 데 근본 목적을 둔다. 즉, 행정개혁은 본질적으로 규범적이며, 공공가치에 뿌리박고 있는 것이다.

행정개혁은 흔히 공공 부문의 효율성 증대라는 목표를 공통적으로 내세우고 있다. 19세기 영국과 미국에서 추구된 행정개혁은 예산 낭비의 방지와 정실주의 및 부패의 척결을 주된 목표로 두었으며, 20세기 후반 신자유주의 이념의 등장과 함께 다시 능률성의 가치가 재조명되었다. 즉, 행정개혁을 어떻게 정의하든, 행정개혁의 궁극적 목표 가운데 하나는 결국 공공조직 속의 개인, 집단 및 기관이 행정목표를 효율적으로 달성할 수 있도록 구조, 절차 및 행태를 개선하는 것이라고 할 수 있다. 그러나 효율성을 증대시키기 위해 구체적으로 무엇을 어떻게 변화시켜야 할 것인지, 그리고 어떠한 전략이 추구되어야 할 것인지에 대해서는 확고한 합의가 없다(Caiden & Siedentopf, 1982: ix).

그리고 행정개혁이 비록 능률성 향상에 주된 관심을 두고 있다 하더라도, 행정은 또한 민주성 · 책임성 · 형평성 · 염직성 · 투명성 등의 다른 공공 부문 가치(public sector values)도 추구하여야 할 것이다.

현실의 행정개혁은 시대의 요구에 따라 그 추구하는 목표와 내용이 달라질 수밖에 없다. 행정개혁을 뒷받침하고 있는 이념은 시대적 환경에 따라 다양한 스펙트럼을 가질 수 있다. '절약과 능률(economy and efficiency)'의 확보라는 기본 가치는 변하지 않는다 하더라도 시대적 요청에 따라 복지와 형평성이 강조되기도 하며, 경우에 따라서는 민주성의 가치가 개혁의 전면에 내세워지기도 한다. 능률성의 이념도 관료제 내부의 업무처리 과정에서의 능률성 확보라는 좁은 시각에서 접근되기도 하며, 새로운 국제경제체제에서의 국가경쟁력 확보 또는 전시(戰時)의 국력 결집을 위한 '국가적 능률성(national efficiency)'의 확보라는 거시적 차원에서 접근될 수도 있을 것이다.

그리고 특정 시기에 추구된 행정개혁의 이념은 시종일관된 통일성을 지니지 않을 수도 있다. 경우에 따라서는 상호 모순되거나 심지어는 상쇄적인 효과를 초래할 수 있는 제도들이 동시에 도입되기도 한다. 특히, 안정되지 않은 사회에서 새로이 등장한 집권세력이 의욕적으로 행정개혁을 추구할 경우, 부분적으로 상충할 수도 있는 형평성과 민주성, 그리고 능률성과 같은 가치들이 동시에 망라적으로 내세워지는 것을 흔히 볼 수 있다. 1980년대 이후 영국 정부가 의욕적으로 추진한 개혁 프로그램의 이념적 기반이 되는 신자유주의도 사실은 다양한 요소로 구성되어 있다. 심지어 신공공관리론

(NPM: new public management)의 좁은 영역 안에서도, 시장 세력 · 능률성 · 관리 책임 및 소비자 책임의 퇴화와 같은, 상호 조화될 수 없는 다양한 가치와 원칙들이 혼재되어 있다(Hood, 1991).

결국 실효성 있는 행정개혁을 추진하기 위해서는 이념 및 목표 간의 분명한 우선순위를 설정하는 일이 중요하다고 할 수 있다. 우리나라의 역대 행정부가 추구한 행정개혁은 그 이념적 절박성이 명료하게 제시되지 못했고, 상호 모순될 수도 있는 다양한 가치를 동시에 내세웠다는 특징을 지닌다. 즉, 우리나라는 관료제에 대한 특정한 이념적 공격을 통해 급진적 개혁을 발진한 영국의 행정개혁과 같은 경험이 없다고 할 수 있을 것이다.

행정개혁은 그 자체가 목적으로 추구되는 경우도 있지만, 흔히 정치적 목적을 위한 수단으로 추진되는 경우가 많다. 행정개혁 본래의 구체적 목표에는 정부 지출의 절약, 공공서비스의 질적 개선, 정부 기능의 능률성 제고, 정책형성 및 집행의 효과성 증대 등이 포함된다. 행정개혁 과정은 또한 일련의 매개적 목적(intermediate ends)을 위해 봉사한다. 매개적 목적에는 공무원에 대한 정치적 통제의 강화, 공무원에 대한 관료제적 제약의 제거 등이 포함된다.

그리고 행정개혁의 결코 작지 않은 정치적 효용 가운데 하나는 개혁이 갖는 '상징성 및 정당성의 편익(symbolic and legitimacy benefits)'이다. 이러한 상징성의 효과는 특히 정치인들에게 중요성을 띠게 된다. 즉, 현실 정치에서의 행정개혁은 개혁의 상징성을 통해 정권의 취약한 정통성을 보강하기 위한 목적으로 추진되는 경우가 적지 않다. 개혁정책의 발표, 관료주의에 대한 비판, 새로운 관리 기법의 찬양, 서비스 개선의 약속, 행정기관의 리엔지니어링 등 이 모든 개혁 활동들은 '개혁'이라는 용어 자체가 갖는 상징성 때문에 그것을 주창하는 정치인들에게 우호적 주의를 집중시키는 데 도움을 준다. 또한 개혁 정책을 입안하고 시행하는 중요한 역할을 하는 고위 공직자들에게는 '정당성의 편익'이 따른다(Pollitt & Bouckaert, 2004: 6).

만약 행정개혁이 실제로 정부를 보다 값싸고 능률적으로 만들고, 정치적 통제력과 관리적 재량권을 동시에 제고하며, 행정을 보다 투명하게 하고, 개혁을 추진하는 장관과 고위 공무원들의 이미지를 제고할 수 있게 된다면, 그러한 개혁은 경축할 만한 일이다. 그러나 행정개혁 작업은 실패하는 경우가 적지 않으며, 상황에 따라서는 행정 성과를 이전보다 더 악화시키는 부작용을 초래하기도 한다.

더욱이 개혁 정책은 비록 절약과 능률, 서비스의 질적 개선 등 특정한 목표를 부분적으로 달성하였다고 하더라도, 모든 면에서 성공한 것으로 볼 수 없는 경우가 많다. 적지 않은 경우 개혁 작업은 앞서 밝힌 바와 같이, 상쇄적 효과를 가져오거나 딜레마에 봉착하게 된다. 즉, 한두 측면의 개혁 목표 달성은 다른 측면에서 부작용을 초래하게 되는 등 대가를 치를 수도 있다. 예를 들면, 공무원들에 대한 정치적 감시와 통제력의 강화는 관리자의 자율성과 신축성을 저해하는 부작용을 낳게 된다.

행정개혁은 정부의 성과 개선을 위한 유일한 수단이라고 볼 수 없으며, 다른 정책혁신과 연계되어 추진될 때 실효성을 거둘 수 있다. 즉, 정부의 성과 개선은 다양한 경로를 통해 이룩될 수 있으며, 행정개혁은 흔히 다른 유형의 정책 창도와 연계되어 추진된다. 최근 몇몇 나라의 행정 발전을 관찰한 학자들은 "행정개혁은 …… 상호 분리된 기술적 노력이 아니라 '모든 정책 성과의 한 부분집합(a subset of all policy performance)'이다"라고 밝혔다(Ingraham, 1997: 326; Pollitt & Bouckaert, 2004: 7).

2 행정개혁의 접근방법과 대상 영역

행정개혁의 접근방법은 '무엇을(what)', '어떻게(how)' 개혁할 것인가에 따라 다양하게 유형화될 수 있다. 즉, 정부혁신은 개혁의 대상을 무엇으로 할 것인가 하는 대상 영역을 중심으로 그 접근방법을 범주화할 수도 있으며, 개혁을 어떻게 추진할 것인가 하는 방법을 중심으로 그 유형을 분류할 수도 있다. 또한 경우에 따라서는 대상 영역과 방법 등 이질적 기준을 혼용하여 접근방법을 유형화할 수도 있다.

로빈스(Robbins, 1983)는 조직혁신의 전략을 대상 영역을 기준으로 하여 ① 구조(structure) 접근방법, ② 기술(technology) 접근방법, ③ 조직 과정(organizational processes) 접근방법으로 분류하고 있다. 그리고 휴즈와 바우디치(Huse & Bowditch, 1977)는 대상 영역을 기준으로 하여 조직혁신의 관점을 ① 구조설계 관점(structural-design perspective), ② 과정흐름 관점(work-flow perspective), ③ 인간 관점(human perspective), ④ 통합체제 관점(integrated systems perspective)의 네 가지 유형으로 나누고 있다.

반면, 케이든(Caiden, 1978: 100-112)은 차원이 다른 복합적 분류 기준을 적용하여 행정개혁의 주요 접근방법을 ① 비교분석 및 기술원조(comparative analysis and technical assistance) 접근방법, ② 기관형성 및 구조 모형(institution building and structural modeling) 접근방법, ③ 관리 과정(management process) 접근방법, ④ 행태분석(behavioral analysis) 접근방법, ⑤ 산출 지향(output orientation) 접근방법 등 다섯 가지로 범주화했다.

여기서 비교분석 및 기술원조 접근방법이란 문화횡단적 비교를 통한 기술 이전을 의미한다. 이는 행정개혁의 추진방법을 기준으로 한 유형화로, 대상 영역을 기준으로 한 나머지 네 가지 접근방법과 차원이 다른 분류 기준을 적용한 것으로 볼 수 있다. 케이든의 이 접근방법을 국내의 일부 학자들은 총체적·체제론적 접근방법(the whole systems approach)으로 소개하고 있다.

행정개혁의 접근방법을 대상 영역을 기준으로 하여 좀 더 체계적으로 유형화하자면, 조직의 구조적 설계 변경에 초점을 두는 구조적 접근방법, 조직 내의 운영 과정 또는 일의 흐름 개선에 초점을 두는 과정적 접근방법, 개혁의 초점을 조직구성원인 인간에 두는 행태적 접근방법, 그리고 개혁 대상의 구성 요소들을 포괄적으로 고려하는 종합적 접근방법 등으로 나눌 수 있다.

구조적 접근방법은 정부조직의 구조적 설계를 바꿈으로써 행정개혁의 목적을 달성하고자 하는 접근방법이다. 가장 흔한 방식이 국민의 눈에 곧바로 가시적인 효과를 나타낼 수 있는 정부조직의 감축 개편이다. 우리나라의 역대 정권은 국민들에게 개혁성을 과시함으로써 취약한 정통성을 보완하고 관료들을 장악하기 위한 수단으로 집권 초기 '작은 정부 구현'의 기치 아래 정부기구를 감축하는 조직개편을 단행하곤 하였다. 그러나 대부분의 경우 집권 후반기에 이르면 다시 정부기구와 정원이 확대되는 경향을 나타냈다. 특히, 조직의 내부 구조 개선에 주된 관심을 갖는 구조적 접근방법은 대체적으로 분권화의 확대, 통솔 범위의 조정, 의사결정 권한의 수정, 의사전달 체계의 수정, 기능 중복의 제거, 책임의 재규정, 조정 및 통제 절차의 개선, 표준적 절차의 간소화 등을 추구한다.

과정적 접근방법은 기술적 접근방법이라고도 하며, 조직 내의 작업 과정 또는 일의 흐름을 개선하는 데 초점을 두는 접근방법이다. 이 접근방법은 업무수행 과정의 능률을 향상시키기 위해 컴퓨터와 같은 새로운 장비를 도입하거나 관리과학, 운용과학(OR), 체제분석 등의 계량화기법을 활용하는 것을 말한다.

행태적 접근방법은 조직구성원의 행태 개선에 초점을 둔 인간중심적 접근방법이다. 이 접근방법은 효율적 조직이 되기 위해서는 조직구조의 개혁과 업무 과정이 개선되어야 할 것이나, 궁극적으로는 인간 행태의 변화가 이루어져야 가능하다는 생각에 근거를 두고 있다. 행태적 접근방법은 감수성 훈련, 태도조사 등 조직발전(OD)과 목표관리(MBO)를 활용함으로써 구성원들의 자율적인 행태 변화를 유도하고자 하며, 참여관리 등의 기법을 처방한다. 구성원의 행태를 개선하기 위해서는 결국 경쟁 원리의 도입, 성과급제의 시행과 같은 인적자원관리의 여러 기법에 의존하여야 한다.

종합적 접근방법은 개방체제(open system) 개념에 입각하여 개혁 대상의 구성 요소들을 포괄적으로 관찰하고 여러 가지 접근방법들을 통합하여 개혁을 추진하는 접근법을 말한다.

우리나라에서 추진된 대부분의 행정개혁은 정부기구 개편이라는 구조개혁과 행정절차 제도 개선에 치중한 경향을 보였다.

3 행정개혁의 계기

행정개혁은 다양한 정치・경제・사회적 요인에 의해 촉발된다. 새로운 이념의 등장 및 주류 세력의 교체와 같은 정치적 변혁의 발생과 경제적 환경의 변화, 그리고 공공서비스의 질적 수준의 제고를 바라는 시민의식의 변화 및 고령화 사회의 도래와 같은 인구구조의 변화 등 사회적 환경의 변화는 행정개혁의 계기가 된다. 그리고 국제 환경의 변화, 새로운 기술의 등장과 같은 요인도 행정개혁을 촉발한다. 또한 공공 부문에서 일상적으로 발생하는 비능률의 제거를 위해 행정개혁이 추진되기도 한다. 즉, 불필요한 행정 기능의 중복, 팽창된 예산과 조직 및 정원의 감축을 위해 행정개혁이 추구된다. 1980년대 이후 영국에서 추진된 행정개혁의 배경에는, 서비스 산업 및 포스트-포디즘적 생산 양식의 등장에 따른 시간제 근무와 신축적 고용 형태와 같은 노동시장의 변화 및 노조의 퇴조와 같은 사회경제적 변화가 바탕을 이루고 있다.

그러나 행정개혁을 촉발하는 다양한 요인 가운데서도 특히 정치권력을 획득한 집권 세력의 정치적 동기가 중요하다. 물론 집권 세력의 정치적 동기는 일반 국민의 의사 및 시민단체 또는 언론의 요구와 상호작용함으로써 형성된다고 할 수 있다. 개혁 정책은 그 정책의 도구적 결과(instrumental consequence)의 중요성과 무관하게 중요한 상징적 의미(symbolic meaning)를 가지기에(March & Olsen, 1983: 289; March, 1994: 207-218), 새로운 개혁 정책의 공표는 그 자체만으로도 국민들에게 유능한 지도력의 가능성을 인식하게 한다(March & Olsen, 1983: 290). 많은 경우의 행정개혁은 이와 같이 새로운 집권

세력의 정치적 동기에 의해 추진되는 경우가 많다.

19세기 후반 영국의 행정개혁을 추진한 글래드스톤(W. E. Gladstone), 트레벨리언(C. E. Trevelyan) 등 개혁추구자들은 그들이 추구하는 행정개혁의 정치적 함의를 중요하게 생각하였다. 그들은 공개경쟁 채용시험을 통해 자유주의 성향의 고급 엘리트 관료의 육성을 계획하였다. 이들은 실적제 수립을 통해 정부관료제 내에 뿌리 깊은 부패와 정실주의를 몰아내고 행정의 능률성을 확보한다는 목표를 전면에 내세웠으나, 또한 행정개혁을 수단으로 하여 의회 자체를 정화하고 개혁한다는 의도도 있었다. 즉, 그들은 행정개혁을 통해 '영향력의 정치(politics of influence)'를 밀어내고, 정책 이슈에 대한 계몽된 토론(enlightened debate)의 새 시대를 열고자 하였던 것이다.

개혁주창자들은 또한 이러한 행정개혁을 통해 구질서의 과잉과 결함을 제거하려 하였다. 즉, 영국에서의 민주정체(democratic polity)의 과잉을 피하고, 서서히 현재화하기 시작한 계급갈등(class conflict)을 회피하고자 하였다(Morley, 1903: 649; Greenaway, 1998: 28).

1980년대 이후 서구의 여러 나라들이 복지정책의 과잉 등으로 인한 재정위기를 벗어나기 위한 불가피한 수단으로 대대적인 행정개혁을 추진한 것과는 달리, 우리나라의 민주화 이후 등장한 행정부는 이전 정권과 차별화를 시도하면서 취약한 정권 기반의 공고화를 구축하거나 IMF 외환위기 등 대내·외적 경제위기에 직면하여 이를 극복하기 위한 정치적 목적에 의해 주로 행정개혁을 추진해 왔다고 할 수 있다.

4 개혁에 대한 저항의 원인과 극복 전략

1) 저항의 원인

행정개혁은 인위적으로 기존의 질서를 타파하고 새로운 질서를 구축하려고 하는 것이기에 개혁에는 무릇 저항이 따르게 마련이다. 개혁이 추구하는 새로운 질서란 다른 말로 하면, 권력·부·명예 등 사회적 가치의 분배 기준을 바꾸는 것을 말한다. '유형화된 가치 배분 기준'인 제도를 바꾸려 할 때, 그러한 변화를 통해 손해를 보게 되는 개인 및 집단은 개혁에 저항하게 마련이다.

인간 사회의 수많은 개혁 시도가 대부분 기득권 계층의 저항에 의해 무산되거나 굴절된 것은 역사가 증언하고 있다. 우리나라의 경우, 1994년 봄 공무원 집단이 정부의 행정개혁 추진에 맞서 법규정을 엄격히 지킨다는 이른바 '준법투쟁'을 통해 민원처리를 지연시키고 '복지부동'의 자세를 보이는 등 조직적인 저항을 하자, 당시의 김영삼 행정부는 결국 "더 이상의 추가적인 정부조직 개편은 없다"고 선언하지 않을 수 없었다.

영국의 경우에도 1853년의 노스코트와 트레벨리언 개혁안은 이해관계 집단의 저항에 부닥쳐 그 시행에 십수 년이 걸렸다. 이 개혁안은 〈더 타임스(*The Times*)〉와 같은 유력 언론과, 밀(J. S. Mill)과 같은 영향력 있는 인사들의 열광적인 지지를 받았으나, 이듬해인 1854년 정치권 및 관료집단 내부로부터 강력한 반발에 부딪쳤다. 당시의 러셀(J. Russell) 수상은 경쟁시험에 의한 공무원채용이 초래할 인사권(정실인사) 상실의 정치적 파장에 질겁하였으며, 이러한 정서는 당시의 각료 대부분이 공유하고 있었다.

일반적으로 행정개혁에 따르는 저항의 원인으로는 기득권의 침해, 타성으로 인한 저항, 개혁내용의 불확실성, 고객집단의 저항 등을 든다. 그 밖에 개혁이 수반하는 혁신의 과부하(過負荷), 변혁에 따른 혼돈과 불안 및 정신적 고통도 저항의 원인이 된다. 개혁추진자의 특성과 저항자의 특성 또한 저항에 큰 영향을 미치는 요인이 된다. 혁신에 대한 저항은 대부분 정서적 문제로 야기된다. 혁신은 미지의 장래를 의미하는바, 조직구성원들은 혁신이 자신들의 조직생활에 어떠한 변화를 초래할지에 대해 두려움을 느낀다.

리코타-크시아체크(Lichota-Ksiazek, 2003)는 개혁에 대한 저항은 조직구성원 개인 수준에서 일어나기에 저항의 기원을 개인의 심리에서 찾아야 한다고 주장하면서, 개혁에 대한 저항의 야기 요인을 크게 정서적(emotional) · 환경적(environmental) · 지각적(perceptual) · 인지적(cognitive) 차원의 네 가지 범주(category)로 구분하였다.

개혁에 대한 저항의 원인은 학자들마다 다양한 범주로 나누고 있으나, 여기서는 ① 개혁의 목표 및 내용과 관련된 원인, ② 개혁의 추진방법 및 절차와 관련된 원인, ③ 심리적 원인, ④ 기타 환경적 원인의 네 가지 범주로 분류하고자 한다. 물론 이러한 범주 속의 내용은 상호 배타적이라기보다 밀접하게 관련되어 있다.

먼저, 개혁 목표 및 내용과 관련된 저항의 원인으로는 이익 및 권한의 상실 등 이해관계의 상충과 개혁 성과를 불신하거나 또는 개혁안의 내용이 바람직하지 못하거나 불확실한 경우를 들 수 있다. 행정개혁으로 인해 불이익을 받는다고 느끼거나 지위가 상실된다고 느끼는 사람들은 개혁에 저항한다. 그리고 개혁의 추진방법 및 절차와 관련된 저항의 원인으로는 개혁 목표를 달성하기 위한 중간 메커니즘으로서의 추진 전략이 제대로 수립되지 못하였거나, 의사결정 과정에 관련자들의 참여가 배제되고, 의사전달에 장애가 있는 경우, 개혁 추진의 시기가 적절하지 못하거나 개혁추진자의 신망이 낮은 경우 등을 들 수 있다. 저항의 심리적 원인으로는 이익침해에 대한 우려(이는 개혁의 목표와 관련된 저항의 원인이기도 하다), 미지의 상황에 대한 불안감과 재적응의 부담, 타성으로 인한 저항 등을 들 수 있다. 기타 환경적 저항 요인으로는 관료제의 경직성과 보수적 관행, 정치사회적 전통과의 충돌, 법적 제약, 재정적 한계 및 매몰비용의 문제 등을 들 수 있다.

어떠한 개혁에도 저항은 불가피하게 따르게 마련이다. 능숙한 혁신관리자는 개혁이 선포되고 개혁 대상자들의 동요를 막기 위한 전략을 구상할 때, 각 구성원들의 저항의 강도를 예측해야 한다. 그리고 어떠한 저항이 혁신을 심각하게 저해할 것인지를 예측해야 한다.

2) 저항의 극복 방안

개혁에 대한 저항을 극복하기 위해서는 앞서 살펴본 저항의 원인을 제거해야 한다. 혁신의 관리자는 각 개인별 저항의 원인을 정확하게 진단하고, 그에 적합한 저항 극복의 전략과 수단을 동원하여야 한다. 저항의 극복방법에 대해 학자들은 다양한 전략을 제시하나,[1] 저항 극복의 방법은 일반적으로 강제적 접근방법, 공리적 접근방법, 규범적 접근방법으로 나누어 볼 수 있다.

강제적 접근방법은 저항자에 대해 물리적 제재나 불이익의 위협을 가하는 방법이다. 저항을 극복하기 위한 최종적 수단은 결국 저항자에 대해 물리적 제재나 불이익의 위협을 가하는 수밖에 없다. 강제적 접근방법은 상황에 따라 계층제상의 권한을 사용하거나 의식적으로 긴장을 조성하여 개혁에 순응하지 않을 수 없는 분위기를 조성하는 방법도 사용할 수 있다.

개혁은 전통적 권력 행사 방식의 점잖은 묘사에 다름 아니라고 주장되기도 한다 (Caiden, 1969: 195). 즉, 사람들의 행동은 폭력 또는 적어도 폭력의 위협 없이 그들의 의사에 반하여 갑작스럽게 변화될 수 없다는 것이다. 개혁이 궁극적으로 자신의 이익

1) 존스(Jones, 1966)는 저항의 극복 전략을 강압적 전략(coercive strategy), 규범적 전략(normative strategy), 공리적 전략(utilitarian strategy), 기타 기술적 전략(neutral-like strategy)의 네 가지로 분류한다. 그리고 코터와 슐레진저(Kotter & Schlesinger, 1979)는 저항에 대처하는 방법으로 교육 및 의사전달(education and communication), 참여와 관여(participation and involvement), 촉진과 지지(facilitation and support), 협상과 타협(negotiation and agreement), 조작과 포섭(manipulation and cooptation), 명시적 · 묵시적 강제(explicit and implicit coercion) 등을 제시한다.

에 도움될 것이라는 점이 설득되지 않는다면, 저항은 개혁에 순응하지 않을 경우 큰 불이익을 당할 것이라는 위협에 의해서만 극복될 수 있다.

따라서 개혁가는 저항을 극복하기 위해 권력의 장악, 즉 의사전달 · 동기부여 · 영향력 행사와 같은 전략적 지렛대의 장악을 겨냥해야 한다. 이러한 강제적 접근 전략은 일반적으로 계서적 권한을 활용하게 된다. 그러나 경우에 따라서는 인적 청산과 아울러 권력구조를 먼저 개편하여 저항집단의 세력을 약화시킨 뒤에 개혁을 추진하는 방법도 있을 것이며, 기득권 연대가 철의 삼각동맹(iron triangle)처럼 강고할 경우 국민에 직접 호소하는 포퓰리즘의 방법을 동원하여 정치사회적 지원을 얻을 수도 있을 것이다. 또한 의도적으로 위기의식을 조장하고 사회적 갈등을 부추기면서 저항세력을 반개혁 · 기득권 세력으로 몰아가는 방법도 강구할 수 있을 것이다.

강제적 전략은 위기 상황이나 저항을 신속하게 제압할 필요가 있을 경우에는 유용한 수단이 될 수 있으나, 더 큰 저항을 불러오는 등 여러 부작용을 초래하고 개혁 대상자들의 진정한 승복을 얻을 수 없다는 점에서 바람직하지 못하다고 할 것이다.

공리적 접근방법은 이익침해에 대해 기술적 조정을 하거나 보상을 함으로써 저항을 회피하는 전략이다. 예를 들면, 구조조정으로 인한 퇴출 또는 인사이동 대상자들에게 명예퇴직 수당을 지급하는 등 경제적 보상을 제공하거나 산하기관 또는 유관기관의 자리를 알선해 주는 방법도 있을 것이며, 신규인력 충원의 감축 등을 통해 강제퇴직의 규모를 최소화하거나 구조조정 시기를 기술적으로 조정하여 저항을 줄이는 방법도 강구할 수 있을 것이다.

그러나 이러한 공리적 접근방법은 경제적 재원이 많이 소요되고 저항의 진정한 극복이 아니라는 문제점을 지니고 있다. 즉, 공리적 접근방법은 저항을 극복하는 것이 아니라 저항과 타협하고 양보하는 것이며, 이로 인해 개혁의 의미가 퇴색할 우려가 있다. 공 · 사 조직의 구조조정 등 개혁 시도가 흔히 직원노조의 저항에 부딪쳐 무산되거나 오히려 개악되는 경우를 볼 수 있다. 본래의 개혁 취지가 의회에서의 여야 협상을 통해 왜곡되거나 또는 직원노조와의 협상 과정에서 훼손되어 버리는 경우, 이러한 개혁은 도대체 무엇을 위하여 왜 추진되어야 하는지 의문이 들 때가 많다.

규범적 접근방법은 상징조작 및 설득의 방법을 통해 개혁 대상집단의 심리적 저항을 약화시키는 전략이다. 신망이 높은 종교인이나 사회지도층 인사를 개혁지도자로 내세우거나 동료들의 신망이 높은 조직구성원을 개혁 참여자로 선발하는 것도 저항의 강도를 약화시키는 데 도움될 것이다. 또한 새로운 의사전달망을 개발하여 의사소통을 원활히 하고 참여의 통로를 개발·확장함으로써 소외의식을 불식시키는 것도 훌륭한 수단이 될 수 있을 것이다. 그리고 지속적 교육·훈련을 통해 개혁의 불가피성과 필요성을 인식시키고, 조직구성원 개개인의 성취욕구를 혁신의 불쏘시개로 활용하는 방법을 강구할 필요가 있을 것이다.

규범적 접근방법은 개혁에 대한 이해와 협조를 구하기 위해 이해관계자들의 참여를 확대하고 개혁에 대한 정보를 제공하며 개혁의 당위성 및 예상되는 성과를 제시하면서 설득하는 방법이다. 이러한 규범적 접근방법은 저항자들의 이해와 양해를 얻는 근본적인 저항 극복 방법으로 조직의 인간화를 주장하는 학자들에 의해 선호되고 있다.

5 개혁의 정치

몽고메리(Montgomery, 1967: 1)는 행정개혁의 정치적 성격에 주목하여, 행정개혁을 "관료제와 사회의 다른 요소 또는 관료제 내의 관계를 조정하기 위해 설계된 정치적 과정"으로 정의하고 있다. 행정은 정치와의 긴밀한 관계에 대한 이해 없이는 충분히 파악될 수 없다. 그러나 행정과 정치의 접점에서 구체적으로 어떤 일이 벌어지고 있는지에 대해서는 견해가 다양하다. 혹자는 행정이 정치의 영역을 침범하여 일정한 부분을 점령하고 있는 것으로 이해하는 반면, 다른 사람들은 행정개혁은 정치인들이 관료집단을 좀 더 확고하게 장악하기 위한 수단이라고 주장한다(Pierre, 1995; Halligan, 1997).

행정개혁의 정치적 성격을 보다 분명히 하기 위해서는 행정개혁이 왜, 누구를 위하여 추진되는지를 먼저 고찰할 필요가 있다. 역사상 시도된 수많은 정부 조직개편과 행정개혁 노력은 개혁주창자들이 구상하고 주장하는 만큼의 큰 성과를 거두지 못한 것으로 밝혀지고 있다. 상황에 따라서는 개혁주창자들이 의도한 성과와 정반대되는 결과를 초래한 경우도 적지 않다.

개혁은 능률성 제고에서부터 파벌정치(partisan politics)와 선거이득(electoral advantage)에 이르기까지 다양한 근거에서 정당화되고 있다. 그러나 개혁의 가장 주된 정당화 논거는 절약, 능률과 같은 재정적·경제적 문제의 해결이다. 각국 정부는 재정적자를 줄이기 위해 감축관리를 지향하며, 세계 시장에서 경쟁력을 확보하고 자국 경제를 재건하기 위해 행정개혁을 추진한다. 또한 정부는 공공서비스의 질을 개선하고, 정부조직을 효율적으로 재개편하기 위해, 그리고 정책을 변경하기 위해 행정개혁을 추진하기도 한다.

그러나 행정개혁의 논거로 아무리 훌륭한 명분이 제시된다 하더라도, 행정체제를 변화시키려는 강력한 정치적 의지가 없으면 개혁의 성과는 미미할 수밖에 없다. 어느 시대 어느 사회에서나 시민들은 제국 건설(empire-building)을 시도하는 관료제에 많은 문제가 있다고 생각하기 마련이다. 1929년 휴워트 경(Hewart, 1929: v)은 관료제의 끊임없는 권리 침해와 요구를 매도하면서 '새로운 전제 군주(New Despotism)'에 대해 격렬한 공격을 퍼부었다. 보다 근년에는 언론인 젠킨스(Jenkins, 1993)가 "관료제에 대한 적의(敵意)는 보편적이다…… 관료제에 대한 저주는 국가적 스포츠가 되었다. 그들은 해충(害蟲)에 불과하다"고까지 표현하고 있다. 따라서 선거 캠페인에서 정치인들이 관료제를 혹독하게 공격하면서, 선거에서 당선되면 관료제를 통제하고 평가절하하기 위한 조치를 취하겠다는 뜻을 적극적으로 표현하는 것은 훌륭한 정치적 책략이 된다.

아이러니컬하게도 관료제에 대한 혹독한 비판으로부터는 어느 정도 정치적 이득을 얻을 수 있으나, 행정개혁 자체에 대한 정치적 자본의 실질적 투자로부터 얻을 수 있는 정치적 이득은 별로 없다. 지난 수십 년간 추진된 대규모 행정개혁 작업의 결과는 시민들의 관심을 그리 끌지 못하였으며, 따라서 개혁 작업을 밀어붙인 정치인들은 득표상의 큰 이득을 보지 못한 것으로 보인다.[2] 많은 나라에서 국민들은 관료제의 변화를 진정한 변혁으로 보기보다는 대부분 화장(化粧) 효과로 간주하는 듯하다. 따라서 정치인들은 관료제 개혁에 대해 아주 짧은 기간에만 주의력을 집중하며, 일단 집권하게 되면 초기의 열광은 곧 사그라지고 변혁 자체에 대한 관심이 현저하게 식게 마련이다(Peters, 2001: 365). 김영삼 행정부 등의 역대 정권이 집권 초기에는 의욕적으로 행정개혁을 추진하다 시간이 흐르면서 흐지부지해지는 것을 우리는 경험한 바 있다.

행정개혁의 정치적 성격은 미시적 관점의 권력-통제이론(power-control theory)을 통해 이해할 수 있다. 권력-통제이론에 따르면, 조직설계는 지배연합(dominant coalition)이 주어진 제약 상황하에서 가능한 한 최대한으로 그들의 권력을 보존·강화시키고, 따라서 조직의 통제를 용이하게 하도록 권력을 행사하는 과정이다(박경원 외, 1998: 217-

2) 이러한 주장의 예외로는 영국의 대처 수상을 들 수 있다. Christopher Hood(1996), "Of Shocks and Long- Tenure," in J. P. Olsen & B. G. Peters, eds. *Lessons from Experience: Learning About Administrative Reform*. Oslo: Scandinavian University Press.

218). 이러한 관점을 확장할 경우, 행정개혁은 지배연합의 이익을 유지·확장시킬 수 있는 방향으로 이루어진다고 할 수 있을 것이다. 여기서 지배연합은 새로이 권력을 장악한 집권 세력일 수도 있으며, 기존의 지배적 관료집단일 수도 있다. 이들 간의 이해가 일치될 때 개혁은 순조롭게 추진될 수 있으나, 이해관계가 심각하게 상충될 경우 새로운 집권 세력의 혁신 의지는 관료집단을 비롯한 기득권 세력의 유·무형적 도전에 직면케 된다.

많은 경우에 집권 세력은 유권자의 지지를 얻기 위한 정치적 목적에서, 그리고 새로운 정책을 구현하기 위한 추동력을 획득하기 위해 대대적인 행정개혁을 추진하는 것을 볼 수 있다. 특히, 새로운 집권 세력은 기존의 사회적 권력구조를 바꾸기 위해 새로운 정책을 추진하게 되며 그러한 새로운 정책 추진 수단의 일환으로 행정개혁을 추구한다고 볼 수 있다. 이러한 경우 행정개혁은 합리성을 추구하기보다는 권력적 목적을 달성하기 위한 수단의 성격을 지니게 된다. 새로운 집권 세력은 흔히 기존의 정치·사회적 문제를 집권 초기에 한꺼번에 해결해야 한다는 강박관념에 빠지기 쉬우며, 이전 정권과의 차별성을 과시하기 위하여 집권 초기에 관행적으로 개혁을 추구하게 된다.

행정개혁의 정치적 성격을 이해하기 위해서는 또한 행정개혁이 정치와 행정의 경계선을 움직였는가, 만약 그렇다면 어느 방향으로 변화시켰는가를 따져 보아야 한다. 그리고 정치인 및 행정관에 대한 시민의 태도와 행정개혁 간의 관계는 어떠한가 등의 문제를 살펴보아야 한다(Pollit & Bouckaert, 2004: 145).

선출직 공무원들과 임명직 공무원들은 공공정책에의 영향력 행사를 둘러싸고 상호간에 갈등과 경쟁을 벌인다. 그러나 행정개혁 추진은 선거를 통해 국민에게 위임받은 선출직 공무원에 의해 주도될 수밖에 없다. 임명직 공무원들은 개혁의 대상집단이라는 점에서 행정개혁 작업 자체를 주도적으로 이끌어가는 데는 한계가 있다. 반면, 기술적 전문성이라는 점에서는 임명직 공무원의 우위성을 인정하지 않을 수 없다. 그리고 정책 관련 정보의 주된 출처도 임명직 공무원 집단이다. 임명직 공무원 집단은 주요 정책 관련 정보를 선출직 정치인들에게 선택적으로 제공하기도 하며, 경우에 따라서는 정책에 대한 영향력 행사와 관련하여 관련 정보를 거래하기도 한다. 그러나 정치적 제도들은 소위 정당성(legitimacy)이라는 궁극적 무기를 지니고 있다. 또한 예산배정과 관련된 '돈주머니의 힘(power of purse)'도 가지고 있다. 이들 정치적 제도들이 지닌 힘은 대부분 공식적·법적 권한이다.

임명직 공무원들이 행정개혁 과정에 동원할 수 있는 여러 책략 중 많은 부분은 정보 및 전문성과 관련되어 있다. 임명직 공무원은 우선 선출직 공무원들이 특정한 개혁정책을 숙려(熟慮)하지 못하도록 하기 위해 그 정책안들을 자신들의 영향력하에 둘 수 있는 중립적 전문가 집단과 객관적 행정관료들의 손에 넘기자는 주장을 펴게 된다. 합리적 정책결정이라는 명분에 숨어 있는 이러한 책략은, 관료들이 명시적으로 의식하든 아니면 오랜 경험의 축적으로 터득한 생존본능에 의한 것이든 간에, 정치적 공무원들의 정책 이니셔티브를 이전하는 데 초점이 있음은 물론이다.

관료들은 또한 제도화된 집단 이익을 지키기 위해 선출직 공무원들이 추진하는 개혁정책을 복지부동(伏地不動)·준법투쟁과 같은 명시적 저항을 통해 무산시키기도 한다. 1994년 관료집단의 집단적 저항을 맞닥뜨린 김영삼 행정부가 '더 이상의 행정개혁은 없다'고 선언하지 않을 수 없었던 것은 일체의 민원행정을 소정의 절차에 따라 지연 처리하겠다는 관료집단의 협박에 굴복한 것이라 아니 할 수 없다.

개혁 과정에서 정치인들이 관료를 대상으로 동원할 수 있는 책략은 여러 가지가 있다. 임명직 관료들에게 책임을 강제하는 수단으로는 이른바 곰리(W. Gormley)의 '완력(腕力)과 기도(muscles and prayers)'를 들 수 있다(Gormley, 1989; Peters, 2001: 306). 여기서 '완력'은 공무원들에게 적합한 행동을 하도록 강제하고 위법을 벌하기 위해 법률적·정치적 수단을 사용하는 것을 의미하며, '기도'는 도덕적 설득(moral suasion)을 하거나 적합한 행동을 하도록 유도하기 위해 적극적 유인을 제시하는 것을 의미한다. 곰리는 강제적 수단을 사용하는 '완력'보다는 규범적·공리적 수단을 동원하는 '기도'가 궁극적으로 보다 효과적인 것으로 믿고 있다(이종수, 2005).

제2절 한국의 행정개혁 노력

서구의 정치적 근대화 과정이 국가형성, 산업화, 민주화를 각국의 역사적 환경과 맥락에 따라 순차적·점진적으로 진행되었다면, 우리나라의 경우는 일제 식민지 지배 이후 민주주의와 산업화를 비교적 짧은 기간에 달성한 압축적 근대화 과정을 거쳤다. 또한 세계화와 정보화, 제4차 산업혁명 등의 새로운 환경 변화에 직면하면서 전근대, 근대, 탈근대의 요소와 인식이 같은 시대에 공존하는 '비동시성의 동시성'3) 환경에 직면하고 있다. 행정부 중심 시각에서 1960년대, 1970년대 국가 주도의 압축적 산업화 시대는 발전행정 시대로, 1987년 체제하의 압축적 민주화 시대는 민주행정 시대로 구분해 볼 수 있다. 대한민국 역대 정부는 시대적 행정환경 변화에 대응하여 수행해야 할 변화와 혁신을 행정개혁을 중심으로 추진해왔다. 이러한 행정개혁은 크게 민주화 이전과 이후로 구분해 볼 수 있다.

1 민주화 이전의 행정개혁

제1공화국은 헌법 제정 등 국가의 기본 제도를 수립하고 행정체제의 기반을 구축한 정부형성의 시기였다. 제1공화국 정부의 권력구조는 3권분립주의에 기반하는 미국식 대통령제에 의원내각제의 요소가 부분적으로 가미된 혼합형의 특징을 지녔다. 그러나 이승만 행정부는 1954년 사사오입 개헌을 통해 국무총리제 및 국무원 불신임제의 폐지 등 의원내각제 요소의 삭제를 통해 강력한 대통령 중심제의 권력구조로 바꾸었다(강인재 외, 1998: 30-31).

해방 이후 우리 사회를 뒤흔든 좌우대립의 갈등 해소, 친일세력 청산, 6 · 25 전쟁 이후의 복구사업 등 국가적 과제를 안고 출범한 제1공화국은 무엇보다 국가제도의 기본 틀을 갖추는 데 급급하였다. 즉, 대한민국 정부수립 직후의 긴박한 정치사회적 과제에 대처하는 데 골몰한 제1공화국은 독립국가의 새로운 행정체제를 설계 · 구축하는 데 필요한 시간적 여유를 갖지 못하고 일제시대의 총독행정 체제에 기반한 임시적 틀을 유지하였다.4)

4 · 19 혁명에 의해 갑작스럽게 출범한 제2공화국의 이러한 국가체제 혁신의 노력은

3) 비동시성의 동시성 개념은 독일 철학자 에른스트 블로흐(Ernst Bloch)가 제1 · 2차 세계대전 사이 1930년대의 바이마르 독일에서 자본주의가 주도한 압축적 산업화 시대에 근대적 요소와 전근대적 요소 등 각기 다른 시대의 사회적 요소들이 동시에 존재하는 현상을 가리키는 개념으로 사용한 용어다. 이 개념은 후발 산업국가인 한국에서는 전근대-근대-탈근대를 단계적으로 이행해 온 선진국과 달리 이들 3개의 '비동시적' 요소가 동시에 나타나는 현상을 분석하는 개념으로 활용되고 있다(임혁백, 2014).

4) 5 · 16 쿠데타 이후 총무처 장관을 지낸 이석제 씨는 후일, 그때까지 한국의 법령체계 속에 들어오지 않은 일제시대의 법령이 번역되지도 않은 상태로 행정업무의 기준으로 작용하고 있음을 보고 놀랐다고 술회한 적이 있다.

비록 치밀한 준비기간을 거쳐 설계된 것이 아니었으나, 민주화를 위한 제도개혁 시도였다는 점에서 의미를 부여할 수 있을 것이다. 제2공화국의 이러한 혁신 노력은 새로운 체제가 제대로 실험되고 뿌리내리기 이전에 5·16 군사쿠데타에 의해 좌절되고 말았다. 제2공화국의 정치·행정 및 정부혁신 노력을 인도한 지배적 가치 기준은 민주성이었다고 할 수 있다.5)

5·16 쿠데타에 의해 탄생한 군사정부는 1963년 12월 민정이양이 있을 때까지 2년 7개월간 행정체제의 급격한 개편을 시도하였다. 이 기간 동안 군사정부는 정부조직을 11차례나 개정하고, 인사행정·기획·심사분석 등 여러 분야에 걸쳐 새로운 절차와 기법을 도입하였다. 군사정부는 또한 1963년 4월 국가공무원법을 전면 개정하고 동년 5월에는 공무원훈련법을 제정하고, 동년 11월에는 직위분류법을 제정하여 인사행정 제도의 획기적인 개혁을 추진하였다. 이러한 제도개혁을 통해 자격시험제였던 공무원 선발시험이 채용시험제로 바뀌게 되었으며, 조건부 임용 및 시보임용제가 도입되고 공개경쟁채용시험이 확대되었다.

군사정부에서 전 정부적인 행정개혁 업무는 총무처(나중에 내각사무처로 개편 됨)에 설치된 행정관리국에서 담당하였으며, 그 뒤 행정관리위원회가 설치되어 행정관리 개선의 임무를 수행하였다.

1963년 12월의 민정이양에 의해 제3공화국이 출범하였다. 제3공화국의 정부 형태는 일종의 이원집정부제 형태를 취하였으나, 실제적인 권력구조는 대통령제였다. 제3공화국은 출범 초기부터 국가체제와 행정기구를 근본적으로 뜯어고치는 광범한 개혁을 추진하였다. 미국식 교육을 받은 민간학자들이 대거 참여한 가운데 추진된 행정개혁 작업은 기본적으로 발전행정의 이념과 기법을 구현하는 데 목표를 두었다.

발전행정의 이념을 추구한 제3공화국 행정체제는 규모 면에서 크게 팽창하였다. 일부 학자들은 이 시기의 국가체제를 행정국가(administrative state)로 규정하고 있으나, 복지국가를 지향하면서 불가피하게 재정 규모와 인력이 늘어난 행정국가의 의미라기보다는, 경제성장정책을 뒷받침하고 반대세력의 저항을 극복하기 위해 정부의 경제 관련 기구 및 억압기구가 팽창하고, 민간 부문에 대한 정부의 간섭이 크게 늘어났다는 의미에서의 행정국가라 할 수 있을 것이다. 제3공화국 정부는 정치적 참여를 제한한 가운

5) 제2공화국의 개혁 정책 입안 과정에는 외부의 전문가와 민간단체의 대표 등이 참여함으로써 행정체제 내의 폐쇄적이고 권위주의적인 의사결정 과정에 상당한 수정이 이루어졌다.

데 성장정책을 추구하였다는 의미에서 민주성보다는 능률성과 효과성의 이념에 기반하여 국가체제를 운영하였다고 할 수 있을 것이다.

제4공화국의 정부 형태에 대해서는 '영도적 대통령제', '절대적 대통령제' 등 다양한 용어가 사용되고 있으나, 권력구조는 국회에 대한 대통령의 절대적 우위를 규정한, 강화된 대통령제라 할 수 있을 것이다. '유신 시대'로 상징되는 제4공화국에서는 정치적 반대세력을 탄압하고 정권의 유지를 위한 억압기구가 더욱 팽창하였다. 그러나 다른 한편에서는 정치적 억압에 대한 반발을 무마하기 위한 민심수습의 필요성, 발전행정의 추진 과정에 쌓여온 행정적 폐해의 해소 및 행정 선진화의 요청 등으로 행정개혁이 필요한 상황적 조건들이 조성되어 있었다.

1979년 10・26 사태 이후 일련의 격동기를 거쳐 1981년 3월 출범한 제5공화국 정부 형태 역시 제헌헌법 이래의 전통인 대통령 중심제에 의원내각제를 가미시킨 절충형이라 할 수 있다. 그러나 실질적으로는 국가권력이 대통령에게 집중된 강력한 대통령제였다. 즉, 1980년 5・18 광주민주화운동의 유혈진압을 통해 출범한 제5공화국은 대통령에게 비상조치권, 국회해산권, 주요 정책의 국민투표 부의권을 부여하는 등 강력한 대통령제를 채택하였다.

성립 과정에서의 정통성 결여라는 태생적 한계 때문에 전두환 행정부는 유신체제의 정책 기조와 마찬가지로 강력한 권위주의적 억압기구를 통해 폭발하는 민주화・자율화 요구를 억누르는 한편, 경제안정화 정책과 아울러 '사회정화운동' 등 공직사회의 비리척결을 위한 개혁 작업[6]을 통해 취약한 정통성을 보완하고자 하였다. 그러나 이러한 공직사회 개혁 작업은 시간이 흐르면서 흐지부지되었을 뿐만 아니라 집권 후반기에 들어서는 정권 핵심을 중심으로 이전 정부보다 더 심한 부패 양상을 보이게 되었다.

2 민주화 이후의 행정개혁

1987년 6월 민주항쟁 등 민주화 열기 속에서 1988년 2월 출범한 노태우 행정부는 광범한 정치・경제・사회적 변혁의 소용돌이 속에 휘말린 민주화 도정의 과도정부라

6) 전두환 행정부는 1981년 공직자윤리법을 제정, 1급 이상 공직자는 재산을 공개하고 4급 이상의 공직자는 재산을 등록하도록 하였으며, 퇴직 공무원은 퇴직 후 2년간 유관기업 등에 취업하지 못하도록 하는 제도를 마련하였다.

할 수 있을 것이나, 제5공화국과 같은 인맥으로 구성되었다는 한계 때문에 별다른 정치・행정적 변화를 가져오지 못하였다. 제6공화국의 정치체제는 입법부의 권능과 자율성이 상대적으로 강화됨으로써 입법부와 행정부 간의 권력이 어느 정도 균형화된 통치구조를 지녔다고 할 수 있을 것이다. 즉, 제6공화국에서는 입법부의 국정감사권이 부활되고 대통령의 국회해산권과 비상조치권이 헌법에서 삭제되었으며, 국회가 내각불신임권과 탄핵소추권을 행사하게 된 반면, 행정부는 의회를 해산할 수 없게 되었다.

노태우 행정부의 행정개혁안은 '행정개혁위원회'에 의해 입안되었다. 1988년 5월 발족하여 1989년 7월까지 활동한 '행정개혁위원회'는 중앙정부의 기구 개편, 공무원제도의 개선, 중앙정부와 지방정부의 관계 개편, 지방정부 제도의 개편, 민원행정 제도의 개편 등 네 가지 범주에 걸쳐 다양한 개혁 처방을 하였다. 그러나 행정개혁위원회의 다양한 건의는 본격적인 제도개혁으로 완성되지는 못하였는바, 위원회는 대통령의 자문기구로 건의 권한만을 지니고 있었을 뿐 위원회 활동을 지원하고 개혁을 집행하는 행정체제가 구축되지 않아 행정개혁의 추진력을 발휘하지 못하였기 때문이다.

한편, 노태우 행정부에서는 근 30년 만에 지방자치 제도가 불완전하게나마 부활되었다. 1988년 지방자치법이 개정되고, 1989년 12월에는 지방의원 선거와 단체장 선거의 시한을 각각 1990년 6월 30일 이전과 1991년 6월 30일 이전으로 한정하는 법 개정이 이루어졌으나, 이 시한은 노태우 행정부에 의해 지켜지지 않았다. 여러 우여곡절을 거친 끝에 1991년 3월과 6월 기초자치단체와 광역자치단체 의원을 뽑는 지방의회 선거가 각각 실시되었으나, 지방자치단체장 선거는 노태우 행정부에서는 끝내 실시되지 못하였으며, 1995년 6월 제4대 지방선거를 계기로 본격적으로 시행되었다.

1990년의 3당 합당을 토대로 1993년 출범한 김영삼 행정부는 과거 군부 권위주의 지배의 잔재를 청산하기 위한 정치・사회・경제적 개혁을 광범하게 추진하였다. 취임과 동시에 '한국병 치유'와 '신한국 창조'를 기치로 내건 김영삼 행정부는 부정부패 척결, 경제 활성화, 그리고 국가기강 확립을 3대 국정과제로 규정하고 광범한 개혁을 추진하였다. 정치적 측면에서 김영삼 행정부는 권위주의 체제를 해체하여 민주주의를 제도화하고 시민사회의 새로운 질서를 형성하는 데 정책의 역점을 두었다. 김영삼 대통령은 또한 취임 직후 자신의 재산공개를 출발점으로 하여 대대적인 공직자 숙정 작업을 추진하고 뒤이어 군부 숙정 작업과 아울러 금융실명제 및 부동산실명제 도입 등의 경제개혁 조치를 취하였다. 김영삼 행정부는 또한 관권선거와 금권선거를 막고 깨끗한 정치를 구현하기 위하여 「공직자선거 및 선거부정방지법」을 제정하는 등 제도적 장치를 마련하였으며, 아울러 정치공작과 인권탄압의 상징이었던 국가안전기획부와 국군기무사 등 억압기구의 축소와 정치간여 금지 등 탈정치화를 도모하는 개혁을 추진하였다.

김영삼 행정부는 '행정쇄신위원회'를 중심으로 개발 연대에 정부 주도 개발정책의 추진을 위해 구축되어 온 정부조직을 민주화·세계화·지방화 시대에 적합한 구조로 개편하기 위한 대대적인 정부조직 개편 작업을 추진하였다. 아울러, 불합리한 행정 행태와 관행의 개선, 인·허가 등 민원행정 개선, 행정수행 제제의 개선 등 행정 운영 체제의 개선에 많은 관심을 기울였으며, 또한 기업의 경제 활동을 억제하는 각종 규제를 철폐하기 위한 경제행정 규제 완화 작업을 추진하였다.

김대중 행정부는 정부개혁을 추진하기 위해 정부혁신추진위원회, 지방이양추진위원회, 규제개혁위원회, 기획예산처의 정부개혁실, 정책평가위원회, 반부패특별위원회 등 다양한 기구를 설치·운영하였다. 포괄적·체계적으로 개혁을 추진한 국민의 정부는 정부혁신의 영역을 공공 부문 구조조정, 운영시스템 개선, 대민서비스 개선의 세 부문으로 나누어 광범한 개혁을 추진하였다. '공공 부문 구조조정'에서는 정부조직 및 기능의 개편과 인력감축, 정부 기능의 외부위탁, 중앙 기능의 지방이양 등을 추구하였다. 그리고 공기업과 정부산하기관의 구조조정 및 경영혁신을 동시에 추진하였다. '운영시스템 개선'에서는 조직·인사 운영시스템 개선과 재정운영체제 개편을 추구하였다. '조직·인사 운영시스템 개선' 부문에서는 책임운영기관 제도, 개방형 인사 제도, 성과와 능력 중심의 인사 제도 도입 등을 시도하였으며, '재정운영체제 개편'에서는 예산편성과 집행과의 연계 강화, 성과주의 예산 제도 도입 추진, 복식부기 회계 제도 도입 추진, 기금 제도 개선, 예산절약 인센티브 제도 도입, 예비타당성 제도 도입, 총사업비 관리 강화 등의 개혁 조치를 추진하였다. 그리고 대민서비스 개선 분야는 전자정부 구현과 고객지향적 행정구현으로 크게 나누어, 고객지향적 행정구현 영역에서는 규제개혁, 민원처리 인터넷공개 시스템 도입, 증명민원서류 대폭 감축, 준조세 정비, 고객헌장제 도입 등의 개혁 조치를 추진하였다.

신공공관리의 입장에서 광범한 개혁을 추진한 김대중 행정부는 그러나 지나치게 다양한 추진 주체에 기인된 추진력의 분산·약화와 전면적·포괄적 접근에 따른 개혁피로감 노정 등으로 당초 기대와는 달리 개혁 성과의 한계를 나타냈다고 할 수 있다. 그리고 다른 역대 정부와 마찬가지로 김대중 행정부도 시간이 흐르면서 개혁 의지가 퇴화됨으로써 집권 후반기 들어서는 공공 부문에서 축소된 인력이 구조조정 이전 상태로 다시 팽창하는 양상을 나타내기도 하였다.

2003년 출범한 노무현 행정부는 '참여정부'라는 별칭에 걸맞게 국민 참여와 지방분권, 그리고 국가균형발전이라는 정부혁신 목표를 제시하였다. 참여정부의 정부혁신 로드맵은 김대중 행정부가 추구했던 행정개혁의 기본 가치 및 방향과 크게 다르지 않다. 즉, 참여정부는 정부 주도적 통제 위주의 행정 운영과 폐쇄적이고 분절화된 정책관리 시스템을 탈피하여 국민이 참여하는 가운데 탄력적이고 공개적인 행정시스템을 통해서 고품질 행정서비스를 제공함으로써 국민신뢰를 회복하여, 효율적인 행정, 봉사하는 행정, 투명한 행정, 함께하는 행정, 깨끗한 행정의 구축을 지향하는 정부혁신 목표를 내세웠다.

노무현 행정부에서는 정부혁신 영역을 행정개혁, 분권개혁, 재정세제 개혁, 인사제도 개혁 및 전자정부 구축으로 나누어 개혁을 추진하였다. 행정개혁 부문에서는 성과중심의 행정시스템 구축, 정부 기능과 조직의 재설계, 행정서비스 전달체계 개선, 고객지향적 민원제도 개선, 행정의 개방성 강화, 행정 행위의 투명성 제고, 시민사회와 협치 강화, 공익 활동 적극 지원, 공직부패에 대한 체계적 대응, 공직 윤리의식 함양 등 10개의 어젠다(agenda)를 내세우고 각기 구체적 개혁을 추진하였다.

이명박 행정부는 2008년을 대한민국 선진화의 원년으로 선포하고 창조적 실용주의 행동규범을 토대로 '선진일류국가' 달성을 국가 비전으로 설정하였다. 그리고 이를 실천하기 위한 국정운영 방향으로 섬기는 정부, 활기찬 시장경제, 인재대국, 능동적 복지, 성숙한 세계국가 등의 5대 국정지표를 제시하였다. 5대 지표별 4개의 국정 전략을 수립하여 20대 국정 전략을, 20개 전략별 5대 국정과제를 수립하여 100대 국정과제를 각각 발굴하여 국정 전반의 개혁을 추진하였다.

박근혜 행정부는 '국민 행복, 희망의 새 시대' 국민행복시대를 국정 비전으로 제시하였다. 이를 구현하기 위한 일자리 중심의 창조경제, 맞춤형 고용 · 복지, 창의교육과 문화가 있는 삶, 안전과 통합의 사회, 행복한 통일시대의 기반 구축 등 5대 국정목표와 21대 추진 전략, 140대 국정과제를 제시하였다. 그리고 5대 국정목표의 추진기반으로서 신뢰받는 정부를 표방하고 추진 전략으로 개방 · 공유 · 협력을 통한 정부 3.0 달성과 깨끗하고 신뢰받는 정부를 제시하였다. 박근혜 행정부는 국정 비전과 달리 세월호 참사 대처 미흡, 문화계 블랙리스트 파문, 민간인 국정개입 허용, 대통령 권한 남용 등으로 집권 기간 동안 국민의 신뢰를 확보하지 못한 결과, 박근혜 대통령은 헌정사상 최초로 헌법재판소 탄핵인용으로 파면된 대통령이라는 불명예를 안았다.

문재인 행정부는 국민이 통치의 대상이 아닌 나라의 주인이자 정치의 실질적 주체로 등장하는 '국민의 시대'로 규정하고 '국민의 나라 정의로운 대한민국'을 국가 비전으로 제시하였다. 산업화와 민주화 이후의 시대정신을 정의(justice)로 인식하고 무너진 정의를 바로세우는 국가 개혁의 핵심 과제를 '국민의 시대를 열고 희망과 통합의 사회경제를 일구는 것'으로 설정하였다. 국가 비전 달성을 위해 국민이 주인인 정부, 더불어 잘 사는 경제, 내 삶을 책임지는 국가, 고르게 발전하는 지역, 평화와 번영의 한반도 등의 5대 국정목표와 20대 국정 전략, 100대 국정과제, 487개 실천과제를 국민 제안을 반영하여 확정하였다.

〈표 15-1〉 문민정부 이후 개혁 방향 비교

역대 정부	정부 명칭	개혁 슬로건 (국정 비전)	정부개혁 방향	개혁 추진기구
김영삼 행정부 (1993~1998)	문민정부	신한국	민간 중심 행정 경쟁체제의 도입 작은 정부	행정쇄신위원회
김대중 행정부 (1998~2003)	국민의 정부	민주주의와 시장경제의 병행 발전	작지만 효율적으로 봉사하는 정부 구현	기획예산위원회 (기획예산처) 정부혁신추진위원회
노무현 행정부 (2003~2008)	참여정부	정부혁신	신뢰받는 정부 투명한 정부	정부혁신지방분권 위원회
이명박 행정부 (2008~2012)	국민성공시대	선진일류국가	선진화	
박근혜 행정부 (2012~2017)	국민행복시대	국민행복시대 국민 행복, 희망의 새 시대	신뢰받는 정부	
문재인 행정부 (2017~2022)	국민의 시대	국민의 시대	국민의 나라 정의로운 대한민국	국정기획자문위원회

3 한국 정부 행정개혁의 특징과 한계

1987년 민주화 이후 역대 정부에서 추진된 행정개혁은 다음과 같은 특징을 보인다.

첫째, 행정개혁의 주체가 외부자 주도의 하향식(top-down)으로 추진되면서 내부자인 공무원은 개혁대상으로 설정된 경우가 대부분이었다. 이에 따라 행정개혁에 대한 저항으로 개혁효과가 제대로 발휘되지 못했다.

둘째, 역대 정부의 행정개혁은 소프트웨어적인 기능 재설계보다는 조직기구 개편과 인력 감축 등의 하드웨어적 조직개편을 중심으로 추진되었다(최창현, 2017). 5년 단임의 대통령 임기 내에서 역대 정부와 차별화된 개혁성을 강조하면서 상징적이고 가시성이 높은 조직개편 위주의 행정개혁이 선호되었기 때문이다.

셋째, 행정개혁이 정권 초기에는 효율성·능률성 위주의 감축지향적 방향으로 추진되었지만 정권 후반기에는 오히려 정부 규모가 증가되는 경향을 보였다.

민주화 이후 추진된 우리나라 행정개혁에 대해서 다음과 같은 한계를 지적할 수 있다.

첫째, 우리나라의 행정개혁은 서구 여러 나라에서 추진된 행정개혁의 유행에 휩쓸려 개혁의 절박성에 대한 논리적 뒷받침 없이 막연하게 추진되었다.

둘째, 분명한 개혁 목표가 결여되어 있다. 물론 개혁 목표가 명시적으로 제시되기는 했으나, 그러한 목표들이 일관성 있게 추구되기보다는 하나의 장식물처럼 내세워질 뿐 구체적 혁신 조치와 연결되지 않는다는 의미에서 목표 결여를 지적할 수 있다. 즉, 우리나라에서 추진된 그간의 행정개혁은 상호 상충될 수도 있는 잡다한 목표를 제시한 복합적 개혁으로 개혁수단 간의 일관성이 부족했다.

셋째, 구체적 전략이 결여되어 있다. 즉, 우리나라의 개혁 작업은 규범적 차원에서 개혁의 방향만 제시한 채 추진 메커니즘과 관련된 구체적 전략이 결여되어 있다는 문제점을 지적할 수 있을 것이다.

넷째, 우리나라의 행정개혁에서는 흔히 집권 세력이 취약한 정통성을 보완하고 관료집단을 장악하기 위한 하나의 정치적 수단으로 추진된 경향을 찾아볼 수 있다. 즉, 개혁의 상징성만을 노려 집권 초기에는 의욕적으로 개혁을 추구하는 모습을 내보이나 집권 후반기 들어 흐지부지되는 현상을 우리는 자주 경험하였다.

다섯째, 우리나라의 정부혁신 작업은 정권 차원의 근시적 관점에서 지나치게 잦게 추진되었다는 문제점을 지적할 수 있다. 정부조직 개편이 연례행사처럼 한 정권 기간 동안 4~5차례나 이루어지는가 하면, 이전 정권보다 단 1개의 부처라도 줄였다는 평가를 받기 위한 목적으로 조직개편을 시도하는 등의 개혁 작업은 국민과 공무원들에게 '개혁 피로감'을 초래하고 개혁에 대한 신뢰를 떨어뜨리는 부작용을 초래할 뿐이다. 일본의 행정개혁이 여러 정권을 거치면서 다듬어지고 신중하게 실천되고 있다는 점은 우리에게 많은 시사점을 준다.

여섯째, 행정개혁 추진기관이 지나치게 많아 개혁 추진에 오히려 장애가 초래된다는 점을 지적할 수 있다.

이러한 문제점을 극복하고 실효성 있는 행정개혁을 추진하기 위해서는 결국 궁극적 수혜자로서의 국민들의 강력한 지지와 이해, 정치지도자들의 올바른 의식과 굳은 의지, 그리고 개혁전문가들의 사려 깊은 전략 개발이 뒷받침되어야 할 것이다(이종수, 2005).

제3절 미래 행정의 모색

1 정부실패와 시장실패의 경험, 그리고 제3의 길

1) 정부실패와 시장실패

지난 반세기 동안 국가와 시장, 그리고 시민사회에 대한 기본 관점은 의미 있는 변화를 보여 왔다. 1930년대의 대공황을 경험한 20세기 초 · 중반까지는 국가에 기반을 둔 해결책이 강구되었으며, 1970년대 후반부터 1990년대까지는 시장에 기반을 둔 해결책들이 모색되었다. 그리고 1990년대 이후에는 국가와 시장의 실패 모두를 바로잡기 위한 제3의 길이 모색되고 있다.

전후 서구에서는 다양한 형태의 '시장실패'가 1930년대의 대공황을 불러일으켰으며, 이는 제2차 세계대전이라는 미증유(未曾有)의 파멸적 사건으로 이어졌다는 인식이 광범위하게 확산되었다(Freeman, 1989: 141). 따라서 반시장주의적 대안에 대한 사회민주적 합의(social democratic consensus)가 자연스럽게 형성되었다. 반시장주의적 대안은 기본적으로 국가주의적 성격을 띠고 있다. 국가의 개입을 통해 시장의 비효율성과 비윤리성을 시정하자는 것이다.

케인스주의는 경제의 수요 측면에 대한 국가의 개입을 통해 완전고용과 경제성장을 동시에 달성하려 했다는 점에서 시장의 '효율성 실패'에 대한 경제적 해결책이라고 할 수 있다. 베버리지주의는 시장의 파멸적 결과로부터 인간을 보호하기 위해 국가가 다양한 복지 형태로 사회적 임금을 제공해야 한다는 주장을 하고 있다는 점에서 시장의 '윤리적 실패'에 대한 사회적 해결책이라 할 수 있다(Mishra, 1984). 말하자면, 전후(戰後) 사회적 합의로 등장한 케인스적 복지국가는 케인스주의와 베버리지주의의 결합이었다(임혁백, 1995: 117-118).

그러나 1970년대에 이르러 서구 자본주의가 위기를 맞게 되자 케인스주의적 복지국가는 다양한 비판에 직면했다. 1970년대에 들어서면서 높은 실업률, 인플레이션, 경기후퇴라는 전반적 악조건에 직면하면서 수요를 조정하고 완전고용을 유지하기 위해 국가 개입이 필요하다는 케인스주의는 불신을 받게 되었다. 케인스주의가 빛을 잃게 되자 남은 것은 베버리지주의뿐이었으나 경제가 침체된 가운데 복지 지출의 계속은 경제에 더욱 부담을 주게 되었다. 베버리지주의는 케인스주의의 성공 위에서만 작동이 가능했다. 그러나 케인스주의의 실패로 사회적 복지의 지출과 경제성장 간의 긍정적 관계가 무너지게 되면서 복지주의는 사회적 보편성을 상실하고 말았다. 국가의 경제와 복지관리 능력에 대한 신뢰가 무너지게 되자 다시 국가를 원상태로 되돌리고 시장이 역동성을 회복해야 된다는 주장이 드세졌다. 시장이 다시 갈채를 받기 시작한 것이다.

케인스주의적 복지국가의 해체 작업을 주도한 세력을 신보수주의 또는 신자유주의라 부른다. 신보수주의자들에게 시장은 효율적일 뿐만 아니라 도덕적으로 정당화된다. 시장에서 자기 자신의 이익을 추구하는 개인들은 궁극적으로 사회적 목표의 실현에 봉사할 것으로 상정된다. 신보수주의 시장의 윤리적 주장은 18세기의 자유주의로 거슬러 올라갈 수 있다. 신보수주의자들은 시장은 자유를 촉진할 뿐만 아니라 평등의 원리도 충족시킨다고 주장한다. 그들에 의하면, 자유시장은 모든 사람들에게 경쟁을 할 수 있도록 허용함으로써 평등의 조건을 충족시킨다는 것이다. 신보수주의자들은 적극적으로 평등을 추구하면 자유가 파괴되고, 그 결과 평등마저 파괴된다는 논리로 시장에 의한 불평등을 정당화하는 데까지 나아간다. 신자유주의자들은 시장이 자원을 배분하는 데 있어 가장 효율적인 기구라고 믿고 있다(임혁백, 1995: 119-127).

시장이 정부를 대체할 수 있다고까지 생각하는 시장근본주의자들은 시장이 다른 사회 제도들과 연계된 하나의 불완전한 제도에 불과하다는 점을 인정하지 않는다. 그들은 시장이 태초부터 존재한 자생적 질서(spontaneous order)로 인간 본성을 반영하고 있기 때문에 시장이 다른 사회 제도보다 우선되어야 한다고 주장한다. 그러나 시장도 다른 사회적 제도들에 연결되어 작동하는 불완전한 제도로 독점, 정보비대칭성, 불확실성, 외부성, 공공재 등 다양한 시장실패 요인을 안고 있는 것이 사실이다. 물론 정부도 다양한 실패 요인을 지니는바, 자원 배분의 비효율성, 관료주의, 과잉규제, 부패, 공공부문 내부자 담합(insider collusion) 등 여러 가지 문제점을 지니고 있는 것이 사실이다(조영철, 2007).

세계 여러 나라가 20세기에 경험한, 지나친 국가 개입과 시장에 대한 과도한 의존이 초래한 부작용은 국가와 시장의 실패를 바로잡는 새로운 접근을 요구하게 되었다. 이 새로운 접근은 1990년대 이후 적극적으로 모색되기 시작했다. 물론 사회민주주의 또는 민주사회주의로 불리는 통합적 관점은 비록 강조점에 다소의 차이가 있으나, 북유럽 국가들에 의해 오랫동안 모색·실험되어 온 사회체제의 한 유형으로 볼 수 있을 것이다.

제3의 길을 주창하는 기든스(A. Giddens)와 바버(B. Barber) 같은 사상가는 시민사회는 여러 세대에 걸친 국가와 시장의 실패를 유연하게 시정함으로써 사회민주주의의 성공에 없어서는 안 될 접합점이 될 수 있다고 주장한다.

2) 제3의 길: 사회민주주의와 신자유주의의 변증법적 통합

스웨덴에는 "장님이 절름발이를 업고 가면, 두 사람은 똑바로 갈 수가 있다(When a blind man carries a lame man both go forward)"는 속담이 있다. 이 속담은 반대로 절름발이가 장님을 업고 갈 때는 똑바로 갈 수가 없다는 의미를 담고 있다. 시장과 국가에 관한 논쟁의 측면에서 아주 적절한 속담이라고 할 수 있다(Sinha, 2004: 110).

경제발전에서 정부의 역할에 관한 논쟁은 경제학 자체만큼 오래된 논쟁거리이다. 고전학자들은 정부의 권능 부여 역할(enabling role of government)의 중요성을 강조한다. 그러나 정부의 권능 부여 역할의 깊이와 정도를 둘러싸고 견해가 갈린다. 특히, 정부가 무엇을 해야 하고 무엇을 하지 말아야 하는지에 관한 의견이 서로 다르다. 역사적으로 볼 때, 근대 산업화 과정에서 뒤늦게 출발한 국가는 앞선 산업화 국가보다 정부의 적극적인 역할을 추구했다. 20세기 들어 산업화에 성공한 일본과 다른 많은 아시아 국가는 경제성장을 촉진하고 조직화하는 데 적극적인 관심을 가진 강력한 정부를 지니고 있었다. 그러나 그와 달리 정부가 자원을 통제 · 배분하고 투자의 유인구조를 만드는 중요한 역할을 수행했음에도 불구하고 산업화에 실패한 경우도 적지 않다.

20세기의 마지막 수십 년간 시장에 대한 신뢰가 꾸준히 부활하면서 경제전략가 및 기획자로서의 정부의 역할은 더욱 비판받았다. 경제발전에 대한 인식은 시장에 대한 정부의 간섭이 필수불가결하다는 기존의 관점에서 정부 역할이 최소화되어야 한다는 정반대의 극단적 관점으로 바뀌었다(Sinha, 2004: 110-111). 다시 말하면, 시장 중심의 신자유주의로 인해 정부의 역할은 대폭적으로 축소된 반면에, 민간 부문의 시장이 중요시되었다.

그러나 1990년대 이후 시장우위적 신자유주의 이념은 중대한 도전에 직면하게 되었다. 영국의 사회학자 기든스는 세계를 휩쓴 신자유주의와 유럽의 사회민주주의를 절충한 제3의 길(the third way)을 대안으로 내놓았다(Giddens, 1998). 제3의 길은 영국의 블레어리즘(Blairism)을 비롯한 서유럽의 독일, 프랑스, 이탈리아 등의 집권 세력에 이론적 기초를 제공한 이념이다. 제3의 길의 핵심은 보호와 책임의 균형, 생산적 복지, 소외와의 투쟁, 개인의 창의성 존중, 사회세력 간의 합의에 근거한 발전 등에 있다(Giddens, 1998; 박우순, 2002: 34).

제3의 길에 대한 아이디어는 1980년대 미국 및 영국의 중도 좌파적 재사고(centre-left rethinking)에서 나왔으며, 유럽의 다른 나라에서도 발화되었다. 여기서 제1의 길은 구(舊)사회민주주의를 말하며, 제2의 길은 신자유주의를 말한다(Martell, 2004: 92). 이와 같은 관점에서 볼 때, 제3의 길은 사회민주주의와 신자유주의의 변증법적 통합이라고 할 수 있다. 영국의 신노동당(New Labour)[7]은 제3의 길을 '구좌파와 신우파를 넘어서(beyond old left and new right)'라는 구호로 요약한다(Blair, 1998). 한편, 제3의 길은 사회주의와 자본주의 사이의 '인간의 얼굴을 지닌 자본주의(capitalism with a human face)'로 단순하게 규정되기도 한다(Lal, 2006).[8]

---

7) 1997년 블레어(Tony Blair)를 승리로 이끈 '신노동당'의 개념은 사회민주주의가 올바르다는 것을 입증해 주기는커녕 사회민주주의가 변형되었음을 확인해 주었다는 주장이 제기되기도 하였다(IEA, 1998: 18-19).

8) 랠(Deepak Lal)은 이 책에서 19세기 영국에 의해 추진된 첫 번째 세계화, 즉 자유주의적 국제경제질서(LIEO: the first liberal international economic order)에 대한 반발은 시장기반경제와 대비되는 집산주의 계획경제(planned collectivist economy)로 나타났으며, 20세기의 지구적 자본주의(global capitalism)에

'구좌파'는 전후 혼합경제 체제에서의 케인스식 평등주의 및 조합주의적 경제·복지 거버넌스를 의미한다. '제3의 길' 주창자들은 '구좌파'에 대해 지나치게 국가주의(statist)적이며, '부의 창조(creation of wealth)'에 큰 관심을 가지지 않으면서 재분배와 '조세, 그리고 지출정책(tax-and-spend policies)'에 지나치게 의존하고, 자유에 대한 대가로서의 책임을 요구하지 않으면서 기꺼이 자유를 부여하려 하며, 사회적 행동에 대해 지나치게 진보적(liberal)이라고 비판한다. 국가에 의한 서비스 공급(state provision)과 정부통제에 대한 대안으로서의 제3의 길은 불평등의 수용 및 재정적 신중성(fiscally 'prudent')을 통해 부의 창조를 촉진하고 권리에 대한 대가로서의 책임을 요구할 것을 처방한다.

'신우파'는 신자유주의적인 대처식 보수주의(Thatcherite conservatism)를 말한다. 신노동당은 신우파적 보수정부가 국가 개입보다 시장적 해결을 기계적으로 선호하고 광범한 사회적 가치보다 개인적 이익(individual gain)에 더 가치를 부여하는 잘못을 저질렀다고 비판한다. 신노동당은 부의 창조와 사회적 정의, 시장과 공동체를 다 같이 선호하는 제3의 길을 주창한다. 즉, 제3의 길은 사기업에 대해 긍정적이지만 항상 시장적 해결을 선호하는 것은 아니며, 정부의 적극적 역할도 인정한다. 예를 들면, 빈곤퇴치를 위한 노동복지 전략(welfare to work strategies)에서 정부의 적극적 역할을 들 수 있다.

새로운 사회체제로서 제3의 길의 핵심 기조는 공공 영역·사기업 영역·시민 영역의 세 부문이 함께 협조하는 파트너십이 사회적·경제적 문제를 극복하는 최선책이라는 것이다. 결사적 삶으로서의 시민사회는 이 프로젝트 수행의 중심이 되었으며, 사회적 진보를 달성하는 새로운 방법으로서의 이 프로젝트는 '문명화된 사회'의 건설과 동일시되었다.

제3의 길 주창자들은 중요한 사회적 변혁을 위해서는 정치가 대답해야 한다고 주장한다. 전후의 사회민주주의는 세계화에 의해 훼손되었다. 특히, 완전고용을 달성하기 위한 케인스식 경제관리는 지구 경제의 맥락에서 소용없는 것으로 보인다.

그러나 국가의 권한 축소 및 민영화와 같은 신자유주의와 세계화의 추세 속에서 증대된 사람과 자본의 이동, 지구적 시장통합, 급속한 사회적·기술적 변화는 상당수 세계인의 개인적인 불안정성을 가속화시키고 있다. 이러한 문제점을 해결하기 위한 수단

대한 비판은 '인간의 얼굴을 지닌 자본주의'를 건설하기 위한 새로운 통제경제정책(New Dirigisme)으로 나타났다고 주장하면서, 자신은 새로운 통제경제정책에 반대할 뿐만 아니라 오늘날 자유방임과 일방적 자유무역(laissez faire and unilateral free trade)의 두 원칙에 기반을 둔 미국의 노선에도 반대한다는 입장을 밝히고 있다.

으로 제3의 길이 모색되고 있는바, 제3의 길에서는 좌파적 시각과 우파적 시각, 경제성장과 사회정의 간의 우선순위가 비슷한 비중으로 함께 고려되어야 할 것이다. 제3의 길은 결국 좌파적 목표와 우파적 목표, 구좌파의 시각과 신우파의 시각을 변증법적으로 통합한 것이라 할 수 있다.[9)]

정부와 시장의 관계는 21세기 들어 다시 그 역할의 우선순위가 바뀌는 극적인 반전의 계기를 맞게 된다. 특히, 2008년 세계경제를 파국으로 몰고 간 월가(Wall Street)의 금융시스템 붕괴는 자유자본주의의 본산인 미국과 영국에서조차 정부가 시장을 더 적극적으로 규제해야 한다는 '정부의 귀환(the return of the state)'이 공공연하게 회자(膾炙)되도록 만들었다.[10)] 한편, 자본주의 전도사들의 부흥회로 불리는 다보스 포럼(Davos Forum: World Economic Forum)의 2012년 회의에서는 이 포럼의 창설자이자 집행위원장인 슈바브(K. Schwab)가 "현재의 자본주의 방식은 이제 더 이상 유효하지 않다(Capitalism, in its current form, no longer fits the world around us)"고 하며 현 자본주의 체제의 종말을 선언하였다. 대부분의 참석자들은 승자독식의 시장자본주의(market capitalism)적 분배방식은 그 역사적 수명을 다했다고 지적하면서 '경제적 공정성(economic fairness)'의 확립을 위해 정부가 더 적극적인 역할을 떠맡아야 한다고 주장하였다. 정부-시장 관계에서 정부의 간섭주의 쪽으로 기운 21세기의 추(錘, pendulum)는 이제는 되돌아갈 수 없는 비가역변화(非可逆變化, irreversible change)를 일으킨 것으로 보인다.

2 한국의 행정개혁 방향: 굿 거버넌스

1990년대 초부터 확산된 거버넌스(governance)는 정부-시장-시민사회 간의 협력적 통치를 의미하는 협의개념에서부터 특정 분야 문제 해결을 촉진하거나 저해하는 제도

---

9) 유럽에서 제3의 길은 기존의 좌파 이데올로그들이 자신들의 과오를 반성하고 우파적 수단을 수용하기 위한 일종의 정치적 수사(修辭)로 사용되고 있다는 비판적 시각도 있다(IEA, 1998).

10) 〈인디펜던트(*The Independent*)〉는 2008년 9월 17일자 기사에서 "월가의 붕괴는 자유시장 자본주의의 고삐를 죌 필요가 있다는 넓게 확산된 인식을 더욱 확고하게 만들었다. 1932년(대공황 시기)에 있어서와 마찬가지로 2008년의 진자(振子)는 더 많은 정부규제와 간섭을 향해 되돌아가고 있다(The debacle on Wall Street has cemented a widespread view that free-market capitalism needs reining in. As in 1932, the pendulum in 2008 is shifting back towards greater regulation and intervention)"고 보도하였다. 또한 〈파이낸셜타임스(*Financial Times*)〉는 동년 8월 21일 '정부의 귀환: 정부는 어떻게 경제생활의 한복판으로 돌아오게 되었나(The return of the state: How government is back at the heart of economic life)'라는 제목의 칼럼을 게재했다.

나 관행을 의미하는 광의 개념까지 폭넓게 활용되고 있다. 나아가, 거버넌스의 주요 조정 양식인 계층제, 시장, 네트워크의 적절한 조합을 통해 공공 문제를 해결하려는 뉴거버넌스이론이 제시되기도 했다. 피터스(B. G. Peters)는 뉴거버넌스에 기초한 시장 모형, 참여정부 모형, 유연조직 모형, 저통제정부 모형 등의 네 가지 정부개혁 모형을 제시하기도 했다(이종수 · 윤영진 외, 2014).

이와 같이 행정개혁 진단과 처방에 있어 광범위하게 활용된 거버넌스와 뉴거버넌스 개념이지만 오늘날까지 통일된 합의 개념은 부재한 상태이다. 그럼에도 거버넌스란 의사결정의 과정 혹은 결정이 집행되는 과정으로 다양한 영역과 조직에 적용 가능한 개념으로 이해될 수 있다. 따라서 정치 · 행정의 영역에서 거버넌스는 전통적인 공식적 행위자인 정부 외에 비공식적인 다양한 행위자들의 참여를 통한 공공 문제 해결과정으로 이해된다. 피터스도 거버넌스를 공통의 목표를 달성하기 위해 핵심 이해관계자가 함께 참여하여 의사결정을 조정해 가는 과정으로 이해한다.

굿 거버넌스(good governance) 개념은 세계은행, 국제통화기금(IMF), 미국 등을 중심으로 해외 원조 수혜국의 개혁 성과를 높이기 위해 원조의 선결조건으로 요구되는 공공조직의 제도적 능력을 의미했다(Nanda, 2006). 거버넌스는 한 나라의 공공재를 제한된 자원으로 효과적으로 투명하게 책임성 있게 제공할 수 있는 공공조직의 체계로서, 핵심 구성 요소로 참여와 책임성, 정치적 안정, 정부 효과성, 규제의 질, 법의 지배, 부패 통제 등이 제시되고 있다(Kaufmann et al., 2005: 김의영, 2011). 한편에서는 이러한 굿 거버넌스 개념이 서구중심주의와 신자유주의적 경제개혁 등을 편향적으로 반영하고 있다는 비판도 있다.

유엔(UN)에 따르면, 굿 거버넌스란 참여, 합의 지향, 책임성, 투명성, 반응성, 효율성 · 효과성, 포용성, 법의 지배 등의 여덟 가지 특징을 지닌다.

먼저, 참여(participation)는 굿 거버넌스의 핵심 초석으로 정보에 근거하고 조직화되어야 하는데, 이는 결사와 표현의 자유뿐만 아니라 조직화된 시민사회의 자유 보장을 포괄한다.

둘째, 합의 지향(consensus oriented)은 전체 공동체를 위한 최선의 방안이 무엇이고 어떻게 이룰 것인가에 대한 광범위한 합의에 도달하기 위한 사회 내 다양한 이해관계자들 간의 조정을 의미한다.

셋째, 책임성(accountability)은 정부기구뿐만 아니라 민간 영역과 시민사회 조직까지 모두 공공과 제도 이해관계자에게 책임감을 갖는 것으로 굿 거버넌스의 필수 조건이다.

넷째, 투명성(transparency)은 규칙과 규제에 따라 결정이 내려지고 집행이 행해지며 이러한 정보에 자유롭게 접근 가능함을 의미한다.

다섯째, 반응성(responsiveness)은 제도와 과정이 모든 이해관계자들에게 합리적인 시간 범위 내에 서비스가 제공되도록 작동하는 것을 의미한다.

여섯째, 효율성(efficiency) · 효과성(effectiveness)은 사회제도와 과정이 이용 가능한 재화를 최대한 활용하여 사회가 필요로 하는 결과를 생산하는 것으로 이를 위해서는 자원과 환경 보호의 지속가능성의 고려가 필요하다.

일곱째, 포용성(inclusiveness)은 사회 모든 구성원들이 주류 사회로부터 배제되지 않고 사회에 소속되어 있음을 확신하고 사회적 약자들에게 사회 웰빙(social well-being)을 개선할 기회가 보장됨을 의미한다.

마지막으로, 법의 지배(rule of law)는 불편부당하게 시행되는 공평한 법적인 틀의 확립과 인권의 충분한 보장과 사회적 소수의 보호, 독립적인 사법부와 부패하지 않는 공권력을 통한 공정한 집행을 의미한다.

유엔은 「2016 지속가능경영보고서」에서 기존의 새천년개발목표(MGD)를 대체할 지속가능한 발전목표(SDG: Sustainable Development Goals)를 새롭게 제시하고 있는데, 경제적 번영, 사회적 통합, 환경적 책임과 같은 보편적인 발전목표들을 포괄하는 지속가능한 발전의 기반으로 '굿 거버넌스'라는 정치적 목표를 제시하고 있다. 이러한 굿 거버넌스의 특성 요소를 한국의 제도적 · 역사적 맥락과 정치 · 행정 환경을 고려하여 새롭

[그림 15-1] 굿 거버넌스의 특성

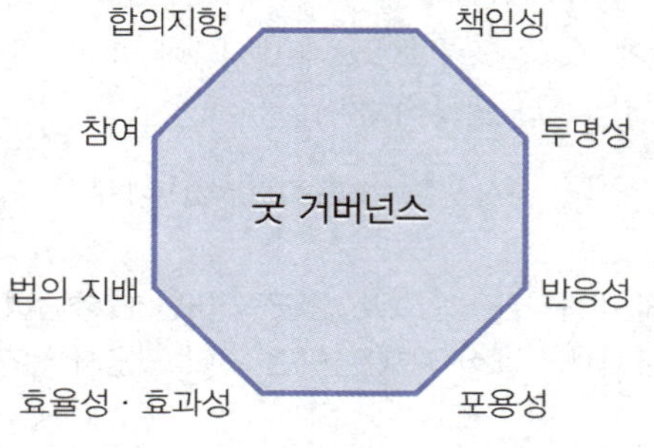

게 재해석하여 우리 실정에 맞는 굿 거버넌스의 구축을 행정개혁의 방향으로 설정해 볼 수 있을 것이다.

생각해 보기

'굿 거버넌스'를 만들어야 한다

신정부 출범을 계기로 우리는 국가 운영의 패러다임을 전면적으로 혁신하는 작업에 착수해야 한다. 특히, 엘리트 관료와 지배정당이 주도하는 폐쇄적 정책결정 패턴에 대한 불신, 장기침체와 각자도생을 반영하는 공동체의 균열, 세대와 지역 간 대립구도 격화 등과 같은 정치·경제·사회·문화 전반의 병리현상을 치유하는 대안으로 '굿 거버넌스'를 창출해야 한다.

일반적으로 협의의 이상론으로서 거버넌스는 대내·외 환경 변화에 부응하는 정부-시장-시민사회의 협력적 통치(협치)를 의미한다. 하지만, 광의의 현실론으로서 거버넌스란 특정한 분야의 문제 해결을 촉진하거나 저해하는 제도나 관행을 총칭한다. 따라서 좋은 혹은 나쁜 거버넌스는 국가별 발전 성과의 차이와 직결된 문제이다. 이때 총체적 국가경쟁력을 구성하는 3대 요소인 국부, 국질, 국격의 거버넌스 방식은 각기 역동적과 정태적, 포용적과 배제적, 이타적과 이기적 등으로 대비가 가능하다.

(중략)

신정부는 확실한 안보와 안전을 전제한 상태에서 경제성장과 사회복지라는 두 마리 토끼를 잡기 위해 계속 도전하고 변화해야 한다. 하지만, 거대하고 복잡한 관료제는 안정적·반복적 업무수행을 위해 세밀하고 공식적인 절차에 의해 관리된다. 따라서 공공 부문의 관료제 조직은 민간의 역동적 조직에 비해 상대적으로 느리고, 경직적이며, 답답하고, 소모적이라 변화하기 어려운 존재로 간주된다.

반면에, 시민들이 원하는 정부는 유엔이 굿 거버넌스의 요건으로 제시한 것처럼 통합적이고, 합의적이며, 책임지고, 투명하고, 반응적이고, 효과적이며 효율적이고, 공평하면서 포괄적이며, 법의 지배를 따라야 한다. 부패는 최소화되고, 소수의 의견을 존중하며, 사회적으로 가장 취약한 사람들의 목소리를 정책결정에 반영해야 한다. 나아가, 사회와 경제의 복잡한 요구에 적극적으로 대응해야 한다. (후략)

출처: 경향신문 기고(2017.5.21) 대구대 도시행정학과 김정렬 교수

Q. 우리나라 행정개혁의 바람직한 방향으로서 '굿 거버넌스' 개념이 적용되기 위해서 우리나라의 현실에 맞는 구체적인 개혁 과제는 어떤 것이 있을지 생각해 보자.

참고문헌

[국내 문헌]

강성철 · 김판석 · 이종수 · 진재구 · 최근열(2014). 『새 인사행정론』(제8판). 서울: 대영문화사.

강신택(2005). 『한국 행정학의 논리』. 서울: 박영사.

______(2002). 포스트모더니티의 행정이론.

______(1999). 한국행정에 있어 행정과 경영. 『한국행정학회 하계학술대회 논문집』.

강인재 외(1998). 『한국행정론』. 서울: 대영문화사.

경찰청(2007). 『경찰청 과거사진상규명위원회 백서』.

공병호(1997). 『시장경제란 무엇인가』. 서울: 한국경제연구원.

곽채기(2012). 공공기관 지정 및 분류 기준의 재구축 방안. 『한국사회와 행정연구』, 23(3): 1-29.

구영록 외(2001). 『정치학개론』. 서울: 박영사.

국무조정실(2022.5.6.). 2022년 정부업무평가 백서.

______(2017). 2017년 자체평가 시행계획.

______(2016). 2016년 정부업무평가 시행계획.

______(2007). 『참여정부 규제개혁을 말한다』.

국민권익위원회(2010). 청렴 선진국 실현을 위한 2010년도 반부패 · 청렴정책추진지침.

국정기획자문위원회(2017). 『문재인정부 국정운영 5개년 계획』. 국정기획자문위원회.

국회예산정책처(2016a). 『기초연금제도 평가』. 국회예산정책처.

______(2016b). 『대한민국 재정 2016』. 국회예산정책처.

______(2015). 『생태하천조성사업 평가』. 국회예산정책처.

권기헌(2011). 『행정학』. 서울: 박영사.

______(1997). 『정보사회의 논리』. 서울: 나남출판.

권태환 · 조형제 편(1997). 『정보사회의 이해』. 서울: 미래미디어.

규제개혁위원회(2015). 『2015 규제개혁백서』. 규제개혁위원회.

기획재정부 보도자료(2017.08.29). '내 삶을 바꾸는' 2018년도 예산안: 일자리 소득주도 및 혁신 성장 지원.
김경은(2015). 한국의 장관은 정치가인가 행정가인가: 장관 리더십에 대한 근거이론 적용. 『한국행정학보』, 49(3): 391-425.
______(2014). 한국 고위관료의 행정이념과 장관 대응행태. World Conference for Public Administration.
김광웅(1999). 제2차 정부개혁의 모순과 한계. 『한국행정학회 특별세미나 논문집』.
______(1995). 『방법론강의: 기초 · 원리 · 응용』. 서울: 박영사.
______(1991). 『한국의 관료제 연구』. 서울: 대영문화사.
김규정(1997). 『신판 행정학원론』. 서울: 법문사.
김대환(1981). 1950년대 한국 경제의 연구: 공업을 중심으로. 진덕규 외 10인. 『1950년대의 인식』. 서울: 한길사.
김동건(1988). 『현대재정학: 공공경제의 이론과 정책』. 서울: 박영사.
김동원(2005). 행정학의 규범이론을 위한 포스트모더니즘의 인식론적 함의. 『한국행정학보』, 39(3): 1-20.
______(2003). 블랙스버그 선언(Blacksburg Manifesto): 행정의 정당성과 권력 분립을 위한 행정가의 역할. 『한국행정학회 춘계학술대회 논문집』.
김명(1995). 『국가학』. 서울: 박영사.
김명재(2006). 헌법상의 국민주권의 개념. 『공법학연구』, 7(1): 85-106.
김번웅 외(1997). 『한국행정개혁론』. 서울: 법문사.
김병섭 · 김정인(2014). 관료(무)책임성의 재해석: 세월호 사고를 중심으로. 『한국행정학보』, 48(3): 99-120.
김병섭 · 박광국 · 조경호(2015). 『휴먼조직론』. 서울: 대영문화사.
김상준(2003). 시민사회, 그리고 NGO-NPO 개념: 공공성을 중심으로. 한국NGO학회 · 한국비영리학회 춘계 공동학술회의 발제문. 9-22.
김세균 · 백창제 · 임경훈 편(2005). 『현대정치의 이해』. 서울: 도서출판 인간사랑.
김세균 외(2003). 『정치학의 이해』. 서울: 박영사.
김신복(1991). 『발전기획론』. 서울: 박영사.
김연명(2013). 기초노령연금법 개정안의 쟁점과 대안. 『의정연구』, 39: 293-301.
김영범(2002). 한국 복지국가의 유형화에 대한 비판적 검토. 『비판사회정책』, 11: 85-108.
김영종(2001). 『부패학』. 서울: 숭실대학교출판부.
______(1995). 『행정철학』. 서울: 법문사.
김용운(2015). 공공기관 운영 관련법의 현황 및 개선방안. 『동아법학』, 68: 25-43.
김욱경(1996). 박정희 권위주의정권의 노동정책. 『행정문제연구』, 3(1): 155-194.
김윤환(1981). 한국 노동관계 35년의 회고. 『노동경제연감(1981)』. 경영자총협회.
김의영(2011). 굿 거버넌스 연구 분석틀: 로컬 거버넌스를 중심으로. 『한국정치연구』, 20 (2): 209-233.

김인(1988). 행정이념으로서의 사회적 형평성. 이경은 외 편. 『행정과 가치』. 서울: 법문사.
김정렬(2017). '굿 거버넌스'를 만들어야 한다. 한국일보 기고문(2017.5.21).
김종술(1999). 포스트모더니즘을 통해서 본 행정학의 이해. 『정부학연구』, 5(1).
김준기(2014). 『공기업 정책론』. 경기: 문우사.
김철(2012). 한국 공공기관 지배구조의 민주화 방안: 공공기관운영위원회를 중심으로. 『공공사회연구』, 2(1): 5-42.
김충남(2006). 『대통령과 국가경영: 이승만에서 김대중까지』. 서울대학교출판부.
김태룡(2012, 2017). 『새한국행정론』. 서울: 대영문화사.
______(2010, 2007). 『행정이론』. 서울: 대영문화사.
______(2000). 행정학의 신패러다임으로서 신공공관리모형의 적실성에 관한 연구. 『한국행정학보』, 34(1).
김태수(2007). '좋은 사회'론의 개념적 토대: A. 에치오니를 중심으로. 서울행정학회. 『좋은 사회, 좋은 거버넌스: 지방분권과 균형발전정책의 평가』(동계학술대회논문집).
김태영(2002). 정부-NGO 간 파트너십의 정치경제학. 한국행정학회. 『춘계학술대회 발표논문집』.
김태일 · 박상현(2013). 정부 역할의 유형과 정부 성과-OECD 국가를 대상으로 퍼지 셋 분석의 적용. 『한국정책학회보』, 22(1): 493-515.
김항규(2009). 『행정철학』(4정판). 서울: 대영문화사.
김호정(1985). 한국행정문화가 관료행태에 미치는 영향. 『사회조사연구』, 4(1): 1-27.
김호진(1992). 『한국정치체제론』. 서울: 박영사.
김흥기 편(1999). 『비사 경제기획원 33년: 영욕의 한국경제』. 매일경제신문사.
남궁근(2012). 『정책학』. 서울: 법문사.
______(2004). 『행정조사방법론』. 서울: 법문사.
노화준(2012). 『정책학원론』(제3전정판). 서울: 박영사.
대통령자문 지속가능발전위원회(2004). 갈등관리시스템 구축 방안 연구보고서.
대한민국정부(2017a). 『성과계획서』.
______(2017b). 『성인지 예산서』.
______(2017c). 제3차 저출산고령사회 기본계획-2017년도 중앙정부 시행계획.
드러커 외(1997). 『미래의 조직』. 서울: 한국경제신문사.
디지털타임스(2017.07.05). 성과주의예산제도 개선 토론회 '단기성과 매몰 원인…시스템 재설계 시급.'
명승환 · 최영훈(2002), 디지털 사회와 행정의 투명성: 개념적 다면성과 연구과제. 『한국행정학회 2002년 동계학술대회 발표논문집』.
박경원 · 김희선(1998, 2002). 『조직이론 강의: 구조, 설계 및 과정』. 서울: 대영문화사.
박경철(2004). 통치형태원리로서 직접민주주의와 대의민주주의. 『법학연구』, 14(2): 17-54.
박경효(1996). Herbert Kaufman의 관료제를 위한 변론. 오석홍 편. 『행정학의 주요 이론』.

서울: 경세원.
박동서(1998). 행정개혁의 연구와 개혁-궤도 수정. 『한국행정학보』, 32(1).
______(1997). 『한국행정론』. 서울: 법문사.
박상필(2002). 『NGO와 정부, 그리고 정책』. 서울: 도서출판 아르케.
박석희 · 이종원(2009). 해석적 관점에서의 질적 연구과정과 연구설계. 서울행정학회. 『동계학술대회 발표논문집』.
박성하 편(1958). 『우남노선』. 서울: 동아출판사.
박세일(2000). 『법경제학』(개정판). 서울: 박영사.
박세정(2000). 경영의 논리: 행정개혁의 이념으로서의 기여와 한계. 『한국행정학회 춘계학술대회 발표논문집』.
박순애(2014). 공기업의 역사와 변천: 공공성을 중심으로. 박순애 · 김준기 편저. 『공기업개혁: 쟁점과 사례』. 서울: 박영사.
박우순(2002). 『행정학의 새로운 패러다임』. 서울: 법문사.
______(1999). 한국의 행정문화와 지식정부의 가능성. 한국외국어대학교 사회과학연구소. 『사회과학논집』, 17(1).
박정수(2017). 공공기관 지정 및 유형구분, 공공기관의 운영에 관한 법률 10주년 학술심포지엄. 한국조세재정연구원 · 한국행정학회 · 기획재정부.
박정택(2000). 정책기조에 관한 탐색적 연구. 서울대학교. 『행정논총』, 38(2): 1-33.
박종민 · 김서용(2001). 신자유주의 정부개혁의 문화적 분석. 한국행정학회. 『춘계학술대회 발표논문집』.
박종민 · 정무권(2009). 『한국행정연구: 도전과 과제』. 서울: 박영사.
박천오(2008). 제5편 제3장 행정문화. 한국행정연구원. 『한국행정60년 1948-2008. 1. 국정관리』. 서울: 법문사.
______(2005). 정부관료제(1): 정책과정상의 역할과 영향력. 하태권 외. 『현대 한국정부론』. 서울: 법문사.
박천오 · 권경득 · 권용수 · 조경호 · 조성한 · 최성주(2016). 『인사행정론』. 서울: 법문사.
박천오 · 박경효(1996). 『한국관료제의 이해』. 서울: 법문사.
박호숙(1999). 『정책결정 과정의 기본 논리와 실제』. 국가전문행정연수원.
______(1997). 『정책형성과 집행』. 내무부 지방행정연수원.
______(1996). 『지방자치단체의 갈등관리』. 서울: 다산출판사.
______(1993). 집단민원에 대한 지방자치단체의 대응. 한국지방행정연구원. 『지방행정연구』, 8(2).
배동인(1992). 시민사회의 개념: 사상사적 접근. 한국사회학회 · 한국정치학회 편. 『한국의 국가와 시민사회』. 서울: 한울.
배용수(2015). 『공공기관론』. 서울: 대영문화사.
______(2000). 신관리주의의 한국적 적실성. 『한국행정학보』, 34(2): 23-38.

백완기(2009). 『행정학』. 서울: 박영사.
______(2007). 한국 행정과 공공성. 『한국사회와 행정연구』, 18(2): 1-22.
보건복지부(2016). 「기초연금 사업안내」.
보건복지부 기획조정실(2013). 『건강한 국민, 행복한 대한민국: 정책자료집. 2. 사회복지-저출산고령사회대책』. 보건복지부.
삼성경제연구소(2008). 대한민국경제 60년의 대장정. 『CEO Information』, 제667호.
______(1999). 『지식경영과 한국의 미래』. 서울: 삼성경제연구소.
세계일보(2017.09.04). 서울시, 2018년 시민참여 예산사업 최종 선정 766건 · 593억 투입.
소병희(1993). 『공공선택의 정치경제학』. 서울: 박영사.
소영진(2003). 행정학의 위기와 공공성 문제. 『정부학 연구』, 9(1).
송영관(2015). 공인인증서 규제 논란의 교훈과 향후 전자상거래 정책방향 제언. 『KDI FOCUS』.
송인상(1970). 경제개발 시동기의 경제정책. 서울대학교 행정대학원. 『행정논총』, 8(2).
송호근(2013). 『시민의 탄생』. 서울: 민음사.
신무섭(2015). 『재무행정학』. 서울: 대영문화사.
신진학자연구회(2017). 『인트로행정학』. 서울: 대영문화사.
신충식 · 이광석(2009). 질적 연구방법의 현상학적 토대. 서울행정학회. 『동계학술대회 발표논문집』.
신희영(2002). 신공공관리론에 대한 비판적 고찰: 비판적 실재론적 접근. 한국행정학회. 『동계학술대회 발표논문집』.
심준섭(2006). 행정학 연구의 대안적 방법으로서의 방법론적 다각화(triangulation): 질적 연구방법과 양적 연구방법의 결합. 한국행정학회. 『2006년 동계학술세미나 자료집』.
아시아앤(2013.01.11). '불공정 대한민국' 만드는 '불편한 진실들.'
안병만(2008). 『한국정부론』(제5판). 서울: 다산출판사.
안병영(1994). 정치인과 한국의 정책결정구조. 『한국행정학회 1994년도 국제학술대회 논문집』. 285-300.
안병영 · 정무권 · 한상일(2008). 『한국의 공공부문: 이론, 규모와 성격, 개혁방향』. 강원: 한림대학교출판부.
안용식 · 원구환(2001). 『지방공기업론』, 서울: 대영문화사.
안청시 편(1990). 『한국정치경제론: 정치과정과 산업화전략』. 서울: 법문사.
양재진(2002). 세계화, 신보수주의, 그리고 미국 사회복지개혁. 『韓國政策論集=(The)Korea policy journal』, 2: 16-29.
양창삼(1992). 『조직이론』. 서울: 박영사.
오석홍(2013). 『인사행정론』(전정판). 서울: 박영사.
______(2010, 1995). 『한국의 행정』. 서울: 법문사.
______(2004). 『신판 행정학』. 서울: 박영사.
______(1995). 『한국의 행정』. 서울: 경세원.

오석홍 편(2007). 대한민국 행정개혁의 발자취와 장래의 진로. 『한국행정학회 동계학술대회 발표논문집』.
______(1998). 『행정학』. 서울: 나남.
______(1996). 『행정학의 주요 이론』. 서울: 경세원.
오승용(2004). 한국 분점정부의 입법과정 분석: 13대-16대 국회를 중심으로. 『한국정치학회보』, 38(1): 167-192.
오재록(2009). 성과주의 인사제도의 본질과 한계. 서울행정학회. 『동계학술대회 논문집』.
유민봉(2015). 『한국행정학』(제5판). 서울: 박영사.
______(1997). 『인사행정론』. 서울: 문영사.
유민봉 · 박성민(2014). 『한국행정론』(제5판). 서울: 박영사.
유민봉 · 임도빈(2016). 『인사행정론』. 서울: 박영사.
유시민(2017). 『국가란 무엇인가』. 파주: 돌베개.
유영준(1980). 한국 역대정권의 국가목표 설정과 그 정치적 과제. 『한국정치학회보』, 14: 47-65.
유재원 · 소순창(2005). 정부인가 거버넌스인가? 계층제인가 네트워크인가? 『한국행정학보』, 39(1): 41-63.
유정환(1993). 한국 정치문화 연구. 김계수 외. 『한국정치연구의 대상과 방법』. 서울: 한울아카데미.
유종해 · 김택(2010). 『행정의 윤리』(제3개정판). 서울: 박영사.
유홍림(1999). 리더십. 김호섭 외. 『새조직행태론』. 서울: 대영문화사.
유훈(1995). 『정책학원론』. 서울: 법문사.
______(1993). 『공기업론』. 서울: 법문사.
윤건영(1997). 공공부문 생산성 제고를 위한 개념 틀과 현실적 과제. 최광 · 임주형 편. 『공공부문 생산성 제고를 위한 연구(I)』. 서울: 한국조세연구원.
윤견수(2005). 한국 행정학의 질적 연구방법에 대한 반성과 제안. 『한국행정학보』, 39(2): 1-22.
윤석명 · 양혜진(2013). 노후소득보장제도의 개선방향. 한국사회보장학회. 『정기학술대회 자료집』. 105-157.
윤영진(2016). 『새 재무행정학 2.0』. 서울: 대영문화사.
윤영진 · 김태룡 외(2002). 『새행정이론』. 서울: 대영문화사.
윤은기(2003). 캐나다 정부혁신과 특별운영기관의 분석을 통한 신공공관리론의 적실성에 관한 연구. 한국행정학회. 『추계학술대회 발표 논문집』.
윤재풍(2014). 『조직론』. 서울: 대영문화사.
윤태범(2000). 우리나라 정부의 반부패정책의 평가. 『한국행정학보』, 33(4).
이근태 · 심순형(2017). 한국의 소득주도 성장 여건과 정책효과 제고 방안. LG경제연구소.
이달곤(2004). 『지방정부론』. 서울: 박영사.

이명석(2002). 신공공관리론, 신거버넌스론, 그리고 김대중 정부의 행정개혁. 한국행정학회. 『춘계학술대회 발표 논문집』.
이상철(2016). 『한국 공기업의 이해』(제3판). 서울: 대영문화사.
이석재 외(1998). 『공공기관의 CIO제도 도입에 있어서의 현안 문제와 대응 방안』. 서울: 한국전산원.
이선우(1997). 공무원 실적평가제도 개선 방향. 한국행정연구원. 『한국행정연구』, 6(3): 95-118.
이양수(2004). 조직행태론에 관한 소고: 학문의 정체성 분석. 『한국행정학보』, 38(3): 1-21.
이연호(1999). 김대중 정부의 경제개혁과 신자유주의적 국가 등장의 한계: 동아시아 개발도상국의 한 사례. 『한국정치학회보』, 33(4).
이영선(1997). 『민주주의와 경제정책: 경제정책론에 대한 새로운 접근』. 서울: 박영사.
이장원 · 문진영(2008). 『복지체제와 노동체제의 정합성』. 서울: 한국노동연구원.
이종범(1995). 기업형 정부의 구축 방안. 『한국행정연구』, 4(1): 20-41.
이종수(2012). 『새행정윤리』. 서울: 대영문화사.
______(2010a). 『새 미래의 행정』. 서울: 대영문화사.
______(2010b). 민 · 관의 협력적 거버넌스를 통한 반부패 청렴문화 확립 방안. 국민권익위원회. 「청렴한 세상」 만들기 반부패 심포지엄 발표 논문.
______(2009a). 『행정학사전』. 서울: 대영문화사.
______(2009b). 한국의 정치 · 행정 맥락의 분석. 서울행정학회. 『한국사회와 행정연구』, 20(3): 17-39.
______(2009c). 한국적 Post-NPM 전략의 모색. 가톨릭대학교 정부혁신생산성연구소. 서울행정학회 공동학술대회 자료집.
______(2008). 우리나라 역대 행정부의 정책 체제의 특징에 관한 고찰. 『한국행정사학지』, 23: 77-103.
______(2005). 『정부혁신의 메커니즘과 전략』. 서울: 대영문화사.
______(1999). 행정개혁의 준거로서의 Governance 유형에 대한 비판적 고찰. 한성대학교 『사회과학논집』, 13.
______(1996). 『행정개혁의 집행실태 조사』. 한국행정연구원.
이종수 외(2016). 『새행정학 2.0』. 서울: 대영문화사.
______(2012, 2008, 2005). 『새행정학』. 서울: 대영문화사.
______(2011). 『새인사행정론』. 서울: 대영문화사.
이창원 · 명승환 · 임영제(2004). 『정보사회와 현대조직』. 서울: 대영문화사.
이창원 · 최창현 · 최천근(2017). 『새조직론』. 서울: 대영문화사.
이한빈(1981). 『사회변동과 행정』. 서울: 박영사.
이현영(2010). 공무원의 필요역량에 대한 중요도 및 수행수준 인식비교를 통한 역량기반 공무원 교육훈련 방향에 대한 고찰. 『한국인사행정학회보』, 9(3): 57-73.

이현출(2017). 한국에서 분권형 개헌 논의: 쟁점과 토론. 『일감법학』, 37: 177-208.
임도빈(2009). 질적 연구 방법의 내용과 적용전략: 양적인 질적 연구와 질적인 질적 연구. 『정부학연구』, 15(1): 155-187.
______(2008). 역대 대통령 국정철학의 변화: 한국행정 60년의 회고와 과제. 서울대학교. 『행정논총』, 46(1): 211-251.
______(1996). 정치와 행정의 관계에 관한 비교연구: 영국, 프랑스, 독일의 제도를 중심으로. 『한국행정학보』, 30(1): 129-142.
임승빈(2005). 『지방자치론』. 서울: 법문사.
임혁백(2014). 『비동시성의 동시성: 한국 근대정치의 다중적 시간』. 서울: 고려대학교출판부.
______(2000). 『세계화시대의 민주주의: 현상 · 이론 · 성찰』. 서울: 나남출판.
______(1995). 『시장 · 국가 · 민주주의: 한국민주화와 정치경제이론』. 서울: 사회비평사.
임현진 · 송호근(1994). 박정희체제의 지배이데올로기. 역사문제연구소 편. 『한국정치의 지배이데올로기와 대항이데올로기』. 서울: 역사비평사.
장달중(1988). 제3공화국과 권위주의적 근대화. 안청시 외. 『현대한국정치론』. 서울: 법문사.
장석준(2017). 지방 준공공부문 분류체계 개선을 위한 연구. 서울행정학회. 『2024 동계학술대회 발표논문집』. 297-323.
장석준 · 윤성일(2016). 『지방 공공부문 법령 체계 개선에 관한 연구』. 지방공기업평가원.
장하성(2000). 레드 컴플렉스를 벗자. 『참여사회』, 7: 8-9.
장훈(2002). 한국 대통령제의 불안정성의 기원: 분점정부의 제도적, 사회적 정치적 기원. 『한국정치학회보』, 35(4): 107-127.
전영평(1996). H. Brinton Milward와 Hal G. Rainey의 관료제를 위한 변명. 오석홍 편. 『행정학의 주요 이론』. 서울: 경세원.
전재철(2006). 사회과 교과서에 나타난 국민주권의 원리. 『사회과 교육』, 45(3): 137-168.
전진영(2017). 한국의 권력구조 개편 논의 현황과 쟁점. 『이슈와 논점』, 제1362호. 국회입법조사처.
정무권 · 한상일(2008). 공공부문의 다양화와 한국행정 연구의 새로운 영역: 이론적 · 경험적 쟁점들. 『한국행정학회 학술발표논문집』. 497-516.
정승건(2000). 발전주의와 신자유주의를 넘어서: 한국행정개혁이론의 모색. 『한국행정학보』, 34(2).
_____(1994). 한국의 행정개혁과 변동: 정치권력과 관료정치. 『한국행정학보』, 28(1): 55-79.
정용덕(2002). 『현대국가의 행정학』. 서울: 법문사.
정재동 · 최용선(2004). 진화와 합리성의 시각에서 본 정부관료제. 『정부학연구』, 10(1): 50-85.
정정길(2003). 『행정학의 새로운 이해』. 서울: 대명출판사.
______(1993). 바람직한 대통령의 정책관리: 경제정책을 중심으로. 『한국행정학보』, 27(1).

______(1992). 대통령의 정책관리 스타일: 경제정책을 중심으로. 『계간 사상』, 4(3): 147-170.

______(1989). 대통령의 정책결정과 전문관료의 역할: 경제정책의 경우를 중심으로. 『한국행정학보』, 23(1).

제16대 대통령직인수위원회(2003). 『대화: 제16대 대통령직인수위원회 백서』. 제16대 대통령직인수위원회.

제17대 대통령직인수위원회(2008). 『성공 그리고 나눔: 제17대 대통령직인수위원회 백서』. 제17대 대통령직인수위원회.

제18대 대통령직인수위원회(2013). 『박근혜 정부 국정과제』. 제18대 대통령직인수위원회.

조경호 · 이석환 · 이정욱 · 조윤직 · 주효진 · 최상옥 · 최성욱(2016). 『공공조직행태론』. 서울: 대영문화사.

조만형(1999). 포스트모더니즘과 행정이론. 서울행정학회. 『1999년도 하계학술대회 발표논문집』.

조성한(2005). 거버넌스 개념의 재정립. 한국행정학회. 『동계학술대회 발표논문집』.

______(2000). 경영혁신의 허와 실: 이론적 모순과 비합리적 과정. 『한국정책학회보』, 9(1).

조순 · 정운찬(1990). 『경제학원론』. 서울: 법문사.

조영철(2007). 시장경제와 민주주의, 건강한 긴장관계를. 『다산포럼』. 2007.11.13.

조창현(2006). 포스트모더니즘, 패러다임, 합리화 그리고 정부혁신: 포괄적 가치규범 체계의 가능성을 중심으로. 한국행정학회. 『추계학술대회 발표논문집』.

조효제(2000). 연대의 과학과 참여의 예술: NGO學의 정립을 위하여. 한국행정학회. 『정부와 NGO』.

주성수(2006). 『NGO와 시민사회: 이론, 모델, 정책』. 서울: 한양대학교출판부.

주재복 · 한부영(2006). 『갈등유형별 협력적 로컬 거버넌스의 구축방안』. 한국지방행정연구원.

차하순(1983). 『형평의 연구』. 서울: 일조각.

천병희 옮김(2011). 『아리스토텔레스 정치학』. 경기: 숲.

총무처 직무분석기획단(1997). 『신정부 혁신론』. 서울: 동명사.

최계영(2015). 지방공기업의 법적 쟁점과 과제: 공법적 통제의 문제를 중심으로. 『경제규제와 법』, 8(2): 70-90.

최광 · 이영환 · 이성규 · 한국경제연구원(2013). 『복지정책에 대한 근원적 고찰』. 서울: 한국경제연구원.

최광 · 이창환(1997). 정치적 · 정책적 과정과 공공부문 생산성. 최광 · 임주형 편. 『공공부문 생산성 제고를 위한 연구(I)』. 서울: 한국조세연구원.

최장집 · 박상훈(2011). 『민주화 이후의 민주주의』. 서울: 후마니타스.

최창현(2017). 『정부혁신론』. 서울: 대영문화사.

최협(1993). 계량적 접근과 질적 접근: 비교와 한계의 문제. 김동일 외. 『사회과학방법론 비판』. 서울: 청람.
탁현우(2015). 일자리사업의 복지의존에 관한 연구: 정책대상과 집행조직의 관점에서. 서울대학교 박사학위 논문.
하연섭(2003). 『제도분석』. 서울: 다산출판사.
하용출 · 조동준(2008). 외교 · 통상정책. 한국행정연구원. 『한국행정 60년』.
하태권(2005). 서론. 하태권 외. 『현대 한국정부론』. 서울: 법문사.
한국은행(2015). 『우리나라의 국민계정체계』. 한국은행.
한국조세재정연구원(2016). 『정부업무평가 개선방안 연구』.
한국행정연구원(2017). 『대한민국 역대정부 조직개편 성찰』. 서울: 대영문화사.
______(2007). 『갈등 사례별 원인 분석 및 대응방안 연구』.
한승연(2006). 정부혁신의 사상적 기반 연구: 박정희정부. 한국행정학회. 『추계학술대회 자료집』.
한승주(2013). 공무원의 주관적 책임성: 지방자치단체 중하위직 공무원의 경험을 통한 탐색. 『한국행정학보』, 47(1): 25-45.
한종희(2015). 행정개혁과 거버넌스의 전략적 선택: 더 좋은 정부를 향한 시론적 연구. 『한국행정논집』, 27(4): 925-949.
행정안전부(2017). 『행정자치부통계연보』. 행정안전부.
행정자치부(2016). 『지방자치단체 조례 · 규칙 운영 현황』.
황혜신(2013). 노무현 정부와 이명박 정부의 정부조직개혁 비교분석. 『사회과학연구』, 24(3): 333-360.
______(2008). 제5편 제1장 행정개혁. 한국행정연구원. 『한국행정60년 1948-2008. 2. 국정관리』. 서울: 법문사.

[국외 문헌]

山本剛士(1984). 1 · 2차 경제개발계획과 고도성장의 문제점, 김성환 외. 『1960년대』. 서울: 기름.
Aberbach, J. D., R. D. Putnam, & B. A. Rockman(1981). *Bureaucrats and Politicians in Western Democracies*. Cambridge, Mass.: Harvard University Press.
Ackermann, A.(2003). The Idea and Practice of Conflict Prevention. *Journal of Peace Research*, 40(3): 339-347.
Ackoff, R. L. et al.(1981). *A Prologue to National Development*. Philadelphia: University of Pennsylvania Social Systems Sciences Department.
Ackrill, R., & A. Kay(2011). Multiple Streams in EU Policy-Making: The Case of the 2005 Sugar Reform. *Journal of European Public Policy*, 18(1): 72-89.
Adams, J.(1963). Toward an Understanding of Inequity. *Journal of Abnormal and Social*

Psychology, 67.

Adler, M., & S. Asquith(1981). *Discretion and Power*. London: Heinemann.

Alford, R. R. & R. Friedland(1985). *Powers of Theory*. Cambridge: Cambridge University Press.

Allen, H. J. B.(1990). *Cultivating the Grass Roots: Why Local Government Matters*. Hague: International Union of Local Authorities.

Allison, G. T.(1971). *Essence of Decision*. Boston: Little, Brown and Co.

Ames, E.(1965). *Soviet Economic Processes*. Homewood: Irwin.

Anderson, J. E.(1984, 1979). *Public Policy Making 2nd and 3rd ed*. New York: Holt, Reinhardt and Winston.

Angermann, E.(1976). Das Auseinandertreten von 'Staat' und 'Gesellschaft' im Denken des 18 Jahrhunderts, in E.-W. Böckenförde ed. *Staat und Gesellschaft*. Darmstadt: Wissenschaftliche Buchgesellschaft.

Araújo, J. F. F. E. de(2001). Improving Public Service Delivery: The Crossroads between NPM and Traditional Bureaucracy. *Public Administration*, 79(4): 915-932.

Archer, C.(1998). Nongovernmental Organization, in A. Schafritz ed. *International Encyclopedia of Public Policy and Administration*: 1504-1506. Boulder, CO.: Westview Press.

Aristotle(1962). *Nichomachean Ethics*, Trans, with Introduction, and Notes, by Martin Ostwald. N.Y.: Bobbs-Merrill.

______(1946). *The Politics of Aristotle*. Trans, with Introduction, Notes, and Appendixes, by Ernest Barker. N.Y.: Oxford University Press.

Arthur, J. & W. H. Shaw(1978). *Justice and Economic Distribution*. Englewood Cliffs: Prentice-Hall Inc.

Babbie, E.(2003). 『사회과학방법론』, 고성호 외 옮김. 서울: 도서출판 그린.

Bachrach, P.(1971). Introduction, in P. Bachrach ed. *Political Elites in a Democracy*. New York: Atherton Press.

Badelt, C.(1990). Institutional Choice and the Nonprofit Sector, in H. K. Anheier & W. Seibel eds. *The Third Sector: Comparative Studies of Nonprofit Organization*. N.Y.: Walter de Gruyter.

Bailey, S.(1980). Ethics and the Public Service: The Concept of Moral Ambiguities of Public Choice, in R. J. Stillman ed. *Public Administration: Cases and Concepts*. Boston: Houghton Mifflin.

Baker, R. F., R. M. Michaels, & E. S. Preston(1975). *Public Policy Development*. N.Y.: John Wiley & Sons.

Barber, B.(1984). *Strong Democracy: Participatory Politics for a New Age*. Berkeley, CA:

University of California Press.

Barbier, J.-C.(2000). Activation Policies, Workfare and "Insertion", The Welfare State in the Age of Globalization, Lessons from the USA, France and the UK. Paper presented at the French-South African Workshop "The Impact of Globalisation on the World of Work." Pretoria, November.

Barron, J., G. Crawley, & T. Wood(1991). *Councillors in Crisis*. Macmillan.

Barton, R. & W. L Chappell, Jr.(1985). *Public Administration: The Work of Government*. Scott, Foresman.

Barzelay, M.(1992). *Breaking through Bureaucracy*. Berkeley: University of California Press.

Bass, B. M. & B. J. Avolio(1990). The Implications of Transactional and Transformational Leadership for Individual, Team, and Organizational Development, *Research in Organizational Change and Development*, 4: 231-272.

Bayer, E(1980). *Wörterbuch zur Geschichte*. Stuttgart: Kröner.

Bellah, R. et al.(1991). *The Good Society*. New York: Knopf.

______(1985). *Habits of the Heart*. Berkeley, CA: University of California Press.

Bellone, C. & G. Goerl(1992). Reconciling Public Entrepreneurship and Democracy. *Public Administration Review*, 52(2): 130-145.

Bellows, R. M.(1955). *Psychology of Personnel in Business and Industry*. New York: Prentice-Hall.

Bendix, R.(1952). Bureaucracy and the Problem of Power, in R. T. Merton et al., *Reader in Bureaucracy*. N.Y.: The Free Press.

Bent, G.(ed.)(2000). *What Constitutes a Good Society?* N.Y.: St. Martin's Press.

Bernstein, M.(1961). The Regulatory Process: A Framework for Analysis. *Law and Contemporary Problems*, 26: 329-346.

Berry, J.(1999). *The New Liberalism: The Rising Power of Citizen Groups*. Washington D.C.: Brookings Institution.

Bhargava, V. K. & E. P. Bolongaita, Jr.(2004). *Challenging Corruption in Asia: Case Studies and a Framework for Action*. Washington, D.C.: The World Bank.

Bill, J. L. & R. L. Hardgrave, Jr.(1973). *Comparative Politics: The Quest for Theory*. Columbus, Ohio: Charles E. Merrill Publishing Co.

Blair, T.(1998). *The Third Way: New Politics for the New Century*. London: The Fabian Society.

Blake, R. R. & J. S. Mouton(1964). *The Managerial Grid*. Houston: Gulf Publishing Co.

Blau, P. M.(1970). A Formal Theory of Differentiation in Organization. *American Sociological Review*, 35(2).

Blau, P. M. & R. A. Schoenherr(1971). *The Structure of Organizations*. New York: Basic

Books.
Blau, P. M., W. V. Heydebrand, & R. E. Stauffer(1966). The Structure of Small Bureaucracies. *American Sociological Review*, 31(2): 179-191.
Bosworth, B. P. & J. E. Triplett(2003). *Productivity Measurement Issues in Services Industries: "Baumol's Disease" has been Cured*. The Brookings Institution. http://www.brook.edu/views/articles/bosworth/200309.htm.
Brennan, H. G. & J. M. Buchanan(1980). *The Power to Tax*. Cambridge: Cambridge University Press.
Brown, A.(1997). *Work first: How to implement and employment-focused approach to welfare reform: a how-to-guide*. Manpower Demonstration Research Corporation.
Brown, S.(1992). *International Relations in a Changing Global System: Toward a Theory of World Polity*. Boulder, CO: Westview Press.
Bryner, G. C.(1987). *Bureaucratic Discretion*, New York: Pergamon.
Buchanan, J. M.(1975). *The limits of liberty: Between anarchy and Leviathan, Vol. 7*. University of Chicago Press.
Buchanan, J. M., R. D. Tollison, & G. Tullock(1980). *Toward a Theory of the Rent-Seeking Society*. College Station: Texas A & M University Press.
Burns, T. & G. M. Stalker(1961). *The Management of Innovation*. London: Tavistock.
Caiden, G. E.(2002). Enron, Accountancy and Professional Ethics. ASPA Paul Van Riper Symposium. April. http://bush.taum.edu/pubman.
______(1994). Globalizing the Theory and Practice of Public Administration, in J.-C. Garcia-Zamor & R. Khator eds. *Public Administration in the Global Village*. Westport, CT: Praeger.
______(1978). Administrative Reform: A Prospectus. *International Review of Administrative Sciences*, No. 1-2: 106-120.
______(1977). Administrative Corruption. *PAR*, 37(2).
______(1969). *Administrative Reform*. Chicago: Aldine Publishing Company.
Caiden, G. E. & H. Siedentopf eds.(1982). *Strategies for Administrative Reform*. Lexington Books.
Cameron, D. R.(1978). The Expansion of the Public Economy: A Comparative Analysis. *American Political Science Review*, 72(4): 1243-1261.
Carothers, T.(1999-2000). Civil society. *Foreign Policy*, 117: 44-57.
Carroll, J.(1995). The Rhetoric of Reform and Political Reality in the National Performance Review. *Public Administration Review*, 55(3): 302-312.
Castells, M.(1989). *The Information City: Information Technology, Economic Restructuring and the Urban-Regional Process*. Blackwell.

Christensen, T. & P. Lægreid eds.(2007). *Transcending New Public Management: the Transformation of Public Sector Reforms*. Burlington, VT: Ashgate Publishing Company.

_______ eds.(2006). *Autonomy and Regulation.: Coping with Agencies in the Modern State*. Northampton, Massachuetts: Edward Elgar Publishing, Inc.

_______ eds.(2001). *New Public Management: The Transformation of Ideas and Practice*. Aldershot: Ashgate.

Christensen, T., A. Lie, & Per Lægreid(2008). Beyond New Public Management: Agencification and Regulatory Reform in Norway. *Financial Accountability & Management*, 24(1), February: 0267-4424.

Churchman, C. W.(1968). *The Systems Approach*. New York: Dell Publishing Co. Inc.

Clor, H. M.(1996). *Public Morality and Liberal Society: Essays on Decency, Law, and Pornography*. Notre Dame: University of Notre Dame Press.

Coase, R. H.(1960). The Problem of Social Cost. *Journal of Law and Economics*, 3: 1-44.

Cobb, R., J.-K. Ross, & M. H. Ross(1976). Agenda Building as a Comparative Political Process. *American Political Science Review*, 70(1): 126-138.

Cohen, J. & A. Arato(1992). *Civil Society and Political Theory*. Cambridge: The MIT Press.

Cohen, M., J. March, & J. Olsen(1972). A garbage can model of organization choice. *Administrative Science Quaterly*, 17(1): 1-25.

Commonwealth Secretariat(2000). *Fighting Corruption: Promoting Good Governance*. U.K.: Commonwealth Secretariat.

Cook, B. J.(1992). Subordination or Independence for Administrators? The Decisions of 1789 Reexamined. *Public Administration Review*, 52(5).

Coston, J. M.(1998). A Model and Typology of Government-NGO Relationships. *Nonprofit and Voluntary Sector Quarterly*, 27(3): 358-382.

Creswell, J. W.(1998). *Qualitative Inquiry and Research Design: Choosing among Five Traditions*. Thousans Oaks, California: Sage Publications, Inc.

D'Holbach, Paul Henri Thiry Baron(1776). *La Morale universelle, ou les Devoirs de l'homme fondés sur la nature, Théorie de la morale*, II, Amsterdam, Rey.

Daft, R.(1998). *Organization Theory and Design 6th ed.* Cincinnati: South-Western.

Daly, H. & J. Cobb(1989). *For the Common Good: Redirecting the Economy toward Commitment, the Environment, and the Sustainable Future*. Boston: Beacon Press.

Denhardt, J. V. & R. B. Denhardt(2003). *The New Public Service: Serving, not Steering*. New York: M. E. Sharpe.

_______(2000). The New Public Service: Serving Rather than Steering. *PAR*, 60(6): 549-559.

Denhardt, R. B.(1999). *Public Administration: An Action Orientation 3rd ed.* N.Y.: Harcourt Brace College Publishers.

______(1981). *In the Shadow of Organization.* Lawrence. KS: Regents Press of Kansas.

Denison, D. R., R. Hooijberg, & R. E. Quinn(1995). Paradox and Performance: A Theory of Behavioral Complexity in Managerial Leadership. *Organization Science*, 6(5): 524-541.

Deutsch, K. W.(1980). *Politics and Government: How People Decide Their Fate 3rd ed.* Boston: Houghton Mifflin Co.

Dewey, J.(1927). *The Public and Its Problem.* Athens: Swallow Press.

Donaldson, L.(1985). *In Defense of Organization Theory: A Reply to the Critics.* Cambridge University Press.

Dover, P.(2004). Change Agents at Work. in http://www.babsoninsight.com/contentmgr/showdetails.php/id/570

Drucker, P.(1993). *Post-Capitalist Society.* New York: Harper Business.

Dubnick, M.(1979). Making Regulations Regulate. Paper Presented at the Annual Meeting of ASPA. Baltimore, Maryland.

Duchacek, I. D.(1973). *Power Maps: Comparative Politics of Constitutions.* Santa Barbara: American Political Center-Clio Press.

Duesenberry, J. S.(1949). *Income, Savings and the Theory of Consumer Behavior.* Cambridge: The Harvard University Press.

Dunleavy, P., H. Margetts, S. Bastow, & J. Tinkler(2006). *Digital Era Governance: IT Corporations, The State, and E-Government.* Oxford: Oxford University Press.

Dunn, W. N.(1981). *Public Policy Analysis: An Introduction.* Englewood Cliffs, N.J.: Prentice-Hall.

Durkheim, E.(1975). *Textes, Vol. III.* Paris: Ed. de Minuit.

Durnford, T.(2004). Building the Foundation for Successful Change. in http://www.isixsigma.com/library/content/c040329a.asp

Dye, T. R.(1981, 1975, 1972). *Understanding Public Policy.* Englewood Cliffs: Prentice- Hall Inc.

Easton, D.(1990). *The Analysis of Political Structure.* New York: Routledge.

______(1965a). *A Framework for Political Analysis.* Chicago: The University of Chicago Press.

______(1965b). *A Systems Analysis of Political Life.* New York: John Wiley & Sons, Inc.

______(1953). *The Political System.* New York: Knopf.

Eberly, D. E.(1998). *America's Promise: Civil Society and the Renewal of American Culture.* Lanham: Rowman & Littlefield.

Eccles, J. S., & A. Wigfield(2002). Motivational Belief, Values and Goals. *Annual Review of Psychology*, 53: 109-132.

Economist(2000). NGOs: Sins of the secular missionaries. *The Economist*, 29 January: 25-26.

Edwards, B. & M. Foley(1998). Civil Society and Social Capital beyond Putnam. *The American Behavioral Scientist*, 42(1): 5-20.

EgerⅢ, R. J.(2005). Casting Light on Shadow Government: A Typological Approach. *Journal of Public Administration Research*, 16: 125-137.

Elmore, R. F.(1979). Backward Mapping. Implementation Research and Policy Decisions. *Political Science Quaterly*, 94(4): 601-616.

Emery, F. E.(1968). Concepts, Methods, and Anticipations, in M. Young ed. *Forecasting and the Social Science*. London: Social Science Research Council.

Esping-Andersen, G.(1999). *Social Foundations of Postindustrial Economies*. Oxford University Press.

______(1990). *The Three Worlds of Welfare Capitalism*. Princeton University Press.

Etzioni, A.(1995). *The New Communitarian Thinking*. Charlottesville. VA: University of Virginia Press.

______(1988). *The Moral Dimension*. New York: The Free Press.

Etzioni-Halevy, E.(1983). *Bureaucracy and Democracy: A Political Dilemma*. London: Routledge & Kegan Paul.

Evans, K. G. & D. Lowery(2004). The Iron Cage of Methodology: The Vicious Circle of Means Limiting Ends Limiting Means…. *Administration & Society*, 36(3): 306-327.

Evans, P. B.(1995). *Embedded Autonomy*. Princeton, N.J.: Princeton University Press.

Eyestone, R.(1978). *From Social Issues to Public Policy*. John Wiley & Sons, Inc.

Farazmand, A.(1999). Globalization and Public Administration. *Public Administration Review, Vol. 59*.

Farmer, D. J.(1995). *The Language of Public Administration: Bureaucracy, Modernity, and Postmodernity*. Tuscaloosa, Alabama: The Univ. of Alabama Press; 강신택 옮김(1999). 『행정학의 언어』. 서울: 박영사.

Finer, H.(1966). Administrative Responsibility in Democratic Government, in P. Woll ed. *Public Administration and Policy*. New York: Harper & Row, Publishers.

Fishman, C.(1997). Change: Few can do it. Few can sustain it. Few can survive it. *Fast Company*. April/May. Issue 08. in http://www.fastcompany.com/magazine/08/change.html

Fox, C.(1996). Reinventing Government As Postmodern Symbolic Politics. *Public Administration Review*, 56(3): 256-261.

Fox, C. J. & H. T. Miller(1998). *Discourse. The International Encyclopedia of Public Policy and Administration*. Boulder, Colorado: Westview Press.

______(1995). *Postmodern Public Administration: Toward Discourse*. Thousand Oaks, CA:

Sage Publications.
Frederickson, H. G.(1996). Comparing the Reinventing Government Movement with the New Public Administration. *Public Administration Review*, 56(3): 263-269.
_______(1989). *Finding the public in public administration.* Department of Public Administration, University of Kansas.
_______(1980). *New Public Administration.* Alabama: The University of Alabama Press.
_______(1971). Toward a New Public Administration. in F. Marini ed. *Toward a New Public Administration.* San Francisco: Chandler Publishing Co.
Freeman, C.(1989). Comments, in J. E. Stiglitz et al. eds. *The Economic Role of the State.* Oxford: Basil Blackwell.
Friedman, M.(1962). *Capitalism and Freedom.* 서재명 옮김(1982). 『자본주의와 자유』. 서울: 협동출판사.
Friedman, M. & R. Friedman(1984). *Tyranny of the Status Quo.* San Diego: Harcourt Brace Jovanovich. 김기실 옮김(1985). 『현상유지의 폭군』. 서울: 정음사.
Friedrich, C. J.(1966). Public Policy and The Nature of Administrative Responsibility, in P. Woll ed. *Public Administration and Policy.* New York: Harper & Row, Publishers.
Furniss, N. & T. A. Tilton(1977). *The Case for the Welfare State: From Social Security to Social Equality.* Indiana University Press.
Galbraith, J. K.(1967). *The New Industrial State.* Boston: Houghton Mifflin.
_______(1958). *The Affluent Society.* New York: Houghton Mifflin.
Galnoor, I, D. Rosenbloom, & A. Yaroni(1998). Creating New Public Management Reforms: Lessons from Israel. *Administration and Society*, 30(4): 393-420.
Gardner, J.(1991). *Building Community.* Washington, D.C.: Independent Sector.
Geldof, D.(1999). New Activation Policies: Promises and Risks. *Linking Welfare and Work.* 13-26.
George, V. & P. Wilding(1985). *Ideology and Social Welfare.* Psychology Press.
Gergen, K. J. & T. J. Thatchenkery(1996). Organization Science as Social Construction: Postmodern Potentials. *Journal of Applied Behavioral Science*, 32(4): 356-377.
Gerth, H. H. & C. W. Mills(1958). *From Max Weber: Essays in Sociology.* N.Y.: Oxford University Press.
Giddens, A.(2006). *Sociology 5th ed.* Cambridge: Polity.
_______(1998). *The Third Way: The Renewal of Social Democracy.* 한상진・박찬욱 옮김(1999). 『제3의 길』. 서울: 생각의나무.
Gilbert, C. E.(1959). The Framework of Administrative Responsibility. *The Journal of Politics*, 21.
Golembiewski, R. T.(1977). *Public Administration as a Developing Discipline.* New York: M.

Dekker.

Goodsell, C. T.(2003). *(The) Case for Bureaucracy: a Public Administration Polemic*. Chatham, N.J.: Chatham House Publishers. 황성돈 · 박수영 · 김동원 역(2006). 『공무원을 위한 변론』. 서울: 올리브앰엔비.

Gormley, W. T.(1989). *Taming the Bureaucracy: Muscles, Prayers and Other Strategies*. Princeton: Princeton University Press.

Goss, S.(2001). *Making Local Governance Work: Networks, Relationships and the Management of Change 5th ed*. Houndmills: Palgrave.

Gould, D. J.(1983). The Effects of Corruption on Administration Performance: Illustration from Developing Countries, in *World Bank Staff Working Papers, No. 580*. Washington, D.C.: The World Bank: 1-41.

Gowan, P.(1987). The Origins of the Administrative Elite. *New Left Review*, 162: 4-34.

Greenaway, J. R.(1998). Who Benefits from Administrative Reform?, in M. Hunt & B. J. O'Toole eds. *Reform, Ethics and Leadership in Public Service*. Brookfield, Vermont: Ashgate.

______(1996). Politicians, Civil Servants and the Liberal State in Britain. *Jahrbuch für Europäische Verwaltungsgeschichte*, 8: 213-231.

Groot, T. & T. Budding(2008). New Public Management's Current Issues and Future Prospects. *Financial Accountability & Management*, 24(1).

Gulick, L. & L. Urwick eds.(1937). *Papers on the Science of Public Administration*. New York: Institute of Public Administration.

Gyford, J., S. Leach, & C. Game(1989). *The Changing Politics of Local Government*. London: Unwin Hyman Ltd.

Halligan, J.(1997). New Public Sector Models: Reform in Australia and New Zealand, in J. E. Lane ed. *Public Sector Reform: Rationale, Trends and Problems*. London: Sage.

Ham, C. & M. Hill(1984). *The Policy Process in the Modern Capitalist State*. Brighton, Sussex: Harvester Press.

Hamilton, G., T. Brock, M. Farrell, D. Friedlander, K. Harknett, & J. Hunter-Manns(1997). *Evaluating Two Welfare-to-work Program Approaches: Two-Year Findings on the Labor Force Attatchment and Human Capital Development Programs in Three Sites*. Washington, D.C.: US Department of Health and Human Services Administration for Children and Families and US Department of Education.

Hammerschmid, G. & R. E. Meyer(2005). New Public Management in Austria: Local Variation on a Global Theme? *Public Administration*, 83(3): 709-733.

Handler, J. F.(2005). Myth and Ceremony in Workfare: Rights, Contracts, and Client Satisfaction. *The Journal of Socio-Economics*, 34(1): 101-124.

Harmon, M. I.(1981). *Action Theory for Public Administration.* N.Y.: Longman.

Harmon, M. I. & Mayer, R.(1986). *Organization Theory for Public Administration.* Burke, VA: Chatelaine Press.

______(1969). Administrative Policy Formulation and the Public Interest. *PAR*, 29(5).

Hassard, J.(1996). Exploring the Terrain of Modernism and Postmodernism. in Organization Theory, in D. M. Boje, R. P. Gephart, Jr. & T. J. Thatchenkery eds. *Postmodern Management and Organization Theory.* Thousand Oaks, CA: Sage Publications.

Heady, F.(2001). *Public Administration, a Comparative Perspective*, New York: Marcel Dekker.

Heibrum, J.(1981). *Urban Economics and Public Policy 2nd ed.* New York: St. Martin's Press.

Heideheimer, A. J. ed.(1970). *Political Corruption: Readings in Comparative Analysis.* New York: Holt, Reinhart & Winston.

Heidenheimer, A. J., M. Johnston, & V. T. LeVine eds.(1990). *Political Corruption.* New Brunswick: Transaction.

Held, D.(1984). *Political Theory and the Modern State.* Stanford, California: Stanford University Press.

Hersey, P., & K. H. Blanchard(1972). *Management of Organizational Behavior.* Englewood Cliffs: Prentice-Hall.

Herzberg, F.(1966). *Work and the Nature of Man.* N.Y.: World Publishing Co.

Hewart(the Lord Hewart of Bury)(1929). *The New Despotism.* Ernest Benn.

Hill, D. M.(1974). *Democratic Theory and Local Government.* London: George Allen & Unwin Ltd.

Hintze, O.(1968). The State in Historical Perspective, in R. Bendix et al. eds. *State and Society.* Berkeley: University of California Press.

Hjern, B. & C. Hull(1985). Small Firm Employment Creation: An Assistance Structure Explanation. *Policy Implementation in Federal and Unitary Systems.* Springer Netherlands. 131-156.

Hodgkinson, C.(1978). *Towards a Philosophy of Administration.* N.Y.: St. Martin's Press.

Hofstede, G., B. Neuijen, D. D. Ohayv, & G. Sanders(1990). Measuring Organizational Cultures: A Qualitative and Quantitative Study Across Twenty Cases. *Administrative Science Quarterly*, 35: 286-316.

Holsti, K. J.(1977). *International Politics 3rd ed.* Englewood Cliffs: Prentice-Hall.

Hood, C.(1996). Of Shocks and Long-Tenure, in J. P. Olsen & B. G. Peters eds. *Lessons from Experience: Learning About Administrative Reform.* Oslo: Scandinavian University Press.

______(1991). A Public Management for All Seasons? *Public Administration*, 69(1).

Howlett, M., M. Ramesh, & A. Perl(2009). *Studying Public Policy: Policy Cycles and Policy Subsystems*. Oxford University Press.

Hughes, O. E.(2003). *Public Management & Administration: An Introduction 3rd ed.* Macmillan.

Huntington, S. P.(1976). Political Development and Political Decay, in C. E. Welch Jr. ed. *Political Modernization*. California: Wadsworth Publishing Co., Inc.

______(1968). *Political Order in Changing Societies*. New Haven, Conn.: Yale University Press.

IEA(Institute of Economic Affairs)(1998). *Is There A Third Way?: Essays on the Changing Direction of Socialist Thought*. 자유기업센터 옮김(1999). 『제3의 길 이야기』. 서울: 자유기업센터.

Im, T., J. W. Campbell, & S. Cha(2013). Revisiting Confucian Bureaucracy: Roots of the Korean Government's Culture and Competitiveness. *Public Administration*, 33: 286-296.

Ingraham, P.(1997). Play It Again, Sam; It's Still Not Right: Searching for the Right Notes in Administrative Reform. *Public Administration Review*, 57(4): 325-331.

Isaak, A. C.(1981). *Scope and Methods of Political Science: An Introduction to the Methodology of Political Inquiry*. Homewood, Ill: Dorsey Press.

Jansen, E. P.(2008). New Public Management: Perspectives on Performance and the Use of Performance Information. *Financial Accountability & Management*, 24(2).

Jenkins, S.(1993). Sir Humphrey has a Place. *The Times*, 24 November.

Jex, S. M.(2002). *Organizational Psychology: A Scientist Practitioner Approach*. John Wiley & Sons, Inc.

Johnson, C. M.(1992). *The Dynamics of Conflict Between Bureaucrats and Legislators*. New York: M. E. Sharpe, Inc.

Jones, C. O.(1977). *An Introduction to the Study of Public Policy 2nd ed.* North Scituate, Mass.: Duxbury.

Jones, G. N.(1966). Strategies and Tactics of Planned Organizational Change. *Philippine Journal of Public Administration*, 1(10-4): 320-342.

Jun, J. S.(2009). The Limits of Post-New Public Management and Beyond. *Public Administration Review*, January-February.

Kaboolian, L.(1998). The New Public Management: Challenging the Boundaries of the Management vs. Adminstration Debate. *PAR*, 58(3).

Kafumann, D., A. Karaay, & M. Mastruzzi(2005). *Governance Matters Ⅵ: Governance indicators for 1996-2004*. Washington, D.C.: World Bank.

Kamensky, J.(1996). Role of the "Reinventing Government" Movement in Federal Management Reform. *PAR*, 56(3): 247-255.

Kaufman, H.(1981). Fear of Bureaucracy: A Raging Pandemic. *Public Administration Review*, 41(1): 1-9.

______(1956). Emerging Conflicts in the Doctrines of Public Administration. *American Political Science Review*, 50(4): 1057-73.

Kaufmann, D.(1997). Corruption: The Facts. *Foreign Policy*. 114-131.

Keane, J.(1989). *Democracy and Civil Society*. New York: Verso.

Keefer, P. & S. Knack(1997). Why Don't Poor Countries Catch up?: A Cross National Test of an Institutional Explanation. *Economic Inquiry*, 35(3): 590-602.

Kelly, R.(1998). An Inclusive Democratic Polity, Representative Bureaucracies, and the New Public Management. *Public Administration Review*, 58(8): 201-208.

Kernaghan, K.(1978). Changing Concepts of Power and Responsibility in the Canadian Public Service. *Canadian Public Administration*, 21(3).

______(1974). Code of Ethics and Administrative Responsibility. *Canadian Public Administration*, 17(4).

Kettl, D.(1988). *Government by Proxy: Mismanaging Federal Programs*. Washington D.C.: CQ Press.

Key, Jr. V. O.(1964). *Politics, Parties and Pressure Groups*. New York: Thomas Y. Crowell.

Kickert, W.(1997). Public Governance in the Netherlands: An Alternative to Anglo-American 'Managerialism'. *Public Administration*, 75: 731-752.

Kilduff, M. & Ajay M.(1997). Postmodernism and Organizational Research. *Academy of Management Review*, 22(2): 453-481.

King, C. & C. Stivers(1998). *Government Is Us: Public Administration in an Anti-government Era*. Thousand Oaks, CA: Sage Publications. 오수길 외 옮김(2001). 『반정부시대의 행정』. 서울: 대영문화사.

King, D.(1995). *Actively Seeking Work?: The Politics of Unemployment and Welfare Policy in the United States and Great Britain*. University of Chicago Press.

Kingdon, J. W.(2003). *Agendas, Alternatives, and Public Opinion*. New York: Longman.

Klaveren, J. V.(1989). The Concept of Corruption, in A. J. Heidenheimer ed. *Political Corruption*. New Brunswick: Transaction.

Knack, S. & P. Keefer(1995). Institutions and Economic Performance: Cross-Country Tests Using Alternative Institutional Measures. *Economics and Politics*, 7: 207-227.

Kooiman, J.(2003). *Governing as Governance*. London: Sage Publications.

Koontz, H. & C. O'Donnell(1959). *Principles of Management: An Analysis of Managerial Functions*. N.Y.: McGraw-Hill Book Co.

Kotter, J. P.(1995). Leading change: why transformation efforts fail. *Harvard Business Review*, March-April: 59-65.

______(1990). What leaders really do. *Harvard Business Review*. Reprint # 90309.

Kraiker, G.(1990). Bürger/citoyen/bourgeois, in H. J. Sandkühler(Hrsg.). *Europäische Enziklopädie zu Philosophie und Wissenschaften, Bd.1. S.* 442-447. Hamburg: Meiner.

Krueger, A. O.(1995). Policy Lessons from Development Experience since the Second World War, in J. Berman & T. N. Srinivasan, *Handbook of Development Economics*, Vol. III: 2497-2550.

Lal, D.(2006). *Reviving the Invisible Hand: The Case for Classical Liberalism in the Twenty-first Century*. Princeton University Press.

Lapsley, I.(2008). The NPM Agenda: Back to the Future. *Financial Accountability & Management*, 24(1): 0267-4424.

Laski, H. J.(1957). *A Grammar of Politics 4th ed.* London: Allen & Unwin.

Latham, G. P. & C. C. Pinder(2005). Work Motivation Theory and Research at the Dawn of the Twenty-First Century. *Annual Review of Psychology*, 56: 485-516.

Lawyer, J.(1994). *Negotiation: Theory and Practice*. Henneberry Hill Consultants, Inc.

Leach, R. & J. Percy-Smith(2001). *Local Governance in Britain*. Houndmills: Palgrave.

Leff, N. H.(1970). Economic Development through Bureaucratic Corruption, in Heidenheimer. *Political Corruption: Readings in Comparative Analysis*. N.Y.: Rinehart & Winston.

______(1964). Economic Development Through Bureaucratic Corruption. *American Behavioral Scientist*, 8(3): 8-14.

Leftwich, A.(1993). Governance, Democracy and Development in the Third World. *Third World Quarterly*, 14: 605-624.

Leland, S. & O. Smirnova(2009). Reassessing Privatization Strategies 25 Years Later: Revisiting Perry and Babitsky's Comparative Performance Study of Urban Bus Transit Services. *Public Administration Review*, September/October.

Levitan, D. S.(1942). The Neutrality of Public Service. *PAR*, Vol. 2.

Lichota-Ksiazek, A.(2003). Sources of Resistance to Change as Challenges for an Internal and External Change Agent. in http://www.ania-lichota-ksiazek.info/courses.htm#customized

Lijphart, A.(2012). *Patterns of Democracy: Government Forms and Performance in Thirty-Six Countries 2th ed.* Yale University Press.

Lipsky, M.(1980). *Street-level Bureaucracy*. New York: Russell Sage Foundation.

Lipson, L.(1965). *The Great Issues of Politics*. Englewood Cliffs. N.J.: Prentice-Hall.

Litterer, J. A.(1974). Conflict in Organization: A Re-examination, in H. L. Tosi & W. Clay Hamner eds. *Organizational Behavior and Management: A Contingency Approach*.

St. Clair Press.

Liu, J. T. C.(1959). Eleventh Century Chinese Bureaucrats: Some Historical Classifications and Behavioral Types. *Administrative Science Quarterly*, 4(2): 207-226.

Lohmann, R.(1992). *The Commons: New Perspectives on Nonprofit Organizations and Voluntary Action*. San Francisco: Jossey-Bass.

Lynn, Jr. L.(1998). The New Public Management: How to Translate a Theme into a Legacy. *Public Administration Review*, 58(3): 231-238.

MacIntyre, A.(1984). *After Virtue: A Study in Moral Theology 2nd ed.* Notre Dame: University of Notre Dame Press.

MacRae, D. & J. Wilde(1979). *Policy Analysis for Public Decision*. N. Scituate: Duxbury.

Mansbridge, J. ed.(1992). Public Spirit in Political Systems, in H. J. Aaron, T. Mann, & T. Taylor eds. *Values and Public Policy*. Washington, D.C.: The Brookings Institution.

______(1990). *Beyond Self-Interest*. Chicago: University of Chicago Press.

March, J. & J. P. Olsen(1989). *Rediscovering Institutions*. New York: Free Press.

______(1983). Organizing Political Life: What Administrative Reorganization Tells Us about Government. *American Political Science Review*, 77: 281-296.

March, J. G. & H. A. Simon(1958). *Organizations*. John Wiley and Sons.

March, J. G.(1994). *A Primer on Decision Making: How Decisions Happen*. New York: Free Press.

Martell, L.(2004). National Differences and the Rethinking of Social Democracy: Third Ways in Europe, in Surendra Munshi & Biju Paul Abraham eds. *Good Governance, Democratic Societies and Globalisation*. London: Sage Publications Ltd.

Maslow, A. H.(1943). A Theory of Human Motivation. *Psychological Review*, 50.

Mathews, D.(1988). Afterthoughts, *Kettering Review*, Fall Edition: 51-54.

Mathews, J. T.(1997). Power shift. *Foreign Affairs*, 76(1): 50-66.

Mayhew, D.(1991). *Divided We Govern: Party Control, Lawmaking and Investigation, 1946-1990*. New Haven, CT: Yale University Press.

Mazmanian, D., & P. Sabatier(1989). *Implementation and Public Policy with a New Postscript*. Lenham, MD: University press of America.

McCabe, B. & J. Vinzant(1999). Governance Lessons: The Case of Charter Schools. *Administration and Society*, 31(3): 361-377.

McCurdy, H. E.(1977). *Public Administration. A Synthesis*. Menlo Park, Calif.: Cummings.

McGregor, D.(1960). *The Human Side of Enterprise*. N.Y.: McGraw-Hill.

McSwite, O. C.(1997). *Legitimacy in Public Administration*. Thousand Oaks, CA: Sage Publications.

______(1996). Postmodernism, Public Administration, and the Public Interest, in L. Gary &

K. J. Meier(1979). *Politics and the Bureaucracy*. California: Duxbury Press.
Miles, M. B. & A. M. Huberman(1994). *Qualitative Data Analysis: An Expended Sourcebook 2nd ed*. Thousand Oaks, California: Sage Publications.
Miller, H. & C. Fox(1997). *Postmodern "Reality" and Public Administration*. Burke, VA: Chatelaine Press.
Millet, J. D.(1947). *The Process and Organization of Government Planning*. New York: Columbia University Press.
Milward, H. B. & H. G. Rainey(1983). Don't Blame the Bureaucracy. *Journal of Public Policy*, 3(2): 149-168.
Mitchell, W. C. & R. T. Simmons(1994). *Beyond Politics: Markets, Welfares, and the Failure of Bureaucracy*. Westview Press, Inc.
Moe, T. M.(1985). The Politicized Presidency, in J. E. Chubb, & P. E. Peterson eds. *The New direction in American Politics*. Washington: Brookings Institution.
Montgomery, J. D.(1967). *Sources of Administrative Reform: Problems of Power, Purpose and Politics*. Bloomington, Ind.: Comparative Administration Group.
Morgan, D. F.(1994). The Public Interest, in T. Cooper ed. *Handbook of Administrative Ethics*. New York: Marcel Dekker.
Morin, R. & D. Balz(1996). American losing trust in each other and institutions. *Washington Post*. January 28. A1, A6-A7.
Morley, J.(1903). *The Life of William Ewart Gladstone, 3 Volumes*. Macmillan.
Mosca, G.(1939). *The Rulling Class*. New York: McGraw Hill.
Mosher, F. C.(1982). *Democracy and the Public Service 2nd ed*. New York: Oxford University Press.
Mucciaroni, G.(1992). The Garbage can Model and the Study of Policy Making: A Critique. *Polity*. 459-482.
Mueller, D. C.(1989). Democracy: the public choice approach, in G. Brennan & L. E. Lomasky eds. *Politics and Process: New Essays in Democratic Thought*. New York: Cambridge University Press.
_______(1979). *Public Choice*. New York: Cambridge University Press.
Mulhall, S. & A. Swift(1992). *Liberals and Communitarians*. Blackwell Publishers Ltd. 김해성 · 조영달 옮김(2001). 『자유주의와 공동체주의』. 서울: 한울아카데미.
Murphy, D. & J. Bendell(1999). Partners in Time? Business, NGOs and Sustainable Development. *UNRISD Discussion Paper No. 109*(www.unrisd.org/unrisd/wevsite/document.nsf).
Musgrave, R. A.(1959). *Theory of Public Finance: A Study in Public Economy*. McGraw-Hill.

Musgrave, R. & P. Musgrave(1989). *Public Finance in Theory and Practice 5th ed.* New York, N.Y.: McGraw-Hill.

Myrdal, G.(1968). Corruption-Its Causes and Effects. in *Asian Drama: An Inquiry into the Poverty of Nation, Vol. II.* N.Y.: Twentieth Century. 937-951.

Naisbitt, J.(1988). *Megatrends: Ten New Directions Transforming Our Lives.* Grand Central Publishing,

Nakamura, R. T. & F. Smallwood(1980). *The Politics of Policy Implementation.* N.Y.: St. Martin's Press.

Nanda, V. P.(2006). The "Good Governance" Concept Revisited. *Annals of the American Academy of Political and Social Science*, 603: 269-283.

Nicaise, I.(2002). The Active Welfare State: A Response to Social Exclusion. *Bruges, Vives Lecture 23.*

Niskanen, W. A. Jr.(1971). *Bureaucracy and Representative Government.* Chicago: Aldine Publishing Co.

Norman, K. & Y. S. Lincoln eds.(2000). *Handbook of Qualitative Research*, Thousand Oaks, California: Sage Publications, Inc.

North, D. C.(1993). Toward a Theory of Institutional Change, in W. A. Barnett, M. J. Hinich & N. J. Schofield eds. *Political Economy.* Cambridge University Press.

_______(1991). Institutions. *Journal of Economic Perspectives*, 5(1): 97-112.

_______(1990). *Institution, Institutional Change and Economic Performance.* Cambridge University Press.

_______(1981). *Structure and Change in Economic History.* New York: W. W. Norton.

Nutt, P. C. & R. W. Backoff(1997). Crafting a Vision. *Journal of Management Inquiry*, 6(4): 308-328.

Nye, J. S.(1970). Corruption and Political Development: A Cost Benefit Analysis, in Heidenheimer. *Political Corruption: Readings in Comparative Analysis.* N.Y.: Rinehart & Winston.

O'Donnell, G.(1988). *Bureaucratic Authoritarianism: Argentina, 1966-1973, in Comparative Perspective*, Translated by James McGuire in Collaboration with Rae Flory, Berkeley: University of California Press.

OECD(2017). 『OECD 규제개혁보고서: 한국 규제정책』. 국무조정실.

_______(2009). Creating Conditions for Sustainable Economic and Social Development in Eastern Europe and Central Asia: Fighting Corruption and Promoting Good Governance. *International Conference Proceedings.*

_______(2004). Fighting Corruption and Promoting Integrity in Public Procurement. *OECD Global Forum on Governance.*

______(1996). Ethics in the Public Service. *Occasional Papers, 14.*

______(1994a). Performance Management in Government: Performance Measurement and Result-oriented Management, *OECD Occasional Papers, No. 3.* Paris.

______(1994b). Performance Measurement in Government: Issues and Illustrations, *OECD Occasional Papers, No. 5.* Paris.

Okun, A.(1975). *Equality and Efficiency: The Big Tradeoff.* Washington, D.C.: Brookings Institution.

Osborne, D. & T. Gaebler(1992). *Reinventing Government: How the Entrepreneurial Spirit is Transforming the Public Sector.* MA.: Addison-Wesley Publishing Company, Inc.

Ostrom, E.(1986). A Method of Institutional Analysis, in F.-X. Kaufmann, G. Majone, & V. Ostrom eds. *Guidance, Control, and Evaluation in the Public Sector.* Berlin: de Gruyter.

Ostrom, E., R. Gardner, & J. Walker(1994). *Rules, Games, and Common-Pool Resources.* The University of Michigan Press.

Ostrom, V.(1989, 1974). *The Intellectual Crisis in American Public Administration.* Tuscaloosa: The University of Alabama Press.

Ostrom, V. & E. Ostrom(1971). Public Choice: A Different Approach to the Study of Public Administration. *PAR,* 31(2): 203-216.

Overeem, P.(2005). The Value of the Dichotomy: Politics, Administration, and the Political Neutrality of Administrators. *Administrative Theory and Praxis,* 27(2): 311-319.

Parker, M.(1992). Post-modern Organizations or Postmodern Organization Theory? *Organization Studies,* 13(1): 1-17.

Parkinson, C. N.(1957). *Parkinson's Law.* Boston: Houghton Mifflin.

Parsons, T.(1966). *Societies: Evolutionary and Comparative Perspectives.* Prentice-Hall.

Pascale, R., M. Millemann, & L. Gioja(1997). Changing the way we change. *Harvard Business Review,* 75(6): 126-139.

Pateman, C.(1970). *Participation and Democratic Theory.* Cambridge, UK: Cambridge University Press.

Peacock, A. R. & J. Wiseman(1961). *The Growth of Public Expenditures in the United Kingdom 2nd ed.* London: Allen and Unwin.

Peck, J.(2001). *Workfare States: ERIC.*

Perelman, C.(1963). *The Idea of Justice and the Problem of Argument.* New York: The Humanities Press.

Perrow, C.(1970). *Organizational Analysis.* Belmont, Calif.: Wadsworth.

______(1967). A Framework for the Comparative Analysis of Organizations. *American Sociological Review,* 32.

Perry, J. L. & H. G. Rainey(1988). The Public-Private Distinction in Organization Theory: A Critique and Research Strategy. *Academy of Management Review*, 13(2): 182-201.

Perry, J. L., T. A. Engbers, & S. Y. Jun(2009). Back to the Future? Performance-Related Pay, Empirical Research, and the Perils of Persistence. *Public Administration Review*, January/February.

Peters, B. G.(2001). *The Politics of Bureaucracy 5th ed.* New York: Routledge.

_______(1996). *The Future of Governing: Four Emerging Models*. Lawrence: Kansas University Press.

_______(1995). The Public Service, the Changing State, and Governance, in B. G. Peters & D. J. Savoie eds. *Governance in a Changing Environment*. Montreal: Canadian Centre for Management Development.

Peters, B. G. & D. Savoie(1996). Managing Incoherence: The Coordination and Empowerment Conundrum. *Public Administration Review*, 56(3): 281-289.

Petras, J.(1999). NGOs: In the Service of Imperialism. *Journal of Contemporary Asia*, 29(4): 429-440.

Pfeffer, J.(1992). *Managing with Power: Politics and Influence in Organizations*. Boston: Harvard Business School Press.

Pfiffner, J. M. & R. Presthus(1967, 1955). *Public Administration 5th ed.* New York: Ronald Press.

Pierre, J.(1995). *Bureaucracy in the Modern State: An Introduction to Comparative Public Administration*. Aldershot: Edward Elgar.

Pierre, J. & B. G. Peters(2000). *Governance, Politics and the State*. New York: St. Martin's Press.

Playfair C.(1875). *Report of the Civil Service Inquiry Commission*, P.P. [G1113].

Pollitt, C.(2003). Public management reform: reliable knowledge and international experience. *OECD Journal on Budgeting*, 3(3): 121-136.

_______(1995). Justification by Works or by Faith: Evaluating the New Public Management. *Evaluation*, 1(2) October.

Pollitt, C. & G. Bouckaert(2004). *Public Management Reform: A Comparative Analysis 2nd ed.* Oxford University Press.

Porter, L. & Lawler, E.(1968). *Managerial Attitudes and Performance*. Homewood, I.L.: Dorsey Press.

Porter, M. E.(1980). *Competitive Strategy*. New York: Free Press.

Powell, N. J.(1956). *Personnel Administration in Government*. Englewood Cliffs, N.J.: Prentice-Hall.

Pratt, J. W. & R. J. Zeckhauser eds.(1975). *Principals and Agents: The Structure of Business*.

Boston: Harvard Business School Press.

Pratt, M. G. & A. Rafaeli(1997). Organizational Dress as a Symbolic of Multilayerd Social Identities. *Academy of Management Journal*, 40(4): 862-898.

Pressman, J. L. & A. Wildavsky(1979). *Implementation 2nd ed.* Berkeley: University of California Press.

Pugh, D. S. et al.(1968). Dimensions of Organizational Structure. *Administrative Science Quarterly*, 13(1).

Putnam, R.(1995). Bowling Alone. *Journal of Democracy*, 6(1): 65-78.

Quinn, R. E.(1988). *Beyond Rational Management*. San Francisco: Jossey-Bass.

Rahim, M.(1986). *Managing Conflict in Organizations*. N.Y.: Praeger.

Rainey, H. G.(2010). *Understanding and Managing Public Organizations 4th ed.* Jossey-Bass.

Rangarajan, L. N.(1985). *The Limitation of Conflict: A Theory of Bargaining and Negotia-tion*. New York: St. Martin's Press.

Reichard, C.(1996). Die New Public Management-Debatte im internationalen Kontext, in C. Reichard & H. Wollmann eds. *Kommunalverwaltung im Modernisierungsschub?* Basel: Birkhäuser Verlag.

Rhodes, R. A. W.(1997). *Understanding Governance: Policy Networks, Governance, Reflexity and Accountability*. Bristrol, PA: Open University Press.

______(1996). The New Governance: Governing without Government. *Political Studies*, 44: 652-667.

______(1983). *Control and Power in Central-Local Government Relations*. Aldershot: Gower Publishing Company Limited.

Richards, D. & M. Smith(2002). *Governance and Public Policy in the United Kingdom*. New York: Oxford University Press.

Richards, P. G.(1983). *The Local Government System*. London: George Allen & Unwin.

Rieff, D.(1999). The false dawn of civil society. *The Nation*, 22 February: 11-16.

Riggs, F. W.(1963). Bureaucrats and Political Development: A Paradoxical View, in J. La-Palombara ed. *Bureaucracy and Political Development*. Princeton: Princeton University Press.

Ripley, R. B. & G. A. Franklin(1991). *Congress, the Bureaucracy, and Public Policy 5th ed.* California: Brooks/Cole Publishing Company.

Rivera-Baitiz, F. L.(2000). Democracy, Governance and Economic Growth. *Review of Development Economics*, 6(2): 225-247.

Robbins, S. P.(1983). *Organization Theory*. Prentice-Hall.

______(1974). *Managing Organizational Conflict: A Nontraditional Approach*. Englewood

Cliffs: Prentice-Hall.
Robey, D.(1986). *Designing Organizations 2nd ed.* Homewood: Irwin.
Rogers, E.(1986). *The New Media in Society: Communication Technology.* N.Y.: The Free Press.
Romer, T. & H. Rosental(1979). Bureaucracies vs. Voters: On the Political Economy of Resource Allocation by Direct Democracy. *Quarterly Journal of Economics*, 93: 563-587.
Rosenbloom, D. H. & R. S. Kravchuk(2005). *Public Administration: Understanding Management, Politics, and Law in the Public Sector.* New York: McGraw Hill.
Roy, E. V.(1970). On the Theory of Corruption. *Economic Development and Cultural Change*, 19(1): 86-110.
Rutherford, B.(1997). Civil(Dis) Obedience and Social Development in New Policy Agenda. International Development Center(www.idrc.ca/socdev/pub/documents/civilsociety.html).
Sabatier, P. & C. Weible(2007). The Advocacy Coalition Framework: Innovations and Clarifications, in P. A. Sabatier ed. *Theories of the Policy Process 2nd ed.* 189-217.
Saint-Martin, D.(1998). Management Consultants, the State, and the Politics of Administrative Reform in Britain and Canada. *Administration and Society*, 30(5): 533-569.
Salamon, L. M.(1995). *Partners in Public Service: Government-Nonprofit Relations in the Modern State.* Baltimore: The Johns Hopkins University Press.
Salamon, L. M. & H. Anheir(1996). *The Emerging Nonprofit Sector: An Overview*, London: Manchester University Press.
Salamon, L. M. & M. S. Lund(1989). The Tools Approach: Basic Analytics, in L. M. Salamon ed. *Beyond Privatization: The Tools of Government Action.* Washington D.C.: Urban Institute Press.
Sandel, M.(1996). *Democracy's Discontent.* Cambridge, MA: Belknap Press.
Savas, E. C.(1982). *Privatizing the Public Sector.* Chatham: Chatham House.
Sayre, W. S.(1964). Bureaucracies: Some Contrasts in Systems. *Indian Journal of Public Administration*, 10.
Schachter, H. L.(1997). *Reinventing Government or Reinventing Ourselves.* Albany, N.Y.: State University of New York Press.
_______(1995). Reinventing Government or Reinventing Ourselves: Two Models for Improving Government Performance. *Public Administration Review*, 55(6): 530-537.
Schedler, K. & I. Proeller(2002). The New Public Management: a Perspective from Mainland Europe, in K. McLaughlin, S. P. Osborne, & E. Ferlie eds. *New Public Management: Current Trends and Future Prospects.* London and New York: Routledge.
Schiller, C.(2000). Improving Governance and Fighting Corruption: An IMF Perspective. in

http://www.oas.org/juridico/english/imf2000.htm.
Schmidt, S. M. & T. A. Kochan(1972). Conflict: Toward Conceptual Clarity, *Administrative Science Quarterly, Vol. 3.*
Scholte, J.(1997). Global Capitalism and the State. *International Affairs*, 73(3): 427-452.
Schubert, G.(1960). *The Public Interest.* Glencoe, Ill.: The Free Press.
______(1957). "The Public Interest" in Administrative Decision-Making: Theorem, Theosophy, or Theory. *The American Political Science Review*, 51(2): 346-368.
Schumpeter, J. A.(1918). The Crisis of the Tax State. *International Economic Papers*, 4: 5-38.
Scott, J. C.(1972). *Comparative Political Corruption.* Englewood Cliffs, N.J.: Prentice- Hall.
Selznick, P.(1992). *The Moral Commonwealth.* Berkeley, CA: University of California Press.
______(1949). *TVA and the Grass Roots.* Berkeley: University of California Press.
Senge, P.(1990). The Leader's New Work: Building a Learning Organization. *Sloan Management Review*, Fall: 7-22.
Shafritz, J. M., E. W. Russell, & C. P. Borick(2007). *Introducing Public Administration.* New York: Pearson Longman.
Shafritz, J. M., W. L. Balk, A. C. Hyde, & D. H. Rosenbloom(1978). *Personnel Management in Government: Politics and Process.* New York: Marcel Dekker.
Shiller, H.(1976). *Information and the Crisis Economy.* Oxford: Oxford Univ. Press.
Shils, E.(1997). The Virtue of Civility: Selected Essays on Liberalism, in S. Crosby ed. *Tradition, and Civil Society.* Indianapolis. IN: Liberty Fund.
Shragge, E.(1997). *Workfare: Ideology for a New Under-Class.* Garamond Press.
Sidgwick, H.(1981). *The Methods of Ethics 7th [Hackett reprint] ed.* Hackett Publishing Co. (초판은 1874년 출판)
Siedentopf, H.(1982). Introduction: Government Performance and Administrative Reform, in G. E. Caiden, & H. Siedentopf eds. *Strategies for Administrative Reform.* Lexington Books.: ix-xv.
Siegel, G. B. & R. C. Myrtle(1985). *Public Personnel Administration: Concepts and Practices.* Boston: Houghton Mifflin.
Silverman, D.(1971). *The Theory of Organizations: A Sociological Framework.* Basic Books.
Simon, H. A. et al.(1950). *Public Administration.* N.Y.: Alfred A. Knopf.
______(1937). Comparative Statistics and the Measurement of Efficiency. *National Municipal Review*, 26: 524-527.
Sinha, A.(2004). Good Governance, Market-Friendly Globalization and the Changing Space of State Intervention: The Case of India, in S. Munshi & B. P. Abraham eds. *Good governance, Democratic Societies and Globalisation.* London: Sage Publications Ltd.

Smith, A.(1776). *An Inquiry into the Nature and Causes of the Wealth of Nations.*

Smith, B. C.(1985). *Decentralization: The Territorial Dimension of the State.* London: George Allen & Unwin.

Sorauf, F. J.(1962). The Conceptual Muddle, in C. J. Friedrich ed. *The Public Interest.* N.Y.: Atherton.

Stahl, O. G. & W. E. Mosher ed.(1983, 1976). *Public Personnel Administration.* New York: Harper & Row.

Starkey, K., C. Barnatt, & S. Tempest(2000). Beyond Networks and Hierarchies: Latent Organizations, in the U.K. Television Industry. *Organization Science*, 11(3): 299-305.

Stepan, A.(1978). *The State and Society: Peru in Comparative Perspective.* Princeton: Princeton University Press.

Stoker, G.(1988). *The Politics of Local Government.* London: Macmillan Education Ltd.

Stone, D.(2002). *Policy Paradox: The art of Political Decision Making, Revised edition.* London and New York: WW Norton and Company.

Suchman, E. A.(1967). *Evaluation Research.* New York: Russel Sage Foundation.

Suchman, M. C.(1995). Managing Legitimacy: Strategic and Institutional Approaches. *Academy of Management Review*, 20(3): 571-610.

Sutton, R. I. & B. M. Staw(1995). What Theory Is Not. *Administrative Science Quarterly*, 40: 371-384.

Svara, J. H.(2006). Introduction: Politicians and Administrators in the Political Process-A Review of Themes and Issues in the Literature. *International Journal of Public Administration*, 29(12): 953-976.

______(1999). Complementarity of Politics and Administration as a Legitimate Alternative to the Dichotomy Model. *Administration & Society*, 30(6): 676-705.

Tanzi, V.(1998). *Corruption Around the World: Causes, Consequences, and Cues.* IMF Working Paper.

Tapscott, D.(1996). *Digital Economy: Promise and Peril in The Age of Networked Intelligence.* New York: McGraw-Hill.

Thomas, K. W.(1979). Organizational Conflict, in S. Kerr ed. *Organizational Behavior.* Columbus, Ohio: Grid Press.

Thompson, G., J. Frances, R. Levacic, & J. Mitchell eds.(1991). *Markets, Hierarchies and Networks: The Coordination of Social Life.* London: Sage.

Thompson, J. D.(1967). *Organizations in Action.* N.Y.: McGraw-Hill.

Tilman, R. O.(1968). Emergence of Black-Market Bureaucracy: Administration, Development, and Corruption in the New States. *PAR*, 28: 437-443.

Titmuss, R. M.(1974). *Social policy.* London: Allen & Ulwin.

Toffler, A.(1990). *Power Sift: Knowledge, Wealth, and Violence at the Edge of the 21st Century*. N.Y.: Bantam Books.

Tolchin, S. J.(1996). *The angry American: How voter rage is changing the nation*. Boulder, CO.: Westview.

Torpey, W. G.(1953). *Public Personnel Management*. Princeton, N.J.: Princeton University Press.

UNDPI(2002). NGO's and PUNDI. in (www.un.org/dpi/ngosecton).

United Nations(2008). *Guidebook on Promoting Good Governance in Public-Private Partnerships*. N.Y.: United Nations

______(2000). *Promoting Ethics in the Public Service*. ST/ESA/PAD/SER.E/8.

Urban, M. E.(1982). *The Ideology of Administration: American and Soviet Cases*. Albany: State University of New York Press.

Van Horn, C.(1979). *Implementation in the Federal System: National Goals and Local Implementors*. Lexington, Mass: Lexington Books.

Van Tuijl, P.(1999). NGOs and human rights: Sources of justice and democracy. *Journal of International Affairs*, 52(2): 493-512.

Ventriss, C.(1994). The "Publicness" of Administrative Ethics, in Terry L. Cooper ed. *Handbook of Administrative Ethics*. N.Y.: Marcel Dekker, Inc.

Wagner, A.(1883). The Nature of the Fiscal Economy, in R. A. Musgrave & A. R. Peacock eds. *Classics in the Theory of Public Finance*. Macmillan.

Waldo, D. W(1980). "The Enterprise of Public Administration: A Summary View", Chandler and Sharp Publications in *Political Science*. 김영성 · 심재권 옮김(1997). 『왈도의 행정학 강의』. 서울: 한울아카데미.

Waldo, D. W.(1974). Reflections on Public Morality. *Administration and Society*, 6(3).

Wamsley, G. L. et al. eds.(1990). *Refounding Public Administration*. Newbury Park, CA: Sage.

______(1987). The Public Administration and the Governance Process: Refocusing the American Dialogue, in R. C. Chandler ed. *A Centennial History of the American Administrative State*. N.Y.: The Free Press.

Wamsley, G. L., & Zald, M. N.(1973). *The Political Economy of Public Organizations*. Lexington, MA: Lexington.

Warren, C. R. & L. R. Aronson(1981). Sharing Management Capacity is There a Federal Responsibility. *Public Administration Review*, May/June.

Washington, M., S. Hacker, & M. Hacker(2004). Five Components of Successful Change: The Importance of Vision, Leadership, Strategic Plan, Political Plan, and Burning Platform in undergoing Transformation Projects. http://mwashington.ba.ttu. edu/FIVE

%20COMPONENTS%20OF%20SUCCESSFUL%20CHANGE-anahuac.pdf

Waterston, A.(1969). *Development Planning: Lessons of Experience*. Baltimore: Johns Hopkins Press.

Weisbrod, B. A.(1998). Guest Editor's Introduction: The Nonprofit Mission and Its Financing. *Journal of Policy Analysis and Management*, 17(2): 165-174.

Werlin, H. H.(1973). The Consequences of Corruption: The Ghanaian Experience. *Political Science Quarterly*, 88(1): 71-85.

Werner, S. B.(1983). New Direction in the Study of Administrative Corruption. *PAR*, 43(2): 146-154.

White, L. D.(1926). *Introduction to the Study of Public Administration*. Macmillan.

Wildavsky, A.(1975). *Budgeting: A Comparative Theory of Budgetary Processes*. Boston: Little, Brown.

Wilensky, H. L., & C. N. Lebeaux(1966). *Industrial Society and Social Welfare*. Free Press.

Willetts, P. ed.(1996). *The Conscience of the World: The Influence of Non-Governmental Organisations in the UN System*. Washington, D.C.: The Brookings Institution.

Williamson, O.(1985). *The Economic Institution of Capitalism: Firms, Markets, Relational Contracting*. N.Y.: The Free Press.

Wilson, J. Q.(1989). *Bureaucracy*. New York: Free Press.

Wolch, J.(1990). *The Shadow State: Government and Voluntary Sector in Transition*. N.Y.: Foundation Center.

Wolcott, H. F.(1992). Posturing in qualitative inquiry, in M. D. LeCompte, W. L. Millroy, & J. Preissle eds. *The Handbook of Qualitative Research in Education*. New York: Academic Press.

Wolf, Jr. C.(1988). *Markets or Governments: Choosing between Imperfect Alternatives*. Cambridge, MA: MIT Press.

Wolf, P. J.(1999). Neutral and Responsive Competence: The Bureau of the Budget, 1939-1948, Revisited. *Administration & Society*, 31(1): 142-167.

Woo, J.(2004). Growth, Government Policies and Institutions in the Globalized World Economy. mimeo. DePaul University.

Woodward, J.(1965). *Industrial Organizations: Theory and Practice*. London: Oxford University Press.

World Bank(2000). *Anticorruption in Transition: A Contribution to the Policy Debate*. Washington, D.C.: The World Bank.

_______(1999a). *A Multipronged Strategy for Combatting Corruption*.

_______(1999b). Fostering Institutions to Contain Corruption. *PREM Notes*. 24.

Wraith, R. & E. Simpkins(1963). *Corruption in Developing Countries*. London: George

Allen and Unwin.

Wright, D. S.(1988). *Understanding Intergovernmental Relations*. Pacific Grove, California: Brooks/Cole Publishing Company.

Wright, M.(1969). *Treasury Control of the Civil Service*. Oxford University Press.

Wriston, M. J.(1980). In Defense of Bureaucracy. *PAR*, 40(2): 179-183.

Yates, D. T.(1981). Hard Choices: Justifying Bureaucratic Decisions, in J. L. Fleishmann et al. eds. *Public Duties: The Moral Obligations of Government Officials*. Harvard University Press.

Yoder, D.(1956). *Personnel Management and Industrial Relations*. Englewood Cliffs, N.J.: Prentice-Hall.

Young, D. R.(1999). Complementary, Supplementary, or Adversarial: A Theoretical and Historical Examination of Nonprofit-Government Relations in the United states, in Boris, & C. E. Steuerle eds. *Nonprofits and Government: Collaboration and Conflict*. Washington, D.C. The Urban Institute Press, 31-67.

Young, I.(2000). New Disciplines of Work and Welfare. *Dissent*, 47(3): 25-30.

Yukl, G.(1994). *Leadership in Orgnization 3rd ed*. Englewood Cliffs, N.J.: Prentice-Hall.

Zahariadis, N.(2007). The Multiple Streams Framework: Structure, Limitations, Prospects. *Theories of the Policy Process*, 2: 65-92.

Zinsmeister, K.(1995). Payday Mayday. *The American Enterprise*, 6(5): 44-48.

찾아보기

인명 색인

사항 색인

ㄱ

ㅂ

ㅇ

ㅈ

ㅍ

ㅎ

기타

저자 소개

■ 이종수(李鍾受)

서울대학교 행정학 박사
UC. Berkeley Research Associate
일본 중앙대학교 정책문화연구소 초빙연구원
한국행정학회 회장 역임
서울행정학회 회장 역임
한국행정사연구회 회장 역임
한국정치학회 이사
행정고시, 사법고시, 외무고시 출제위원
(현) 한성대학교 행정학과 명예교수

[저서 및 역서]
권력 밸런스: 국민이 알아야 할 대통령과 정치제도(2017, 도어즈)
새행정학2.0(2014, 대영문화사)
새행정개혁론(2013, 대영문화사)
대한민국은 공정한가(2013, 대영문화사)
새 행정윤리(2012, 대영문화사)
새인사행정론(2011, 대영문화사)
새 미래의 행정(2010, 대영문화사)
행정학사전(2009, 대영문화사)
행정학 외래어사전(2009, 한성대학교출판부)
정부혁신의 미래 비전(2006, 한국행정연구원)
정부혁신의 메커니즘과 전략(2005, 대영문화사)
일본의 행정개혁(2002, 한울)
한국행정론(1998, 대영문화사)
지방자치 이렇게 해야 한다(1995, 한겨레신문사)
행정과 가치(1988, 법문사) 외

E-mail: jlee@hansung.ac.kr

■ **김경은(金敬恩)**

고려대학교 행정학 박사
(현) 한국학중앙연구원 선임연구원

[학위논문]
고위직 관료의 장관 대응행태 실증분석(2014)

[저서 및 대표논문]
민주화 시대의 장관 리더십: 노태우·김영삼 정권기 장관의 생애와 신념(2024)
조선총독부 건물 철거 결정은 어떻게 이루어졌나(2020)
What determines senior civil servants' responsive behaviors to ministers?(IRPA, 2020)
민주화 이후 핵심행정부의 의사결정(2018)
전통의 보편성에 대한 탐색적 사례 연구(2018)
'전통의 현대화'에 대한 개념화(2016)

[수상경력]
IRPA Best Article Award(2020)
한국행정학회 학술상(2014)

E-mail: nkotb517@naver.com

■ **김영재(金英材)**

단국대학교 행정학 박사
(현) 단국대학교 행정학과 초빙교수
(현) 한국행정사학회 간사

[학위논문]
한국 청년실업 유형별 전략적 관리 방안에 관한 연구(2012)

[저서 및 대표논문]
새 행정학 학습2.0(공저, 2016, 대영문화사)
토착화 사례연구(공저, 2020, 대영문화사)
조선 시대 암행어사의 행정사적 의미에 관한 소고(2024, 한국행정사학회)

[수상경력]
대통령 표창(민주평화통일자문회의, 2017)
성평등상(서대문구청, 2021)

E-mail: koreafm@naver.com

■ **김지원(金芝元)**

서울대학교 행정학 박사
(전) Visiting Scholar, School of Public Affairs & Administration, Rutgers University-Newark.
(전) 한국행정학회 학술정보위원장, 신진학자연구회 회장 역임
(전) 행정고시 출제, 선정 및 면접위원
(현) 한경국립대학교 사회통합학부 공공행정전공 교수

[학위논문]
산재장애인 재활정책이 고용성과에 미치는 효과 분석(2013)

[저서]
인트로행정학(공저, 2021, 대영문화사)
정책사례연구: 사례야 놀자(대표저자, 공저, 2021, 윤성사)
한국의 기업지배구조 연구(공저, 2008, 법문사)

[수상경력]
부총리겸 교육부장관 표창(2019, 교육부 학술 · 연구지원사업 우수성과 50선 사회과학부문)
부총리겸 교육부장관 표창(2024, 사회정책 실증연구 유공)

E-mail: maria1211@hanmail.net

■ **장석준(張碩准)**

고려대학교 행정학 박사
(전) 경기연구원 초빙연구위원
(현) 지방공기업평가원 선임연구위원
(현) 한국행정학회 신진학자연구회 회원, 한국지방공기업학회 이사

[학위논문]
한국 정책확산에 관한 비교 연구(2013)

[저서 및 대표논문]
인트로행정학(공저, 2017, 대영문화사)
정책유형별 확산 메커니즘의 차별적 영향력에 관한 실증연구(2013, 한국정책학회보)

[수상경력]
제20회 한국행정학회 학술상 수상(학위논문부문, 2013)
한국정책학회 우수논문상 수상(2014)

E-mail: mpist1234@gmail.com

■ **탁현우(卓鉉祐)**

서울대학교 행정학 박사
(현) 국립한국교통대학교 교수
(현) 한국행정학회 신진학자연구회 회원, 서울행정학회 교육취업(정보)위원회 이사
(전) 한국행정연구원 부연구위원
(전) 국회예산정책처 사업평가관

[학위논문]
일자리사업의 복지의존에 관한 연구(2015)

[저서 및 대표논문]
인트로행정학(공저, 2017, 대영문화사)
Critical review of welfare dependency in active labor market prorams in Korea: existence, causes, and interpretations(2017, IRPA)

[수상경력]
제22회 한국행정학회 학술상 수상(학위논문부문, 2015)
한국행정학회 차세대행정학술논문상 수상(2016)

E-mail: takhw@ut.ac.kr

제3판
한국행정의 이해

펴낸날 제1판 제1쇄 2013년 1월 10일
제2판 제1쇄 2018년 1월 31일
제3판 제1쇄 2025년 2월 19일

지은이 이종수 · 김경은 · 김영재
김지원 · 장석준 · 탁현우

펴낸이 임춘환

펴낸곳 도서출판 대영문화사

주소 (본사) 사무실: 경기도 고양시 일산서구 주화로 70
우신프라자 307호 (㊇ 10387)
(본사) 물류센터: 경기도 고양시 일산서구 덕산로
107번길 68-50 (㊇ 10205)

등록 1975년 12월 26일 제3-16호

전화 (031) 913-3062, (031) 914-3884~5

팩스 (031) 913-3839

홈페이지 http://www.dymbook.co.kr

ISBN 978-89-7644-978-8

값 34,000원